国家社科基金
GUOJIA SHEKE JIJIN HOUQI ZIZHU XIANGMU
后期资助项目

元代白云宗西夏文资料汇释与研究

A Corpus of Commentaries and Studies on Tangut Materials Concerning the White-Cloud Sect of the Yuan Dynasty

孙伯君　著

中国社会科学出版社

图书在版编目(CIP)数据

元代白云宗西夏文资料汇释与研究/孙伯君著.—北京：中国社会科学出版社，2022.10

ISBN 978-7-5227-0869-0

Ⅰ.①元… Ⅱ.①孙… Ⅲ.①华严宗—佛教教派—西夏语—文献资料—研究—中国—元代 Ⅳ.①B946.4

中国版本图书馆 CIP 数据核字(2022)第 172240 号

出 版 人 赵剑英
责任编辑 田 文
责任校对 孟令兮
责任印制 王 超

出 版 中国社会科学出版社
社 址 北京鼓楼西大街甲 158 号
邮 编 100720
网 址 http://www.csspw.cn
发 行 部 010-84083685
门 市 部 010-84029450
经 销 新华书店及其他书店

印 刷 北京君升印刷有限公司
装 订 廊坊市广阳区广增装订厂
版 次 2022 年 10 月第 1 版
印 次 2022 年 10 月第 1 次印刷

开 本 787×1092 1/16
印 张 22.5
字 数 481 千字
定 价 128.00 元

国家社科基金后期资助项目

出 版 说 明

后期资助项目是国家社科基金设立的一类重要项目，旨在鼓励广大社科研究者潜心治学，支持基础研究多出优秀成果。它是经过严格评审，从接近完成的科研成果中遴选立项的。为扩大后期资助项目的影响，更好地推动学术发展，促进成果转化，全国哲学社会科学工作办公室按照“统一设计、统一标识、统一版式、形成系列”的总体要求，组织出版国家社科基金后期资助项目成果。

全国哲学社会科学工作办公室

目　　录

绪论　白云宗与西夏文相关资料概述 …………………………………… (1)
　一　汉文史料中的白云宗 …………………………………………………… (1)
　二　元代的西夏后裔 ………………………………………………………… (8)
　三　与白云宗有关的西夏文资料概述 ……………………………………… (11)
　四　西夏遗僧对元代内地佛教的贡献 ……………………………………… (15)
　五　本项研究的学术价值 …………………………………………………… (24)

第一章　白云宗与元刊《河西藏》 ………………………………………… (27)
　第一节　《河西藏》的编刊 …………………………………………………… (27)
　　一　关于西夏文《大藏经》的编订 ……………………………………… (27)
　　二　元代一行慧觉对《河西藏》的整理 ………………………………… (31)
　　三　元代《河西藏》的刊行 ……………………………………………… (34)
　　四　"管主八"考 …………………………………………………………… (38)
　第二节　元刊《河西藏》的佛经遗存 ……………………………………… (44)
　第三节　元刊《河西藏》中的"帙号" ……………………………………… (50)
　第四节　元代《河西藏》的版本学价值 …………………………………… (55)
　第五节　《河西藏》遗存佛经发愿文汇释 ………………………………… (60)
　第六节　西夏文《过去庄严劫千佛名经》发愿文译释 …………………… (65)

第二章　白云释子清觉作品的西夏文译本研究 …………………………… (92)
　第一节　清觉《正行集》西夏文译本考释 ………………………………… (92)
　第二节　白云释子《三观九门枢钥》西夏文译本考释 …………………… (119)

第三章　慧照大师编《三代相照文集》研究 ……………………………… (148)
　第一节　文集的定名 ………………………………………………………… (148)

第二节　文集的原语问题 …………………………………………………… (149)
第三节　文集的内容和编纂者与白云宗的关系 ………………………… (152)
第四节　文集的体裁和押韵 ……………………………………………… (155)
第五节　《三代相照文集》文本释读 ………………………………………… (161)

第四章　白云宗教义与教团性质研究 ………………………………………… (297)
第一节　白云宗教义考述 ………………………………………………… (297)
第二节　白云宗教团性质初探 …………………………………………… (305)

第五章　结语 ………………………………………………………………… (310)

附录　西夏文文献图版 ……………………………………………………… (313)
一　西夏文《过去庄严劫千佛名经》发愿文 ……………………………… (313)
二　西夏文《正行集》 ……………………………………………………… (317)
三　西夏文《三观九门枢钥》 ……………………………………………… (322)
四　西夏文《三代相照文集》 ……………………………………………… (326)

参考文献 ……………………………………………………………………… (346)

后　记 ………………………………………………………………………… (355)

绪论　白云宗与西夏文相关资料概述

一　汉文史料中的白云宗

白云宗最初是佛教的一个宗派，清觉（1043—1121）创立于宋哲宗元祐八年（1093），元代达到鼎盛。历史上，白云宗曾与白莲宗被归为一类[①]，其徒众也曾被斥为非僧非道"吃菜事魔"的"奸民"[②]。明代更是径称其组织为"左道乱正之术"之"会"[③]。

白云宗祖师清觉，俗姓孔，生于洛阳。宋神宗熙宁二年（1069）出家，师从汝州龙门山宝应寺海慧大师。宋哲宗元祐八年（1093）清觉至杭州灵隐寺，蒙圆明童禅师允许在寺后白云山庵居止，于是以所居庵名为号自立白云宗。清觉曾撰《证宗论》《三教编》《十地歌》《初学记》《正行集》等，白云宗徒众尊奉清觉禅师为"白云祖师"。

汉文资料对于白云宗的记载主要集中在志磐《佛祖统纪》卷54、宗鉴《释门正统》卷4、觉岸《释氏稽古略》卷4、释明河《补续高僧传·白云孔清觉传》和清觉《初学记》序言。其中《释氏稽古略》卷4对其生平记载颇为详细[④]：

> 白云庵，杭州灵隐寺方丈后山之庵也。至是宣和三年，有比丘曰清觉，自号本然。仁宗庆历三年十月二十二日，生洛京登封县。孔氏宣尼五十二世孙，曾祖高勍事梁历唐，同光时领襄州泽潞河阳节度使，官至太子太师。父䜣，进士隐德，母崔氏。觉幼而颖悟，习儒业，累请乡举。神宗熙宁二年，阅《法华经》有省，求出家，父母许之。依汝州龙门山宝应寺海慧大师剃染。嘱其南询，

---

① 《元史》卷202《释老传》，中华书局1976年点校本，第4524页。
② 志磐：《佛祖统纪》卷54，《大正新修大藏经》第49册，日本大正一切经刊行会，1924—1934年，第474页下栏。
③ （明）刘惟谦：《大明律》卷十二"礼律二"，日本景明洪武刊本，第39页。
④ 觉岸：《释氏稽古略》卷4，《大正新修大藏经》第49册，第886页上栏。

初参嘉州峨眉山千岁和尚，次抵淮西舒州(今安庆路)浮山。结庵于太守岩，宴坐二十年。哲宗元祐七年游浙，明年至杭州灵隐寺，随众居止。汪罗二行人求师心要，学侣日臻。灵隐圆明童禅师以寺后白云山庵居觉。玄化开阐，乃自立宗，以所居庵名为号，曰白云宗。移居余杭龙门山，庵曰福地。为龙神说三归五戒。至是崇宁三年，至钱塘六和塔开化寺后紫云庵居，道俗请就正济寺讲《华严经》。时当毁教，觉著《证宗论》《三教编》《十地歌》。大观元年，卓庵湖州归安千金市，名曰十地。次至乌程菁山，卓锡得泉，结庵而居，名曰出尘。徒众复请归正济寺。忌之者以《证宗论》于忤朝政闻官，政和六年编管广南思州。宣和二年弟子政布等十人诣京陈状，蒙旨放令逐便。至是辛丑年七月二十日谢恩，八月三日作偈投太守游公。指以九月二十六日为别，至期乃化去。世寿七十九岁，显腊五十二夏。弟子慧能禀遗训，奉灵骨舍利归葬杭州余杭之南山，当宣和五年之二月也。塔曰白云，院曰普安，后弟子改曰普宁。其于崇德甑山、松林善住，皆其行道之所。德清龙山、超山、方山、乾元山，归安岩山，皆分葬舍利之所。其宗聿兴浙右。

《普宁藏》所收皇庆二年（1313）白云祖师《初学记》卷首“赵孟頫序”也对清觉的生平及其主张有所评述[①]：

初学记者，白云祖师清觉之所作也。觉公以先圣之后，为瞿昙之学。文字语言，所以开群迷，引后进，发扬三乘十地之要。使之入佛知见，惟恐人不为佛。其心切切如此。夫人生而静，天之性也。感于物而动，性之情也。生而静，故各具此灵明知觉之妙。感而动，故皆有障蔽流荡之失。释氏有忧之，袪其障蔽，返其流荡。或劝或诱，或怖或证，使归于一乘。然而六道众生，波旬外道，其趣不一。佛以正道，扶持救护，千经万偈，不惮于烦者，良以此也。夫玉不琢不成器，人不学不知道。白云祖师，敷扬演说，以惠一切。俾由初地以至十地，直与如来等正妙觉，其与佛心，何以异哉？白云宗主明仁，奉以奏御圣上乙览之余，命录入大藏，以传久远，是亦如来开悟群生之仁也。孟頫岂胜欢喜赞叹之至，谨叙于卷首云。

皇庆二年三月七日集贤侍讲学士中奉大夫赵孟頫序。

白云宗前后存立二百余年，在元代得到复兴，到元仁宗时期（1311—1320）竟坐拥信众十万人，达到鼎盛。白云宗复兴的标志之一是忽必烈在南宋故都杭州兴建报国、兴元、般若、小仙林、尊胜五大寺，以便“分宗禅化”，这五大寺院分属五个

① 赵孟頫：《白云祖师初学记序》，见《中华大藏经》第71册，第30页。

宗派，报国寺属禅宗，般若寺则属白云宗[①]。此外，白云宗复兴还有一个特别的原因，就是在杨琏真加的护持下，朝廷委派白云宗来主持纂集和刊刻《普宁藏》与《河西藏》，同时补刻《碛砂藏》。据此便利，白云宗得以在民间大肆发展信众，广结善缘以便筹款。关于元代白云宗在杭州刊行《普宁藏》和《河西藏》的情况，佛教史专家曾结合《普宁藏》入藏经典的发愿文屡有论述[②]。而国家图书馆藏西夏文《过去庄严劫千佛名经》发愿文对元刊《河西藏》的情况也有详细的记载，可以与汉文发愿文相互说明。从中我们知道，从至元七年（1270）开始，西夏遗僧一行国师慧觉就开始着手整修西夏旧藏，校订原有旧经，同时新译了一些经典，最后编入《河西藏》。

白云宗的复兴离不开皇帝和释教上层的认可和支持，为了支持其组织刊行《普宁藏》，朝廷还专门设立了“白云宗都僧录司”和“白云宗总摄所”。元朝最早在江南设立统领江浙一带释教的是“江淮诸路释教都总摄所”，大概设立于中统元年（1260）前后[③]。白云宗的刊经活动最早得到了总摄所的支持。《普宁藏》臣字函《大方广佛华严经入不思议解脱境界普贤行愿品》卷40所存“元本终识”，可以让我们了解白云宗发起、组织刊雕《普宁藏》的整个过程[④]：

道安滥厕僧伦，叨承祖裔。虽见性修行，因地果位未成，非依经演唱教乘，佛恩莫报。切见湖州路思溪法宝寺大藏经板泯于兵火，只字不存。累承杭州路大明庆寺寂堂思宗师会集诸山，禅教师德，同声劝请，谓“此一大因缘，世鲜克举。若得老古山与白云一宗协力开刊，流通教法，则世出世间，是真续佛慧命”。道安蒙斯处嘱，复自念言：如来一大藏经板实非小缘，岂道安绵力之所堪任？即与庵院僧人优婆塞聚议，咸皆快然，发希有心，施力施财，增益我愿。又蒙江淮诸路释教都总摄所护念，准给文凭及转呈檐八上师引觐，皇帝颁降圣旨，护持宗门，作成胜事。兴工之后，惟愿：

诸佛龙天，善友知识加被于我，使我从初至终成如是缘。心无退转，亦无障碍。以此鸿因，端为祝延：

皇帝圣寿万安，皇后同年，太子诸王千秋，文武官僚升迁禄位。仍赞：

大元帝师、大元国师、檐八上师、江淮诸路释教都总摄扶宗弘教大师、江淮诸路释教都总摄永福大师大阐宗乘，同增福算。更冀：

时和岁稔，物阜民康。四恩三有尽沾恩，一切有情登彼岸。

宣授浙西道杭州等路白云宗僧录南山普宁寺住持传三乘教九世孙慧照大师沙门道安谨愿。时至元十六年己卯十二月吉日拜书。

如志先师和尚慧照大师，以教法任重在己，尝嘱之曰：“余承明庆寂堂宗

---

① 任宜敏：《中国佛教史》（元代），人民出版社2005年版，第336页。

② 李富华、何梅著：《汉文佛教大藏经研究》，宗教文化出版社2003年版，第316—354页。

③ 谢重光、白文固：《中国僧官制度史》，青海人民出版社1990年版，第219—224页。

④ 《大方广佛华严经》卷40，见《大正藏》卷10，第849页上栏—第851页下栏。

师、诸山禅教之请，与本宗庵院同刊如来一大藏经板，流通教法，实非小缘。我今衰迈，全仗汝徒同心协力，成就我愿。兴工之后，外事则有一都寺提点任责，内事则汝措置提调。汝宜不惜身命，始终相成，同报佛恩，功不虚弃。”如志勉承师训，罔敢少懈。不料先师和尚于至元十八年春示寂于大都大延寿寺。自后继任僧录住持者凡四传：初传月潭师兄如一，至元二十一年秋月潭入寂于寺。次传之如志，越明年春，愚叟如贤继之。至元二十六年冬，愚叟退席，如志复继前任。各钦受圣旨，护持宗教，成就大缘。始自丁丑，讫于庚寅，凡一十四载，由先师本愿力，故得以圆成如来一大藏经版。好事所集，无量功德。端为祝延：

皇帝圣寿万安，皇后同年，太子诸王千秋，文武官僚升迁禄位。仍赞：

大元帝师、大元国师 、檐八上师、江淮诸路释教都总摄扶宗弘教大师、江淮诸路释教都总统永福大师弥增禄算。

……

宣授白云宗僧录南山大普宁寺住持传三乘教十一世孙沙门如志谨识。时至元二十七年庚寅十月圆日顿首拜书。

前一段识语为“宣授浙西道杭州等路白云宗僧录南山普宁寺住持传三乘教九世孙慧照大师沙门道安”所撰，时间是至元十六年（1279），记载了他进京呈请刊雕《普宁藏》的过程，其中谈及“又蒙江淮诸路释教都总摄所护念，准给文凭及转呈檐八上师引觐，皇帝颁降圣旨，护持宗门，作成胜事”，可知在道安与白云宗协力开刊《普宁藏》的时候，他们的活动是要得到“江淮诸路释教都总摄所”的允许，并“准给文凭”。而当时担任“江淮诸路释教都总摄”的有“江淮诸路释教都总摄扶宗弘教大师”和“江淮诸路释教都总摄永福大师”，前者指的是龙川行育，职衔全称“扶宗弘教大师释源宗主江淮诸路都总摄鸿胪卿赠司空护法大师”[①]；后者则指的是“江淮都总统永福大师杨琏真加”[②]。《元史》卷 9《世祖六》也有相关记载：至元十四年（1277）二月丁亥“诏以僧亢吉祥、怜真加、加瓦并为江南总摄，掌释教，除僧租赋，禁扰寺宇者”[③]。“亢吉祥”即龙川行育，“怜真加”即杨琏真加，“加瓦”即加瓦巴[④]。

---

① “故释源宗主宗密圆融大师塔铭”，见洛阳市史志编纂委员会编《洛阳市志》卷 15《白马寺・龙门石窟志》，中州古籍出版社 1996 年版，第 99—100 页。

② 竺沙雅章：《元代華北の華嚴宗》，载竺沙雅章《宋元佛教文化史研究》，日本汲古書院 2001 年版，第 168—212 页。

③ 《元史》卷 9《世祖六》，中华书局 1976 年点校本，第 188 页。

④ 至元二十七年（1290）十月，白云宗僧录如志在《普宁藏》题记中列有大藏经局 141 人名录，最后三人指的就是这三位“掌释教”的总摄，曰：“宣授江淮诸路释教都总摄弘教大师加瓦八观缘”、“宣授江淮诸路释教都总摄扶宗弘教大师行吉祥都劝缘”、“宣授江淮诸路释教都总统永福大师琏真加都劝缘”。参见李富华、何梅著《汉文佛教大藏经研究》，宗教文化出版社 2003 年版，第 334 页；陈高华：《再论元代河西僧人杨琏真加》，《中华文史论丛》2006 年第 2 期。

另据道安和如志的职衔可知，最初刊雕《普宁藏》的组织者均被称作“宣授白云宗僧录”，可推知当时朝廷特许设立了“白云宗都僧录司”统领刊经工作，担任白云宗僧录的先后有慧照、如一、如志、如贤等。《元史》还记载这个都僧录司曾被裁撤，如《元史》卷21《成宗纪四》所载大德十年（1306）正月“戊午，罢江南白云宗都僧录司，汰其民归州县，僧归各寺，田悉输租”①。

与“白云宗都僧录司”相应，《元史》也有多处记载“白云宗摄所”曾被裁撤，如大德七年(1303)七月“罢江南白云宗摄所，其田令依例输租”②。也曾记载“白云宗摄所”被恢复设立，如至大元年(1308)三月曾“复立白云宗摄所，秩从二品，设官三员”③。说明“白云宗都僧录司”后来一度被改立为“宗摄所”。郑介夫曾于大德七年（1303）上《太平策》，建议朝廷革除白云宗宗摄所，并革去宗摄钱如镜的职位④：

> 外有白云宗一派，尤为妖妄。其初未尝有法门，止是在家念佛，不茹荤，不饮酒，不废耕桑，不缺赋税。前宋时，谓其夜聚晓散，恐生不虞，犹加禁绝，然亦不过数家而已。今皆不守戒律，狼藉荤酒，但假名以规避差役，动至万计，均为诵经礼拜也。既自别于俗人，又自异于僧道，朝廷不察其伪，特为另立衙门。今宗摄钱如镜，恣行不法，甚于僧司道所，亦宜革去，以除国蠹，以宽民力可也。

《元史》卷26《仁宗纪三》也记载延祐六年（1319）中书省臣曾以白云宗宗摄沈明仁之罪状上奏，曰⑤：

> 中书省臣言：“白云宗总摄沈明仁，强夺民田二万顷，诳诱愚俗十万人，私赂近侍，妄受名爵，已奉旨追夺。请汰其徒，还所夺民田。其诸不法事，宜令核问。”有旨：“朕知沈明仁奸恶，其严鞫之。”

可知钱如镜和沈明仁曾先后担任白云宗宗摄。《普宁藏》本《正行集》最后有跋语，可以帮助我们进一步了解清觉《初学记》刊入《普宁藏》的过程，曰⑥：

> 白云宗宗主臣僧明仁承奉：都功德使司劄付皇庆元年十月二十八日，拜住怯薛第一日，嘉禧殿内有时分，对速古儿赤那怀、怯里马赤孛罗察儿、

① 《元史》卷21《成宗纪四》，中华书局1976年点校本，第467页。
② 《元史》卷21《成宗纪四》，中华书局1976年点校本，第454页。
③ 《元史》卷22《武宗纪一》，中华书局1976年点校本，第497页。
④ 《历代名臣奏议》卷六七《治道》。参考刘晓《白云宗宗摄钱如镜小考》，《中国史研究》2009年第2期。
⑤ 《元史》卷二六《仁宗纪三》，中华书局1976年点校本，第591—592页。
⑥ 《中华大藏经》第71册，中华书局1994年版，第41页。

同知观音奴等有来，本司官大司徒都功德使辇真吃剌思、张都功德使、副使阿里牙答思，特奉圣旨：沙剌巴译来的《药师仪轨》《药师供养法》，更白云和尚《初学记》恁行，与省部文书交江浙省白云宗开板印了呵，都交大藏经里入去者，么道。圣旨了也，钦此！已蒙中书省移咨行省，钦依行下各路去讫。臣僧明仁肃恭宠命，就大慈隐寺命工锓梓印造，钦依入藏流通。所集洪因，端为祝延：皇帝万万岁，皇太后睿算齐年；皇后同寿万年，太子诸王千秋；文武官僚，常屏禄位。更冀：国泰民安，雨旸时若。佛日增辉，法轮常转者。

皇庆二年四月　日臣僧明仁谨题。

这一跋语告诉我们，鼎盛时期的白云宗，其宗摄可谓风光无限，如若想把某部经典入藏流通，可以直接劄付都功德使司，并呈请皇帝颁降圣旨，而不必像早期道安那样，要通过“江淮诸路释教都总摄所”颁赐“准给文凭”。

同时，据《正行集》跋语可以知道，清觉《正行集》是白云宗宗主沈明仁于皇庆二年（1313）奉旨锓梓印造，入藏流通的。在历代刊行的大藏经中，《普宁藏》是唯一一部依靠僧俗二众私人募缘而刊刻的藏经，历时十四年宣告完成。只有《普宁藏》收录有白云宗祖师清觉的《初学记》和《正行集》。而入藏清觉的作品，也曾被认为是白云宗刊定大藏经的特色[①]。

元代书画家郭天锡（1280—1325）《云山日记》记载：至大元年（1308）闰十一月初八日，“霜寒水冻，文卿具早饭，见沈孤峰，会白云宗圆提点陈继之，孤峰留小集午饭”。闰十一月十五日，“晡时至湖州，舍舟由西门入城干事。晚宿东门外，有一白云宗僧来趁船至平望，云是儒家子，亦可与语”[②]。可见当时白云宗僧人与江南士大夫有密切的交往。

白云宗拥有较高的社会地位，时人争相攀附。周密《癸辛杂识》续集下“奸僧伪梦”记载：“安吉县朱实夫，马相碧梧之婿也。有温生者，因朱而登马相之门，近复无聊，遂依白云宗贤僧录者，无以媚之，乃创为一说，云：‘曩闻碧梧与之言云：向在相位日，蒙度宗宣谕云：朕尝梦一圣僧来谒，从朕借大内之地为卓锡之所。朕尝许之，是何祥也？马虽知为不祥而不敢对。今白云寺所造般若寺，即昔之寝殿也，则知事皆前定。’于是其徒遂以此说载之于寺碑，以神其事。”[③]尤其是宗主沈明仁权势极大，曾被封荣禄大夫、司空。只要他想做的事，甚至杀人越货，官吏但曰：“此沈公意，孰敢拒也？”[④]无人敢违。

① 小川贯弌：《光明禅师施入经典とその扉绘——元白云宗版大藏经の一考察》，《龙谷史坛》第30号，1943年。
② 郭天锡：《云山日记》，横山草堂丛书本，1919年，第25、27页。
③ （宋）周密撰、吴企明点校：《癸辛杂识》，唐宋史料笔记丛刊本，中华书局1988年版，第202页。
④ （元）黄溍：《青阳县尹徐君墓志铭》，《金华黄先生文集》卷三十四。

尽管白云宗的信众曾多达十万，但在佛教史上却被斥为“白云菜”，道民被称作“吃菜事魔”的奸民，僧庵被视为逋逃渊薮。从创立之初的哲宗元祐八年（1093）到明太祖洪武三年（1370），其活动屡遭禁绝。上述《释氏稽古略》卷4曾记载清觉本人宣法时即因忤朝政闻官，被流广南。而到元代，白云宗宗摄所更是屡撤屡复。

白云宗屡被禁绝的原因，《宋会要辑稿》第一百六十六册《刑法二之一三〇》有较为详细的说明，即白云宗“窃自托于佛老，而掩物议；既非僧道，又非童行，辄于编户之外，别为一族。”“奸淫行秽甚于常人，而以屏妻孥、断荤酒为戒法；贪冒货贿甚于常人，而以建祠庙、修桥梁为功行。”“每遇营造，阴相部勒，啸呼所及，跨县连州，工匠役徒，悉出其党，什器资粮，随即备具。人徒见其一切办事之可喜，而不知张皇声势之可虑也。”[①]《佛祖统纪》卷54亦有记载[②]：

> 白云菜者，徽宗大观间，西京宝应寺僧孔清觉居杭之白云庵，立四果十地，造论数篇，教于流俗。亦曰十地菜。觉海愚禅师辨之，有司流恩（思）州。嘉泰二年，白云庵沈智元自称道民，进状乞额。臣寮言：“道民者，喫菜事魔，所谓奸民者也。既非僧道童行，自植党与，千百为群，挟持祆教，聋瞽愚俗。或以修桥砌路，敛率民财。创立私庵，为逋逃渊薮。乞将智元长流远地，拆除庵宇，以为传习魔法之戒。”奏可。

《元史》卷202《释老志》亦载：“若夫天下寺院之领于内外宣政院，曰禅，曰教，曰律，则固各守其业，惟所谓白云宗、白莲宗者，亦或颇通奸利云。”[③]

明代白云宗仍有活动，不过更加被归于惑众乱民的左道加以禁止，明代雷礼《皇明大政记》卷2记载：洪武元年（1368）“中书省臣奏：‘白莲社、明尊教、白云宗……书符、咒水诸术，并加禁止。庶几左道不兴，民无惑志。’诏从之”[④]。而且这一禁令还被写入《大明律》卷12“礼律二”，曰：“凡巫师假降邪神，书符咒水，扶鸾祷圣，自号端公、太保、师婆，及妄称弥勒佛、白莲社、明尊教、白云宗等会，一应左道乱正之术，或隐藏图像，烧香聚众，夜聚晓散，佯修善事，煽惑人民，为首者绞，从者各杖一百，流三千里。”[⑤]这一禁令如同最后通牒，使白云宗最终退出了历史舞台。

综合起来，白云宗屡被禁绝的原因大概有四：

1. 被指信仰不纯粹，非僧非道。所谓“非僧道童行，自植党与千百为群”，“窃自托于佛老，而掩物议；既非僧道，又非童行，辄于编户之外，别为一族”。

① 转引自任宜敏《中国佛教史》（元代），人民出版社2005年版，第335页。
②《大正新修大藏经》第49册，第474页下栏。
③《元史》卷202《释老传》，中华书局1976年点校本，第4524页。
④（明）雷礼：《皇明大政记》卷2，明代万历刻本，第66页。
⑤（明）刘惟谦：《大明律》卷12“礼律二”，日本景明洪武刊本，第39页。

2. 聚众敛财，颇通奸利。所谓“或以修桥砌路敛率民财”，“贪冒货贿甚于常人，而以建祠庙、修桥梁为功行”。

3. 创立私庵，藏污纳垢。所谓“创立私庵为逋逃渊薮”。

4. 张皇声势，难于管束。所谓“白云宗总摄沈明仁，强夺民田二万顷，诳诱愚俗十万人，私赂近侍，妄受名爵”。

二 元代的西夏后裔

西夏（1038—1227）是以党项族为主体建立的政权。在唐代之前，党项人生活在青藏高原，经常联合吐谷浑对抗吐蕃。唐高宗时，吐谷浑被吐蕃所灭，党项人被唐安置于松州（今四川松潘）。唐开元（713—742）年间，党项人又被吐蕃军队劫杀，向唐玄宗请求内附，被迁至庆州（今甘肃庆阳）。“安史之乱”后，这部分人又迁至延州（今陕西米脂、佳县）以北和夏州（现陕西靖边县北白城子）以东地区。此后，党项人在李继迁等首领的率领下，经过不断征战，于宋咸平五年（1002）攻陷灵州（现宁夏灵武），改灵州为西平府，建都于此。接着，他们又“西掠吐蕃健马，北收回鹘锐兵”，于宋咸平六年（1003）攻占河西重镇西凉府（今甘肃武威），逐渐把势力西扩于“河西走廊”的中心地带。占据灵州、凉州后，西夏即拥有了“丝绸之路”的贸易便利，势力日强。1036年，元昊进而攻陷瓜、沙、肃三州，逐渐取代回鹘，占领了“丝绸之路”的主干线。至此，“元昊既悉有夏、银、绥、宥、静、灵、盐、会、胜、甘、凉、瓜、沙、肃，而洪、定、威、龙皆即堡镇号州，仍居兴州，阻河依贺兰山为固”[①]，遂于1038年正式建立“白高大夏国”，中原史书称其为“西夏”。西夏存在了190年，历经十代皇帝，到1227年被蒙古所灭。

元昊于宋景祐三年（西夏大庆元年，1036）创制了独一无二的西夏文，《宋史》卷485《夏国传上》记载[②]：

> 元昊自制蕃书，命野利仁荣演绎之，成十二卷，字形体方整类八分，而画颇重复。教国人纪事用蕃书，而译《孝经》《尔雅》《四言杂字》为蕃语。

西夏国师鲜卑宝源创作的诗文总集《贤智集》中对“风帝”元昊的开疆和造字之功有很高的评价，曰[③]：

---

① （元）脱脱等撰：《宋史》卷485《夏国传上》，中华书局1977年点校本，第13994页。
② （元）脱脱等撰：《宋史》卷485《夏国传上》，中华书局1977年点校本，第13995页。
③ 孙伯君：《西夏俗文学“辩”初探》，《西夏研究》2010年第4期。

[illegible]

风帝即位，四海战战兢兢。番地无边，八山巍巍荡荡。剑刃以磨，地上疆界已正；玉毫绵长，创制人中番文。

西夏建国后，元昊秉承了“河西走廊”自汉代以来盛行佛教的传统，并开始着手把汉文佛经译成西夏文，黑水城出土西夏文《妙法莲华经序》记载[①]：

[illegible]

此后风角城皇帝以本国语言，建立番礼，创制文字，翻译契经。

西夏的主体民族自称“番”（西夏文“[illegible]”，音 mi），汉语称之为“党项”，藏语称之为 mi nyag，汉文史料译作“弥药”。11 世纪以后的阿拉伯、波斯和蒙古历史文献都沿用 Tangut 这个名称指称党项，该词源自突厥语，首次出现在公元 735 年的“毗伽可汗碑”东面第 24 行，写作 Tangut[②]。西夏遗民在元代被称作“河西”或“唐兀惕”[③]。窝阔台之子合失死（大概是 1239 年）后的一段时间，蒙古人使用“唐兀”、“唐兀惕”或“唐古忒”，讳言“河西”，洪钧《元史译文证补》卷 15《海都补传》载其原因：“海都，太祖诸孙，合失子。太祖征西夏，合失生（太祖凡五征西夏，不知何役，当是在前）。西夏为河西地，蒙古称河西音似‘合失’，转音‘合申’。名以合失，志武功也。合失嗜酒早卒，太宗痛之。自此蒙古人讳言河西，惟称唐古忒。”[④]

从 12 世纪 40 年代开始，西夏盛行藏传佛教。西夏灭亡后，其故地河西走廊的广大地域于 1229 年被封为阔端属地，西夏后裔大部分留居于此，陪都凉州（今武威）、甘州（今张掖）和沙州（今敦煌）等地仍然延续了西夏末期的经济文化活动。萨迦班智达携八思巴到凉州（1246），乃至后来八思巴于至元七年(1270)被封为帝师后，河西地区更是掀起了信仰与传播藏传佛教的高潮，大量的藏传佛教萨迦派法本被同时译成汉文和西夏文。13 世纪末，当马可・波罗沿着“丝绸之路”行至沙州，抵达“唐古忒”境内时，他听到当地多数信奉佛教的居民讲着一种独特的语言，曰：“抵一城，名曰沙州。此城隶属大汗，全州名‘唐古忒’（Tangout）。居民多是偶像教徒，然亦稍有聂思脱里派之基督教徒若干，并有回教徒。其偶像教徒自有其语言。”[⑤] 所谓“偶像教徒自有

① 西田龙雄：《西夏文〈妙法莲华经〉写真版》，IOS RAS・Soka Gakkai, 2005 年，第 6、222 页。
② 耿世民：《古代突厥文碑铭研究》，中央民族大学出版社 2005 年版，第 158 页。
③ （民国）屠寄：《蒙兀儿史记》，中国书店 1984 年版，第 317 页。
④ 洪钧：《元史译文证补》卷 15《海都补传》，清光绪二十三年（1897）刻本。
⑤ 〔意〕马可・波罗（Marco Polo）著，A. J. H. Charignon 注，冯承钧译，党宝海新注《马可波罗行纪》，河北人民出版社 1999 年版，第 192 页。

其语言”当指信奉佛教的“唐古忒”后裔还会讲西夏语。

西夏后裔的足迹曾远至西域、中亚，且对当地的屯垦树艺发挥过重要作用[①]。据《长春真人西游记》记载，当1221年丘处机奉命去中亚谒见成吉思汗时，抵达邪米思干城（今乌兹别克斯坦之撒马尔罕），看到城中“大率多回纥人，田园不能自主，须附汉人及契丹、河西等，其官长亦以诸色人为之。汉人工匠杂处”[②]。直到元代，西夏后裔仍然广布于中亚和“丝绸之路”沿线，虞集《立只理威忠惠公神道碑》记载，西夏进士曲也怯祖之子呵波古，从阿鲁忽征中亚，居薛迷昔干（撒马尔罕），“领番直、主弓矢、鹰隼之事，而治其人民焉”[③]。《元史》载，政府曾多次签发西夏遗民充军西域，如至元十六年（1279）九月，世祖曾将蒙古军2000人、河西军1000人，戍斡端城（今新疆和田）；至元二十四年（1287）十二月“发河西、甘肃等处富民千人往阇鄽地（今新疆且末），与汉军、新附军杂居耕植”[④]。此外，西夏后裔还有一支迁徙到四川甘孜木雅地区[⑤]。

西夏灭亡前后，其后裔曾作为降户被安置在金朝治下的泽州（今山西晋城）、京兆（今陕西西安）、河南唐、邓、申、裕等州（今河南唐河、邓县、信阳、方城）。《金史》卷134《外国传上·西夏》记载：（兴定元年，1217）“夏人福山以俘户来降，除同知泽州军州事。”“夏使精方匦匣使王立之来聘，未复命国已亡，诏于京兆安置，充宣差弹压，主管夏国降户。八年五月，立之妻子三十余口至环州，诏以归立之，赐以币帛。立之上言，先世本申州人，乞不仕，居申州。诏如所请，以本官居申州，主管唐、邓、申、裕等处夏国降户，听唐、邓总帅府节制，给上田千亩、牛具农作云。”[⑥]

大量西夏后裔降元为官，据汤开建统计，仕元为官者多达400余位。如立智理威，曾治理四川、湖广；老索，顺天路达鲁花赤，河西人、居保定；翰林学士高智耀，祖父和父亲均为西夏名臣；斡扎篑，曾为西凉府守臣，其祖先世掌西夏国史，其子朵儿赤，“年十五通古注《论语》《孟子》《尚书》。帝以西夏子弟多俊逸，欲试用之”[⑦]；夏国公余阙，参加过宋辽金史编纂，先世武威人，其父沙剌藏卜，曾官庐州（今合肥）等[⑧]。很多西夏后裔在山东为官，如屠寄《蒙兀儿史记》卷154《色目氏族表》载“野仙普化，唐兀氏，居德州”，“明安达尔，

① 白滨：《西夏遗民述论》，载陈梧桐主编《民大史学》第2辑，民族出版社1998年版，第51—70页。
② （元）李志常著，党宝海译注：《长春真人西游记》上卷，河北人民出版社2001年版，第59页。
③ 虞集：《立只理威忠惠公神道碑》，王颋点校《虞集全集》下册，天津古籍出版社2007年版，第1099页。
④ （明）宋濂等撰《元史》卷10、14，中华书局1976年点校本，第216、302页。
⑤ 邓少琴：《西康木雅乡西吴王考》，白滨编《西夏史论文集》，宁夏人民出版社1984年版，第680—694页。
⑥ （元）脱脱等撰《金史》，中华书局1975年点校本，第2873、2876页。
⑦ 《元史》卷134《朵儿赤传》，中华书局1976年点校本，第3255页。
⑧ 汤开建：《增订〈元代西夏人物表〉》，《暨南史学》2003年第2辑，第195—216页；李蔚《简明西夏史》，人民出版社1997年版，第261—262页。

亦唐兀氏，居曹州”，“安笃剌，亦唐兀氏，居滕州邹县”[①]。还有著名的昔里钤部（1191—1259）家族，曾助蒙古人征服西夏，受赐“拔都”称号，被擢为大名路达鲁花赤，且被后代世袭，王恽《大元故大名路宣差李公神道碑铭》对其家世记载颇详：“公讳益立山，其先系沙陀贵种。唐亡，子孙散落陕陇间。远祖曰仲者，与其伯避地，遁五台山谷，复以世故，徙酒泉郡之沙州，遂为河西人。显祖府君，历夏国中省官兼判枢密院事。皇考府君，用级爵受肃州钤部。”[②]杨朵儿只家族，《元史》卷179《杨朵儿只传》载：“杨朵儿只，河西宁夏人。少孤，与其兄皆幼，即知自立，语言仪度如成人。事仁宗于籓邸，甚见倚重。……拜资政大夫、御史中丞。”[③]其兄教化，曾任湖北廉访使，事武宗；其子杨文书讷（文殊奴）曾任“奉直大夫、山东东西道肃政廉访副使”，后于至正十三年（1353）任都水庸田使，治所在平江路（今苏州）[④]。

据白滨先生蒐集，史料中所载元代在江浙一带任职的西夏后裔更是不少，如《新元史》卷180《李世安传》载，李世安，李恒子，名散木歹，从父南征，至大二年（1309）“拜江西行省平章政事”。（明）陶宗仪《南村辍耕录》卷10：“迈里古思字善卿，西夏人，侨居松江。家贫，授徒以养母，性至孝，然落落不羁，善谐谑，名人士多与之游。至正甲申，进士及第，授绍兴路录事司达鲁花赤。”（元）袁桷《清容居士集》卷19《贺兰堂记》云：“灵武李公居钱塘三十年，筑其第之堂而名曰贺兰，志不忘本也。”杨维桢《西湖竹枝集》中有“河西女儿戴罟罛，当时生长在西湖”之句，“罟罛”是元代蒙古妇女的一种头饰。杨维桢《铁崖文集》卷2《江浙平章三旦八公勋德碑》载，西夏人三旦八手下有一支号称“飞山子”的西夏铁甲兵[⑤]。

可见，西夏后裔的足迹在元代曾遍及大江南北，很多曾于江南为官。

三　与白云宗有关的西夏文资料概述

西夏遗存文献主要发现于河西故地，最大宗的出土于内蒙古额济纳旗的黑水城遗址，1909年，科兹洛夫（П. К. Козлов）率领的俄国皇家蒙古四川地理考察队在黑水城发掘了一座藏经塔，获得了十余万叶文献，这些文献现存圣彼得堡俄罗斯科学院东方文献研究所。1914年，斯坦因（A. Stein）又在黑水城进行了搜集，构成了现在英国国家图书馆西夏文特藏的主体部分。之后，内蒙古考古队也对黑水城进行了发掘，获得了一些文献。

① （民国）屠寄：《蒙兀儿史记》，中国书店1984年版。
② 《秋涧先生大全集》卷51，上海商务印书馆1922年影印《四部丛刊》本。
③ 《元史》卷179《杨朵儿只传》，中华书局1976年点校本，第4151—4152页。
④ 周峰：《元代西夏遗民杨朵儿只父子事迹考述》，《民族研究》2014年第3期。
⑤ 白滨：《元代唐兀氏与西夏遗民》，载白滨《西夏民族史论》，甘肃文化出版社2018年版，第337—356页。

在黑水城文献发现之前，1900 年，毛利瑟（M. G. Morisse）、伯希和（P. Pelliot）、贝尔多（F. Berteaux）3 人在北京北海白塔下的一堆废纸和旧书里找到了 6 卷瓷青纸泥金书西夏文《妙法莲华经》，现分藏于法国吉美博物馆和波兰雅盖隆大学图书馆。1908 年，伯希和还曾在敦煌莫高窟北区搜集到 200 余西夏文残片，现藏于法国国家图书馆。

1917 年，宁夏灵武县修城墙时，发现了五个瓦坛，里面装满了西夏文的佛经。这批佛经的主要部分后来入藏于中国国家图书馆，散失的经卷落入国内收藏家之手，其中有些被倒卖到了日本，现在日本几个图书馆收藏的西夏文献主要来自这里。

1991 年，宁夏回族自治区考古所在贺兰山拜寺沟方塔废墟上出土了西夏文《吉祥遍至口和本续》等一批文献。

此外，在甘肃武威亥母洞、西夏王陵、敦煌莫高窟等处还有小规模的西夏文献出土，甘肃武威还有一方刻于 1094 年的“凉州重修护国寺感通塔碑”。

近十年来，世界上几个最丰富的西夏文献特藏相继公开，这些文献对于西夏历史和文明的重建、对于宋、辽、金、元历史文化的研究、对于吐蕃和回鹘佛教的传播研究、对于“丝绸之路”社会经济文化研究所发挥的重要作用逐渐显现。

与元代白云宗有关的西夏文资料主要见于俄藏黑水城文献、法藏敦煌文献、中国国家图书馆与日本收藏的灵武出土文献，现梳理如下：

1. 《过去庄严劫千佛名经》卷尾发愿文。中国国家图书馆藏本，编号 B11·052[1·16][①]。该发愿文为没尚慧护撰于元皇庆元年（1312）。此前，学界研究《普宁藏》《河西藏》的刊行过程多依靠写于大德十年（1306）的元刊《碛砂藏》本践字函《大宗地玄文本论》卷三的发愿文，其中记载《河西藏》为管主八在浙西道杭州路大万寿寺发起雕刻，共刊大藏经板 3620 余卷，至大德六年（1302）完备，当时印造三十余藏，同时刊《华严经》《梁皇宝忏》《华严道场忏仪》各百余部，《焰口施食仪轨》千余部，施于宁夏、永昌等路寺院。而《过去庄严劫千佛名经》卷尾发愿文更为详细地记载了西夏翻译大藏经以及元代翻译、刊行、施印《河西藏》的整个过程，堪与《大宗地玄文本论》卷三发愿文相参证，为了解西夏佛经的传译、把握现存西夏文佛经的刊行时代、考求元代《河西藏》的刊行情况等提供了极为可信的资料。

2. 西夏文《正行集》，1909 年出土于内蒙古额济纳旗的黑水城遗址，现藏俄罗斯科学院东方文献研究所，编号инв. № 146。刻本，麻纸蝴蝶装，白口，口题西夏书名“𗕣𗤁𘓐”及汉文页次，残卷首半叶和卷尾，曾作为西夏文世俗著作刊布于《俄藏黑水城文献》第 10 册。孙伯君《西夏文〈正行集〉考释》一文始认为其主体内容与《普宁藏》所收白云祖师清觉《正行集》一致，当归入佛教著作类[②]。在历代

① 宁夏大学西夏学研究中心、国家图书馆、甘肃五凉古籍整理研究中心编《中国藏西夏文献》第 6 册“北京编·国家图书馆藏卷”，甘肃人民出版社、敦煌文艺出版社 2005 年版，第 1—59 页。

② 孙伯君：《西夏文〈正行集〉考释》，《宁夏社会科学》2011 年第 1 期。

刊行的大藏经中，只有《普宁藏》收录有白云祖师清觉《初学记》和《正行集》，而入藏清觉的作品，也曾被认为是白云宗刊定大藏经的特色[①]。因此，白云宗尊奉的《正行集》被翻译为西夏文只能是在元代——大量的西夏遗民加入白云宗并主持刊刻《普宁藏》和《河西藏》这样的大背景下才得以实现。西夏文《正行集》为元代所译佛经的认定，为黑水城出土佛经有一部分出自元刊《河西藏》的猜测提供了有力的实证。

3. 西夏文《三观九门枢钥》，1909 年出土于内蒙古额济纳旗的黑水城遗址，现藏俄罗斯科学院东方文献研究所，编号инв. № 2551，写本，册页装，保存基本完整[②]。“三观九门枢钥”([illegible])，曾被译作“三观九门关键文”，撰者署“[illegible]”，即“白云释子”。“三观九门”是对杜顺基于《华严经》三观、天台智者大师基于《法华经》三观、宗密基于《圆觉经》三观的高度概括，“枢钥”则是对“三观九门”核心内容的阐释。该本卷末附有两首歌偈——“道宫歌偈”和“了悟歌”，同时见收于《三代相照文集》卷首，名为“白云释子道宫偈”和“白云大师了悟歌”，可推测“三观九门枢钥”是根据白云祖师清觉（1043—1121）的作品翻译而成。清觉在阐释“三观九门”之间关联的同时，所表明的主旨更倾向于宗密的圆觉三观，并与宗密“直显心性”等观点相合。这一倾向进一步说明白云宗的教义乃“主述华严”、“圆通儒释道三教”，并对当时江南盛极一时的宗密华严观法奉为圭臬。《三观九门枢钥》译成西夏文的时间应该在蒙元时期，西夏裔僧人道安等来到杭州加入白云宗，延续了宋末江浙一带白云大师这一法脉传承之后。

4. 《三代相照文集》，1909 年出土于内蒙古额济纳旗的黑水城遗址，现藏俄罗斯科学院东方文献研究所，编号инв. № 4166，蝴蝶装刻本，全书共 41 叶，82 面。克恰诺夫曾在《〈三代相照言文集〉——活字印刷术独一无二的明证》一文中对该文集的内容进行了梳理，通过《白云释子道性颂》和《白云大师妙悟歌》，指出其中所讲禅宗教义属白云宗，同时初步判断这部书可能属于 12 世纪末至 13 世纪的作品。《三代相照文集》收录有白云释子（白云大师）、法雨尊者（法雨本师）、雨啸道者、人水道者、庆法沙门、重法本师、云风释子等撰作的诗文偈颂。卷首“白云释子道宫偈”和“白云大师了悟歌”分别与《三观九门枢钥》卷末所附“道宫歌偈”和“了悟歌”内容基本相同。根据《三代相照文集》卷尾所署“净信愿发者节亲主慧照”，以及普宁藏本《华严经》卷 40 所存“元本终识”所载慧照的职衔“宣授浙西道杭州等路白云宗僧录南山普宁寺住持传三乘教九世孙慧照大师沙门道安”，可知《三代相照文集》为元代白云宗僧录慧照和僧人道慧等所纂集，收录的

---

① 小川贯弌：《太原崇善寺新出管主八の施入经と西夏文大藏经の残叶》，《支那佛教史学》第 6 卷第 1 号；《光明禅师施入经典とその扉绘与元白云宗版大藏经の考察》，《龙谷史坛》第 30 号，1942 年。

② Е. И. Кычанов. *Каталог тангутских буддийских памятников*. Киото: Университет Киото,1999, стр. 577.

是创立白云宗的祖师清觉等三代大师的诗文作品。此外，慧照名字前冠以“节亲主”，显示他为西夏皇族宗亲后裔，本姓嵬名[①]。该文集内容多为劝善、修行、守戒、对祖师和门风的颂赞等，体裁包括偈颂、歌行、杂曲、语录和论教文等，原语为汉语。慧照圆寂于至元十八年（1281），可知其编订时间大概在1281年之前。该书为活字印本，刊印地点应该与《普宁藏》和《河西藏》一样在“江南浙西道杭州路大万寿寺”。

5. 存世西夏文文献中，还有很多元代校理《河西藏》发愿文，概有以下几种：

（1）《大白伞盖佛母总持》卷末后序发愿文，佛陀跋折啰撰。署“大界国甲辰岁”，为窝阔台皇妃乃马真皇后称制时期（1241—1246）的1244年。施经人“东陛皇太子”，为蒙古王子阔端[②]。

（2）《金光明最胜王经》卷十发愿文，陈慧高撰，撰于1247年[③]。

（3）《金光明最胜王经》“流传序”，一行沙门慧觉撰。中国国家图书馆藏本，在《金光明最胜王经》卷首《忏悔灭罪记》之后[④]。

（4）《炽盛光、圣曜母等经》“弘传序”，一行沙门慧觉撰。大界国庚午年（1270）十月二十五日梁慧安管勾雕版，讹播法师发愿印施。这一年为至元七年，正是《过去庄严劫千佛名经》发愿文所记一行慧觉开始“校有译无”纂集《河西藏》的第一年。

6. 宁夏灵武出土的佛经大部分是元刊《河西藏》的零本，大部分藏于中国国家图书馆，少部分藏于日本、美国，其中有些佛经卷首存有元代皇帝刊经祝赞，如中国国家图书馆藏《说一切有部阿毗达磨顺正理论》《悲华经》《经律异相》等卷首存西夏文祝赞4面，款题译文为[⑤]：“1 当今皇帝圣寿万岁。奉大元国天下一统现世独尊福智名德集聚（皇帝）诏，总大藏经刻印传行。2 当今皇帝圣寿万岁。3 太后皇后睿算齐年。4 皇太子长寿千秋。奉诏于大德十一年六月二十二日印大藏经五十部传行。”可印证元武宗皇帝（1307—1311年在位）曾施印五十藏，印毕时间是大德十一年（1307）六月二十二日。

日本天理图书馆藏西夏文《大乘无量寿宗要经》，后附八思巴所撰颂赞《出有坏无量寿智莲华鬘赞叹》，刊布于《日本藏西夏文献》下册[⑥]。于“癸巳年（1293）

---

① “节亲主”屡见于西夏文《天盛改旧新定律令》，参考史金波、聂鸿音、白滨译注《天盛改旧新定律令》，法律出版社1999年版。

② 史金波：《西夏文〈大白伞盖陀罗尼经〉及发愿文考释》，《世界宗教研究》2015年第5期。

③ 史金波：《西夏文〈金光明最胜王经〉序跋考》，原刊《世界宗教研究》1983年第3期，再收于《史金波文集》，上海辞书出版社2005年版，第332—346页。

④ 西夏文《金光明最胜王经》“流传序”，刊布于宁夏大学西夏学研究中心、国家图书馆、甘肃五凉古籍整理研究中心编《中国藏西夏文献》第3册，甘肃人民出版社、敦煌文艺出版社2005年版，第14—18页。

⑤ 罗福成：《馆藏西夏文经典目录考略》，《国立北平图书馆馆刊》第4卷第3号，1932年，第2852—2854页。

⑥ 武宇林、荒川慎太郎主编：《日本藏西夏文献》下册，中华书局2010年版。《大乘无量寿宗要经》正文图版见第256页39—05b、265页39—11、318页39—32、304页39—28、307页39—29；八思巴撰《出有坏无量寿智莲华鬘赞叹》和卷尾发愿文图版，见第301页39—27、298页39—26、310页39—30。

神足月十五日”译自藏文本[①]。该本是目前发现的翻译年代最晚的西夏文刻本，八思巴所撰“赞叹”是目前仅见的有明确翻译时间的帝师八思巴作品的西夏文译本。据卷尾发愿文，该本在甘州（今张掖）禅定寺译成，可能曾短暂汇集于大都弘法寺，最后于大德十一年（1307）被管主八刊入《河西藏》。它的发现，为进一步明确党项遗民于蒙元时期在西夏故地继续从事藏文佛典的翻译提供了可靠的证据。

此外，法国巴黎图书馆所藏伯希和从敦煌北区发现的《大智度论》残片，有汉文“僧录广福大师管主八施大藏经于沙州文殊舍利塔寺，永远流通供养”施经戳记，可证明其为元代印施。同样有此施经戳记的还有日本天理图书馆藏《阿毗达摩大毗婆沙论》、敦煌研究院藏《龙树菩萨为禅陀迦王说法要偈》等[②]，这些均属于管主八施印的元刊《河西藏》零本。

四 西夏遗僧对元代内地佛教的贡献

此前，学界所知元代最著名的西夏裔僧官非杨琏真加莫属[③]。杨琏真加曾贵为“江淮诸路释教都总统”，统领江南释教[④]。《元史》卷9《世祖六》载，至元十四年（1277）二月丁亥“诏以僧亢吉祥、怜真加、加瓦并为江南总摄，掌释教，除僧租赋，禁扰寺宇者”[⑤]。“亢吉祥”即龙川行育，“怜真加”即杨琏真加。

杨琏真加在担任“江淮诸路释教都总统”期间对白云宗在江南的刊经活动给予了极大支持。上引《普宁藏》臣字函《大方广佛华严经入不思议解脱境界普贤行愿品》卷40所存“元本终识”记载了发起刊雕《普宁藏》的经过，发起者慧照大师道安得到了檐八上师、江淮诸路释教都总摄扶宗弘教大师、江淮诸路释教都总摄永福大师的护念。其中“江淮诸路释教都总摄永福大师”指的即是杨琏真加。

慧照大师道安于至元十八年（1281）春圆寂于大都大延寿寺，弟子如一、如贤、如志继之。整个《普宁藏》的刊雕“始自丁丑讫于庚寅，凡一十四载，由先师本愿力，故得以圆成如来一大藏经版，好事所集，无量功德”，即始于至元十四年(1277)，迄于至元二十七年（1290）。

---

① 藏文本独立于经文，款署*’phags-pa* zhes bya bas sa pho：stag gi (《zha》《lu》rta’i) lo dbyu gu’i zla ba’i tshes brgyad la sbyar ba’o，可译作“八思巴于阳土马年(1258）娄宿月（藏历9月）八日造”，通行本见收于百慈藏文古籍研究室编《萨迦五祖全集对勘本》19册，中国藏学出版社2007年版，第206—207页。

② 段玉泉：《管主八施印〈河西字大藏经〉初探》，《西夏学》2006年第1辑。

③ 陈高华：《再论元代河西僧人杨琏真加》，《中华文史论丛》2006年第2期。

④ 据李勤璞考证，杨琏真加，姓杨，“琏真加”系藏语Rin-chen Rgyal的音译，字面意思是“宝胜”。他的儿子杨暗普（杨安普）也曾贵为江浙行省左丞、宣政院使，晋封秦国公。《元史》卷17载：至元三十年（1293）二月己丑“从阿老瓦丁、燕公楠之请，以杨琏真加子宣政院使暗普为江浙行省左丞”。《元史》卷24载：至大四年（1311）十二月“癸酉，封宣政、会福院使暗普为秦国公”。参考李勤璞《八思巴帝师殿——大元帝国的国家意识形态》，台北：蒙藏委员会，2000年。

⑤ 《元史》卷9《世祖六》，中华书局1976年点校本，第188页。

“宣授浙西道杭州等路白云宗僧录南山普宁寺住持传三乘教九世孙慧照大师沙门道安”，即白云宗僧录慧照大师道安的事迹，牟巘撰、赵孟頫书《妙严寺记》记载较详[①]：

> 妙严寺本名东际，距吴兴郡城七十里，而近曰徐林。东接乌戌，南对涵山，西傍洪泽，北临洪城，映带清流而离绝嚣尘，诚一方胜境也。先是，宋嘉熙间，是庵信上人于焉创始，结茅为庐舍，板行《华严》《法华》《宗镜》诸大部经。适双径佛智偃溪，闻禅师飞锡至止，遂以妙严易东际之名，深有旨哉。其徒古山道安，同志合虑，募缘建前后殿堂，翼以两庑。庄严佛像，置《大藏经》，琅函贝牒，布互森罗。念里民之遗骨无所于藏，遂浚莲池以归之。宝祐丁巳，是庵既化，安公继之。安素受知赵忠惠公，维持翊助，给部符为甲乙流传。朱殿院应元实为之记，中更世故，劫火洞然。安公乃聚瓦砾，扫煨烬，一新旧观。至元间两诣阙廷，凡申陈皆为法门及刊大藏经板，悉满所愿。安公之将北行也，以院事勤重付嘱如宁，后果示寂于燕之大延寿寺。盖一念明了，洞视死生，不间毫发。宁履践真实，追述前志，再度一大藏，命众繙阅。创圆觉期会，建僧堂圆通殿以安像设，备极殊胜。壬辰，受法旨升院为寺，扁今额焉。

由此可知，道安曾为庵信上人的弟子，于宝祐丁巳（1257）继任妙严寺住持，“中更世故，劫火洞然”，当指1279年蒙古攻下临安（杭州），南宋灭亡，可见他早在蒙古攻打临安之前已到杭州。从接任妙严寺住持算起，至他圆寂的至元十八年（1281），道安在杭州为僧众首领达24年之久。《妙严寺记》所记他曾于“至元间两诣阙廷，凡申陈皆为法门及刊大藏经板，悉满所愿”，指的即是陈请刊雕藏经之事，可以与上文《普贤行愿品》卷40“元本终识”所记“又蒙江淮诸路释教都总摄所护念，准给文凭及转呈檐八上师引觐，皇帝颁降圣旨，护持宗门，作成胜事”，相互印证。

由《妙严寺记》所载“宋嘉熙间，是庵信上人于焉创始，结茅为庐舍，板行《华严》《法华》《宗镜》诸大部经”可知，早在宋嘉熙间（1237—1240），妙严寺即雕刊诸大部经，而作为庵信上人的弟子、妙严寺继任住持，道安被推作首领主持刊雕《普宁藏》也是理所应当的了。如所周知，从唐《开元释教录》起，“四大部经”在经录中的排列次序一直是：般若—宝积—华严—涅槃，只是到了明释智旭《阅藏知津》时名目和次序才有所变动[②]。而庵信上人刊雕诸大部经始于《华严经》，可见他们对《华严经》的重视程度。后来，至顺年间（1330—1333）妙严寺在校勘各种

---

① 《妙严寺记》，载《影印宋蹟砂藏经》首册之二，第14页上，转引自李富华、何梅著《汉文佛教大藏经研究》，宗教文化出版社2003年版，第319页。

② 张新鹰：《元妙严寺版〈大般若经〉卷五五六新见本略考》，《浙江学刊》1986年第6期。

藏经基础上重刻《大藏经》时，又延续了这一做法。至顺三年（1332）“妙严寺经坊”刊行《大般若波罗蜜多经》卷一题记载[①]：

> 曩因《华严》版行于世，继刊《涅槃》《宝积》《般若》等经，虑其文繁义广，不无鲁鱼亥豕之讹。谨按《大都弘法》《南山普宁》《思溪法宝》《古闽东禅》《碛砂延圣》之大藏，重复校雠已毕。……至顺三年龙集壬申七月日吴兴妙严寺经坊谨志。

从道安师徒刊行“四大部经”的顺序，结合道安的职衔“白云宗僧录南山普宁寺住持传三乘教九世孙”，以及妙严寺“东接乌戍，南对涵山，西傍洪泽，北临洪城”的位置，不难推断当时的妙严寺是白云宗的丛林，而刊雕《普宁藏》的最初地点当是慧照大师住持的妙严寺。同时可知，道安曾被江南丛林拥为白云宗第九世传人，白云宗宗主，秉承了白云宗的教义，并被官方任命为僧录，主持《普宁藏》的刊雕。

存世《普宁藏》所收白云祖师清觉《初学记》为道安的注释本，署“南山大普宁寺嗣孙道安注”，也可以佐证道安的白云宗宗主的地位[②]。

作为第一任白云宗僧录，道安主持大藏经局刊雕《普宁藏》，也有存世《普宁藏》相关题记加以佐证，如体字函《大般涅槃经》卷二一跋语曰[③]：

> 大藏经局伏承：嘉兴县柿林乡廿八都居奉佛弟子优婆塞崔应明，施财助刊大藏尊经板壹卷。功德用悼先兄崔圆公庵主、先弟崔息公庵主，增崇品位。
>
> 至元一十八年三月日杭州路南山普宁寺住山释道安题。

山西崇善寺藏《普宁藏》所收《解脱道论》卷一扉画左缘的题记也记载了道安的上述职衔，曰[④]：

> 幹缘雕大藏经板白云宗主慧照大师南山大普宁寺住持沙门道安，
> 功德主檐巴师父金刚上师，慈愿弘深普皈摄化。

上述带有道安题署的经卷属于《普宁藏》中较早刊行的部分，从其职衔来看，这时的慧照大师道安已经升任南山大普宁寺住持。

---

① 李富华、何梅：《汉文佛教大藏经研究》，宗教文化出版社2003年版，第286页。

② 《中华大藏经》第71册，中华书局1994年版，第30页。

③ 日本《增上寺三大藏经目录・元版刊记》第194号，第333页，转引自李富华、何梅著《汉文佛教大藏经研究》，宗教文化出版社2003年版，第320页。

④ 小川贯弌：《光明禅师施入经典とその扉绘——元白云宗版大藏经の一考察》，《龙谷史坛》1943年第30期。

俄藏黑水城出土西夏文《三代相照文集》卷首有“白云释子道宫偈”和“白云大师了悟歌”，分别与《三观九门枢钥》卷末所附“道宫歌偈”和“了悟歌”内容基本相同。白云释子为白云祖师清觉的自称，白云大师是白云宗徒对清觉的尊称，可知《三代相照文集》收录的是创立白云宗的祖师清觉等三代大师的诗文作品。该文集卷尾署“净信发愿者节亲主慧照”，慧照名字前冠以“节亲主”，显示他为西夏皇族宗亲后裔，本姓嵬名[①]。对照普宁藏本《华严经》卷40所存“元本终识”所载慧照的职衔——“宣授浙西道杭州等路白云宗僧录南山普宁寺住持传三乘教九世孙慧照大师沙门道安”，可知“白云宗僧录”慧照大师道安实为西夏后裔。

据《武林梵志》记载，在余杭县东北三十里常熟乡有“南山普宁禅寺”，“元至正末毁，洪武三年重建，归并于此曰慧照塔院（在县东北三十余里）、曰定一院（在县东北三十五里）、曰松隐庵（在县北七十五里）”[②]。其中提及的“慧照塔院”，当是道安的归葬处。

嘉庆年间重修《余杭县志》载：“南山普宁禅寺：在常熟乡瓶窑镇西，宋白云通教大师创庵以居，绍兴间改庵为院，曰传灯。又改普安。淳熙七年改今额，元末毁，明洪武三年重建，国朝嘉庆十年（1805）重修。”[③]据此，学界认为慧照大师道安曾住持的南山大普宁寺，其所在地即现在的浙江余杭瓶窑南山，那里至今还留存有十余龛摩崖造像，其构成有着较为明显的白云宗信仰特征[④]。

除了慧照大师之外，西夏遗僧一行国师慧觉在元代佛教史上的地位也非同一般。一行慧觉僧衔全称“兰山石台谷云岩慈恩寺一行沙门慧觉”或“南无大方广佛华严经中兰山云岩慈恩寺流通忏法护国一行慧觉法师”。元世祖皇帝曾赐号“释源宗主宗密圆融大师”。现藏洛阳白马寺法洪撰《故释源宗主宗密圆融大师塔铭》记载了一行国师慧觉的生平[⑤]。他是姑臧（今甘肃武威）人，祝发为僧后，闻“赠司空护法大师释源宗主”龙川行育和尚之名，赴洛阳白马寺，学习“一乘圆极之说”[⑥]。世祖皇帝时曾随护法大师校经于燕。1302 年，皇帝下诏命慧觉继任第三代释源宗主，管理白马寺。他曾应永昌王之邀回凉州讲学，大兴佛教，并创寿光、觉海二寺。从至元七年（1270）开始，他着手整修西夏旧藏，编入《河西藏》，到至元三十年（1293）开始在杭州雕版刻经，期间经历了二十余年的时间。

发起刊雕《普宁藏》的慧照大师与一行慧觉同为西夏后裔，两位宗师一南一北，慧照大师道安在杭州南山，继承白云宗清觉大师的衣钵，会通儒释道三教，从至元

① “节亲主”屡见于西夏文《天盛改旧新定律令》，参考史金波、聂鸿音、白滨译注《天盛改旧新定律令》，法律出版社1999年版。
② （明）吴之鲸：《武林梵志》卷六，文渊阁《四库全书》第588册，第130页。
③《嘉庆余杭县志》卷十五“寺观一”。
④ 林清凉、陈越：《浙江余杭南山普宁寺沿革初考》，《温州大学学报》2018年第4期。
⑤ 赵振华：《元朝白马寺释源宗主塔铭考》，《考古与文物》1999年第3期。
⑥ 所谓“一乘圆极之说”，根据龙川行育曾师从曹洞宗大师万松行秀和华严学大师善柔学习的经历，并以华严宗传人自居，而华严宗称究极教理为“一乘圆教”，故“一乘圆极之说”当指大乘之最高教义。

十四年（1277）始，组织白云宗刊行《普宁藏》，直到至元十八年（1281）春于大都大延寿寺圆寂。一行慧觉则住持白马寺，继承龙川行育大师华严义学衣钵，会通中原“一乘圆极之说”和西北流行的藏传密乘，主持校正、翻译西夏文佛经，整编《河西藏》。

李际宁和王菡等曾通过存世的《普宁藏》本多部佛经的发愿文和牌记以及刻工名字论证过《普宁藏》《河西藏》与西夏裔僧侣的关联[①]。最有力的证据是在西安开元寺和卧龙寺发现的《普宁藏》本《入楞伽经》卷一存有李惠月的施经题记[②]：

> 印经沙门光明禅师，俗姓李氏，陇西人也。七岁遭掳，九岁出家，申礼荷兰山藏明禅师为师。诣福州路为官，将梯己嚫资，起大悲愿，印十二藏经，表药师十二大愿，剃度十六员僧，拟弥陀十六观门。所集功德，上报四重恩，下济三涂苦，顶诵随喜者，具获无上果。庚寅至元二十七年正月日，印经沙门光明禅师题。提调嗣祖沙门妙敬，讲经论沙门祖常，检经监寺云悟，同检经沙门正祐。

题记中明言捐资“印十二藏经，表药师十二大愿，剃度十六员僧，拟弥陀十六观门”的光明禅师为西夏遗民，这个光明禅师即李慧月（惠月）。日本守屋孝藏所搜集的泥金书《华严经》卷尾也存有一则施经题记，内容上与《普宁藏》本《入楞伽经》卷一颇为一致，署为“光明禅师惠月”[③]：

> 长安终南山万寿禅寺住持光明禅师惠月，陇西人也。九岁落发披缁，一踞荷兰山寺，瞻礼道明大禅伯为出世之师，旦夕咨参，得发挥之印。先游塞北，后历江南；福建路曾秉于僧权，嘉兴府亦预为录首。忖念缁衣之滥汰，惟思佛法之难逢。舍梯己财，铺陈惠施。印造十二之大藏，剃度二八之僧伦；散五十三部华严，舍一百八条法服。书金银字八十一卷，《圆觉》、《起信》相随；写《法华经》二十八篇，《梵网》、《金刚》各部。集兹胜善，普结良缘。皇恩佛恩而愿报无穷，祖意教义而发明正性。师长父母，同乘般若之慈舟；法界众生，共泛毗庐之性海。至元二十八年岁次辛卯四月八日，光明禅师惠月谨题。

中国国家图书馆曾收藏有一种《普宁藏》零本《不空罥索心咒王经》，卷中末尾存有两方牌记，可帮助我们进一步了解光明禅师惠月。一方是汉文：“河西李立义光明禅师惠月，捨体己财，印造一十二大藏经。散施诸方，普愿见闻，生生见佛，

---

① 李际宁：《关于“西夏刊汉文大藏经”》，《文献》2000年第1期；王菡《元代杭州刊刻〈大藏经〉与西夏的关系》，《文献》2005年第1期。

② 李富华、何梅：《汉文佛教大藏经研究》，宗教文化出版社2003年版，第339页。

③ 转引自李际宁《佛经版本》，江苏古籍出版社2002年版，第142—144页。

世世闻经者谨记。”[①]另一方为西夏文[②]：

> [illegible]，[illegible]，[illegible]、[illegible]、[illegible]、[illegible]、[illegible][③]。
>
> 番国贺兰山佛祖院摄禅园和尚李慧月，平尚重照禅师之弟子，为报福恩印制十二部大藏契经及五十四部华严，又抄写金银字之《华严》一部、《圆觉》、《莲花》、《般若菩萨戒经》、《起信论》等。

《普宁藏》汉文佛经中存有西夏文牌记，且据题记，《普宁藏》中多部佛经的施经人是在江南为官的西夏遗民。同时，从上引《普宁藏》佛经题记所载“庚寅至元二十七年（1290）正月日”这一时间点来看，光明禅师李惠月是继慧照大师之后组织刊行“普宁藏”的重要僧人之一。《普宁藏》的刊雕“始自丁丑讫于庚寅，凡一十四载”，即始于至元十四年（1277），迄于至元二十七年（1290）。编定《普宁藏》的发起者是西夏遗僧慧照大师道安，他于至元十八年（1281）春圆寂于大都大延寿寺，之后弟子如一、如贤、如志继之。至元二十七年（1290）《普宁藏》编定完成后，组织印制 12 部藏经的也是西夏遗僧——光明禅师李惠月。而从始至终，《普宁藏》的刊经组织者均为白云宗僧录，可推知金银字《大方广佛华严经》抄经跋所谓“福建路曾秉于僧权，嘉兴府亦预为录首”，指的是李惠月曾做过白云宗僧录。

综合这些情况，我们大致可以推定，当时在杭州白云宗所属各寺院中担任过重要职位的僧人多为西夏后裔，这些僧人不仅懂汉文，还会西夏文，并通过获得檐八和杨琏真加等西夏裔宗教上层官员的支持，得以发起和刊刻了《普宁藏》与《河西藏》两部大藏经[④]。

此外，元代史料记载了很多西夏遗僧于宋末元初流入江浙一带。元代郑元祐《遂昌杂录》记载：“钱塘门西出石函桥，河西僧三宝者垒石与砖为西番塔，旧无有也。今四五十年矣，想塔未能如旧也。塔南即宋放生池。”[⑤]“河西僧冯某者，与嘉木

---

① 该牌记见录于李际宁《西夏遗民李慧月的法宝因缘》(《佛经版本》，江苏古籍出版社 2002 年版，第 141—147 页)，后来高山杉有进一步考证，认为“李立义”应为“李立叉”，“立叉”实为西夏文“大德”，即“[illegible] ljij^2 tśhja^2”二字的音译。同时还指出了“也”字为“谨记”二字等。参考高山杉《光明禅师研究中的若干遗留问题》，《上海书评》2021 年 5 月 26 日。

② 这方西夏文牌记与西安市文管处所藏《大方广佛华严经》卷九的牌记内容相同，也见于成贤斋藏《普宁藏》本《经律异相》卷三十九，参考高山杉《光明禅师研究中的若干遗留问题》，《上海书评》2021 年 5 月 26 日。西夏文译文参考了史金波先生在《西安市文管处藏西夏文物》（《文物》1982 年第 4 期）一文中的翻译，略有改动。

③ 西夏文“[illegible] rjar^1”（畴）与“[illegible] rjar^1”（写）字同音通假，为“[illegible]”字之讹。

④ 李富华、何梅：《汉文佛教大藏经研究》，宗教文化出版社 2003 年版，第 316—354 页。

⑤ （元）郑元祐：《遂昌杂录》，文渊阁《四库全书》第 1040 册，第 0393 页。

杨喇勒智[1]同里，幼同学，情好益甚，相同而相得也。既在江南掘坟，遂以书招冯出河陇来江南。既至，道以杭故宋富贵家十坟遗冯，使之发掘。冯父子皆僧也。……冯之父居杭西湖北山，余对邻，而其子则居昭庆寺之东。”[2]

杨琏真加、慧照大师、一行慧觉和光明禅师李惠月等是由夏仕元西夏遗僧的典型代表，他们在元代曾贵为释教总统、僧录、释源宗主，具有一定的权利和地位。不过，道安为僧录时期的白云宗，与后来沈明仁为僧录时期的白云宗其宗教性质还有所不同。

由上引《佛祖统纪》卷54记载可知，南宋末年（嘉泰二年，1202），白云宗因其规制与佛门教团相去甚远，“既非僧道童行，自植党与，千百为群，挟持祆教，聋瞽愚俗。或以修桥砌路，敛率民财。创立私庵，为逋逃渊薮”，其主沈智元被政府“长流远地”，“以为传习魔法之戒”。可以想象，13世纪初的白云宗应该是沉寂了一段时间。而自从西夏僧人道安来到杭州，拜庵信上人为师，栖止于妙严寺，并于宝祐丁巳（1257年）继任妙严寺住持以后，借助印制佛教《大藏经》的因缘，道安所代表的白云宗得到了周边寺院禅教丛林的认可和支持，所谓“累承杭州路大明庆寺寂堂思宗师会集诸山，禅教师德，同声劝请，谓‘此一大因缘，世鲜克举。若得老古山与白云一宗协力开刊，流通教法，则世出世间，是真续佛慧命’”。可见，西夏灭亡后，失去故国的西夏僧人从贺兰山南下杭州等地，为了生存，依托白云宗所属寺院，与当地僧人和百姓结成了一种“结社”式的宗教互助共存共同体。他们潜心修行，救助百姓，致力于刊行《普宁藏》，补刻《碛砂藏》，最终实现了自己的佛教理想，为《大藏经》的流传、佛教的传播作出了自己的贡献。这一时期的白云宗可谓是真正意义的佛门教团。

除了对白云宗的贡献之外，西夏遗僧对藏传佛教在元代的盛行也起了关键性的交流与媒介作用。

据藏文史籍和黑水城出土西夏文献记载，从西夏仁宗（1139—1193在位）即位开始，藏传佛教始盛行于西夏境内，很多来自西藏的喇嘛被封为国师、帝师。如据艾略特·史伯岭（Elliot Sperling）研究，噶玛噶举派（Karma bka’ brgyud）创始人都松钦巴（Dus-gsum mkhyen-pa, 1110—1193）曾派其弟子臧波巴贡却僧格（Gtsang-po-pa dkon-mchog seng-ge）到西夏，仁宗奉其为帝师，号称臧巴底室哩（Gtsang-pa ti-shrī）[3]。范德康（Leonard W. J. van der Kuijp）也曾指出，蔡巴噶举派（Tshal-pa bka’ brgyud）僧人桑杰热钦（Sang-ge Ras-chen）曾在15岁时拜见

---

① 嘉木杨喇勒智，读画斋丛书本作“杨琏真加”。

② （元）郑元祐：《遂昌杂录》，文渊阁《四库全书》第1040册，第0392页。

③ Elliot Sperling.1994, “Rtsa-mi Lo-tsā-ba Sangs-rgyas Grags-pa and the Tangut Background to Early Mongol-Tibetan Relations.” *Tibetan Studies*. Proceedings of the 6th Seminar of the International Association for Tibetan Studies. Ed. Per Kvaerne. Oslo: The Institute for Comparative Research in Human Culture, 1994, Vol.2, pp.801-824；Elliot Sperling. 2004. “Further Remarks Apropos of the ‘Ba’-rom-pa and the Tanguts.” *Acta Orientalis Academiae Scientiarum Hung.* 57:1 (2004), pp.1-26.

喇嘛祥（Zhang Rin-po-che, 1123—1194），并随其学习，31 岁正式出家为僧。到 32 岁（1196）时前往唐古忒地区担任帝师，并在那里居住了 33 年，于 62 岁时返回西藏，并担任蔡寺排班领头人（gral dpon）[①]。而据黑水城出土西夏仁宗乾祐二十年（1189）御制《观弥勒菩萨上生兜率天经发愿文》，当时在西夏首都兴庆府附近的大度民寺所做的大法会上，曾“延请宗律国师、净戒国师、大乘玄密国师、禅师、法师、僧众等，请就大度民寺内，具设求修往生兜率内宫弥勒广大法会，烧施道场作广大供养，奉无量施食，并念诵佛名咒语。读番、西番、汉藏经及大乘经典，说法作大乘忏悔”[②]。其中的“大乘玄密国师”曾把《解释道果语录金刚句记》传至西夏，而据《大乘要道密集》第四册“大手印伽陀支要门”，此人又是噶举派著名祖师米拉日巴的再传弟子[③]。

1227 年，西夏境内的灵州、盐州、六盘山等地相继被蒙古军队攻陷，与此同时首都中兴府被围半年，最后城内兵困粮绝，人民惨遭屠戮。西夏灭亡后，百姓家国顿失，或投身蒙古，或四处避难，很多达官显贵为避屠戮“易服为苾刍”。夏元之交，西夏故地河西，尤其是与藏族毗邻的甘州、永昌、凉州、沙州等处，仍然是藏传密教的传行之地。1240 年，蒙古王子阔端从凉州派多达那波带兵进藏，并招请噶举派止贡寺法台京俄扎巴迥乃到凉州时，扎巴迥乃转而推荐了萨迦班智达，此后遂有萨迦班智达携八思巴和元朝统治者于 1247 年在凉州的会面。这一历史性会面，最终成就了藏传佛教在元朝宫廷的百年兴盛。

西夏遗僧对藏传佛教在元代盛行所起的交流与媒介作用可以从以下几个方面加以证明：

（1）元代宗教上层人士杨琏真加、檐八上师、沙啰巴等均为西夏遗民。杨琏真加已如上述。“檐八”又作“胆八”（*Dam-pa*, 1230—1303）[④]，（元）杨瑀《山居新语》记其为河西僧[⑤]。元赵孟頫书写的《大元敕赐龙兴寺大觉普慈广照无上帝师之碑》（又名《胆巴碑》）记述了胆巴在佛教上的功德：“至元七年，与帝师八思巴俱至中国。帝师者，乃圣师之昆弟子也。帝师告归西蕃，以教门之事属之于师，始于五台山建立道场，行秘密咒法，作诸佛事，祠祭摩诃伽剌。持戒甚严，昼夜不懈，屡彰神异，赫然流闻。自是德业隆盛，人天归敬。武宗皇帝、皇伯晋王及今皇

---

① Leonard W.J.van der Kuijp 1998., “On the Life and Political Career of Ta'i-Ci-Tu Byang-Chub Rgyal-Mtshan（1302-?1364）”, *Tibetan Histroy and Language, Studies Dedicated to Uray Géza on this Seventieth Birthday*, Ed. Herausgegeben Von Ernst steinkellner, Arbeitskreis Für Tibetische und Buddhistische Studien Universität, Vien, 1991, pp.277-327.

② 聂鸿音：《乾祐二十年〈弥勒上生经御制发愿文〉的夏汉对勘研究》，杜建录主编《西夏学》第 4 辑，宁夏人民出版社 2009 年版，第 42—45 页。

③ 八思巴等编《大乘要道密集》卷四，台北：自由出版社 1974 年版，第 407 页。

④ Herbert Franke（傅海波），“Tan-pa, a Tibetan Lama at the Court of the Great Khans”, Mario Sabattini ed., *Orientalia Venetiana I, Volume in onore di Lionello Lanciotti* (Firenze: Leo S. Olschki, 1984), pp. 157-180.杨富学、赵天英译“胆巴：蒙古汗廷中的藏族喇嘛”，《安多研究》第 5 辑，民族出版社 2009 年版，第 190—196 页。

⑤（元）杨瑀：《山居新语》卷 1，载《元明史料笔记》本《玉堂嘉话、山居新语》，中华书局 2006 年版，第 207 页。

帝、皇太后皆从受戒法，下至诸王将相贵人，委重宝为施，身执弟子礼，不可胜纪。”元泰定五年（1328）林淳撰“帝师殿记”载元代潮州路建立的帝师殿内，主尊塑像八思巴，其徒胆巴、搠思剌并列于座①，可见胆巴地位之尊崇。《元史·释老传》还记载他多次用秘法为成宗祷疾、禳灾等。

沙啰巴（1259—1314）②，元代史料又称“高沙剌巴”，法洪《帝师殿碑》载其为河西僧，曰：“有河西僧高沙剌巴，建言于朝，以为‘孔子以修述文教之功，世享庙祀。而光帝师，德侔将圣师表一人，制字书以资文治之用，迪圣虑以致于变之化，其功大且远矣。而封号未追，庙享不及，岂国家崇德报功之道哉？’大臣以闻，诏郡国建祠宇，岁时致享。”③这里的“高沙剌巴”即指沙啰巴。李齐贤（1287—1367）《有元赠敦信明义、保节贞亮、济美翊顺、功臣、太师、开府仪同三司、尚书右丞相、上柱国忠宪王（高丽高宗）世家》还曾载沙啰巴为“鲜卑僧”④。他幼时依八思巴剃度为僧，“学诸部灌顶之法”。所译八思巴《彰所知论》款题“宣授江淮福建等处释教总统、法性三藏弘教佛智大师沙罗巴译”，廉复撰“序言”赞其“总统雪岩翁，英姿间世，听授过人，久侍师之法席”，可知他曾任“江淮福建等处释教总统”。沙啰巴所译《最胜真实名义经》《佛说白伞盖陀罗尼经》《佛说坏相金刚陀罗尼经》于至大三年（1310）被允许入藏白云宗主持刊行的《普宁藏》⑤。

（2）元明时期汇集的藏传佛教经典《大乘要道密集》中所收萨迦派、噶举派“道果”法、“大手印”法文本与黑水城出土同名文献有密切关联，说明元代宫廷流行的藏传佛教法本最早是西夏时期翻译的。陈庆英曾通过《大乘要道密集》和黑水城出土汉文本，最早考证过西夏所传密法和上师与藏传密乘的渊源关系⑥。此后沈卫荣、孙鹏浩等先后撰写系列文章，就西夏帝师与藏传佛教祖师的传承关系、西夏遗存文献与《大乘要道密集》汉文本的关联加以论述⑦。孙伯君、聂鸿音也在《西夏文藏传佛教史料——“大手印”法经典研究》一书中具体考察了俄藏黑水城出土

---

① （元）林淳“帝师殿记”，见收于卢蔚猷、吴道镕《海阳县志》（光绪廿六年[1900]刻本）卷三十一，叶3a-4b。

② Herbert Franke（傅海波），“Sha-lo-pa (1259-1314), a Tangut Buddhist monk in Yüan China”，Gert Naundorf, Karl-Heinz Pohl, Hans-Hermann Schmidt ed., *Religion und Philosophie in Ostasien: Festschrift für Hans Steininger zum 65. Geburtstag* (Würzburg: Königshausen & Neumann), 1985, pp. 201-222.杨富学、樊丽沙译“元代西夏僧人沙罗巴事辑”，《陇右文博》2008年第1期。

③ （元）法洪：《勅建帝师殿碑》，载《佛祖历代通载》卷22，《大正藏》卷49，第0733页上栏。

④ 李齐贤：《益斋集》，秋，卷九上，叶18a-18b，朝鲜刊本。参考李勤璞《八思巴帝师殿——大元帝国的国家意识形态》，台北：蒙藏委员会，2000年。

⑤ 沙啰巴译《佛说文殊菩萨最胜真实名义经》，见《大正藏》第20册，第826页上栏。

⑥ 陈庆英：《〈大乘要道密集〉与西夏王朝的藏传佛教》，《中国藏学》2003年第3期；陈庆英：《大乘玄密帝师考》，《佛学研究》2000年，总第9期。

⑦ 沈卫荣：《序说有关西夏、元朝所传藏传密法之汉文文献——以黑水城所见汉译藏传佛教仪轨文书为中心》，《欧亚学刊》第七辑，中华书局2007年版，第159—167页；沈卫荣：《〈大乘要道密集〉与西夏、元朝所传西藏密法》，载《西藏历史和佛教的语文学研究》，上海古籍出版社2010年版，第347—391页；沈卫荣：《文本对勘与历史建构：藏传佛教于西域和中原传播历史研究导论》，《文史》2013年第四辑，第43—91页。孙鹏浩：《有关帕当巴桑杰的汉文密教文献四篇》，载沈卫荣主编《西域历史语言研究集刊》第五辑，科学出版社2012年版，第177—188页。

西夏文文献与《大乘要道密集》所收汉文本的关联，认为其中《大手印顿入要门》《大手印定引导要门》《大手印静虑八法》等20余种“大手印”法经典可与《大乘要道密集》中同名汉译本勘同；《除念定碍剂门》《对治定相剂门》《治风碍剂门》《十六种要义》等“那若六法”之“拙火”修法法本与《大乘要道密集》第一卷中同名汉译本有对应关系[①]。

（3）通过西夏遗僧一行慧觉的传法轨迹，可知元代内地和河西的密法交往颇为密切。据法洪撰《故释源宗主宗密圆融大师塔铭》，一行国师慧觉曾闻“赠司空护法大师释源宗主”龙川行育和尚之名，赴洛阳白马寺，学习“一乘圆极之说”[②]，凡六、七载。后受永昌王只必帖木儿之邀，回故乡凉州（武威）讲法，并创建寿光、觉海两座寺院。1302年，皇帝下诏命慧觉继任第三代释源宗主，管理白马寺。期间，他还受太后之命回凉州举办佛事，为大元帝国祈福。碑中还有“西北之俗笃信密乘，公服膺既久，深得其道”等记载。可见，一行慧觉是元代融通汉地华严“一乘圆教”和河西藏传佛教的关键性人物。

（4）存世《河西藏》和《普宁藏》中有一些译自藏传佛教萨迦派的法本，这些法本最初由河西一带的西夏遗僧译成，最后被刊入大藏经。八思巴“赞叹”《大乘无量寿宗要经》于“癸巳年（1293）神足月十五日”在甘州（今张掖）禅定寺译成，最后于大德十一年（1307）被管主八刊入《河西藏》。据《出有坏无量寿智莲华鬘赞叹》卷尾跋文，该卷的翻译发愿者是“甘州禅定寺乞僧德妙法师斡遇”，翻译地点是“禅定寺法堂讹德正法师室内”，说明该卷是在甘州禅定寺翻译的；《大乘要道密集》中所收《解释道果逐难记》，款署“甘泉大觉圆寂寺沙门宝昌传译”，《无生上师出现感应功德颂》署“马蹄山修行僧拶巴座主依梵本略集”[③]；《普宁藏》所收《圣妙吉祥真实名经》后附“圣者文殊师利一百八名赞”和“圣者文殊师利赞”均款署“元甘泉马蹄山中川守分真师侄智慧译”，说明元代在甘州等地各寺院聚集了一批西夏遗僧，他们把藏传佛教萨迦派经典译成汉文和西夏文，为内地人修习藏传佛教提供了精审的法本。

五　本项研究的学术价值

根据我们下文的考证，刊行《普宁藏》《碛砂藏》的“主缘刊大藏经僧录、广福大师”管主八就是元代权势盛极一时的沈明仁。而据李克璞考证，管主八所撰《密

---

① 孙伯君、聂鸿音：《西夏文藏传佛教史料——“大手印”法经典研究》，中国藏学出版社2018年版。

② 所谓“一乘圆极之说”，根据龙川行育曾师从曹洞宗大师万松行秀和华严学大师善柔学习的经历，并以华严宗传人自居，而华严宗称究极教理为“一乘圆教”，故“一乘圆极之说”当指大乘之最高教义。

③ （元）八思巴等编：《大乘要道密集》，台北：自由出版社1974年版，第201、331页。

迹力士大权神王经偈颂》中“大权神王”实指藏传佛教护法神“麻诃葛剌”，“麻诃葛剌”本为萨迦派款氏家族本尊护法神[①]。说明沈明仁担任僧录时期的白云宗，其信徒既有藏传佛教又有汉传佛教的宗教背景。他组织刊行《普宁藏》《河西藏》，补刻《碛砂藏》，尽管为佛教传播作出了重大贡献，但在历史上却成为“设教诱众”和“私赂近侍，妄受名爵”的历史罪人，恐怕与他为刊行《大藏经》大肆募集资金的背景有关。

黑水城出土西夏文文献中的《正行集》为白云宗祖师清觉作品的译本[②]，《中华传心地禅门师资承袭图》中有“白云宗的师资承袭图”[③]，《三代相照文集》为白云宗祖师及其传人所撰作的文集[④]，《三观九门枢钥》也是白云宗祖师作品的译文[⑤]。这些资料的考订为进一步了解白云宗于宋末元初在杭州的活动，白云宗大师及其信徒所崇奉的教义，以及西夏裔僧侣对传承江浙白云宗这一法脉所起的作用，均有一定的参考价值。

具体而言，本项研究的价值和意义可以归纳如下：

第一，明确了俄藏黑水城西夏文文献并非都是西夏时期的译作，为确定黑水城出土文献的年代和性质提供了有力的帮助。此前西夏学界有一种观点，认为俄藏黑水城文献中凡用西夏文写成的佛经都是西夏时期的作品，也有学者对此存疑，猜测其中或有一些为元代所刊，只是苦于没有实证材料。现在我们在黑水城出土的西夏文《正行集》《三代相照文集》《三观九门枢钥》和《中华传心地禅门师资承袭图》中，发现了这些文献与白云宗祖师清觉的种种关联。而据考证，清觉的《初学记》和《正行集》只入藏于《普宁藏》中，且这一特点曾被认为是白云宗刊定大藏经的最主要的特色，因此我们认为白云宗所尊奉的经典被翻译成西夏文只能是在元代。《正行集》等白云宗祖师作品的西夏文译本的整理与翻译，堪为确定黑水城出土文献的年代和性质提供有力的帮助。

第二，首次采用“四行对译法”对与《普宁藏》《河西藏》的编订、白云宗教义与传承有关的西夏文文献进行释读与系统研究，为学界更好地利用这些文本进行相关研究提供更为准确的译文。

第三，把西夏文资料放在中国佛教史框架下加以综合分析，通过与汉文史料相对照，重点考证了《河西藏》的编订过程、慧照大师和管主八的身份，并梳理了存世《河西藏》的文本，堪为厘清《普宁藏》和《河西藏》的编订和刊行的史实提供重要资料。西夏灭亡后，大量的僧人从贺兰山南下杭州，加入了白云宗，着手把遗

---

① 李克璞：《“管主八”新考》，《中国历史博物馆馆刊》1995年第2期。
② 孙伯君：《西夏文〈正行集〉考释》，《宁夏社会科学》2011年第1期。
③ 孙伯君：《元代白云宗译刊西夏文文献综考》，《文献》2011年第2期。
④ 孙伯君：《西夏文〈三代相照文集〉述略》，《宁夏社会科学》2018年第6期。
⑤ 孙伯君：《西夏文〈三观九门枢钥〉考补》，《宁夏社会科学》2019年第4期。

存的西夏文佛经加以校理，并融通“河西走廊”与内地佛教，把西夏遗僧新译的一些经典纂集刊入《河西藏》。同时，西夏后裔还发起刊刻《普宁藏》，为后世汉文《大藏经》提供了非常精审的本子。这段历史此前鲜为人知，本成果利用西夏资料加以揭示，为厘清相关史实提供参考。

第四，堪为研究白云宗组织性质和教义提供重要资料。由于在募集刊刻《大藏经》资金的过程中组织结社，甚至挖坟掘墓，声势甚巨，影响恶劣，且给当时的统治造成了很大的威胁，白云宗在历史上曾屡遭禁绝，佛教史甚至斥之为“吃菜事魔”的邪教，因此，关于白云祖师清觉的著作、白云宗的教义、组织活动等情况的汉文记载相对较少。本成果整理的这批西夏文献大部分是首次公布和研究，堪为研究白云宗的教义及其历史作用提供丰富的资料。

第五，堪为认识元代佛教构成的多元性提供帮助。南宋末年，西夏连年战火，1227年终被蒙古所灭，一批西夏裔僧人被迫远离故国，来到杭州，并得到了南宋贵族的维护，跻身于南山妙严寺等白云宗寺院，形成宗教互助共存共同体。后来，南宋灭亡，这些作为色目人的西夏后裔又得到了西夏裔宗教上层的庇祐，形成了一种介乎“结社”性质的宗教团体组织。大概在元武宗、仁宗时期，有藏传佛教萨迦派背景的沈明仁等成为白云宗僧录，白云宗的权势与地位得到进一步提升，吸引了当地的富户豪民加入，使之逐渐成为一种声势很大的“豪民”教团。白云宗可谓是元代佛教多元化的一个缩影。竺沙雅章先生曾认为白云宗的组织性质是“豪民”教团，我们进一步认为宋末元初白云宗是西夏后裔主导的“结社”宗教组织，到元仁宗时期才逐渐发展成“豪民”教团。尽管白云宗祖师清觉的主张多化自佛教，但元武宗、仁宗之后，白云宗信徒多为“豪民”，其组织性质已远非单纯的佛教团体。

第六，堪为宋元僧侣文学研究提供资料。本成果全面整理释读白云宗《三代相照文集》，该文献收录了白云宗三代祖师所撰诗文偈颂，未见汉文记载，可为宋元僧侣文学的研究提供资料。

第一章 白云宗与元刊《河西藏》

第一节 《河西藏》的编刊

一 关于西夏文《大藏经》的编订

此前，关于西夏时期是否编定了完整的西夏文《大藏经》问题，学界向有争议。写于元皇庆元年（1312）的西夏文《过去庄严劫千佛名经》卷尾发愿文明确记述了西夏时期佛经翻译的数量、组织过程和校经情况。译经始于西夏开国的戊寅年间（1038），到天祐民安元年（1090），经景宗元昊（1038—1048 年在位）、毅宗谅祚(1048—1067 年在位)、惠宗秉常（1067—1086 在位）、崇宗乾顺（1086—1139 年在位）四朝皇帝，历 53 年，共翻译佛经 362 帙，812 部，3579 卷。后来，护城帝仁宗时期（1139—1193 年在位）又命与南北经重校[①]：

汉地熙宁年间，夏国风帝[②]兴法建礼维新。戊寅年间，令国师白法信并后承道年臣智光等先后三十二人为头，译为番文。民安元年，五十三载之内，先后大小三乘半满教及忏传[③]之外，为之三百六十二帙，八百十二部，三千五

① 西夏文《过去庄严劫千佛名经》发愿文，中国国家图书馆藏本，影印件见《中国藏西夏文文献》第 6 册，第 56-59 页。译文参考史金波史金波《西夏文〈过去庄严劫千佛名经〉发愿文译证》，原刊《世界宗教研究》1981 年第 1 期，见收于《史金波文集》，上海辞书出版社 2005 年版，第 312—331 页。略有改动。

② 风帝，当是“风角城皇帝”的简称，指创制西夏文的西夏开国皇帝景宗元昊。西夏陵出土残碑中曾出现“䊶䊯”（风角），西夏文《妙法莲花经序》有：“其后，风角城皇帝，使用本国语言，起行蕃礼，制造文字，翻译经典，武英特出，功业殊妙，为民造福，莫可比拟。”据此，李范文先生曾断定“风角城皇帝”是指景宗元昊（李范文《西夏陵墓出土残碑粹编》，文物出版社 1984 年版，第 12—13 页）。按，西藏用“me（火）”、“bden bral（离谛，罗刹之异名）”、“dbang ldan，（有主，即大自在天）”、“rlung（风）”分别代指东南、西南、东北、西北四隅，西夏文《菩提心及常作法事》（инв. № 6510）分别直译作“蘵（火）”、“[illegible]（离谛）”、“[illegible]（有主）”、“䊶（风）”，西夏国正处西北，故自称“风隅”，即“风角”。

③ 忏传，西夏文作“[illegible]”（tśhjwã1-tśhjow1），史金波先生曾译作“传中”，此处译作“忏传”，指忏法和后人为佛经所作注释。

百七十九卷。后奉护城帝诏，与南北经重校，令盛国内。

西夏仁宗皇帝校经和译经的情况还可以从存世文本的对比中加以了解，西田龙雄最早在梳理西夏文《大方广佛华严经》《妙法莲华经》诸多译本后，发现两部佛经均有初译本和校译本的区别，并通过对勘，注意到校译本的校订重点在音译用字上面[①]。目前所知，仁宗时期的新译本既包括汉文本，也包括西夏文本。现存注明年代最早的新译汉文本是天盛元年（TK. 164，1149）施印的《圣观自在大悲心总持功能依经录》和《胜相顶尊总持功能依经录》合刊本，署"诠教法师番汉三学院兼偏袒提点㘕卧耶沙门鲜卑宝源奉敕译"。此外存有夏、汉两种文本对照的还有《持诵圣佛母般若多心经要门》（1167）、《佛说圣大乘三归依经》（1184）、《圣大乘胜意菩萨经》（1184）、《观弥勒菩萨上生兜率天经》（1189）等[②]。

从《过去庄严劫千佛名经》发愿文还可知道，尽管西夏从建国开始即组织翻译汉文佛经，但一直到西夏仁宗时期，并没有完成整部汉文《大藏经》的翻译，其中佛经中的"忏传"，或"经解、注疏"等并未及翻译，基于这种情况，仁宗才开始进行补译和校译工作。俄藏西夏天庆元年（1194）太后罗氏印施西夏文《仁王护国般若波罗蜜多经》（инв. № 683）卷尾校译跋，详述了仁宗皇后、桓宗母亲罗太后发愿组织翻译"注疏"类经典和重新校经的情况，曰[③]：

此前传行之经，其间微有参差讹误衍脱，故天庆甲寅元年皇太后发愿，恭请演义法师兼提点智能，共番汉学人，与汉本注疏并南北经重行校正，镂版散施诸人。后人得见此经，莫生疑惑，当依此而行。

西安市文物局藏西夏光定四年（1214）神宗遵顼《金光明最胜王经》发愿文，也可补充说明仁宗之后译经和校经的情况[④]：

今朕位居九五，密事纷繁，如临深渊，如履薄冰。夜以继日，思柔远能迩之规；废寝忘餐，观国泰民安之事。尽己所能，治道纤毫毕至；顺应于物，佛力遍覆要津。是以见此经玄妙功德，虽发诚信大愿，而旧译经文或悖于圣情，或昧于语义，亦未译经解、注疏，故开译场，延请番汉法师、国师、禅师、译主，再合旧经，新译疏义，与汉本细细校雠，刊印传行，以求万世长存。

可知当时曾基于前代"旧译经文或悖于圣情，或昧于语义"，且"未译经解、

① 西田龙雄:《西夏语研究と法华经》（I）（II），《东洋学术研究》第44卷第1、2号，2004年。
② 孙伯君:《西夏仁宗皇帝的校经实践》，《宁夏社会科学》2013年第4期。
③ 聂鸿音:《〈仁王经〉的西夏译本》，《民族研究》2010年第3期。
④ 译文参考聂鸿音《西夏佛经序跋译注》，上海古籍出版社2016年版，第150页。

注疏”等情况，开设译场，延请番汉法师、国师、禅师、译主等一起，“再和旧经”，并“新译疏义”，与汉本细细校雠，刊印传行。

期间所开译场的组织架构在西夏光定六年（1216）刊定的《胜慧到彼岸要门慎教现前疏钞庄严论明偈》（инв. № 5130）卷尾跋语中记载颇详，曰[①]：

西天大巧健钵弥怛毗陀迦啰波啰讹及译师比丘吉积执梵本勘定羌译，复大钵弥怛吉祥果名无死与兀路赞讹谋多智众师执梵本再勘正译。五明现生寺院讲经律论辩番羌语比丘李慧明、五台山知解三藏国师沙门杨智幢新译番文，出家功德司正禅师沙门宠智满证义，出家功德司正副使沙门没藏法净缀文，出家功德司承旨沙门尹智有执羌本校。御前校疏钞都大勾当中兴府签判华阳县司检校罔仁持，御前疏钞印活字都大勾当出家功德司承旨尹智有，御前疏钞印活字都大勾当工院正罔忠敬。

光定丙子六年六月　日。

跋语中出现了“新译番文”“证义”“缀文”“执羌本校”“御前校疏钞都大勾当”，“御前疏钞印活字都大勾当”等职衔，说明当时这些经典是在皇家组织的一个真正的译场内进行翻译和校理的。

在校勘和补译佛经的过程中，仁宗皇后、桓宗母亲罗太后起到了至关重要的作用。史载，罗太后于仁宗天盛十九年（1167）被立为皇后，上尊号为“章献钦慈皇后”，并曾于 1206 年废桓宗立襄宗（1206—1211 年在位）为皇帝[②]。现存桓宗时期的施经发愿文和题记大多是由罗太后具名的。此外，我们还见到了罗太后施经戳记。目前所知，带有罗太后施经戳记的佛经有两部：一是黑水城出土西夏文刻本《佛说长阿含经》卷十二，经题下有帙号“𗫂 tśhjo¹”（有）字，经折装，上下双栏，影件见《俄藏黑水城文献》第 24 册[③]；一是黑水城出土西夏文写本《佛说宝雨经》卷十，经题下有帙号“𗤻 dzjɨj¹”（卜）字，经折装，上下双栏，影件见《俄藏黑水城文献》第 1 册，彩版五三[④]。施经戳记的西夏文可译作“大白高国清信弟子皇太后罗氏新增写番大藏经一整藏，舍于天下庆报伽蓝寺经藏中，当为永远诵读供养”。

此外，天庆二年（1195）的汉文本《转女身经》也是罗太后具名敬施的，发愿文曰：“今皇太后罗氏，自惟生居末世，去圣时遥，宿植良因，幸逢真教。每思仁

---

① 聂鸿音:《俄藏 5130 号西夏文佛经题记研究》，《中国藏学》2002 年第 1 期。
② 《宋史》卷 485《夏国传下》，中华书局 1977 年点校本，第 14026 页。
③ 俄罗斯科学院东方文献研究所、中国社会科学院民族研究所、上海古籍出版社编：《俄藏黑水城文献》第 24 册，上海古籍出版社 2015 年版，第 179 页。
④ 俄罗斯科学院东方研究所圣彼得堡分所、中国社会科学院民族研究所、上海古籍出版社编：《俄藏黑水城文献》第 1 册，上海古籍出版社 1996 年版，第 154 页。

宗之厚德，仰凭法力以荐资。”[①]类似的发愿文还出现于汉文本《金刚般若波罗蜜经》（TK14），署“大夏乾祐二十年（1189）岁次己酉三月十五日，正宫皇后罗氏谨施”[②]。天庆三年（1196）汉文本《大方广佛华严经普贤行愿品》卷尾跋语：“今皇太后罗氏，恸先帝之遐升，祈觉皇而冥荐。谨于大祥之辰，所作福善，暨三年之中，通兴种种利益，俱列于后。”[③]

罗太后施经戳记明确说“新增写番大藏经一整藏”，而且带有施经戳记的这两部佛经以及黑水城出土很多佛经都带有帙号，说明经过仁宗和桓宗两朝，在罗太后的主持下，到13世纪初整部西夏文《大藏经》终于得以编订完成。

瑞典民族博物馆收藏的元刊西夏文《大白高国新译三藏圣教序》残本，原为夏桓宗皇帝御制[④]，其中也谈及当时组织译经的情况，曰[⑤]：

> 曩者风帝发起译经，后先白子经本不丰，未成御事，功德不具。仁□□□，不修净道，爱欲常为十恶，三解脱门□□。□源流水，世俗取用所需；善语如金，众生□□教导。居生死海，不欲出离，□爱欲□，□觉□□。治国因乎圣法，制人依于戒律，□□六波罗蜜，因发弘深大愿。同人异语，共地殊风，字□□□，依□为治。故教养民庶，御译真经，召集辩才，缀连珍宝。

同时，这一序言名为“大白高国新译三藏圣教序”，说明西夏文《大藏经》最终是在桓宗时期编定完成的。襄宗应天四年（1209）施经发愿文（инв. № 5423）还谈及“开读经文：番、西番、汉大藏经一百八藏，诸大部帙经并零杂经共二万五十六部”，也可以从侧面证明当时编订西夏文《大藏经》的工作已经完成。

由此，透过黑水城出土很多佛经都带有帙号这一情况，以及梳理与桓宗母亲罗太后相关的佛经发愿文，结合《过去庄严劫千佛名经》卷尾发愿文所述西夏早期译经的历史，可以发现，西夏汉文佛经的翻译从景宗元昊开始，在崇宗天祐民安元年（1090）完成主体之后，历经仁宗（1139—1193年在位）、桓宗（1193—1206年在位）两朝的补译和校正，到桓宗末年（1206）前后在罗太后的主持下终于编订完成了整部西夏文《大藏经》。

值得说明的是，完成西夏文《大藏经》之后，单本的佛经，尤其是藏文佛经的翻译和校正工作并没有停止。上述光定四年（1214）刊印的西夏文《金光明最胜王

① 俄罗斯科学院东方研究所圣彼得堡分所、中国社会科学院民族研究所、上海古籍出版社编：《俄藏黑水城文献》第1册，1996年，第224页。

② 俄罗斯科学院东方研究所圣彼得堡分所、中国社会科学院民族研究所、上海古籍出版社编：《俄藏黑水城文献》第1册彩页图版23，1996年。

③ 俄罗斯科学院东方研究所圣彼得堡分所、中国社会科学院民族研究所、上海古籍出版社编：《俄藏黑水城文献》第2册，1996年，第372—373页。

④ К.Б. Кепинг, “Тангутские ксилографы в Стокгольме”, Б. Александров сост., *Ксения Кепинг: Последние статьи и документы*, Санкт-Петербург: Омега, 2003, c. 61.

⑤ 聂鸿音：《西夏佛经序跋译注》，上海古籍出版社2016年版，第143页。

经》卷尾施经发愿文，叙述了神宗(1211—1223 年在位）时期校经和刊印疏钞的情况，即说明了这一点。同时，目前见到的译自藏文的西夏文佛经大多没有帙号，也多为西夏中晚期所翻译，说明西夏文《大藏经》可能只入藏了译自汉文的佛经和疏钞。

二　元代一行慧觉对《河西藏》的整理

西夏文《过去庄严劫千佛名经》卷尾发愿文记载了西夏被蒙古所灭，“大夏成池，诸藏潮毁”，西夏后裔在元代重新编订《河西藏》的过程。其中最重要的校经国师是一行慧觉（活跃于 1270—1313 年），他从至元七年（1270）开始“校有译无”，到 1293 年刊行，经历了二十余年的时间。

关于一行国师慧觉，洛阳白马寺存法洪撰《故释源宗主宗密圆融大师塔铭》对其生平有较详细的记载[①]：

公讳慧觉，杨氏，姑藏人，父仕西夏为显官。夏亡，易服为苾蒭，隐居求道，物论美之。公幼读书，聪颖不群，少长，志慕佛乘，遂祝发为僧。时西北之俗笃信密乘，公服膺既久，深得其道，乃肥遁嵓薮，励精禅想。既而曰：“密乘固修心之要，非博通经论，不足以究万法之源，穷佛道之奥。”闻先宗主赠司空护法大师，传一乘圆极之说，风偃秦洛，负笈从之，有针水之契。护法尝顾公以语人曰：“此子，吾门梁栋也。”探赜索隐，凡六七载，而于法性圆融之旨焕焉。若临秦镜而睹肝膈，无复余蕴矣。护法以其克荷重寄，付以赤伽梨衣。逮将辞归，护法曰：“此寺，佛法滥觞之源，今草昧之初，惟才是用，吾徒虽众，幹蛊者寡，方托而以腹心之寄，手足之助，何遽舍吾而归耶？”公以托付之重，竭肱股之力，朝夕左右，虽勤而不以为劳也。故宗社之兴，公有劳焉。

世祖皇帝诏海内德望校经于燕，公从护法，以见赐宗密圆融大师之号。会永昌王遣使延公启讲于凉，公之道大振于故里，创寿光、觉海二寺。护法殁，公不远数千里赴葬，尽心丧之礼。有旨授公河南僧录，公以祖刹虚席，非负天下重望者不可尸之，荐故真觉大师于朝，诏以为释源宗主。真觉殁，公亦西归，群雄乖競，释源鼎沸。诏以公为宗主，错枉举直，因能任事，逾朞而百废具修，寺以大治。寻以太后诏驰驲适凉，修佛事，为国延釐。公有家僮四十余人，至是，悉良之。以皇庆二年五月甲寅卒于白马寺。垂终之夕，以田四十余亩为寺恒产，又以钞五千余缗付寺僧，使岁计其赢，于岁首阅大藏，以福幽显。荼毗获五色舍利，诏乘驿送回姑藏，又分遗骨閟于此。铭曰：

---

① 法洪撰“故释源宗主宗密圆融大师塔铭”，见洛阳市史志编纂委员会编《洛阳市志》卷 15《白马寺 • 龙门石窟志》，中州古籍出版社 1996 年版，第 101 页。转载于崔红芬《 西夏遗僧慧觉考略》，《黑水城文献研究回顾与展望学术研讨会论文集》（上），河北师范大学历史文化学院、河北省社会科学院 2009 年版，第 197—209 页。

学究方等兮，道贯圆融。殊途交骋兮，独踽厥中。生不累有兮，死不沉空。叶落归根兮，体露金风。铭贞石兮閟幽宫，惟德音兮昭无穷。

延祐元年三月 日 门人惠瑄、洪琼等建，周新刊。

国图藏西夏文《金光明最胜王经》卷首存有慧觉所撰“流传序”，款题记载其职衔为“兰山石台谷云岩慈恩寺一行沙门慧觉集”（[illegible]），内容谈及该经在西夏的翻译过程与他整理该经的情况[①]：

后夏国冬出叶落为池，大界国兴，此经湮没，年深日久。佛法存亡，依乎此经，故应盛传也。至当今时，佛法历三隐四灭，有情福薄，所多重业，应治以上药，能除以一乘。夫大乘方广经者，如优昙花之难遇，胜摩尼珠之价高。多劫遇缘，供恒沙佛，发心种善，是故得近乐闻。今闻信者非小事也，贫僧学浅智微，未除尘网，坐井观天，试作短序。违圣心者，悲而谅之。

从上述记载可知，慧觉生于西夏，父为显官，夏亡后在贺兰山“易服为苾蒭”。慧觉应是随父长于寺院，“少长，志慕佛乘，遂祝发为僧”。最初出家的寺院为“石台谷云岩慈恩寺”。后慕“扶宗弘教大师释源宗主江淮诸路都总摄鸿胪卿赠司空护法大师”龙川和尚行育之名，到白马寺修习圆教，世祖皇帝时曾随护法大师校经于燕[②]。此后应永昌王之邀回凉州讲学，大兴佛教，并创寿光、觉海二寺。晚年回白马寺主持佛事，最终于皇庆二年（1313）五月甲寅卒于白马寺，元世祖皇帝赐号“释源宗主宗密圆融大师”。

《过去庄严劫千佛名经》发愿文谈及他着手整修西夏旧藏，校订原有旧经，翻译原来没有的经典的过程，西夏文与译文如下：

[illegible][③][illegible]。

[大夏成池，诸藏潮毁不全。皇元朝代，中界寂净，上师纂集残佚，修整一藏旧经。至元七年，化身一行国师，广兴佛事，校有译无令全；超如意宝，刊印三藏新经。]

可知，一行国师慧觉的校经活动始于至元七年（1270）。2019 年 7 月，发现一

① 参考聂鸿音先生译文。

② 参考崔红芬《 西夏遗僧慧觉考略》，《黑水城文献研究回顾与展望学术研讨会论文集》（上），河北师范大学历史文化学院、河北省社会科学院 2009 年版，第 197—209 页。

③ 该字原文有讹误。

件一行沙门慧觉所撰《炽盛光圣曜母等经弘传序》，存于北京泰和嘉成拍卖有限公司。后署大界国庚午年（1270）十月二十五日梁慧安管勾雕版，讹播法师发愿印施，该经应是慧觉开始纂集《河西藏》第一年所校之经。

同时，据国家图书馆藏西夏文《金光明最胜王经》“流传序”以及云南发现的明崇祯十四年（1641）刻本《大方广佛华严经海印道场十重行愿常遍礼忏仪》的记载，一行慧觉的职衔全称作“兰山石台谷云岩慈恩寺一行沙门慧觉”或“南无大方广佛华严经中兰山云岩慈恩寺流通忏法护国一行慧觉法师”。

现存西夏文佛经中，国图藏西夏文《过去庄严劫千佛名经》《金光明最胜王经》《涤罪礼忏要门》等，都是经一行慧觉之手校订并入藏《河西藏》的经典。

西夏文《过去庄严劫千佛名经》卷尾发愿文还提到西夏后裔在元代还新译了一些经典入藏《河西藏》，原文和译文如下：

> [illegible]
>
> [大臣智园于净正之法心重，接旨知会二使役共为管勾，至大四年七月十一着手，皇庆元年八月望日印毕。此外，智园、乌密二使，自进杂校缺译之经，以二圣新号正之。]

可知，元仁宗时期使臣智圆（[illegible]）于至大四年（1311）七月十一日至皇庆元年（1312）八月十五日组织刊印《河西藏》的同时，智圆与乌密（[illegible]）一起还奉表校订和新译了一些经典。“乌密”是西夏皇族姓氏“嵬名”在元代的译法，可知此人亦为西夏后裔。我们在《普宁藏》本《华严经》卷 40 所存“元本终识”所载《普宁藏》大藏经局任职人员的名单中找到了智圆，职衔为“大藏经局提调勾当僧智圆”[①]，不知此智圆是否与发愿文所记主持印经的使臣智圆为同一人。

根据这些记载，参考当时印施的西夏文大藏经 3620 卷，这一数量较西夏时期所译大藏经 3579 卷多出了 41 卷，可以推测直到元仁宗时期仍有仕元的西夏裔僧人继续翻译西夏文佛经。

最近，我们在日本天理图书馆藏宁夏灵武出土《河西藏》残本中发现了西夏文《大乘无量寿宗要经》，后附八思巴所撰颂赞《出有坏无量寿智莲华鬘赞叹》，于“癸巳年（1293）神足月十五日”译自藏文本。据卷尾跋文，该卷的翻译发愿者是“甘州禅定寺乞僧德妙法师斡遇”，翻译地点是“禅定寺法堂讹德正法师室内”，说明该卷是在甘州（今甘肃张掖）的禅定寺翻译的；西夏文译主是“宝幢遇妹多”。“宝幢”，藏文作 rin chen rgyal mtshan，遇妹多于史无征，不过，《大乘要道密集》中

① 《大方广佛华严经》卷 40，见《大正藏》卷 10，第 849 页上栏—851 页下栏。

所收《解释道果逐难记》，款署“甘泉大觉圆寂寺沙门宝昌传译”，《无生上师出现感应功德颂》署“马蹄山修行僧拶巴座主依梵本略集”[①]；《大正藏》所收《圣妙吉祥真实名经》（卷20，No. 1190）后附“圣者文殊师利一百八名赞”和“圣者文殊师利赞”均款署“元甘泉马蹄山中川守分真师侄智慧译”，说明元代在甘州等地各寺院聚集了一批西夏遗僧。

碛砂藏本《圣妙吉祥真实名经》款署“元讲经律论习蜜教土番译主聂崖沙门释智译”[②]，“聂崖”即藏文mi nyag的音译，汉文史料译作“弥药”，是藏族对党项的他称。该经当是西夏遗僧释智从藏文本译出。日本天理图书馆藏品中也有西夏文《圣妙吉祥真实名经》残片，其西夏文内容与俄藏黑水城出土诸本一致，但版本不同[③]，应该也是《河西藏》的遗存。元释智译汉文本与西夏文本形成严整对应。

由此可知，1227年西夏灭亡，仍有一批西夏遗僧继续于河西走廊传播藏传佛教。八思巴于至元七年（1270）被封为帝师后，河西地区更是掀起了一个翻译萨迦派法本的小高潮，八思巴“赞叹”《大乘无量寿宗要经》等西夏文译本即是在这一历史背景下翻译完成的。

三 元代《河西藏》的刊行

元刊《河西藏》问题，向来是西夏学研究的热点问题。此前，王国维[④]、王静如[⑤]、聂历山和石滨纯太郎[⑥]、常盘大定[⑦]、小川贯弌[⑧]、西田龙雄[⑨]、史金波[⑩]、松泽博[⑪]、李际宁[⑫]、王菡[⑬]、段玉泉[⑭]等都从不同的侧面论证过，小川贯弌通过考察太原崇善寺所存元刊《普宁藏》的扉绘和题记，注意到刊刻《普宁藏》的白云宗僧侣与

---

① （元）八思巴等编：《大乘要道密集》，台北：自由出版社1974年版，第201、331页。
② 见《中华大藏经》第71册第11页中栏。
③ 林英津：《西夏语译〈真实名经〉释文研究》，《语言暨语言学》专刊甲种之八，中央研究院语言学研究所，2006年，第13页。
④ 王国维：《元刊本西夏文华严经残卷跋》，《观堂集林》（下），中华书局1959年版，第1050—1052页。
⑤ 王静如：《河西字藏经雕版考》，《西夏研究》第1辑，中央研究院历史语言研究所单刊甲种之八，1932年，第1—14页。
⑥ 聂历山、石滨纯太郎：《西夏语译大藏经考》，《龙谷大学论丛》287，1929年。周一良汉译文载《国立北平图书馆馆刊》第4卷第3号，1930（1932）年，第2575—2581页。
⑦ 常盘大定：《西夏文字大藏经の雕刊について》，《东方学报》第9号，1939年。
⑧ 小川贯弌：《太原崇善寺新出管主八の施入经と西夏文大藏经の残叶》，《支那佛教史学》第6卷第1号；《光明禅师施入经典とその扉绘与元白云宗版大藏经の考察》，《龙谷史坛》第30号，1942年。
⑨ 西田龙雄：《西夏文华严经》I、II，京都：京都大学文学部，1975—1976年。
⑩ 史金波：《西夏佛教史略》，宁夏人民出版社1988年版；史金波《西夏文〈过去庄严劫千佛名经〉发愿文译证》，原刊《世界宗教研究》1981年第1期，见收于《史金波文集》，上海辞书出版社2005年版，第312—331页。
⑪ 野村博（松泽博）：《元代の西夏大藏经刊行に关する考察》，《东洋史苑》第12号，1978年。
⑫ 李际宁：《关于“西夏刊汉文版大藏经”》，《文献》2000年第1期。
⑬ 王菡：《元代杭州刊刻〈大藏经〉与西夏的关系》，《文献》2005年第1期。
⑭ 段玉泉：《元刊西夏文大藏经的几个问题》，《文献》2009年第1期。

刊刻《河西藏》的僧侣的渊源。李际宁和王菡等先生也通过存世的《普宁藏》本多部佛经的发愿文和牌记以及刻工名字论证过《普宁藏》、《河西藏》与西夏裔僧侣的关联。伯希和、小川贯弌、西田龙雄、罗福成等还注意到敦煌发现的西夏文佛经残片中有汉文“僧录广福大师管主八施大藏经于沙州文殊舍利塔寺，永远流通供养”牌记。

记载白云宗西夏后裔刊行《河西藏》的汉文资料，主要是写于大德十年（1306）的元刊《碛砂藏》本践字函《大宗地玄文本论》卷三的发愿文，此发愿文曾被中日学者广泛征引，相关内容如下[①]：

> 上师三宝佛法加持之德，皇帝、太子、诸王复护之恩。管主八誓报四恩，流通正教，累年发心，印施汉本大藏经五十余藏，四大部经三十余部，华严大经一千余部，经、律、论、疏钞三百余部，华严道场忏仪百余部，焰口施食仪轨三千余部，梁皇宝忏、藏经目录、诸杂经典不计其数。金银字书写大华严、法华等经，共计百卷。装严佛像，金彩供仪，刊施佛像图本，斋供十万余僧，开建传法讲席，日逐自诵大华严经一百部。心愿未周，钦睹圣旨，于江南浙西道杭州路大万寿寺雕刊河西字大藏经板三千六百二十余卷，华严诸经忏板，至大德六年完备。管主八钦此胜缘，印造三十余藏，及华严大经、梁皇宝忏、华严道场忏仪各百余部，焰口施食仪轨千有余部，施于宁夏、永昌等路寺院，永远流通。装印西蕃字乾陀、般若、白伞盖三十余件、经咒各千余部，散施土蕃等处，流通读诵。
>
> 近见平江路碛砂延圣寺大藏经板未完，遂于大德十年闰正月为始，施财募缘，节续雕刊，已及一千余卷。又见江南闽浙教藏经板，比直北教藏缺少秘密经律论数百余卷，管主八发心，敬于大都弘法寺取到经本，就于杭州路立局，命工刊雕圆备，装印补足直北、腹里、关西、四川大藏教典，悉令圆满。集斯片善，广大无为，回向真如实际，装严无上佛果菩提、西方教主无量寿佛，观音菩萨、势至菩萨、清净海众菩萨。祝延皇帝万岁，圣后齐年，太子、诸王福寿千春，帝师法王福基巩固。时清道泰，三光明而品物亨；子孝臣忠，五谷熟而人民育。上穷有顶，下及无边，法界怀生，齐成佛道者。
>
> 大德十年丙午腊月成道日宣授松江府僧录管主八谨愿。
>
> 同施经善友杜源、李成，干办印经僧可海、昌吉祥，检校秘蜜经律论秦州讲经持律沙门海云，检校秘蜜经律论巩昌府讲经持律沙门义琚，检校秘蜜经律论前吉州路报恩寺开演沙门克己。

据此可知，松江府僧录管主八等曾于江南浙西道杭州路大万寿寺雕刊《普宁藏》和《河西藏》，及补刻《碛砂藏》，并印施汉本五十余藏，广施寺院；“河西字”本

① 参考李富华、何梅著《汉文佛教大藏经研究》，宗教文化出版社2003年版，第291—292页。

三十余藏，施于宁夏、永昌等路寺院；西蕃字经三十余件散施土蕃等处。

如所周知，因西夏时期“尽有河西旧地”①，元代把西夏曾经统治的广大地域称作“河西”或“唐兀惕”②，如元代马祖常的《河西歌》曰：“贺兰山下河西地，女郎十八梳高髻。茜根染衣光如霞，却招瞿昙作夫婿。”③与之相应，西夏后裔也被称作“河西”。如《长春真人西游记》记载，当1221年丘处机奉命去中亚谒见成吉思汗时，抵达邪米思干城（今乌兹别克斯坦之撒马尔罕），看到城中“大率多回纥人，田园不能自主，须附汉人及契丹、河西等，其官长亦以诸色人为之。汉人工匠杂处”。由此，“河西字”无疑指的就是西夏字，《河西藏》则指西夏文《大藏经》。

关于《河西藏》的刊行，西夏文《过去庄严劫千佛名经》卷尾发愿文记载颇详（译文详后），最初由法师慧宝发起，由鲜卑杜七监行，知觉和尚慧中为头儿，在江南杭州雕版，于至元三十年（1293）在万寿寺内开印，到元成宗（1295—1307）大德六年（1302）始告完毕。相关西夏文与译文如下：

> [illegible]
>
> [法师慧宝，深究禅经密律，向拥多志，欲满圣上之愿故，令奏政院④鲜卑铁肐胆等，以无可疑之德音发出圣旨，命雕完江南杭州经版。由监僧事鲜卑杜七奉旨，知觉和尚慧中⑤为头儿，先遣从龙象师中所选多行者，取旧经，先后二十余人，于至元三十年万寿寺内刊印。所施应用逾千种、财物逾万品。成宗帝朝，大德六年夏初总毕，时奉诏印施十藏。]

据元刊《碛砂藏》本践字函《大宗地玄文本论》卷三发愿文，这里的“万寿寺”即指“江南浙西道杭州路大万寿寺”，此次刊造的“江南杭州经版”即是“河西字大藏经板”，即《河西藏》。“法师慧宝”发起刊行《河西藏》，应该早于“宣授松江府僧录管主八”。

西夏文《过去庄严劫千佛名经》卷尾发愿文还记载元武宗皇帝（1307–1311）时，又施印《河西藏》五十藏。元仁宗皇帝（1311–1320）重印五十藏，刊印经藏

---

① （宋）李焘：《续资治通鉴长编》卷119：“[景祐三年十二月辛未，元昊]再举兵攻回鹘，陷瓜、沙、肃三州，尽有河西旧地。”

② （民国）屠寄：《蒙兀儿史记》，中国书店1984年版，第317页。

③ （元）马祖常：《石田文集》卷5《河西歌》。

④ 政院，当是掌管释教僧徒事物的宣政院的简称。

⑤ [illegible]，这里意译作“慧中”，也可以音译作“耳泥”。

的时间，始于至大四年（1311）七月十一日，至皇庆元年（1312）八月十五日印毕。而《过去庄严劫千佛名经》发愿文实为皇庆元年（1312）没尚慧护（[illegible]）所作的刊经题记，主持这次印经的使臣是智圆（[illegible]）。

据记载，《普宁藏》的刊雕始于元世祖至元十四年（1277），迄于至元二十七年（1290）[①]，可见，《河西藏》是在《普宁藏》完成之后的第三年1293年开始刊雕的。所刊《河西藏》卷数为3620余卷。

国家图书馆藏《说一切有部阿毗达磨顺正理论》《悲华经》《经律异相》等卷首存西夏文祝赞4面，款题译文为[②]：“1当今皇帝圣寿万岁。奉大元国天下一统现世独尊福智名德集聚（皇帝）诏，总大藏经刻印传行。2当今皇帝圣寿万岁。3太后皇后睿算齐年。4皇太子长寿千秋。奉诏于大德十一年六月二十二日印大藏经五十部传行。”该祝赞可印证武宗皇帝曾施印五十藏，印毕的具体时间是大德十一年（1307）六月二十二日。

负责《河西藏》刊行的大多为西夏后裔。《过去庄严劫千佛名经》发愿文中最后罗列的仁宗时期几个主持印经的官员中，值得重视的是时任侍御史的杨朵儿只，他也是西夏后裔，“朵儿只”当源自藏语rdo rje，义为“金刚”，《元史》卷179有《杨朵儿只传》，明确说：“杨朵儿只，河西宁夏人。……拜资政大夫、御史中丞。”[③]

据史书记载，元世祖忽必烈和元武宗、仁宗等不仅重视汉文儒家、佛教经典，而且对把这些经典译成其他民族文字、从而教化境内百姓也非常用心。《元史》卷134《迦鲁纳答思列传》：“迦鲁纳答思，畏吾儿人，通天竺教及诸国语。翰林学士承旨安藏扎牙达思荐于世祖，召入朝，命与国师讲法。国师西番人，言语不相通。帝因命迦鲁纳答思从国师习其法，及言与字，期年皆通。以畏吾字译西天、西番经论，既成，进其书，帝命锓版，赐诸王大臣。”[④]《元史》卷24《仁宗纪一》载：“（大德十一年，1307）甲申，武宗即位。六月癸巳[朔]，诏立帝为皇太子，受金宝。遣使四方，旁求经籍，识以玉刻印章，命近侍掌之。时有进《大学衍义》者，命詹事王约等节而译之，帝曰：‘治天下，此一书足矣。’因命与《图象孝经》《列女传》并刊行，赐臣下。”[⑤]

《河西藏》在管主八的组织下得以在元武宗皇帝在位时期（1307—1311）和仁宗皇帝在位时期（1311—1320）分别印施五十藏，也与皇帝的支持分不开。

大德十一年（1307）碛砂藏“何”字函元释智译《圣妙吉祥真实名经》卷尾发

① 《大方广佛华严经》卷40，见《大正藏》卷10，第849页上栏—851页下栏。
② 罗福成：《馆藏西夏文经典目录考略》，《国立北平图书馆馆刊》第4卷第3号，1932年，第2852—2854页。
③ 《元史》卷179《杨朵儿只传》，中华书局1976年点校本，第4151—4152页。
④ 《元史》卷179《杨朵儿只传》，中华书局1976年点校本，第3260页。
⑤ 《元史》卷179《杨朵儿只传》，中华书局1976年点校本，第536页。

愿文，管主八刊行的“秘密经律论”多取自大都弘法寺[①]：

> 上师三宝加持之德，皇帝太子福荫之恩，管主八累年发心，印施汉本、河西字大藏经八十余藏，华严诸经忏、佛图等西蕃字三十余件经文外，近见平江路碛砂延圣寺大藏经板未完，施中统钞贰佰锭及募缘雕刊，未及一年，已满千有余卷。再发心于大都弘法寺，取秘密经律论数百余卷，施财三百定，仍募缘于杭州路刊雕完备，续补天下藏经，悉令圆满。新刊《大华严经》板八十一卷，印施人夫。回向西方导师阿弥陀佛，观音、势至、海众菩萨。祝延皇帝万岁，太子、诸王福寿千春，佛日增辉，法轮常转者。
>
> 大德十一年六月十五日宣授松江府僧录广福大师管主八谨题。

大都弘法寺在辽代即是《契丹藏》的雕印处，金代曾贮存潞州崔法珍募刻的《赵城金藏》印经版。存世《契丹藏》中《释摩诃衍论通赞疏》卷第十和《释摩诃衍论通赞疏科》卷下皆镌有“咸雍七年十月日，燕京弘法寺奉宣校勘、雕印、流通”；而据《顺天府志·七·寺》引《元一统志》，崔法珍《赵城金藏》完成之后，于大定十八年（1178）“印经一藏进于朝，命圣安寺设坛为法珍受戒为比丘尼。二十一年以经板达于京师。二十三年赐紫衣弘教大师，以弘法寺收贮经板及弘法寺西地与之”[②]。《佛祖历代通载》卷22记载：忽必烈曾因“弘法寺藏经板历年久远，命诸山师德校正讹谬，鼎新严饰，补足以传无穷”。管主八刊入大藏经的“秘密经律论”皆取自大都弘法寺，说明元代该寺由前朝贮存印经版的地方，进一步荣升为天下佛经印本的汇集之地。

《普宁藏》所收《圣妙吉祥真实名经》后附“圣者文殊师利一百八名赞”和“圣者文殊师利赞”均款署“元甘泉马蹄山中川守分真师侄智慧译”，附有八思巴赞叹的《大乘无量寿宗要经》的西夏文译本也是在甘州翻译的，说明元代在甘州等地各寺院聚集了一批西夏遗僧，他们把藏传佛教萨迦派经典译成汉文和西夏文，为内地人修习藏传佛教提供了精审的法本。这些藏传佛教法本在甘州等地被翻译完成后，或曾汇集于大都弘法寺，此后适值14世纪初管主八“续补天下藏经”中的“秘密经律论”，最后被统一送到杭州雕版刊入大藏经。

四　“管主八”考

据《过去庄严劫千佛名经》发愿文，《河西藏》的刊雕是于至元三十年（1293）在杭州万寿寺刻印，到成宗大德六年（1302）始告完毕。而据《碛砂藏》本践字函

---

① 参考李富华、何梅著《汉文佛教大藏经研究》，宗教文化出版社2003年版，第291—292页。《圣妙吉祥真实名经》见收于《中华大藏经》第71册第8—16页，影印碛砂藏本，题名作《唐言诵圣妙吉祥真实名》，但卷尾无此跋文。

② 罗炤：《有关〈契丹藏〉的几个问题》，《文物》1992年第11期。

《大宗地玄文本论》卷三的发愿文，《河西藏》是在松江府僧录管主八的统一主持下刊行的，他当时的职衔是“宣授松江府僧录广福大师”。据《元史》，《河西藏》的雕刊曾遭挫折，《元史》卷18《成宗纪一》载：“[至元三十一年（1294）十一月]罢宣政院所刻《河西藏》经板。”①

主持刊行《河西藏》的“管主八”究为何人，学界历来没有形成统一而明确的看法。如王静如所言，“管主八”实为Bka’-’gyur-pa的音译，是藏传佛教对通经藏大师的尊称，与汉语“三藏法师”相当②。元《普宁藏》收录有《密迹力士大权神王经偈颂》，署“广福大师僧录管主八”撰，经文前智昌序文，作于延祐六年（1319），曰：“……今广福大师僧录管主八，归命三宝，独心内典，集成偈颂，补阙流通。亦曰《密迹力士大权神王经》，广行遍布。后有持咒行法之者，了明前后经旨，详而行持，自利利他，福报无穷。”③

宿白曾指出：“从管主八（Bka’-’gyur-pa）三字是吐蕃所称通经藏大师的译音和管主八本人经历考察，不难推定他即使不是当时帝师直系的萨迦喇嘛，也是萨迦一派重要高僧。”④李克璞也曾注意到，管主八所撰《密迹力士大权神王经偈颂》中“大权神王”实指藏传佛教护法神“麻诃葛剌”，而“麻诃葛剌”为萨迦派款氏家族本尊护法神，萨迦派每一寺庙都有它的殿⑤。说明管主八尽管为白云宗僧录，但其宗教信仰并非承自白云大师清觉，而是藏传佛教萨迦派。管主八不仅是刊雕大藏经的组织者，搜集中原佛典刊入《普宁藏》，搜集藏传佛典补足大藏经，而且在藏传佛教萨迦派的教理方面也颇有造诣，足可担当“三藏法师”的称号。

同时，《大宗地玄文本论》卷三发愿文署“大德十年丙午腊月成道日，宣授松江府僧录管主八谨愿”，说明写发愿文的管主八在大德十年（1306）的实际职务是“宣授松江府僧录”，“广福大师”为其封号，且在当年十月已经被称作“前松江府僧录”，而即使是前僧录，他仍然在组织刊行大藏，直到延祐六年（1319）还在对经典做校注。

似乎在《普宁藏》刊行初期，选刻佛经、接受捐赠、撰写题记都由《大藏经》局主局负责，但题记最后都要具明白云宗僧判、僧录等最高总管的职衔。大多数《普宁藏》题记都是道安等僧录本人亲自撰写的，如体字函《大般涅槃经》卷21所附至元一十八年（1281）跋语曰⑥：

大藏经局伏承：嘉兴县柿林乡廿八都居奉佛弟子优婆塞崔应明，施财助刊

① 《元史》卷18《成宗本纪一》，中华书局1976年点校本，第389页。
② 王静如：《河西字藏经雕版考》，《西夏研究》第1辑中央研究院历史语言研究所单刊甲种之八，1932年，第5页，注14。
③ 《密迹力士大权神王经偈颂》“智昌序”，载《中华大藏经》第71册，第66—67页。
④ 宿白：《藏传佛教寺院考古》，文物出版社1996年版，第378页。
⑤ 李克璞：《“管主八”新考》，《中国历史博物馆馆刊》1995年第2期。
⑥ 日本《增上寺三大藏经目录·元版刊记》第194号，第333页，转引自李富华、何梅著《汉文佛教大藏经研究》，宗教文化出版社2003年版，第320页。

大藏尊经板壹卷。功德用悼先兄崔圆公庵主、先弟崔息公庵主，增崇品位。

至元一十八年三月　日杭州路南山普宁寺住山释道安题。

大概在大德十年（1306）以后，“管主八”作为“主缘刊大藏经僧录”出现在《碛砂藏》的题记中，如撰于大德十年（1306）七月十五日《碛砂藏》气字函《阿毗达磨集异门足论》卷15末的刊记，管主八被冠以“主缘刊大藏经僧录”“劝缘掌局、功德主、行宣政院所委官”“前松江府僧录”，曰[①]：

时大元大德十年岁次丙午七月十五日，主缘刊大藏经僧录管主八谨题：
刊字作头何屋、沈必达、徐怡祖、局司冯元吉
……
行宣政院所委官杭州路天泽院孤岩居士何敬德，
行宣政院所委官真定府石佛寺住持沙门普德，
劝缘掌局功德主行宣政院所委官前松江府僧录广福大师管主八，
劝缘都功德主荣禄大夫中书省左丞张闾[②]。

上引“何”字函《圣妙吉祥真实名经》卷末发愿文还进一步说明了他募集资金刊经的情况[③]，所谓“管主八累年发心，印施汉本、河西字大藏经八十余藏，华严诸经忏、佛图等、西蕃字三十余件经文外，近见平江路碛砂延圣寺大藏经板未完，施中统钞贰佰锭及募缘雕刊，未及一年，已满千有余卷。再发心于大都弘法寺，取秘密经律论数百余卷，施财三百定，仍募缘于杭州路刊雕完备，续补天下藏经，悉令圆满。新刊《大华严经》板八十一卷，印施人夫。……大德十一年六月十五日宣授松江府僧录广福大师管主八谨题。”

《至元法宝勘同总录》编定于大德十年（1306），其“序言”也提到当时管主八为“前松江府僧录广福大师”，曰[④]：

……盖闻佛世尊之垂世立教也，拯溺三界，弥纶万有。巍乎超弥卢之峻极，高而无上；浩焉齐大浸之稽天，深不可测。譬栴檀杂遝，众苑同芳，摩尼夺目，万宝竞集。奚啻贫人之伏藏，诚出世如意之大宝也。爰自汉唐，历代帝王公卿，翻译接武，全璧未完。惟我世祖薛禅皇帝，智极万善，道冠百王，皎慧日以镜空，扇慈风而被物。特旨宣谕臣佐，大集帝师、总统，名行、师德，命三藏义

① 转引自李富华、何梅著《汉文佛教大藏经研究》，宗教文化出版社2003年版，第264—265页。
② 张闾，又作“章闾”、“张驴”，元成宗大德初年为南台御史中丞，大德十年（1306）由行宣政院史改任中书平章政事。元仁宗即位出为江浙行省平章政事。皇庆元年（1312）召拜中书平章政事。延祐二年（1315）曾统兵镇压江西赣州蔡五九起事。后因在江南括田贪刻、逼死人命遭劾。
③ 参考李富华、何梅著《汉文佛教大藏经研究》，宗教文化出版社2003年版，第291—292页。
④ 元讲经律沙门庆吉祥等奉诏集《大元至元法宝勘同总录》，《乾隆大藏经》第150册，第93—292页。

学沙门庆吉祥，以蕃汉本，参对楷定大藏圣教，名之曰《至元法宝勘同总录》。华梵对辨，名题各标。陈诸代译经之先后，分大小乘教之品目。言简义密，文约义丰。旧梓方册，未类梵典。今前松江府僧录广福大师管主八，钦念：天朝盛事，因循未彰，睿泽鸿恩，报称何及？谨刊入大藏，节续随函。于以对扬明命，昭示万世。……

时大德十年岁次丙午冬至日

江西吉州路前官讲报恩寺讲经论释克己序。

该“序”作于大德十年（1306）冬至日，其时管主八被称为“前松江府僧录”，说明在大德十年（1306）年底之前，松江府僧录及其供职机构僧录司曾被罢免。据《元史》卷21《成宗纪四》载：“[大德十年（1306）春正月]戊午，罢江南白云宗都僧录司，汰其民归州县，僧归各寺，田悉输租。”说明大德十年（1306）春，江南白云宗都僧录司曾被罢免。松江府僧录司在《元史》中很少被提及，我们怀疑即史籍中经常提到的白云宗都僧录司。

由于白云宗在募集刊刻《大藏经》资金的过程中组织结社，甚至挖坟掘墓，在杭州周围影响恶劣，且其声势甚巨，给当地统治者造成了很大的威胁，因此，在元成宗、武宗、仁宗朝，屡遭朝臣的弹劾，白云宗摄所和白云宗都僧录司更是屡罢屡复。《元史》卷21《成宗纪四》：“[大德七年（1303）七月]罢江南白云宗摄所，其田令依例输租。”

至大元年（1308），白云宗摄所重新恢复，《元史》卷22《武宗纪一》：“[至大元年（1308）三月]复立白云宗摄所，秩从一品，设官三员。”一年后又被罢免，《元史》卷23《武宗纪二》：“[至大二年（1309）三月]辛卯，罢杭州白云宗摄所，立湖广头陀禅录司。”至大四年（1311）又进一步罢总统所及各处僧录、僧正、都纲司，《元史》卷24《仁宗纪一》：“（至大四年二月）罢总统所及各处僧录、僧正、都纲司，凡僧人诉讼，悉归有司。”《河西藏》的雕刊也曾屡遭挫折，如《元史》卷18《成宗纪一》载：“[至元三十一年（1294）十一月]罢宣政院所刻《河西藏》经板。”①

从上引《至元法宝勘同总录》克己序可以了解到，元代大藏经局历来由白云宗僧录负责。而管主八的松江府僧录被罢免后，仍然主持大藏经局，刊雕《河西藏》《普宁藏》，补刻《碛砂藏》等工作并没有因此停滞。

《普宁藏》所收至大三年（1310）三月入藏的沙啰巴译《佛说文殊菩萨最胜真实名义经》卷尾存有跋语，明确说当时主持刊雕《大藏经》的是时任大慈隐寺住持的白云宗宗摄沈明仁，曰②：

---

① 《元史》卷18《成宗本纪一》，中华书局1976年点校本，第389页。

② 沙啰巴译：《佛说文殊菩萨最胜真实名义经》，见《大正藏》第20册，第826页上栏。

湖州路归安县大慈隐寺住持白云宗宗摄沈明仁，于至大二年十二月初九日延庆司官海音都延庆使，特奉皇太子令旨："江南白云宗送经来的沈宗摄回去有，将《最胜真实名义经》《佛说白伞盖陀罗尼经》《佛说坏相金刚陀罗尼经》这经本好生刊板印造，交大藏经裹入去流通者，敬此。"敬惟：皇太子殿下，宿植善根，深通佛教。敬遵令旨，依上刊雕，流传天下。仰祝：皇图巩固，佛法流通，凡有见闻，同归善果者。

至大三年三月　日白云宗宗摄沈明仁谨题。

《普宁藏》所收皇庆二年（1313）白云祖师清觉《正行集》卷尾的跋语曰"白云宗宗主臣僧明仁承奉"，明确记载了沈明仁为"白云宗宗主"[①]。

《普宁藏》所收皇庆二年（1313）白云祖师《初学记》卷首"赵孟頫序"也记载了沈明仁为"白云宗宗主"，所谓"白云宗主明仁，奉以奏御圣上乙览之余，命录入大藏，以传久远，是亦如来开悟群生之仁也。孟頫岂胜欢喜赞叹之至。谨叙于卷首云"[②]。

可知"白云宗宗摄"即"白云宗宗主"，当时任该职者就是沈明仁，其负责的"江浙省白云宗"刊雕"沙剌巴译来的《药师仪轨》《药师供养法》，更白云和尚《初学记》"等，同时他还兼任湖州路归安县大慈隐寺住持。

沈明仁何时担任白云宗宗主于史无征，但从佛经题记和史料可知，至少在至大二年（1309）至延祐七年（1320）之间他都在任。《元史》卷25《仁宗纪二》："[延祐二年（1315）冬十月]乙未，授白云宗主沈明仁荣禄大夫、司空。"《元史》卷25《仁宗纪二》载："[延祐六年（1319）十月] 中书省臣言：'白云宗总摄沈明仁，强夺民田二万顷，诳诱愚俗十万人，私赂近侍，妄受名爵，已奉旨追夺，请汰其徒，还所夺民田。其诸不法事，宜令核问。'有旨：'朕知沈明仁奸恶，其严鞫之。'"《元史》卷27《英宗纪一》："[延祐七年（1320）二月]白云宗总摄沈明仁为不法坐罪，诏籍江南冒为白云僧者为民。"

沈明仁担任白云宗宗主这一时间段，与延祐六年（1319）《密迹力士大权神王经偈颂》智昌序文的撰作时间相重叠，而对照其所录职衔，可知"松江府僧录广福大师管主八"即史籍中经常提到的白云宗僧录沈明仁。

《正行集》卷尾跋语中提到的"本司官大司徒都功德使辇真吃剌思"，实为管主八的儿子、皇庆二年（1313）任都功德使司的"大司徒都功德使"。"辇真吃剌思"，藏文作 rin-chen 'phrin-las，义为"宝业"，《元史》卷27《英宗纪》载：

---

① 清觉：《正行集》，《中华大藏经》第71册，第41页。

② 赵孟頫：《白云祖师初学记序》，见《中华大藏经》第71 册，第30页。

“[延祐七年（1320）二月]夺僧辇真吃剌思等所受司徒、国公制，仍销其印。”[①]“辇真吃剌思”在《碛砂藏》多字函《大乘理趣六波罗蜜经》卷7之至正二十三年（1363）刊记中又作“管辇真吃剌”，曰[②]：

> 杭州路东北录事司安国坊太平巷居住，奉佛管永兴大师辇真吃剌发心，将故父管僧录遗下秘密经版一部，舍入平江路碛砂寺大藏经坊一处安顿，永远印造流通。祝延圣寿，愿大吉祥如意者！
>
> 至正二十三年二月十六日，奉佛管辇真吃剌谨施。

这里称“辇真吃剌思”的父亲管主八为“故父管僧录”，可以证明管主八就是主持刊行《碛砂藏》的白云宗僧录、白云宗宗主沈明仁。

沈明仁的继任者为明瑞，据元统三年（1335）六月入藏《普宁藏》的《天目中峰和尚广录》卷首题记，当时刊雕《大藏经》的工作改由大普宁寺住持明瑞主持，且明瑞被封为“佛智妙应广福大师”，但值得注意的是明瑞并无“管主八”的尊称，曰[③]：

> 皇帝圣旨里，杭州路余杭县南山大普宁寺住持臣僧明瑞，元统二年五月二十八日，蒙朝廷差来官赉奉到行宣政院劄付该准宣政院咨：元统二年正月二十六日，钦奉圣旨，节该：中峰和尚加与普应国师名字，它撰集来的文字，但有藏经印板处，教刊板入藏，钦此。除钦遵外，咨请钦依施行，准此。除外使院合下仰照验，钦依施行，奉此。除钦遵外，臣僧明瑞今将奉到普应国师《天目中峰和尚广录》三十卷，谨募檀信，刊为经板，计三函，入本寺印造毗卢大藏经院，用广流通。以此功德，恭为：祝延圣寿无疆，仰愿皇图巩固，帝道遐昌，佛日增辉，法轮常转者！
>
> 元统三年六月日，佛智妙应广福大师杭州路余杭县南山大普宁寺住持臣僧明瑞谨题。

尽管“管主八”在藏语中为“三藏法师”的通称，但在元刊《普宁藏》《碛砂藏》题记中的“管主八”，却专指“主缘刊大藏经僧录、广福大师”，也就是白云宗僧录沈明仁。

据大德十年（1306）元刊《碛砂藏》本践字函《大宗地玄文本论》卷三发愿文和“何”字函《圣妙吉祥真实名经》卷末发愿文，担任白云宗僧录后，沈明仁（管主八）主要做了以下几件重要的事情：

---

① 《元史》卷21《成宗纪四》，中华书局1976年点校本，第599页。

② 转引自李富华、何梅著《汉文佛教大藏经研究》，宗教文化出版社2003年版，第295页。

③ 《中华大藏经》第78册，第432、433页。

1. 继续把前代僧录编纂的汉本《大藏经》加以印施，并命人抄写金银字经。所谓“印施汉本大藏经五十余藏，四大部经三十余部，华严大经一千余部，经、律、论、疏钞三百余部，华严道场忏仪百余部，焰口施食仪轨三千余部，梁皇宝忏、藏经目录、诸杂经典不计其数。金银字书写大华严、法华等经，共计百卷”。

2. 完备《碛砂藏》。所谓“近见平江路碛砂延圣寺大藏经板未完，遂于大德十年闰正月为始，施财募缘，节续雕刊，已及一千余卷”。

3. 把藏传佛教经典的汉文译本补入《普宁藏》。这些经典包括沙啰巴所译《最胜真实名义经》《佛说白伞盖陀罗尼经》《佛说坏相金刚陀罗尼经》《彰所知论》等。所谓“又见江南闽浙教藏经板，比直北教藏缺少秘密经律论数百余卷，管主八发心，敬于大都弘法寺取到经本，就于杭州路立局，命工刊雕圆备，装印补足直北、腹里、关西、四川大藏教典，悉令圆满”。

4. 雕刊《河西藏》，并把元代新译的“秘密经律论”译本续补刊行。所谓“再发心于大都弘法寺，取秘密经律论数百余卷，施财三百定，仍募缘于杭州路刊雕完备，续补天下藏经，悉令圆满”。于江南浙西道杭州路大万寿寺“雕刊河西字大藏经板三千六百二十余卷，华严诸经忏板，至大德六年完备”，并施于宁夏、永昌等路寺院，永远流通。

5. 刊行藏传佛典。所谓“装印西蕃字乾陀、般若、白伞盖三十余件、经咒各千余部，散施土蕃等处，流通读诵”。

综合来看，沈明仁（管主八）的主要贡献在于他第一次把藏传佛典的汉译本收入《普宁藏》，这与他是藏传佛教萨迦派信徒的身份颇为相称。他担任僧录时期的白云宗，与其说是一个宗教组织，不如说是一个组织刊经的“豪门”机构。作为一代宗师，沈明仁（管主八）利用元代统治上层对藏传佛教的支持，在民间广募资金，组织刊印汉文、西夏文、藏文佛典，客观上融通了汉传与藏传佛教，为元代佛教的繁荣作出了重大贡献。当然，他所代表的权贵阶层，藉刊经名义，大肆敛财，“私赂近侍，妄受名爵”，虽然在宗教上得到了无限荣光，却成了世俗社会的历史罪人，也最终把白云宗带入了灭亡的境地。

第二节　元刊《河西藏》的佛经遗存

1917 年，宁夏灵武县修城墙时发现了五个瓦坛，里面装满了西夏文的佛经。这批佛经的主要部分 1929 年入藏北平图书馆，即现在的国家图书馆。散失的经卷落入国内收藏家之手，其中有些被倒卖到了日本，现在日本几个图书馆收藏的西夏文献主要来自这里。这批佛经曾经奠定了中国和日本西夏学研究的基础。可以确定为元刊《河西藏》的存世西夏文经典有下面几种，这些文本很有可能都是一行慧觉组织整理的。

1.《金光明最胜王经》卷一（B11•036[1•13]）、卷三（B11•036[1•13]）、卷四（B11•036[1•13]）、卷五（B11•036[1•13]）、卷六（B11•036[1•13]）、卷八（B11•036[1•13]）、卷九（B11•036[1•13]）、卷十（B11•036[1•13]）①。经折装，上下单栏，间有双栏。每折6行，行17字。卷首版画4折。《忏悔灭罪记》之后慧觉所撰西夏文“流传序”曰：“[illegible]，[illegible]”，可译作“次始奉白高大夏国盛明皇帝母梁氏皇太后诏，渡脱三藏安全国师沙门白智光译汉为番”。说明该本是惠宗秉常时期（1067—1086年在位）在白智光主持下初译的。“流传序”款题“兰山石台谷云岩慈恩寺一行沙门慧觉集”（[illegible]），经题下款题“白高大夏国仁尊圣德珠城皇帝奉诏 重校”（[illegible] [illegible]），说明这个本子是慧觉依照西夏仁宗皇帝（1139—1193）的重校本整理的。慧觉所撰西夏文“流传序”与《金光明最胜王经》卷十之末陈慧高发愿文对研究《河西藏》的刊行情况有重要参考价值，1983年，史金波先生曾做过释读②，具体内容见本文第五部分。据卷十发愿文，该本为大德十一年（1307）印施本。

2.《慈悲道场忏悔法》卷一（B11•038[3•15、4•15]）、卷三（B11•039[4•04]）、卷四（B11•040[4•05]）、卷五（B11•041[4•06]）、卷六（B11•042[4•07]）、卷七（B11•043[4•08]、卷八（B11•044[4•09]、卷九（B11•045[4•10]、卷十（B11•046[4•11]）③。经折装，上下双栏。“忏文”每折5行，行15字。每卷卷首存“梁皇宝忏图”4折，第一折右侧有“俞声刊”3字。卷一“慈悲道场忏悔法序”第四折有“何森秀刊”字样。款题“天生圆能禄番圣祐式法慈睦正国皇太后梁氏御译（[illegible]）、“就德主国广智增福民正久安大明皇帝嵬名御译”（[illegible]），可知为西夏秉常时期（1067—1086）初译本。卷九末有“[illegible]”8字，疑为帙号。

3.《现在贤劫千佛名经》上卷（B11•047[3•15]）、下卷（B11•048[3•16]）④，经折装，纸幅高32.3厘米，宽12.3厘米，上下双栏，版框高26.4厘米。卷首有“西夏译经图”，即“译场僧人列位图”，居首者为白智光，西夏文榜题“总译管勾者

---

① 宁夏大学西夏学研究中心、国家图书馆、甘肃五凉古籍整理研究中心编《中国藏西夏文献》第3册“北京编·国家图书馆藏卷”，甘肃人民出版社、敦煌文艺出版社2005年版，第3册，第3—408页；第4册，第3—86页。

② 史金波：《西夏文〈金光明最胜王经〉序跋考》，原刊《世界宗教研究》1983年第3期，再收于《史金波文集》，上海辞书出版社2005年版，第332—346页。

③ 宁夏大学西夏学研究中心、国家图书馆、甘肃五凉古籍整理研究中心编《中国藏西夏文献》第4册“北京编·国家图书馆藏卷”，甘肃人民出版社、敦煌文艺出版社2005年版，第87—366页。第5册，第1—186页。

④ 宁夏大学西夏学研究中心、国家图书馆、甘肃五凉古籍整理研究中心编《中国藏西夏文献》第5册“北京编·国家图书馆藏卷”，甘肃人民出版社、敦煌文艺出版社2005年版，第187—218页。

安全国师白智光”，下列“助译者”16人，主尊左榜题“母梁氏皇太后”，右榜题“子盛明皇帝”，说明西夏文本是惠宗秉常时期（1067—1086）在白智光主持下初译的。经名后款题“奉天显道耀武宣文神谋睿智制义去邪惇睦懿恭皇帝御校”（[illegible]），经文后有一行沙门慧觉撰《涤罪礼忏要门》5面，可知该本是慧觉依照西夏仁宗皇帝（1139—1193）的重校本整理刊入《河西藏》的。后附汉文“裱经题记”4行，有“发心表经释子李耳卜……”字样；另有西夏文“裱经题记”译文4行，其中“李耳塞”对“[illegible]”ʑjɨr^{1} sej^{1} lji̠^{2}，“李耳卜”对“[illegible]”ʑjɨr^{1}bu̠^{2} lji̠^{2}，“李七什”对“[illegible]”lji̠^{2} tshjij^{1} śji^{1}[①]，可知，曾有西夏后裔对该经进行过装裱。

4.《悲华经》卷九（B11•049[3•17]）[②]。帙号“岁”（[illegible] tśjij^{1}），经折装，上下双栏，版框高23.8厘米。每折6行，行17字。卷首存“释迦如来说法图”3折，并西夏文祝赞牌记4折，带蟠龙纹，西夏文及其译文如下[③]：

> 1 [illegible]。2 [illegible]。3 [illegible]。4 [illegible]。
>
> [1 当今皇帝圣寿万岁。奉大元国天下一统现世独尊福智名德集聚（皇帝）诏，总大藏经刻印传行。2 当今皇帝圣寿万岁。3 太后皇后睿算齐年。4 皇太子长寿千秋。奉诏于大德十一年六月二十二日印大藏经五十部传行。]

其后韦陀像1折。经题后款题“天生圆能禄番圣祐式法皇太后梁氏御译”（[illegible]），“就德主国增福正民大明皇帝嵬名御译”（[illegible]），“奉天显道耀武宣文神谋睿智制义去邪惇睦懿恭皇帝御校”（[illegible]），可知该经是惠宗皇帝（1067—1086）时初译，仁宗皇帝（1139—1193）时校译，元代一行慧觉根据校译本整理刊入《河西藏》，大德十一年（1307）印施。

5.《说一切有部阿毗达磨顺正理论》卷五（B11•050[4•01、4•02]）[④]。帙号“玉”（[illegible] ɣjiw^{2}），经折装，上下双栏，版框高23.8厘米。每折6行，行17字。卷首存“释迦如来说法图”3折，并西夏文祝赞牌记4折，带蟠龙纹，韦陀像1折。西夏

① 宁夏大学西夏学研究中心、国家图书馆、甘肃五凉古籍整理研究中心编《中国藏西夏文献》第5册“北京编·国家图书馆藏卷”，甘肃人民出版社、敦煌文艺出版社2005年版，封底彩页。

② 宁夏大学西夏学研究中心、国家图书馆、甘肃五凉古籍整理研究中心编《中国藏西夏文献》第5册“北京编·国家图书馆藏卷”，甘肃人民出版社、敦煌文艺出版社2005年版，第219—262页。

③ 宁夏大学西夏学研究中心、国家图书馆、甘肃五凉古籍整理研究中心编《中国藏西夏文献》第5册“北京编·国家图书馆藏卷”，甘肃人民出版社、敦煌文艺出版社2005年版，第220—222页。

④ 宁夏大学西夏学研究中心、国家图书馆、甘肃五凉古籍整理研究中心编《中国藏西夏文献》第5册“北京编·国家图书馆藏卷”，甘肃人民出版社、敦煌文艺出版社2005年版，第263—313页。

文祝赞牌记同《悲华经》。西夏文款题作“尊者众贤作，汉本大唐三藏法师玄奘译”，“奉天显道耀武宣文神谋睿智制义去邪惇睦懿恭皇帝御校”，可知该本据仁宗皇帝（1139—1193 年在位）校译本整理刊入《河西藏》，大德十一年（1307）印施。

6.《经律异相》卷十五（B11•051[di7juan]）[①]。帙号“[illegible]”（为），经折装，上下双栏，版框高 23. 4 厘米。每折 6 行，行 17 字。卷首存“释迦如来说法图”3 折，并西夏文祝赞牌记 4 折，带蟠龙纹，韦陀像 1 折。西夏文同《悲华经》和《说一切有部阿毗达磨顺正理论》。有西夏文款题，可译作“汉本沙门僧旻、宝唱等集”，“智胜禄广恤民集礼德盛皇太后梁氏御译”（[illegible]），“神功禄胜化德恤民仁净皇帝嵬名御译”（[illegible]），“奉天显道耀武宣文神谋睿智制义去邪惇睦懿恭皇帝御校”（[illegible]），可知该本是崇宗皇帝时（1087—1139）初译，仁宗皇帝时（1139—1193）校译本，一行慧觉根据校译本整理刊入《河西藏》，大德十一年（1307）印施。

7.《过去庄严劫千佛名经》（B11•052[1•16]）[②]。经折装，帙号“[illegible] njijr^1”（土），上下双栏，版框高 23 厘米，每折 6 行，行 17 字。款题“天生圆能禄番圣祐式法皇太后梁氏御译”（[illegible]），“就德主国增福正民大明皇帝嵬名御译”（[illegible]），可知该本依据惠宗皇帝（1067—1086）初译本整理而成。根据卷尾没尚慧护于元皇庆元年（1312）撰写的发愿文，该本于皇庆元年（1312）印施。

8.《金刚萨埵说频那夜迦天成就仪轨经》卷二（B11•053[1•18]）[③]，帙号“志”（[illegible] kjur^2）。刻本，经折装，上下双栏，纸幅 33x12. 3 厘米，版框高 23 厘米。存 59 折，每折 6 行，行 17 字。首尾皆残。版端两纸的接口处刻有汉字“大悲经八巳（卷）”字样，下方有刻工“台周”等名字。据王菡考证，“台周”又见于元皇庆元年（1312）所刊西夏文《过去庄严劫千佛名经》版端，而同时的刻工也参加过元代《普宁藏》的雕刊，可以判断西夏文《频那夜迦经》是 14 世纪初期所刻河西字《大藏经》中的一卷[④]。经聂鸿音先生确认，该经转译自宋法贤汉译本（《大正藏》第 1272 号），原经凡四卷，存卷二。可以推测该本为皇庆元年（1312）印施本。

9.《不空绢索神变真言经》卷十八（B11•054[1•19]）[⑤]，帙号“轮”（[illegible] dźiə^2）。

① 宁夏大学西夏学研究中心、国家图书馆、甘肃五凉古籍整理研究中心编《中国藏西夏文献》第 5 册“北京编・国家图书馆藏卷”，甘肃人民出版社、敦煌文艺出版社 2005 年版，第 314—368 页。

② 宁夏大学西夏学研究中心、国家图书馆、甘肃五凉古籍整理研究中心编《中国藏西夏文献》第 6 册“北京编・国家图书馆藏卷”，甘肃人民出版社、敦煌文艺出版社 2005 年版，第 3—59 页。

③ 宁夏大学西夏学研究中心、国家图书馆、甘肃五凉古籍整理研究中心编《中国藏西夏文献》第 6 册“北京编・国家图书馆藏卷”，甘肃人民出版社、敦煌文艺出版社 2005 年版，第 60—89 页。

④ 王菡：《元代杭州刊刻〈大藏经〉与西夏的关系》，《文献》2005 年第 1 期。

⑤ 宁夏大学西夏学研究中心、国家图书馆、甘肃五凉古籍整理研究中心编《中国藏西夏文献》第 6 册“北京编・国家图书馆藏卷”，甘肃人民出版社、敦煌文艺出版社 2005 年版，第 90—131 页。

刻本，经折装，上下双栏，纸幅 33×12 厘米，版框高 24 厘米。存 83 折，每折 6 行，行 17 字。版端两纸的接口处刻有汉字“不空十八巳（卷）”字样，下方有刻工“周子俊”“任”等名字。卷尾有墨书汉字八行，为发愿者的名字。可推测该经与《频那夜迦经》为同一时期的刻本。

10.《添品妙法莲华经》卷二（B11•055[1•17]）①。刻本，经折装，上下双栏，纸幅 33.1×10.6 厘米，每折 6 行，行 16 字。板框高 18.6 厘米。卷首存“释迦如来说法图”4 折，并西夏文祝赞牌记 3 折，带蟠龙纹，西夏文祝赞牌记作“当今皇帝御印”（[illegible]）；“仪天兴圣慈仁昭懿寿元皇太后御印”（[illegible]）；“正宫皇后御印”（[illegible]）。据《元史》卷 23《武宗本纪》，至大三年（1310）冬十月上皇太后尊号册宝曰“仪天兴圣慈仁昭懿寿元皇太后”②，可知该经是元武宗时期（1308-1311）所刻印。

11.《佛母大孔雀明王经》卷下（B11•057[3•18]）③。刻本，经折装，纸幅 28.9×11.2 厘米，上下双栏，版框高 21.4 厘米。每折 6 行，行 16 字，存 62 折。款题“奉天显道耀武宣文神谋睿智制义去邪惇睦懿恭皇帝御校”（[illegible]），可知该本据西夏仁宗皇帝（1139-1193）校译本整理刊入《河西藏》。

12.《地藏菩萨本愿经》卷中（B11•058[1.02-2]）④。刻本，经折装，纸幅 23.6×9.6 厘米，上下双栏，版框高 17.3 厘米。每折 6 行，行 15 字，存 67 折。

13.《菩萨地持经》（卷九）（B11•059[3•15]）⑤，为西夏文《现在贤劫千佛名经》（卷上）裱褙衬纸，板间接纸处有西夏文帙号“种”（mə²），现藏中国国家图书馆。刻本，经折装，纸幅 32.3×10.5 厘米，上下双栏，版框高 22.7 厘米。每折 6 行，行 17 字，存卷首 7 折。板间接纸处还有表示经名和卷次的汉字“菩萨执地经九巳（卷）”以及板序数、刻工名“卜□”。款题“天生圆能禄番圣祐式法皇太后梁氏御译”（[illegible]），“就德主国增福正民大明皇帝嵬名御译”（[illegible]），可知该本据惠宗（1067—1086）初译本整理刊入《河西藏》。

14.《大智度论》（卷四）（B11•060[3•15]）⑥，为西夏文《现在贤劫千佛名经》

---

① 宁夏大学西夏学研究中心、国家图书馆、甘肃五凉古籍整理研究中心编《中国藏西夏文献》第 6 册“北京编·国家图书馆藏卷”，甘肃人民出版社、敦煌文艺出版社 2005 年版，第 132—190 页。

② （明）宋濂等撰《元史》，中华书局 1976 年点校本，第 527 页。

③ 宁夏大学西夏学研究中心、国家图书馆、甘肃五凉古籍整理研究中心编《中国藏西夏文献》第 6 册“北京编·国家图书馆藏卷”，甘肃人民出版社、敦煌文艺出版社 2005 年版，第 212—242 页。

④ 宁夏大学西夏学研究中心、国家图书馆、甘肃五凉古籍整理研究中心编《中国藏西夏文献》第 6 册“北京编·国家图书馆藏卷”，甘肃人民出版社、敦煌文艺出版社 2005 年版，第 243—283 页。

⑤ 宁夏大学西夏学研究中心、国家图书馆、甘肃五凉古籍整理研究中心编《中国藏西夏文献》第 6 册“北京编·国家图书馆藏卷”，甘肃人民出版社、敦煌文艺出版社 2005 年版，第 282—284 页。

⑥ 宁夏大学西夏学研究中心、国家图书馆、甘肃五凉古籍整理研究中心编《中国藏西夏文献》第 6 册“北京编·国家图书馆藏卷”，甘肃人民出版社、敦煌文艺出版社 2005 年版，第 285—288 页。

（卷上）裱褙衬纸，板间接纸处有西夏文帙号“别”（[illegible] pha[1]），现藏国家图书馆。刻本，经折装，纸幅 32. 3×12 厘米，上下双栏，版框高 23 厘米。每折 6 行，行 17 字，存 8 折，前后皆残。板间接纸处还有表示经名和卷次的汉字“大智度四巳（卷）”以及版序数、刻工名“翁”。西田龙雄曾于《西夏文〈华严经〉》II 中明确指出其为元刊本①。2007 年，彭向前发表《中国藏西夏文〈大智度论〉卷第四考补》，对其进行了解读，并就其刊刻时间进行了讨论②。2019 年，郭垚垚对其进行了释读和研究，指出该本中的“翁”姓刻工亦见于《碛砂藏》、《普宁藏》③。

法国国家图书馆伯希和藏品《大智度论》残片存有汉文“僧录广福大师管主八施大藏经于沙州文殊舍利塔寺，永远流通供养”施经戳记，可证明为元代印施，同样有此施经戳记的还有日本天理图书馆藏《阿毗达摩大毗婆沙论》、敦煌研究院藏《龙树菩萨为禅陀迦王说法要偈》④。

15. 《大方广佛华严经》，现藏中国国家图书馆、日本等地。国图藏卷四十八（B11•061[3•16]）⑤。还有一些残片为西夏文《现在贤劫千佛名经》裱褙衬纸，其中有写本，如卷 48；有经折装刻本，如卷 11、卷 12 等；有活字印本，如卷 71。其中卷 71 有帙号“山”（[illegible] njij[2]）⑥。《大方广佛华严经》日本各地还有很多藏品。刻本和活字印本款题作“奉天显道耀武宣文神谋睿智制义去邪惇睦懿恭皇帝御校”（[illegible]），可知该经据西夏仁宗皇帝（1139—1193 年）校译本整理刊入《河西藏》。

16. 八思巴《出有坏无量寿智莲华鬘赞叹》西夏文译本，现藏日本天理图书馆，刊布于《日本藏西夏文献》下册⑦。卷尾有跋文，详述了八思巴撰作该颂赞的时间、西夏文本的翻译时间、译者、地点和刊经功德主、刻工、书字人等信息，可译作“八思巴帝师（[illegible]）于戊午年娄宿月初八日合毕。”“翻译发愿者甘州禅定寺乞僧德妙法师斡遇，禅定寺法堂讹正德法师室内译。癸巳年（1293）神足月十五日，译主宝幢遇妹多番译。刊印发愿者施主杨茶遇师，发

① 西田龙雄：《西夏文〈华严经〉》II，京都：京都大学文学部 1976 年，第 29 页。

② 彭向前：《中国藏西夏文〈大智度论〉卷第四考补》，《西夏学》2007 年第 2 辑，第 110—114 页。

③ 郭垚垚：《西夏文〈大智度论〉研究》，中国社会科学院大学（研究生院），博士学位论文，2019 年。

④ 段玉泉：《管主八施印〈河西字大藏经〉初探》，《西夏学》第 1 辑，2006 年，第 99—104 页。

⑤ 宁夏大学西夏学研究中心、国家图书馆、甘肃五凉古籍整理研究中心编《中国藏西夏文献》第 6—10 册“北京编・国家图书馆藏卷”，甘肃人民出版社、敦煌文艺出版社 2005 年版。

⑥ 宁夏大学西夏学研究中心、国家图书馆、甘肃五凉古籍整理研究中心编《中国藏西夏文献》第 6 册“北京编・国家图书馆藏卷”，甘肃人民出版社、敦煌文艺出版社 2005 年版，第 294—316 页。

⑦ 武宇林、荒川慎太郎主编：《日本藏西夏文献》下册，中华书局 2010 年版。《大乘无量寿宗要经》正文图版见第 256 页 39—05b、265 页 39—11、318 页 39—32、304 页 39—28、307 页 39—29；八思巴撰《出有坏无量寿智莲华鬘赞叹》和卷尾发愿文图版见 301 页 39—27、298 页 39—26、310 页 39—30。

愿友鲜卑氏巴韦奴，单啰从。刻工惠戒韦师。书者笔受德智薛。”据此可知，八思巴撰作该颂赞的时间是“戊午年（1258）娄宿月八日”，正与藏文的记载相合，因藏文本创作于八思巴被封为帝师之前，故原本没有“帝师”两字；翻译时间癸巳年（1293）神足月十五日，当元世祖忽必烈在位的至元三十年，此时八思巴已经圆寂；翻译地点是甘州（今张掖）禅定寺；译者宝幢遇妹多、刊行功德主杨茶遇师和鲜卑氏巴韦奴、单啰从等，从名字上看，他们可能是西夏后裔。它的发现，为进一步明确党项遗民于蒙元时期在西夏故地继续从事藏文佛典的翻译提供了可靠的证据。

第三节 元刊《河西藏》中的“帙号”

自唐释智升《开元释教录略出》首创以《千字文》作为“帙号”编次入藏典籍之后，宋元两朝刊刻的佛藏中某一经典入某一字号基本上相沿成制[①]。如《大般若波罗蜜多经》600卷，共有60帙，帙号作：“天地玄黄，宇宙洪荒。日月盈昃，辰宿列张。寒来暑往，秋收冬藏。闰馀成岁，律吕调阳。云腾致雨，露结为霜。金生丽水，玉出昆冈。剑号巨阙，珠称夜光。果珍李柰。”至治二年(1322)雕毕的《碛砂藏》的《千字文》编号始“天”终“烦”。

国图藏灵武出土元代编印的《河西藏》大多有帙号，最完整的是80卷西夏文《大方广佛华严经》，帙号作[②]：

[illegible]，[illegible]。[悟钱降铁，生尾江山]

这八个字显然不是汉文《千字文》的翻译，其与西夏桓宗时期（1193—1206）编订的西夏文《大藏经》所用帙号基本相同，如俄藏黑水城出土80卷西夏文《大方广佛华严经》刻本有两套，分别使用了八个不同的帙号[③]：

第一套：[illegible]。[大方广佛华严契经]
第二套：[illegible]，[illegible]。[华日降耀，生尾江山]

① 张新鹰：《元妙严寺版〈大般若经〉卷五五六新见本略考》，《浙江学刊》1986年第6期。
② 宁夏大学西夏学研究中心、国家图书馆和甘肃五凉古籍整理研究中心编：《中国藏西夏文献》，甘肃人民出版社、敦煌文艺出版社2005—2007年版，第6册第289页始—第7、8、9、10册。
③ Кычанов, Е.И. *Каталог тангутских буддийских памятников*, Киото: Университет Киото.1999,p.690.

第一套八个帙号显然是《大方广佛华严经》的西夏文译名；第二套与国图藏元刊《大方广佛华严经》所用帙号基本相同。

国图藏《河西藏》其他零本大多存有“帙号”，尽管无法连贯起来，但只要有“帙号”，基本可以判断其为元刊《河西藏》的一部分。如《悲华经》卷九有帙号“岁”（[illegible] tśjij1），《说一切有部阿毗达磨顺正理论》卷五有帙号“玉”（[illegible] ɣjiw2），《经律异相》卷十五帙号“为”（[illegible] ·wji1），《过去庄严劫千佛名经》有帙号“[illegible] njijr1”（土），《金刚萨埵说频那夜迦天成就仪轨经》卷二有帙号“志”（[illegible] kjur2），《不空绢索神变真言经》卷十八有帙号“轮”（[illegible] dźiə2）①。国图藏西夏文《现在贤劫千佛名经》（卷上）的裱褙衬纸中也有三种佛经保留了帙号，《菩萨地持经》卷九有西夏文帙号“种”（[illegible] mə2），《大智度论》卷四有帙号“别”（[illegible] pha1），《大方广佛华严经》卷 71 有帙号“山”（[illegible] njij2）等②。

黑水城出土西夏文佛经所用帙号大多与元刊《大方广佛华严经》的类型相同，是西夏时期特有的《千字文》，如《大宝积经》120 卷的帙号是③：

> [illegible]，[illegible]，[illegible]。[忍敏水石，神本时起，动仁去言。]

俄藏《大般若波罗蜜多经》写本前 450 卷的帙号是下面 45 个字④：

> [illegible]，[illegible]。[illegible]，[illegible]。[illegible]，[illegible]。[illegible]，[illegible]。[illegible]，[illegible]。[illegible]，[illegible]……。[乾坤不散，空广最胜。地幽神首，圣宫聚集。霄壤本源，鸟产卵蛋。感通已就，指许未全。日月星无，暗昧斑见。四围和合，云……。]

《大般涅槃经》全四十卷，每十卷用一个帙号，也与《大方广佛华严经》类型相同：

> [illegible] sjwij1 [illegible] ·ja̱r2 [illegible] ·we1 [illegible] lju̱2。[晴日晨眠⑤。]

---

① 孙伯君：《元代〈河西藏〉编刊资料补正》，《中华文化论坛》2019 年第 5 期。

② 三种佛经分别刊布于宁夏大学西夏学研究中心、国家图书馆、甘肃五凉古籍整理研究中心编《中国藏西夏文献》第 6 册“北京编·国家图书馆藏卷”，甘肃人民出版社、敦煌文艺出版社 2005 年版，第 282—284、285—288、294—316 页。

③ 张映晖：《西夏文〈大宝积经〉“密迹金刚力士会第三之二”整理与研究》，中国社会科学院研究生院博士论文，2019 年，第 17—24 页。

④ Кычанов, Е.И. *Каталог тангутских буддийских памятников*, Киото: Университет Киото.1999,pp. 690-691. Mylnikova, Yulia，彭向前《西夏文〈大般若波罗蜜多经〉函号补释》，杜建录主编《西夏学》10，上海古籍出版社 2013 年版，第 90—93 页。

⑤ 据克恰诺夫著《西夏佛典目录》，《大般涅槃经》不同的抄本很多，共计一百五十余个编号，各个编号所用帙号有时也不甚统一，如“[illegible] lju̱2”字在инв. № 6331 的卷三十一中写作通假字“[illegible] lju̱2”。

除了上述大部头的佛经有成套的帙号外，俄藏黑水城文献中单本佛经还出现了以下帙号[①]：

佛经名称和卷次	俄藏编号	帙号	施印时间
《佛说长阿含经》卷十二	инв. №150	“有”（𗏁 tśhjo^{1}）	桓宗（1193—1206）皇太后罗氏施印
《佛说宝雨经》卷十	инв. № 87	“卜”（𗏁 dzjij^{1}）	桓宗（1193—1206）皇太后罗氏施印
《文殊师利咒藏中校量数珠功德经》和《百千印陀罗尼经》	инв. № 6064	“谋”（𗏁 rjij^{2}）	
《七佛八菩萨所说大陀罗尼神咒经》	инв. № 69	“魁”（𗏁 khjwi^{1}）	
《七佛所说神咒经》卷四	инв. № 2243	“魁”（𗏁 khjwi^{1}）	兰山智昭国师沙门德慧奉敕译
《瑜伽师地论》卷五十九	инв. № 5133	“禽”（𗏁·we^{1}）	
《瑜伽师地论》卷八十八	инв. № 901	“土”（𗏁 njijr^{1}）	
《大庄严论》卷一	инв. № 91	“戒”（𗏁 kie^{1}）	
《佛说瞻婆比丘经》	инв. № 42	“西”（𗏁 lji）	
《佛说斋经》	инв. № 4446	“茂”（𗏁 phu̱^{2}）	
《佛本行集经》卷第二十六	инв. № 718	“智”（𗏁 tsha^{2}）	
《根本说一切有部目得迦》卷十	инв. № 357	“威”（𗏁 wer^{1}）	
《说一切有部阿毗达磨顺正理论》卷十	инв. № 717	“玉”（𗏁ɣjiw^{2}）	
《根本说一切有部百一羯磨》卷四	инв. № 358	“野”（𗏁 gjij^{2}）	
《十二缘生祥瑞经》	инв. № 7166	“声”（𗏁ɣiẹ^{2}）	
《佛说诸佛经》	инв. № 359	“之”（𗏁·jij^{1}）	
《妙法圣念处经》	инв. № 5068	“能”（𗏁 njwi^{2}）	

此外，瑞典藏元刊《河西藏》现存6部佛经，其中《佛说月光菩萨经》卷首存有“大白高国新译三藏圣教序”，该经与《佛说了义般若波罗蜜多经》《圣无能胜金刚火陀罗尼经》《毘俱胝菩萨一百八名经》《佛说菩萨修行经》共用帙号“初”（𗏁 low^{2}），《大方等无想经》卷六帙号是“没（族姓）”（𗏁 mej^{1}）[②]。

从元刊《说一切有部阿毗达磨顺正理论》所用帙号“玉”（𗏁ɣjiw^{2}）和《大方广佛华严经》所用帙号“山”（𗏁 njij^{2}），以及《过去庄严劫千佛名经》与黑水城出土《瑜伽师地论》卷八十八帙号“土”（𗏁 njijr^{1}）相同来看，元代《河西藏》

① 俄罗斯科学院东方研究所圣彼得堡分所、中国社会科学院民族研究所、上海古籍出版社编《俄藏黑水城文献》第24册，上海古籍出版社2015年版。

② 西田龙雄：《元刊西夏文大藏经》，《西夏文华严经》II，日本京都：京都大学文学部，1976年，第3—12页。

的帙号与西夏时期所用帙号一脉相承。

此前，关于西夏时期是否编定了完整的西夏文《大藏经》问题，学界向有争议。写于元皇庆元年（1312）的西夏文《过去庄严劫千佛名经》卷尾发愿文明确记述了西夏时期佛经翻译的数量、组织过程和校经情况。译经始于西夏开国的戊寅年间（1038），到天祐民安元年（1090），经景宗、毅宗、惠宗、崇宗四朝皇帝，历 53 年，共翻译佛经 362 帙，812 部，3579 卷。后来，仁宗时期又命与南北经重校①。

存世黑水城文献中存在带有仁宗皇后、桓宗母亲罗太后②施经戳记的佛经有两部：一是黑水城出土西夏文刻本《佛说长阿含经》卷十二，经题下有帙号“有”（[illegible] tśhjo[1]）字，经折装，上下双栏，影件见《俄藏黑水城文献》第 24 册③；一是黑水城出土西夏文写本《佛说宝雨经》卷十，经题下有帙号“卜”（[illegible] dzjij[1]）字，经折装，上下双栏，影件见《俄藏黑水城文献》第 1 册，彩版五三④。施经戳记的西夏文可译作：“大白高国清信弟子皇太后罗氏新增写番大藏经一整藏，舍于天下庆报伽蓝寺经藏中，当为永远诵读供养。”

罗太后施经戳记明确说“新增写番大藏经一整藏”，而且带有施经戳记的这两部佛经都带有帙号。同时，我们还看到《大宝积经》惠宗时期初译本无帙号，而仁宗校译本均有帙号，也可以证明整部西夏文《大藏经》是在仁宗时期开始整理编订，到桓宗朝，在罗太后的进一步主持下，整部西夏文《大藏经》终于得以编订完成。

瑞典民族博物馆收藏的元刊西夏文《大白高国新译三藏圣教序》残本，原为夏桓宗皇帝御制⑤，其中也谈及当时组织译经的情况，曰⑥：

> 曩者风帝发起译经，后先白子经本不丰，未成御事，功德不具。仁□□□，不修净道，爱欲常为十恶，三解脱门□□。□源流水，世俗取用所需；善语如金，众生□□教导。居生死海，不欲出离，□爱欲□，□觉□□。治国因乎圣法，制人依于戒律，□□六波罗蜜，因发弘深大愿。同人

---

① 西夏文《过去庄严劫千佛名经》发愿文，中国国家图书馆藏本，影件见《中国藏西夏文文献》第 6 册，第 56—59 页。译文参考史金波《西夏文〈过去庄严劫千佛名经〉发愿文译证》，原刊《世界宗教研究》1981 年第 1 期，见收于《史金波文集》，上海辞书出版社 2005 年版，第 312—331 页。略有改动。

② 罗太后于仁宗天盛十九年（1167）被立为皇后，上尊号为“章献钦慈皇后”，并曾于 1206 年废桓宗立襄宗（1206—1211 年在位）为皇帝。《宋史》卷 485《夏国传下》，中华书局 1977 年点校本，第 14026 页。

③ 俄罗斯科学院东方文献研究所、中国社会科学院民族研究所、上海古籍出版社编《俄藏黑水城文献》第 24 册，上海古籍出版社 2015 年版，第 179 页。

④ 俄罗斯科学院东方研究所圣彼得堡分所、中国社会科学院民族研究所、上海古籍出版社编《俄藏黑水城文献》第 1 册，上海古籍出版社 1996 年版，第 154 页。

⑤ К.Б. Кепинг, “Тангутские ксилографы в Стокгольме”, Б. Александров сост., *Ксения Кепинг: Последние статьи и документы*, Санкт-Петербург: Омега, 2003, с. 61.

⑥ 聂鸿音：《西夏佛经序跋译注》，上海古籍出版社 2016 年版，第 143 页。

异语，共地殊风，字□□□，依□为治。故教养民庶，御译真经，召集辩才，缀连珍宝。

同时，这一序言名为“大白高国新译三藏圣教序”，说明西夏文《大藏经》最终是在桓宗时期编定完成的。襄宗应天四年（1209）施经发愿文（инв. № 5423）还谈及“开读经文：番、西番、汉大藏经一百八藏，诸大部帙经并零杂经共二万五十六部”。也可以从侧面证明当时编订西夏文《大藏经》的工作已经完成。

西夏文《过去庄严劫千佛名经》卷尾发愿文还记载了西夏被蒙古所灭，“大夏成池，诸藏潮毁”，西夏后裔一行慧觉（活跃于1270—1313年）从至元七年（1270）开始“校有译无”，到1293年开始刊行，经历了二十余年的时间。而据大德十年（1306）元刊《碛砂藏》本践字函《大宗地玄文本论》卷三管主八发愿文，《河西藏》所刊佛经为3620余卷。说明元刊《河西藏》是在校理西夏时期已有西夏文《大藏经》的基础上完成的。可惜的是，无论是西夏时期还是元代刊行的几百部西夏文《大藏经》没有一部完整地保留到现在。

关于西夏文《千字文》“帙号”的内容，卡坦斯基认为它表述了西夏人对宇宙起源的传说，其中的“圣宫聚集”像是印度神话中关于须弥山的传说，而“鸟产卵蛋”的传说接近于中国神话的盘古时期①；Yulia Mylnikova 和彭向前则进一步认为这些帙号构成了一篇西夏人原创的卵生神话故事，反映了党项羌族的宇宙观②。综合来看，我们认为西夏文《千字文》的主题是对祖先开疆拓土、建功立业的颂赞。

令人感兴趣的是，这些帙号所用西夏字颇为特别，似乎并不是记录存世西夏文献所常见的“黑头”（“[illegible]”ɣu^1-nja̱^{1}）、所说的“番语”（mji^2-ŋwu̱^{1}），即我们熟知的党项语，而是历史上“赤面”（[illegible]）曾使用的语言。关于这种语言，聂鸿音先生曾根据与之对应的民族称谓“[illegible]”（ljwij^1-dźjɨ），称其为“勒尼语”，并根据这一称谓与勒尼语“[illegible]”（ljwij^1-dźjɨ̣^{2}，赤面）音近，认为“勒尼”隐含的意义是“赤面”③。党项语与勒尼语的区别是西田龙雄首先注意到的，他通过比较研究指出，党项语词通用于各种类型的文献，其形式与彝语支语言类似，而勒尼语则大多与彝语支语言不同④。现存西夏文献中用“勒尼语”写成的大多是文学作品，目前仅见于《大诗》《月月乐诗》《格言诗》《圣立义海》等少数著作中的部分段落或句子。

此外，自北宋《崇宁藏》开始，经折本佛藏版式设定为每折六行十七字，相沿

---

① 卡坦斯基：《西夏书籍业》，王克孝、景永时译，宁夏人民出版社2000年版，第40—41页。

② Mylnikova, Yulia, 彭向前《西夏文〈大般若波罗蜜多经〉函号补释》，杜建录主编《西夏学》10，上海古籍出版社2013年版，第90—93页。

③ 聂鸿音：《一文双语：西夏文字的性质》，《宁夏社会科学》2019年第5期。

④ 西田龙雄：《西夏语〈月月乐诗〉の研究》，《京都大学文学部研究纪要》1986年第25期。

成制[①]。元刊《河西藏》零本的版式大多也是每折六行十七字，这一版式特征与是否有“帙号”结合起来，大概可以作为判断国内所藏西夏文佛经零本是否属于《河西藏》的标准。

第四节　元代《河西藏》的版本学价值

自从20世纪30年代初罗福苌先生判定灵武出土的西夏文《大方广佛华严经》为活字印本以来[②]，经过藤枝晃[③]、王静如[④]、张思温[⑤]、卡坦斯基（Терентьев-Катанский）[⑥]、史金波[⑦]、李致忠[⑧]、徐庄[⑨]、孙昌盛[⑩]、牛达生[⑪]、陈炳应[⑫]等先生的相续论证，西夏文献中丰富的活字印刷品在中国版刻史上的价值已经得到了学界的普遍关注和认可。

据《梦溪笔谈》记载，北宋中期毕昇首先发明了泥活字，元代王祯又用木活字排印了《农书》，但均未见印本实物存世。西夏文献无疑为人们提供了活字印本的最早样本。

西夏学界首先通过与雕版印刷品对照，认识到活字印本有其独有的特征[⑬]：（1）版框四周栏线交角处不衔接，版心行线与上下栏线之间也有缺口，个别页面版心行线漏排。（2）整体墨色不太均匀，行列不太整齐，有些字歪斜且字与字的间距较大，同一文字大小宽窄不等。（3）存在版口书名简称和页码漏排的现象。（4）有倒字和错字。（5）有隔行“版片”的印痕。西夏活字本的叶面美观程度远不及同时代的雕

---

① 张新鹰：《元妙严寺版〈大般若经〉卷五五六新见本略考》，《浙江学刊》1986年第6期。

② 罗福苌：《大方广佛华严经卷一释文》，《国立北平图书馆馆刊》第4卷第3号“西夏文专号”，1932年，第2684页。

③ 藤枝晃：《西夏经—石と木と泥と—现存する最古の木活字本について》，《石滨先生古稀纪念东洋学论丛》，关西大学文学部东洋史研究室石滨先生古稀纪念会，1958年，第484—493页。

④ 王静如：《西夏文木活字版佛经与铜牌》，《文物》1972年第11期，第8—18页+图版1。

⑤ 张思温：《活字版西夏文〈华严经〉卷第十一卷第十五简介》，《文物》1979年第10期。

⑥ Терентьев-Катанский, А.П. *Книжное дело в государстве тангутов*, Москва: Издательство Наука,1981. 王克孝、景永时汉译本《西夏书籍业》，宁夏人民出版社2000年版。

⑦ 史金波、黄润华：《北京图书馆藏西夏文佛经整理记》，《文献》1985年第4期；史金波：《中国活字印刷术的发明与早期传播——西夏和回鹘活字印刷术研究》，社会科学文献出版社2000年版。

⑧ 李致忠：《西夏刻书述略》，《古籍整理与研究》1992年第7期。

⑨ 徐庄：《略谈西夏雕版印刷在中国出版史中的地位》，《宁夏社会科学》1994年第2期。

⑩ 孙昌盛：《西夏印刷业初探》，《宁夏大学学报》1997年第2期。

⑪ 牛达生：《质疑与期望——〈西夏泥活字版佛经〉读后》，《宁夏社会科学》1995年第1期。牛达生：《西夏活字版印本及其特点和价值》，《宁夏社会科学》1999年第1期。牛达生：《西夏刻书印刷事业概述》，《宁夏大学学报》1999年第3期。

⑫ 陈炳应：《西夏人对活字印刷术的杰出贡献》，杜建录主编《西夏学》1，宁夏人民出版社2006年版，第1—13页。

⑬ 牛达生：《西夏活字版印本及其特点和价值》，《宁夏社会科学》1999年第1期。史金波：《中国活字印刷术的发明与早期传播——西夏和回鹘活字印刷术研究》，社会科学文献出版社2000年版，第42—43页。

版印刷品，西夏时期比较重要的皇家法会上施印的佛经均是雕版印本。

此外，学界还通过西夏文献的题记和跋语中出现了“活字”一词，判定这些文献为活字印本。“活字”在西夏既可以写作“[illegible][illegible]”（活字），又可以写作“[illegible][illegible]”（碎字）。迄今为止，我们见到的西夏文献对于活字及其印本的记载有几处[①]：

1. 见于黑水城遗址所出《胜慧彼岸到要门教授现观庄严论诠颂》（инв. № 5130）[②]，复抄于西夏光定六年（1216），印制时间要早于复抄时间。卷尾题记可译作：“御前注疏印活字都大勾当出家功德司承旨尹智有；御前注疏印活字都大勾当工院正罔忠敬。”从中我们知道，这些活字的排版和印刷也是由“功德司”和“工院”负责。

2. 黑水城出土俄藏西夏文《三代相照文集》(инв. № 4166)，卷尾题款可译作“活字新完者陈顷金”。据考证，该文集是西夏皇族宗亲后裔慧照所纂集，编纂时间在元代1281年之前，纂集地点是“浙西道杭州南山普宁寺”，刊印地点是“江南浙西道杭州路大万寿寺”，所收录的是创立白云宗的祖师清觉等三代大师的诗文作品[③]。

3. 西夏文“碎字”（[illegible][illegible]），见于日本京都大学藏西夏文《大方广佛华严经》卷五的末尾有牌记[④]，可译作：“都发愿令雕碎字管勾印制者都罗慧性，复一切发愿助缘随喜者，皆当共成佛道。”日本藏《大方广佛华严经》卷五与中国国家图书馆藏本为宁夏灵武出土，是元代所刻。另外，中国国家图书馆藏《大方广佛华严经》卷71为西夏文《现在贤劫千佛名经》（卷上）的裱褙衬纸，为泥活字印本[⑤]，从字体和版式上看，与灵武出土的各卷似乎不是一起刊印的。

4. “拣字”（[illegible][illegible]），中国国家图书馆藏西夏文《大方广佛华严经》卷40末尾有题记[⑥]，可译作“实勾管拣字出力者盛戒严能惠融”。据王静如、西田龙雄、史金波等专家考证，灵武出土西夏文《大方广佛华严经》均为活字印本[⑦]。

5. 西夏文献中现存最早的活字本是桓宗时期（1194—1206年在位）敕编的西夏文《德行集》，卷尾印者题名作“印校发起者番大学院△△学士讹里信明；印校发起者番大学院正习学士味奴文保；印校发起者番大学院正习学士节亲文高”[⑧]。

6. 俄藏西夏文《大乘百法明镜集》(инв. № 5153)，纸幅28. 3×50. 3厘米，上

---

① 史金波：《中国活字印刷术的发明与早期传播——西夏和回鹘活字印刷术研究》，社会科学文献出版社2000年版，第38—60页。

② 聂鸿音：《俄藏5130号西夏文佛经题记研究》，《中国藏学》2002年第1期。

③ 孙伯君：《西夏文〈三代相照文集〉述略》，《宁夏社会科学》2018年第6期。

④ 西田龙雄：《西夏文华严经》1，京都：京都大学文学部，1975年第179页。

⑤ 宁夏大学西夏学研究中心、国家图书馆、甘肃五凉古籍整理研究中心编《中国藏西夏文献》第6册“北京编·国家图书馆藏卷”，甘肃人民出版社、敦煌文艺出版社2005年版，第294—316页。

⑥ 宁夏大学西夏学研究中心、国家图书馆、甘肃五凉古籍整理研究中心编《中国藏西夏文献》第8册“北京编·国家图书馆藏卷”，甘肃人民出版社、敦煌文艺出版社2005年版，第305页。

⑦ 史金波：《中国活字印刷术的发明与早期传播——西夏和回鹘活字印刷术研究》，社会科学文献出版社2000年版，第53页。

⑧ 聂鸿音：《西夏文德行集研究》，甘肃文化出版社2002年版。

下单栏。史金波先生根据透墨不均、字体倾斜等特征判断其为活字印本[①]。

7. 1991 年在宁夏贺兰山拜寺沟方塔出土的西夏文《吉祥遍至口合本续》，这套佛经曾被认为是中国现存时代最早的木活字印本[②]，最重要的依据是它不但具有上述活字印刷品的所有表面特征，而且还出现了放颠倒了的“二”和“四”字。不过，该经的印行年代并不是很明确，或许是元代“佛祖院”的印本也未可知。

8. 俄藏黑水城出土《维摩诘所说经》（инв. № 232、инв. № 233、инв. № 737、инв. № 4236）为泥活字印本[③]。此外，1987 年甘肃武威亥母洞出土《维摩诘所说经》，三卷，藏于武威市博物馆。与该本同时出土的还有几件西夏乾定年间（1223—1226）的文书，孙寿龄据此认为该本为西夏晚期的泥活字印本，时间不晚于乾定年间[④]。学界一般认为俄藏本与武威发现的《维摩诘所说经》为同一种泥活字印本[⑤]。

黑水城出土《维摩诘所说经》有几套，其中俄藏инв. № 2334 为蝴蝶装刻本，卷尾跋语可译作“贞观丙戌六年（1106）九月十五日雕毕，校义起善座主耶维智宣，抄写者衣绯口移讹平玉”。инв. № 2311 为蝴蝶装刻本，卷尾跋语可译作“印面写者衣绯和尚口移讹平玉”。活字印本卷尾则没有款题。史金波先生认为活字印本之所以没有款题，或者像《德行集》那样题作“印校发起者”，而不再出现“刻者”或“写者”的名字，是因为“在从雕版印刷过渡到活字印刷后，印刷一部文献的活字可能出自多人之手，书写者和刻字者的重要性已经被拣字者和聚版者所代替”[⑥]。

迄今为止我们还不知道活字印刷术传入西夏的具体时间，目前确认的活字印本均是西夏晚期和元代印行的，估计西夏采用活字印刷术的时间应该不会太早。目前，还没有见到西夏木活字或者泥活字的实物出土。卡坦斯基曾暗示西夏的活字印刷是从他们的近邻回鹘人那里学来的，并认为在印刷术上，回鹘人对西夏有不小的影响[⑦]。伯希和曾在发现西夏文佛经残片的敦煌莫高窟北区同一个洞窟里发现了回鹘文木活字，并据此猜测该处可能是元代的印经场所[⑧]，似乎可以支撑这一观点，但毕竟西夏文献中没有见到明确记载，而且这些实物也并非西夏时期的。

---

① 史金波：《中国活字印刷术的发明与早期传播——西夏和回鹘活字印刷术研究》，社会科学文献出版社 2000 年版，第 40 页。

② 牛达生：《我国最早的木活字印本——西夏文佛经〈吉祥遍至口合本续〉》，《中国印刷》1994 年第 2 期。

③ 俄罗斯科学院东方研究所圣彼得堡分所、中国社会科学院民族研究所、上海古籍出版社编《俄藏黑水城文献》第 24 册，上海古籍出版社 2015 年版，第 1—38 页。

④ 孙寿龄：《西夏文泥活字版佛经》，《中国文物报》1994 年 3 月 27 日第 3 版。

⑤ 史金波、雅森・吾守尔：《中国活字印刷术的发明和早期传播—西夏和回鹘活字印刷术研究》，社科文献出版社 2000 年版，第 49 页。

⑥ 史金波：《中国活字印刷术的发明与早期传播——西夏和回鹘活字印刷术研究》，社会科学文献出版社 2000 年版，第 39 页。

⑦ 卡坦斯基：《西夏书籍业》，王克孝、景永时译，宁夏人民出版社 2000 年版，第 111 页。

⑧ 伯希和：《伯希和敦煌石窟笔记》，耿昇、唐健宾译，甘肃人民出版社 1993 年版，第 383 页。

关于泥活字和木活字的区别，王祯《农书》卷22“造活字印书法”曰[①]：“今又有巧便之法，造板木作印盔，削竹片为行，雕版木为字，用小细锯锼开，各作一字，用小刀四面修之。”由此可知，木活字是从成块的雕版上用小锯一个个锯下来的，所以刻字的刀法应该与雕版印刷一样。灵武出土西夏文《大方广佛华严经》卷五的末尾牌记里出现的“令雕碎字管勾印制者”字样，似乎可与王祯对于木活字的制作方式的描述相呼应，“碎字”（𗅋𗃮）的提法似乎也专指木活字，因此，可以判断这些佛经为木活字印本。而泥活字是把字先刻在小泥块上再烧制成的，其笔画会更粗糙一些。在现存的西夏活字印本中，《吉祥遍至口和本续》的刻字质量较好，而黑水城与武威所出《维摩诘所说经》的刻字质量明显较差，通过对比，牛达生曾认定西夏文《吉祥遍至口和本续》等是木活字印本，而《维摩诘经》等是泥活字本[②]。

西夏王国覆亡以后，一批河西僧人流落到当时的南宋首都杭州，依止“白云宗”，继续传播佛教，并得到杨琏真加等上层人士的护持，开始刊雕《普宁藏》。据西夏文《过去庄严劫千佛名经》的发愿文，从至元七年（1270）开始，一行国师慧觉就着手整修西夏旧藏，并新译了一些原来所缺的经典。后来经元世祖忽必烈允许，于至元三十年（1293）在杭州大万寿寺开版刻经，到成宗大德六年（1302）告成。当时奉敕印施十藏，武宗皇帝时再印五十藏，仁宗皇帝时又重印了五十藏，至皇庆元年（1312）全部印毕[③]。

关于白云宗在杭州刊行《河西藏》的情况及卷数，松江府僧录管主八（Bka’-’gyur-pa）在大德十年（1306）的一篇汉文发愿文里写道[④]：

> 钦睹圣旨，于江南浙西道杭州路大万寿寺雕刊河西字大藏经板三千六百二十余卷，华严诸经忏板，至大德六年（1302）完备。管主八钦此胜缘，印造三十余藏，及华严大经、梁皇宝忏、华严道场忏仪各百余部，焰口施食仪轨千有余部，施于宁夏、永昌等路寺院，永远流通。

发愿文中言及管主八等曾刊印《河西藏》100余藏，并广施于宁夏、永昌等路寺院，但整部《河西藏》并没有完整保存下来。经管主八施与的藏经往往有施经戳记，如1910年，伯希和在敦煌北区的洞窟里发现了西夏译本《大智度论》卷八七尾部的一张残片（Grotte 181:110），所盖戳记内容为：“僧录广福大师管主八施大藏经于沙洲文殊舍利塔寺，永远流通供养。”[⑤]

白云宗刊印的《普宁藏》与《河西藏》，以及补刻的《碛砂藏》的刻工往往互

① 王祯撰，缪启愉校注：《东鲁王氏农书译注》，上海古籍出版社1994年版，第759页。
② 牛达生：《西夏活字印本的发现及其活字印刷技术研究》，万辅彬、杜建录主编《历史深处的民族科技之光》，宁夏人民出版社2003年版，第122—134页。
③ 松泽博：《西夏语译经史研究》（1），《佛教史学研究》1977年第19(2)卷，第71—120页。
④ 王国维：《元刊本西夏文华严经残卷跋》，《观堂集林》，中华书局1959年版，第1051页。
⑤ 伯希和：《伯希和敦煌石窟笔记》，耿升、唐健宾译，甘肃人民出版社1993年版，第383页。

见。这些刻工的名字保存下来的有俞声、何森秀、周子俊、王子正、台周等，如国图藏《不空绢索神变真言经》卷十八（B11•054[1•19]）[①]，版端两纸的接口处下方有刻工“周子俊”“任”等名字；国图藏《金刚萨埵说频那夜迦天成就仪轨经》卷二（B11•053[1•18]）[②]，版端两纸的接口处下方有刻工“台周”，“台周”又见于元皇庆元年（1312）所刊西夏文《过去庄严劫千佛名经》版端，据王菡考证，同时的刻工也参加过元代《普宁藏》的雕刊[③]；国图藏《慈悲道场忏罪法》卷1—10[④]，卷1“慈悲道场忏罪法序”第四折有“何森秀刊”字样，每卷卷首存“梁皇宝忏图”4折，第一折右侧有“俞声刊”3字。俞声是当时杭州的著名刻工，他还参与雕刻了宋两浙茶盐司刊《礼记正义》补版、宋杭州本《尔雅疏》补版以及至少七卷《普宁藏》[⑤]。

《河西藏》刊行早期，其写刻者应该主要是西夏后裔，如2019年7月见于泰和嘉成拍卖有限公司的西夏文《炽盛光、圣曜母等经》“弘传序”，署一行沙门慧觉撰。卷尾跋语可译作“大界国庚午年（1270）十月二十五日刻毕，印完发愿者法师讹播□□，刻印管勾者梁慧安，印面写者嵬名道住，刻者□智清”[⑥]。其中“印面写者嵬名道住”显然是西夏后裔。到后来，《河西藏》的刻工大多不是党项人，也可能不认识西夏字，所以经他们之手刻出的西夏字的笔势失真较多，而且这些刻工在版缘所做的版次序列标记都是用的汉字，甚至有时还会把对应的经名写错。中国国家图书馆藏西夏文《金刚萨埵说频那夜迦天成就仪轨经》，版缘上竟用汉字刻写“大悲经八巳（卷）”，刻工误把《频那夜迦经》当成《大悲经》了[⑦]。

印施于元成宗大德十一年（1307）六月二十二日的《河西藏》，其卷首往往刻有西夏文祝赞牌记4折，带蟠龙纹，韦陀像1折。西夏文祝赞可译为[⑧]：“1当今皇帝圣寿万岁。奉大元国天下一统现世独尊福智名德集聚（皇帝）诏，总大藏经刻印传行。2当今皇帝圣寿万岁。3太后皇后睿算齐年。4皇太子长寿千秋。奉诏于大德十一年六月二十二日印大藏经五十部传行。”中国国家图书馆藏西夏文《说一切有部阿毗达磨顺正理论》《悲华经》《经律异相》等卷首均有这一特点。

---

① 宁夏大学西夏学研究中心、国家图书馆、甘肃五凉古籍整理研究中心编《中国藏西夏文献》第6册“北京编•国家图书馆藏卷”，甘肃人民出版社、敦煌文艺出版社2005年版，第90—131页。

② 宁夏大学西夏学研究中心、国家图书馆、甘肃五凉古籍整理研究中心编《中国藏西夏文献》第6册“北京编•国家图书馆藏卷”，甘肃人民出版社、敦煌文艺出版社2005年版，第60—89页。

③ 王菡：《元代杭州刊刻〈大藏经〉与西夏的关系》，《文献》2005年第1期。

④ 宁夏大学西夏学研究中心、国家图书馆、甘肃五凉古籍整理研究中心编《中国藏西夏文献》第4册“北京编•国家图书馆藏卷”，甘肃人民出版社、敦煌文艺出版社2005年版，第87—366页。第5册，第1—186页。

⑤ 王菡：《元代杭州地区刊刻〈大藏经〉与西夏的关系》，《文献》2005年第1期。

⑥ 孙伯君：《元代〈河西藏〉编刊资料补正》，《中华文化论坛》2019年第5期。

⑦ 聂鸿音：《中国国家图书馆藏西夏文〈频那夜迦经〉考补》，《西南民族大学学报》2007年第6期。

⑧ 罗福成：《馆藏西夏文经典目录考略》，《国立北平图书馆馆刊》第4卷第3号，1932年，第2852—2854页。

在杭州大万寿寺刊印的活字本《三代相照文集》等，其技术很有可能是河西僧人带到杭州的，果真如此，这些西夏后裔不仅传承了宋代杭州的雕版印刷技术，编刊了《普宁藏》《河西藏》，补刻《碛砂藏》，还教会了杭州地区的刻工雕刻西夏字，并使用活字印刷技术排印西夏文文献。他们在沟通河西走廊与中原的西夏文活字制作与印刷技术，以及在元代版刻技术的交流方面起到了重要的作用。

第五节　《河西藏》遗存佛经发愿文汇释

存世西夏文文献中，有很多与元代校理印施《河西藏》相关的发愿文，现把西夏文原文及其译文整理如下：

1.《大白伞盖佛母总持》卷末后序发愿文，佛陀跋折啰撰。21 世纪初内蒙古额济纳旗出土，私人藏品。史金波先生于 2015 年最早刊布了影印件，并对西夏文做了释读和研究，认为所署“大朝国甲辰岁”，为窝阔台皇妃乃马真称制时期（1241—1246）的 1244 年；施经人“东陛皇太子”，为蒙古王子阔端[①]。下面的译文参考了史金波和聂鸿音先生的释文。

原文：

[illegible]

[illegible]

译文：

恭闻：佛顶神咒《白盖总持》者，诸佛心印，玄密法藏也。威力难量，神功无边，故此读诵受持，依法修行。至若书写，秉持于身，或置幢顶，永久供养，则绝夭亡，增寿限，疾病愈除，子孙昌隆。灾邪鬼神，不能侵凌，家舍安乐，国土咸宁。现世重罪消除，戒根清净；死后生极乐国，终至成佛。所有灾祸，消灭无遗；一切要求，随愿达成。因此胜功因见，释迦比丘国师佛陀跋折啰（Buddha-vajra），乃发大愿，为求皇帝太子阔端福盛无病寿长，并欲利益诸有情离苦得安故，请匠刊行，

① 史金波：《西夏文〈大白伞盖陀罗尼经〉及发愿文考释》，《世界宗教研究》2015 年第 5 期。

乃时印羌、番、汉各一千卷，施与僧俗。以此善力，惟愿：皇帝太子阔端万岁其来，千秋可见。国本坚固，庶民福盛，法界众生，共成佛道。

大朝国甲辰岁　月　日谨施传行。东陛 皇太子 施。

2.《金光明最胜王经》卷十发愿文，陈慧高撰，中国国家图书馆藏[①]。史金波先生最早在《西夏佛教史略》中对该发愿文进行了释读[②]，并撰专文对元代西夏文佛经的刊行和印施情况做了梳理[③]，认为其中所载“故大朝国京师信众施主陈慧高因念此情，乃发大愿。番国旧印板陷于亡国，故此施舍净物，令雕新字。始于乙巳年八月十五日，丁未年内刻毕，于净纸得以印施”的“乙巳年”指的是1245年，“丁未年”为1247年，从而推断该经刊行于1247年。下面的译文参考了史金波和聂鸿音先生的释文。

原文：

[illegible]

[illegible]

[illegible]

弟子陈保真，信女吴氏慧英，信士陈荣。

译文：

今释迦既灭，虽有传经，值后世而佛法有兴衰者，即此经也，故大朝国京师信众施主陈慧高因念此情，乃发大愿。番国旧印板陷于亡国，故此施舍净物，令雕新字。始于乙巳年八月十五日，丁未年内刻毕，于净纸得以印施。以此胜善，上报四恩，下济八苦，重兴正法，佛事维新。除灭慧高等之十恶五□罪孽，不受三恶八灾苦报。愿现生极乐，后成佛道也。

① 西夏文《金光明最胜王经》发愿文见宁夏大学西夏学研究中心、国家图书馆、甘肃五凉古籍整理研究中心编《中国藏西夏文献》第4册，甘肃人民出版社、敦煌文艺出版社2005年版，第85页。

② 史金波：《西夏佛教史略》，宁夏人民出版社1988年版，第313—315页。

③ 史金波：《西夏文〈金光明最胜王经〉序跋考》，原刊《世界宗教研究》1983年第3期，再收于《史金波文集》，上海辞书出版社2005年版，第332—346页。

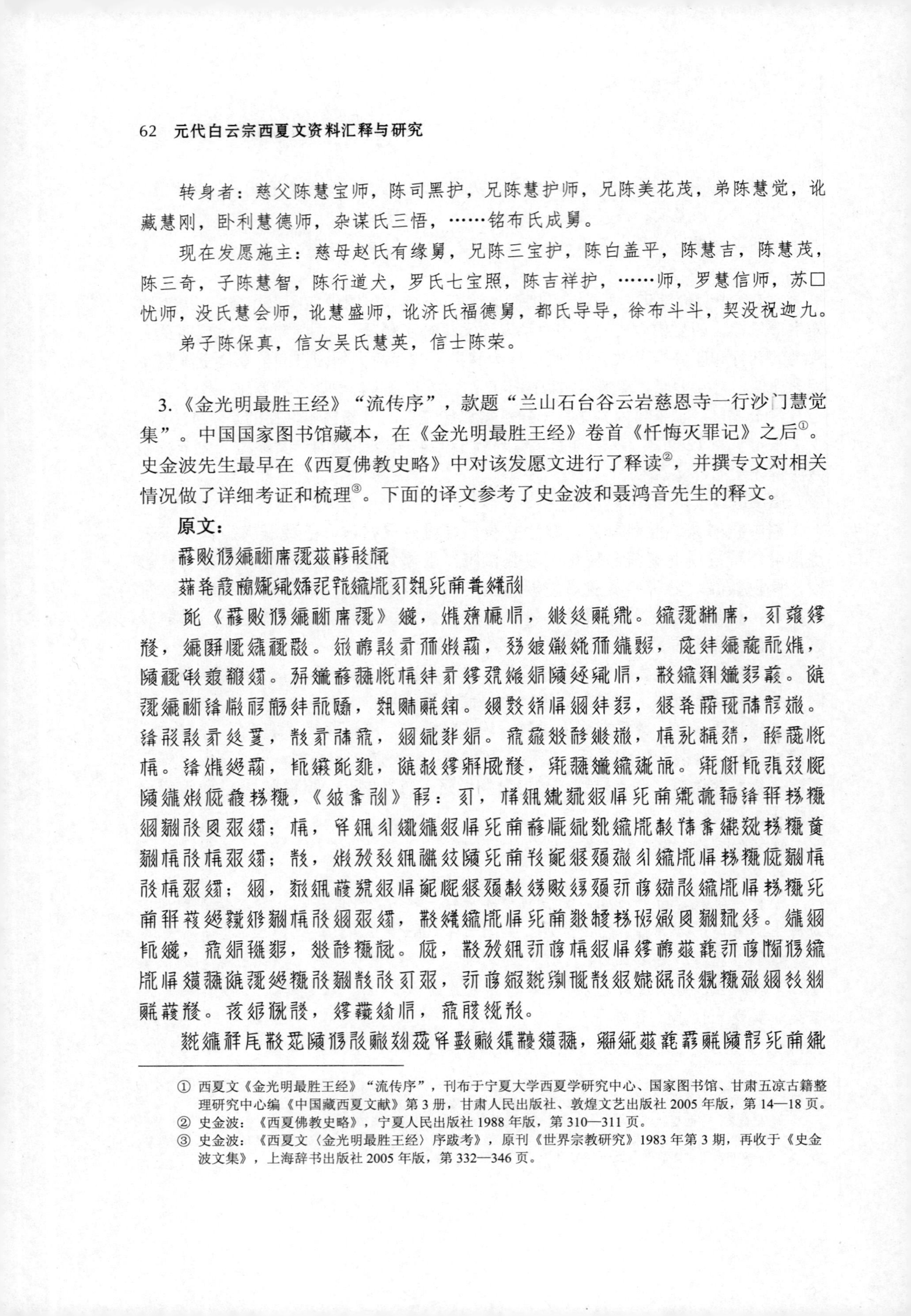

转身者：慈父陈慧宝师，陈司黑护，兄陈慧护师，兄陈美花茂，弟陈慧觉，讹藏慧刚，卧利慧德师，杂谋氏三悟，……铭布氏成舅。

现在发愿施主：慈母赵氏有缘舅，兄陈三宝护，陈白盖平，陈慧吉，陈慧茂，陈三奇，子陈慧智，陈行道犬，罗氏七宝照，陈吉祥护，……师，罗慧信师，苏□忧师，没氏慧会师，讹慧盛师，讹济氏福德舅，都氏导导，徐布斗斗，契没祝迦九。

弟子陈保真，信女吴氏慧英，信士陈荣。

3.《金光明最胜王经》“流传序”，款题“兰山石台谷云岩慈恩寺一行沙门慧觉集”。中国国家图书馆藏本，在《金光明最胜王经》卷首《忏悔灭罪记》之后[1]。史金波先生最早在《西夏佛教史略》中对该发愿文进行了释读[2]，并撰专文对相关情况做了详细考证和梳理[3]。下面的译文参考了史金波和聂鸿音先生的释文。

原文：

[illegible]

[illegible]

[illegible]

[illegible]

① 西夏文《金光明最胜王经》“流传序”，刊布于宁夏大学西夏学研究中心、国家图书馆、甘肃五凉古籍整理研究中心编《中国藏西夏文献》第3册，甘肃人民出版社、敦煌文艺出版社2005年版，第14—18页。

② 史金波：《西夏佛教史略》，宁夏人民出版社1988年版，第310—311页。

③ 史金波：《西夏文〈金光明最胜王经〉序跋考》，原刊《世界宗教研究》1983年第3期，再收于《史金波文集》，上海辞书出版社2005年版，第332—346页。

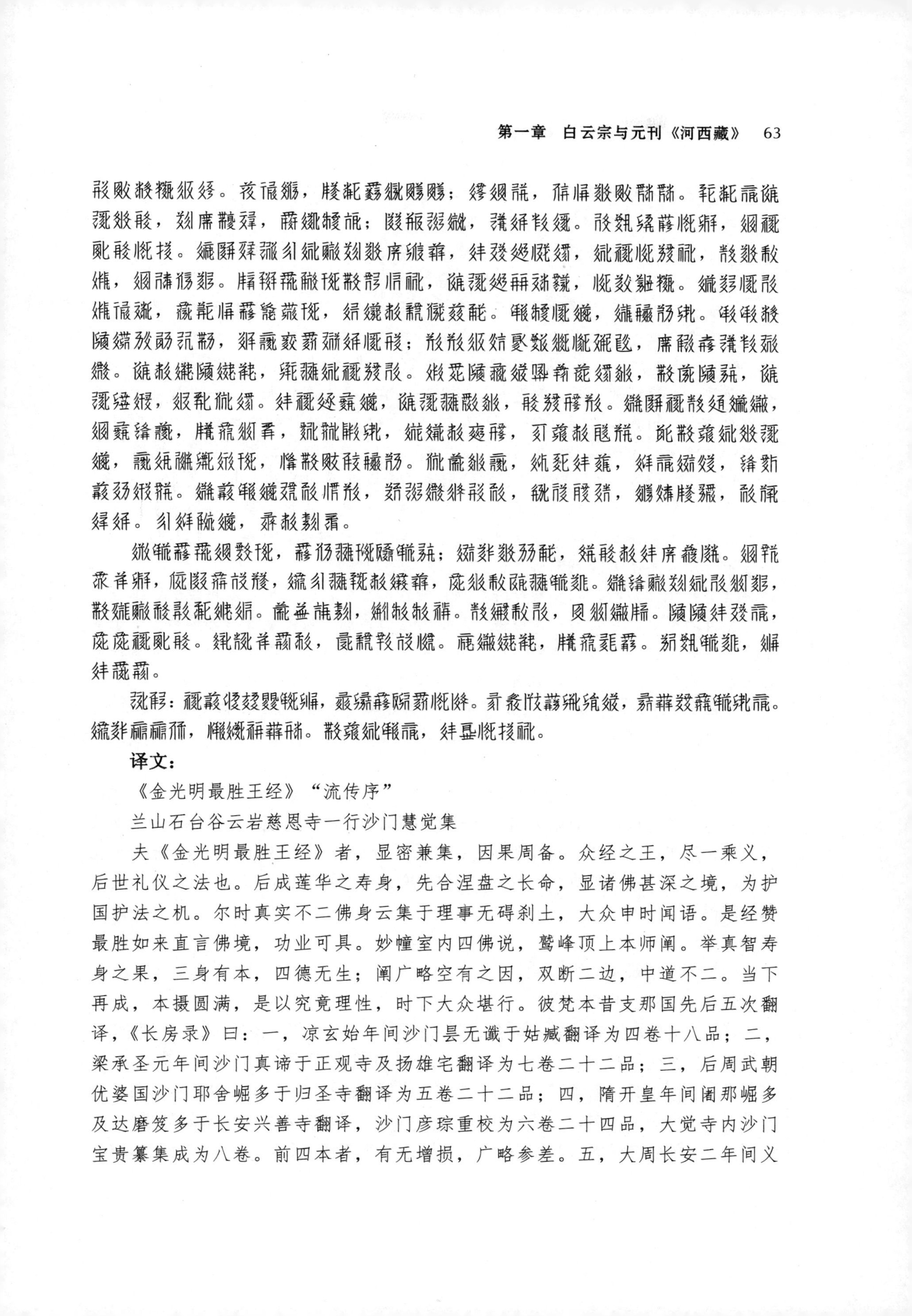

[illegible]

[illegible]

[illegible]

译文：

《金光明最胜王经》“流传序”

兰山石台谷云岩慈恩寺一行沙门慧觉集

夫《金光明最胜王经》者，显密兼集，因果周备。众经之王，尽一乘义，后世礼仪之法也。后成莲华之寿身，先合涅盘之长命，显诸佛甚深之境，为护国护法之机。尔时真实不二佛身云集于理事无碍刹土，大众申时闻语。是经赞最胜如来直言佛境，功业可具。妙幢室内四佛说，鹫峰顶上本师阐。举真智寿身之果，三身有本，四德无生；阐广略空有之因，双断二边，中道不二。当下再成，本摄圆满，是以究竟理性，时下大众堪行。彼梵本昔支那国先后五次翻译，《长房录》曰：一，凉玄始年间沙门昙无谶于姑臧翻译为四卷十八品；二，梁承圣元年间沙门真谛于正观寺及扬雄宅翻译为七卷二十二品；三，后周武朝优婆国沙门耶舍崛多于归圣寺翻译为五卷二十二品；四，隋开皇年间阇那崛多及达磨笈多于长安兴善寺翻译，沙门彦琮重校为六卷二十四品，大觉寺内沙门宝贵纂集成为八卷。前四本者，有无增损，广略参差。五，大周长安二年间义净三藏于长安西明寺奉诏重译此经十卷三十一品，长安岁次[癸]卯三年已未十月庚戌四日完毕。文句清明，理趣汇聚，未曾有也。

次始奉白高大夏国盛明皇帝母梁氏皇太后诏，渡解三藏安全国师沙门白智光译汉为番。文采明，天上星月闪闪；妙义澄，海内宝光奕奕。自其后此经弘传，帝王后妃，敬行顶受；臣民僧俗，读写诵持。十行泉流不尽，四法轮转不断。最后仁尊圣德皇帝登执宝位，佛事再新，正法复盛，显三宝威，增四宗明。令集猛虎龙象大师，重细校勘是经，复译疏注。闻说礼盛泛彩，如金像现于玉瓶，同物像明于秦镜。敬信之礼，尤重于前。人人取则汉国温州张居道，遇怨书写求禳；一一效法番地芭里嵬名魁谛（khjwɨ-dji̠），劝王降旨诵读。由此安家定邦，以其兴盛正法。后夏国冬出叶落为池，大朝国兴，此经湮没，年深日久。佛法存亡，依乎此经，故应盛传也。至当今时，佛法历三隐四灭，有情福薄，所多重业，应治以上药，能除以一乘。夫大乘方广经者，如优昙花之难遇，胜摩尼珠之价高。多劫遇缘，供恒沙佛，发心种善，是故得近乐闻。今闻信者非小事也，贫僧学浅智微，未除尘网，坐井观天，试作短序。违圣心者，悯而谅之。

唯愿金龙如妙幢，以金鼓忏赞起愿；善生同宝积，以请传承续佛位。四恩当尽回，五遗乃竟报。依众圣降以摄持，仗诸神佑而愿满。当今皇帝德盛福增，太子皇子寿长无病。排遣世浊，蠲除灾祸。三力威盛，八福普修。国国佛事行，处处法轮转。百谷成熟，万物丰稔。普遍安居，有情康乐。同行愿满，共成佛道。

颂曰：闻法踊跃共喜忧，爱慕渴仰求不息。身动发乱出血泪，自受未得发重愿。一切之众生，弃疑除邪执。大乘生正信，佛种令不断。

4.《炽盛光、圣曜母等经》“弘传序”，一行沙门慧觉撰。私人藏品，2019年7月存泰和嘉成拍卖有限公司。首有扉画。后附刻经施主及书刻者题名。大朝国庚午年（1270）十月二十五日梁慧安管勾雕版，讹播法师发愿印施。这一年为至元七年，正是《过去庄严劫千佛名经》发愿文所记一行慧觉开始校有译无纂集《河西藏》的第一年。

原文：

[illegible]

[illegible]

[illegible]：[illegible]，[illegible]。[illegible]，[illegible]。[illegible]，[illegible]，[illegible]，[illegible]。[illegible]□□[illegible]，[illegible]□□[illegible]……[illegible]。[illegible]，[illegible]，[illegible]。[illegible]，[illegible]，[illegible]。[illegible]，[illegible]，[illegible]，[illegible]。[illegible]，[illegible]。[illegible]，[illegible]。[illegible]，[illegible]。[illegible]，

[illegible]，[illegible]，[illegible]，[illegible]，[illegible]。

[illegible]

[illegible] [illegible]□□

[illegible] [illegible]

[illegible] [illegible] [illegible]

[illegible] □ [illegible]

[illegible]，[illegible]……

译文：

炽盛光、圣曜母等弘传序

兰山一行沙门慧觉集

恭惟：劝世今五浊降下，争斗至有情造罪。重业必多，修福者少。天神嗔怨，星曜为灾，幻化人中来，种种相现。毁佛□□，彼诸星曜中□□当见。……不能自□。善曜亦变成恶曜，无法护持，是为惑法。故此三经者[1]，自古及今，君臣百姓，传行不衰，今读诵者略成。彼讹播法师，心重于法，洞彻古今人教。遂发大愿，刻印传行。略举品部，施舍诸人。闻此言异常欢喜，踊跃不尽。诸人读经诵咒，呻呼三宝，并供养诸星耀，令圣曜欢喜，为主镇灾，诸人当知觉。

大朝国庚午年十月二十五日刻毕。

印完发愿者法师 讹播 □□

刻印管勾者 梁慧安

印面写者 嵬名道住

刻者□ 智清

陈慧高所撰发愿文中出现的“卧利”“杂谋”“铭布”等是典型的西夏姓氏，可知整理与印施《河西藏》的大多为西夏后裔。

第六节　西夏文《过去庄严劫千佛名经》发愿文译释

中国国家图书馆藏西夏文《过去庄严劫千佛名经》，现藏于国家图书馆，编号 B11•052[1•16][2]。经折装，帙号“[illegible] njijr[1]”（土），上下双栏，版框高 23 厘米，

① 指《佛说圣曜母陀罗尼经》，译自宋法天汉文本；《佛说炽盛光大威德消灾吉祥陀罗尼经》，译自唐不空汉文本；《佛说金轮佛顶炽盛光大威德如来陀罗尼经》，西夏五明国师拶也阿难口捺以藏语传经，贺兰山智明国师德慧译。

② 宁夏大学西夏学研究中心、国家图书馆、甘肃五凉古籍整理研究中心编《中国藏西夏文献》第 6 册“北京编・国家图书馆藏卷”，甘肃人民出版社、敦煌文艺出版社 2005 年版，第 3—59 页。

每折 6 行，行 17 字。款题“天生圆能禄番圣祐式法皇太后梁氏御译”（[illegible]），“就德主国增福正民大明皇帝嵬名御译”（[illegible]），可知该本依据惠宗皇帝（1067—1086）初译本整理而成。卷尾存有一篇很长的发愿文，发愿者没尚慧护，写于元皇庆元年（1312）[①]。经折装，每折 9 行，行 26 字。1981 年，史金波先生最先翻译研究了这篇发愿文[②]，后来又发表了修订后的汉译文和西夏录文[③]。此后，聂鸿音先生也对其中的两个西夏年号做过考证[④]，最近又对全文进行了重新翻译。我们在《元刊〈河西藏〉考补》一文中也曾对发愿文做过考补，并就所载《河西藏》的编纂、刊行、施经过程进行过梳理[⑤]。

该发愿文可以与写于大德十年（1306）的元刊《碛砂藏》本践字函《大宗地玄文本论》卷三发愿文相参证，为了解西夏佛经的传译、把握现存西夏文佛经的刊行时代、考求元代《河西藏》的刊行情况等提供了极为可信的资料。基于此，并鉴于此前由于条件限制，已发表的录文和译文有很多失误，下面我们将遵从“四行对译法”，并对照元代史料，对发愿文重新进行考释。释读采用逐折、逐行对译的形式，并用数字标明西夏文录文的卷次、原版折面之起讫和行次，如 B11•052[1•16]-01-02-1，为发愿文国图入藏号、第 1 折第 2 行前半行。无法找到对译汉字的西夏语特有的语法范畴则用△标记。

B11•052[1•16]-01-01

[illegible] [illegible]：

tśioow¹ mji¹

窃 闻：

窃闻：

B11•052[1•16]-01-02-1

[illegible]，[illegible]；[illegible]

ljij² zji² low² lhji² tśjii¹ bju¹ lew¹ ɣię² rjij² mjijr² tshjwu¹ tser¹

太 极 元 生， 次 依 一 气 混 沌； 天 地

窃闻：太极元生，次第一团混沌；天地

---

① 西夏文《过去庄严劫千佛名经》发愿文，中国国家图书馆藏本，影件见《中国藏西夏文文献》第 6 册，第 56—59 页。

② 史金波：《西夏佛教史略》，宁夏人民出版社 1988 年版，第 316—324 页。

③ 史金波：《西夏文〈过去庄严劫千佛名经〉发愿文译证》，原刊《世界宗教研究》1981 年第 1 期，见收于《史金波文集》，上海辞书出版社 2005 年版，第 312—331 页。

④ 聂鸿音：《西夏文〈过去庄严劫千佛名经〉发愿文中的两个年号》，《固原师专学报》2004 年第 5 期。

⑤ 孙伯君：《元刊〈河西藏〉考补》，《民族研究》2011 年第 2 期。

B11•052[1•16]-01-02-2

[illegible]

djii[1] nioow[1] tshwew[1] djij[1] do[2] ·jwɨr[1] twụ[1] rjɨr[2] lhejr[2] ŋwər[1] ɣu[1] gu[1] dźjwu[1] wo[2]

分 后， 趣 类 异 相 各 出。 三 皇 初 立， 仁 义

既分，各类异相趣生。三皇初立，化之仁义

B11•052[1•16]-01-03-1

[illegible]

twụ[1] dźiej[2] ŋwu[2] wji[1] tśjiir[2] dzjwi[1] kụ[1] twẹ[2] dzjo[2] sjij[2] tjij[2] tshow[1] bju[1] dzju[1]

忠 信 以 化； 五 帝 后 继， 诗 书 礼 乐 以 教。

忠信；五帝后续，教以礼乐诗书。

B11•052[1•16]-01-03-2

[illegible]

sọ[1] śjij[1] mjiij[2] zjọ[2] gju[2] kwər[1] ɣwej[1] dzeej[1] mjijr[2] lạ[2] ŋwə[1] niəj[1]

三 代 末 时， 世 体 斗 诤 者 稠； 五 浊

三代末时，世上斗诤者夥；五浊

B11•052[1•16]-01-04-1

[illegible]

ɣu[1] tśhjaa[1] dźiã[2] mjaa[2] niow[2] ɣjɨr[1] tja[1] rejr[2] ŋa[2] tha[1] wjuu[1] śjwo[1] tśjiw[1] tśjaa[1]

初 上， 众 生 恶 造 者 多。 我 佛 悲 发， 周 昭

初始，众生造恶者多。我佛发悲，周昭

B11•052[1•16]-01-04-2

[illegible]

njij[2] dzjij[1] wee[1] śja[2] njɨɨ[1] lhə ·jiw[1] sə[1] sọ[1] ljụ[2] ŋwə[1] sjij[2]

王 时 生 现； 二 足 因 满， 三 身 五 智

王时现生；满二足因，三身五智果证。

B11•052[1•16]-01-05-1

[illegible]

mjaa[1] ljạ[1] sọ[1] tśhji[2] śio[1] nioow[1] sọ[1] ·ụ[2] thjoo[1] tsjiir[1] dźju[1] tshjiij[1]

果 证。 三 根 导 缘， 三 乘 妙 法 诠 说；

因追三根，诠说妙法三乘；

B11•052[1•16]-01-05-2

[illegible]

ljɨɨr1 sjwɨ1 dzjɨɨ2 bju1 ljɨɨr1 mə2 mər2 twẹ2 dwuu2 nẹ1 sọ1 ko1 ɣjiw1 ·o2

四 种 习 随， 四 种 本 续 密 宣。 三 乘 摄 入，

随习四种，密宣本续四类。入摄三乘，

B11•052[1•16]-01-06-1

[illegible]

djii2 we2 jijr2 ŋwu2 mjor1 neej2 njɨi1 śjij1 djọ2 pjwɨɨr1 mjor1 lju̱2 tha1

化 城 除 以 现 示； 二 成 修 劝， 现 身 佛

除化城以示现；劝修二成，现身佛而

B11•052[1•16]-01-06-2

[illegible]

ŋwu2 nur1 wji2 tsjiir1 tsə̣1 njɨ2 ɣie2 bẹ1 ka1 djị1 dźjã2 ɣjow1 tsjij2

是 指 知。 法 药 普 利， 沙 等 沉 众 源 了；

示现。法药普利，沉恒沙而了众源；

B11•052[1•16]-01-07-1

[illegible]

·jiw1 iọ1 mjaa1 sə1 tsjiir1 lji̱1 we1 mjii1 wạ2 lwu2 tśji2 no1 ·jiw1 śjwii2

因 圆 果 满， 法 宝 龙 宫 广 隐 祇 那 缘 合，

因圆果满，广隐法宝于龙宫。祇那合缘，

B11•052[1•16]-01-07-2

[illegible]

lew1 tụ1 ɣạ2 ljɨɨr1 kjiw1 wji1 xã2 wəə1① swew1 dzjwɨ1 mjiij1 bju1

一 千 十 四 年 岁， 汉 孝 明 帝 梦 依，

一千十四年后，因汉孝明帝②之梦，

B11•052[1•16]-01-08-1

[illegible]

tshej1 ·jĩ1 lji2 tjoo1 ·jwã1 phjij1 ɣạ2 kjiw1 thẽ2 lã1 kjụ1 ber2 tsjiir1 lja1

蔡 愔 西 寻。 永 平 十 年， 腾 兰 高 遇 法 来，

---

① “[illegible]”（wəə1）与“[illegible]”（wəə1）字通假，两字同音，且字形相近。

② [illegible]，当指汉孝明帝刘庄，《后汉书》卷 88“西域传”：“世传明帝梦见金人，长大，顶有光明，以问群臣。或曰：‘西方有神，名曰佛，其形长丈六尺而黄金色。’帝于是遣使天竺，问佛道法，遂于中国图画形象焉。楚王英始信其术，中国因此颇有奉其道者。后桓帝好神，数祀浮图、老子，百姓稍有奉者，后遂转盛。”

蔡愔西寻①。永平十年，遇腾、兰、高②来传法，

B11•052[1•16]-01-08-2

[illegible]

ŋwə^1 dźjwa^1 tśja^1 mjijr^2 tśhjụ^1 neew^2 dźiej^2 nji^2 dwər^1 nioow^1 gjuu^2 gjij^2

五 岳 道 士 楮 善 信 等 敌，后 救 经

五岳道士楮善信等敌之，后道经

B11•052[1•16]-01-09-1

[illegible]

lhjwạ^1 we^2 śjạ^1 ·jir^2 buu^2 dzjwo^2 nji sjɨ^1 lwər^2 nər^2 mjijr^2 śja^2 dzjwɨ^1

灰 成，七 百 胜 人 败 死。经 黄 灵 显，君

成烬，七百胜人惨死③。从此黄经显灵，

B11•052[1•16]-01-09-2

[illegible]

bji^2 bju^1 tjị^1 ɣa^2 śjwo^1 sọ^1 lhjij tsjĩ^1 swẽ^1 tshji^1 ljow^1 tśjiw^1 sjwi^1

臣 依 归 上 始，三 国 晋 宋 齐 梁 周 隋

君臣归依。至三国晋宋齐梁周隋

---

① [illegible]，音译“蔡愔”。（梁）慧皎《高僧传》卷1：“汉永平中，明皇帝夜梦金人飞空而至，乃大集群臣以占所梦。通人傅毅奉答：‘臣闻西域有神，其名曰佛，陛下所梦，将必是乎。’帝以为然，即遣郎中蔡愔、博士弟子秦景等，使往天竺，寻访佛法。愔等于彼遇见摩腾，乃要还汉地。腾誓志弘通，不惮疲苦，冒涉流沙，至乎雒邑。明帝甚加赏接，于城西门外立精舍以处之。汉地有沙门之始也。”

② [illegible]、[illegible]，音译“腾”、“兰”，当指“摄摩腾”和“竺法兰”。“[illegible]”音近“高”，似指“安世高”。（梁）慧皎《高僧传》卷一：“摄摩腾，本中天竺人。善风仪，解大小乘经，常游化为任。昔经往天竺附庸小国，讲《金光明经》。会敌国侵境，腾惟曰：‘经云：能说此经法，为地神所护，使所居安乐。今锋镝方始，曾是为益乎？’乃誓以忘身，躬往和劝，遂二国交欢，由是显达。”

“竺法兰，亦中天竺人，自言诵经论数万章，为天竺学者之师。时蔡愔既至彼国，兰与摩腾共契游化，遂相随而来。会彼学徒留碍，兰乃间行而至。既达雒阳，与腾同止，少时便善汉言。愔于西域获经，即为翻译《十地断结》》《佛本生》《法海藏》《佛本行》《四十二章》等五部。移都寇乱，四部失本，不传江左。唯《四十二章经》今见在。可二千余言。汉地见存诸经，唯此为始也。”

“安清，字世高，安息国王正后之太子也。幼以孝行见称，加又志业聪敏，剋意好学。外国典籍及七曜五行医方异术，乃至鸟兽之声，无不综达。尝行见群燕，忽谓伴曰：‘燕云应有送食者。’顷之果有致焉。众咸奇之，故俊异之声，早被西域。高虽在居家，而奉戒精峻，王薨，便嗣大位。乃深惟苦空，厌离形器。行服既毕，遂让国与叔，出家修道。博晓经藏，尤精阿毗昙学，讽持禅经，略尽其妙。既而游方弘化，遍历诸国，以汉桓之初，始到中夏。才悟机敏，一闻能达。至止未久，即通习华言。于是宣译众经改胡为汉，出《安般守意》《阴持入》《大》《小》《十二门》及《百六十品》。初外国三藏众护撰述经要为二十七章，高乃剖析护所集七章，译为汉文，即《道地经》是也。其先后所出经论，凡三十九部。义理明析，文字允正。辩而不华，质而不野。凡在读者，皆亹亹而不倦焉。高穷理尽性，自识缘业，多有神迹，世莫能量。”

③ [illegible]，指灵宝经等道教经典。关于五岳道士楮善信等烧经一事，见载于（唐）靖迈撰《古今译经图纪》，曰：“愔等至印度国，请迦叶摩腾竺法兰共还，用白马驮经并将画释迦佛像，以永平十年岁次丁卯至于洛阳。帝悦造白马寺。至十四年岁次辛未正月一日，五岳道士楮善信等负情不悦。因朝正之次，表请较试。敕遣尚书令宋庠引入长乐宫。帝曰：此月十五日，大集白马寺南门。尔日，信等以灵宝诸经置道东坛上，帝以经像舍利置道西七宝行殿上，信等绕坛涕泣稽请天尊，词情恳切。又以栴檀柴等烧经，冀经无损，以为神异。然所烧经并从灰烬。先时，升天入火，履水隐形，皆不复能。善禁咒者，呼策不应。时太傅张衍语信曰：所试无验，即是虚妄，宜就西域真法。时南岳道士费叔才等惭忸自感而死。时佛舍利光明五色，直上空中，旋环如盖，遍覆大众，映蔽日轮。摩腾法师先是阿罗汉，即以神足游空，飞行坐卧，神化自在。时天雨宝华及奏作众乐，感动人情，大众欢悦。摩腾复坐，法兰说法。时众咸喜，得未曾有。时后宫阴夫人王婕妤等，一百九十人出家。”

B11•052[1•16]-02-01-1

[illegible]

thow^1 njɨ^2 ·jar^1 śjij^1 ŋwej^2 mur^1 lew^1 ·jir^2 njɨɨ^1 ɣạ^2 lhejr^2 ·ụ^2 ljụ^2

唐 至，八 代 僧 俗 一 百 二 十 三 藏，身

唐，八代僧俗三藏百二十人①，

B11•052[1•16]-02-01-2

[illegible]

tsja^1 ɣu^1 ŋo^2 sji^1 lheew^2 rewr^2 kjij^1 tśhjaa^1 rar^2 ljụ^2 mjɨ^2 kạ^1 ćźjɨɨr^1

热 头 痛，木 独 梯 朽 上 过；身 忘 命 舍，

身热头痛，独木朽梯上过；忘身舍命，

B11•052[1•16]-02-02-1

[illegible]

tsjiir^1 deej^1 wee^1 gju^1 nioow^1 lja^2 ·a lhej^2 sọ^1 ·ụ^2 ljɨɨr^1 ·jir^2 ·jar^1

法 传 生 度 缘 寄。△ 译 三 藏 四 百 八

传法度生寄缘。翻译三藏四百八

B11•052[1•16]-02-02-2

[illegible]

ɣạ^2 zer^1 tụ^1 tśhjiw^1 ɣạ^2 tśhjiw^1 djij^1 ŋwə^1 tụ^1 ljɨɨr^1 ɣạ^2 ·jar^1 ?

十 帙、千 六 十 六 部、五 千 四 十 八 卷。

十帙、千六十六部、五千四十八卷②。

B11•052[1•16]-02-03-1

[illegible]

ŋwə^1 śjij^1 swẽ^1 njɨ^2 kụ^1 lhej^2 sjiw^1 śioo^1 lew^1 ·jir^2 njɨɨ^1 ɣạ^2 njɨɨ^1

五 代 宋 至，后 译 新 集 一 百 二 十 二

五代至宋，后译新集定为一百二十二帙、

①八代僧俗三藏百二十人，不知何据。按，晁公武《郡斋读书志》卷9“传记类”统计，梁慧皎《高僧传》所载高僧凡二百五十七人，曰：“并书诸僧殊疏略，乃博采诸书，咨访古老，起于永平十年，终于天监十八年，凡五百五十二载，二百五十七人，又附见者二百余人，分为译经、义解、神异、习禅、明律、遗身、诵经、兴福、经师、唱导十科。”另据《续高僧传》卷18“隋西京禅定道场释昙迁传一”记载，隋文帝曾下令于海内召名德禅师百二十人，曰：“（隋文帝）仍下敕曰：‘自稠师灭后禅门不开，虽戒慧乃弘而行仪攸阙。今所立寺既名禅定，望嗣前尘。宜于海内召名德禅师百二十人各二侍者，并委迁禅师搜扬。’有司具礼，即以迁为寺主。”或是此处“百二十人”的来历。

② 据史金波先生研究，此处所记480帙、1066部、5048卷的数量与《开宝藏》基本相同。

B11•052[1•16]-02-03-2

[illegible]

zer^{1}　sọ^{1}　·jir^{2}　tśhjiw^{1}　ɣạ^{2}　lew^{1}　djij^{1}　lew^{1}　tụ^{1}　sọ^{1}　·jir^{2}　njɨɨ^{1}　ɣạ^{2}

帙、　三　百　六　十　一　部、　一　千　三　百　二　十

三百六十一部、一千三百二十

B11•052[1•16]-02-04-1

[illegible]

ljɨɨr^{1}　?　ŋewr^{2}　djij^{2}　ljow^{1}　we^{1}　ljạ^{1}　tshji^{1}　lew^{1}　thjɨ^{2}　tsjiir^{1}　bju^{1}　lhjij　mjii^{2}

四　卷　数　定。　梁　魏　北　齐，　唯　此　法　依　国　治；

四卷。梁魏北齐，唯依此法治国；

B11•052[1•16]-02-04-2

[illegible]

śji^{1}　kụ^{1}　tshjĩ^{1}　swẽ^{1}　rjur^{1}　kha^{1}　pha^{1}　mər^{2}　mji^{1}　wji^{2}　sọ^{1}　tụ^{1}

先　后　晋　宋，　世　间　异　宗　不　显。　三　千

先后晋宋，世间异宗不显。三千

B11•052[1•16]-02-05-1

[illegible]

xiwã^{1}　dzjiij^{2}　la^{1}　śji^{1}　tśja^{1}　no^{2}　sẽ^{1}　tśhjiw^{1}　dzjwɨ^{1}　njij^{2}　bji^{2}　sjij^{2}　njɨɨ^{2}　gjɨ^{2}

梵　师，　罗　什　道　安　僧　肇，　君　王　臣　庶，　日　夜

梵师，罗什道安僧肇①；君王臣庶，日夜

B11•052[1•16]-02-05-2

[illegible]

tsjiir^{1}　wo^{2}　ljɨ^{1}　djij^{2}　sọ^{1}　ljɨ^{1}　ljij^{1}　śjij^{1}　bji^{2}　sjij^{1}　thjɨ^{2}　su^{1}

法　理　论　定。　三　宝　盛　法，　古　今　斯　胜

论定法理；三宝盛法，古今莫过于斯。

---

① 罗什，指鸠摩罗什（Kumārajīva，344—413 年），与玄奘、不空、真谛并称佛教四大译师。祖籍天竺，出生于西域龟兹（今新疆库车），精通梵语、汉语，东晋太元八年（384）到凉州传法，后秦弘治三年（401）入长安译经，总译经律论传 94 部、425 卷。道安（312—385 年），东晋著名经师。十二岁出家，因战乱南下襄阳，后入长安。东晋太元四年（380）秦王苻坚攻克襄阳后感叹："朕以十万之师攻取襄阳，唯得一人半。""一人"指的即是道安。曾创立"本无宗"学派，主持翻译十四部一百八十三卷经典，约百余万言，编纂了中国第一本佛典目录《综理众经目录》，被誉为汉晋间佛教思想的集大成者。僧肇（384—414），鸠摩罗什弟子，著有《肇论》等，被誉为"解空第一"。

B11•052[1•16]-02-06-1

[illegible]

dzjij^{1} mjij^{1} dźiã^{2} tśhju^{1} ·jiw^{1} tśhjɨj^{1} mjij^{2} lhej^{2} xiwã^{1} tśhji^{2} rejr^{2} ljiij^{2} dow^{1}

过 无。众 生 缘 薄，未 译 梵 典 多 毁。邪

众生缘薄，未译梵典多毁；邪

B11•052[1•16]-02-06-2

[illegible]

njij^{2} sọ^{1} ·u^{2} sọ^{1} tśiej^{2} tha^{1} ljiij^{2} tsjiir^{1} lha^{1} niow^{2} bji^{2} ŋwə^{1} ljiij^{2}

王 三 武，三 番 佛 毁 法 灭；恶 臣 五 魔，

王三武，三番毁佛灭法①；恶臣五魔，

B11•052[1•16]-02-07-1

[illegible]

ŋwə^{1} tśiej^{2} ŋwej^{2} tśjuu^{1} ·ji^{1} bjị^{1} ŋwer^{1} mjij^{1} sọ^{1} ljɨ^{1} ·ju^{2} dźjiij^{1} źjɨr^{1}

五 番 僧 凌 众 辱。比 无 三 宝，常 住 真

五番欺凌僧众②。无比三宝，常住

B11•052[1•16]-02-07-2

[illegible]

dźjar^{2} njaa^{2} ku^{1} pjɨ^{1} njɨɨ^{2} gji^{2} nji^{2} thji^{2} lwər^{2} mji^{1} ljij^{2} tjị^{2} mjij^{1}

谛 非 故；今 日 子 等，斯 经 闻 见 处 无。

非真谛故；今日诸子，无处闻见斯经。

B11•052[1•16]-02-08-1

[illegible]

·jị^{2} tụ^{1} śjạ^{1} kjiw^{1} khwa^{2} iọ^{1} xji^{1} nji^{2} tśjij^{1} ·u^{2} dźjwij^{2} lhjij ljɨ^{1} dzjwɨ^{1}

复 千 七 年，汉 土 熙 宁 岁 间，夏 国 风 帝

① 指的是北魏太武帝拓跋焘（408—452 年）、北周武帝宇文邕（543—578 年）、唐武宗会昌年间（841—846）三次灭佛，因这些皇帝的谥号或庙号都带“武”字，故合称“三武灭佛”。

② 所谓“恶臣五魔”，当指推动或参与“三武灭佛”的道士和宠臣，如魏太武帝灭佛受道士寇谦的影响，而宠臣司徒崔浩“奉谦之道，尤不信佛”。北周武帝灭佛受到道士张宾和卫元嵩等人的影响。唐武宗灭佛也受到道士赵归真等影响，曾“召道士赵归真等八十一人入禁中修金箓道场，帝幸三殿，于九天坛亲受法箓”。

复千七年，汉地景祐年间[①]，夏国风帝[②]

B11•052[1•16]-02-08-2

□	□	□	□	□	□。	□	□	□	□，	□	□
tjịj²	gjwi²	tśhja²	dzjo²	sjiw¹	śjwo¹	we²	le²	kjiw¹	·u²	lhjij	dzjiij²
法	兴	正	礼	新	发。	戊	寅	年	间，	国	师

兴法建礼维新[③]。戊寅年间[④]，令国师

B11•052[1•16]-02-09-1

□	□	□	□	□	□	□	□	□	□	□	□	□	□
phie¹	tsjiir¹	dźiej²	lji¹	kụ¹	tśhja²	·jiij¹	tśjij¹	bji²	sjij²	bji¹	nji²	śji¹	kụ¹
白	法	信	及	后	德	承	岁	臣	智	光	等	先	后

白法信[⑤]并后承道年[⑥]臣智光[⑦]等先后

---

① □□ xji¹ nji²，前一字读音为“熙”或“喜”，后一字读音为“你”、“尼”，按照读音，译作“熙宁”最为贴切，但北宋熙宁（1068—1077）在时间上与文中所述时间不符。史金波先生译为“贤者”，聂鸿音先生在《西夏文〈过去庄严劫千佛经〉发愿文中的两个年号》一文中推定为“景祐”，认为“□”为“□”字之形讹，后者在《十二国》里经常出现，用于音译“齐景公”之“景”。

② 风帝，当是“风角城皇帝”的简称，指创制西夏文的西夏开国皇帝景宗元昊。西夏陵出土残碑中曾出现“□□”（风角），西夏文《妙法莲花经序》有：“其后，风角城皇帝，使用本国语言，起行蕃礼，制造文字，翻译经典，武英特出，功业殊妙，为民造福，莫可比拟。”据此，李范文先生曾断定“风角城皇帝”是指景宗元昊（李范文《西夏陵墓出土残碑粹编》，文物出版社 1984 年版，第 12—13 页）。按，西藏用“me（火）”、“bden bral（离谛，罗刹之异名）”、“dbang ldan，（有主，即大自在天）”、“rlung（风）”分别代指东南、西南、东北、西北四隅，西夏文《菩提心及常作法事》（инв. № 6510）分别直译作“□（火）”、“□□（离谛）”、“□□（有主）”、“□（风）”，西夏正处西北，故自称“风隅”，即“风角”。

③ □□□□□□，或可译为“兴法建礼维新”。另据《宋史》卷四八五《夏国传》记载：“（元昊）遂以十一月十一日郊坛备礼，为世祖始文本武兴法建礼仁孝皇帝。”

④ 戊寅年间，当指西夏景宗元昊正式称帝建国元年，即天授礼法延祚元年（1038）。

⑤ 白法信（□□□），据杨富学等考证，为来自高昌回鹘的龟兹僧人。（杨富学：《论回鹘文化对西夏的影响》，《宋史研究论丛》第 5 辑，2003 年，第 279—294 页。）按，西夏建国之初，往往延请回鹘僧主持译场，演绎经文。《西夏书事》卷 18 记载：元昊于天授礼法延祚十年（1047）“于兴庆府东一十五里役民夫建高台寺及诸浮图，俱高数十丈，贮中国所赐《大藏经》，广延回鹘僧居之，演绎经文，易为蕃字。”（（清）吴广成撰，龚世俊等校证《西夏书事校证》，甘肃文化出版社 1995 年版，第 212 页。）此后谅祚（1048—1068 年在位）时期也是如此，《西夏书事》卷 19 记载：“没藏氏好佛，因中国赐《大藏经》，役兵民数万，相兴庆府西偏起大寺，贮经其中，赐额‘承天’，延回鹘僧登座演经，没藏氏与谅祚时临听焉。”（（清）吴广成撰，龚世俊等校证《西夏书事校证》，甘肃文化出版社 1995 年版，第 226 页。）

⑥ □□，依聂鸿音先生在《西夏文〈过去庄严劫千佛经〉发愿文中的两个年号》一文的译法为“承道”，即“福圣承道”（1053—1056），为毅宗谅祚的年号。

⑦ 智光，即白智光，据杨富学等考证，为来自高昌回鹘的龟兹僧人。（杨富学：《论回鹘文化对西夏的影响》，《宋史研究论丛》第 5 辑，2003 年，第 279—294 页。）按：西夏文《现在贤劫千佛经》为白智光主持翻译，该经卷首“西夏译经图”，即译场僧人列位，居首者为白智光，西夏文榜题全称“□□□□□□□□□□□□□□□”，可译作“总译勾管者安全国师白智光”；他还主持翻译了《金光明最胜王经》，该经卷首《忏悔灭罪记》之后“流传序”曰：“□□□□□□□□□□□□□□□□□□□□，□□□□□□□□□□□□□□□□□□□”，可译作“次始奉白高大夏国盛明皇帝母梁氏皇太后诏，渡脱三藏安全国师沙门白智光译汉为番。”（参考史金波：《西夏文〈金光明最胜王经〉序跋考》，《史金波文集》，上海辞书出版社 2005 年版，第 332—346 页。）

B11•052[1•16]-02-09-2

[Tangut script]

so̩^{1} ɣa̩^{2} njɨɨ^{1} dzjwo^{2} ɣu^{1} we^{2} lhjwij^{1} bju^{1} lhej^{2} phji^{1} sjij^{2} rejr^{2}

三 十 二 人 头 为， 番 依 译 令。 民 安

三十二人为头，译为番文。民安

B11•052[1•16]-03-01-1

[Tangut script]

ɣu^{1} kjiw^{1} ŋwə^{1} ɣa̩^{2} so̩^{1} tśjij^{1} io̩^{1} ·u^{2} śji^{1} ku̩^{1} ljij^{2} tsəj^{1} so̩^{1} ·u̩^{2}

元 年， 五 十 三 载 围 间， 先 后 大 小 三 乘

元年①，五十三载之内，先后大小三乘

B11•052[1•16]-03-01-2

[Tangut script]

khwə^{1} sə^{1} tsjiir^{1} nioow^{1} tśhjwã^{1} tśhjow^{1} mji^{1} wjij^{1} so̩^{1} ·jir^{2} tśhjiw^{1} ɣa̩^{2}

半 满 教 又 忏 传 不 惟， 三 百 六 十

半满教②及忏传③之外，为之三百六十

B11•052[1•16]-03-02-1

[Tangut script]

njɨɨ^{1} zer^{1} ·jar^{1} ·jir^{2} ɣa̩^{2} njɨɨ^{1} djij^{1} so̩^{1} tu̩^{1} ŋwə^{1} ·jir^{2} śja̩^{1} ɣa̩^{2} gjɨɨ^{1}

二 帙、 八 百 十 二 部、 三 千 五 百 七 十 九

二帙，八百十二部，三千五百七十九

B11•052[1•16]-03-02-2

[Tangut script]

? dja^{2} we^{2} ku̩^{1} ·wejr^{2} we^{2} dzjwɨ^{1} zur^{2} bju^{1} zjɨr^{1} lja̩^{1} lwər^{2}

卷 Δ 成。 后 护 城 帝 诏 奉， 南 北 经

---

① 民安，全称“天祐民安”，为西夏第四代皇帝崇宗李乾顺年号，共八年，元年是 1090 年。

② 半满教，指小乘。智者大师《摩诃止观》卷 6 云：“二明半、满。半者，明九部法也。满者，明十二部法也。世传涅盘常住，始复是满，余者悉半。菩提流支云：三藏是半般若，去皆满。今明半、满之语直是扶成大、小。”《涅槃经》以半、满判分两乘，以小乘为半字教，大乘为满字教。昙无谶为《大涅槃经》之译主，故用半、满二义以判分诸经，显示《大涅槃经》为究竟了义。（参考韩焕忠《南北朝判教略说》，《宗教学研究》2002 年第 2 期。）

③ [Tangut script]，史金波先生译作“传中”，此处译作“忏传”，指忏法和后人为佛经所作注释。后一字“[Tangut script] tśhjow^{1}”一般用于与汉语“昌、虫、重、中、长、仲、充、冲”等字译音，与“传”字读音稍有不合，存疑。

卷。后奉护城帝①诏，与南北经

B11•052[1•16]-03-03-1

[illegible]

rjir^{2} ·ji̱^{2} njar^{1} lhjij io̱^{1} wejr^{1} phji^{1} źjɨr^{1} tjij^{1} rjur^{1} swew^{1} tsjiir^{1} dzju̱^{2} ŋwər^{1}

与 重 校， 国 土 盛 令。 慧 提 世 照， 法 雨 天

重校②，令盛国内。慧提照世，法雨天下

B11•052[1•16]-03-03-2

[illegible]

khju^{1} njɨ^{2} njo̱^{1} ljij^{2} dźjwij^{2} dźiəj^{2} we^{2} rjur^{1} ·u̱^{2} njo̱r^{1} ljij^{2} ŋowr^{2}

下 普 润； 大 夏 池 成， 诸 藏 潮 毁 全

普润；大夏成池，诸藏潮毁不全。

B11•052[1•16]-03-04-1

[illegible]

mjij^{1} ŋwər^{1} ɣu^{1} kię̱j^{2} śjij^{1} gu^{2} kię̱j^{2} mjij^{1} gjii^{1} phju^{2} dzjiij^{2} buu^{2}

不。 皇 元 朝 代， 中 界 寂 静， 上 师 胜

皇元朝代，中界寂净，上师纂集

B11•052[1•16]-03-04-2

[illegible]

dźju^{2} thjwɨ^{2} lji̱^{2} lew^{1} ·u̱^{2} lwər^{2} kjwi^{1} dzjwɨ^{2} dji̱^{2} njɨ^{2} ɣu^{1} śja̱^{1} kjiw^{1} djii^{2}

弱 纂 集， 一 藏 经 旧 修 治。 至 元 七 年， 化

残佚，修整一藏旧经。至元七年，

---

① 护城帝，据史金波、李范文诸先生考证指夏仁宗皇帝（1139—1193 年在位）。按：西夏二号陵残碑碑额上题有“护城圣德至懿皇帝”，当是仁宗尊号的一种省称，西夏文曰：“[illegible]”，译作“大白高国护城圣德至懿皇帝寿陵”。（李范文《西夏陵出土残碑粹编》，文物出版社 1984 年版，图版壹。）鬼名讹计所撰《德行集序》也述及“护城皇帝”，西夏文曰：“[illegible]。”译作“昔护城皇帝绝于四海，百姓乱离，父母相失。”（聂鸿音：《西夏文德行集研究》，甘肃文化出版社 2002 年版，第 31—35 页。）

② 与南北经重校，指仁宗皇帝对照汉文南、北《大藏经》重校西夏文经文。西夏天祐民安五年（1094）武威《重修护国寺感通塔碑铭》中西夏文“[illegible]”（汉、契丹），汉文碑文作“南北”，说明西夏时期“南”泛指汉人建立的宋朝，北则指契丹人建立的辽朝，可以确知这里的“南北经”，指当时宋朝和辽朝分别编定的汉文《大藏经》。仁宗皇帝校经活动大概始于天盛元年（1149），现存注明年代最早的校译本是天盛元年（1149）施印的《圣观自在大悲心总持功能依经录》和《胜相顶尊总持功能依经录》（инв. № 6796）。西夏文《仁王护国般若波罗蜜多经校译跋》（инв.№ 683），记载了桓宗李纯祐天庆元年（1194）校经的情况，曰：“此前传行之经，其间微有参差讹误衍脱，故天庆甲寅元年皇太后发愿，恭请演义法师兼提点智能，共番汉学人，与汉本注疏并南北经重行校正，镂版散施诸人。后人得见此经，莫生疑惑，当依此而行。”可推知仁宗校经的细节。

③ 该字原文有讹误。

B11•052[1•16]-03-05-1

[illegible]

ljụ[2] lew[1] dźjɨ lhjij dzjiij[2] tha[1] tśju[1] wạ[2] śjwo[1] dju[1] njar[1] mjij[1] lhej[2] ŋowr[2]

身 一 行 国 师，佛 事 广 兴，有 校 无 译 全

化身一行国师①，广兴佛事，校有译无令全；

B11•052[1•16]-03-05-2

[illegible]

phji[1] phji[1] ljɨ[1] su[1] dzjij[1] sọ[1] ·ụ[2] lwər[2] sjiw[1] nja[1] tjịj[2]

令； 意 宝 超 过， 三 藏 经 新 △ 印。

超如意宝，刊印三藏新经。

B11•052[1•16]-03-06-1

[illegible]

kụ[1] ŋa[2] rjur[1] tjụ[2] ŋwər[1] dzjwɨ[1] ljị[2] tśhja[2] ŋwər[1] khju[1] sə[1] bẹ[2] lhjij lhjij

后 我 世 祖 皇 帝， 恩 德 天 下 满 贯； 国 国

后我世祖皇帝，恩德满贯天下；国国

B11•052[1•16]-03-06-2

[illegible]

thwuu[1] phji[1] so[2] tśja[1] khji[2] njwo[2] su[1] gjij[1] ljɨɨr[1] ŋjow[2] njij[2] nej[2] ·jar[1]

通 令， 高 道 万 古 胜 殊。 四 海 镇 安， 八

遍通，崇道万古殊胜。四海平安，

B11•052[1•16]-03-07-1

[illegible]

rjijr[2] ·jiw[1] śjwã[2] dzjij[1] zar[2] sọ[1] ljɨ[1] na[1] dźiej[2] tsjiir[1] dźjow[1] ·ji[2] tśhjij[1]

方 由 旬 时 历； 三 宝 深 信， 法 幢 重 举

① 一行国师，僧衔全称“兰山云岩谷慈恩寺流通忏法护国一行慧觉法师”，元世祖皇帝曾赐号“释源宗主宗密圆融大师”。据白马寺《故释源宗主宗密圆融大师塔铭》，他生于西夏，父为显官，夏亡后在贺兰山出家。后慕龙川和尚行育之名，到白马寺修习圆教，世祖皇帝时曾随护法大师校经于燕。此后应永昌王之邀回凉州讲学，大兴佛教，并创寿光、觉海二寺。晚年回白马寺主持佛事，最终于皇庆二年（1313）五月甲寅卒于白马寺。从至元七年（1270）开始，他着手整修西夏旧藏，校订原有旧经，翻译佚失和原来没有翻译的经典，并入藏《河西藏》。到至元三十年（1293）法师慧宝开始在杭州雕版刻经，成宗大德六年（1302）始告完毕，期间经历了三十余年的时间。据现存发愿文，一行国师纂集有《大方广佛华严经海印道场十重行愿常遍礼忏仪》，国图藏西夏文《金光明最胜王经》、《涤罪礼忏要门》等，也都是经他之手校订并入藏《河西藏》的经典。

时经八方由旬①；深信三宝，欲因重举法幢②。

B11•052[1•16]-03-07-2

[illegible]

kiej^{2} bju^{1} tsjiir^{1} dzjiij^{2} źjɨr^{1} lji̠^{1} śjã^{1} lwər^{2} dwuu^{2} dzjiij^{1} na^{1} sji^{1} kjur^{2}

欲　因。法　师　慧　宝　禅　经　密　律　深　穷，志

法师慧宝③，深究禅经密律，

B11•052[1•16]-03-08-1

[illegible]

mjaa^{2} zjir^{2} śiaa^{2} phju^{2} śjij^{2} tji̠^{1} sə^{1} gjii^{2} nioow^{1} tshjij^{2} ɣjwã^{1} sjɨ^{2} pji^{1} kə^{1}

多　久　随，上　圣　愿　满　希　故，政　院　鲜　卑　肐

向拥多志，欲满圣上之愿故，令奏政院④鲜卑

---

① 彰䏃，音译汉文“由旬”，梵文作 yojana，又译作“踰缮那”等。原义为“附轭”，指公牛挂轭行走一日之旅程，也指帝王一日行军之里程，当中国之一驿。一由旬或云四十里、或云三十里。（丁福保：《佛学大辞典》，文物出版社 1984 年版，第 442—443 页。）

② 世祖皇帝，忽必烈（1215—1294 年），蒙古尊号“薛禅汗”，宋理宗景定元年（1260），即汗位于开平，建元中统。中统五年（1264）改元为“至元”。至元八年（1271），取《易经》“大哉乾元，万物资始，乃统天”之义，建国号为大元。此处言及世祖皇帝“恩德满贯天下”，“崇道万古殊胜”，“欲因重举法幢”，当包括他主持“佛道之辩”，最后佛教大获全胜之事。元宪宗八年（1258）七月，蒙哥皇帝命忽必烈亲王召请各地僧、道两宗以及儒者，所谓“九流名士”到上都和林聚会，“辩对化胡真伪”。佛、道两方各出十七名代表进行辩论，参加集会的僧人 300 多人，道士 200 多人，担当“证义”的丞相、大臣及儒者共 200 余人。祥迈《辩伪录》卷 5 记载颇详，曰：“昔在宪宗皇帝朝，道家者流出一书曰《老君化胡成佛经》及八十一化图，镂板本传四方。其言浅陋诞妄，意在轻蔑释教而自重其教。罽宾大师兰麻总统少林福裕，以其事奏闻。时上居潜邸，宪宗有旨，令僧道二家诣上所辩析。二家自约道胜则僧冠首而为道，僧胜则道削发而为僧。”（《大正藏》卷 52《辩伪录》卷 5）这次辩论使元代佛教重振，达到了空前繁荣。张伯淳《辩伪录序》曰：“先朝蒙哥皇帝玉音宣谕，登殿辩对化胡真伪。圣躬临朝亲证，李志常等义堕词屈。奉旨焚伪经，罢道为僧者十七人，还佛寺三十七所，党占余寺流弊益甚。丁巳秋。少林复奏：续奉纶旨伪经再焚，僧复其业者二百三十七所。由乙卯而辛酉，凡九春，而其徒鼠匿未悛邪说，谄行屏处犹妄惊渎圣情。由是至元十八年冬，钦奉玉音颁降天下，除《道德经》外，其余说谎经文尽行烧毁。道士爱佛经者为僧，不为僧道者娶妻为民。当是时也，江南释教都总统永福杨大师琏真佳大弘圣化，自至元二十二春，至二十四春凡三载，恢复佛寺三十余所。如四圣观者，昔孤山寺也。道士胡提点等舍邪归正罢道为僧者，奚啻七八百人，挂冠于上永福帝师殿之梁栱间。”（《大正藏》卷 52《辩伪录》卷 1）另，《至元法宝勘同总录》也是在世祖皇帝的敕命下编纂的，大德十年（1306）释克己“序言”曰：“......爰自汉唐，历代帝王公卿，翻译接武，全璧未完。惟我世祖薛禅皇帝，智极万善，道冠百王，皎慧日以镜空，扇慈风而被物。特旨宣谕臣佐，大集帝师、总统，名行、师德，命三藏义学沙门庆吉祥，以蕃汉本，参对楷定大藏圣教，名之曰《至元法宝勘同总录》。” 这无疑也是《河西藏》得以刊行的大背景。

③ 法师慧宝，不知所指何人。

④ 政院，当是掌管释教僧徒事物的宣政院的简称。据《元史》卷 87《百官志三》：“宣政院，秩从一品。掌释教僧徒及吐蕃之境而隶治之。遇吐蕃有事，则为分院往镇，亦别有印。如大征伐，则会枢府议。其用人则自为选。其为选则军民通摄，僧俗并用。至元初，立总制院，而领以国师。二十五年，因唐制吐蕃来朝见于宣政殿之故，更名宣政院。置院使二员、同知二员、副使二员、参议二员、经历二员、都事四员、管勾一员、照磨一员。二十六年，置断事官四员。二十八年，增佥院、同佥各一员。元贞元年，增院判一员。大德四年，罢断事官。至大初，省院使一员。至治三年，置院使六员。天历二年，罢功德使司归宣政，定置院使一十员，从一品。”（《元史》，中华书局 1976 年点校本，第 2193—2194 页）

B11•052[1•16]-03-08-2

[Tangut text]

ta^{1} śjow^{1} nji̠^{2} khjij^{2} phji^{1}, ljij^{1} mji^{1} tji̠^{2} ŋwu^{2}

胆 铁 等 奏 令，悟 不 可 以

铁肐胆①等，以无可疑

B11•052[1•16]-03-09-1

[Tangut text]

tśhja^{2} ɣie̠^{2} śjij^{2} zur^{2} wji^{2} to^{2}, śjwa^{1} zjɨr^{1} xã^{1} tśjiw^{1} źjɨr^{1} piã^{1} thjwɨ^{1}

德 音 圣 旨 △ 发，江 南 杭 州 真 版 完

之德音发出圣旨，命雕完江南杭州经版。

B11•052[1•16]-03-09-2

[Tangut text]

lew^{2} dja^{2} we^{2}. ŋwej^{2} da̠^{2} dzju^{2} bju^{1} sjɨ^{2} pji^{1} thu^{1} tshjɨj^{2}

应 △ 成。僧 事 主 由 鲜 卑 杜 七

由监僧事鲜卑杜七②

B11•052[1•16]-04-01-1

[Tangut text]

zur^{2} dźjij^{1}, nwə^{1} sjij^{2} ŋwej^{2} ·ji^{1} źjɨr^{1} njiij^{1} ɣu^{1} we^{2}, śji^{1} zeew^{2} we^{1}

敕 行，知 觉 和 尚 慧 中 头 为，先 遣 龙

① [Tangut][Tangut][Tangut]，kə^{1} ta^{1} śjow^{1}，义为“小犬铁”，史金波先生曾据其意义译作“小狗铁”。据《元史》等史料，蒙古人及西夏后裔的名字多为音译，而按河西方音可拟作“肐胆铁”。《元史》卷22“武宗一”曾记载：大德十一年（1307）秋七月，“遣肥儿牙儿迷的里及铁肐胆诣西域取佛钵、舍利，肥儿牙儿迷的里遥授宣政使，铁肐胆遥授平章政事”。其中“铁肐胆”与“[Tangut] kə^{1} [Tangut] ta^{1} [Tangut]śjow^{1}”的音义很相近，时代相合。（《元史》，中华书局1976年点校本，第483页）

② 鲜卑杜七，史籍缺载，元代在宣政院任职的官员大多出自高昌、河西，可推测此人也应该是河西人。据张云先生研究，元代皇庆元年（1312）之前，历任宣政院院使有：**桑哥**，1288—1291年任总制院改宣政院第一任院使；**脱因**，1288年始与桑哥同任院使；**暗普**，杨琏真加之子，史载至元二十八年（1291）始任，延祐元年（1314）仍在任；**玉笃实**，至元二十一年（1284）任总制院经历，后为总制院同知，受正奉大夫。总制院更名后，曾任宣政院副使、后同知宣政院事，转资政大夫、资德大夫、为宣政院副使约在1288年；**答失蛮**，约于1288—1304年任院使；**洁实弥尔**，玉笃实之弟，1300—1315年间任宣政院使，大德四年至十年，进授荣禄大夫，宣政院使。至大初（1308）受命翻译佛经。**脱虎脱**，至元十五年（1278）任总制院通事，大德十一年（1307）曾短暂出任江西行省平章政事，当年武宗命其仍领宣政院。**八札**，高昌铁哥朮之子，曾同知宣政院事。**沙的**，史载大德十年（1306）为宣政院使。**肥儿牙儿迷的里**，《元史》卷22“武宗一”：大德十一年（1307）秋七月，“遣肥儿牙儿迷的里及铁肐胆诣西域取佛钵、舍利，肥儿牙儿迷的里遥授宣政使，铁肐胆遥授平章政事”。**忽马儿不花**，史载至大元年（1308）前后任宣政院使。**铁木迭儿**，《元史》卷25“仁宗二”延祐二年(1315)七月“命铁木迭儿总宣政院事，诏谕中外”。（张云：《元代宣政院历任院使考略》，《西北民族研究》1995年第2期）

奉旨，知觉和尚慧中①为头儿，先遣从龙

B11•052[1•16]-04-01-2

[illegible]

bju^2 dzjiij^2 kha^1 rjɨr^2 mjaa^2 dźjɨ mjijr^2 wjɨ^2 tsjiir^1 lwər^2 kjwi^1 lhjwi^1 ŋwu^2

象 师 中 乃 多 行 者 △ 选，经 旧 取 以，

象师中所选多行者，取旧经，

B11•052[1•16]-04-02-1

[illegible]

śji^1 kụ^1 njɨɨ^1 ɣạ^2 dzjij^1 dzjwo^2 njɨ^2 ɣu^1 sọ^1 ɣạ^2 khjɨ^2 tśjij^1 mjii^1

先 后 二 十 余 人 至 元 三 十 万 岁 宫

先后二十余人，于至元三十年万寿寺

B11•052[1•16]-04-02-2

[illegible]

·u^2 tjịj^2 kuu^1 wo^2 śjwo^1 tụ^1 mə^2 mjii^1 war^2 khjɨ^2 tjij^1 ŋewr^2 dzjij^1

内 印 刊，应 用 千 种 施，钱 万 品 数 逾。

内刊印②，所施应用逾千种、财物逾万品。

B11•052[1•16]-04-03-1

[illegible]

śjịj^1 tsụ̃^{2} dzjwɨ^1 śjij^1 ljij^2 tśhja^2 tśhjiw^1 kjiw^1 dźjwij^2 ɣu^1 ·a iọ^1 dźjwa^1

成 宗 帝 朝 大 德 六 年 夏 初 总 毕

成宗帝朝，大德六年夏初总毕，

---

① [illegible]，这里意译作“慧中”，也可以音译作“耳泥”。据国家图书馆藏西夏文《现在贤劫千佛名经》后附“裱经题记”，“[illegible]”źjɨr^1 sej^1 ljị^1，即李慧净，音译作“李耳塞”；“[illegible]”źjɨr^1-bṳ^2 ljị^2，即李慧胜，音译作“李耳卜”；“[illegible]”ljị^2 tshjịj^1 śji^1，即李小仪，音译作“李七什”。（宁夏大学西夏学研究中心、国家图书馆、甘肃五凉古籍整理研究中心编《中国藏西夏文献》第5册“北京编 • 国家图书馆藏卷”，甘肃人民出版社、敦煌文艺出版社2005年版，封底彩页。）

② 写于大德十年（1306）的元刊《碛砂藏》本践字函《大宗地玄文本论》卷三发愿文曰：“钦睹圣旨，于江南浙西道杭州路大万寿寺雕刊河西字大藏经板三千六百二十余卷，华严诸经忏板，至大德六年完备。管主八钦此胜缘，印造三十余藏。”可知，“万寿寺”指“江南浙西道杭州路大万寿寺”，此次刊造的即是“河西字大藏经板”，即《河西藏》。据（清）梁诗正《西湖志纂》卷三“孤山胜迹”载：“六一泉：在孤山西南，即唐孤山寺。咸淳《临安志》：陈天嘉元年改建，名永福。《西湖游览志》：宋大中祥符间改为广化寺，内有辟支佛骨塔。柏堂、竹阁皆在焉。绍兴间改创四圣延祥观。理宗时复改西太乙宫。《钱塘县志》：元杨琏真伽改为万寿寺，元末毁。”（明）田汝成《西湖游览志》卷二“孤山三堤胜迹”载：“四圣延祥观：绍兴间韦太后还自沙漠建，以沉香刻四圣像，并从者二十人，饰以大珠，备极工巧。为园曰延详，亭馆窈窕，丽若画图……元初，嘉木扬喇勒智废为万寿寺，屑像为香，断珠为缨，而旧美荒落矣。”（《四库全书》史部十一《西湖游览志》）

B11•052[1•16]-04-03-2 B11•052[1•16]-04-04-1

[illegible]

tśhjaa1 zur2 bju1 ɣạ2 ·ụ2 tjij2 mjii1 ·u2 tsṹ2 ŋwər1 dzjwɨ1 śjij2 pjụ1 njạ1

于， 敕 奉 十 藏 印 施。 武 宗 皇 帝 圣 威 神

时奉诏印施十藏①。武宗皇帝圣威神

B11•052[1•16]-04-04-2

[illegible]

·ioow1 ŋwer1 mjij1 ŋwej2 dźji1 ljij2 ·ụ2 tsjiir1 ɣa1 gjij1 njij2 mjii2 wji2

功 比 无， 僧 尼 大 藏， 法 门 殊 倍 治 明。

功无比，僧尼大安，法门倍加修明。

B11•052[1•16]-04-05-1

[illegible]

kię1 dźiej2 sjij1 dzjwɨ1 tśhjɨ1 bjij2 wjɨ2 kụ2 we1 wjii1 wạ2 ljij2 tjɨ1 gu1

金 轮 今 帝 尔 时 东 宫 龙 隐， 广 大 愿 建

金轮今帝尔时东宫藏龙，立弘大愿，

B11•052[1•16]-04-05-2 B11•052[1•16]-04-06-1

[illegible]

ŋwə1 ɣạ2 ụ2 tjij2 dja2 mjii1 sjij1 mjor1 ŋwər1 dzjwɨ1 lew1 rjir1 njɨ2 pjụ1 njɨ2 śjij2

五 十 藏 印 △ 施。 今 如 皇 帝， 一 得 至 尊 至 圣，

施印五十藏②。当今皇帝，一达至尊至圣，

B11•052[1•16]-04-06-2

[illegible]

zjir1 njijr2 kha1 phju2 khjɨ2 ko1 rjur1 wə1 gu2 buu2 jwɨr2 ɣạ1 lja1 lho tha1 tsjiir1

南 面 中 上 万 乘 诸 主 中 胜 文 武 超 迈， 佛 法

---

① 至元三十年（1293）在万寿寺刻印，大德六年（1302）夏始告完毕，历经元世祖（1260—1294 在位）和成宗（1295—1307 在位），时印施十藏，而据《大宗地玄文本论》卷三发愿文，大德十年（1306）又印施三十余藏。

② 武宗皇帝（1308—1311 在位）"东宫藏龙"时"施印五十藏"，当指至大元年（1308）之前武宗为太子时施印五十藏。国家图书馆藏《说一切有部阿毗达磨顺正理论》、《悲华经》、《经律异相》等卷首存西夏文祝赞 4 面，款题译文为"大元国混一天下现世独尊福智正名共主，当今皇帝圣寿万岁，诏奉一院大藏契经刻印颁行。当今皇帝圣寿万岁，太后皇后寿与天齐，诏奉大德十一年六月二十二日，皇太子寿命千秋经见，大藏契经五十部印颁行。"这份西夏文祝赞恰可与此处所述相印证，证明武宗为太子时"施印五十藏"是在大德十一年（1307）六月二十二日，而国图藏西夏文《说一切有部阿毗达磨顺正理论》、《悲华经》、《经律异相》等，都是这次印施的。国图藏西夏文《金光明最胜王经》发愿文也提到"今值释迦灭，而留法传行时，佛法存盛弱者，赖此经也。故大朝国世界信众施主陈慧高，因念此语，发出大愿：番国旧印板，国毁中失，因此，布施净物，令雕新字。自乙巳年八月十五日始，丁未年中刻毕，净纸上得以印施。"其中"乙巳年"或为成宗大德九年（1305），"丁未年"为大德十一年（1307），可推测《金光明最胜王经》的刊行时间也与上述诸经相近。

胜于南面万乘诸主。文武超迈，深悟佛法

B11•052[1•16]-04-07-1

[illegible]

rjijr^2 dźjɨ na^1 tsjij^2 xji^1 wjo̜^{2} thow^1 gjuu^2 ·ioow^1 tśhja^2 zji^2 su^1 so^2 ljij^2

儒 艺 深 解； 轩 辕 唐 虞， 功 德 皆 胜 山 大。

儒艺；轩辕唐虞①，功德皆胜高山。

B11•052[1•16]-04-07-2

[illegible]

dzjwɨ^1 tśja^1 njɨɨ^2 sjiw^1 tha^1 tśju^1 twe̜^{2} bja^2 mji^1 dju^1 śja̜^{1}

帝 道 日 新， 佛 事 续 断 无 有； 七

君道日新，佛事无有间断；

B11•052[1•16]-04-08-1

[illegible]

ljɨ^1 ɣiwej^1 ŋwu^2 ljɨɨr^1 ŋjow^2 gji^2 sju^2 mjii^2 wji^2 ɣa̜^{2} neew^2 dźjij^1 bju^1

宝 授 以， 四 海 子 如 治 晓。 十 善 行 奉，

授以七宝，明治四海如子。奉行十善，

B11•052[1•16]-04-08-2

[illegible]

·jar^1 rjijr^2 tśhja^2 dzjɨɨ^2 kiej^2 nioow^1 ·ji̜^{2} ŋwə^1 ɣa̜^{2} ·u̜^{2}

八 方 德 化 欲 因。 重 五 十 藏

欲因德化八方。奉诏重

B11•052[1•16]-04-09-1

[illegible]

khju^2 bju^1 tjɨj^2 lew^2 dja^2 we^2 ljij^2 bji^2 tśji^2 ɣjwã^1 sej^1 tśhja^2 tsjiir^1 do^2

诏 奉 印 所 △ 成 大 臣 智 园 净 正 法 于

印制五十藏。大臣智园②于净正之法

---

① [illegible] xji^1 wjo̜^{2}，段玉泉指出当译作“轩辕”；[illegible] thow^1 gjuu^2，史先生译作“大瑞”，按照河西方音，当作“唐虞”。

② [illegible] tśji^2 ɣjwã^1，史先生译为“知院”。按照读音，可译作“智圆”，《普宁藏》本《华严经》卷四〇“元本终识”中载有大藏经局任职人员的名单，其中有名智圆者，职衔为“大藏经局提调勾当僧智圆”。

B11•052[1•16]-04-09-2

[illegible]

njiij^1 ljɨɨ^1 zur^2 lhjij^2 śjɨ^1 phjii^1 njɨɨ^1 śiə^1 gu^2 ɣu^2 tśju^1

心 重， 旨 受 使 役 二 使 共 管 勾

心重，接旨知会二使役共为管勾①，

B11•052[1•16]-05-01-1

[illegible]

wji^2 njɨ^2 ljij^2 ljɨɨr^1 kjiw^1 śją^1 lhjij^2 śja^1 lew^1 lą^1 tjį^1 ŋwər^1

晓。 至 大 四 年 七 月 十 一 手 着， 皇

至大四年七月十一着手，

B11•052[1•16]-05-01-2

[illegible]

ljwu^2 ɣu^1 kjiw^1 ·jar^1 lhjij^2 ·ju^2 njɨɨ^2 tjɨj^2 dźjwa^1 tśji^2 ɣjwã^1 ·u^2 mjii^2 njɨɨ^1

庆 元 年 八 月 望 日 印 毕。 智 园 乌 密 二

皇庆元年八月望日印毕②。此外，智园、乌密③二

B11•052[1•16]-05-02-1

[illegible]

śjɨ^1 djɨr^2 bju^1 ·jij^1 tjɨj^1 dza^1 njar^1 lhjij^2 lhej^2 lwər^2 śjij^2 njɨɨ^1 we^2

使 外 以， 自 进 杂 校 缺 译 经， 圣 二 号

使，自进杂校缺译之经，以二圣新号

B11•052[1•16]-05-02-2

[illegible]

sjiw^1 tśjij^1 tśhjɨɨ^2 tśhjuu^2 śjij^1 phjoo^2 dźjo^1 wjij^1 tśhji^1 low^2 śjwii^2 ką^2

新 正， 颠 倒 顺 合， 长 短 狭 阔 合 齐。

---

① [illegible] ɣu^2 tśju^1，作为官名当译为“管勾”，元代释教僧徒等佛教事务归宣政院管理，《元史》卷八七《百官志三》曰：“宣政院，秩从一品。掌释教僧徒及吐蕃之境而隶治之......置院使二员、同知二员、副使二员、参议二员、经历二员、都事四员、管勾一员、照磨一员。”（《元史》，中华书局1976年点校本，第2193页）

② 至大四年（1311）七月十一，至皇庆元年（1312）八月望日这次印施，是奉武宗（1308—1311在位）圣旨而刊印，仁宗（1312—1320在位）时才完成，而据发愿文，《过去庄严劫千佛名经》为皇庆元年（1312）没尚慧护（[illegible]）主持刊印，可推测该经是这次奉旨刊行藏经中的一部。

③ “[illegible]”（·u^2 mjii^2），史先生曾译作“中治”。按照读音，当与元代西夏姓氏“乌密”（吾密）相当，西夏作“嵬名”。《元史》中所记载的由夏仕元的“乌密”姓大臣有几个，如《元史》卷一二〇《察罕传》载：“察罕，初名益德，唐兀乌密氏。父曲也怯律，为夏臣。”《元史》卷一四四《卜颜铁木兒传》：“卜颜铁木兒，字珍卿，唐兀吾密氏。性明锐倜傥，早备宿卫，历事武宗、仁宗、英宗。天历初，由太常署丞拜监察御史，升殿中侍御史，累除大都路达鲁花赤、都转运盐使、肃政廉访使，由行中书省参知政事升左右丞，擢行御史台中丞，遂拜江浙行省平章政事。”

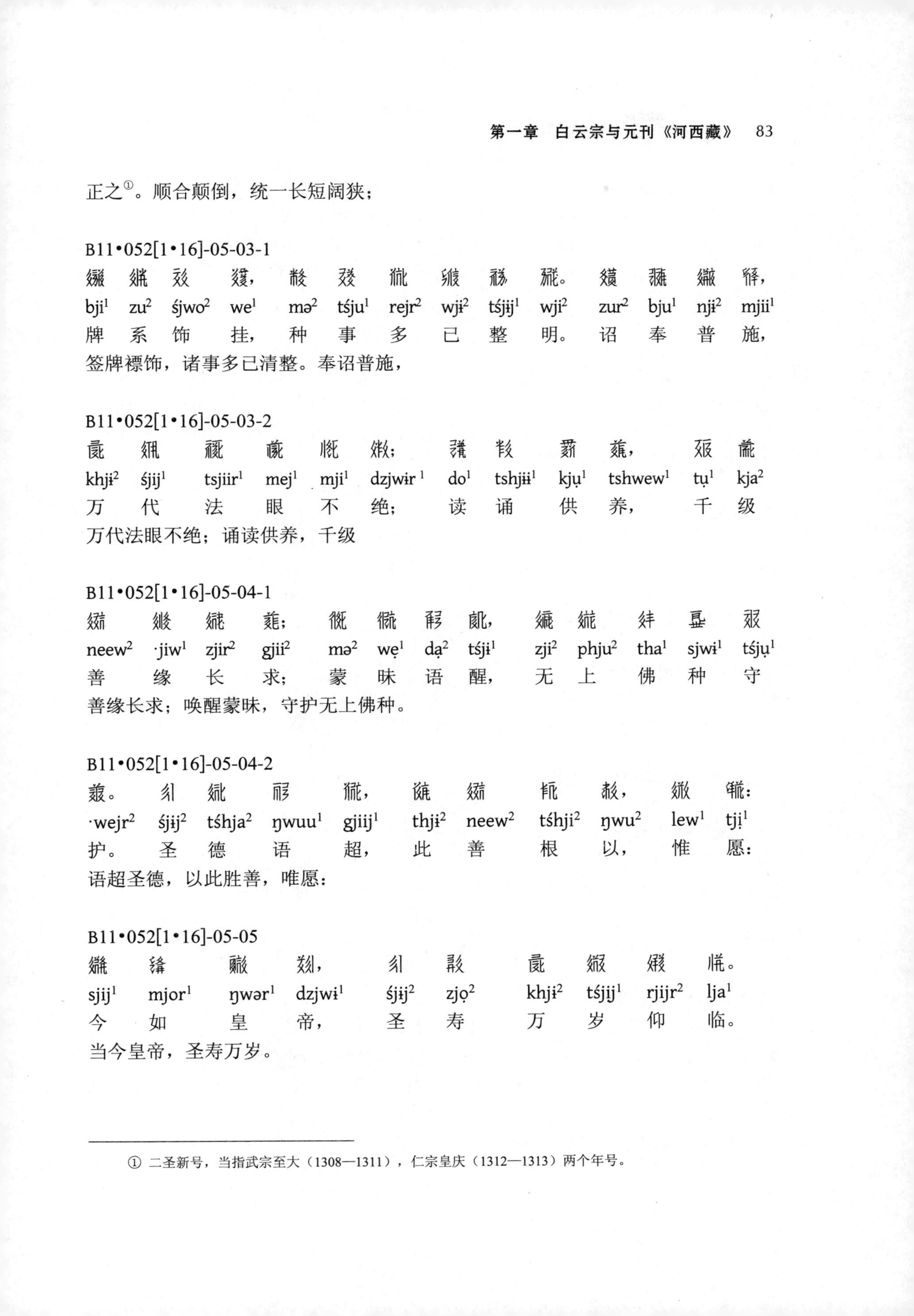

正之[1]。顺合颠倒，统一长短阔狭；

B11•052[1•16]-05-03-1

[illegible]

bji^{1} zu^{2} śjwo^{2} we^{1} mə^{2} tśju^{1} rejr^{2} wjɨ^{2} tśjɨj^{1} wji^{2} zur^{2} bju^{1} njɨ^{2} mjii^{1}

牌 系 饰 挂， 种 事 多 已 整 明。 诏 奉 普 施，

签牌褾饰，诸事多已清整。奉诏普施，

B11•052[1•16]-05-03-2

[illegible]

khjɨ^{2} śjij^{1} tsjiir^{1} mej^{1} mji^{1} dzjwɨr^{1} do^{1} tshjɨɨ^{1} kjụ^{1} tshwew^{1} tụ^{1} kja^{2}

万 代 法 眼 不 绝； 读 诵 供 养， 千 级

万代法眼不绝；诵读供养，千级

B11•052[1•16]-05-04-1

[illegible]

neew^{2} ·jiw^{1} zjir^{2} gjii^{2} mə^{2} wẹ^{1} dạ^{2} tśjɨ^{1} zji^{2} phju^{2} tha^{1} sjwɨ^{1} tśjụ^{1}

善 缘 长 求； 蒙 昧 语 醒， 无 上 佛 种 守

善缘长求；唤醒蒙昧，守护无上佛种。

B11•052[1•16]-05-04-2

[illegible]

·wejr^{2} śjɨj^{2} tśhja^{2} ŋwuu^{1} gjiij^{1} thjɨ^{2} neew^{2} tśhji^{2} ŋwu^{2} lew^{1} tjị^{1}

护。 圣 德 语 超， 此 善 根 以， 惟 愿：

语超圣德，以此胜善，唯愿：

B11•052[1•16]-05-05

[illegible]

sjij^{1} mjor^{1} ŋwər^{1} dzjwɨ^{1} śjɨj^{2} zjọ^{2} khjɨ^{2} tśjij^{1} rjijr^{2} lja^{1}

今 如 皇 帝， 圣 寿 万 岁 仰 临。

当今皇帝，圣寿万岁。

① 二圣新号，当指武宗至大（1308—1311），仁宗皇庆（1312—1313）两个年号。

B11•052[1•16]-05-06

[illegible]①

śjij^{2} ŋwər^{1} ljij^{2} dzow^{1} mee^{2} zjọ^{2} sji^{1} mjij^{1} djij^{2} we^{2}

圣 皇 太 后， 御 寿 尽 无 当 成。

圣皇太后，仙寿无边。

B11•052[1•16]-05-07

[illegible]

kụ^{2} tśjij^{1} ŋwər^{1} dzow^{1} mə^{1} zjọ^{2} dźjo^{1} zjir^{2} kjij^{1} kạ^{2} nioow^{1} tjị^{1}

宫 正 皇 后， 天 寿 长 久 △ 齐。 再 愿：

正宫皇后，睿算齐年。再愿：

B11•052[1•16]-05-08-1

[illegible]

ŋwər^{1} lhjwo^{1} ljij^{2} śjij^{2} wjạ^{1} ·ụ^{2} lhjij ŋjow^{2} rjijr^{2} kheej^{1} śji^{1} mə^{2}

天 归 祖 圣， 华 藏 国 海 仰 游； 先 逝

宾天圣祖，遨游花藏国海；先逝

B11•052[1•16]-05-08-2

[illegible]

mə^{1} njij^{1} zji^{2} rejr^{2} gjɨɨ^{1} tjij^{1} wjij^{2} wee^{1} ·jị^{2} tjị^{1}

天 亲， 极 乐 九 品 △ 生。 复 愿：

天亲，往生九品极乐。复愿：

B11•052[1•16]-05-09-1

[illegible]

ŋwər^{1} ljɨ^{1} ·ju^{2} mee^{1} dzjwɨ^{1} tśja^{1} mjuu^{2} zjir^{2} ·jij^{1} wejr^{1} ljɨ^{1} lu^{2} tśjo

天 风 常 馥， 帝 道 遐 久 △ 昌。 宝 位 永

皇风常馥，帝道遐久亨昌。宝位永固，

B11•052[1•16]-05-09-2

[illegible]②

dwuu^{2} dźjwu^{1} tśhja^{2} gjɨɨ^{1} ɣju^{1} njij^{2} pjụ^{2} khjɨ^{2} lhjij bju^{1} tjị^{1} ·jar^{1} ·jwɨr^{2}

密， 仁 德 九 曲 △ 覆。 万 国 依 归， 八 文

---

①"[illegible]"（djij^{2}），动词希求式前缀。下同。

②"[illegible]"（njij^{2}），动词希求式前缀，表示"向上"义。

仁德遍覆九曲。万国归依，八文

B11•052[1•16]-06-01-1
[illegible]
ka2 kjij1 ljwu2 khjij2 ljij2 no2 rjur1 njij2 dze1 zjir2 ·jar1 tshjij2 kjij1
同 △ 庆 奏。 太 子 诸 王， 寿 长 八 乾 △
同使奏庆。太子诸王，长寿八旬。

B11•052[1•16]-06-01-2
[illegible]
dzju2 ŋwər1 mjij1 bjij2 ljuu2 ljo1 lhu1 ŋwər1 mjuu2 njij2 zeew2 bji2 mjijr2
主。 皇 女 助 嫔， 福 增 四 遐 △ 镇。 臣 僚
皇女嫔妃，增福四方；臣僚

B11•052[1•16]-06-02-1
[illegible]
twụ2 tśhja2 khjɨ2 sjij2 kheej1 rejr2 wjij2 lhjij2 ljɨɨr1 rjijr2 du1 djij2 tser1
直 正， 万 民 游 乐 △ 受。 四 方 安 定， 社
正直，万民逸乐。四方安定，

B11•052[1•16]-06-02-2
[illegible]
śji2 ŋər1 su1 djij2 gjwɨ1 ljɨ1 dzjụ2 dzjij1 śjwii2 khjɨ2 war2 ŋwər1 khju1
稷 山 胜 △ 固； 风 雨 时 合， 万 物 天 下
社稷坚固如山；雨旸时若，天下万物

B11•052[1•16]-06-03-1
[illegible]
·jij1 wer1 tsjiir1 dźiej2 ·ju2 deej1 tha1 tśju1 jị2 sjiw1 ·jij1 śjwo1 bju2
△ 丰。 法 轮 常 转， 佛 事 重 新 △ 起； 边
丰阜。法轮常转，佛事重新兴起；

B11•052[1•16]-06-03-2
[illegible]
mjij1 ·ji1 wee1 mjor1 ɣiej1 dwewr2 rewr2 kjij1 nji2 gjii2 ljɨ1 ŋwu2 meej2
无 众 生， 实 真 觉 岸 △ 至 求 也。 笔 管

无边众生，望至真实觉岸矣。管中

B11•052[1•16]-06-04-1

[illegible]，[illegible]；[illegible]，

bju^{1} tjoo^{1} ŋa^{1} sji^{1} dạ^{2} nwə^{1} thjij^{2} ljɨɨ^{1} ljɨɨr^{1} low^{2} thjoo^{1} rjar^{2}

明　求，　空　穷　事　知　焉　能；　四　维　妙　迹，

窥豹，焉晓虚空尽事；四维妙迹，

B11•052[1•16]-06-04-2

[illegible]。[illegible]。

khjɨ^{2} śjij^{1} nwə^{1} kiẹj^{2} ljow^{2} la^{1} dzjɨ^{1} tjị^{1}

万　世　知　欲　略　记。　谨　愿。

略记万世可知。谨愿。

B11•052[1•16]-06-05-1

[illegible]

dzjɨj^{1} ljij^{2} ɣu^{1} lhjij ŋwər^{1} ljwu^{2} ɣu^{1} kjiw^{1} tśjij^{1} tśjɨɨ^{1} nej^{2} xjwi^{1} tsə̣^{1} gu^{2}

时　大　元　国　皇　庆　元　年　岁　次　壬　子　秋　中

时大元国皇庆元年岁次壬子中秋

B11•052[1•16]-06-05-2

[illegible]。

lhow^{2} njɨɨ^{2} bə^{1} śjo^{2} źjɨr^{1} ·wejr^{2} lhej^{2} njar^{1} rjar^{1} dzjɨ^{1} rjor^{2}

圆　日　没　尚　慧　护　译　校　写　谨　上。

圆月日①没尚慧护译校写②谨上③。

B11•052[1•16]-06-06-1

[illegible]。

tśjow^{1} śjwi^{1} thej^{1} xu^{1} thu^{1} tśjɨ^{2} xã^{1} tśjiw^{1} lu^{1} tsũ^{2} kjwã^{1} xu^{1} śiə^{1} bjɨ^{2} śja^{1} kụ^{1}

中　侍　大　夫　同　知　杭　州　路　总　管　府　使　臣　舍　古。

中侍大夫同知杭州路总管府使臣舍古（Śja-kụ）。

---

① [illegible]，圆月之日，指每月十五。西夏文“[illegible]”、“[illegible]”均指“月”，前者是“月亮”和“月份”的通称，后者专指圆月之日。《同音》并作“[illegible]”，李范文《夏汉字典》（第229页）曾释为“月月”。此处中秋圆月之日，指八月十五。

② 没尚慧护译校写，可知西夏文《过去庄严劫千佛名经》为元仁宗皇庆元年（1312）中秋没尚慧护（[illegible]）主持新译校印而成。国图藏西夏文《金光明最胜王经》发愿文提到刊经者“陈慧高（[illegible]）”，有“转身者（[illegible]）”：“慈父陈慧宝师（[illegible]）”和“兄陈慧护师（[illegible]）”，后者或许与“没尚慧护”为同一人。

③ [illegible]，后一字原文有误，当译作“谨上”。

B11•052[1•16]-06-06-2

[illegible]

tsũ^{2}　kjwã^{1}　xu^{1}　rjar^{1}　dzji̠^{2}　xu^{1}　·ji̠^{2}　·u^{2}　tśhjĩ^{1}

总　管　府　司　吏　副　夷　乌　陈。

总管府司吏副陈夷乌（·ji̠-·u）。

B11•052[1•16]-06-07-1

[illegible]

tśjow^{1}　śie^{1}　śiə^{1}　phjii^{1}　dzjwo^{2}　·ja　tji̠^{1}　mji^{1}　śji̠j^{1}　thwo^{2}　ɣu^{1}　lji^{2}

中　书　使　使　者　阿　的　迷　省　脱　虎　里。

中书使使者阿的迷省脱虎里（·A-tji̠-mji-śji̠j-thwo^{2}-ɣu^{1}-lji^{2}）①。

B11•052[1•16]-06-07-2

[illegible]

tśhjĩ^{1}　śiə^{1}　lã^{1}　lji^{2}　lja̠^{1}　ljiw^{2}　śiə^{1}　sə^{1}　tshji^{1}　rar^{1}　ka^{1}　tśji^{2}　bji^{2}　bə^{1}　ɣa^{2}　tśjow^{1}

陈　使　兰　西　北　路　使　司　七　啰　哥　赤　臣　不　花　章。

陈使兰西北路使司七啰哥赤（Tshji-rar ka-tśji）臣不花章（Bə-ɣa tśjow）②。

B11•052[1•16]-06-08

[illegible]

ŋwər^{1}　śji̠^{1}　·a　io̠^{1}　ɣu^{2}　tśju^{1}　wji^{1}　mjijr^{2}　sju^{2}　ko^{1}　rji̠r^{2}　tśji^{2}　thji̠j^{1}　kjaa^{1}　thow^{1}

皇　使　都　管　事　为　者　速　古　尔　赤　铁　肐　胆。

皇使都管勾速古尔赤③铁肐胆④。

---

① 据《元史》记载，**脱虎脱**，至元十五年（l278）任总制院通事，大德十一年（1307）曾短暂出任江西行省平章政事，当年武宗命其仍领宣政院。此人或与之有关。（张云：《元代宣政院历任院使考略》，《西北民族研究》1995年第2期）

②《元史》卷九九《兵志二》“宿卫”曰：“其怯薛执事之名：则主弓矢、鹰隼之事者，曰火儿赤、昔宝赤、怯怜赤。……掌内府尚供衣服者，曰速古儿赤。……其名类盖不一，然皆天子左右服劳侍从执事之人，其分番更直，亦如四怯薛之制，而领于怯薛之长。”（中华书局1976年点校本，页2524—2525）

③ [illegible]（sju^{2} ko^{1} rji̠r^{2} tśji^{2}），史先生已指明与《元史》“速古儿赤”相当。“速古儿赤”是元朝“怯薛”中的执事官，据《元史》，其职掌为“掌内府尚供衣服者”。《元史》卷九九《兵志二》“宿卫”曰：“其怯薛执事之名：则主弓矢、鹰隼之事者，曰火儿赤、昔宝赤、怯怜赤。……掌内府尚供衣服者，曰速古儿赤。……其名类盖不一，然皆天子左右服劳侍从执事之人，其分番更直，亦如四怯薛之制，而领于怯薛之长。”（中华书局1976年点校本，页2524—2525）据元《普宁藏》所收皇庆二年（1313）白云祖师清觉《正行集》卷尾跋语的记载，皇帝颁定圣旨“沙剌巴译来的《药师仪轨》、《药师供养法》，更白云和尚《初学记》恁行，与省部文书交江浙省白云宗开板印了呵，都交大藏经里入去者么道。”当时，听旨的除了“本司官大司徒都功德使辇真吃剌思、张都功德使、副使阿里牙答思”之外，还有值守嘉禧殿的怯薛“拜住”，以及“速古儿赤那怀、怯里马赤孛罗察儿、同知观音奴等”。

④ [illegible]（thji̠j^{1} kjaa^{1} thow^{1}），按其读音似可音译作“铁肐胆”，或与上文“[illegible]”（kə^{1} ta^{1} śjow^{1}）（肐胆铁）为同一人。

B11•052[1•16]-06-09

[illegible]

ŋwər^{1} śjɨ^{1} ·a io̩^{1} ɣu^{2} tśju^{1} wji^{1} mjijr^{2} bji^{2} ŋwej^{2} dow^{1} dźjij^{1} ljij^{2} tśhja^{2} lji^{2}

皇 使 都 管 事 为 者 臣 僧 朵 只 大 德 李。

皇使都管勾臣僧金刚大德李①。

B11•052[1•16]-06-10-1

[illegible]

khjiw^{2} xu^{1} gjii^{2} thu^{1} sã^{1} sə^{1} phju^{2} ŋwər^{1} gju̩^{1} gu^{2} ka̩^{2} tjɨj^{2} kjiɨr^{1} ɣu^{2}

开 府 仪 同 三 司 上 国 柱 总 统 印 匠 管

开府仪同三司上柱国总统印匠

B11•052[1•16]-06-10-2

[illegible]

tśju^{1} wji^{1} mjijr^{2} kja^{1} dow^{1} dźjij^{1} śiə^{1} tśhjĩ^{1} sja^{2} bji^{2} bjij^{2} bu^{1} ɣa^{2}

事 为 者 迦 殿 行 使 怯 薛 臣 别 不 花。

管勾嘉（禧）殿②行使怯薛臣别不花（Bjij bu-ɣa）③。

B11•052[1•16]-06-11-1

[illegible]

zur^{2} bju^{1} tjɨj^{2} mjii^{1} gu^{2} ka̩^{2} ɣu^{2} tśju^{1} wji^{1} mjijr^{2} gjuu^{2} śiə^{1}

敕 奉 印 施 总 统 管 事 为 者 御 使

奉敕印施总统管勾御史

B11•052[1•16]-06-11-2

[illegible]

thej^{1} śjɨ^{1} gjuu^{2} bji^{2} ·jow^{1} dow^{1} rjir^{2} dźjij^{1}

台 侍 御 臣 杨 朵 尔 只。

---

① [illegible]（dow^{1} dźjij^{1}），史先生译为“那征”，按照元代的翻译习惯，也可音译作“朵儿只”，与藏文 Rdo-rje 相当，义为“金刚”。宋镰《宋文宪公全集》卷 11 记载：“朵儿只任杭州行宣政院使之职事。”

② 元仁宗（1312—1320 在位）时期，皇帝议事往往在嘉禧殿，如皇庆二年（1313）白云祖师清觉《正行集》卷尾跋语记载：“白云宗宗主臣僧明仁承奉：都功德使司劄付皇庆元年十月二十六日，拜住怯薛第一日嘉禧殿内有时分对速古儿赤那怀、怯里马赤孛罗察儿、同知观音奴等有来，本司官大司徒都功德使辇真吃剌思、张都功德使、副使阿里牙答思，特奉圣旨……”，而天子左右往往有怯薛轮值，这里的“别不花（Bjij bu-ɣa）”或即在“嘉禧殿”行使的怯薛。

③ [illegible] bjij bu^{12} ɣa^{2}，史先生译为“喻谋罨”，可译为“别不花”。《元史》卷二二《武宗本纪一》：“[大德十一年（1307）]八月戊午，中书平章政事乞台普济、床兀兒、别不花并加太尉，中书右丞塔海加太尉、平章政事，以中书左丞孛罗铁木儿为中书右丞。”“[大德十一年（1307）九月]以中书平章政事别不花为江浙行省平章政事。”（《元史》，中华书局 1976 年点校本，第 486、488 页）

台侍御臣杨朵儿只（Dorji）[1]。

B11•052[1•16]-06-12-1

[illegible]

zur^{2} bju^{1} tjịj^{2} mjii^{1} gu^{2} kạ^{2} ɣu^{2} tśju^{1} wji^{1} mjijr^{2} śie^{1} mowr^{2} ɣjwã^{1}

敕 奉 印 施 总 统 管 事 为 者 枢 密 院

奉敕印施总统管勾枢密院

B11•052[1•16]-06-12-2

[illegible]

tśji^{2} ɣjwã^{1} bji^{2} tụ^{1} rar^{1} ·wu rjor^{2} kji^{1} thjij^{2} mo^{2} rjɨr^{2}

知 院 臣 都 啰 乌 鲁 吉 铁 木 尔

知院臣都啰乌鲁吉铁木尔（Tụ-rar u-rjor-kjɨ thjij-mo-rjɨr）[2]。

译文：

窃闻：太极元生，次第一团混沌；天地既分，各类异相趣生。三皇初立，化之仁义忠信；五帝后续，教以礼乐诗书。三代末时，世上斗诤者夥；五浊初始，众生造恶者多。我佛发悲，周昭王时现生；满二足因，三身五智果证。因追三根，诠说妙法三乘；随习四种，密宣本续四类。入摄三乘，除化城以示现；劝修二成，现身佛而示现。法药普利，沉恒沙而了众源；因圆果满，广隐法宝于龙宫。祇那合缘，一千十四年后，因汉孝明帝之梦，蔡愔西寻。永平十年，遇腾、兰、高来传法，五岳道士楮善信等敌之，后道经成烬，七百胜人惨死。从此黄经显灵，君臣归依。至三国晋宋齐梁周隋唐，八代僧俗三藏百二十人，身热头痛，独木朽梯上过；忘身舍命，传法度生寄缘。翻译三藏四百八十帙、千六十六部、五千四十八卷。五代至宋，后译新集定为一百二十二帙、三百六十一部、一千三百二十四卷。梁魏北齐，唯依此法治国；先后晋宋，世间异宗不显。三千梵师，罗什道安僧肇；君王臣庶，日夜论定法理；三宝盛法，古今莫过于斯。众生缘薄，未译梵典多毁；邪王三武，三番毁佛灭法；恶臣五魔，五番欺凌僧众。无比三宝，常住非真谛故；今日诸子，无处

---

① [illegible]·jow^{1} dow^{1} rjɨr^{2} dźjij^{1}，史先生译为“杨那儿征”，但在注释中指出疑为“杨朵儿只”。按：“朵儿只”为藏语 rdo-rje（金刚）的蒙古语读法，按照元代的翻译习惯译为“杨朵儿只”当无疑义。《元史》卷一七九《杨朵儿只传》记载：“杨朵儿只，河西宁夏人。少孤，与其兄皆幼，即知自立，语言仪度如成人。事仁宗于籓邸，甚见倚重。……拜资政大夫、御史中丞。”（中华书局 1976 年点校本，页 4151—4152）其职衔“御史台侍御”与史载相合。

② 史先生已经指出，“都啰”为党项姓氏。“乌鲁吉铁木尔”，“乌鲁吉”，与《蒙古秘史》第 255 节“斡舌鲁克”相当，蒙古语义为“敦厚”（感谢乌兰老师赐教），“铁木尔”蒙古语义为 “铁”。在本族姓氏之上加上蒙古语名字，是元代西夏后裔姓名的典型特征。

闻见斯经。

复千七年，汉地景祐年间，夏国风帝，兴法建礼维新。戊寅年间，令国师白法信并后承道年臣智光等先后三十二人为头，译为番文。民安元年，五十三载之内，先后大小三乘半满教及忏传之外，为之三百六十二帙，八百十二部，三千五百七十九卷。后奉护城帝诏，与南北经重校，令盛国内。慧提照世，法雨天下普润；大夏成池，诸藏潮毁不全。

皇元朝代，中界寂净，上师纂集残佚，修整一藏旧经。至元七年，化身一行国师，广兴佛事，校有译无令全；超如意宝，刊印三藏新经。后我世祖皇帝，恩德满贯天下；国国遍通，崇道万古殊胜。四海平安，时经八方由旬；深信三宝，欲因重举法幢。法师慧宝，深究禅经密律，向拥多志，欲满圣上之愿故，令奏政院鲜卑铁肐胆等，以无可疑之德音发出圣旨，命雕完江南杭州经版。由监僧事鲜卑杜七奉旨，知觉和尚慧中为头儿，先遣从龙象师中所选多行者，取旧经，先后二十余人，于至元三十年万寿寺内刊印，所施应用逾千种、财物逾万品。成宗帝朝，大德六年夏初总毕，时奉诏印施十藏。武宗皇帝圣威神功无比，僧尼大安，法门倍加修明。金轮今帝尔时东宫藏龙，立弘大愿，施印五十藏。当今皇帝，一达至尊至圣，胜于南面万乘诸主。文武超迈，深悟佛法儒艺；轩辕唐虞，功德皆胜高山。君道日新，佛事无有间断；授以七宝，明治四海如子。奉行十善，欲因德化八方。奉诏重印制五十藏。大臣智园于净正之法心重，接旨知会二使役共为管勾，至大四年七月十一着手，皇庆元年八月望日印毕。

此外，智园、乌密二使，自进杂校缺译之经，以二圣新号正之。顺合颠倒，统一长短阔狭；签牌褾饰，诸事多已清整。奉诏普施，万代法眼不绝；诵读供养，千级善缘长求；唤醒蒙昧，守护无上佛种。语超圣德，以此胜善，唯愿：

当今皇帝，圣寿万岁。圣皇太后，仙寿无边。正宫皇后，睿算齐年。再愿：

宾天圣祖，遨游花藏国海；先逝天亲，往生九品极乐。复愿：

皇风常馥，帝道遐久亨昌。宝位永固，仁德遍覆九曲。万国归依，八文同使奏庆。太子诸王，长寿八旬。皇女嫔妃，增福四方；臣僚正直，万民逸乐。四方安定，社稷坚固如山；雨旸时若，天下万物丰阜。法轮常转，佛事重新兴起；无边众生，望至真实觉岸矣。管中窥豹，焉晓虚空尽事；四维妙迹，略记万世可知。谨愿。

时大元国皇庆元年岁次壬子中秋圆月日没尚慧护译校写谨上。

中侍大夫同知杭州路总管府使臣舍古（śja-kụ）；总管府司吏副陈夷乌（·jɨ-·u）。

中书使使者阿的迷省脱虎里（·a-tjɨ-mji-śjɨj-thwo^{2}-ɣu^{1}-lji^{2}）。

陈使兰西北路使司七啰哥赤（tshji-rar-ka-tśji）臣不花章（bə-ɣa-tśjow）。

皇使都管勾速古尔赤铁肐胆。

皇使都管勾臣僧金刚大德李。

开府仪同三司上柱国总统印匠管勾嘉（禧）殿行使怯薛臣别不花（bjij-bu-ɣa）。

奉敕印施总统管勾御史台侍御臣杨朵儿只（dorji）。

奉敕印施总统管勾枢密院知院臣都啰乌鲁吉铁木尔（tụ-rar-u-rjor-kjɨ-thjij-mo-rjɨr）。

第二章　白云释子清觉作品的西夏文译本研究

第一节 清觉《正行集》西夏文译本考释

西夏文《正行集》1909年出土于内蒙古额济纳旗的黑水城遗址，现藏俄罗斯科学院东方文献研究所，编号инв. № 146。残卷首半叶和卷尾。刻本，麻纸蝴蝶装，20. 5×13厘米，版框17. 5×12厘米，左右双栏。半叶6行，行13字。白口，上题西夏书名“[illegible]”及汉文页次。根据这三个西夏字，学界有“德行记”、“德业集”或“德行集”等不同译法。由于没有找到相应的汉文原本，此前西夏学界对此书的性质多有误解。戈尔巴乔娃和克恰诺夫在《西夏文写本和刊本》中曾著录为“德行记”，并误把此书与曹道乐所编同名西夏文书籍混同，定性为“译汉文孔教著作”①。西田龙雄在《西夏王国的语言和文化》中主张把№146作为“乙本”与曹道乐所编“甲本”相区别，并译为“德业集”②。聂鸿音先生根据自己在圣彼得堡所取原件对勘，把№ 146作为“佚名译本”与曹道乐本甄别开来，同时建议译为“德行集”，并作为一部西夏文世俗著作刊布于《俄藏黑水城文献》第10册③。此后，在基于曹道乐本的研究著作《西夏文德行集研究》一书中，聂先生还对此书的内容做了概述和全文翻译，指出它“是据某种汉文著作翻译而成的，不过作为其母本的那部汉文著作我们至今还没有找到”。另外，根据书中所言部分概念并不见于通行的儒家典籍，且所引典故并未严格遵循中原传统，最后还以“心即是佛，佛即是心”的禅宗道理来结束，聂先生敏锐地感觉到此书作者和译者受到了华严禅宗教理的影响④。

西夏文“[illegible]”，第一个字既可译为“德”，又可译为“正”，《番汉合时

---

① З.И. Горбачева и Е.И. Кычанов, *Тангутские рукописи и ксилографы*, Москва: Издательство восточной литературы, 1963. стр. 59-60.

② 西田龙雄：《西夏王国の语言と文化》，东京：岩波书店1997年版，第375页。

③ 俄罗斯科学院东方研究所圣彼得堡分所、中国社会科学院民族所、上海古籍出版社编《俄藏黑水城文献》第10册，上海古籍出版社1999年版，第195—200页。

④ 聂鸿音：《西夏文德行集研究》，甘肃文化出版社2002年版，第5—10页。

掌中珠》中“如此清正”之“正”所对应的正是这个字[①]，因此，书名还可译为《正行集》。我们知道，元刊《普宁藏》中曾收录有白云宗祖师清觉的《正行集》[②]，其核心思想是认为“君子之行”要敬守儒、释、道三教之言，既要尊行孔子的仁义礼智信、忠孝爱人，又要通达老庄的无贪无爱、谨身节用，同时还要以佛教慈悲救苦、化诱群迷为旨归。通过对照，№ 146 西夏文的主体内容正与《普宁藏》所录白云宗祖师清觉《正行集》一致，惟西夏译本非《正行集》的全文翻译，个别地方有省略和变动，如“四十八等”省作“二十五等”，汉文《正行集》原文“通三才”，西夏文译作“知三才”（[illegible]）；“具五美”，西夏文译作“敬五美”（[illegible]）；同时有些概念添加了注释，如在“知三才”（[illegible]）下注释曰：“三才者，天、地、人也。”（[illegible]，[illegible]。）在“闻六艺”（[illegible]）下注释曰:“六艺者，礼、乐、射、御、书、数也。”（[illegible]，[illegible]。）无疑，西夏文本是根据清觉的《正行集》的某个略注本而节译，当归入佛教著作类。

在历代刊行的大藏经中，只有《普宁藏》收录有白云宗祖师清觉的《初学记》和《正行集》，而入藏清觉的作品，也曾被认为是白云宗刊定大藏经的特色[③]。因此，白云宗尊奉的《正行集》被翻译为西夏文只能是在元代——大量的西夏遗民加入白云宗并主持刊刻《普宁藏》和《河西藏》这样的大背景下才得以实现，且一定是在汉文本入藏《普宁藏》前后，很可能是《河西藏》的遗存。

判定西夏文《正行集》为元代译本，对西夏学界的意义非同一般。此前人们对黑水城文献的性质有多种猜测，孟列夫曾猜想那座“著名的塔”中的书籍为西夏仁宗皇后罗氏的私人藏品[④]，循此观点，西夏学界比较主流的观点认为，凡是黑水城出土的西夏文文献都是西夏时期的作品。而基于这种认定，人们往往根据西夏文文献的某些特征不加甄别地来研究西夏社会，比如《三代相照文集》题记中有“活字新集者陈顷金”，有些学者遂把它作为西夏时期盛行活字印刷的一个重要证据[⑤]。实际上，根据我们的研究，《三代相照文集》实为白云宗三代祖师的文集，纂集并刊行于元代，应该是在曾是南宋刻书中心的杭州万寿寺刻印的。当然，此前也有些学者曾据黑水城出土文物中有元代佛画，猜测西夏文文献中或有很多元代刊行的作品，但是苦于没有实证材料。西夏文《正行集》为元译佛经的认定，不仅为黑水城西夏文文献中有元刊作品的推论提供了证明，而且为黑水城出土佛经有一部分出自元刊《河西藏》的猜测提供了非常有力的实证。

下面我们对照汉文本《正行集》，把инв. № 146 的西夏文全文加以翻译。

---

① 黄振华、聂鸿音、史金波整理《番汉合时掌中珠》，宁夏人民出版社 1989 年版，第 137 页。

② 《中华大藏经》第 71 册，中华书局 1994 年版，第 41 页。

③ 小川贯弌：《光明禅师施入经典とその扉绘——元白云宗版大藏经の一考察》，《龙谷史坛》第 30 号，1943 年。

④ 孟列夫著：《黑城出土汉文遗书叙录》，王克孝译，宁夏人民出版社 1994 年版，第 46 页。

⑤ 史金波：《西夏出版研究》，宁夏人民出版社 2004 年版，第 82 页。

146. 01. 02-04

[illegible]

ɣa^2 mji^1 ·o^1 lụ^2 ɣa^2 dźjɨ bju^1 mjiij^2 rjir^1 goor^1 sju^2 lwo^2 ljɨ^1

于 不 有， 贫 于 …… 行 依 名 得。 君 … 如 固， 松

……不在乎[贱]，[不在乎]贫，……①唯在乎行也。君[子之体，如海广，如山固]，

146. 01. 04-06

[illegible]

sju^2 gjwɨ^1 zjɨɨr^2 dźjij tjij^1 zjij^1 mji^1 dzəj^1 mji^1 ·jij^1

如 贞； 水 … 可， 灭 时 不 降， … 不 … 自

如松贞；[如]水（净）②。[阔不]可[测]，灭时不降，[添之不盈]，[秽之不能改其]

146. 01. 07

[illegible]

sej^1 nioow^1 ljɨ^1 nji lwu^2 njwi^2 bju^2 mjij^1 ŋwu^2 mjij^1 to^2 zji^2 dzjij^2

清， 亦 宝 珠 隐 能。 边 无 际 无， 悉 皆 纳

清，亦隐于宝珠③。浩渺廓落，无不纳焉④。

146. 01. 08

[illegible]

·o^2 goor^1 kiej^2 tja^1 wạ^2 zjij^1 rjijr^2 khwej^2 war^2 lhə mji^1 wier^1 ljij^1

入。 君 子 者， 宏 宽 才 大， 财 足 不 吝。 盛

君子者，宽宏大量，不吝财富。盛

146. 01. 09

[illegible]

zjij^1 ŋjir^1 mjij^1 tsjiir^2 tśhja^2 dźjɨ sej^1 dzjij^1 pjo^1 mji^1 tshją^1 tsjịj^1 źwe^1

时 祸 无， 性 正 行 清。 纵 谤 不 骄， 谦 虚

时无祸，性正行清。纵谤不骄，自谦

---

① 西夏译本卷首残，俄国原件曾经过装裱，误植于卷尾，《俄藏黑水城文献》依原裱顺序刊出，列为第 11 图。聂鸿音先生已在《西夏文德行集研究》中正确地把这张残片与第一叶左面缀合。此句依汉文本当作“凡君子者，不在乎贵，不在乎贱，不在乎贫，不在乎富”。

② 以上汉文本作“君子之体，德行以成之，孝敬以加之。故其广固贞净，世莫得焉。其广也，如海；其固也，如山；其贞也，如松；其净也，如水”。参照西夏文本所缺字数，此处西夏文当作“君子之体，如海广，如山固，如松贞，如水净”。

③ 以上汉文本作“如海之广者，深不可量，阔不可测；灭之不降，添之不盈；浑之不能使其浊，秽之不能改其清；亦乃隐于珠，怀其宝”。

④ 汉文本下有“如山之固者，高而不危，久而不朽……鉴物不能遁其形，润泽不能踰其利”诸句，西夏文本移入下文。

146. 01. 10

[illegible]

ŋa^2 mji^1 zow^2 lhjɨ^2 dźjiij^1 lhjɨ^2 mji^1 laa^1 kiẹj^2 dźjiij^1 kiẹj^2 njiij^1 mjij^1

我 不 持。尘 在 尘 不 染，欲 在 欲 心 无。

不矜。在尘不染尘，在欲无欲心。

146. 01. 11

[illegible]

njiij^1 niow^2 dźjɨ mjij^1 sjij^2 dzjwo^2 pow^1 wji^1 jij^1 dźjɨ mji^1 śja^2 mjiij^2

心 恶 行 无，智 人 帮 为。自 行 不 显，名

心无恶行，智人祐助。不彰己行，

146. 01. 12

[illegible]

dźjwow^1 mji^1 gjii^2 wjii^1 wjii^1 dźjɨ dźjij^1 pju^1 ·jiij^1 mji^1 dźju^1 njiij^1 mji^1

扬 不 求。默 默 行 行，威 伏 不 显，心 不

不求扬名。默默行之，威伏不显，心不

146. 02. 01

[illegible]

śja^1 wjạ^2 mji^1 bjij^1 mji^1 khwej^1 mji^1 pjo^1 mji^1 ·jow^2 ku^1 goor^1 kiej^2

逸 放。不 高 不 广，不 诋 不 赞，则 君 子

放逸。不高不广，不毁不誉，则君子

146. 02. 02

[illegible]

·jij^1 tśhja^2 ŋwu^2 ŋər^1 sju^2 lwo^2 ·jɨ^2 tja^1 tśhja^2 dźjɨ dźjij^1 bju^1 mji^1

之 德 是。山 如 固 谓 者，德 行 行 合，不

之德也①。如山之固者，行合德行，不

146. 02. 03

[illegible]

mju^2 mji^1 ljij^2 lji^1 ljɨ^1 sju^2 gjwɨ^1 ·jɨ^2 tja^1 ŋjir^1 rjir^2 ber^2 tsjɨ^1

动 不 摇 也；松 如 贞 谓 者，祸 与 遇 亦

动不摇也；如松之贞者，遇祸亦

① 以上汉文本作“凡君子者，宽宏大量，高识远见。理其性，静其神，修其德，蕴其行。以教以绪，无纵无恣，不悔不骄，绝毁绝誉。不彰他人之过，不行自己之非。和其光而同其尘，荐其贤而任其德”。

146. 02. 04

[illegible]

kjur² njiij¹ mji¹ lej², ku¹ tśhjwo¹ lji¹ sju² gjwɨ¹ ·ji²; zjiir² sju² sej¹ ji²

志 心 不 改，则 故 松 如 贞 谓；水 如 净 谓

不改心志，则如松之贞；如水之净

146. 02. 05

[illegible]

tja¹, war² mji¹ ɣie² mjij¹, ljụ² mji¹ swew¹ mə̣¹, ror² mji¹ tjij¹ mjij¹,

者，财 不 益 无，身 不 照 无，垢 不 除 无，

者，财无不益，身无不明，垢无不去，

146. 02. 06

[illegible]

tśior¹ mji¹ sej¹ mə̣¹。goor¹ kiej² tja¹, tjij² mji¹ dzjwɨ̣¹ mjij¹, dạ² mji¹

秽 不 净 无。君 子 者，礼 不 恭 无，言 不

秽无不净①。君子者，礼无不恭，

146. 02. 07

[illegible]

bju¹ mjij¹, mji¹ wəə¹ śjij¹ mə̣¹, wo² mji¹ twụ¹ mjij¹, sjij² wẹ¹ dźju¹

依 无，不 孝 顺 无，义 不 忠 无，智 愚 明

言无不从，孝无不顺，义无不忠，明察智愚，

146. 02. 08

[illegible]

tsjij², tśhja² dow¹ phjo² kar²。·o² zjij² kjụ¹ nioow¹ njiij¹ mji¹ ŋewr¹, gjij¹

晓，正 邪 分 别。多 余 求 因 心 不 乱，利

分别邪正。不以多求而乱心，

146. 02. 09

[illegible]

·jur¹ gjii² ŋwu² dźjar² mji¹ wji¹。pjo¹ ·jow² njiij¹ mji¹ lej², źjɨɨ¹ ŋwu²

养 求 以 过 不 为。毁 誉 心 不 变，恨 以

图利益而不为非。毁誉不变心，恨而

① 以上汉文本作“如山之固者，高而不危，久而不朽；移之不动，摇之不倾；幽静不能使其绝，尘埃不能合其有；亦乃隐于贤，藏于仙，崎岖旷邈，无不产焉。如松之贞者，荣枯莫知，苍翠长在；霜雪不能令其凋，冬夏不能变其色。如水之净者，济渭各色，平澹自然； 物不能遁其形，润泽不能踰其利”，西夏文译文较其略简。

146. 02. 10

[illegible]

ljwij^{1} mji^{1} sẽ^{1} tśhja^{2} zow^{2} wạ^{2} zjij^{1} kjur^{2} njiij^{1} gjwɨ^{1} lwo^{2} ku^{1} tśhjwo^{1}

怨 不 思。德 持 弘 广，志 心 坚 固，则 故

不思怨。任德含弘，坚心守志，则

146. 02. 11

[illegible]

zjiir^{2} sju^{2} sej^{1} ·ji^{2} thjɨ^{2} ljiir^{1} mə^{2} tja^{1} goor^{1} kiej^{2} ·jij^{1} kwər^{1} ŋwu^{2}

水 如 净 谓。此 四 种 者，君 子 之 体 是。

如水之净。此四者，君子之体也①。

146. 02. 12

[illegible]

nioow^{1} goor^{1} kiej^{2} tja^{1} dźjɨ be^{2} lhjij^{2} rjir^{2} thwuu^{1} rjijr^{2} ŋər^{1} gjij^{1} rjir^{2}

又 君 子 者，行 日 月 与 同， 才 山 川 与

又君子者，行同日月，量比山川，

146. 03. 01

[illegible]

lew^{2} ljiir^{1} dzjɨj^{1} rjir^{2} bju^{1} mə^{1} ljɨ^{2} rjir^{2} ŋwej^{2} be^{2} lhjij^{2} sju^{2} twej^{1}

同，四 时 与 依，天 地 相 合。日 月 如 偏

顺四时，合天地②。如日月无偏照，

146. 03. 02

[illegible]

mji^{1} swew^{1} tsur^{1} dźjwij^{2} sju^{2} tśhja^{2} ka^{1} wee^{1} śjij^{1} ŋər^{1} gjij^{1} khjɨ^{2} war^{2}

不 照，冬 夏 如 平 等 生 成，山 川 万 物

如冬夏有期信，山川万物

---

① 以上汉文本作“礼无不恭，事无不从，孝无不顺，义无不忠。体察智慧，审别贤愚。不以多求而乱心，不以贪暴而害己；不以涂炭而乐祸，不以忘旧而逐新。故任道而含弘，常坚心而守志，此四者，大人君子之要道也”。其中西夏文“则如水之净”，当与上文“如水之净者”呼应，疑误植于此；而“大人君子之要道也”西夏文作“君子之体也”。

② 以上汉文作“又须行同日月，量比山川；顺四时，合万物”。

146. 03. 03

[illegible]

zji^{2} dzjɨj^{2} ·o^{2} goor^{1} kiej^{2} tśhja^{2} dźjij^{2} ljiir^{1} rjijr^{2} ·jow^{2} śja^{2} we^{2} dzju^{2}

皆 穿 入。 君 子 德 有， 四 方 赞 叹； 城 主

皆动静①。君子有德，四方美之；郡守

146. 03. 04

[illegible]

tśhja^{2} dźjij^{2} nji^{1} ·o^{1} bjuu^{1} bjij^{1} mə^{2} kha^{1} tśhja^{2} dźjij^{2} dzjwo^{2} njij^{1} low^{2}

德 有， 家 主 敬 钦； 姓 间 德 有， 人 近 亲

有德，百姓钦之；乡闾有德，众人仰之；

146. 03. 05

[illegible]

zji^{2} bjuu^{1} dzjwị^{1} lụ^{1} mjaa^{2} tśhja^{2} dźjij^{2} mjii^{1} ɣa^{1} wejr^{1} ljij^{1} mə^{1} jij^{1}

皆 恭 敬； 户 公 德 有， 家 门 兴 盛。 天 之

家尊有德，门风显之②。天之

146. 03. 06

[illegible]

njij^{1} mjij^{1} tśhja^{2} dźjij^{2} ·jij^{1} bjij^{2} dzjọ^{1} lew^{1} biẹj^{1} śja^{1} śjị^{2} khjɨ^{2} śjị^{2}

亲 无， 德 有 之 辅。 犹 一 株 香 草， 万 草

无亲，惟德是辅③。犹一株香草，

146. 03. 07

[illegible]

rjir^{2} mji^{1} swu^{2} rjur^{1} dzjwo^{2} zji^{2} dzu^{1} nioow^{1} goor^{1} kiej^{2} tja^{1} ·jij^{1} gjij^{1}

相 不 类， 诸 人 皆 爱。 又 君 子 者， 自 利

---

① 以上汉文作“行同日月者，使之无偏照；量比山川者，使之无迁改；顺四时者，使之有期信；合万物者，使之知动静”。西夏文为其略译。

② 这里“郡守”对“[illegible]”（城主），在《类林》和《贞观政要》等夏译汉籍中，“[illegible]”还与“太守”和“刺史”对译。而在西夏原创作品《天盛律令》中，“[illegible]”则用来泛指西夏境内各边地“郡”“县”“城”“寨”的长官，当是西夏本语词的用法，源自吐蕃，与藏文“节儿”rtse-rje 相当；“百姓”对“[illegible]”，可知“[illegible]”指一郡之“百姓”，据此，西夏乾定二年（1224）没年仁勇撰《黑水守将告近禀帖》（инв. № 2736）中“[illegible]”，可译作“远方鸣沙郡人氏”；此外，“[illegible]”对“乡闾”，“[illegible]”对“家尊”。

③ “皇天无亲，惟德是辅”，语出《尚书·蔡仲之命》。

不类万草，诸人皆爱①。又君子者，利己

146. 03. 08

mji1　mji1　kwow2　mji1　njaa2　·jij1　mji1　ŋwu2　phji1　mji1　bji1　·jij1　mji1

人　不　损，　人　非　自　不　是　使，　人　卑　自　不

不损人，非他不自是，卑人不自

146. 03. 09

bjij1　mji1　pjo1　·jij1　mji1　·jow2　mji1　wo2　mji1　rjir2　wji1　mji1　wji1

尊，　人　诋　自　不　赞，　不　应　人　与　友　非　为，

尊，轻人不自重，不交非道友，

146. 03. 10

ljwij1　tśhiow1　mji1　do2　tshja2　mji1　·ju2　nioow1　goor1　kiej2　tja1　lji2　dźjij1

怨　结　人　于　报　不　求。又　君　子　者，恩　行

结怨不仇人②。又君子者，施恩

146. 03. 11

mji1　do2　tshja2　mji1　gjii1　mji1　wo2　war2　mji1　śjwo1　·ioow1　mjij1　bjuu2

他　于　报　不　望，　不　应　财　不　需，　功　无　赏

而不望报，不窥无义之财，不受无功之赏③。

146. 03. 12

mji1　lhjij2　śji1　·o1　dzjwo2　·jij1　dźji　tja1　lew1　tśhja2　twụ1　bju1　dźjij1

不　受。先　祖　人　之　行　者，惟　德　忠　依　行。

先祖之行者，惟依忠德行。

---

① 此句汉文作“如蓬生于麻中，不扶而自直；如兰杂于丛，芳不待熏而自馨”，西夏译文较其通俗。

② 以上汉文本作“不以利己而损人，不以非他而自是；不以卑人而自尊，不以轻人而自重；不以非道而交友，不以结怨而雠人”。

③ 此句汉文本作“不窥无义之财，不受无功之赏。施恩而不望报，报恩而恨不深”，西夏文前三句的顺序有错落，而无最后一句。

146. 04. 01

[illegible]

thji^{2} wji^{2} dzjwo^{2} tja^{1} dzew^{2} ljoor^{1} dźjij^{1} dźjij^{1} rjur^{1} neew^{2} dźjɨ kha^{1} ·a^{1}

此 刻 人 者，奸 伪 唯 行，诸 善 行 中，一

今时人者，行多奸诈，诸善行中，

146. 04. 02

[illegible]

mə^{2} zjij^{1} mji^{1} dźjij^{1} wa^{2} sju^{2} wji^{1} kha^{1} ·ju^{2} njɨɨ^{1} njiij^{1} śjwo^{1} neew^{2}

种 略 不 行，何 如？为 中 常 二 心 生，善

不行其一，何则？常生二心，善

146. 04. 03

[illegible]

niow^{2} dza^{1} lwu^{1} dow^{1} tśhja^{2} śiə^{1} śio^{1} gji^{1} tja^{1} niəj^{1} we^{2} dow^{1} tja^{1}

恶 杂 混，邪 正 伴 随。清 者 浊 为，邪 者

恶杂糅，邪正相随。清者为浊，邪者

146. 04. 04

[illegible]

tśhja^{2} we^{2} thji^{2} tja^{1} zji^{2} wẹ^{1} lə dzjwo^{2} ŋwu^{2} lu^{2} bjij^{2} djij^{2} dzuu^{2}

正 为。此 者 皆 愚 痴 人 是，位 高 虽 坐，

为正。此皆痴愚人也，虽坐高位，

146. 04. 05

[illegible]

tsjɨ^{1} kjɨ^{1} djɨj^{2} dźjar^{2} lju^{2} jij^{1} tśhji^{2} we^{2}

亦 必 定 罪 过 之 本 为。

亦必为罪恶之本[1]。

---

① 以上汉文本作“故书云：‘临之以财则见其廉，近之以色则见其贞；告之以危则见其勇，醉之以酒则见其态。’庄子曰：‘远使之而观其忠，近使之而观其敬，烦使之而观其能，卒问之而观其智，急期之而观其信。’宠贵之人观其不骄奢，荣显之人观其不矜夸。少者观其恭敬，好学者观其廉洁务行，老者观其思慎而不逾。父子之间观其慈孝，兄弟之间观其和友，乡闾之间观其信义，君臣之间观其忠惠。是故慎初护末，砥名砺行。邪正不变其心，反覆不改其志。临下以宽，居上不危。如此则可为廓之材，永免愆瑕矣”。西夏文本略去前边的大段引文，总括为“先祖之行者，惟依忠德行之”。以下汉文“四十八等”，西夏文省作“二十五”。

146. 04. 06

[illegible]

śjij^2 dzjwo^2 mə^1 lji̱^{2} tjij^2 lhjwi^1 mee^2 dzjwo^2 rjijr^2 mjuu^2 pju̱^{1} gie^1

圣 人 天 地 法 取， 贤 人 才 杳 测 难。

圣人则天法地，贤人才杳难测①。

146. 04. 07

[illegible]

sjij^2 dzjwo^2 tśjij^1 dźiow^2 zji^2 nwə^1 wo^2 dzjwo^2 ·ioow^1 bow^2 tśhja^2 źwe^1

智 人 机 变 皆 知， 义 人 功 辞 德 让。

智人远于机变，义人推功让德。

146. 04. 08

[illegible]

tśhjwij^1 dzjwo^2 dạ^2 thjuu^1 mji^1 dzji^1 tśjij^1 dzjwo^2 kie^1 ·jir^2 mji^1 lhjwij^1

审 人 事 察 不 误， 正 人 律 精 不 斜。

审人视事不误，政人精律不私。

146. 04. 09

[illegible]

sej^1 dzjwo^2 lwow^1 war^2 mji^1 lhjwi^1 źjir^1 dzjwo^2 njiij^1 do^2 mji^1 mju^2

清 人 横 财 不 取， 诚 人 心 异 不 动。

清人横财不纳②，安人心无异动。

146. 04. 10

[illegible]

wjii^1 dzjwo^2 rjur^1 lwu^2 tśhja^2 ·jur^1 dzjwi̱^{1} dzjwo^2 tjij^2 dzjo^2 mji^1 phji^1

隐 人 世 匿 德 育， 恭 人 礼 度 不 失。

隐人遁世育德，恭人礼度不亏。

146. 04. 11

[illegible]

bjuu^1 dzjwo^2 phju^2 bjij^1 bji^2 wier^1 dźiej^2 dzjwo^2 dạ^2 mji^1 lhej^2 ljij^1

敬 人 上 尊 下 爱， 信 人 言 不 反 覆。

---

① 贤人才杳难测，汉文本作“贤人杳冥难测”。以下汉文本“道人心无滞碍，觉人知其本性。捨人知无便与，戒人察其罪福。忍人口无过失，进人修无懈怠。定人心无散乱”七句西夏文本无。

② 审人视事不误，政人精律不私，清人横财不纳，汉文本作“审人视听不非，政人公道不私，省人非财不纳”。

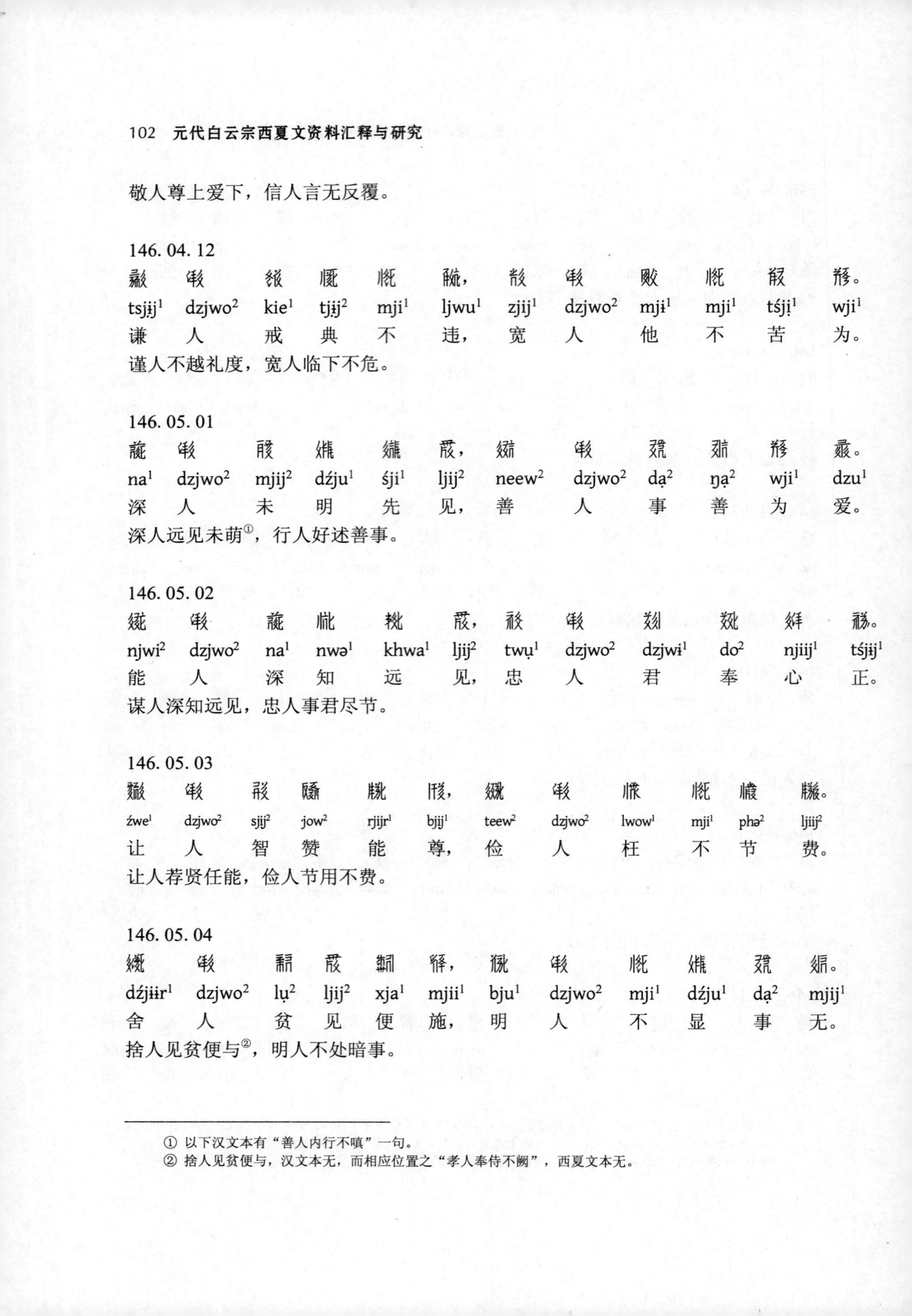

敬人尊上爱下，信人言无反覆。

146. 04. 12

tsjịj¹ dzjwo² kie¹ tjịj² mji¹ ljwu¹ zjij¹ dzjwo² mjɨ¹ mji¹ tśjị¹ wji¹

谦 人 戒 典 不 违，宽 人 他 不 苦 为。

谨人不越礼度，宽人临下不危。

146. 05. 01

na¹ dzjwo² mjij² dźju¹ śji¹ ljij² neew² dzjwo² dạ² ŋạ² wji¹ dzu¹

深 人 未 明 先 见，善 人 事 善 为 爱。

深人远见未萌[①]，行人好述善事。

146. 05. 02

njwi² dzjwo² na¹ nwə¹ khwa¹ ljij² twụ¹ dzjwo² dzjwɨ¹ do² njiij¹ tśjịj¹

能 人 深 知 远 见，忠 人 君 奉 心 正。

谋人深知远见，忠人事君尽节。

146. 05. 03

źwe¹ dzjwo² sjij² jow² rjijr¹ bjij¹ teew² dzjwo² lwow¹ mji¹ phə² ljiij²

让 人 智 赞 能 尊，俭 人 枉 不 节 费。

让人荐贤任能，俭人节用不费。

146. 05. 04

dźjiir¹ dzjwo² lụ² ljij² xja¹ mjii¹ bju¹ dzjwo² mji¹ dźju¹ dạ² mjij¹

舍 人 贫 见 便 施，明 人 不 显 事 无。

捨人见贫便与[②]，明人不处暗事。

---

① 以下汉文本有"善人内行不嗔"一句。

② 捨人见贫便与，汉文本无，而相应位置之"孝人奉侍不阙"，西夏文本无。

146. 05. 05

[illegible]

nwə dzjwo^{2} tshjiij^{1} tshjiij^{1} wo^{2} dźjaa^{1} tsjij^{2} dzjwo^{2} njiij^{1} ɣię^{2} lụ^{2} mjij^{1}

辩 人 说 说 义 确， 解 人 心 碍 障 无。

辩人不纳闲词，道人心无滞碍。

146. 05. 06

[illegible]

dwewr^{2} dzjwo^{2} mər^{2} tsjiir^{2} dźju^{1} nwə^{1}

觉 人 本 性 明 知。

觉人明知本性。

146. 05. 07

[illegible]

thji^{2} njɨɨ^{1} ɣạ^{2} ŋwə^{1} mə^{2} dźjɨ tja^{1} goor^{1} kiej^{2} ·jij^{1} zow^{2} lew^{2} tśja^{1}

此 二 十 五 种 行 者， 君 子 之 执 所 道

此二十五种行者，君子之所持道

146. 05. 08

[illegible]

ŋwu^{2} goor^{1} kiej^{2} tja^{1} wəə^{1} ·jij^{1} wja^{1} mja^{1} do^{2} mji^{1} twej^{1} njij^{2} ·jij^{1}

是。 君 子 者， 孝 即 父 母 于 不 加， 慈 即

也①。君子者，孝即不行于父母，慈即

146. 05. 09

[illegible]

gji^{2} lhjɨ^{1} do^{2} mji^{1} twej^{1} mjii^{1} jij^{1} njij^{1} low^{2} rjijr^{2} mji^{1} twej^{1} ljị^{2}

子 孙 于 不 加， 施 即 近 亲 方 不 加， 惠

不行于子孙②，恩即不施于亲方，惠

146. 05. 10

[illegible]

dzjwo^{2} do^{2} mji^{1} twej^{1} bə^{1} mej^{2} dju^{1} do^{2} mji^{1} twej^{1} nioow^{1} dzjwo^{2} mji^{1}

人 于 不 加， 赠 馈 有 于 不 加。 又 人 不

---

① 以上汉文本作“凡君子立身为人无逾此四十八等，但以大道合其体，则是圣人、贤人之伦。”

② 孝即不行于父母，慈即不行于子孙，汉文本作“若孝不行于家，慈不行于己”。

不及于人，馈不限于富[①]。又

146. 05. 11

[illegible]

njij^{1} ɣa^{2} njij^{1} sej^{1} tja^{1} ljoor^{1} ŋwu^{2} zji^{2} njij^{1} lụ^{2} ·jij^{1} mji^{1} ·ju^{2}

亲 于 亲 计 者，谄 是；最 亲 贫 之 不 见

计亲非亲之人者，谄也；最亲贫之不见

146. 05. 12

[illegible]

tja^{1} ta ŋwu^{2} mee^{2} dzjwo^{2} tśhja^{2} bjuu^{1} wẹ^{1} dzjwo^{2} war^{2} dzu^{1} ljuu^{2} tshjij^{2}

者 逆 是。贤 人 德 敬，愚 人 财 爱。庄 严

者，逆也[②]。贤者钦于德，愚者重于财。庄严

146. 06. 01

[illegible]

tją^{1} wer^{1} tja^{1} mjɨ^{1} gie^{1} ·jijr^{1} zar^{2} jij^{1} nwə^{1} lew^{2} jij^{1} tjị^{1} ljij^{2}

饰 华 者，人 难 艰 遭 之 知 须；自 食 甘

华饰者，须知人服褴褛；自食玉

146. 06. 02

[illegible]

thji^{1} mjɨ^{1} khow^{2} pją^{1} dzji^{1} ·jij^{1} djij^{2} nwə^{1} kjɨir^{2} rjɨr^{2} thjoo^{1} ŋą^{2} ·u^{2}

食，他 糠 糟 吃 之 当 知；室 堂 美 峻 内

食，须知人吃糟糠[③]；雕墙峻宇

146. 06. 03

[illegible]

dźjij^{1} tja^{1} śjị^{2} jij^{2} ·u^{2} dźjij^{1} mjijr^{2} jij^{1} sjij^{2} lew^{2} tụ^{1} dźjaa^{1} khjɨ^{2}

住 者，草 室 内 住 者 之 思 须；千 锺 万

者，须知有茅茨之室；有千锺万

---

① 馈不限于富，汉文本无。以下汉文本存"义不施于友，忠不施于国，勇不救于危，谋不信于善，宽不临于下，明不审于事"六句，西夏文本无。

② 又计亲非亲之人者，谄也；最亲贫之不见者，逆也，汉文本作"见非亲而亲者，谄也；见亲贫而疏者，逆也"。以下汉文本有"背善向恶、谋陷忠良、亲附小人、不近君子者，此乃上天不容之物，何足言之"，西夏文本无。

③ 庄严华饰者，须知人服褴褛；自食玉食，须知人吃糟糠，汉文本作"绮罗华饰者，须知有布素之衣；珍飧玉食者，须知有糟糠之馔"。

146. 06. 04

[illegible]

śji^{2} dźjij^{2} tja^{1} dụ^{2} śjij^{2} zjij^{1} mji^{1} dźjij^{2} mjijr^{2} jij^{1} mjii^{2} lew^{2} tjij^{1}

粟 有 者，斗 筲 几 不 有 者 之 治 须；绫

粟者，须知①略无斗筲者；

146. 06. 05

[illegible]

koor^{1} gjwi^{2} mjijr^{2} tja^{1} khwa^{2} noo^{2} gjwi^{2} mjijr^{2} ɣa^{2} dza^{2} lew^{2} no^{2} nej^{2}

罗 穿 者 者，布 衣 穿 者 于 测 须；安 泰

穿着绫罗者，须知有布衣饰者②；安居

146. 06. 06

[illegible]

rejr^{2} lhjij^{2} mjijr^{2} tja^{1} ljɨ^{1} rjijr^{2} dzjwo^{2} ·jij^{1} sjiij^{2} lew^{2} gjij^{1} pjọ^{2} ko^{1}

乐 受 者 者，劳 苦 人 之 思 须；马 跃 车

乐处者，须知有驱役之劳；跃马挥鞭者，

146. 06. 07

[illegible]

dzuu^{2} mjijr^{2} tja^{1} dźji zow^{2} ·ụ^{2} ·ụ^{2} jij^{1} sjiij^{2} lew^{2} nioow^{1} dzjwo^{2} tja^{1}

乘 者 者，步 执 负 担 之 思 须。又 人 者，

须知有负担之苦。又人者，

146. 06. 08

[illegible]

mjɨ^{1} tśjị^{1} dju^{1} nwə^{1} lew^{2} mjɨ^{1} tśjị^{1} dju^{1} mjɨ^{1} nwə^{1} ku^{1} dzjwo^{2} njaa^{2}

他 苦 有 知 须，他 苦 有 不 知，则 人 非；

须知他人之苦，不知他人之苦，则非人；

---

① [illegible]（mjii^{2}），本义为“治”。

② 有千锺万粟者，须知略无斗筲者；穿着绫罗者，须知有布衣饰者，汉文本与之对应的句子是“积粟千锺者，须知有斗筲之储；荣官大爵者，须知有冤屈之害”。

146. 06. 09

[illegible]

jij^{1} lhə mjɨ^{1} mji^{1} lhə mjɨ^{1} nwə^{1} ku^{1} dzjwo^{2} njaa^{2} ljwij^{1} śjwo^{1} mjɨ^{1}

自 足 人 不 足 无 知，则 人 非；怨 生 人

己足不知他人之不足，则非人；生怨恨人，

146. 06. 10

[illegible]

źjɨɨ^{1} ku^{1} dzjwo^{2} njaa^{2} tśjị^{1} ljij^{2} mji^{1} gjuu^{2} ku^{1} dzjwo^{2} njaa^{2} lụ^{2} ljij^{2}

恨，则 人 非；苦 见 不 救，则 人 非；贫 见

则非人；见苦不救，则非人；见贫

146. 06. 11

[illegible]

mji^{1} mjii^{1} ku^{1} dzjwo^{2} njaa^{2} lji^{2} dźjij^{1} tshja^{2} ju^{2} ku^{1} dzjwo^{2} njaa^{2} dźjar^{2}

不 济，则 人 非；恩 行 报 望，则 人 非；过

不济，则非人；施恩望报，则非人；

146. 06. 12

[illegible]

dwewr^{2} mji^{1} lhjii^{1} ku^{1} dzjwo^{2} njaa^{2} bji^{2} dźjij^{1} phju^{2} mjɨ^{1} kjiwr^{2} wji^{1} ku^{1}

知 不 改，则 人 非；下 处 上 无 敬 为，则

知过不改，则非人；处下不敬上，则

146. 07. 01

[illegible]

dzjwo^{2} njaa^{2} dzjwɨ^{1} lhjwa^{1} nji^{2} mjɨ^{1} tśjuu^{1} ku^{1} dzjwo^{2} njaa^{2} kow^{2} tśju^{1} mjɨ^{1}

人 非；谗 舌 听 他 害，则 人 非；官 事 人

非人；听谗舌害人，则非人；官事

146. 07. 02

[illegible]

njijr^{2} wji^{1} ku^{1} dzjwo^{2} njaa^{2} bjuu^{1} we^{2} tśjị^{1} mjị^{2} ku^{1} dzjwo^{2} njaa^{2} khwej^{2}

面 为，则 人 非；贵 成 苦 忘，则 人 非；尊

纳私[1]，则非人；富贵忘苦，则非人；

146. 07. 03

[illegible]，[illegible]。[illegible]，[illegible]

we^2 śji^1 ljwij^1 sjiij^2 ku^1 dzjwo^2 njaa^2 tjij^1 goor^1 kiej^2 tja^1 so̠^{1} rjijr^2

为 旧 怨 思， 则 人 非。 若 君 子 者， 三 才

尊[2]而怨旧，则非人[3]。若君子者，

146. 07. 04-1

[illegible]。（[illegible]，[illegible]。）[illegible]，（[illegible]

nwə^1 so̠^{1} rjijr^2 tja^1 tshjwu^1 phjo^1 dźjwu^1 ŋwu^2 tśhjiw^1 dźjɨ nji^2 tśhjiw^1

知。 三 才 者， 天 地 人 是。 六 艺 闻， 六

通三才[4]，（三才者，天、地、人也[5]。）闻六艺，（六

146. 07. 04-2

[illegible]，[illegible]。）[illegible]，

dźjɨ tja^1 tjɨj^2 tshow^1 khia^1 tshji^1 sjij^2 sej^1 ŋwu^2 ŋwə^1 thjoo^1 bjuu^1

艺 者， 礼、 乐、 射、 御、 书、 数 是。） 五 美 尊，

艺者，礼、乐、射、御、书、数也。）尊五美，

146. 07. 05-1

（[illegible]，[illegible]，[illegible]，

ŋwə^1 thjoo^1 tja^1 lji̠^{2} dźjij^1 mji^1 ? tśju^1 śjwo^1 mji^1 njɨɨ^2

五 美 者， 恩 行 不 废， 事 行 不 骂，

（五美者，施恩不费，行事不怨，

146. 07. 05-2

[illegible]，[illegible]，[illegible]

dja^2 ljij^1 mji^1 khwe̠j^1 wəə^1 zjij^1 mji^1 dźju^2 wer^1 bjij^2 mji^1

△ 盛 不 骄， 弱 时 不 怯， 威 高 不

---

① “纳私”，西夏文译作“[illegible]”（人面为），意即“讲面子”、“徇私枉法”。

② “[illegible]”本义为“大人”，这里与“尊”对译。

③ 以上汉文本作“人有危困急难，当须救之，不可坐看成败。见危不救者，非人也；不自知足者，非人也；见贫不济者，非人也；施恩望报者，非人也；不改己过者，非人也；轻上慢下者，非人也；为贵欺贱者，非人也；取佞害人者，非人也；在公纳私者，非人也；不孝父母者，非人也；不友兄弟者，非人也；不和六亲者，非人也；不乐好事者，非人也”。从句式上看，西夏文略有变化。其中“为贵欺贱者，非人也”一句西夏文本无；而“不孝父母者，非人也；不友兄弟者，非人也；不和六亲者，非人也；不乐好事者，非人也”代之以“富贵忘苦，则非人；尊而怨旧，则非人”。

④ 以下汉文本作“夫人，须通三才，怀六艺，志四方，具五美，断四恶，除三惑，思九畏，知四惧。莫睡眠，演胎息；慎言语，节饮食。此乃谨身节用之本也”。西夏文本少“志四方”和“莫睡眠，演胎息；慎言语，节饮食。此乃谨身节用之本也”几句，而“三鉴察”及各句下的小字注释为《普宁藏》汉文本所无。

⑤ 原文为双行小字，为行文方便，西夏文录文和译文均改为括注。

盛时不骄，弱时不怯，威高不恶也①。）

146. 07. 05-3

[illegible]。）[illegible]，（[illegible]，[illegible]

niow^{2} ŋwu^{2} ljɨɨr^{1} niow^{2} phja^{1} ljɨɨr^{1} niow^{2} tja^{1} śji^{1} mjij^{2} dzju^{1}

恶 是。） 四 恶 断， 四 恶 者， 先 未 指

断四恶（四恶者，先未指

146. 07. 06-1

[illegible]，[illegible]；[illegible]

dzjiij^{2} kụ^{1} tsjụ^{1} sja^{1} ku^{1} lew^{1} tsew^{2} niow^{2} ŋwu^{2} śji^{1} njij^{2} mjij^{2} tśhjwij^{1}

教 后 伤 杀， 则 一 第 恶 是； 先 宿 未 戒

教后伤杀，则第一恶也；先不宿戒

146. 07. 06-2

[illegible]，[illegible]；

kụ^{1} ·ioow^{1} mji^{1} śjij^{1} ·jij^{1} dźjar^{2} tjiị^{2} wji^{1} ku^{1} njɨɨ^{1} tsew^{2} niow^{2} ŋwu^{2}

后 功 不 成 之 过 可 为， 则 二 第 恶 是；

后责其功不成，则第二恶也；

146. 07. 06-3

[illegible]，

ljaa^{2} dzjọ^{1} dźiej^{2} mjij^{1} du^{2} tśhjaa^{1} mji^{1} lja^{1} nioow^{1} mjɨ^{1} ·jij^{1} tśjuu^{1}

口 如 信 无 限 上 不 来 故 彼 之 害，

言而无信因尅期不来而害人，

146. 07. 07-1

[illegible]；[illegible]，[illegible]

ku^{1} sọ^{1} tsew^{2} niow^{2} ŋwu^{2} war^{2} dźjij^{2} wier^{1} lhjụ^{1} mji^{1} bə^{1} dźjɨɨr^{1} ku^{1} ljɨɨr^{1}

则 三 第 恶 是； 物 有 吝 啬 不 馈 舍， 则 四

则第三恶也；有财而吝啬不馈舍，则

146. 07. 07-2

[illegible]；）[illegible]，（[illegible]，[illegible]、[illegible]、[illegible]。）

tsew^{2} niow^{2} ŋwu^{2} sọ^{1} lhạ^{2} tjij^{1} sọ^{1} lhạ^{2} tja^{1} ·o^{2} tsə^{1} war^{2} ŋwu^{2}

第 恶 是； 三 惑 除， 三 惑 者， 酒 色 财 是。

① 《论语·尧曰》：“子曰：‘尊五美，屏四恶，斯可以从政矣。’”子张曰：“何谓五美？”“子曰：‘君子惠而不费，劳而不怨，欲而不贪，泰而不骄，威而不猛。”汉文本“尊五美”及其西夏文注释均出自《论语》。

第四恶也①。）除三惑（三惑者，酒、色、财也。）

146. 07. 08-1

gjɨɨ^{1}　sjiij^{2}　śjwo^{1}　gjɨɨ^{1}　sjiij^{2}　tja^{1}　ljij^{2}　·a^{1}　dźju^{1}　nji^{2}　·a^{1}　bju^{1}　gu^{1}　·a^{1}　ljɨj^{2}

九　思　行，　九　思　者，　视　一　明，　听　一　聪，　和　一　悦，

行九思（九思者，视思明，听思聪，和思悦，

146. 07. 08-2

ljụ^{2}　·a^{1}　tsjịj^{1}　dạ^{2}　·a^{1}　twụ^{1}　tśju^{1}　·a^{1}　ziee^{1}　·jiw^{2}　·a^{1}　·jir^{1}　tshjạ^{1}　·a^{1}　lhjii^{1}　rjir^{1}

身　一　谦，　言　一　忠，　事　一　畏，　疑　一　问，　忿　一　退，　得

身思恭，言思忠，事思敬，疑思问，忿思难，得

146. 07. 09-1

·a^{1}　wo^{2}　ŋwu^{2}　ljɨɨr^{1}　nwə^{1}　kjạ^{1}　ljɨɨr^{1}　nwə^{1}　tja^{1}　mə^{1}　nwə^{1}　ljɨ̣^{2}　nwə^{1}　nja^{2}

一　义　是。　四　知　惧，　四　知　者，　天　知、　地　知、　你

思义也②。）惧四知（四知者，天知、地知、你知、

146. 07. 09-2

nwə^{1}　ŋa^{2}　nwə^{1}　ŋwu^{2}　sọ^{1}　·juu^{1}　thjuu^{1}　sọ^{1}　·juu^{1}　tja^{1}　njijr^{2}　tjɨ̣j^{2}　śji^{1}

知、　我　知　是。　三　鉴　察，　三　鉴　者，　面　镜、　先

我知也③。）三鉴察（三鉴者，面镜、

---

① 《论语·尧曰》：“子张曰：‘何谓四恶？’子曰：‘不教而杀谓之虐；不戒视成谓之暴；慢令致期谓之贼；犹之与人也，出纳之吝谓之有司。’”显然，汉文本“四恶”及其西夏文注释均出自《论语》，惟番、汉文本中的“断四恶”，《论语》原作“屏四恶”。

② 行九思（[illegible]），汉文作“思九畏”，误。考“九思”之说源自《论语·季氏》：“孔子曰：‘君子有九思：视思明，听思聪，色思温，貌思恭，言思忠，事思敬，疑思问，忿思难，见得思义。’”则西夏文本译为“行九思”，是。聂鸿音先生还曾注意到这句西夏文译文中的一个有趣现象，即用西夏字“[illegible]”代替重复出现的“[illegible]”（思）字。西夏字“[illegible]”与汉语“一”相当，这种现象让人联想到汉文辞书注释中经常用一横“一”代替反复出现的被释字的用例，为了避免重复，西夏文译者在注释中仿照了这种用例。参考聂鸿音：《西夏文德行集研究》，甘肃文化出版社 2002 年版，第 7 页。

③ 惧四知（[illegible]），汉文本作“知四惧”，误。

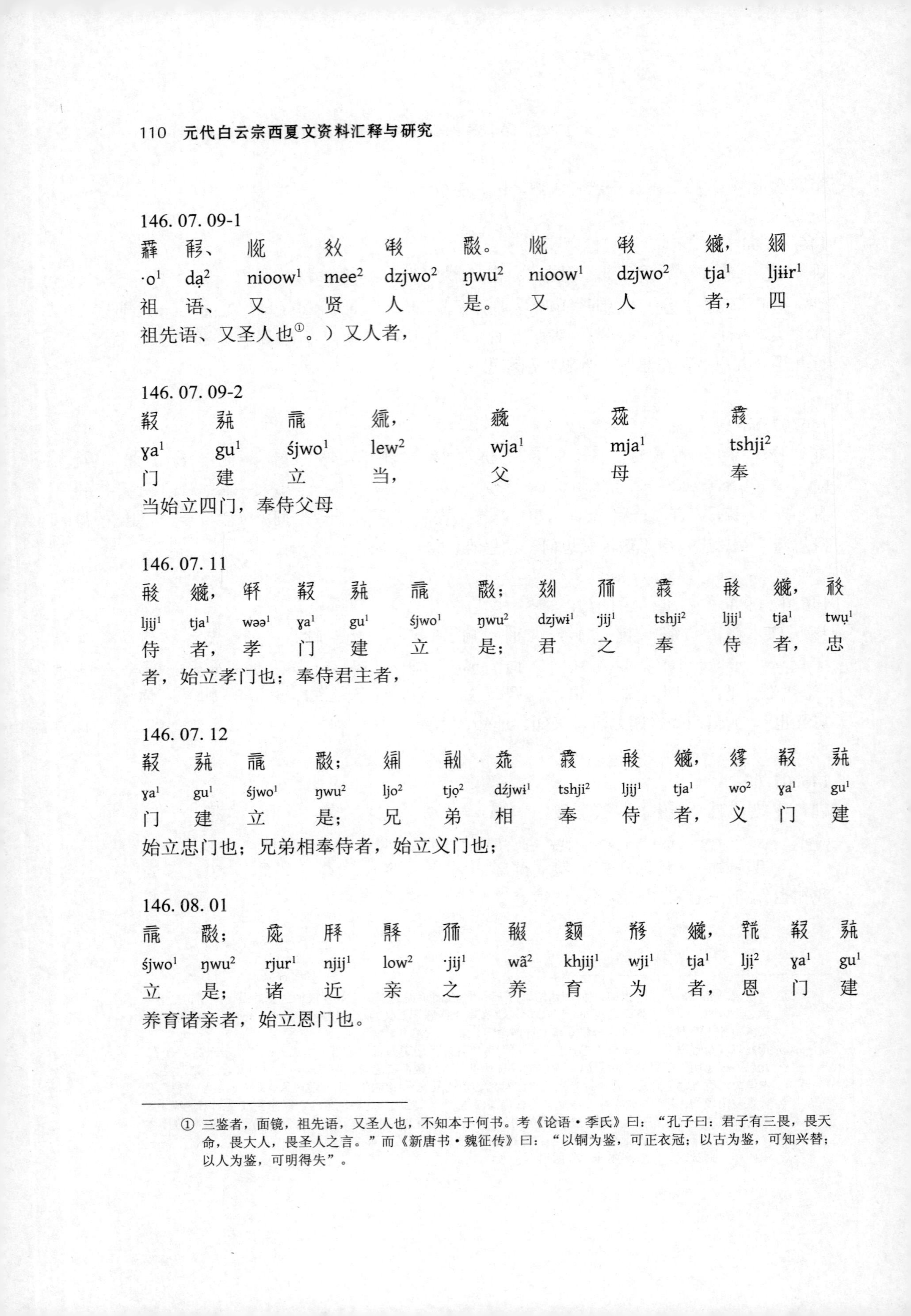

146. 07. 09-1

[illegible]

·o^1 dạ^2 nioow^1 mee^2 dzjwo^2 ŋwu^2 nioow^1 dzjwo^2 tja^1 ljɨɨr^1

祖 语、 又 贤 人 是。 又 人 者， 四

祖先语、又圣人也①。）又人者，

146. 07. 09-2

[illegible]

ɣa^1 gu^1 śjwo^1 lew^2 wja^1 mja^1 tshji^2

门 建 立 当， 父 母 奉

当始立四门，奉侍父母

146. 07. 11

[illegible]

ljij^1 tja^1 wəə^1 ɣa^1 gu^1 śjwo^1 ŋwu^2 dzjwɨ^1 ·jij^1 tshji^2 ljij^1 tja^1 twụ^1

侍 者， 孝 门 建 立 是； 君 之 奉 侍 者， 忠

者，始立孝门也；奉侍君主者，

146. 07. 12

[illegible]

ɣa^1 gu^1 śjwo^1 ŋwu^2 ljo^2 tjọ^2 dźjwɨ^1 tshji^2 ljij^1 tja^1 wo^2 ɣa^1 gu^1

门 建 立 是； 兄 弟 相 奉 侍 者， 义 门 建

始立忠门也；兄弟相奉侍者，始立义门也；

146. 08. 01

[illegible]

śjwo^1 ŋwu^2 rjur^1 njij^1 low^2 ·jij^1 wã^2 khjij^1 wji^1 tja^1 lji^2 ɣa^1 gu^1

立 是； 诸 近 亲 之 养 育 为 者， 恩 门 建

养育诸亲者，始立恩门也。

---

① 三鉴者，面镜，祖先语，又圣人也，不知本于何书。考《论语·季氏》曰："孔子曰：君子有三畏，畏天命，畏大人，畏圣人之言。"而《新唐书·魏征传》曰："以铜为鉴，可正衣冠；以古为鉴，可知兴替；以人为鉴，可明得失"。

146.08.02

䘊　㱿；　㦄　緭　縗　𦊅，　𧤛　𢳆　𢏠　𧞞、　貋　𢳍、　𪐝

śjwo¹　ŋwu²　nioow¹　ljɨɨr¹　wo²　dju¹　dzjwɨ¹　ljɨ¹　dzjiij²　lhji²　njij¹　wjɨ¹　gji²

立　是；　又　四　义　有，　君　及　先　生、　亲　友、　妻

又有四义，君及师傅、亲友、妻

146.08.03

𦇖　㱿。　𧤛　𣬧　縗　𩢭，　𨻶　𤦡　𦂛　𢙶　𧗈　㦄　𦡀

bjij²　ŋwu²　dzjwɨ¹　tshji²　wo²　tja¹　lhjij　dạ²　nioow¹　ljụ²　kạ¹　mji¹　wier¹

妾　是。　君　事　义　者，　国　事　因　身　命　不　惜

室也。事君义者，因国事不惜身命

146.08.04

㱿；　𢏠　𧞞　縗　𩢭，　𧊅　𦂝　𣬧　𦚢　㱿；　貋　𢳍　縗

ŋwu²　dzjiij²　lhji²　wo²　tja¹　bjuu¹　·jur¹　tshji²　ljij¹　ŋwu²　njij¹　wjɨ¹　wo²

是；　先　生　义　者，　敬　养　奉　侍　是；　亲　友　义

也；师傅义者，敬养奉侍也；亲友义

146.08.05

𩢭，　𦡆　𢒫　㦄　𦛑　㱿；　𪐝　𦇖　縗　𩢭，　𦡆　𣬍　𢛛

tja¹　dźjwɨ¹　dạ²　mji¹　ljwu¹　ŋwu²　gji²　bjij²　wo²　tja¹　dźjwɨ¹　dzu¹　tjịj²

者，　相　语　不　违　是；　妻　妾　义　者，　相　爱　礼

者，相语无间也；妻室义者，相爱礼

146.08.06

𦗟　㱿。　㦄　𦄮　𦒺　𩢭，　𦙾　𥗫　𢬟　𦟜，　𦡉　縗　𦀳

zow²　ŋwu²　nioow¹　goor¹　kiej²　tja¹　wəə¹　twụ¹　dźjij¹　lew²　dźiej²　wo²　gu¹

执　是。　又　君　子　者，　孝　忠　行　应，　信　义　立

执也[①]。又君子者，须行忠孝，须立信义，

---

① 以上汉文本作“又须立彼四门，成其具美：事君立忠门，事父母立孝门，事朋友立义门，事师长立谨门。忠门谓见危致命也，孝门谓色养恭敬也，义门谓心无迁改也，谨门无所懈怠也。”西夏文本之“四门”与汉文本稍有出入，指“忠、孝、义、恩”，分别对应奉养“父母、君主、兄弟、亲戚”；而汉文本对“四门”的解释，西夏文本代之以“四义”，只是对象上把“父母”换成了“师傅”，“师长”换成了“妻室”。以下从“又君子者”到“见有义人敬仰”诸句，汉文本无。

146. 08. 07

[illegible]

lew^2 dzu^1 dzjwị^1 śjwo^1 lew^2 njiij^1 phji^1 lə^1 zjij^1 njij^2 śjow^1 wạ^2 ljij^2

应，爱 敬 生 应，心 意 宽 广，慈 悲 广 大。

须生爱敬，心胸宽弘，慈悲广大。

146. 08. 08

[illegible]

nioow^1 dzjwo^2 tja^1 ·jij^1 tsjịj^1 mjɨ^1 bjij^1 ku^1 mjɨ^1 tsjɨ^1 ·jij^1 ·jij^1 bjuu^1

又 人 者，自 谦 人 进，则 人 亦 自 之 敬

又人者，退己进人，则人亦敬之；

146. 08. 09

[illegible]

bjij^1 lji^2 dźjij^1 sjij^2 wier^1 ku^1 sjij^2 tsjɨ^1 ·jij^1 do^2 dzu^1 lə ?

仰；恩 行 民 恤，则 民 亦 自 于 爱 念 亲

行恩恤民，则民亦爱戴亲

146. 08. 10

[illegible]

njij^1 lja^1 dzjwo^2 bji^2 bjij^2 mjij^1 tśhja^2 ka^1 njiij^1 śjwo^1 lew^2 dźjij^1 ljij^2

近 来。人 下 高 无，平 等 心 生 须。寒 见

近之。人无高下，须生公平心。见寒

146. 08. 11

[illegible]

lhwu^1 khjow^1 dźjwiw^2 ljij^2 tjị^1 mjii^1 ŋo^2 ljij^2 tsə^1 ju^2 djị^2 gjuu^2 nar^2

衣 予，饿 见 食 施，病 见 药 寻 治 救，老

予衣，见饥施食，见病寻药救治，

146. 08. 12

[illegible]

ljij^2 no^2 nej^2 phji^1 thjwị^1 ljij^2 njij^2 śjow^1 wji^1 neew^2 ljij^2 śjwị^2 de^2

见 安 泰 使，幼 见 慈 悲 为，善 见 随 喜，

见老者使安，见幼者慈悲，见善随喜，

146.09.01

[illegible]

niow2 ljij2 pjwɨɨr1 mee2 dzjwo2 ljij2 zjij1 ? njij1 tśhja2 dzjwo2 ljij2 zjij1

恶 见 劝。 贤 人 见 时 亲 近， 德 人 见 时

见恶规劝。见贤人时亲近，见德人时

146.09.02

[illegible]

bju1 tjị1 tjịj2 sjij2 dzjwo2 ljij2 dzjwị1 lhejr2 wo2 dźjij2 dzjwo2 ljij2 bjuu1

依 归， 礼 识 人 见 尊 敬， 义 有 人 见 敬

归依，见识礼人尊敬，见有义人敬仰。

146.09.03

[illegible]

bjij1 nioow1 goor1 kiej2 tja1 śjɨ2 ɣa1 rjir2 mji1 do2 gjuu2 tsjiir1 rjir2

仰。 又 君 子 者， 释 门 与 不 异， 救 教 与

又君子者，与释门不异，与道士[①]

146.09.04

[illegible]

lew2 swu2 niow2 tjij1 neew2 bju1 zji2 lew1 kwər1 thwuu1 nioow1 goor1 kiej2

同 样。 恶 除 善 依， 皆 一 体 同。 又 君 子

同类。除恶依善，皆同一体也[②]。又君子

146.09.05

[illegible]

tja1 tsə1 ŋwu2 laa1 mjɨ1 njwi2 tshjạ1 ber2 kwow2 mjɨ1 śjwo1 mjɨ1 lha1

者， 色 以 染 不 能， 怒 遇 嗔 不 生， 他 蔑

者，不能以色染，遇怒不生嗔，人蔑

---

① [illegible]，字面意思是“救法”，这里与“道士”对译。

② 以上汉文本作“三教之说其义一同。儒教则仁义礼智信，归于忠孝君父焉。释教则慈悲救苦，归于化诱群迷焉。道教则寂默恬澹，归于无贪无爱焉。是故三教之言可守而尊之，寻而究之。既洞其微，达其源，自然得圣人、贤人之道，善人、君子之行也”。

146.09.06

[illegible]

zjij1 tshja̧1 njiij1 mjij1 ·jow2 zjij1 mjɨ1 tśhjɨ1 de2 mər2 ɣa2 njij2 gji1

时 怒 心 无，赞 时 无 相 喜。本 来 初 清

时无怒心，赞时不相喜。本初清

146.09.07

[illegible]

sej1 tśior1 mjij1 lej2 mjij1 dzjo̧1 sju2 ɣjiw2 phiow1 tśior1 kha1 bə1 dźjwo1

净，秽 无 瑕 无，譬 如 璧 白 泥 中 掷 投，

净，无秽无瑕，譬如白璧投掷泥中，

146.09.08

[illegible]①

wja̧1 sej1 zjiir2 kha1 dzuu2 rjir2 ·a1 tjij2 nioow1 njiij1 dźjɨ mji1 ·ju2

花 清 水 中 植 与 一 样。又 心 行 不 常，

莲花植于水中一般。又行心无常，

146.09.09

[illegible]

tsjiir1 thjuu1 ·jij1 mjij1 neew2 niow2 njiij1 bju1 ·jiw1 nioow1 ljij1 lej2 rjur1

法 缘 相 无。善 恶 心 依，因 缘 换 变。诸

循法无相。善恶依心，因缘变换。

146.09.10

[illegible]

rjijr2 tha1 kju̧1 su1 ·jij1 njiij1 kju̧1 lew2 njiij1 ·jij1 tha1 ŋwu2 tha1

方 佛 供，胜 自 心 供 所。心 即 佛 是，佛

供诸方佛，胜供自心。心即是佛，

146.09.11

[illegible]

·jij1 njiij1 ŋwu2 njiij1 tha1 dźjɨ dźjij1 ku1 ·jij1 tha1 njiij1 ŋwu2 tjij1

即 心 是。心 佛 行 行，则 自 佛 心 是。若

佛即是心。心行佛行，则即佛心也。若

---

① [illegible]，固定搭配，表示“与……一样”。下同。

146. 09. 12

[illegible]

mər^{2} njiij^{1} tsjij^{2} ku^{1} khwa^{1} ·ju^{2} ljọ^{2} śjwo^{1} tśja^{1} tśjɨ^{1} mjijr^{2} tsjɨ^{1} thja^{1}

本 心 晓， 则 远 觅 何 用？ 道 悟 者， 亦 彼

晓本心，则何用远觅？悟道者，

146. 10. 01

[illegible] □

rjir^{2} ·a^{1} tjij^{2} dạ^{2} wo^{2} na^{1} tsjij^{2} ku^{1} mər^{2} ɣa^{2} mji^{1} njɨɨ^{1}

与 一 样。 语 义 深 明， 则 本 来 不 二。 □

亦与彼一般。深明语义，则根本不二。□

146. 10. 02

[illegible]

tśhji^{2} mur^{1} ·jwɨr^{2} kha^{1} wəə^{1} twụ^{1} su^{1} gjij^{1} dju^{1} mji^{1} tshjiij^{1} ɣạ^{2} njɨɨ^{1}

典 俗 文 中， 孝 忠 胜 殊 有 不 言； 十 二

典俗文中，不言忠孝殊胜；十二

146. 10. 03

[illegible]

djij^{1} lwər^{2} lhejr^{2} kha^{1} ɣu^{1} bju^{1} ŋa^{2} ·jij^{1} dzjwo^{2} ·jij^{1} tjij^{1} nẹ^{1} njij^{2}

部 经 典 中， 始 依 我 相 人 相 除 宣； 慈

部经中，始依我相宣除人相；慈

146. 10. 04

[illegible]

wjuu^{1} de^{2} dźjiir^{1} tja^{1} tha^{1} tsjiir^{1} njij^{2} tsjiir^{1} kha^{1} tshjiij^{1} śjij^{1} mji^{1} do^{2}

悲 喜 捨 者， 佛 法 王 法 中 说 法 不 异；

悲乐施者，佛法王法中所说无异；

146. 10. 05

[illegible]

dzjwo^{2} ŋa^{2} tjij^{1} śjij^{1} tja^{1} to^{2} zji^{2} ·a^{1} tjij^{2} sjij^{2} mjijr^{2} seew^{2} sjiij^{2}

人 我 除 法 者， 尽 皆 一 样。 智 者 忖 思，

除人我之法者，尽皆一般。智者思忖，

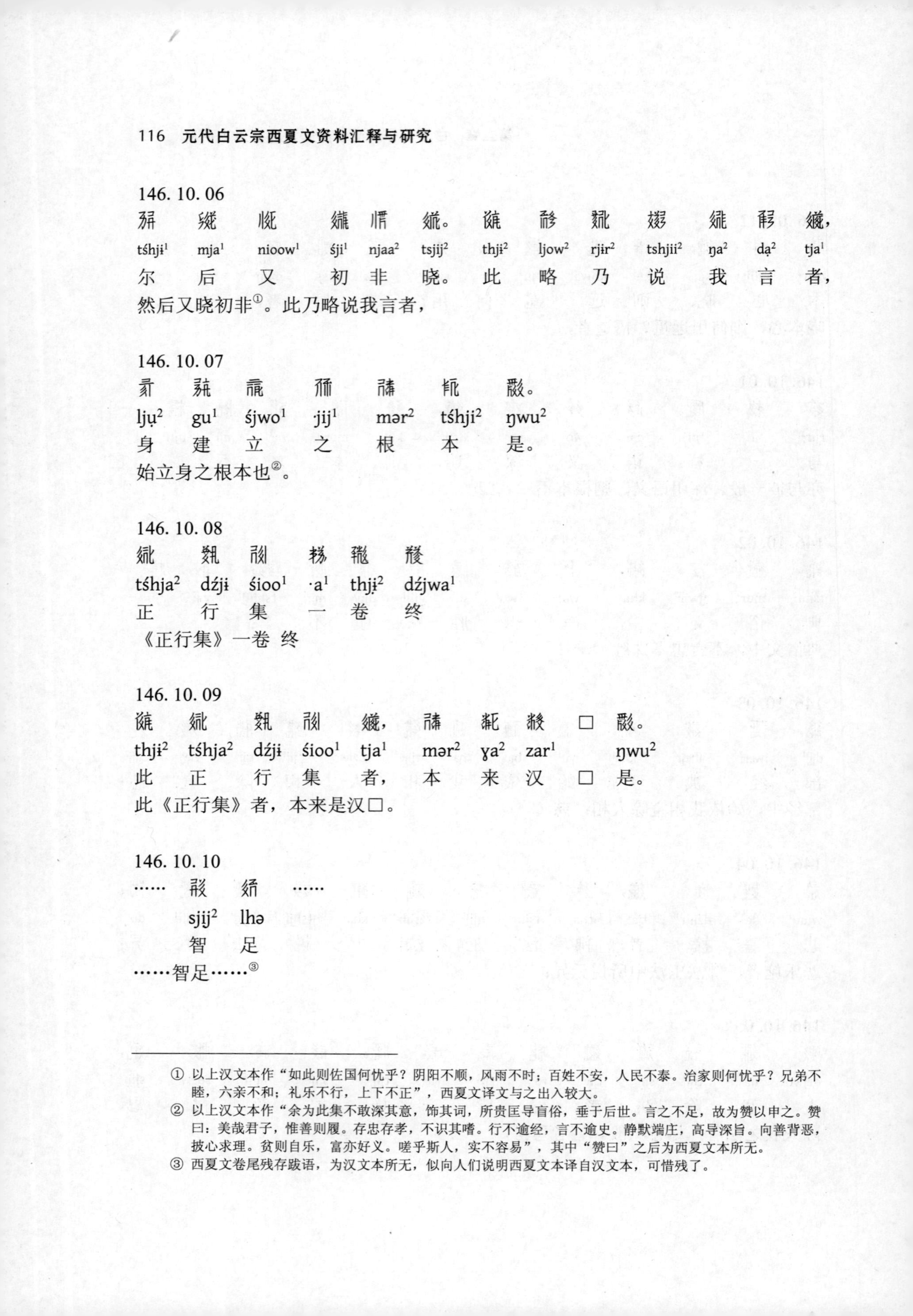

146. 10. 06

tśhji1 mja1 nioow1 śji1 njaa2 tsjij2 thji2 ljow2 rjir2 tshjii2 ŋa2 dạ2 tja1

尔 后 又 初 非 晓。 此 略 乃 说 我 言 者，

然后又晓初非[①]。此乃略说我言者，

146. 10. 07

ljụ2 gu1 śjwo1 ·jij1 mər2 tśhji2 ŋwu2

身 建 立 之 根 本 是。

始立身之根本也[②]。

146. 10. 08

tśhja2 dźji śioo1 ·a1 thji2 dźjwa1

正 行 集 一 卷 终

《正行集》一卷 终

146. 10. 09

thji2 tśhja2 dźji śioo1 tja1 mər2 ɣa2 zar1 ŋwu2

此 正 行 集 者， 本 来 汉 □ 是。

此《正行集》者，本来是汉□。

146. 10. 10

…… ……

sjij2 lhə

智 足

……智足……[③]

---

① 以上汉文本作“如此则佐国何忧乎？阴阳不顺，风雨不时；百姓不安，人民不泰。治家则何忧乎？兄弟不睦，六亲不和；礼乐不行，上下不正”，西夏文译文与之出入较大。

② 以上汉文本作“余为此集不敢深其意，饰其词，所贵匡导盲俗，垂于后世。言之不足，故为赞以申之。赞曰：美哉君子，惟善则履。存忠存孝，不识其嗜。行不逾经，言不逾史。静默端庄，高导深旨。向善背恶，披心求理。贫则自乐，富亦好义。嗟乎斯人，实不容易”，其中“赞曰”之后为西夏文本所无。

③ 西夏文卷尾残存跋语，为汉文本所无，似向人们说明西夏文本译自汉文本，可惜残了。

附：普宁藏本《正行集》原文

《正行集》

西京宝应寺沙门释 清觉述

凡君子者，不在乎贵，不在乎贱，不在乎贫，不在乎富，唯在乎行也。君子之体，德行以成之，孝敬以加之。故其广固贞净，世莫得焉。其广也，如海；其固也，如山；其贞也，如松；其净也，如水。如海之广者，深不可量，阔不可测；灭之不降，添之不盈；浑之不能使其浊，秽之不能改其清；亦乃隐于珠，怀其宝，浩渺廓落，无不纳焉。如山之固者，高而不危，久而不朽；移之不动，摇之不倾；幽静不能使其绝，尘埃不能合其有；亦乃隐于贤，藏于仙，崎岖旷邈，无不产焉。如松之贞者，荣枯莫知，苍翠长在；霜雪不能令其凋，冬夏不能变其色。如水之净者，济渭各色，平澹自然；鉴物不能遁其形，润泽不能踰其利。凡君子者，宽宏大量，高识远见。理其性，静其神，修其德，蕴其行。以教以绪，无纵无恣，不悔不骄，绝毁绝誉。不彰他人之过，不行自己之非。和其光而同其尘，荐其贤而任其德。礼无不恭，事无不从，孝无不顺，义无不忠。体察智慧，审别贤愚。不以多求而乱心，不以贪暴而害己；不以涂炭而乐祸，不以忘旧而逐新。故任道而含弘，常坚心而守志，此四者，大人君子之要道也。又须行同日月，量比山川；顺四时，合万物。行同日月者，使之无偏照；量比山川者，使之无迁改；顺四时者，使之有期信；合万物者，使之知动静。故曰君子有德，四方美之；郡守有德，百姓钦之；乡间有德，众人仰之；家尊有德，门风显之。

皇天无亲，惟德是辅。如蓬生于麻中，不扶而自直；如兰杂于丛，芳不待熏而自馨。不以利己而损人，不以非他而自是；不以卑人而自尊，不以轻人而自重；不以非道而交友，不以结怨而雠人。不窥无义之财，不受无功之赏。施恩而不望报，报恩而恨不深。故书云：“临之以财则见其廉，近之以色则见其贞；告之以危则见其勇，醉之以酒则见其态。”庄子曰：“远使之而观其忠，近使之而观其敬，烦使之而观其能，卒问之而观其智，急期之而观其信。”宠贵之人观其不骄奢，荣显之人观其不矜夸。少者观其恭敬，好学者观其廉洁务行，老者观其思慎而不逾。父子之间观其慈孝，兄弟之间观其和友，乡间之间观其信义，君臣之间观其忠惠。是故慎初护末，砥名砺行。邪正不变其心，反覆不改其志。临下以宽，居上不危。如此则可为廊之材，永免愆瑕矣。

四十八等

圣人则天法地，贤人杳冥难测。道人心无滞碍，觉人知其本性。

捨人知无便与，戒人察其罪福。忍人口无过失，进人修无懈怠。

定人心无散乱，智人远于机变。义人推功让德，审人视听不非。

政人公道不私，省人非财不纳。安人心无异动，隐人遁世育德。

恭人礼度不亏，敬人尊上爱下。信人言无反覆，谨人不越礼度。

宽人临下不危，深人远见未萌。善人内行不嗔，行人好述善事。

谋人深知远见，忠人事君尽节。让人荐贤任能，俭人节用不费。

孝人奉侍不阙，明人不处暗事。辩人不纳闲词，学人亲近知识。

慈人心无杀害，富人济贫惠物。贵人敬佛重僧，达人不贪五欲。

清人不染俗尘，静人觉意知空。大人心包天地，好人举善荐贤。

愚人不知惭耻，痴人不鉴名贤。顽人不惧公法，恶人常好杀生。

浊人不分明白，俗人贪财恋色。逆人不孝父母，小人不识尊卑。

凡君子立身为人无逾此四十八等，但以大道合其体，则是圣人、贤人之伦。若孝不行于家，慈不行于己，恩不行于亲，惠不及于人，义不施于友，忠不施于国，勇不救于危，谋不信于善，宽不临于下，明不审于事。见非亲而亲者，谄也；见亲贫而疏者，逆也。背善向恶、谋陷忠良、亲附小人、不近君子者，此乃上天不容之物，何足言之？贤者钦于德，愚者重于财。绮罗华饰者，须知有布素之衣；珍飧玉食者，须知有糟糠之馔；雕墙峻宇者，须知有茅茨之室；积粟千锺者，须知有斗筲之储；荣官大爵者，须知有冤屈之害；安居乐处者，须知有驱役之劳；跃马挥鞭者，须知负担之苦。人有危困急难，当须救之，不可坐看成败。见危不救者，非人也；不自知足者，非人也；见贫不济者，非人也；施恩望报者，非人也；不改已过者，非人也；轻上慢下者，非人也；为贵欺贱者，非人也；取佞害人者，非人也；在公纳私者，非人也；不孝父母者，非人也；不友兄弟者，非人也；不和六亲者，非人也；不乐好事者，非人也。夫人，须通三才，怀六艺；志四方，具五美；断四恶，除三惑；思九畏，知四惧。莫睡眠，演胎息；慎言语，节饮食。此乃谨身节用之本也。又须立彼四门，成其具美：事君立忠门，事父母立孝门，事朋友立义门，事师长立谨门。忠门谓见危致命也，孝门谓色养恭敬也，义门谓心无迁改也，谨门无所懈怠也。

三教之说其义一同。

儒教则仁义礼智信，归于忠孝君父焉。释教则慈悲救苦，归于化诱群迷焉。道教则寂默恬澹，归于无贪无爱焉。

是故三教之言可守而尊之，寻而究之。既洞其微，达其源，自然得圣人、贤人之道，善人、君子之行也。如此则佐国何忧乎？阴阳不顺，风雨不时；百姓不安，人民不泰。治家则何忧乎？兄弟不睦，六亲不和；礼乐不行，上下不正。余为此集不敢深其意，饰其词，所贵匡导盲俗，垂于后世。言之不足，故为讃以申之。

赞曰：

美哉君子，惟善则履。存忠存孝，不识其嗜。行不逾经，言不逾史。静默端庄，高导深旨。向善背恶，披心求理。贫则自乐，富亦好义。嗟乎斯人，实不容易。

《正行集》 终。

第二节　白云释子《三观九门枢钥》西夏文译本考释

西夏文《三观九门枢钥》，1909 年出土于内蒙古额济纳旗的黑水城遗址，现藏俄罗斯科学院东方文献研究所，编号инв. № 2551。写本，册叶装，纸幅 21. 5×15. 5 厘米，版框高 17 厘米，乌丝栏，每页 8 行，行 15—18 字。保存基本完整[①]。据封面所题“三观九门”（[illegible]）与“紫苑丸方”（[illegible]），该编号实包括两种文本，前者“三观九门”（[illegible]），为正文题名“三观九门枢钥”([illegible])的简称，款题“白云释子集”（[illegible]）；后者正文作“敕赐紫苑丸”（[illegible]），为药方，据索罗宁比对，其内容与黑水城出土инв. № 6867 所收汉文本“敕赐紫苑丸”基本相同[②]。梁松涛认为该方与元王好古撰、盛增秀等校《医垒元戎》卷 6 所载“万病紫苑丸全注”和明朱橚等编《普济方》卷 168 所载“紫苑丸”药方同源[③]。

索罗宁在《白云释子〈三观九门〉初探》一文中把题名首译作“三观九门关键文”，我们在此前相关论文中也曾沿用这一译名[④]。这里译作“三观九门枢钥”，主要依据宗密《注华严法界观门》“裴休序”：“文者入观之门也，注者门之枢钥也。故欲证法界之性德莫若经，通经之法义莫若观，入观之重玄必由门，阐三重之秘门必由枢钥。”“问曰：既遇明师，何假略注？答曰：法界难睹，须依观以修之。观文难通，须略注为枢钥之用也。”宋夷门山广智大师本嵩著《注华严法界观门通玄记》解释“枢钥”一词曰：“枢者，以动转为义，谓制扇以附门傍也。钥，谓管钥，以开通为义。”[⑤]此“枢钥”正与西夏文“[illegible]”二字本义相合，“[illegible]”，本义为“转”，“[illegible]”本义为“钥匙”，且与该书主旨——对华严法界“三观九门”所做的注释相合。至于西夏文“[illegible]”，作为书名类别标记，其作用在于提示前面的词是书名或者篇章名，可不译，如《孟子》，西夏文译作“[illegible]”。基于此，我们认为将该本改译作“三观九门枢钥”较为合理。

该本题署“[illegible]”，即“白云释子”，书后所附“道宫歌偈”和“了悟歌”，又署“[illegible]”，即“白云禅师”，当可推测该书为白云祖师清觉（1043—1121）所作。中原史书并未载及清觉曾撰此“枢钥”。“白云释子”应为清觉的自称，本嵩

---

① Е. И. Кычанов. *Каталог тангутских буддийских памятников*. Киото: Университет Киото,1999, стр. 577.

② 索罗宁：《白云释子〈三观九门〉初探》，杜建录主编《西夏学》第 8 辑，上海古籍出版社 2011 年版，第 9—22 页。

③ 梁松涛：《黑水城出土西夏文医药文献整理与研究》，社会科学文献出版社 2015 年版，第 405 页。

④ 孙伯君：《元代白云宗译刊西夏文文献综考》，《文献》2011 年第 2 期；孙伯君：《西夏文〈三代相照文集〉述略》，《宁夏社会科学》2018 年第 6 期。

⑤ 转引自王颂《〈华严法界观门〉校释研究》，宗教文化出版社 2016 年版，第 118 页。

《法界观门通玄记》卷上曾释曰[①]：“‘释’，梵语具云‘释迦’，此云‘能仁’，佛之姓氏。今出家人通姓，自道安法师之始。故《增一阿含经》曰：‘四河入海，俱得海名。四姓出家，咸称释子’”；夏末元初白云宗道安注《初学记》“西京宝应寺沙门释清觉述”一句亦曰[②]：“三沙门释是总，祖师尊讳是别，释子非一故。述字，通于能所。祖师是能述，记文是所述也。”“圣人无名，为物立称，响颁人天，良有以也。沙门是出家之通号，释字是本师之姓氏，绍隆继踵，宜其具称。”此外，元代皇帝径称清觉禅师为“白云和尚”，《普宁藏》本《正行集》最后跋语曰[③]：“特奉圣旨：沙刺巴译来的《药师仪轨》、《药师供养法》、更白云和尚《初学记》恁行，与省部文书交江浙省白云宗开板印了呵，都交大藏经里入去者，么道。”

此前，我们曾从《三代相照文集》编纂者慧照入手，根据他名字前冠以“节亲主”，显示他为西夏皇族宗亲后裔，本姓嵬名；《普宁藏》所记载他的职衔，即“幹缘雕大藏经板白云宗主慧照大师南山大普宁寺住持沙门道安”；以及他曾承诸山禅教之请，广为化缘，与白云宗僧众一起发起了雕刊《普宁藏》的事迹等，判断文集中所收诗文实为白云宗三代祖师作品的译作，而其卷首所收“白云释子道宫偈”和“白云大师了悟歌”实为白云宗祖师清觉的作品[④]。正如索罗宁率先注意到的，《三观九门枢钥》后附“道宫歌偈”和“了悟歌”与西夏文《三代相照文集》卷首所收“白云释子道宫偈”和“白云大师了悟歌”内容相近，只是个别西夏字有所不同，既然如此，《三观九门枢钥》的作者“白云释子”，也应是白云宗祖师清觉，西夏文本是从同名汉文本翻译过来的。

“白云释子”，还见于西夏文《中华传心地禅门师资承袭图》（инв. № 2261），书中有一幅不见于汉文本的僧人版画“师资承袭图”，画上有四位宗师的坐像，根据西夏文榜题，他们分别是宗密（[illegible]）、裴休（[illegible]）、白云释子（[illegible]）和张禅师（[illegible]）。我们曾根据《河西藏》《普宁藏》和《碛砂藏》的诸多题记；《普宁藏》所收白云祖师《正行集》卷尾跋语所记《初学记》《正行集》于皇庆二年（1313）曾被允许锓梓印造刊入《普宁藏》[⑤]，而小川贯弌认为清觉的作品入藏是白云宗刊定大藏经的特色[⑥]；俄藏黑水城文献中还发现了清觉《正行集》的西夏文译本等[⑦]，认为带有西夏文榜题的“师资承袭图”，也应是白云宗西夏裔僧侣组织刊行《河西藏》的印记，而“师资承袭图”上的“白云释子”指的就是白云祖师清觉[⑧]。

上述情况说明，《三观九门枢钥》译成西夏文的时间应该在蒙元时期。西夏灭

---

① 王颂：《〈华严法界观门〉校释研究》，宗教文化出版社 2016 年版，第 139 页。
② 清觉：《初学记》，《中华大藏经》第 71 册，第 31 页。
③ 《中华大藏经》第 71 册，中华书局 1994 年版，第 41 页。
④ 孙伯君：《西夏文〈三代相照文集〉述略》，《宁夏社会科学》2018 年第 6 期。
⑤ 清觉：《初学记》和《正行集》，《中华大藏经》第 71 册，第 30—41 页。
⑥ 小川贯弌：《光明禅师施入经典とその扉绘——元白云宗版大藏经の一考察》，《龙谷史坛》1943 年第 30 期。
⑦ 孙伯君：《西夏文〈正行集〉考释》，《宁夏社会科学》2011 年第 1 期。
⑧ 孙伯君：《元代白云宗译刊西夏文文献综考》，《文献》2011 年第 2 期。

俄藏инв. № 2261 西夏文《中华传心地禅门师资承袭图》版画

亡后，道安等西夏裔僧人来到江南加入白云宗，延续了宋末江浙白云大师这一法脉传承。我们在《西夏文〈三代相照文集〉述略》一文中曾根据赵孟頫书《妙严寺记》的记载，论述过道安于宝祐丁巳（1257年）继任妙严寺住持，至元十八年（1281）圆寂，在杭州为僧众首领达24年之久。道安不仅曾于“至元间两诣阙廷，凡申陈皆为法门及刊大藏经板，悉满所愿”，还搜集白云宗三代祖师的作品辑成《三代相照文集》，并组织人力把这些作品译成西夏文①。由此推测，《三观九门枢钥》的翻译也应该是在道安的主持下进行的。不过，从西夏文《三代相照文集》卷首所收“道宫偈”和“了悟歌”与《三观九门枢钥》所收两首歌偈的翻译用字有所不同的情况看，两部书的译者并非同一个人。

为行文方便，录文中把西夏本中的双行小注，改为括注。译文中圆括号指示的是下边要注释的内容，注释部分侧重说明西夏文翻译的理据。

2551-01-01

[illegible] [illegible] [illegible] [illegible] [illegible] [illegible] [illegible]②

sọ^{1} bioo^{1} gjɨɨ^{1} ɣa^{1} zjwã^{2} kjwi^{1} ·jwɨr^{2}

三 观 九 门 枢 钥 文

三观九门枢钥

2551-01-02

[illegible] [illegible] [illegible] [illegible] [illegible]

djɨj^{2} phiow^{1} śji^{2} gji^{2} śioo^{1}

云 白 释 子 集

白云释子集

2551-01-03

[illegible] [illegible] [illegible] [illegible] [illegible]，[illegible] [illegible] [illegible] [illegible]，[illegible]

iọ^{1} ɣiej^{1} ŋa^{1} mjij^{1} gjii^{1} mər^{2} ·jij^{1} wee^{1} mjij^{1} gji^{1}

夫 真 空 寂 湛， 本 即 生 无， 清

[illegible] [illegible] [illegible]，[illegible] [illegible] [illegible] [illegible]。[illegible] [illegible]

sej^{1} tshọ^{2} gjii^{1} rjur^{1} rejr^{2} ·ioow^{1} kụ^{1} tśhjwo^{1} nioow^{1}

净 虚 静， 诸 多 功 后。 故 缘

夫真空寂湛，本即无生。清净虚寂，诸多功尽。故

---

① 孙伯君：《西夏文〈三代相照文集〉述略》，《宁夏社会科学》2018年第6期。

②“[illegible]”，为书名或题名的类别标记，其作用在于提示前面的词是书名或者篇章名，可不译，如《孟子》，西夏文译作“[illegible][illegible][illegible]”。

2551-01-04

[illegible]

wo^{2} dạ^{2} thu^{1} lwụ^{1} ·jij^{1} njiɨ^{1} dzjar^{2}, tsə̣^{1} ŋa^{1} gu^{2}

理 事 和 合 之 双 绝， 色 空 中

[illegible]

tśja^{1} dzjar^{2} njaa^{2}。 tśhjwo^{1} nioow^{1} mjij^{1} ŋewr^{1} zjɨ̣^{2} t- khjã^{2}

道 绝 非。 故 因 寂 乱 俱 乖， 殑

理事和合兼离，色空中道不绝。故寂乱俱乖，

2551-01-05

[illegible]

bẹ^{1} zji^{2} ·jiij^{1}, tśhjwo^{1} lhjij lhjɨ^{2} dźjwɨ^{1} ·jij^{1} dźjwɨ^{1} ·o^{2}

沙 皆 持， 故 刹 尘 相 即 相 入

[illegible]

njwi^{2}, kja^{2} lə dźjwɨ^{1} ·wịo^{1} dźjwɨ^{1} ·o^{2}。 tśhjwo^{1} bju^{1} khjɨ^{2}

能， 劫 念 相 周 相 入。 故 因 万

殑沙总持。故刹尘自相互入，劫念周相互入。故万

2551-01-06

[illegible]

nioow^{1} zji^{2} dź-, sjij^{2} wẹ^{1} ɣiej^{1} njaa^{2}, wạ^{2} ljij^{2} mee^{2}

缘 皆 假， 智 愚 真 非， 广 大 神

[illegible]

mjijr^{2} zji^{2} thjɨ^{2} bju^{1} śja^{2} ljɨ^{1}。 ·iọ^{1} sọ^{1} ɣa^{1} na^{1}

通 皆 此 因 现 也。 夫 三 门 玄

缘皆假，智愚非真，广大神通，因此显现。夫趣三玄门，

2551-01-07

[illegible]

tshwew^{1}, ljwu^{2} thwuu^{1} gie^{1} bju^{1}, thjɨ^{2} do^{2} pha^{1} nioow^{1}, dzjwo^{2}

趣， 会 通 难 以， 此 差 别 因， 人

[illegible]

njiij^{1} tạ^{1} ·jij^{1}。 tśhjwo^{1} bju^{1} ·ji^{1} ɣiew^{1} dzju^{1} ·ju^{2}, zji^{2}

心 止 于。 故 因 众 学 教 求， 皆

难以会通，因此差别，人心止之。故求众教旨，皆

2551-01-08

[illegible]	[illegible]	[illegible]。	[illegible]	[illegible]	[illegible]	[illegible]，	[illegible]	[illegible]	[illegible]	[illegible]。
lwu^{1}	tjị^{1}	śjwo^{1}	thjɨ^{2}	gjɨɨ^{1}	ɣa^{1}	śioo^{1}	sọ^{1}	śiaa^{2}	ljwu^{2}	we^{2}
共	愿	发。	此	九	门	集，	三	结	会	成。
[illegible]	[illegible]	[illegible]	[illegible]，	[illegible]	[illegible]	[illegible]	[illegible]，	[illegible]	[illegible]	
thjɨ^{2}	lew^{1}	njiij^{1}	·u^{2}	gjɨɨ^{1}	ɣa^{1}	twụ^{1}	śja^{2}	wjị^{2}	wẹ^{1}	
此	一	心	内，	九	门	顿	现，	晓	愚	

共发愿。撮此九门，会聚成三。此一心内，九门顿现。

2551-01-09

[illegible]	[illegible]	[illegible]	[illegible]。	[illegible]	[illegible]	[illegible]	[illegible]，	[illegible]
njiij^{1}	mji^{1}	kaar^{1}	ljɨ^{1}	njir^{2}	lew^{1}	tshjiij^{1}	we^{2}	tjị^{1}
心	不	量	也。	权	一	说	成，	愿
[illegible]	[illegible]	[illegible]，	[illegible]	[illegible]	[illegible]	[illegible]	[illegible]。	
rjur^{1}	mee^{2}	mjijr^{2}	khwa^{1}	swew^{1}	·jị^{2}	kiọ^{1}	śjij^{2}	
诸	神	通，	遥	照	重	鉴	乞。	

不揣愚陋之心也。权成一说，乞诸神通，洞察遥鉴。

译文：

三观九门枢钥　　白云释子集

夫真空寂湛，本即无生[(1)]。清净虚寂，诸多功尽[(2)]。故理事和合兼离，色空中道不绝[(3)]。故寂乱俱乖，殑沙总持。故刹尘自相互入，劫念周相互入。故万缘皆假，智愚非真，广大神通，因此显现[(4)]。夫趣三玄门，难以会通，因此差别，人心止之。因求众教旨[(5)]，皆共发愿。撮此九门，会聚成三。此一心内，九门顿现，不揣愚陋之心也。权成一说，乞诸神通，洞察遥鉴。

注释：

(1)无生，指真性空，不可灭。（宋）法藏撰、晋水沙门净源注《金师子章云间类解》"说无生第五"："谓正见师子生时，但是金生。（上句妄法随缘，下句真性不变。偈云：'如金作指环，展转无差别。'）金外更无一物。（离不变之性，无随缘之相。《问明品》云：'未曾有一法，得入于法性。'）师子虽有生灭，金体本无增减。（成事似生，而金性不增，则起唯法起也；体空似灭，而金性不减，则灭唯法灭也。）故曰无生。（《大经》云：'蕴性不可灭，是故说无生。'又云：'空故不可灭。'此是无生义。《疏》云：'无生为佛法体。'诸经论中皆诠无生之理。《楞伽》说：'一切法不生。'《中论》：'不生为论宗体'）。"[①]宗密《禅

① 《金师子章云间类解》，《大正藏》卷 45，第 0664 页。

源诸诠集都序》曰："若顿悟自心本来清净，元无烦恼，无漏智性，本自具足，此心即佛，毕竟无异，依此而修者，是最上乘禅，亦名如来清净禅，亦名一行三昧，亦名真如三昧。此是一切三昧根本，若能念念修习，自然渐得百千三昧。达摩门下展转相传者，是此禅也。"①

(2)清净虚寂，指空寂之心。诸多功尽，指心本自知。裴休《注华严法界观门序》："法界者，一切众生身心之本体也。从本已来，灵明廓彻，广大虚寂，唯一真之境而已。无有形貌而森罗大千，无有边际而含容万有。昭昭于心目之间，而相不可睹。晃晃于色尘之内，而理不可分。非彻法之慧目，离念之明智，不能见自心如此之灵通也。"宗密《禅源诸诠集都序》曰："故妄念本寂，尘境本空，空寂之心，灵知不昧。即此空寂之知，是汝真性。任迷任悟，心本自知，不藉缘生，不因境起。……觉诸相空，心自无念，念起即觉，觉之即无。"

(3)"理"与"事"为一对范畴，指事物的本体、本性，也称作"真理"、"如来藏"；"事"则指现象、事物，两者之间的关系是体与用，本与末的关系。杜顺《法界观门》所倡导的"泯绝无寄"，强调言语道断、不生心动念的境界。认为经验事物既不是真实的，也不是不真实的。空与有的对立统一就是终极真理②。宗密《注华严法界观门》曰："三依理成事门，谓事无别体要因真理而得成立。上宗下因，以诸缘起。此有二因：皆无自性故，一也；由无性理事方成故，二也。真如随缘，故《中论》云：以有空义故，一切法得成。《大品》云：若诸法不空，即无道无果，如波要因于水能成立故。依如来藏得有诸法，当知亦尔，思之。《胜鬘云》：依如来藏故有生死，依如来藏故有涅盘。《楞伽》亦说：如来藏造业受报。《起信论》云：依如来藏故有生灭心等。《问明品》云：法性本无生，示现而有生等。"③禅宗更是主张"以性实之理，相虚之事"。永明延寿述《万善同归集》卷上："若论理事，幽旨难明。细而推之，非一非异。是以性实之理，相虚之事。力用交彻，舒卷同时。体全遍而不差，迹能所而似别。事因理立，不隐理而成事。理因事彰，不坏事而显理。相资则各立，相摄则俱空。隐显则互兴无阂则齐现。相非相夺，则非有非空。相即相成，则非常非断。若离事而推理，堕声闻之愚。若离理而行事，同凡夫之执。……双照即假，宛尔幻存；双遮即空，泯然梦寂。非空非假，中道常明。"④

(4)宗密《禅源诸诠集都序》曰："教也者，诸佛菩萨所留经论也；禅也者，诸善知识所述句偈也。但佛经开张，罗大千八部之众；禅偈撮略，就此方一类之机"⑤。

---

① 《禅源诸诠集都序》，《大正藏》卷 48，第 0399 页。
② 王颂：《〈华严法界观门〉校释研究》，宗教文化出版社 2016 年版，第 87—88 页。
③ 《注华严法界观门》，《大正藏》卷 45，第 0689 上栏。
④ 《万善同归集》，《大正藏》卷 48，第 0958 页上栏。
⑤ 《禅源诸诠集都序》，《大正藏》卷 48，第 0399 页。

2551-01-10

[Tangut]

thjɨ[2] zjwã[2] kjwi[1] ·jwɨr[2] kha[1] ljow[2] djii[1] ljɨɨr[1] rer[2] lew[1]

此 枢 钥 文 中 略 分 四 条： 一

[Tangut] 三①

mjiij[2] bju[1] phie[2] ? njɨɨ[1] djij[1] na[1] phjo[2] kar[2] san

名 依 解 流， 二 浅 深 分 别， 三

此《枢钥》中略分四条：一依名解流；二分辨深浅；三

2551-01-11

[Tangut]

djij[1] bju[1] bej[1] lho ljɨɨr[1] ·a lə ɣjiw[1] bio[1] śji[1] bju[1] phie[2] ? tja[1]

类 依 系 出； 四 一 念 摄 列。 先 依 解 流 者，

依类系出；四摄列一念。先，依名解流者，

2551-01-12

[Tangut]

mjiij[2] tsjiir[1] kiej[2] so̱[1] bioo[1] kha[1] thu[1] zjij[1] thjɨ[2] wja̱[1] ljuu[2] bju[1]

名 法 界 三 观 中 （设 着 此 华 严 依

[Tangut]

kjɨ[1] śio[1] lew[1] tsew[2] ɣiej[1] ŋa[1] bioo[1] mər[2] ɣa[2] mji[1] la̱[1] seew[2]

△ 导。） 一 第 真 空 观 （本 来 不 妄， 思

[Tangut]

mjij[1] thjuu[1] mjij[1] ·ju[2] swew[1] ·ju[2] gjii[1] ŋwuu[1] tshjiij[1] lja̱[1] dzjar[2]

无 察 无， 常 明 常 湛， 言 说 证 灭。）

名法界三观中（设着依此《华严》导引），第一真空观（本来不妄，无思无察。常明常湛，言说证灭。）

2551-01-13

[Tangut]

njɨɨ[1] tsew[2] wo[2] da̱[2] ɣie̱[2] mjij[1] bioo[1] mjij[1] lju̱[1] tsjiir[1] kwər[1] śja[1] rjijr[2] lhjij ·wio̱[1]

二 第 理 事 碍 无 观 （寂 幽 法 体， 十 方 刹 遍。

[Tangut]

lo̱[2] ·jijr[2] lo̱[2] dźju[1] io̱[1] thwuu[1] ·jij[1] dzju[2] so̱[1] tsew[2] zji[2] njɨ[2] io̱[1] lwu[1] bioo[1]

双 泯 双 显， 圆 通 自 在） 三 第 周 遍 含 容 观

第二理事无碍观（寂幽法体，十方刹遍。双泯双显，圆通自在。）第三周遍含容观

① 三，原文是汉字。

2551-01-14

（[illegible] [illegible] [illegible] [illegible]， [illegible] [illegible] [illegible] [illegible]。 [illegible] [illegible] [illegible] [illegible]，
lhji² lhjij dźjwɨ¹ ·o² khji² lə dźjwɨ¹ ·wịo¹ rjɨj² rjɨj² rər² śja²
（尘 刹 相 入， 万 念 相 周。 重 重 影 现，
[illegible] [illegible] [illegible] [illegible]） [illegible] [illegible] [illegible] [illegible] [illegible] [illegible] [illegible] （[illegible]
seew² gie¹ sjiij² gie¹ tśjɨɨ¹ thjɨj¹ thej¹ ·jij¹ sọ¹ bioo¹ tja¹ thjɨj¹
测 难 思 难。） 次 天 台 之 三 观 者 （天
[illegible] [illegible] [illegible]， [illegible] [illegible] [illegible] [illegible]。） [illegible] [illegible] [illegible] [illegible]
thej¹ sjij² mjijr² wją¹ sej¹ bju¹ thu¹ lew¹ dź- bju¹ ŋa¹
台 智 者， 华 莲 依 立。） 一 假 依 空

（刹尘相入，万念相周。重重影现，难测难思。）次，天台之三观者（天台智者，依《莲华》立。）一从假入空观[①]，

2551-01-15

[illegible] [illegible] （[illegible] [illegible] [illegible] [illegible]， [illegible] [illegible] [illegible] [illegible]。 [illegible] [illegible]
·o² bioo¹ rjur¹ nioow¹ tsjiir¹ mjij¹ kwər¹ zji² ŋowr² ŋa¹ dź- bju¹
入 观 （世 因 法 无， 体 皆 俱 空。 假 从
[illegible] [illegible]， [illegible] [illegible] [illegible] [illegible]） [illegible] [illegible] [illegible] [illegible] [illegible] [illegible]
ɣiej¹ ·o² ŋa¹ ŋa¹ ·jij¹ mạ¹ njɨɨ¹ ŋa¹ bju¹ dź- to² bioo¹
真 入， 空 空 相 无） 二 空 从 假 出 观
（[illegible] [illegible] [illegible] [illegible]， [illegible] [illegible] [illegible] [illegible]。 [illegible] [illegible] [illegible] [illegible]，
dwewr² kwər¹ ŋa¹ tsjɨ¹ ŋa¹ bju¹ ·ioow¹ śja² ·ioow¹ tjij¹ rejr² we²
觉 体 空 亦， 空 从 功 现。 功 或 多 成，

（世缘无法，体皆遍空。从假入真，空空无相。）二从空入假观[②]，（觉体亦空，从空显功。功或多成，

2551-01-16

[illegible] [illegible] [illegible] [illegible]。） [illegible] [illegible] [illegible] [illegible] [illegible] [illegible] （[illegible]
rjur¹ djij¹ ka¹ dźju¹ sọ¹ gu² tśja¹ tśhja² tạ¹ bioo¹ ɣiej¹

---

① 隋智顗《摩诃止观》卷 5 云：“观有三，从假入空名二谛观；从空入假名平等观。二观为方便道，得入中道双照二谛，心心寂灭自然流入萨婆若海。名中道第一义谛观。此名出璎珞经所言二谛者。”宝臣述《注大乘入楞伽经》卷 10 曰：“是故天台，以体真止从假入空观。与空慧相应，即能破见思惑(四住烦恼)，成慧眼一切智。智能得体，得真体也。以方便随缘止从空入假观。分别药病种种法门，即破无知惑(枝末无明)。成法眼道种智，智能得体，得俗体也。以离二边分别止及上二观为方便。得入中道观，破根本无明，成佛眼一切种智，智能得体，得中道第一义体也。”

② 从空入假观，西夏文译作“从空出假观”，智顗《修习止观坐禅法要》卷 1“证果第十”曰：“是名方便随缘止，乃是从空入假观，亦名平等观，亦名法眼，亦名道种智。住此观中智慧力多故，虽见佛性而不明了。”

诸 类 等 显。） 三 中 道 正 止 观 （真
[illegible]
ŋa1 dź- ɣjiw1 wjɨ1 dź- ŋa1 ɣjiw1 dź- twụ1 ·jij1
空 假 摄， 幻 假 空 摄。 假 各 自
[illegible]
ŋa1 ŋa1 zjij1 ·jij1 dź- tśjɨɨ1 ·iọ1 dwewr2 sọ1 bioo1
空， 空 时 即 假。） 次 圆 觉 三 观

诸类等显）三中道正止观①，（真空摄假，幻假摄空。假各自空，空时即假。）次圆觉三观

2551-02-01
[illegible]
kjwi1 xjow2 ljij2 dzjiij2 ·iọ1 dwewr2 bju1 phie2 lew1 ·jij1 ·jijr2
圭 峰 大 师， 圆 觉 从 解） 一 相 泯
[illegible]
mjijr2 gjii1 bioo1 ·ji1 wẹ1 ·jij1 mjij1 khjɨ2 sjiij2 tja1 wo2
通 湛 观 （众 愚 相 无， 万 思 者 宜。
[illegible]
lew1 tśja1 mjijr2 bji1 djii2 dźju1 mjij1 ŋewr2 njɨɨ1 wjɨ1 śjwo1
一 道 通 光， 化 显 无 数） 二 幻 起

（圭峰大师，从《圆觉》解②。）一泯相澄神观（众愚无相，万思者宜。一道通明，显化无数。）二起幻

2551-02-02
[illegible]
lhjɨ2 dzjar2 bioo1 dźjɨ ɣa1 wji1 dźjɨ wo2 lhạ2 sjwɨj1 tjij1 wo2
尘 绝 观 （行 门 为 行 应， 惑 业 除 应，

---

① 智顗《修习止观坐禅法要》卷1“证果第十”：“若菩萨欲于一念中具足一切佛法，应修息二边分别止行于中道正观。云何修正观？若体知心性非真非假，息缘真假之心名之为正谛观。心性非空非假，而不坏空假之法。若能如是照了，则于心性，通达中道圆照二谛。若能于自心见中道二谛，则见一切诸法中道二谛亦不取中道二谛。以决定性不可得故。是名中道正观。”

② 裴休《禅源诸诠集都序叙》曰：“圭峰大师久而叹曰：吾丁此时，不可以默矣……于是以如来三种教义，印禅宗三种法门。融瓶盘钗钏为一金，搅酥酪醍醐为一味。振纲领而举者皆顺……《都序》据圆教以印诸宗，虽百家亦无所不统也）。尚恐学者之难明也，又复直示宗源之本末、真妄之和合、空性之隐显、法义之差殊、顿渐之异同、遮表之回互、权实之深浅、通局之是非，如此等等。”宗密《圆觉经疏》云：“一泯相澄神观，二起幻销尘观，三绝待灵心观。此与天台三观义理是同而意趣有异。同者泯相即空观，起幻即假观，绝待即中观。异者此明修人用心方便云云。”子睿《首楞严义疏注经》卷11云：“由泯相澄神观，故寂灭现前。由起幻消尘观，故获二殊胜。由绝待灵心观，故四不思议。亦是即空即假即中观也。”

[illegible] [illegible] [illegible] [illegible]， [illegible] [illegible] [illegible] [illegible]。） [illegible] [illegible] [illegible] [illegible]
dźjɨ lhạ^{2} tjij^{1} djọ^{2} dźjɨ njiij^{1} swew^{1} śja^{2} sọ^{1} dza^{2} dzjwɨr^{1} mjijr^{2}
行 惑 除 修， 行 心 明 现。） 三 量 绝 通
[illegible] [illegible] （[illegible] [illegible] [illegible] [illegible]， [illegible] [illegible] [illegible] [illegible]。 [illegible]
njiij^{1} bioo^{1} rjijr^{2} mjij^{1} dźjwɨ^{1} mjij^{1} mər^{2} ·jij^{1} tśjɨɨ^{1} ljụ^{1} thja^{1}
心 观 （方 无 属 无， 本 自 渐 闲。 彼

销尘观（为行门应行，惑业宜除，修减惑行，行心明现。）三绝待灵心观（五方无属，本自幽渐。其

2551-02-03

[illegible] [illegible] [illegible]， [illegible] [illegible] [illegible] [illegible]。） [illegible] [illegible] [illegible] [illegible] [illegible]
mjij^{1} ŋewr^{1} rejr^{2} ŋa^{1} mjijr^{2} mji^{1} mer^{2} njɨɨ^{1} tsew^{2} djɨj^{1} na^{1} phjo^{2}
寂 乱 多， 空 通 不 惑。） 二 第 浅 深 分
[illegible] [illegible]， [illegible] [illegible] [illegible] [illegible]： [illegible] [illegible] [illegible] [illegible] [illegible]
kar^{2} kha^{1} ·jị^{2} djii^{1} njɨɨ^{1} rer^{2} lew^{1} tja^{1} tsjiir^{1} do^{2} pha^{1}
别 中， 复 分 二 条： 一 者 法 差 别

多寂乱，空神不惑。）第二分辨深浅中，复分两条：一者法有差别，

2551-02-04

[illegible]， [illegible] [illegible] [illegible] [illegible] [illegible] [illegible]。 [illegible] [illegible]
dju^{1} njɨɨ^{1} tja^{1} śiaa^{2} tshwew^{1} mji^{1} lew^{2} śji^{1} lew^{1}
有， 二 者 结 趣 不 同。 前 一
[illegible]， [illegible] [illegible] [illegible] [illegible] [illegible] [illegible] [illegible] [illegible]。
tja^{1} tsjiir^{1} kiẹj^{2} ·iọ^{1} tsjiir^{1} ·jij^{1} tśhji^{2} war^{2} ŋwu^{2}
者， 法 界 总 法 之 本 枝 是。

二者结趣不同。前一条，为法界总法之根本。

2551-02-05

[illegible] [illegible] [illegible]， [illegible] [illegible] [illegible] [illegible] [illegible] [illegible]。 [illegible]
thjij^{1} thej^{1} tja^{1} dźjwa^{1} tsjiir^{1} ·jij^{1} mər^{2} tshwew^{1} ŋwu^{2} ·iọ^{1}
天 台 者， 了 法 之 宗 趣 是。 圆
[illegible] [illegible]， [illegible] [illegible] [illegible] [illegible] [illegible] [illegible]。 [illegible] [illegible]
dwewr^{2} tja^{1} dźjwa^{1} twụ^{1} ·jij^{1} tśier^{1} ·ju^{2} ŋwu^{2} thja^{1} lew^{1}
觉 者， 竟 顿 之 方 便 是。 彼 一

天台者，为了法之宗趣；圆觉者，为了顿之方便。

2551-02-06

tsew^{2}	njɨɨ^{1}	sọ^{1}	·jij^{1}	ɣjiw^{1}	njwi^{2}	thja^{1}	njɨɨ^{1}	sọ^{1}	thjɨ^{2}
第	二	三	之	摄	能，	彼	二	三	此
lew^{1}	ɣjiw^{1}	gie^{1}	nioow^{1}	njɨɨ^{1}	sọ^{1}	dźjwɨ^{1}	tjij^{2}	·jị^{2}	tsjɨ^{1}
一	摄	难。	又	二	三	相	等，	复	亦

彼第一能摄二三，二三难摄此一。又二三相等，复

2551-02-07

thja^{1}	sju^{2}	ljɨ^{1}	njɨɨ^{1}	śiaa^{2}	tshwew^{1}	mji^{1}	lew^{2}	kha^{1}	·jị^{2}	phie^{2}
彼	如	也。	二	结	趣	不	同	中，	复	解
njɨɨ^{1}	rer^{2}	lew^{1}	zji^{2}	bioo^{1}	tśhjwo^{1}	pha^{1}	njɨɨ^{1}	pha^{1}	ɣa^{1}	
二	条：	一	总	观	故	别，	二	别	门	

如此也。二结趣不同中，复解两条：一总观故别，二别门

2551-02-08

do^{2}	pha^{1}	śji^{1}	ɣu^{1}	lew^{1}	tsjij^{2}	dźjɨ	·juu^{1}	lwu^{1}	ŋwu^{2}	njɨɨ^{1}
差	别。	前	头	一	解	行	平	融	是；	二
rjɨr^{2}	mjaa^{2}	tsjij^{2}	bju^{1}	tshjiij^{1}	sọ^{1}	rjɨr^{2}	mjaa^{2}	dźjɨ	bju^{1}	
乃	多	解	从	说；	三	乃	多	行	从	

差别。前头一解是平行融；二乃从多解说；三乃从多行

2551-02-09

nẹ^{1}	ljɨ^{1}	njɨɨ^{1}	pha^{1}	ɣa^{1}	do^{2}	pha^{1}	tja^{1}	śji^{1}	tsjiir^{1}
阐	也。	二	别	门	差	别	者，	前	法
kiẹj^{2}	ɣiej^{1}	ŋa^{1}	ŋa^{1}	ljɨ^{1}	njɨɨ^{1}	bioo^{1}	rjir^{2}	pha^{1}	we^{2}
界	真	空	空	也。	二	观	与	别	为，

阐发。二别门差别者，前法界真空空也；二与观为别

2551-02-10.

（□ □ □ □ □， □ □ □， □ □ □

tśhjwo^{1} nioow^{1} ɣiej^{1} ŋa^{1} tja^{1} ŋowr^{2} ŋwer^{1} tjij^{2} ŋowr^{2} dza^{2} dzjwɨr^{1}

缘 故 真 空 者， 全 等 同， 全 量 绝

□ □。 □ □ □ □ □ □ □ □ □，

ljɨ^{1} bju^{1} njɨɨ^{1} kha^{1} ŋa^{1} bioo^{1} rjir^{2} mjaa^{2} ŋwer^{1} tjij^{2} wəə^{1}

也 因。 二 中 空 观 乃 多 等 同 属，

□ □ □ □ □ □ □ □ □ □， □

sọ^{1} kha^{1} ·jɨ^{2} bioo^{1} rjir^{2} mjaa^{2} dza^{2} dzjwɨr^{1} wəə^{1} nioow^{1} zji^{2}

三 中 谓 观 乃 多 量 绝 属 故， 皆

□ □ □。） □ □ □ □ □ □

do^{2} pha^{1} ljɨ^{1} njɨɨ^{1} tsew^{2} thjɨj^{1} thej^{1} bioo^{1} kha^{1}

差 别 也。） 二 第 天 台 观 中，

（故因真空者，全等同，全绝待也。二空观乃多等同属，三谓观乃多绝待属，皆差别也。）第二天台观中，

2551-02-11

□ □ □， □ □ □ □ □； □ □ □，

dź- bioo^{1} tja^{1} śji^{1} iọ^{1} lwu^{1} rjir^{2} do^{2} iọ^{1} lwu^{1} tja^{1}

假 观 者， 前 含 融 与 异； 圆 融 者，

□ □ □ □ □。 （□ □ □， □ □

kụ^{1} wjɨ^{1} śjwo^{1} rjir^{2} do^{2} wjɨ^{1} bioo^{1} tja^{1} dạ^{2} dạ^{2}

后 幻 起 与 异。 （幻 观 者， 事 事

□ □， □ □ □ □ □ □ □ □。）

thu^{1} lwu^{1} wjɨ^{1} śjwo^{1} lhjɨ^{2} dzjar^{2} rjir^{2} do^{2} ·jɨ^{2} ljɨ^{1}

和 融， 幻 起 尘 绝 与 异 谓 也。）

假观者，与前含容异；含容者，与后起幻异（幻观者，事事和融，与起幻销尘异也。）

2551-02-12

□ □ □ □ □ □， □ □ □ □ □ □，

nioow^{1} iọ^{1} dwewr^{2} mjij^{1} bioo^{1} tja^{1} śji^{1} wo^{2} dạ^{2} ɣię^{2} mjij^{1} bioo^{1}

又 圆 觉 寂 观 者， 前 理 事 碍 无 观，

□ □ □ □ □ □ □。 （□ □ □ □

rjir^{2} njɨ^{2} gu^{2} tśja^{1} rjir^{2} do^{2} ljɨ^{1} tśhjwo^{1} nioow^{1} thjɨj^{1} thej^{1}

乃 至 中 道 与 异 也。 （故 缘 天 台

又圆觉寂观者[①]，与前理事无碍，乃至中道观异也。（故因天台

2551-02-13

[illegible]，[illegible]。[illegible]

gu^{2} tśja^{1} njaa^{2} nioow^{1} wo^{2} dạ^{2} njiij^{1} njaa^{2} ljɨ^{1} sọ^{1} tsew^{2} dźjwɨ^{1} lew^{2}

中 道 非，又 理 事 心 非 也。三 第 相 同

[illegible]，[illegible]：[illegible]，

bej^{1} lho phji^{1} kha^{1} djii^{1} njɨɨ^{1} rer^{2} lew^{1} mjiij^{2} bju^{1} dźjwɨ^{1} phjoo^{2}

系 出 令，中 分 二 条：一 名 依 相 和，

非中道，又非理事心。**第三同类系出**，中分两条：一与名相和，

2551-02-14

[illegible]。[illegible]，[illegible]

njɨɨ^{1} tjij^{2} rjar^{1} dźju^{1} phji^{1} śji^{1} tsjiir^{1} kiej^{2} ɣiej^{1} ŋa^{1} ŋa^{1} sej^{1} rjir^{2} thwuu^{1}

二 图 写 显 令。前 法 界 真 空，空 净 与 同，

（[illegible]，[illegible]，[illegible]

tśhjwo^{1} nioow^{1} ɣiej^{1} ŋa^{1} thja^{1} ŋa^{1} wjɨ^{1} rjir^{2} do^{2} mjij^{1} thja^{1} sej^{1} ɣiej^{1} ŋa^{1}

（故 因 真 空，彼 空 幻 与 异 无，彼 净 真 空

而图画令显。前法界真空，与净空同（故因真空，与彼幻空无异，顺应净真空

2551-02-15

[illegible]。）[illegible]，[illegible]

·jij^{1} bju^{1} śjij^{1} tśier^{1} ·ju^{2} ɣa^{1} ljɨ^{1} nioow^{1} thjɨj^{1} thej^{1} dź- bioo^{1} śji^{1}

之 顺 应 方 便 门 也。）又 天 台 假 观，前

[illegible]。（[illegible]

thej^{1} njɨ^{2} kụ^{1} wjɨ^{1} śjwo^{1} rjir^{2} thwuu^{1} ljɨ^{1} śji^{1} ·o^{1} zji^{2} njɨ^{2}

台 至 后 幻 起 与 同 也。（先 公 皆 至

之方便门也。）复天台假观，前台至后，与起幻同也。（先公皆最

2551-02-16

[illegible]，[illegible]。）[illegible]

na^{1} tsjɨ^{1} jɨ^{2} wjɨ^{1} dź- njɨɨ^{1} tsew^{2} wji^{1} ljɨ^{1} iọ^{1} dwewr^{2} mjij^{1}

深，亦 复 幻 假 二 第 为 也。）圆 觉 寂

[illegible]，[illegible]。（□ [illegible]

---

① 圆觉三观中，“泯相澄神观”被称作“静观”，起幻销尘观，被称作“幻观”，“绝待灵心观”被称作“寂观”。

bioo^{1} tja^{1} śji^{1} wo^{2} dạ^{2} gu^{2} tśja^{1} bioo^{1} rjir^{2} thwuu^{1} □ lọ^{2}

观 者， 前 理 事 中 道 观 与 同。 （□ 双

深，复为假幻第二也。）圆觉寂观者，与前理事中道观同。（□双

2551-03-01

[illegible]

·jij^{1} tsjɨ^{1} gu^{2} bju^{1} wo^{2} ljɨ^{1} njɨɨ^{1} tjɨj^{2} rjar^{1} dźju^{1} phji^{1} tja^{1} śji^{1}

之 亦 融 顺 应 也。） 二 图 写 显 令 者， 前

[illegible]

·jwɨr^{2} dźjwɨ^{1} kha^{1} dza^{1} gu^{2} tsjij^{2} thja^{1} gie^{1} ljɨ^{1} nioow^{1} sjij^{1} njɨɨ^{1}

文 属 中 杂 融， 解 彼 难 也 因， 今 二

之亦应融顺也。）**二图画令显者**，属前文中杂融，因悟之难，今画两

2551-03-02

[illegible]

tjɨj^{2} nja^{1} rjar^{1} kụ^{1} nioow^{1} bio^{1} wji^{1} lew^{1} bioo^{1} gjɨɨ^{1} ɣa^{1} mər^{2} tśji^{1} tjɨj^{2}

图 △ 画， 后 又 列 为。 一 观 九 门 本 末 图

图，后复成列。**一观九门本末图**

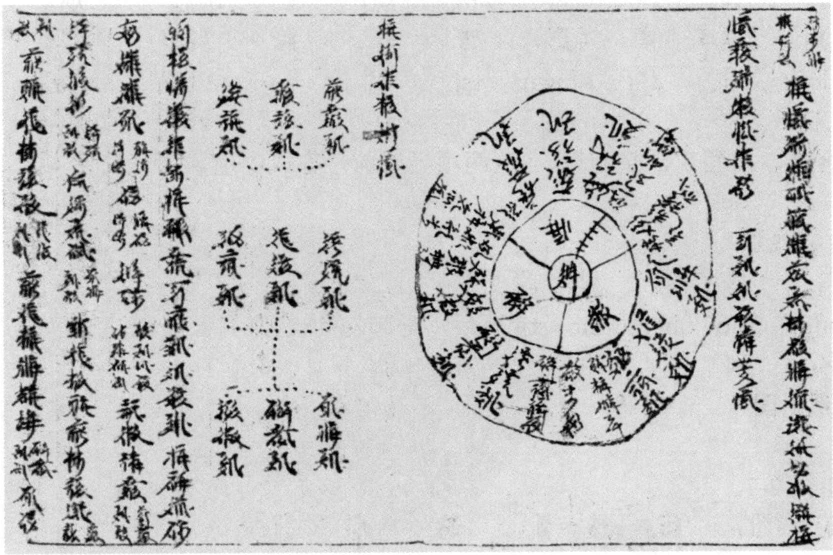

2551-03-图 1-1

[illegible]

njij^{1} ·u^{2} ɣiej^{1} ŋa^{1} bioo^{1} ŋa^{1} ·o^{2} bioo^{1} mjijr^{2} gjii^{1} bioo^{1} thjɨ^{2} lew^{1}

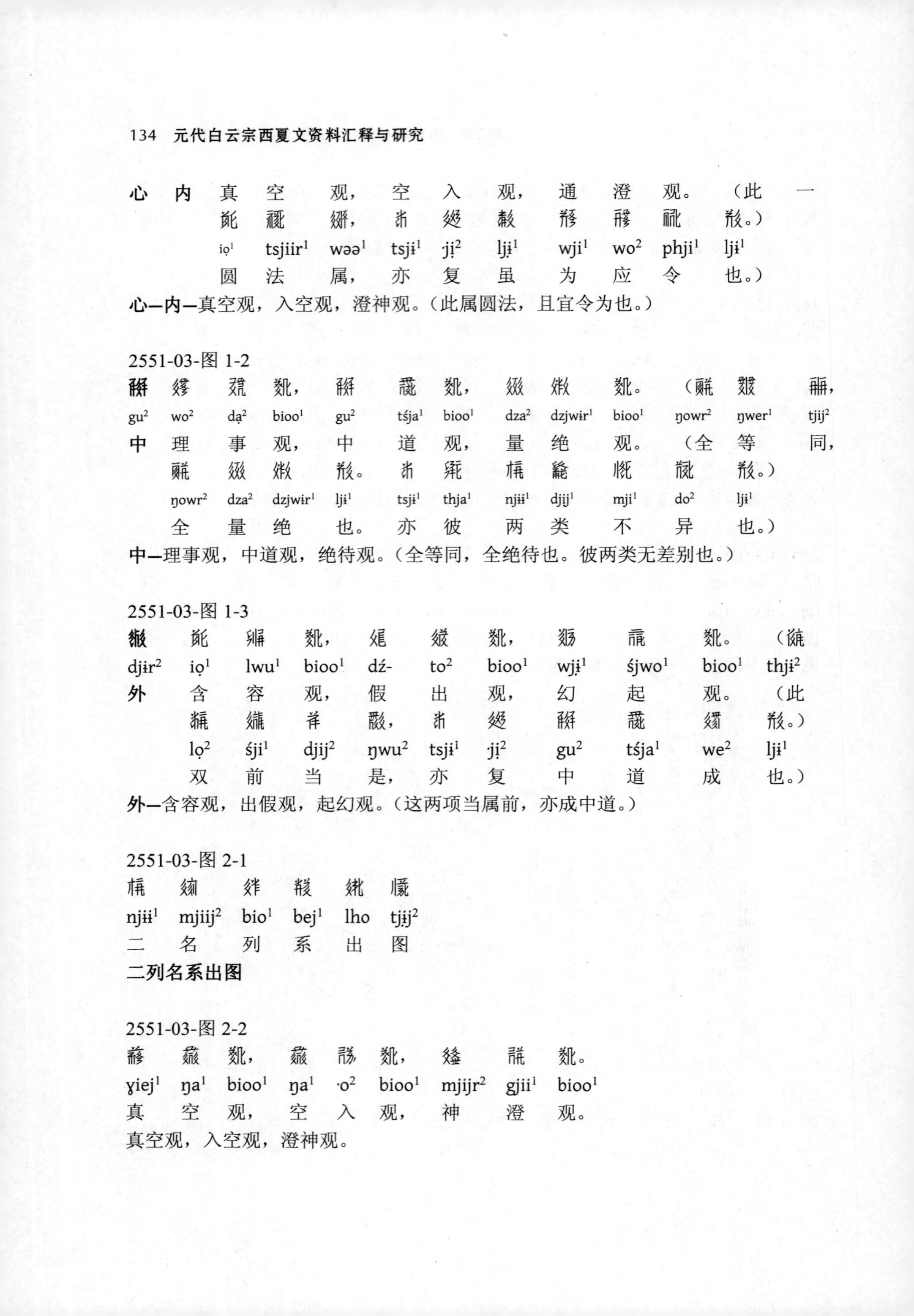

心 内 真 空 观， 空 入 观， 通 澄 观。 （此 一

iọ[1] tsjiir[1] wəə[1] tsjɨ[1] jị[2] ljɨ̣[1] wji[1] wo[2] phji[1] ljɨ[1]

圆 法 属， 亦 复 虽 为 应 令 也。）

心—内—真空观，入空观，澄神观。（此属圆法，且宜令为也。）

2551-03-图 1-2

gu[2] wo[2] dạ[2] bioo[1] gu[2] tśja[1] bioo[1] dza[2] dzjwɨr[1] bioo[1] ŋowr[2] ŋwer[1] tjij[2]

中 理 事 观， 中 道 观， 量 绝 观。 （全 等 同，

ŋowr[2] dza[2] dzjwɨr[1] ljɨ[1] tsjɨ[1] thja[1] njɨɨ[1] djij[1] mji[1] do[2] ljɨ[1]

全 量 绝 也。 亦 彼 两 类 不 异 也。）

中—理事观，中道观，绝待观。（全等同，全绝待也。彼两类无差别也。）

2551-03-图 1-3

djɨr[2] iọ[1] lwu[1] bioo[1] dź- to[2] bioo[1] wjɨ̣[1] śjwo[1] bioo[1] thjɨ[2]

外 含 容 观， 假 出 观， 幻 起 观。 （此

lọ[2] śji[1] djij[2] ŋwu[2] tsjɨ[1] jị[2] gu[2] tśja[1] we[2] ljɨ[1]

双 前 当 是， 亦 复 中 道 成 也。）

外—含容观，出假观，起幻观。（这两项当属前，亦成中道。）

2551-03-图 2-1

njɨɨ[1] mjiij[2] bio[1] bej[1] lho tjɨ̣j[2]

二 名 列 系 出 图

二列名系出图

2551-03-图 2-2

ɣiej[1] ŋa[1] bioo[1] ŋa[1] ·o[2] bioo[1] mjijr[2] gjii[1] bioo[1]

真 空 观， 空 入 观， 神 澄 观。

真空观，入空观，澄神观。

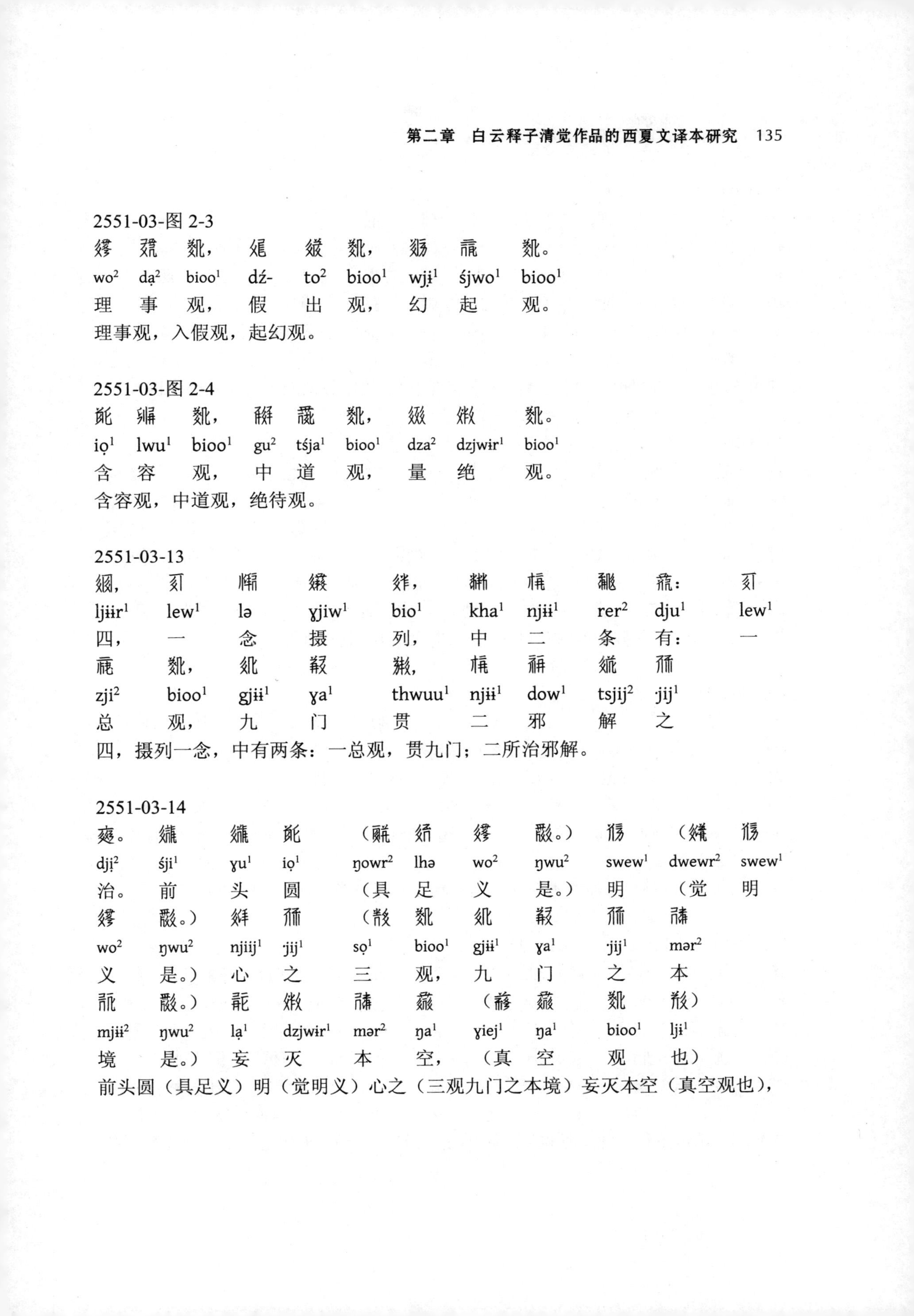

2551-03-图 2-3

[illegible]

wo^{2} dạ^{2} bioo^{1} dź- to^{2} bioo^{1} wjɨ̣^{1} śjwo^{1} bioo^{1}

理 事 观， 假 出 观， 幻 起 观。

理事观，入假观，起幻观。

2551-03-图 2-4

[illegible]

iọ^{1} lwu^{1} bioo^{1} gu^{2} tśja^{1} bioo^{1} dza^{2} dzjwɨr^{1} bioo^{1}

含 容 观， 中 道 观， 量 绝 观。

含容观，中道观，绝待观。

2551-03-13

[illegible]

ljɨɨr^{1} lew^{1} lə ɣjiw^{1} bio^{1} kha^{1} njɨɨ^{1} rer^{2} dju^{1} lew^{1}

四， 一 念 摄 列， 中 二 条 有： 一

[illegible]

zji^{2} bioo^{1} gjɨɨ^{1} ɣa^{1} thwuu^{1} njɨɨ^{1} dow^{1} tsjij^{2} ·jij^{1}

总 观， 九 门 贯 二 邪 解 之

四，摄列一念，中有两条：一总观，贯九门；二所治邪解。

2551-03-14

[illegible]

djị^{2} śji^{1} ɣu^{1} iọ^{1} ŋowr^{2} lhə wo^{2} ŋwu^{2} swew^{1} dwewr^{2} swew^{1}

治。 前 头 圆 （具 足 义 是。） 明 （觉 明

[illegible]

wo^{2} ŋwu^{2} njiij^{1} ·jij^{1} sọ^{1} bioo^{1} gjɨɨ^{1} ɣa^{1} ·jij^{1} mər^{2}

义 是。） 心 之 三 观， 九 门 之 本

[illegible]

mjɨɨ^{2} ŋwu^{2} lạ^{1} dzjwɨr^{1} mər^{2} ŋa^{1} ɣiej^{1} ŋa^{1} bioo^{1} ljɨ^{1}

境 是。） 妄 灭 本 空， （真 空 观 也）

前头圆（具足义）明（觉明义）心之（三观九门之本境）妄灭本空（真空观也），

2551-03-15

[illegible]

wo^2 dạ^2 ɣie̱^{2} mjij^1 wo^2 dạ^2 bioo^1 ljɨ^1 tśhji^2 ·jij^1 dạ^2 swew^1 io̱^{1}

理 事 碍 无，（理 事 观 也） 根 之 事 照 （含

[illegible]

lwu^1 bioo^1 ljɨ^1 tśhjwo^1 dź- ŋwu^2 ŋowr^2 ɣiej^1 kha^1 ·o^2 njwi^2 ŋa^1 ·o^2

容 观 也）。故 假 以 具 真 中 入 能 （空 入

理事无碍（理事观也），根之事照（含容观也）。故以假俱能入真（入空观也），

2551-03-16

[illegible]

bioo^1 ljɨ^1 ŋowr^2 ɣiej^1 dź- kha^1 ·o^2 ljɨ^1 dź- to^2 bioo^1 ljɨ^1

观 也）， 具 真 假 中 入 也 （假 出 观 也）。

[illegible]

ɣiej^1 dź- lo̱^{2} lwu^1 rjir^1 ku^1 gu^2 tśja^1 bioo^1 ljɨ^1 io̱^{1} swew^1

真 假 双 融 得，则 （中 道 观 也） 圆 明

俱真假中入也（入假观）。得真假双融（中道观），则成圆明

2551-04-01

[illegible]

tha^2 tsjij^2 we^2 ljɨ^1 tśhja^2 tsjij^2 swew^1 dźju^1 tsjiir^2 ŋjow^2 tśhji^2 gjii^1 tsjɨ^1

大 解 成 也 （正 解 明 鲜）。性 海 本 湛 亦

[illegible]

mər^2 dwewr^2 ɣiej^1 njiij^1 lhạ^2 pa^1 rejr^2 śjwo^1 mji^1 dwewr^2 ljwɨj^1 njiij^1 dwewr^2

（本 觉 真 心） 迷 波 多 生 （不 觉 昧 心） 觉

大悟也（鲜明正解）。性海本境亦（本觉真心）迷波多生（不觉昧心），觉

2551-04-02

[illegible]

mjijr^2 tsjij^2 tsjɨ^1 tha^1 tśja^1 mji^1 dźjɨ tśhjwo^1 mji^1 dwewr^2 ljɨ^1 bjɨ^2 dźjɨ mji^1 lhej^2

者 解 亦 （佛 道 不 行， 故 不 觉 也） 步 行 不 变

[illegible]

tśja^1 dźjɨ mji^1 djo̱^{2} ɣu^1 mjij^1 lhạ^2 pa^1 gjii^1 wo^2 phja^1 mjij^1 jij^1 phja^1

（道 行 不 修）， 始 无 迷 波 湛 应 （断 无 之 断）

者解亦（佛道不行，故不觉也）踯躅不变（道行不修），无始迷波应澄（无断之断）。

2551-04-03

[illegible]

sọ^{1} ·ụ^{2} buu^{2} dźjɨ dja^{2} śjwo^{1} djọ^{2} mjij^{1} ŋwu^{2} djọ^{2} ljɨ^{1} śji^{1}

三 乘 胜 行 △ 用 （修 无 以 修 也， 前

[illegible]

·o^{1} phja^{1} ŋwu^{2} phja^{1} tja^{1} mjijr^{2} gjii^{1} djọ^{2} mjij^{1} ŋwu^{2} djọ^{2} tja^{1}

有 断 以 断 者， 通 湛 修 无 是。 修 者

[illegible]

wjɨ^{1} śjwo^{1} bioo^{1} thjɨ^{2} tja^{1} ɣiej^{1} phja^{1} ɣiej^{1} djọ^{2} ŋwu^{2} ljɨ^{1}

幻 起 观， 此 者 真 断 真 修 是 也。）

用三乘胜行（无修以修，前有断以断者，通澈无修也。修者起幻观，此者乃真断真修也。）

2551-04-04

[illegible]

mjijr^{2} tjij^{1} mər^{2} wji^{1} dzjwɨr^{1} mjij^{1} dza^{2} dzjwɨr^{1} dza^{2} dzjwɨr^{1} mjijr^{2} njiij^{1} bioo^{1}

通 独 宗 为， 绝 无 量 绝 （量 绝 通 心 观

[illegible]

ljɨ^{1} rjur^{1} tsjiir^{1} ŋwə^{1} tsjiir^{1} śjã^{1} ɣa^{1} zjɨr^{1} ljạ^{1} njɨɨ^{1} mər^{2} zji^{2}

也。） 诸 法 （五 法） 禅 门 （南 北 二 宗） 皆

为独通宗，无绝待绝（绝待通心观也）。诸法（五法）禅门（南北二宗）皆

2551-04-05

[illegible]

thjɨ^{2} kha^{1} ɣjiw^{1} wəə^{1} lew^{2} gu^{2} śiaa^{2} njɨɨ^{1} tja^{1} śjã^{1}

此 中 摄 （属 所 融 随） 二 者 禅

[illegible]

ɣiew^{1} mjij^{1} ·jij^{1} pjwɨɨr^{1} wji^{1} mjij^{1} ·u^{2} tji^{1} djị^{1} tsjiir^{1}

学 无 之 劝， 为 无 内 莫 沉。 法

此中摄（所属融会），二者无禅学之劝，莫沉无为。习学

2551-04-06

[illegible]

dzjɨɨ^{2} ɣiew^{1} mjijr^{2} djọ^{2} dju^{1} pa^{1} kha^{1} tji^{1} ŋewr^{1}

习 学 者， 修 有 波 中 莫 乱。

[illegible]
io̱¹ dju¹ jɨ¹ ku¹ tu̱¹ zjo̱² ·ju² ljij² we²
夫 有 谓 则 千 世 常 见 成，
此法者，有修波中莫乱。夫谓“有”则千世常见，

2551-04-07
[illegible]
mjij¹ jɨ¹ ku¹ khjɨ² kja² ŋa¹ kha¹ dji̱¹ we² njwo²
无 谓 则 万 劫 空 中 沉 成。往
[illegible]
pjɨ¹ rjur¹ śjij² zji² tsjɨ¹ lo̱² tsjij² mjiij² tsjiir¹
昔 诸 圣 皆 亦 双 解， 末 法
谓“无”则万劫空中沉没。往昔诸圣，皆亦双悟。末法

2551-04-08
[illegible]
ɣiew¹ mjijr² thjij² lew¹ zow² zjij¹ tjij¹ lew² wee¹
学 者， 怎 一 执 着 除 所， 生
[illegible]
sjɨ¹ dzjo̱¹ tsjir¹ niaa² dow¹ mər² kha¹ nja¹ tji¹
死 譬 抉 择， 邪 宗 中 △ 莫
习者，怎除执着，譬如生死抉择，邪宗莫堕，

2551-04-09
[illegible]
khji¹ nji² lhu¹ lew² lhu¹ lew² so̱¹ bioo¹ gjɨɨ¹ ɣa¹ zjwã² kjwi¹ ·jwɨr² dźjwa¹
堕 △， 增 所 增 所。 三 观 九 门 枢 钥 文 竟
益之益之。**《三观九门枢钥》 竟**

2551-04-10
[illegible]
thji² neew² tśhji² ŋwu² ŋa² nji² ŋowr² ŋowr² tsjiir¹ kiej² ·ji¹ wee¹ gu² tha¹ tśja¹ śjij¹
此 善 根 以， 我 等 一 切， 法 界 众 生， 共 佛 道 成。
以此善根，一切我等，法界众生，共成佛道。

---

① [illegible]（nji²），为第二人称复数代词，人称呼应后缀。

总译文：

三观九门枢钥　白云释子集

夫真空寂湛，本即无生。清净虚寂，诸多功尽。故理事和合兼离，色空中道不绝。故寂乱俱乖，殑沙总持。故刹尘自相互入，劫念周相互入。故万缘皆假，智愚非真，广大神通，因此显现。夫趣三玄门，难以会通，因此差别，人心止之。因求众教旨，皆共发愿。撮此九门，会聚成三。此一心内，九门顿现，不揣愚陋之心也。权成一说，乞诸神通，洞察遥鉴。

此《枢钥》中略分四条：一依名解流；二分辨深浅；三依类系出；四摄列一念。

首先，依名解流者。名法界三观中（设着依此《华严》导引），第一真空观（本来不妄，无思无察。常明常湛，言说证灭。）第二理事无碍观（寂幽法体，十方刹遍。双泯双显，圆通自在。）第三周遍含容观（刹尘相入，万念相周。重重影现，难测难思。）次，天台之三观者（天台智者，依《莲华》立。）一从假入空观，（世缘无法，体皆遍空。从假入真，空空无相。）二从空入假观，（觉体亦空，从空显功。功或多成，诸类等显）三中道正止观，（真空摄假，幻假摄空。假各自空，空时即假。）次圆觉三观（圭峰大师，从《圆觉》解。）一泯相澄神观（众愚无相，万思者宜。一道通明，显化无数。）二起幻销尘观（为行门应行，惑业宜除，修减惑行，行心明现。）三绝待灵心观（五方无属，本自幽渐。其多寂乱，空神不惑。）

第二分辨深浅中，复分两条：一者法有差别，二者结趣不同。前一条，为法界总法之根本。天台者，为了法之宗趣；圆觉者，为了顿之方便。彼第一能摄二三，二三难摄此一。又二三相等，复如此也。二结趣不同中，复解两条：一总观故别，二别门差别。前头一解是平行融；二乃从多解说；三乃从多行阐发。二别门差别者，前法界真空空也；二与观为别（故因真空者，全等同，全绝待也。二空观乃多等同属，三谓观乃多绝待属，皆差别也。）第二天台观中，假观者，与前含容异；含容者，与后起幻异（幻观者，事事和融，与起幻销尘异也。）又圆觉寂观者，与前理事无碍，乃至中道观异也。（故因天台非中道，又非理事心。）

第三同类系出，中分两条：一与名相和，而图画令显。前法界真空，与净空同（故因真空，与彼幻空无异，顺应净真空之方便门也。）复天台假观，前台至后，与起幻同也。（先公皆最深，复为假幻第二也。）圆觉寂观者，与前理事中道观同。（□双之亦应融顺也。）**二图画令显者**，属前文中杂融，因悟之难，今画两图，后复成列。

一观九门本末图：

心—内—真空观，入空观，澄神观。（此属圆法，且宜令为也。）

中—理事观，中道观，绝待观。（全等同，全绝待也。彼两类无差别也。）

外—含容观，出假观，起幻观。（这两项当属前，亦成中道。）

二列名系出图：

真空观，入空观，澄神观。理事观，入假观，起幻观。含容观，中道观，绝待观。

四，摄列一念，中有两条：一总观，贯九门；二所治邪解。前头圆（具足义）明（觉明义）心之（三观九门之本境）妄灭本空（真空观也），理事无碍（理事观也），根之事照（含容观也）。故以假俱能入真（入空观也），俱真假中入也（入假观）。得真假双融（中道观），则成圆明大悟也（鲜明正解）。性海本境亦（本觉真心）迷波多生（不觉昧心），觉者解亦（佛道不行，故不觉也）踟蹰不变（道行不修），无始迷波应澄（无断之断）。用三乘胜行（无修以修，前有断以断者，通澈无修也。修者起幻观，此者乃真断真修也。）为独通宗，无绝待绝（绝待通心观也）。诸法（五法）禅门（南北二宗）皆此中摄（所属融会），二者无禅学之劝，莫沉无为。习学此法者，有修波中莫乱。夫谓“有”则千世常见，谓“无”则万劫空中沉没。往昔诸圣，皆亦双悟。末法习者，怎除执着，譬如生死抉择，邪宗莫堕，益之益之。**《三观九门枢钥》 竟**

以此善根，一切我等，法界众生，共成佛道。

三

下面是《三观九门枢钥》后附“道宫歌偈”和“了悟歌”的录文和译文。两首歌偈署“[illegible]”，即“白云禅师作”，内容分别与西夏文《三代相照文集》卷首所收“白云释子道宫偈”和“白云大师了悟歌”相近，只是个别句子和所用西夏字有所不同。下面注释中重点指出两种文本西夏文用字的不同，目的是说明这些歌偈与《三代相照文集》所收前两首歌偈一样，实为白云祖师清觉作品的翻译，从侧面佐证《三观九门枢钥》也是从白云祖师的著作翻译过来的。

2551-04-11

[illegible]

tsjij2 dźjwa1 ja̩2 djij2 phiow1 śjã1 dzjij2 ɣjɨr1

悟 了 歌 云 白 禅 师 造

了悟歌 白云禅师 造

2551-04-12

[illegible]

ŋewr1 khiee1 lji̩1 tshjij1 zji2 dja2 da̩2 ·a zjo̩2 ŋewr1 wji̩1 zji2 dja2 ljiij2

纷 乱 论 说 总 △ 失， 一 世 纷 味 俱 △ 毁。

纷纭论说总有失，世世况味俱已毁。

2551-04-13

[illegible]

dzjo̩1 sju2 khjã2 be̩1 tsji̩r1 ɣa1 tsjij2 zji2 ŋwu2 ·ju2 lhji2 tśhjwij1 la1 kaar1

譬　如　殑　沙　法　门　悟，　总　是　前　尘　慎　记　量。
譬如恒沙法门悟，俱是前尘空论计。

2551-04-14
[illegible]
tśhjɨ^{1} su^{1} twụ^{1} dzu̠^{2} sọ^{1} khji^{1} dzjij^{1} thjij^{2} rjar^{1} ŋewr^{1} ŋewr^{1} djọ^{2} wji^{1} ɣjɨr^{1}
尔　胜　端　坐　三　堕　度，　何　气　纷　纷　修　为　造。
胜尔端坐三堕度，何气纷纷作修行。

2551-04-15
[illegible]
mjijr^{2} bji^{1} war^{2} śjwi̠^{2} ·jij^{1} ŋa^{1} gjii^{1} kwər^{1} tsji̠r^{2} mjiij^{1} ka^{2} thjij^{2} phej^{1} tśji̠ɨr^{2}
通　光　财　和　自　空　湛，　体　性　梦　灭　何　缠　缚。
通光和财自空境，体性梦灭何缠缚。

2551-04-16
[illegible]
wa^{2} nio̠w^{1} śjạ^{1} tshwew^{1} mji^{1} rar^{2} lej^{2} tha^{2} ɣie^{1} kiẹ^{1} dźja^{2} dźju^{2} noo^{1} njaa^{2}
何　因　七　趣　不　轮　转，　大　力　金　刚　弱　懦　非。
因何七趣不轮回，大力金刚不懦弱。

2551-05-01
[illegible]
tśhjɨ^{2} rjar^{2} ljɨ̣^{1} nji^{1} mjii^{1} ·u^{2} ·o^{2} ·jij^{1} dzju^{2} wjạ^{1} ·ụ^{2} du^{1} khe̠j^{1} dźjij^{1}
迅　即　宝　宅　宫　内　入，　自　在　华　藏　楼　游　行。
迅即宝藏殿内入，自在华藏楼游行。

2551-05-02
[illegible]
po^{1} tjɨj^{1} tśja^{1} tśhja̠^{1} məə^{1} ŋər^{1} mə̣^{1} pa^{2} zja^{2} mej^{1} ·u^{2} ɣiẹ^{2} wər^{2} mjij^{1}
菩　提　道　上　火　山　无，　般　若　眼　内　障　翳　无。
菩提道上火山无，般若眼内无翳碍。

2551-05-03
[illegible]
tjij^{1} thjɨ^{2} njɨ^{2} njw^{i2} pha^{1} nji̠j^{1} śjwo^{1} mej^{1} sọ^{1} do^{1} ljɨ^{1} ·jiw^{1} rjɨr^{2} ɣiẹ^{1}

若 此 至 能 异 心 起， 复 三 毒 堕 油 锅 煮。

若此能至异心生，复堕三毒下油锅。

2551-05-04

[illegible] [illegible]

ljaa[1] dạ[2]

偈 曰

2551-05-05

[illegible] [illegible] [illegible] [illegible] [illegible]， [illegible] [illegible] [illegible] [illegible] [illegible]。

lụ[1] gjij[1] tshjị[1] kha[1] dzji[1] rər[2] we[2] tśhio̱w[1] mjo[2] dzeej[1]

石 马 土 中 食， 铜 驴 或 未 争。

[illegible] [illegible] [illegible] [illegible] [illegible]， [illegible] [illegible] [illegible] [illegible] [illegible]。

śja[1] rjijr[2] wjạ[1] ·ụ[2] kiẹj[2] thjɨ[2] wo[2] bio[1] ·wiọ[1] sji[1]

十 方 华 藏 界， 此 理 列 绕 绝。

石马土中食，铜驴或未争。十方华藏界，此理尽罗列。

译文：

了悟歌 白云禅师（1）造（2）

纷纭论说总有失（3），世世况味俱已毁（4）。譬如恒沙法门悟（5），俱是前尘空论计（6）。胜尔端坐三堕度（7），何气纷纷作修行（8）。通光和财自空境（9），体性梦灭何缠缚（10）。因何七趣不轮回（11），大力金刚不懦弱（12）。迅即宝藏殿内入（13），自在（14）华藏楼游行。

菩提道上火山无（15），般若眼内无翳碍（16）。若此能至异心生（17），复堕三毒下油锅。

偈曰（18）：

石马土中食，铜驴或未争。十方华藏界，此理尽罗列。

注释：

（1）白云禅师（[illegible][illegible][illegible][illegible]），《三代相照文集》（以下简称《三代》）作"[illegible][illegible][illegible][illegible]"，即"白云大师"。

（2）《三代》题作"白云大师了悟歌"。西夏文"[illegible]"，可译作"造"，有时也与汉本"述"字对译。

（3）《三代》作"[illegible][illegible][illegible][illegible][illegible][illegible][illegible]"，其中"[illegible]"与"[illegible]"同为"乱"；"[illegible]"与"[illegible]"同为"总"；"[illegible]"与"[illegible]"同"惑、误"。

（4）《三代》作"[illegible][illegible][illegible][illegible][illegible][illegible][illegible]"，其中"[illegible][illegible]"连用，义为"时世"，与"[illegible][illegible]"义可通；"[illegible]"与"[illegible]"字形稍近，"[illegible]"恐误；"[illegible]"与"[illegible]"通，

为“气味”义；“[illegible]”与“[illegible]”同；“[illegible]”与“[illegible] sã¹”形近，根据押 i 韵，“[illegible]”字恐误。

（5）《三代》作“[illegible]”，可译作“譬如殑沙法门悟”，义通。

（6）《三代》作“[illegible]”，可译作“俱与前尘空论计”，义通。

（7）[illegible]，《三代》作“[illegible] gjij¹”，义亦为“度、过”。

（8）《三代》作“[illegible]”，可译作“以何对治成此习”。

（9）《三代》作“[illegible]”，可译作“通光和财醒自空”。

（10）《三代》作“[illegible]”，可译作“体性无凭何缠着”。

（11）[illegible]（轮回），《三代》作“[illegible]”，义为“流变”，可通。

（12）《三代》作“[illegible]□□”，其中“[illegible]”，两字顺序与本文不同；“金刚”按照藏文的译法作“[illegible]”，即“石王”，意为“金刚”；残“[illegible]”两字。

（13）《三代》作“[illegible]”，可译作“俄顷顿入宝王殿”，义通。

（14）自在，《三代》作“[illegible]”，即“随意”。

（15）无火山（[illegible]），《三代》作“[illegible]”，即“无险山”。

（16）无翳障（[illegible]），《三代》作“[illegible]”，即“翳岂熏”。

（17）《三代》作“[illegible]”，可译作“若此能至异心动”。

（18）以下“偈曰”部分《三代》无。

2551-05-06

[illegible]	[illegible]	[illegible]	[illegible]	[illegible]	[illegible]	[illegible]	[illegible]
tśja¹	mji¹	kją²	ljaa¹	djịj²	phiow¹	śjã¹	dzjịj²
道	宫	歌	偈	云	白	禅	师

道宫歌偈 白云禅师

2551-05-07

[illegible]	[illegible]	[illegible]	[illegible]	[illegible]	[illegible]	[illegible]，	[illegible]	[illegible]	[illegible]	[illegible]	[illegible]	[illegible]	[illegible]。
lhjɨ²	tjɨ²	dạ²	rjar²	njiij¹	kjų¹	dźjwa¹	mjɨ²	kięj²	mjų²	ɣiã¹	sẽ¹	nioow¹	lho
尘	劳	事	迹	心	求	竟，	境	界	渊	闲	思	因	出。

尘劳事迹终求心，境界渊暇出思缘。

2551-05-08

[illegible]	[illegible]	[illegible]	[illegible]	[illegible]	[illegible]	[illegible]，	[illegible]	[illegible]	[illegible]	[illegible]	[illegible]	[illegible]	[illegible]。
sọ¹	tsə¹	lhjɨ²	phiow¹	phio²	ljɨ²	swu²	gjɨ¹	dźjwij²	tsja¹	ljɨ¹	·ju²	kjiir²	·u²
三	秋	月	白	窗	兔	影，	九	夏	热	风	观	室	内。

三秋月白窗兔影，九夏热风室内观。

2551-05-09

[illegible]

wejr^1 dźju^2 dźjo^1 wjij^1 thja^2 sjwɨ^1 nwə^1 mjij^2 gjij^1 zjɨr^1 dź- mji^1 low^2 ·ji^2

荣 枯 长 短 其 孰 知， 名 利 实 虚 不 怠 谓。

荣枯长短其谁知？名利虚实说不怠。

2551-05-10

[illegible]

mjɨ^2 sẽ^1 ·o tsə̣^{1} lụ^2 dzjọ^1 tśjɨɨ^1 tshjạ^1 lẹj^2 ·ju^2 thjuu^1 ljwɨj^1 tśhjij^1 sju^2

默 思 酒 药 障 如 次， 嗔 贪 常 审 昧 执 如。

窃思酒色如碍药，常审贪嗔若执昧。

2551-05-11

[illegible]

phio^2 ·ju^2 mjij^1 sej^1 ŋewr^1 tśji^1 ka^2 dźjwi^2 phja^1 mjij^1 ljụ^1 ·ju^2 lew^1 ·jiij^1

窗 前 寂 静 乱 毁 灭， 床 侧 无 暇 常 一 般。

窗前寂静能息乱，榻侧无暇常一般。

2551-05-12

[illegible]

ɣiã^1 dzjo^2 kjạ^2 wji^1 rejr^2 dzwə^1 tjij^1 sej^1 lwər^2 tśhji^2 do^1 ŋwə^1 sọ^1 zer^1

闲 诗 歌 为 多 章 篇， 静 经 本 读 五 三 帙。

闲赋诗歌多篇章，静读经本三五帙。

2551-05-13

[illegible]

ŋwə^1 tsə^1 dźjɨ ·wji^1 mạ^1 tji^1 phji^1 tśhjiw^1 lhji^2 phjii^1 kiej^2 zji^2 djij^2 ka^2

五 色 行 为 盲 莫 令， 六 尘 使 驱 皆 当 灭。

贪看五色莫令盲，六尘驱使皆应离。

2551-05-14

[illegible]

gjii^1 ljụ^1 ɣiej^1 mər^2 thja^1 śjij^1 phjoo^2 thji^2 sju^2 ŋwe^1 bju^1 ɣiã^1 ·jaar^2 rar^2

湛 闲 真 宗 自 然 和， 此 如 乐 依 闲 日 过。

闲湛真宗自然和，如此安乐暇日过。

2551-05-15

[illegible]

dwewr^{2}　ŋjow^{2}　gjii^{1}　ljụ^{1}　mjijr^{2}　bji^{1}　·ju^{2}　swew^{1}　tsjiir^{2}

觉　海　湛　闲，　通　光　常　明，　性

[illegible]

mə^{1}　djịj^{2}　dźjɨ　mji^{1}　ljii^{2}　ljij^{2}　tụ^{1}　dzjọ^{1}　rər^{2}

天　云　行　不　待。　大　千　如　影，

觉海闲湛，通光常明，性天云行不辍。大千如影，

2551-05-16

[illegible]

zji^{2}　njiij^{1}　·u^{2}　śja^{2}　·jij^{1}　ka^{2}　khjɨ^{2}　dju^{1}　zji^{2}

皆　心　内　现，　相　绝　万　有　皆

[illegible]

·wiọ^{1}　nioow^{1}　śjwo^{1}　twụ^{1}　kwər^{1}　ŋowr^{2}　zji^{2}　ŋa^{1}　seew^{2}

周。　缘　生　各　体　俱　皆　空，　惟

皆内心现，绝相万有皆遍。缘生各体俱皆空，

2551-06-01

[illegible]

sẽ^{1}　gie^{1}　dźiã^{2}　tśhju^{1}　lạ^{1}　tśjị^{1}　tśhjwɨj^{1}　rar^{2}　deej^{1}　lhjij^{2}

思　难　情　有　妄　苦。　忍　轮　回　受，

[illegible]

thjij^{2}　wejr^{1}　ljij^{2}　kja^{2}　·ju^{2}　khjã^{2}　bẹ^{1}　thjoo^{1}　mjaa^{1}　ɣu^{1}

岂　盛　大　劫　求。　殑　沙　妙　果　始

难思惟众生妄苦。忍受轮回，岂求盛大之劫。殑沙妙果，

2551-06-02

[illegible]

mjij^{1}　·iọ^{1}　lwu^{1}　thjɨ^{2}　·jij^{1}　sẽ^{1}　nwə^{1}　tsjij^{2}　sjij^{2}

无　圆　融。　此　相　思，　知　悟　智

[illegible]

kwər^{1}　thjij^{2}　sji^{1}　gjɨ^{2}　śji^{1}　njiij^{1}　ŋa^{1}　tśja^{1}　dźjij^{1}

体　岂　尽，　夜　前　心　空　道　行。

无始圆融。思此相，岂尽了悟智体，昨夜心空行道。

2551-06-03

[illegible] [illegible] [illegible]，[illegible] [illegible] [illegible] [illegible] [illegible] [illegible]

·ioow^{1} wji^{1} twụ^{1} kwər^{1} ·jij^{1} mər^{2} mjij^{1} po^{1} tjij^{1}

功 为 处， 体 自 本 无 菩 提

[illegible]， [illegible] [illegible] [illegible] [illegible] [illegible] [illegible] [illegible]。

dạ^{2} njiij^{1} ŋwu^{2} lhjwi^{1} tja^{1} lhạ^{2} ror^{2} gjij^{1}

事， 心 以 取 者 惑 垢 殊。

做功处，体自本无菩提事，以心传者倍迷惑。

2551-06-04

[illegible] [illegible] [illegible] [illegible] [illegible]。

rjij^{2} rjij^{2} kjạ^{2} ljaa^{1} dźjwa^{1}

重 重 歌 偈 竟。

重重 歌偈 竟。

译文：

道宫歌偈 白云禅师[1]

尘劳事迹终求心[2]，境界渊暇出思缘[3]。三秋月白窗兔影[4]，九夏热风室内观。

荣枯长短其谁知[5]？名利虚实说不怠。窃思酒色如碍药[6]，常审贪嗔若执昧[7]。

窗前寂静能息乱[8]，榻侧无暇常一般[9]。闲赋诗歌多篇章[10]，静读经本三五帙[11]。

贪看五色莫令盲[12]，六尘驱使皆应离[13]。闲湛真宗自然和[14]，如此安乐暇日过[15]。

觉海闲湛，通光常明，性天云行不辍。大千如影，皆内心现，绝相万有皆遍。

缘生各体俱皆空，难思惟众生妄苦。忍受轮回，岂求盛大之劫。殑沙妙果，无始圆融。

思此相，岂尽了悟智体，昨夜心空行道。做功处，体自本无菩提事，以心传者倍迷惑。

重重 歌偈 竟。

注释：

（1）该诗《三代》题作“[illegible]”，可译作“白云释子道宫偈”。白云禅师（[illegible]），《三代》作“[illegible]”，即“白云大师”。

（2）求心了（[illegible]），《三代》作“[illegible]”，可译作“方尽看”。

（3）该句和此后两句《三代》残后几字，可补。

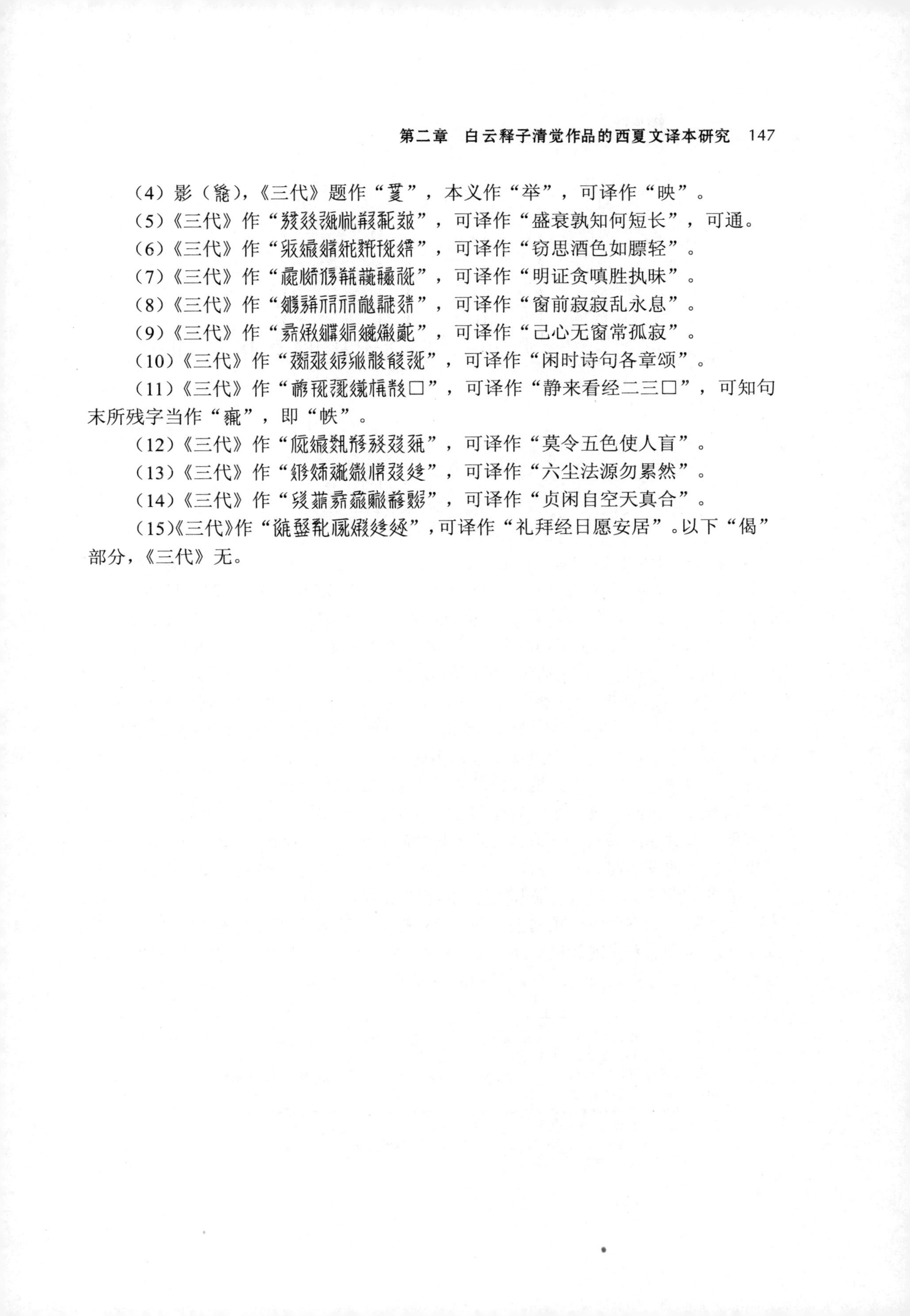

（4）影（[illegible]），《三代》题作“[illegible]”，本义作“举”，可译作“映”。

（5）《三代》作“[illegible]”，可译作“盛衰孰知何短长”，可通。

（6）《三代》作“[illegible]”，可译作“窃思酒色如膘轻”。

（7）《三代》作“[illegible]”，可译作“明证贪嗔胜执昧”。

（8）《三代》作“[illegible]”，可译作“窗前寂寂乱永息”。

（9）《三代》作“[illegible]”，可译作“己心无窗常孤寂”。

（10）《三代》作“[illegible]”，可译作“闲时诗句各章颂”。

（11）《三代》作“[illegible]□”，可译作“静来看经二三□”，可知句末所残字当作“[illegible]”，即“帙”。

（12）《三代》作“[illegible]”，可译作“莫令五色使人盲”。

（13）《三代》作“[illegible]”，可译作“六尘法源勿累然”。

（14）《三代》作“[illegible]”，可译作“贞闲自空天真合”。

（15）《三代》作“[illegible]”，可译作“礼拜经日愿安居”。以下“偈”部分，《三代》无。

第三章　慧照大师编《三代相照文集》研究

第一节　文集的定名

《三代相照文集》1909年出土于内蒙古额济纳旗的黑水城遗址，现藏俄罗斯科学院东方文献研究所，编号инв. № 4166。为蝴蝶装刻本，纸幅24×15.5厘米，版框17.5×11.2厘米。每面7行，行14至16字不等。全书共41叶，82面。版心有西夏文页码，唯40、41叶版心页码为汉文与西夏文合璧，即“四𗰗”（四十）和“四𗰗𘈩”（四十一）。除第一叶和最后一叶有几字稍残外，保存基本完整。

该书最早见录于龙果夫（A. A. Драгунов）编写的西夏书籍目录，名为“无题之西夏诗文集”[①]。戈尔巴乔娃和克恰诺夫在《西夏文写本和刊本》中进一步加以著录，并介绍其内容为“西夏诗文集，多属劝善性，间有简略解释”[②]。克恰诺夫曾在《西夏史纲》一书中还发表过其中的“夏国本道门风颂”的译文[③]。西田龙雄在《西夏文华严经》第二册中对此书也略有介绍，他特别注意到其中的诗文押韵，并提醒人们关注此书对西夏语和西夏佛教的研究价值[④]。2000年，史金波在《中国活字印刷术的发明和早期传播》一书中刊布了首叶和尾叶的照片，并根据字形、行款、透墨、补字以及题记末尾出现的“活字”二字，认为此书为活字印本[⑤]。此后，荒川慎太郎对此书所收偈颂的押韵做了全面研究，翻译了《人水道者觉受歌》（原文第7b—8a页）和《密箭权衡劝骂忧痛歌》（包括四首：醉子邪悟骂、眼开礼注劝、欲色道碍痛、名利人灭忧，原文第34a—38b页），并据此归纳了《文海》平、上各

---

① 龙果夫：《苏俄研究院亚洲博物馆藏西夏书籍目录》，《国立北平图书馆馆刊》“西夏文专号”，1932年第4卷第3号，第372—373页。

② З. И. Горбачева и Е. И. Кычанов, *Тангутские рукописи и ксилографы*, Москва: Издательство восточной литературы, 1963, стр. 58.

③ Е. И. Кычанов, *Очерк истории Тангутского государства*, Москва, 1968, стр. 277-278.

④ 西田龙雄：《西夏文华严经》II，京都大学文学部，1976年，第32—33页。

⑤ 史金波、雅森·吾守尔：《中国活字印刷术的发明和早期传播——西夏和回鹘活字印刷术研究》，社会科学文献出版社2000年版，第41页。

韵之间的一致关系[①]。克恰诺夫进一步撰作《〈三代相照言文集〉——活字印刷术独一无二的明证》一文，除了全文翻译最后的跋语、“夏国本道门风颂”、“道者自忍十二仪愿文”外，还对该文集的内容进行了梳理，通过《白云释子道性颂》和《白云大师妙悟歌》，指出其中所讲禅宗教义属白云宗，同时初步判断这部书可能属于12世纪末至13世纪作品，认为也许这些诗歌最初就是用西夏语写的，哪怕只是部分如此，并提醒学界注意该书对研究禅宗于西夏传行情况的重要史料价值[②]。

目前为止，该书还没有全文公布，本书所用照片是1993年俄罗斯科学院与中国社会科学院、上海古籍出版社启动合作项目后专家们从俄国拍摄回来的。感谢波波娃教授惠允使用这些图版。

《三代相照文集》，西夏文书题“散絪荔緩彨刹莈”，此前史金波、克恰诺夫、西田龙雄、荒川慎太郎等分别在他们的著作和文章中对此书名做过翻译，史金波译为“三代相照言文集”，克恰诺夫遵从史先生的译法；西田龙雄译作“三世属明言集文”，荒川慎太郎遵从西田先生的译法。我们把书名译作《三代相照文集》，基本遵从史先生的译法，“散絪”译作“三代”，并根据文后的跋语：“散絪荔緩，緂纐緆葙蕦齾；桸豲荔腍，瓶莃凫緎粆豴。”即“三代相照，云雨四海播撒；两尊相祐，风响八方震撼”，其中“荔緩”二字成词，译作“相照”。这里的“相照”和“相祐”出自宗密《禅源诸诠集都序》，原文曰：“呜呼，后之学者！当取信于佛，无取信于人。**本末相扶，远近相照**，多谈禅理，少谈禅行，故且以禅源题之。”黑水城出土西夏文本译作“絓瓥，緂繖彦豟！緁緻皒豟緂惼；**牨蕆荔腍，脺緂荔緩**，緌豹彦緂，繖緆豹彦豟，豼緇豹緂繖豴粆緁”[③]。而作为书名类别标记的“莈”字，则遵从聂鸿音先生的观点，其作用在于提示前面的词是书名或者篇章名，正如《孟子》一书西夏文题名作“繖緂**莈**”，不能译作《孟子文》一样，故“莈”字不予翻译[④]。

第二节　文集的原语问题

此前，克恰诺夫对该文集总的看法是这些诗歌最初是用西夏语写的，哪怕只是

① 荒川先生认为两首诗后面的四个小字“熊礼豭絾”，义为“音上所置”，是提醒人们注意它们是“押韵”的，本文认为这四个字当译作“音朝天乐”，是曲牌名——“朝天乐”。见荒川慎太郎《西夏诗の脚韵にられる韵母について——〈三世属明言集文〉所收西夏语诗》，《京都大学言语学研究》第20号，2001年，第195-224页。

② Е. И. Кычанов, *История Тангутского государства*, Санкт-Петербург: Факультет филологии и искуств, Санкт-Петербургского государственного Университета, 2008, стр. 474-485。粟瑞雪译《〈三代相照言文集〉——活字印刷术独一无二的明证》，载杜建录主编《西夏学》（第6辑）“首届西夏学国际论坛专号（下）”，上海古籍出版社2010年版，第13—20页。

③ 聂鸿音：《西夏文〈禅源诸诠集都序〉译证（上）》，《西夏研究》2011年第1期。

④ 聂鸿音：《西夏语专有名词的类别标记》，《语言科学》2013年第2期。

部分如此。但是文集中前两首白云释子所作歌、偈，即“白云释子道宫偈”和“白云大师了悟歌”提供的信息却让我们得出相反的结论，即所收作品是先以汉文撰作，然后才译成西夏文的。索罗宁曾在《白云释子〈三观九门〉初探》一文中注意到这两首偈颂亦见附于西夏文《三观九门枢钥》（[illegible]，инв. № 2551），且同题署“白云释子”（[illegible]），并留意到两种文本所用西夏字有所不同[①]。下面是“白云释子道宫偈”和“白云大师了悟歌”两种文本的对照录文和翻译：

第一首，《三代相照文集》题作“白云释子道宫偈”（[illegible]）：

[illegible]，[illegible]□□□□。[illegible]，[illegible]□□□□□。[illegible]，[illegible]□□□。[illegible]，[illegible]。[illegible]，[illegible]。[illegible]，[illegible]□。[illegible]，[illegible]。[illegible]，[illegible]。[尘劳事迹方尽看，境界渊□□□□。三秋月白窗兔映，九夏□□□□□。盛衰孰知何短长？名利实虚□□□。窃思酒色如膘轻，明证贪嗔胜执昧。窗前寂寂乱永息，己心无窗常孤寂。闲时诗句各章颂，静来看经二三帙。莫令五色使人盲，六尘法源勿累然。贞闲自空天真合，礼拜经日愿安居。]

《三观九门枢钥》题作“道宫歌偈”（[illegible]），署“白云释子”（[illegible]）：

[illegible]，[illegible]。[illegible]，[illegible]。[illegible]，[illegible]。[illegible]，[illegible]。[illegible]，[illegible]。[illegible]，[illegible]。[illegible]，[illegible]。[illegible]，[illegible]。[illegible]，[illegible]，[illegible]。[illegible]，[illegible]。[illegible]，[illegible]，[illegible]。[illegible]，[illegible]，[illegible]。[illegible]，[illegible]，[illegible]。[illegible]，[illegible]，[illegible]。[illegible]。[尘劳事迹终求心，境界渊暇出思缘。三秋月白窗兔影，九夏热风室内观。荣枯长短其谁知？名利虚实说不怠。窃思酒色如碍药，常审贪嗔若执昧。窗前寂静能息乱，榻侧无暇常一般。闲赋诗歌多篇章，静读经本三五帙。贪看五色莫令盲，六尘驱使皆应离。闲湛真宗自然合，如此安乐暇日过。觉海闲湛[②]，通光常明，性天云行不辍。大千如

---

① 索罗宁：《白云释子〈三观九门〉初探》，载杜建录主编《西夏学》第8辑，上海古籍出版社2011年版，第9—22页。

② 以下内容不见于《三代相照文集》之“白云释子道宫偈”，可能是这段文体转为骈体，与“偈”不同，故被编者删去了。

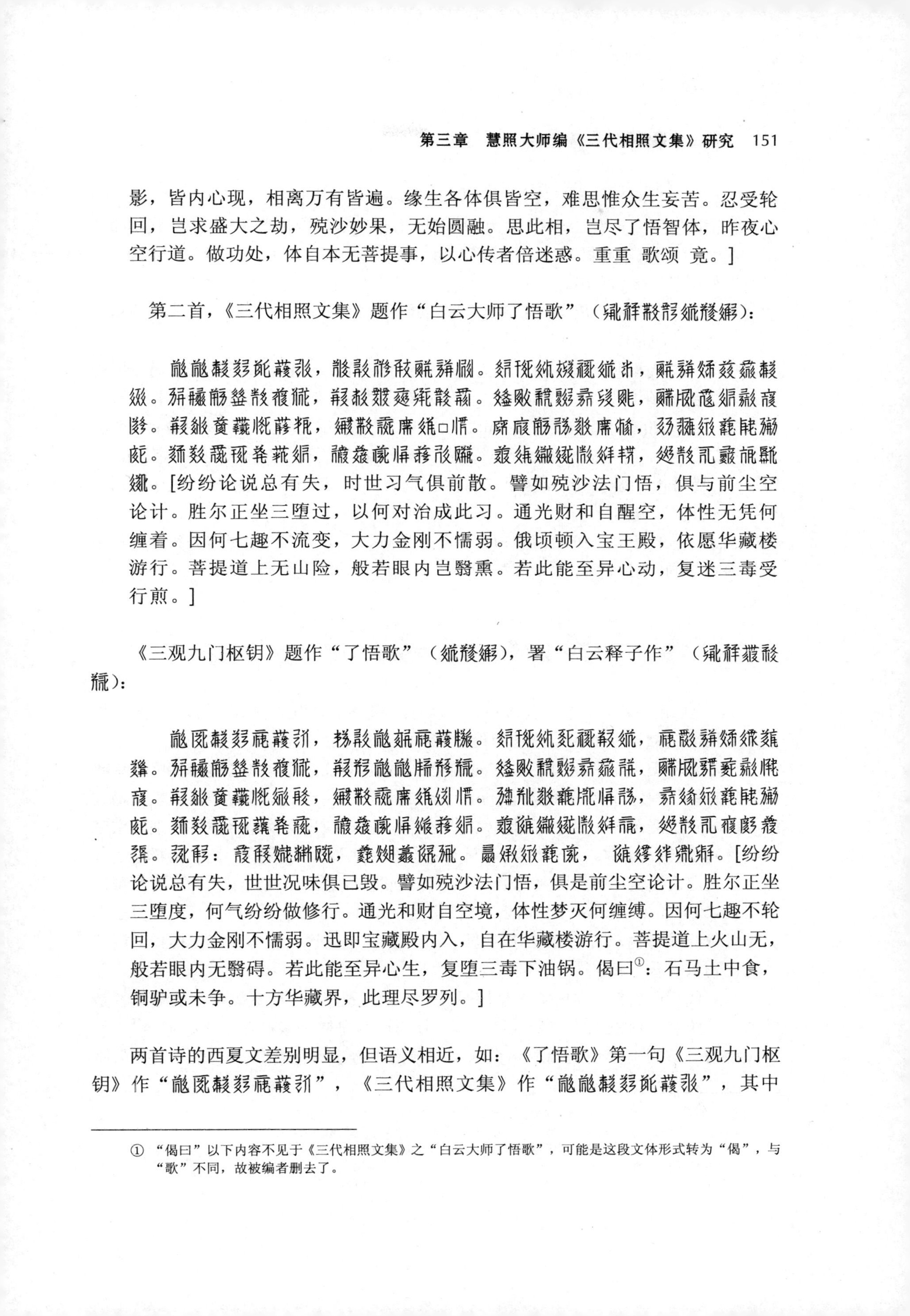

影，皆内心现，相离万有皆遍。缘生各体俱皆空，难思惟众生妄苦。忍受轮回，岂求盛大之劫，殑沙妙果，无始圆融。思此相，岂尽了悟智体，昨夜心空行道。做功处，体自本无菩提事，以心传者倍迷惑。重重 歌颂 竟。]

第二首，《三代相照文集》题作“白云大师了悟歌”（[illegible]）：

[illegible] [纷纷论说总有失，时世习气俱前散。譬如殑沙法门悟，俱与前尘空论计。胜尔正坐三堕过，以何对治成此习。通光财和自醒空，体性无凭何缠着。因何七趣不流变，大力金刚不懦弱。俄顷顿入宝王殿，依愿华藏楼游行。菩提道上无山险，般若眼内岂翳熏。若此能至异心动，复迷三毒受行煎。]

《三观九门枢钥》题作“了悟歌”（[illegible]），署“白云释子作”（[illegible]）：

[illegible] [纷纷论说总有失，世世况味俱已毁。譬如殑沙法门悟，俱是前尘空论计。胜尔正坐三堕度，何气纷纷做修行。通光和财自空境，体性梦灭何缠缚。因何七趣不轮回，大力金刚不懦弱。迅即宝藏殿内入，自在华藏楼游行。菩提道上火山无，般若眼内无翳碍。若此能至异心生，复堕三毒下油锅。偈曰[①]：石马土中食，铜驴或未争。十方华藏界，此理尽罗列。]

两首诗的西夏文差别明显，但语义相近，如：《了悟歌》第一句《三观九门枢钥》作“[illegible]”，《三代相照文集》作“[illegible]”，其中

① “偈曰”以下内容不见于《三代相照文集》之“白云大师了悟歌”，可能是这段文体形式转为“偈”，与“歌”不同，故被编者删去了。

“[西夏字]”和“[西夏字]”同为“乱”；“[西夏字]”和“[西夏字]”在“总”义下相通；“[西夏字]”和“[西夏字]”均有“惑、误”之义；第二句《三观九门枢钥》作“[西夏字七]”，《三代相照文集》作“[西夏字七]”，其中“[西夏字]”和“[西夏字]”与“[西夏字]”组词，均可译作“世世”；“[西夏字]”与“[西夏字]”字均有不确定之意；“[西夏字]”与“[西夏字]”同为“全”义；“[西夏字]”与“[西夏字]”意义分别为“毁”、“散”，但“[西夏字]”音 ljiij^{2}，与后几句同押 i 韵，较“[西夏字]”字更妥当。可见原作应是汉文，西夏文译文是不同的人翻译的。

推测《三代相照文集》的原语为汉文，还有一个重要证据，即其中的偈颂押韵有很多失韵的情况，如：第 20 首“如遇处有指通偈”，七言，总 8 句，押-i 韵，韵脚是：[西夏字] dźju^{1}、[西夏字] ·ju^{2}、[西夏字] mjij^{1}、[西夏字] ljụ^{1}、[西夏字] gjij^{2}、[西夏字] ·ju̱^{1}，其中最后一个字“[西夏字] ·ju̱^{1}”失韵；第 36 首“光滑心行偈”，总 10 句，押 i 韵，韵脚是：[西夏字] mjij^{1}、[西夏字] sji̱j^{2}、[西夏字] lhji̱^{1}、[西夏字] mjij^{1}、[西夏字] śjɨj^{1}、[西夏字] śji̱^{1}、[西夏字] phjij^{1}、[西夏字] mjij^{1}、[西夏字] tja^{1}，其中最后一个字“[西夏字] tja^{1}”失韵。

《三观九门枢钥》题名为“白云释子”所撰，且与《三代相照文集》所收前两首诗内容相同，可知两个“白云释子”以及“白云大师”为同一个人。

第三节　文集的内容和编纂者与白云宗的关系

《三代相照文集》内容多为劝善、修行、守戒、对祖师和门风的颂赞等。体裁包括偈颂、歌行、杂曲、语录和论教文等。

白云释子还见于佚名译自宗密同名汉文本的西夏文《中华传心地禅门师资承袭图》（[西夏字十]，инв. № 2261），书中有一幅不见于汉文本的僧人版画“师资承袭图”，画上有四位宗师的坐像，根据西夏文榜题，他们分别是宗密（[西夏字二]）、裴休（[西夏字二]）、白云释子（[西夏字四]）和张禅师（[西夏字三]）。白云释子出现在这张夹在西夏文译本中的“承袭图”上，让我们联想到元代组织刊行《河西藏》的白云宗僧人，而白云释子即白云宗祖师清觉（1043—1121）的自称[①]。作为白云宗刊定大藏经的特色，清觉的《初学记》《正行集》被允许于皇庆二年（1313）锓梓印造，刊入《普宁藏》[②]。

《三代相照文集》卷尾署“净信愿发者节亲主慧照”，可见该文集的纂集者是慧照。慧照名字前冠以“节亲主”，显示他为西夏皇族宗亲后裔，本姓嵬名[③]。慧照职衔为“宣授浙西道杭州等路白云宗僧录南山普宁寺住持传三乘教九世孙慧照

① 孙伯君：《元代白云宗译刊西夏文文献综考》，《文献》2011 年第 2 期。
② 清觉：《初学记》和《正行集》，《中华大藏经》第 71 册，第 30—41 页。
③ “节亲主”屡见于西夏文《天盛改旧新定律令》，参考史金波、聂鸿音、白滨译注《天盛改旧新定律令》，法律出版社 1999 年版。

大师沙门道安”，他曾承诸山禅教之请，广为化缘，与白云宗僧众一起雕刊《普宁藏》。山西崇善寺藏《普宁藏》所收《解脱道论》卷一扉画左缘的题记也记载了慧照的上述职衔，曰①：

干缘雕大藏经板白云宗主慧照大师南山大普宁寺住持沙门道安，
功德主檐巴师父金刚上师，慈愿弘深普皈摄化。

此外，存世《普宁藏》所收清觉《初学记》亦为慧照的注释本，署“南山大普宁寺嗣孙道安注”，在为“西京宝应寺沙门释清觉述”一句所做注释中，慧照有如下说明②：

此是记主之衔位也。总别三重：一西京是总，宝应寺是别，西京非止一寺故。二宝应寺是总，沙门释是别，寺容四众人故。三沙门释是总，祖师尊讳是别，释子非一故。述字，通于能所。祖师是能述，记文是所述也。西京。……师初诞日，有白云满室，因以白云自称。兹庵之名，默与心契，从而居焉。由是白云之名，流芳益着，且白为众色之本，洁净无瑕之谓。云者，应用而来，来无所从。用谢而去，去无所至，而能含润法雨，益济万物，重重无尽，有云像焉。广说法喻，如华严经。圣人无名，为物立称，响颁人天，良有以也。沙门，是出家之通号；释字，是本师之姓氏。绍隆继踵，宜其具称。上清下觉，记主尊讳也。字本然，号白云，姓孔氏，即至圣文宣王五十二世孙也。其宗人孔宣义，有真赞可考。进士孔璇，集宋朝朝士，与诸禅讲赞文数十篇，刊刊于世。其余始末，具在本传。述而不作，谦之至也。

这些情况进一步使我们相信《三代相照文集》中“白云释子”指的是白云宗祖师清觉，文集中所收诗文实为白云宗三代祖师作品的译作。

此外，根据慧照的圆寂时间至元十八年（1281），我们可推测该文集的编订时间应该在1281年之前。而据记载，西夏后裔一行慧觉国师整理西夏遗存佛经，“校有译无”的起始时间是元世祖至元七年（1270），于至元三十年（1293）在杭州万寿寺刻印，到成宗（1295—1307）大德六年（1302）始告完毕。我们推测《三代相照文集》的刊行时间应在1281年之后。

除了白云释子（白云大师），《三代相照文集》还出现了法雨尊者（法雨本师）、雨啸道者、人水道者、庆法沙门、重法本师、云风释子等三代大师的名字。不过，

① 小川贯弌：《光明禅师施入经典とその扉绘——元白云宗版大藏经の一考察》，《龙谷史坛》1943年第30期。
② 清觉：《初学记》，《中华大藏经》第71册，第31页。

汉文和西夏文文献对他们的记载寥寥。

《释氏稽古略》卷4记载，清觉去世后的宣和五年（1123），“弟子慧能禀遗训，奉灵骨舍利归葬杭州余杭之南山，当宣和五年之二月也。塔曰白云，院曰普安，后弟子改曰普宁。其于崇德甑山、松林善住，皆其行道之所。德清龙山、超山、方山、乾元山，归安岩山，皆分葬舍利之所。其宗聿兴浙右”①。据考，白云宗弟子修行之地，杭州余杭之南山，位于现在杭州市余杭区瓶窑镇西约500米，山上仍存有很多元代造像②。

《三代属明言文集》中有一首偈颂名为《师之塔前颂》，当是在白云塔前有感而作，曰：

时通明宣皆所薰，惟我本尊众中卓。
四相诠释圆觉见，白云量过心印受。
本说双通得飞道，祖道高举渊学教。
荆棘林中说真法，为法舍身倦未曾。
道种散以法雨降，威信皆超人狮子。
石虎声雷树鸟鸣，念无觉者大悲痛。
颂曰：师是师非，师非何觉？觉则师非，师者谁觉？

还有一首《师之像赞偈》，当是对白云大师之像所作的赞颂，曰：

大叹泥土无有意，祖智超群胜佛逝。
各处画匠无法摹，吾法形像求画时。
法像而凭何可视，令造画时踪迹无。
告诸智者来望时，抬眼真实必可见。

此外，题记中所言“活字新完者陈顷金”曾被作为西夏时期盛行活字印刷的一个重要证据，如果判定《三代相照文集》为元代白云宗僧侣所纂集，恐怕其刊印地点与《普宁藏》和《河西藏》一样，应该是在《大宗地玄文本论》卷3和西夏文《过去庄严劫千佛名经》发愿文所记载的元代“江南浙西道杭州路大万寿寺”③。

---

① 《释氏稽古略》卷4，《大正藏》卷49，No.2037，第0886上栏—中栏。
② 赖天兵：《杭州余杭南山元代造像相关问题的探讨》，《杭州文博》2016年第2期。
③ 李富华、何梅：《汉文佛教大藏经研究》，宗教文化出版社2003年版，第291—292页；史金波：《西夏文〈过去庄严劫千佛名经〉发愿文译证》，载《史金波文集》，上海辞书出版社2005年版，第325—326页。

第四节　文集的体裁和押韵

《三代相照文集》共收诗文 50 篇，最后的跋语概述了诗文纂集的缘起和体裁，曰：

> 谨闻：古德曰："佛经开张，罗大千八部之众；禅偈撮略，就此方一类之机。"故我高祖，心心承续，至于流支沙界；灯灯相传，无尽妙语开敷。其中不同，今本国内，本门盛法不衰。三代相照，云雨四海播撒；两尊相祐，风啸八方震摄。愚等，妙会中入，多闻异事；宝山上至，空手莫归。因曰：尊亲慧照及乞僧道慧等，相托深重誓愿谨记，亲承如今宗师敬发。先后语录，焉有力得？依据体裁纂集约五十篇，每篇向师重重考校，勘定品次。概言之则古拍六偈，今旨三条，自韵十三，他法内增二十□，外忍六体，皆亦人之拔刺、开闩句，是纯甘露也。又此集中或有心眼未遍挂一漏万，亦乞诸位贤达，来日搜求齐备。以此善力，惟愿：诸善亲友，世世生时得逢德师，真法器袋当成。应具信根，真如祖意明瞭。又愿：当今皇帝应受佛位，诸王大臣当信上乘。举国百姓，弃邪归正。法界众生离苦，当得解脱。一切共同摄受，佛道当成。
>
> 净信发愿者节亲主慧照
>
> 净信发愿助僧道慧
>
> 活字新完者陈顷金

发愿文所述文集中包括"古拍六偈，今旨三条，自韵十三，他法内增二十□，外忍六体"，结合诗文的标题和内容，指的是其中所收偈颂、歌行、杂曲等所用形式。

值得一提的是其中的几首曲子辞，尤其是"人水道者觉受曲"和"密箭权衡劝、骂、忧、哭曲"总题之下的四首，明确标明了曲牌的名字，即"[illegible]"（音朝天乐）。这让我们联想到西夏僧官鲜卑宝源撰作的诗文集《贤智集》，其中最后一篇《显真性以劝修法》，为仿中原曲子词《杨柳枝》而作的长篇俗曲，标题后也注明了曲牌名，即"[illegible]"（汉声杨柳枝）①。"密箭权衡劝、骂、忧、哭曲"中的四首，每句皆七言，三句一组，每组最后一句相同，句句入韵，押 i 韵，与杨柳枝曲格式每句七言，和以三字，共 60 句，句句押 i 韵等有异曲同工之妙。

此外，该文集中的偈颂、歌行、杂曲等多为韵文，押韵基本严整，其中看起来

---

① 张清秀、孙伯君：《西夏曲子词〈杨柳枝〉初探》，《宁夏社会科学》2011 年第 6 期。

有些失韵的地方，主要涉及下面一些字与 i 韵字混押，按照《文海》分韵，这些字分属平、上声第 1 韵：ŋwu2、·u2、ku1；平、上声第 2 韵：dźju1、ju2、tśhju1；平、上声第 3 韵：bju1、dju1、nju2、mju2；平声第 5 韵：śio1；上声第 6 韵：mju̱2；平声第 7 韵：·ju̱1；平声第 48 韵：śjwo1；上声第 52 韵：pjụ2；平声第 59 韵：ljụ1、tsjụ1、djụ1。这种失韵的情况可能是因为该文集原语为汉语，译成西夏文时很难找到合适的字来表现造成的。

《三代相照文集》所收诗文的体裁及其押韵情况如下：

（一）偈颂体：

1. 白云释子道宫偈（）：七言偈。前 8 句韵脚残。后 8 句押-i 韵，首句入韵，除第 11 句不入韵外，均押韵。韵脚是：jijr2、tjij1、dzjij、djij2、śjwi̱2、dźji̱j1①。

3. 法雨尊者闲乐偈（）：七言偈，共 8 句，句句入韵，押-i 韵，韵脚是：ljij2、zjij1、rjịj2、sjwij1、mjij1、·ji̱r2、śjwi̱2、tjịj2。

5. 师之塔前颂（）：此为七言偈和四言颂，均押-i 韵。前一部分为偈，共 12 句，韵脚是：kjij1、dzjij1、ljij2、lhjịj、dzji̱j2、tshji̱j1、djij2、tśjij2、dji̱j2。后一部分为颂，韵脚是：sjij2、sjij2。

6. 师之像赞偈（）：七言偈，共 8 句，押-i 韵。韵脚为：mjij1、bji̱j2、dzjij、zjij1、mjij1、zjij1、nji2。

7. 舍家养道偈（）：七言偈，共 8 句，押-i 韵，除第 5 句外，均押韵，韵脚为：lhji̱1、mjij1、ljị1、mjijr2、dźji̱j1、tsji1、śjịj1。

8. 八忍法仪偈（）：偈颂，除注释外，共 16 句。押-i 韵，韵脚为：tjị2、dwər2、ŋewr2、tshji̱j1、dzjwir1、nji2、dźjij1、mjijr2、tsji̱r1、njwi2、bju1、ŋwu2②、njwi2。

12. 夏国本道门风颂（）：偈颂，七言，共 16 句。上阕押-u 韵，首句入韵，韵脚是：śjwo2、dźju1、sju2、śju̱1、djụ1、dju1。下阕押-i 韵，首句不入韵，韵脚是：gji1、zji1、tshji2、·wji1、tjị1、dzjịj1、phji1。

19. 如遇处有指通偈（）：七言，共 8 句，押-i 韵。韵脚是：

① 《三观九门枢钥》“道宫歌偈”，较《三代相照文集》内容多，偈颂之后有歌行。基本押-i 韵，首句入韵，韵脚是：dźjwa1、lho、swu2、·u2、nwə1、·ji2、tśji̱1、sju2、ka2、·ji̱j1、tjij1、zer1、phji1、ka2、phjo̱2、rar2。/ljụ1、swew1、lji̱2、rər2、śja2、·wio̱1、ŋa1、tśji1、lhjịj、·ju2、mja̱1、lwu1、、sji1、dźjij1、twụ1、mjij1、dạ2、gjij1。

② “”bju1、“”ŋwu2 两字失韵。

dźju^1、□·ju^2、□ mjij^1、□ lju̇^{1}、□ gjij^2、□·ju̱^{1}①。

20. 实起明行四句偈（□□□□□□□）：七言，共 4 句，押-u 韵，韵脚是：□ to^2、□ ku^1。

25. 耆宿指示要碍纲偈（□□□□□□□）：五言，押-i 韵，韵脚是：□ nji^2、□ rjir^1、□ ljij^2、□ tsjij^2、□·u^{2}②、□śjij^1、□ tsji^1、□ dźjij^1；□ to^2、□ pho̱^{1}、□ sju^2、□ dju^1、□ lho、□ to^2；□ mjij^1、□ ljij^2、□ tsjij^2、□ mjij^1、□ gie^1、□ lew^2、□ sjij^1、□ lhjij、□ gie^1、□ɣier^1。

26. 行心法（□□□）：为七言偈颂，总 18 句，押 i 韵，几乎句句入韵，韵脚是：□ djij^2、□ mjij^1、□ njwi^2、□ rjir^2、□ dzjij^1、□ ljij^2、□ zjij^1、□ lhjij^2、□ lji̇^{1}、□ nji^2、□ rjir^2、□ ljij^2、□ lji̇^{1}、□ nji̱^{2}、□ tji̱^{2}、□ rjir^1。其中第 3、4 句单独自行押韵，韵脚是：□ lhew^1、□ lew^2。

28. 成熟相（□□□）：七言偈，总 12 句，押 i 韵，韵脚是：□ njwi^2、□ rjir^1、□ tshji^1、□ njwi^2、□ wji̇^{2}、□ tśhjij^1、□ dźji^1、□ njwi^2、□ rjir^1、□ njwi^2、□ wji̇^{2}。

29. 初入偈（□□□）：七言，押-i 韵，韵脚是：□ mjijr^2、□ tśiə^2、□·wjij^1、□ sjwij^1、□ wji̱^{2}、□ rjijr^2、□ tshji̱j^1、□ swew^1、□ tjij^2、□ lew^2、□ gjij^1、□ zjij^1、□ swew^1、□ dźjij^1、□ zjij^1、□ sji̱j^2、□ tśhjwij^1、□ ljij^2。

31. 正眼偈（□□□）：七言，总 8 句，押 i 韵，韵脚是：□ lhjwi^1、□ kjir^2、□ njwi^2、□ lji̇^{1}、□ djij^2、□ dji̇^{2}、□ tji̇^{2}。

32. 劝诫成道偈（□□□□□）：五言，总 18 句，押-i 韵，韵脚是：□ mjijr^2、□ sej^1、□ njwi^2、□ dźji̱j^1、□ mjij^1、□śjwo^1、□ ku^{1}③；□ lew^2、□ mjij^1、□ njwi^2、□śio^{1}④、□ mjij^1、□ mej^1、□ njwi^2、□ mjij^1、□·ji^2。

33. 常空偈（□□⑤□）：七言，总 8 句，押-u 韵，韵脚是：□ dju^1、□ sju^2、□ sju^2、□ dźju̱^{2}、□ dju̇^{1}。

34. 经日奉礼偈（□□□□□）：五言，总 9 句，押 i 韵，韵脚是：□ nju^2、□ kiej^2、□ dźji̱j^1、□ swew^1、□śjwo^{1}⑥、□ tśhjwij^1、□ dźji̱j^1、□ dji̇^{2}、□ dźjij^1。

35. 光滑心行偈（□□□□□）：五言，总 10 句，押 i 韵，韵脚是：□ mjij^1、□ sji̱j^2、□ lhji̱^{1}、□ mjij^1、□śjij^1、□śji̇^{1}、□ phjij^1、□ mjij^1、□ tja^{1}⑦。

36. 安居偈（□□□）：五言，总 8 句，押 i 韵，韵脚是：□·jijr^2、□ dźji̱j^1、□ mjij^1、□ ljij^2、□ sjij^2、□ dźji̱j^1、□ lhji̱^{1}、□ lji̱j^2。

---

① “□” dźju^1、“□” ·ju^2、“□” lju̇^{1}、“□” ·ju̱^{1} 四字失韵。
② “□” ·u^2 字失韵。
③ “□” śjwo^1、“□” ku^1 两字失韵。
④ “□” śio^1 字失韵。
⑤ 疑为“□ŋa^1”字之误。
⑥ “□” nju^2、“□” śjwo^1 两字失韵。
⑦ “□” tja^1 字失韵。

37. 不晓偈（□□□）：五言，总 8 句，押 i 韵，韵脚是：□ kiẹj^{2}、□ tjị^{2}、□ kwã^{1}[①]、□ djij^{2}。

38. 见行偈（□□□）：七言，总 4 句，押 i 韵，韵脚是：□ dźjij^{1}、□ mjij^{1}、□ lhjị^{2}、□ tsjij^{2}。

39. 忍戒偈（□□□）：五言，总 4 句，押 i 韵，韵脚是：□ tshji^{1}、□śjwi̱^{2}、□·wji^{1}、□ gji^{2}。

40. 坐寺偈（□□□）：五言，总 4 句，押 i 韵，韵脚是：□ sji̱j^{2}、□ mjij^{1}、□ djij^{2}、□ phjij^{1}。

41. 顿验偈（□□□）：五言，总 4 句，押 i 韵，韵脚是：□ lew^{2}、□śjwi̱^{2}、□·wji^{1}、□ mjij^{1}。

42. 立处不舍偈（□□□□□）：七言，仅两句，押 i 韵，韵脚是：□ ljɨ^{2}、□ gie^{1}。

43. 所遇皆道偈（□□□□□）：四言，仅两句，押 i 韵，韵脚是：□ mjij^{1}、□ ljɨ^{1}。

44. 劝欲偈（□□□）：七言，共 140 句，押 i 韵，句句入韵，韵脚是：□ lji̱j^{2}、□ tshji̱j^{1}、□ śjɨj^{1}、□ dji̱j^{2}；□ lhji̱^{1}、□ tshji̱j^{1}、□ śjɨj^{1}、□ dji̱j^{2}；□ tshji̱j^{1}、□ dźji̱j^{1}、□ djij^{2}、□ dji̱j^{2}；□ ljij^{2}、□ djij^{2}、□ śjɨj^{1}、□ dji̱j^{2}；□ tshjij^{2}、□ tsjij^{2}、□ kji̱^{1}、□ dji̱j^{2}；□ djij^{2}、□ mjijr^{2}、□ sji̱j^{2}、□ dji̱j^{2}；□ dźji、□ thjwi^{1}、□ mjijr^{2}、□ dji̱j^{2}；□ dzjij^{1}、□ twụ^{1}[②]、□ ljɨ̣j^{2}、□ dji̱j^{2}；□ tshji̱j^{1}、□ zjij^{1}、□ dzjij、□ dji̱j^{2}；□ zjij^{1}、□ bjɨj^{1}、□ mjij^{1}、□ dji̱j^{2}；□ dzjɨj^{1}、□ ljij^{2}、□ rjijr^{2}、□ dji̱j^{2}；□ rjɨj^{2}、□ dźjij^{1}、□ rjijr^{2}、□ dji̱j^{2}；□ zjij^{1}、□ tsjij^{2}、□ lji̱j^{2}、□ dji̱j^{2}；□ djij^{2}、□ mjijr^{2}、□ tshji̱j^{1}、□ dji̱j^{2}；□ tshji̱j^{1}、□ mjij^{1}、□ sjwij^{1}、□ dji̱j^{2}；□ mjij^{1}、□ dzjij、□ nji^{2}、□ dji̱j^{2}；□ lhjij、□ sji̱j^{2}、□ dźjij^{1}、□ dji̱j^{2}；□ lhjwij^{2}、□ tjɨj^{2}、□ sji̱j^{2}、□ dji̱j^{2}；□ djij^{2}、□ lji̱j^{2}、□·jij^{1}、□ dji̱j^{2}；□ lhjij、□ nji^{2}、□ rjur^{1}、□ dji̱j^{2}；□ tshji̱j^{1}、□ sjwij^{1}、□ lhjij、□ dji̱j^{2}；□ sjij^{2}、□ tsjij^{2}、□ gjij^{1}、□ dji̱j^{2}；□ mjij^{1}、□ tjɨj^{2}、□ dźjij^{1}、□ dji̱j^{2}；□ zjij^{1}、□ ljij^{1}、□ ljij^{2}、□ dji̱j^{2}；□ lhjij、□ djij^{2}、□ mjijr^{2}、□ dji̱j^{2}；□ dźji̱j^{1}、□ bjɨj^{1}、□·ji̱j^{1}、□ dji̱j^{2}；□ zjij^{1}、□ mjij^{1}、□ bjɨj^{1}、□ dji̱j^{2}；□ tsjij^{2}、□ mjij^{1}、□ dźjij^{1}、□ dji̱j^{2}；□ dźji、□ rjijr^{2}、□ ljij^{2}、□ dji̱j^{2}；□ lhjij、□ śjɨj^{1}、□ zjij^{1}、□ dji̱j^{2}；□ dzjij^{1}、□ dźji̱j^{1}、□ phjij^{1}、□ lhjij；□ mjij^{1}、□ lji̱j^{2}、□ mjij^{1}、□ lhjij；□ dźjij^{1}、□ phjij^{1}、□ sjij^{2}、□ lhjij；□ ljij^{2}、□·wjij^{2}、□ dźji̱j^{1}、□ lhjij；□ dźjij^{1}、□ mjij^{1}、□ ljij^{2}、□ lhjij。

（二） 歌行体：

2. 白云大师了悟歌（□□□□□□□）：七言，共 16 句，前 4 句押-a 韵，首

---

① “□” kwã^{1} 字失韵。

② “□” twụ^{1} 字失韵。

句入韵，韵脚是：□ dạ^{2}、□ sã^{1}、□ dza^{2}；后12句押-i韵，韵脚是：□ gjịj^{1}、□ śjɨj^{1}、□ zjij^{1}、□ mjij^{1}、□ pjụ^{2}、□ dźjij^{1}、□ mjij^{1}、□ kjij^{1}、□ mju̱^{2}①、□ lhjij^{2}②。

4. 法雨宗师传法歌（□□□□□□□）：七言，共8句，押韵格式是第2句和末句押-i韵，韵脚是"□ dzjị^{2}"、"□ ·jịj^{1}"；中间4句押-a韵，韵脚是"□ tśhja^{2}"、"□ mja̱^{1}"、"□ śia̱ "。

30. 日行歌（□□□）：七言，总12句，第一组押-o韵，韵脚是：□ do^{2}、□ ŋowr^{2}；第二组押-i 韵，韵脚是："□ mjij^{1}"、"□ ·jir^{2}"、"□ sjij^{2}"；第三组押-o韵，韵脚是：□ ljọ^{2}、□ ŋjow^{2}、□ gju^{2}、□ phjo^{2}、□ to^{2}。

（三） 杂曲：

10. 人水道者觉受曲（音朝天乐）（□□□□□□□（□□□□））：此曲牌为"朝天乐"，杂言，五言与七言交替。押i韵，句句入韵，韵脚是：□ śjij^{1}、□ bjij^{2}、□ nji^{2}、□ ljij^{2}、□ sjij^{2}、□ ljij^{2}、□ zjij^{1}、□ tsjij^{2}、□ dźjịj^{1}、□ njij^{2}、□ mju^{2}、□ gjij^{1}、□ dwər^{2}、□ ljịj^{2}、□ tshjịj^{1}、□ ljịj^{2}、□ mju^{2}③、□ ljịj^{1}、□ zjij^{1}、□ gjịj^{1}、□ nji^{2}、□ ljịj^{2}、□ ljij^{2}、□ sjwij^{1}、□ mjij^{1}、□ dźjịj^{1}、□ zjij^{1}、□ ·jij^{1}、□ tshjịj^{1}、□ sjịj^{2}、□ sjwij^{1}、□ nwə^{1}、□ ljij^{2}、□ djij^{2}、□ bjɨj^{2}、□ dźjịj^{1}、□ ljij^{2}、□ gjịj^{1}、□ sjwij^{1}、□ gjij^{1}、□ djij^{2}、□ dzjij、□ nji^{2}、□ mjij^{1}、□ dźjij^{1}、□ mjij^{1}、□ nji^{2}、□ nji^{2}。

16. 三波啰曲（□□□□）：杂言，格式是：3-3-7-7-7、3-3-7-7-7-7-7-7-7-7、3-3-7-7-7、3-3-7-7-7、3-3。第一组押-a韵，韵脚是：□ rar^{1}、□ rar^{1}、□ tśia^{1}、□ lạ^{2}；第二组押-i韵，韵脚是：□ zjij^{1}、□ nji^{2}、□ sjij^{2}、□ dźjij^{1}、□ djij^{2}、□ mjij^{1}、□ ljij^{2}；第三组押-i韵，韵脚是：□ dzjịj^{2}、□ dzjịj^{2}、□ tshjịj^{1}、□ sjwɨ^{1}、□ sjij^{2}；第四组押-i韵，韵脚是：□ tshjịj^{1}、□ nji^{2}、□ dźjij；第五组押-ə韵，韵脚是：□ lhə、□ lew^{2}。

17. 寂寂曲（□□□）：杂言，格式是：3-3-7-7-7-7-7、7-7-7-7-7-7。押-i韵，第一组韵脚是：□ mjij^{1}、□ mjij^{1}、□ mjij^{1}、□ ·jij^{1}、□ mjij^{1}；第二组韵脚是：□ dźjij^{1}、□ ljij^{2}、□ rjijr^{2}、□ ·jɨ^{2}、□ mjijr^{2}。

18. 火焰偈（□□□）：实为曲。杂言，格式是7-7-7-7-7-7-7-7-7、3-3-7-7-7。押-i韵，第一组韵脚是：□ mjij^{1}、□ dźjịj^{1}、□ djɨj^{2}、□ tsjij^{2}、□ ljịj^{1}、□ śjwi̱^{2}、□ dzjij^{1}；第二组韵脚是：□ mjij^{1}、□ djij^{2}、□ dźjịj^{1}、□ djɨj^{2}、□ tśhjɨj^{1}。

26. 心行仪（□□□）：实为曲。杂言，格式是：3-3-7-7-7、3-3-7-7-7、7-7-7-7、3-3-7-7-7、3-3-7-7-7。押-i韵，韵脚是：□ tjɨj^{2}、□ dźjij^{1}、□ ljij^{1}、□ sjij^{2}、□ dzjịj^{1}、

① "□ pjụ^{2}"、"□" mju̱^{2}两字失韵。

② 《三观九门枢钥》"了悟歌"：七言，共16句，押-i韵，首句入韵，中间有失韵的情况，韵脚是：□ dạ^{2}、□ ljịj^{2}、□ tsjij^{2}、□ ka̱r^{1}、□ gjịj^{1}、□ ɣjir^{1}、□ gji̱^{1}、□ tśjịr^{2}、□ dej^{1}、□ nja̱^{2}、□ ·o^{2}、□ dźjij^{1}、□ mə̱^{1}、□ mjij^{1}、□ śjwo^{1}、□ ·ji^{1}。/□ dzji^{1}、□ dzej^{1}、□ kiej^{2}、□ sji^{1}。

③ 两个"□" mju^{2}字失韵。

[illegible] dźjịj¹、[illegible] ljij²、[illegible] mjijr²、[illegible] ljij²、[illegible] djij²、[illegible] ·jij¹、[illegible] djij²、[illegible] dźjịj¹、[illegible] tjị²、[illegible] ljịj²、[illegible] djij²、[illegible] ·jij¹、[illegible] dźjij、[illegible] dzjij¹、[illegible] jịj¹。

45. 密箭权衡劝、骂、忧、哭曲（音朝天乐）（[illegible]（[illegible]））：总题。包括四首：

45. 1 醉人妄悟“骂”（[illegible]）：此曲牌为“朝天乐”，七言，三句一组，每组最后一句相同，押 i 韵，句句入韵，韵脚是：[illegible] tshjịj¹、[illegible] dzjij¹、[illegible] tśhjij¹、[illegible] dźjịj¹、[illegible] ·wji¹、[illegible] tśhjij¹、[illegible] mjij¹、[illegible] dźjij¹、[illegible] tśhjij¹、[illegible] dźjij¹、[illegible] sej¹、[illegible] tśhjij¹、[illegible] ljij²、[illegible] dzjij、[illegible] tśhjij¹、[illegible] zjij¹、[illegible] ljij²、[illegible] tśhjij¹、[illegible] djij²、[illegible] ljij²、[illegible] tśhjij¹。

45. 2. 举目注礼“劝”（[illegible]）：此曲牌为“朝天乐”，七言，三句一组，每组最后一句相同，押 i 韵，句句入韵。韵脚是：[illegible] dźjịj¹、[illegible] tśhjij¹、[illegible] śjwij²、[illegible] mjij¹、[illegible] rjijr²、[illegible] śjwij²、[illegible] dzjij、[illegible] sjij²、[illegible] śjwij²、[illegible] mjij¹、[illegible] ljij¹、[illegible] śjwij²、[illegible] dźjij¹、[illegible] mjij¹、[illegible] śjwij²、[illegible] gjij¹、[illegible] lhjij²、[illegible] śjwij²、[illegible] lji²、[illegible] djij²、[illegible] śjwij²。

45. 3 色欲碍道“哭”（[illegible]）：此曲牌为“朝天乐”，七言，三句一组，每组最后一句相同，押 i 韵，句句入韵，韵脚是：[illegible] mjijr²、[illegible] sju²、[illegible] ·wji¹、[illegible] lhjij、[illegible] ljịj²、[illegible] ·wji¹、[illegible] dźjij¹、[illegible] jij²、[illegible] ·wji¹、[illegible] ·jij¹、[illegible] zjij¹、[illegible] ·wji¹、[illegible] mjijr²、[illegible] śjij¹、[illegible] ·wji¹、[illegible] ·jij¹、[illegible] dzjij、[illegible] ·wji¹、[illegible] ljịj²、[illegible] jij²、[illegible] ·wji¹、[illegible] ·jij¹、[illegible] dźjịj¹、[illegible] ·wji¹、[illegible] tshjịj¹、[illegible] dzjij²、[illegible] ·wji¹、[illegible] ljij²、[illegible] sjwij¹、[illegible] ·wji¹。

45. 4 名利毁人“忧”（[illegible]）：此曲牌为“朝天乐”，七言，三句一组，每组最后一句相同，押 i 韵，句句入韵，韵脚是：[illegible] ljịj²、[illegible] djij²、[illegible] ·wji¹、[illegible] rjijr²、[illegible] djij²、[illegible] ·wji¹、[illegible] ljij²、[illegible] ljịj²、[illegible] ·wji¹、[illegible] sjwij¹、[illegible] dźjịj¹、[illegible] ·wji¹、[illegible] mjij¹、[illegible] gjịj¹、[illegible] ·wji¹、[illegible] ljwij²、[illegible] śjwi²、[illegible] ·wji¹、[illegible] mjijr²、[illegible] dźjij²、[illegible] ·wji¹、[illegible] ljij¹、[illegible] mjijr²、[illegible] ljij²、[illegible] ·wji¹、[illegible] sjịj²、[illegible] śjij¹、[illegible] ·wji¹。

46. 道者自忍十二仪愿文（[illegible]）：实为曲，杂言，格式为 7-7-4，共 12 组，每组 3 句，句句入韵；最后 4 句为七言，两两一组。中间也间有失韵的情况。韵脚是：[illegible] śjwi̱²、[illegible] dźjwị¹、[illegible] tjij¹；[illegible] tjij¹、[illegible] bie²、[illegible] dźjịj¹；[illegible] ŋewr¹、[illegible] lew²、[illegible] tśju¹；[illegible] ka²、[illegible] ljij²、[illegible] mja̱²；[illegible] dju¹、[illegible] tśhju¹、[illegible] bjịj²；[illegible] tạ¹、[illegible] la̱¹、[illegible] dźjij¹；[illegible] śjwo¹、[illegible] wjọ¹、[illegible] śji¹；[illegible] nji、[illegible] rjir¹、[illegible] lja¹；[illegible] swew¹、[illegible] wejr¹、[illegible] bjịj²；[illegible] ljịj²、[illegible] dźjịj¹、[illegible] dạ²；[illegible] zar²、[illegible] ka²、[illegible] tjij²；[illegible] ·ja̱r²、[illegible] lhjij [illegible] tjij²；[illegible] tsjụ¹、[illegible] djụ¹；[illegible] me²、[illegible] swew¹；[illegible] dju¹、[illegible] tśhju¹、[illegible] tsjụ¹、[illegible] djụ¹。

（四） 语录体和论教文

9. 初学入道法（雨啸道者说）（[illegible]，[illegible]）：论教文。

11. 庆法恭敬语（[illegible]）：语录。

13. 关本六义（[illegible]）：语录，有注释。

14. 关地七句（[illegible]）：语录，有注释。

15. 流三种漏（[illegible]）：语录，有注释。

21. 重法本师求教语（[illegible]）：论教文。

22. 云风释子灭时要论文（[illegible]）：论教文，主体为四言骈体。中间附“偈语”四句，为七言，并 3 字和韵，押-i 韵，韵脚是：[illegible] sjwi²、[illegible] mjij¹、[illegible] lhji²、[illegible] dju¹、[illegible] mjij¹、[illegible]śjwo¹、[illegible] mjijr²。有出韵的情况。

24. 庆法沙门论教文（[illegible]）：论教文。

第五节　《三代相照文集》文本释读

4166-01-01

西夏文	[illegible]	[illegible]	[illegible]	[illegible]	[illegible]	[illegible]	[illegible]
拟音	so̱¹	śjij¹	dźjwɨ¹	swew¹	ŋwu̱¹	śio̱¹	·jwɨr²
对译	三	代	相	照	语	集	文
意译	**三代相照文集**						

4166-01-02

[illegible]	[illegible]	[illegible]	[illegible]	[illegible]	[illegible]	[illegible]，	[illegible]	[illegible]	[illegible]	[illegible]	[illegible]	[illegible]	[illegible]。
bju¹	tji̱¹	tha¹	tju̱²	rjur¹	mər²	dzji̱j²	ŋa²	njɨ²	ɣiej¹	gjwi²	tśjiw²	gu²	ɣju¹
依	归	佛	祖	诸	宗	师，	我	等	真	言	顶	中	请。

归依佛祖诸宗师，我等真言顶中请。

4166-01-03

[illegible]	[illegible]	[illegible]	[illegible]	[illegible]	[illegible]	[illegible]，	[illegible]	[illegible]	[illegible]	[illegible]	[illegible]	[illegible]	[illegible]。
tji¹	tsiow	·jiw¹	thwu̱¹	tśja¹	sjwɨ¹	we²	mjor¹	tśhja²	tsji̱r¹	kha¹	·o	djij²	njwi²
愿	永	缘	同	道	种	为，	实	正	法	中	入	当	能。

愿永同缘为道种，当能真正法中入。

译文：

《三代相照文集》[1]

归依佛祖诸宗师，我等真言顶中请。愿永同缘为道种，当能真正法中入[2]。

注释：

[1] 这一书名此前有多种译法，根据文后的跋语：“[illegible]，[illegible]

□；□□□□，□□□□□□。”即“三代相照，云雨四海播撒；两尊相祐，风啸八方震撼”，“□□”二字成词，我们遵从史金波先生的译法，译作“相照”[①]。而根据聂鸿音先生的研究，“□”字为书名类别标记，如《孟子》一书西夏文题名作“□□□”，故“□”字可不翻译[②]。

[2]此四句为全书的引子。

1. 白云释子道宫偈

4166-01-04

□ □ □ □ □ □ □

djịj² phiow¹ śjɨ² gji² tśja¹ mji¹ lja¹

云 白 释 子 道 宫 偈

白云释子道宫偈[③]

4166-01-05

□ □ □ □ □ □ □[④]， □ □ □ □ □ □ □[⑤]

lhjɨ² tjɨ² dạ² rjar² ·iọ¹ ju¹ sji¹ mjɨ² kiej² mju² ɣiã¹ sẽ¹ nioow¹ lho

尘 劳 事 迹 方 看 尽 境 界 渊 闲 思 缘 出

尘劳事迹方尽看，境界渊暇出思缘。

4166-01-06

□ □ □ □ □ □ □[⑥]， □ □ □ □ □ □ □[⑦]。

sọ¹ tsə¹ lhjị² phiow¹ phio² ljɨ² tśhjij¹ gjɨ¹ dźjwi² tsja¹ ljɨ¹ ju² kjiir² ·u²

三 秋 月 白 窗 兔 映 九 夏 热 风 观 室 内

三秋月白窗兔映，九夏热风室内观。

4166-01-07

□ □ □ □ □ □ □[⑧] □ □ □ □ □ □ □[⑨]。

wejr¹ dźju² sjwi¹ nwə¹ wa² dźjo¹ wjij¹ mjij² gjij¹ zjir¹ dź- mji¹ low² ji²

盛 衰 孰 知 何 长 短 名 利 实 虚 不 殆 谓

盛衰孰知何短长？名利实虚不懈怠。

① 史金波、雅森·吾守尔：《中国活字印刷术的发明和早期传播——西夏和回鹘活字印刷术研究》，社会科学文献出版社 2000 年版，第 41 页。

② 聂鸿音：《西夏语专有名词的类别标记》，《语言科学》2013 年第 2 期。

③ 《三观九门枢钥》题为“道宫偈”，署“白云禅师”。

④ □□□，《三观九门枢钥》作“□□□”，可译作“求心了”。

⑤ 后四字据《三观九门枢钥》补。

⑥ □，《三观九门枢钥》作“□”，义为“影”。

⑦ 后五字据《三观九门枢钥》补。

⑧ 《三观九门枢钥》作“□□□□□□□”，可译作“荣枯长短其谁知”。

⑨ 后三字据《三观九门枢钥》补。

4166-01-08

[illegible][1]，[illegible][2]。

·o　tsə^1　nji^2　sẽ^1　tew^1　sju^2　tśhjwɨj^1　tshja̩^{1}　lej̣^{2}　swew^1　lja̩^{1}　tśhjij^1　su^1　nja̱^{1}

酒　色　窃　思　膘　如　轻，　嗔　贪　明　证　执　胜　黑

窃思酒色如膘轻，明证贪嗔胜执昧。

4166-01-09

[illegible][3]，[illegible][4]。

phio^2　ju^2　mjij^1　mjij^1　ŋewr^1　tsiow　jijr^2　·jij^1　ljijr^2　gjwɨr^2　mjij^1　tja^1　ju^2　tjij^1

窗　前　寂　寂　乱　永　除，　自　方　牖　无　者　常　独。

窗前寂寂乱永息，己心无窗常孤寂。

4166-01-10

[illegible][5]，[illegible][6]。

ɣiã^1　zjij^1　gjwi^2　dzjo^2　gji^2　dzwə^1　kja̩^{1}　sej^1　tśhja^1　lwər^2　·ju̩^{1}　nji̱^{1}　so̩^{1}　zer^1

闲　时　句　诗　各　章　颂，　静　上　经　看　二　三　帙。

闲时诗句各章颂，静来看经二三帙。

4166-01-11

[illegible][7]，[illegible][8]。

ŋwə^1　tsə^1　dźjɨ　·wji^1　mə^1　tji^1　dzjij　tśhjiw^1　lhjɨ^2　śjij^1　njo̩r^1　mar^2　tji^1　djij^2

五　色　行　为　盲　不　肯，　六　尘　法　源　累　莫　然。

莫令五色使人盲，六尘法源勿累然。

4166-01-12

[illegible][9]，[illegible][10][illegible][11]。

gji^1　lju̩^{1}　jij^1　ŋa^1　ŋwər^1　ɣiej^1　śjwɨ̱^{2}　thjɨ^2　bu̩^{1}　ja̱r^2　zar^2　kjo̩^{1}　djij^2　dźjij^1

贞　闲　自　空　天　真　合，　此　礼　日　经　愿　而　居。

贞闲自空天真合，礼拜经日愿安居。

---

① 《三观九门枢钥》作“[illegible]”，可译作“窃思酒色如碍药”。

② 《三观九门枢钥》作“[illegible]”，可译作“常审贪嗔若执昧”。

③ 《三观九门枢钥》作“[illegible]”，可译作“窗前寂静能息乱”。

④ 《三观九门枢钥》作“[illegible]”，可译作“榻侧无暇常一般”。

⑤ 《三观九门枢钥》作“[illegible]”，可译作“闲赋诗歌多篇章”。

⑥ 最后一字据《三观九门枢钥》补。《三观九门枢钥》该句作“[illegible]”，可译作“静读经本三五帙”。

⑦ 该句同《三观九门枢钥》。

⑧ 《三观九门枢钥》作“[illegible]”，可译作“六尘驱使皆应离”。“[illegible]”（djij^2），连词，在复句中表示转折。

⑨ 《三观九门枢钥》作“[illegible]”，可译作“闲湛真宗自然和”。

⑩ “[illegible]”（djij^2），也是连词，在复句中表示转折。

⑪ 《三观九门枢钥》作“[illegible]”，可译作“如此安乐暇日过”。

译文：　　　　　　**《白云释子道宫偈》**[1]

尘劳事迹方尽看，境界渊暇出思缘。
三秋月白窗兔映，九夏热风室内观。
盛衰孰知何短长？名利实虚不懈怠。
窃思酒色如膘轻，明证贪嗔胜执昧。
窗前寂寂乱永息，己心无窗常孤寂。
闲时诗句各章颂，静来看经二三帙。
莫令五色使人盲，六尘法源勿累然。
贞闲自空天真合，礼拜经日愿安居。[2]

注释[1]此为七言偈，内容有残损。前 8 句应该押-a 韵，韵脚残存“[illegible] nja̱¹”；后 8 句押-i 韵，首句入韵，押韵格式是：9-10-12-13-14-15-16，即除第 11 句不入韵外，均押韵。韵脚是：“[illegible] jijr²”、“[illegible] tjij¹”、“[illegible] zer¹”、“[illegible] dzjij”、“[illegible] djij²”、“[illegible] śjwi̱²”、“[illegible] dźji̱j¹”。

[2] 以下《三观九门枢钥》还有几句骈文，西夏文作：

[illegible]

[觉海闲湛，通光常明，性天云行不辍。大千如影，内心皆现，绝相万有皆遍。缘生各体俱皆空，难思惟众生妄苦。忍受轮回，岂求盛大之劫。殑沙妙果，无始圆融。思此相，岂尽了悟智体，昨夜心空行道，做功处，体自本无菩提事，以心传者倍迷惑。重重 歌偈 竟。]

《三代相照文集》没有收录这段，可能是考虑到这段文体与“偈”不合。

2. 白云大师了悟歌

4166-01-13

西夏文	[illegible]	[illegible]	[illegible]	[illegible]	[illegible]	[illegible]	[illegible]
拟音	djɨj²	phiow¹	ljij²	dzji̱j²	tsjij²	dźjwa¹	ja̱²
对译	云	白	大	师	悟	了	歌
意译	**白云大师了悟歌**①						

① 《三观九门枢钥》题“[illegible]”，款署“[illegible]”，即“白云禅师造”。

4166-01-14

[illegible]①，[illegible]②。

ŋewr^{1} ŋewr^{1} ljɨ^{1} tshjij^{1} ·iọ^{1} dja^{2} dạ^{2} gji^{2} zjọ^{2} zjij^{1} mẹ^{2} ŋowr^{2} ·ju^{2} sã^{1}

乱　乱　论　说　总　△　失，　时　世　略　气　俱　前　散。

纷纷论说总有失，时世习气俱前散。

4166-02-01

[illegible]③，[illegible]④。

dzjọ^{1} sju^{2} khjã^{2} khja^{2} tsjɨr^{1} tsjij^{2} tsjɨ^{1} ŋowr^{2} ju^{2} lhjɨ^{2} rjir^{2} ŋa^{1} ljɨ^{1} dza^{2}

譬　如　殑　伽　法　悟　亦，　俱　前　尘　与　空　论　计。

譬如殑沙法门悟，俱与前尘空论计。

4166-02-02

[illegible]⑤，[illegible]⑥。

tśhjɨ^{1} su^{1} twụ^{1} dzu̱^{2} sọ^{1} khji^{1} gjij^{1} wa^{2} ŋwu^{2} ŋwer^{1} djɨ^{2} thja^{1} dzjɨ^{2} śjij^{1}

尔　胜　正　坐　三　堕　过，　何　以　并　治　彼　习　成。

胜尔正坐三堕过，以何对治成此习。

4166-02-03

[illegible]⑦，[illegible]⑧。

mjijr^{2} bji^{1} war^{2} śjwɨ^{2} ·jij^{1} gji^{1} tshọ^{2} kwər^{1} tsjɨr^{2} gji^{2} mjij^{1} thjij^{2} tśjɨr^{2} zjij^{1}

通　光　财　和　自　醒　虚，　体　性　凭　无　何　缠　着。

通光财和自醒空，体性无凭何缠着。

4166-02-04

[illegible]⑨，[illegible]⑩

wa^{2} niọw^{1} śjạ^{1} tshwew^{1} mji^{1} ljụ^{1} lej^{2} ɣie^{1} tha^{2} ɣjɨ^{1} njij^{2} dźju^{2} noo^{1} njaa^{2}

何　因　七　趣　不　流　变，　力　大　金　刚　弱　衰　非。

---

① 《三观九门枢钥》作"[illegible]"，可译作"纷纭论说总有失"。其中"[illegible] khiee^{1}"，义亦为"乱"；"[illegible] zji^{2}"，义亦为"总"；"[illegible] dạ^{2}"，义亦为"惑、误"。

② 《三观九门枢钥》作"[illegible]"，可译作"世世况味俱已毁"。其中"[illegible] ·a"，义为"一"；"[illegible]"与"[illegible]"字形稍近，"[illegible]"恐误；"[illegible] wjị^{1}"与"[illegible]"通；"[illegible]"与"[illegible]"同；"[illegible] ljiij^{2}"与"[illegible]"形近。

③ 《三观九门枢钥》作"[illegible]"，可译作"譬如恒沙法门悟"，义通。

④ 《三观九门枢钥》作"[illegible]"，可译作"俱是前尘空论计"，义通。

⑤ 《三观九门枢钥》作"[illegible]"作"[illegible]"，义通。

⑥ 《三观九门枢钥》作"[illegible]"，可译作"何气纷纷作修行"，义通。

⑦ 《三观九门枢钥》作"[illegible]"，可译作"通光和财自空境"，义通。

⑧ 《三观九门枢钥》作"[illegible]"，可译作"体性梦灭何缠缚"，义通。

⑨ 《三观九门枢钥》作"[illegible]"，可译作"因何七趣不轮回"。

⑩ 后两字原残，据《三观九门枢钥》补。

因何七趣不流变，大力金刚不衰弱。

4166-02-05

[illegible]① [illegible] [illegible] [illegible] [illegible] [illegible] [illegible]②，[illegible] [illegible] [illegible] [illegible] [illegible] [illegible] [illegible]③。

tśjɨ^1 tśjɨ^1 twụ^1 ·o^2 ljɨ^1 njij^2 pjụ^2 ŋwe^1 bju^1 wją^1 ·ụ^2 du^1 khe̱j^1 dźjij^1

俄 顷 顿 入 宝 王 殿， 愿 依 华 藏 楼 游 行。

俄顷顿入宝王殿，依愿华藏楼游行。

4166-02-06

[illegible] [illegible] [illegible] [illegible] [illegible] [illegible] [illegible]④，[illegible] [illegible] [illegible] [illegible] [illegible] [illegible] [illegible]⑤。

po^1 tjɨj^1 tśja^1 tśhja̱^{1} ŋər^1 lej^1 mjij^1 pa^2 zja^2 mej^1 ·u^2 wər^2 ljọ^2 kjij^1

菩 提 道 上 山 关 无， 般 若 眼 内 翳 何 熏。

菩提道上无山险，般若眼内岂翳熏。

4166-02-07

[illegible] [illegible] [illegible] [illegible] [illegible] [illegible] [illegible]⑥，[illegible] [illegible] [illegible] [illegible] [illegible] [illegible] [illegible]⑦。

tjij^1 thju^2 njɨ^2 njwɨ^2 pha^1 njij^1 mju̱^{2} mej^1 sọ^1 do^1 lhạ^2 dźjij^1 zie^2 lhjij

若 此 至 能 异 心 动， 复 三 毒 迷 行 煎 受。

若此能至异心动，复迷三毒受行煎。

译文： **《白云大师了悟歌》**[1]

纷纷论说总有失，时世习气俱前散。
譬如殑沙法门悟，俱与前尘空论计。
胜尔正坐三堕过，以何对治成此习。
通光财和自醒空，体性无凭何缠着。
因何七趣不流变，大力金刚不懦弱。
俄顷顿入宝王殿，依愿华藏楼游行。
菩提道上无山险，般若眼内岂翳熏。
若此能至异心动，复迷三毒受行煎。[2]

注释：[1]此为七言歌行，共 16 句，前 4 句押-a 韵，首句入韵，韵脚是“[illegible] dạ^2”、

---

① 原文作[illegible]，恐误。
② 《三观九门枢钥》作“[illegible]”，可译作“迅即宝藏殿内入”。
③ 《三观九门枢钥》作“[illegible]”，可译作“自在华藏楼游行”。
④ 《三观九门枢钥》作“[illegible]”，可译作“菩提道上火山无”。
⑤ 《三观九门枢钥》作“[illegible]”，可译作“般若眼内无翳碍”。
⑥ 《三观九门枢钥》作“[illegible]”，可译作“若此能至异心生”。
⑦ 《三观九门枢钥》作“[illegible]”，可译作“复堕三毒下油锅”。

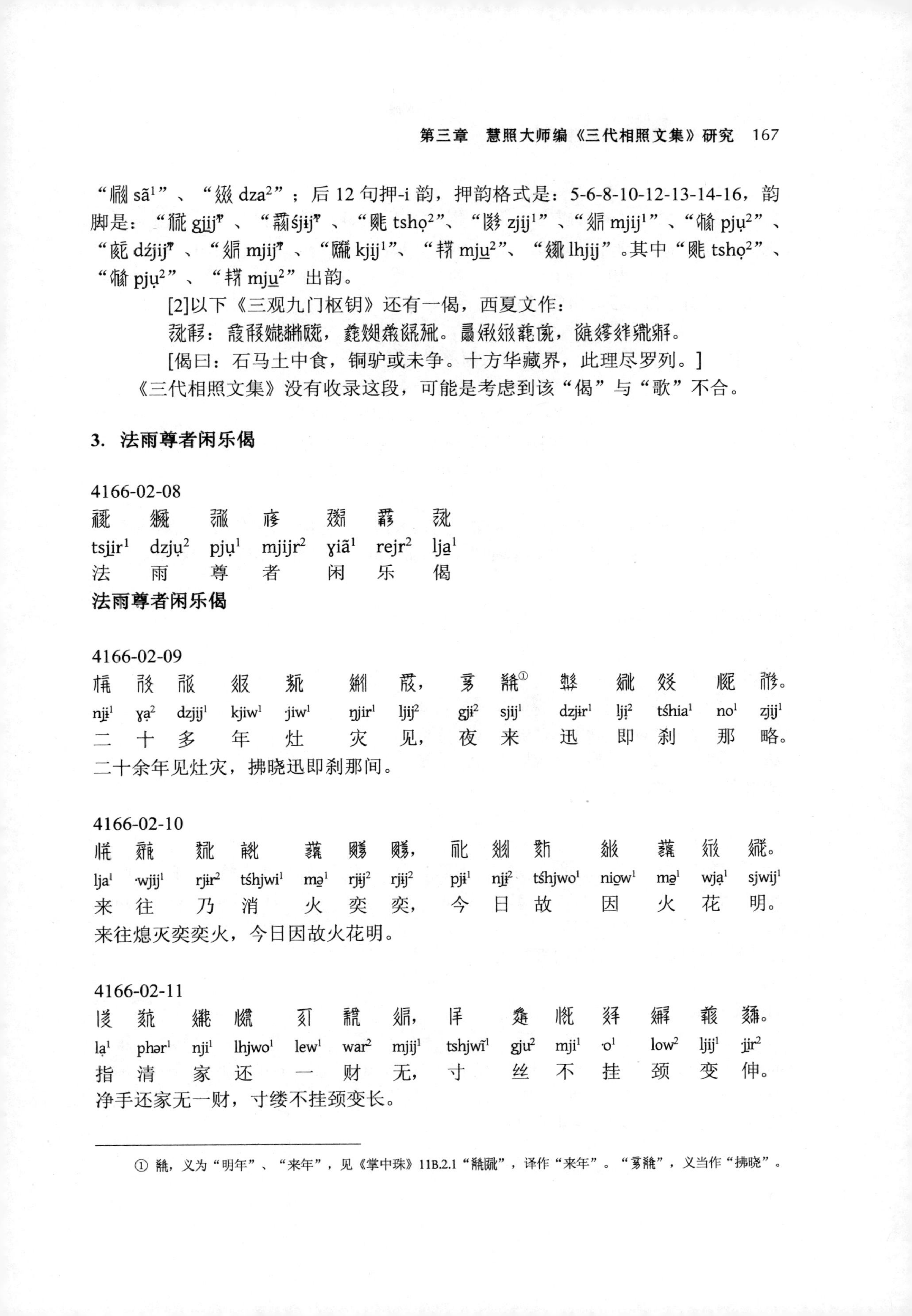

“□ sã^1”、“□ dza^2”；后 12 句押-i 韵，押韵格式是：5-6-8-10-12-13-14-16，韵脚是：“□ gjij^1”、“□ śjɨj^1”、“□ tshọ^2”、“□ zjij^1”、“□ mjij^1”、“□ pjụ^2”、“□ dźjij^1”、“□ mjij^1”、“□ kjij^1”、“□ mju̱^{2}”、“□ lhjij”。其中“□ tshọ^2”、“□ pjụ^2”、“□ mju̱^{2}”出韵。

[2]以下《三观九门枢钥》还有一偈，西夏文作：

□□：□□□□□，□□□□□。□□□□□，□□□□□。

[偈曰：石马土中食，铜驴或未争。十方华藏界，此理尽罗列。]

《三代相照文集》没有收录这段，可能是考虑到该“偈”与“歌”不合。

3. 法雨尊者闲乐偈

4166-02-08

□ □ □ □ □ □ □

tsji̱r^1 dzjụ^2 pjụ^1 mjijr^2 ɣiã^1 rejr^2 lja̱^{1}

法 雨 尊 者 闲 乐 偈

法雨尊者闲乐偈

4166-02-09

□ □ □ □ □ □ □，□ □[①] □ □ □ □ □。

njɨ^1 ɣa̱^{2} dzjij^1 kjiw^1 ·jiw^1 ŋjir^1 ljij^2 gjɨ^2 sjij^1 dzjɨr^1 ljɨ̣^{2} tśhia^1 no^1 zjij^1

二 十 多 年 灶 灾 见，夜 来 迅 即 刹 那 略。

二十余年见灶灾，拂晓迅即刹那间。

4166-02-10

□ □ □ □ □ □ □，□ □ □ □ □ □ □。

lja^1 ·wjij^1 rjir^2 tśhjwi^1 mə̱^{1} rjij^2 rjij^2 pjɨ^1 njɨ̣^{2} tśhjwo^1 nio̱w^1 mə̱^{1} wja̱^{1} sjwij^1

来 往 乃 消 火 奕 奕，今 日 故 因 火 花 明。

来往熄灭奕奕火，今日因故火花明。

4166-02-11

□ □ □ □ □ □ □，□ □ □ □ □ □ □。

la̱^{1} phər^1 nji^1 lhjwo^1 lew^1 war^2 mjij^1 tshjwĩ^1 gju^2 mji^1 ·o^1 low^2 ljij^1 ·ji̱r^2

指 清 家 还 一 财 无，寸 丝 不 挂 颈 变 伸。

净手还家无一财，寸缕不挂颈变长。

---

① □，义为“明年”、“来年”，见《掌中珠》11B.2.1“□□”，译作“来年”。“□□”，义当作“拂晓”。

4166-02-12

[illegible]

rejr2 rejr2 mər2 lhjịj? lhjwo1 kją1 śjwɨ2 lew1 njịj1 ju2 ŋwe1 ɣiã1 ɣiã1 tjịj2

乐 乐 本 国 归 颂 和， 惟 心 常 愿 闲 闲 仪。

乐乐本国归颂和，惟心常愿闲闲仪。

译文： **《法雨尊者闲乐偈》**[1]

二十余年见灶灾，拂晓迅即刹那间。
来往熄灭奕奕火，今日因故火花明。
净手还家无一财，寸缕不挂颈变长。
乐乐本国归颂和，惟心常愿闲闲仪。

注释：[1]此为七言偈颂，共8句，句句入韵，押-i韵，韵脚是："[illegible] ljij2"、"[illegible] zjij1"、"[illegible] rjịj2"、"[illegible] sjwij1"、"[illegible] mjij1"、"[illegible]śjwɨ2"、"[illegible] tjịj2"。

4. 法雨宗师传法歌

4166-02-13

[illegible]

tsjịr1 dzjụ2 mər2 mjijr2 tsjịr1 dẹj1 kją2

法 雨 宗 师 法 传 歌

法雨宗师传法歌

4166-02-14

[illegible]

mjijr2 ɣwə2 bju1 mjij1 dźju1 dźju1 dźju1 ljɨ1 njij2 pjụ2 ·u2 khjɨ2 tśhja2 dzjɨ2

通 独 明 静 寂 显 现， 宝 王 殿 内 万 德 集。

通明独寂静明瞭，宝王殿内万德集。

4166-03-01

[illegible]

ŋwe1 bju1 jij1 dzju2 thjɨ2 bju1 tśhja2 niọw1 wjɨ2 lji twụ1 tji1 rer2 mją1

愿 依 自 在 此 依 过， 又 东 西 处 莫 行 寻。

依愿自在就此过，东西各处莫寻行。

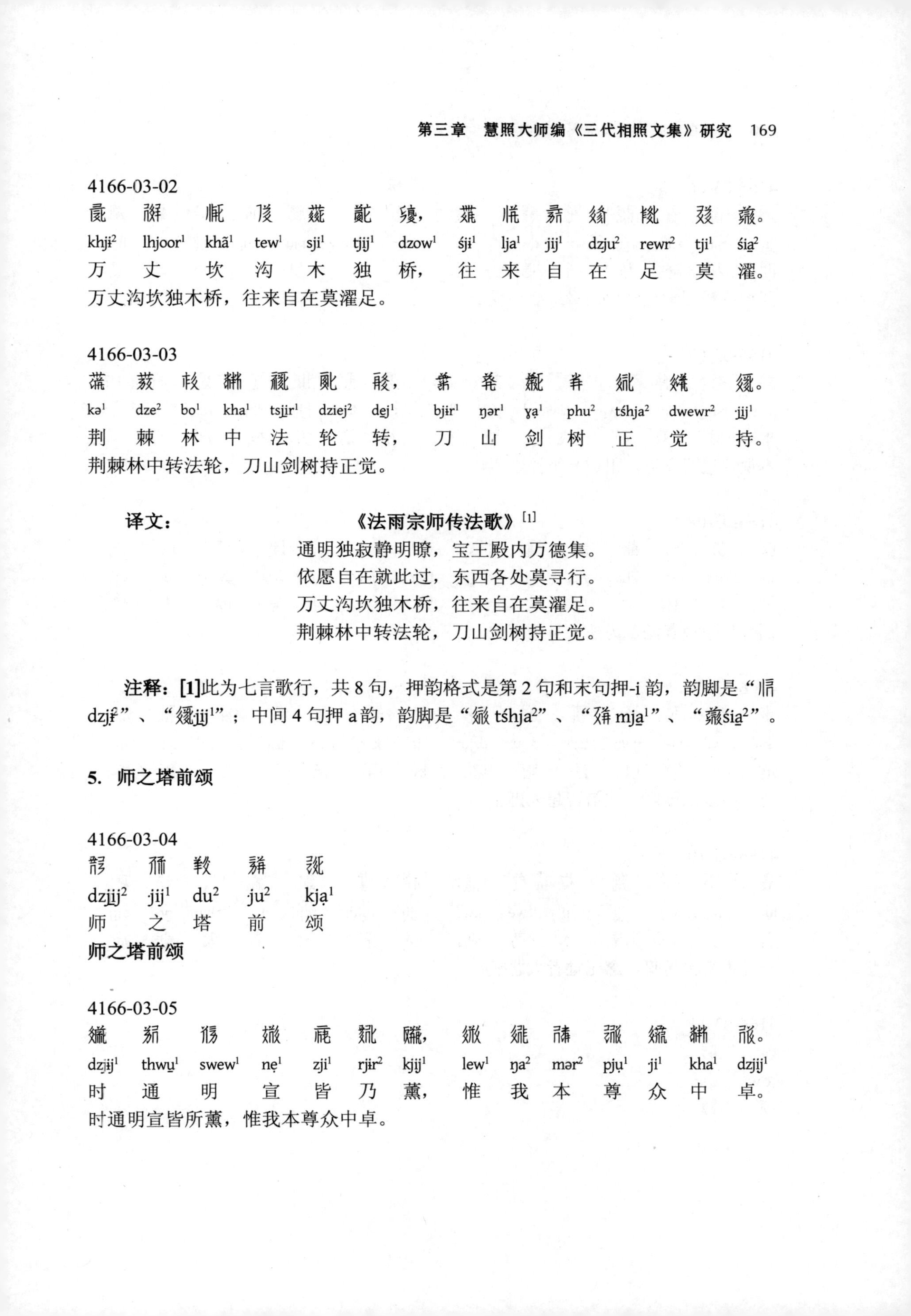

4166-03-02

[illegible]

khjɨ2 lhjoor1 khã1 tew1 sji1 tjij1 dzow1 śjɨ1 lja1 jij1 dzju2 rewr2 tji1 śia̱2

万　丈　坎　沟　木　独　桥，　往　来　自　在　足　莫　濯。

万丈沟坎独木桥，往来自在莫濯足。

4166-03-03

[illegible]

kə1 dze2 bo1 kha1 tsji̱r1 dziej2 de̱j1 bjɨr1 ŋər1 ɣa̱1 phu2 tśhja2 dwewr2 ·ji̱j1

荆　棘　林　中　法　轮　转，　刀　山　剑　树　正　觉　持。

荆棘林中转法轮，刀山剑树持正觉。

译文： **《法雨宗师传法歌》**[1]

通明独寂静明瞭，宝王殿内万德集。

依愿自在就此过，东西各处莫寻行。

万丈沟坎独木桥，往来自在莫濯足。

荆棘林中转法轮，刀山剑树持正觉。

注释：[1]此为七言歌行，共 8 句，押韵格式是第 2 句和末句押-i 韵，韵脚是“[illegible] dzjɨ̱2”、“[illegible]·ji̱j1”；中间 4 句押 a 韵，韵脚是“[illegible] tśhja2”、“[illegible] mja̱1”、“[illegible]śia̱2”。

5. 师之塔前颂

4166-03-04

[illegible]

dzji̱j2 ·jij1 du2 ·ju2 kja̱1

师　之　塔　前　颂

师之塔前颂

4166-03-05

[illegible]

dzjij1 thwu̱1 swew1 ne̱1 zji1 rjɨr2 kjij1 lew1 ŋa2 mər2 pju̱1 ji1 kha1 dzjij1

时　通　明　宣　皆　乃　薰，　惟　我　本　尊　众　中　卓。

时通明宣皆所薰，惟我本尊众中卓。

4166-03-06

[illegible]

ljɨr^1 jij^1 kjij^1 bju^1 ·io̱^{1} dwewr^2 ljij^2 djij^2 phiow^1 pju̱^{1} dzjij^1 njij^1 tjij^2 lhjij。

四 相 释 依 圆 觉 见，云 白 量 过 心 印 受。

四相诠释圆觉见，白云量过心印受。

4166-03-07

[illegible]

mər^2 tshjij^1 lo̱^{2} thwu̱^{1} dźjwow^1 tśja^1 lhju̱^{2} tju̱^{2} tśja^1 bjij^1 tśhjij^1 mju̱^{2} ɣiew^1 dzjij^2

本 说 双 通 飞 道 得，祖 道 升 举 渊 学 教。

本说双通得飞道，祖道高举渊学教。

4166-03-08

[illegible]

kə^1 dze^2 bo^1 kha^1 ɣiej^1 tsjɨr^1 tshjij^1 tsjɨr^1 nio̱w^1 lju̱^{2} dźjɨr^1 dwər^1 mjij^2 djij^2

荆 棘 林 中 真 法 说，法 为 身 舍 倦 未 曾。

荆棘林中说真法，为法舍身倦未曾。

4166-03-09

[illegible]

tśja^1 ljwi^1 lju^2 ŋwu^2 tsjɨr^1 dzju̱^{2} dzju̱^{2} kja̱^{1} dźiej^2 zji^2 dzjij^1 dzjwo^2 ka^2 tśjij^2

道 种 散 以 法 雨 降，威 信 皆 超 人 狮 子。

道种散以法雨降，威信皆超人狮子。

4166-03-10

[illegible]

lu̱^{1} le^2 ɣie̱^{2} dji^1 sji^1 ·we^1 kwə^2 sjij^2 mjijr^2 mjij^1 tja^1 tha^2 ŋo^2 djij^2

石 虎 声 雷 木 鸟 鸣，觉 者 无 者 大 悲 痛。

石虎声雷树鸟鸣，念无觉者大悲痛。

4166-03-11

[illegible]

jow^2 da̱^{2}

颂 曰

颂曰：

4166-03-12

[illegible]	[illegible]	[illegible]	[illegible]，	[illegible]	[illegible]	[illegible]	[illegible]。	[illegible]	[illegible]	[illegible]	[illegible]，
dzji̱j^{2}	ŋwu^{2}	dzji̱j^{2}	nja̱^{2}	dzji̱j^{2}	nja̱^{2}	ljọ^{2}	sjij^{2}	sjij^{2}	ku^{1}	dzji̱j^{2}	nja̱^{2}
师	是	师	非，	师	非	何	觉。	觉	则	师	非，

师是师非，师非何觉？觉则师非，

4166-03-13

[illegible]	[illegible]	[illegible]	[illegible]
dzji̱j^{2}	tja^{1}	sjwɨ^{1}	sjij^{2}
师	者	谁	觉。

师者谁觉？

译文：

《师之塔前颂》[1]

时通明宣皆所薰，惟我本尊众中卓。
四相诠释圆觉见，白云量过心印受。
本说双通得飞道，祖道高举渊学教。
荆棘林中说真法，为法舍身倦未曾。
道种散以法雨降，威信皆超人狮子。
石虎声雷树鸟鸣，念无觉者大悲痛。

颂曰：师是师非，师非何觉？觉则师非，师者谁觉？

注释：[1]“师之塔”，当指埋葬白云大师灵骨舍利之塔。《释氏稽古略》卷 4 记载，清觉去世后的宣和五年（1123），“弟子慧能禀遗训，奉灵骨舍利归葬杭州余杭之南山，当宣和五年之二月也。塔曰白云，院曰普安，后弟子改曰普宁。其于崇德甑山、松林善住，皆其行道之所。德清龙山、超山、方山、乾元山，归安岩山，皆分葬舍利之所。其宗聿兴浙右。”①据此，白云塔当在杭州余杭之南山，迄今为止山上仍存有很多元代造像②。

此为七言偈和四言颂，均押-i 韵。前一部分为偈，共 12 句，押韵格式为：1-2-3-4-6-7-8-10-12，韵脚是“[illegible] kjij^{1}”、“[illegible] dzjij^{1}”、“[illegible] ljij^{2}”、“[illegible] lhjij”、“[illegible] dzji̱j^{2}”、“[illegible] tshji̱j^{1}”、“[illegible] djij^{2}”、“[illegible] tśjij^{2}”、“[illegible] dji̱j^{2}”。后一部分为“偈”，韵脚是“[illegible] sjij^{2}”、“[illegible] sjij^{2}”。

---

① 《释氏稽古略》卷 4，《大正藏》卷 49，No.2037，第 0886 上栏-中栏。
② 赖天兵：《杭州余杭南山元代造像相关问题的探讨》，《杭州文博》2016 年第 2 期。

6. 师之像赞偈

4166-03-14

[illegible] [illegible] [illegible] [illegible] [illegible]

dzjij2 jij1 rər2 jow2 lja̱1

师 之 像 赞 偈

师之像赞偈

4166-04-01

[illegible] [illegible] [illegible] [illegible] [illegible] [illegible] [illegible]，[illegible] [illegible] [illegible] [illegible] [illegible] [illegible] [illegible]。

tha2 jow2 tshjị1 tśior1 śia̱2 tjị2 mjij1 tjụ2 sjij2 zjir2 gjij1 tha1 su1 bjij2

大 叹 土 泥 意 可 无，祖 智 长 多 佛 胜 逝。

大叹泥土无有意，祖智超群胜佛逝。

4166-04-02

[illegible] [illegible] [illegible] [illegible] [illegible] [illegible] [illegible]，[illegible] [illegible] [illegible] [illegible] [illegible] [illegible] [illegible]。

rjur1 rjur1 sjij2 dzjwo2 kjɨr1 mjɨ1 wjị2 mjo2 śjij1 swu2 jij1 kjụ1 ·wji1 zjij1

处 处 写 人 匠 不 会，吾 法 像 相 供 为 时。

各处画匠无法摹，吾法形像求画时。

4166-04-03

[illegible] [illegible] [illegible]① [illegible] [illegible] [illegible] [illegible]，[illegible] [illegible] [illegible] [illegible] [illegible] [illegible] [illegible]。

śjij1 swu2 djij2 nio̱w1 ju̱1 tjị2 ljọ2 rjɨr2 sjij2 ɣjɨr1 twụ1 mjɨ1 rjar2 mjij1

法 像 而 因 视 可 何，乃 画 造 处 踪 迹 无。

法像而凭何可视，令造画时踪迹无。

4166-04-04

[illegible] [illegible] [illegible] [illegible] [illegible] [illegible] [illegible]，[illegible] [illegible] [illegible] [illegible] [illegible] [illegible] [illegible]②。

mjị1 rjur1 zjij1 mjijr2 ju̱1 lja1 zjij1 mej1 tśhjij1 thju1 thju1 kjɨ1 ju̱1 nji2

告 诸 智 者 视 来 时，眼 抬 真 实 必 视 △。

告诸智者来望时，抬眼真实必可见。

译文： **《师之像赞偈》**[1]

大叹泥土无有意，祖智超群胜佛逝。

各处画匠无法摹，吾法形像求画时。

---

① “[illegible]”（djij2），也是连词，在复句中表示转折。

② “[illegible]”，为第二人称复数动词人称呼应后缀，与前句“诸智者”呼应。

法像而凭何可视，令造画时踪迹无。
告诸智者来望时，抬眼真实必可见。

注释: [1]此为七言偈，共 8 句，押-i 韵。押韵格式：1-2-3-4-6-7-8，韵脚为：“[illegible] mjij^{1}”、“[illegible] bji̱j^{2}”、“[illegible] dzjij”、“[illegible] zjij^{1}”、“[illegible] mjij^{1}”、“[illegible] zjij^{1}”、“[illegible] nji^{2}”。

7. 舍家养道偈

4166-04-05
[illegible]
nji^{1} phjɨ^{1} tśja^{1} ·jur^{1} lja̱^{1}
家　舍　道　养　偈
舍家养道偈

4166-04-06
[illegible]
·a mjɨ̱^{2} mur^{1} kha^{1} twụ^{1} ·jij^{1} lhjɨ^{1} thjɨ^{2} ljụ^{2} thjɨ^{2} nji̱j^{1} bej^{1} wə̱^{1} mjij^{1}
一　境　愚　中　顿　自　拔，　此　身　此　心　系　属　无。
一境愚中顿自拔，此身此心系属无。

4166-04-07
[illegible]
nji^{1} mji̱^{1} ljɨ^{1} war^{2} gji̱^{1} njij^{1} ljɨ^{1} ·jir^{1} lĭou^{1} ɣa^{2} njɨ^{2} phə^{2} lji̱j^{2} mjijr^{2}
家　宅　宝　钱　九　亲　及，　禄　福　于　至　弃　毁　者。
家宅宝财和九亲，上至福禄均毁弃。

4166-04-08
[illegible]
lew^{1} zjɨr^{1} tśja^{1} ·jij^{1} ka̱^{1} ·wji^{1} ŋwu^{2} mjo^{2} ljụ^{2} ŋa^{2} nja̱^{2} tsji̱r^{1} kha^{1} dźji̱j^{1}
惟　实　道　之　命　为　以，　吾　身　我　非　法　中　住。
惟实道之以为命，吾身非我法中住。

4166-04-09
[illegible]
lə rjir^{1} lə lhjo^{1} zjị^{1} zjị^{1} tsjɨ^{1} tha^{2} kjur^{2} mji^{1} thjowr^{2} zjir^{2} dźjɨ śjij^{1}
念　得　念　失　烦　恼　亦，　大　志　不　摇　长　行　成。
患得患失亦烦恼，大志不摇永成行。

译文：

《舍家养道偈》[1]

一境愚中顿自拔，此身此心系属无。

家宅宝财和九亲，上至福禄均毁弃。

惟实道之以为命，吾身非我法中住。

患得患失亦烦恼，大志不摇永成行。

注释：[1]此为七言偈，共 8 句，押-i 韵，除第 5 句外，均押韵，韵脚为：“[illegible] lhji̱^{1}”、“[illegible] mjij^1”、“[illegible] ljị^1”、“[illegible] dźjij^1”、“[illegible] tsjɨ^1”、“[illegible] śjɨj^1”。

8. 八忍法仪偈

4166-04-10

[illegible] [illegible] [illegible] [illegible] [illegible]

jar^1 tśhjwɨj^1 tsji̱r^1 tjɨj^2 lja̱^{1}

八 忍 法 式 偈

八忍法仪偈

4166-04-11

[illegible] [illegible] [illegible] [illegible] [illegible] [illegible]，[illegible] [illegible] [illegible] [illegible] [illegible]。

·jɨr^2 djọ^2 tśja^1 dźjwu^1 ze̱w^2 tjɨ^2 mur^1 rjir^2 ·jij^1 tji^1 dwər^2

勤 修 道 人 忍 得， 愚 与 自 莫 较。

（[illegible] [illegible] [illegible] [illegible] [illegible] [illegible] [illegible] [illegible] [illegible] [illegible] [illegible]，

tjij^1 mur^1 dzjwo^2 rjir^2 ŋwu̱^{1} jijr^1 dźjwɨ^1 mjạ^1 twạ^1 tsjụ^1 dźjwɨ^1

（若 凡 人 与 言 强 相 侵 掠 触 相，

[illegible] [illegible] [illegible] [illegible] [illegible] [illegible] [illegible] [illegible] [illegible]。

zow^2 mjɨ^2 tśier^1 ·ju^2 ŋwu^2 dźjwɨ^1 tsjụ^1 ɣiẹ^2 ·wji^1

持 默 方 便 以 相 触 害 为。

道人勤修得忍，莫与凡夫较。（若与凡夫相强语、相侵掠，以持默方便相触为碍。

4166-04-12

[illegible] [illegible] [illegible] [illegible]，[illegible] [illegible] [illegible] [illegible]。） [illegible] [illegible] [illegible]

rjar^1 njɨ^2 dju̱^{1} zjị^1 thju^2 njɨ^2 ku^1 tsjụ^1 tha^1 gji^2 dźjwu^1

司 至 讼 恼， 此 至 则 触。） 佛 子 人

[illegible] [illegible] [illegible]，[illegible] [illegible] [illegible] [illegible] [illegible]。 （[illegible] [illegible] [illegible] ŋewr^{2} ·ju^{2} mur^{1} ·ji^{1} kha^{1} ŋja̧^{2} mji^{1} tshjịj^{1} tjij^{1} rjur^{1} djo̧^{2}

诸 凡 夫， 众 中 亏 不 说。 （若 诸 修

mjijr^{2} dźjị^{2} dzji^{1} wa^{2} dju̱^{1} zjɨ̱r^{1} lhjɨ^{2} zjij^{1} tsjɨ^{1}

者 过 苦 何 有， 微 尘 略 亦

至司讼恼，至此则触。）佛子诸人凡夫，不说众中过。（若诸修者有何罪过，亦似微尘，

4166-04-13

rjur^{1} mur^{1} dzjwo^{2} jij^{1} mji^{1} dwewr^{2} phji^{1} ku^{1} tsjụ^{1} ɣa^{2} njɨ^{2}

诸 凡 人 之 闻 识 令， 则 触 上 至

ljɨ^{1} jir^{2} dźji$^{?}$ tśja^{1} ·wjị^{1} dźjwɨ^{1} ·wụ^{2} jij^{1} gu^{2} zjɨ^{1} sew^{1}

也。） 勤 行 道 亲 相 祐， 自 共 嫉 妒

dzjwɨr^{1} lhjo̱r^{1} thwụ^{1} tśja^{1} ·wjị^{1} ŋo^{2} zjị^{1} tśja^{1} ŋjir^{1}

绝。 （场 同 道 友， 病 恼 诸 灾，

诸凡人之令闻知，则触上至也。）勤行道亲相祐，相互绝嫉妒。（同场道亲，病恼诸灾，

4166-04-14

ka̧^{1} tjị^{1} mji^{1} phja^{1} djo̧^{2} rjur^{1} mjijr^{2} jij^{1} ŋo^{2} tśjị^{1} ljij^{2} twụ^{1} dzjar^{2}

命 归 不 断， 诸 修 者 之 痛 苦 见 处， 灭

bju^{1} mji^{1} gjij^{1} ·wụ^{2} gju^{2} ŋowr^{2} ŋowr^{2} jij^{1} kjɨ^{1} tshji^{1} nio̱w^{1} nio̱w^{1} mji^{1}

因 不 利。 祐 具 一 切 即 必 要 缘， 缘 不

ɣiwej^{1} ljɨ^{1} rjur^{1} djo̧^{2} mjijr^{2} kha^{1} djo̧^{2} tśja^{1} mji^{1} lew^{2} pjo^{1} źier^{1} ŋwụ^{1}

授 及， 诸 修 者 中 修 道 不 同， 恶 骂 语

to^{2} ejur^{1} tsjụ^{1} ɣiȩ^{2} ·wji^{1} thju^{2} njɨ^{2} ku^{1} tsjụ^{1} ljụ^{2} sji^{1} ka̧^{1} dzjar^{2}

出， 相 触 碍 为， 此 至 则 触。） 身 尽 命 灭

归命不断，勤修者之痛苦，见处因灭不利。一切祐具自必有缘，无缘，虽授，诸修者中修道不同，恶詈骂语出，为相触碍，至此则触。）至于身尽命灭，

4166-05-01

[illegible]，[illegible]。（[illegible]

ɣa2 njɨ2 dzjij2 do2 ɣiẹ2 mji1 dźjij1 rjur1 dju1 sjij2 do2

上 至， 余 于 碍 不 行。 （诸 有 识 于

[illegible]。）[illegible]，[illegible]

dwewr2 nio̱w1 mji1 dźjij1 lə ka2 gji1 sej1 lhə nwə1 mji̱1

觉 又 不 行。） 念 灭 清 净 足 知， 施

于我碍不行。（诸有识觉又不行。）足知灭念清净，施

4166-05-02

[illegible]。（[illegible]，[illegible]

dźji̱r1 tśja1 dźjij1 mjijr2 lhew1 ljị1 źji1 njɨ2 mur1 phji1 ɣie1

舍 道 行 者。 （牧 耕 买 等， 愚 意 力

[illegible]，[illegible]

śjij1 bio̱1 jij1 ·wji1 ljɨ1 war2 ku1 du̱1 tsjɨ1 tsjụ1 ɣa2

法 观 自 为 及， 钱 则 积 亦 触 上

[illegible]。）[illegible]，[illegible]

njɨ2 ljɨ1 kạ1 tjị1 gjwɨ1 lwo2 tśhja2 tsji̱r1 ·wejr2

至 也。） 命 归 坚 固 正 法， 护

舍道行者。（牧、耕、买等，愚意力法虽自观为，积财亦触上至。）归命坚固正教，

4166-05-03

[illegible]（[illegible]

jij1 tśja1 wer1 njwi2 ku1 lwow1 tsji̱r1 ɣa2 tjij1 tsjụ1 ljij2

持 道 仪 能。 （则 妄 法 上 若 触 毁

[illegible]，[illegible]，[illegible]

to2 sju2 dźjij1 mji1 lja1 ·jij1 jij1 gjij1 ·wji1 thju2 njɨ2

出 如， 住 不 来 自 之 利 为， 此 至

[illegible]。）[illegible]，[illegible]

ku1 tsjụ1 dzjij1 dzjij1 tjɨ2 bju1 tśhja2 twụ1 kjij1

则 触。） 时 时 得 依 正 忠， 熏

道仪能护持。（则妄法上若触毁出，不住来自为之利，至此则触。）时时得依忠正，

熏

4166-05-04

[illegible]	[illegible]	[illegible]	[illegible]。	（[illegible]	[illegible]	[illegible]	[illegible]	[illegible]	[illegible]	[illegible]
dzjɨ^{2}	gjwɨ^{1}	·jij^{1}	ŋwu^{2}	zji^{2}	phju^{2}	tśja^{1}	ɣa^{2}	njɨ^{2}	ŋewr^{2}	kjij^{1}
习	坚	持	以。	（最	上	道	上	日	每	熏
[illegible]，	[illegible]	[illegible]	[illegible]	[illegible]，	[illegible]	[illegible]	[illegible]	[illegible]，	[illegible]	[illegible]
dzjɨ^{2}	tjɨ^{1}	njɨ^{2}	ŋowr^{2}	zar^{2}	mər^{2}	njij^{1}	mji^{1}	lhew^{1}	thju^{2}	njɨ^{2}
习，	若	日	全	经，	本	心	不	放，	此	至
[illegible]	[illegible]。）	[illegible]	[illegible]	[illegible]	[illegible]	[illegible]	[illegible]，	[illegible]		
ku^{1}	tsjụ^{1}	·a	njij^{1}	gjwɨ^{1}	lwo^{2}	dwụ^{2}	lwu^{2}	tshji^{1}		
则	触。）	一	心	坚	固	秘	隐，	要		

习以坚持。（于最上道每日熏习，若经全天，本心不放，至此则触。）一心坚固隐秘，要

4166-05-05

[illegible]	[illegible]	[illegible]	[illegible]。	（[illegible]	[illegible]	[illegible]	[illegible]，	[illegible]	[illegible]
ŋwụ^{1}	·wejr^{2}	·jij^{1}	njwi^{2}	thjɨ^{2}	tshji^{1}	ŋwụ^{1}	bju^{1},	tjij^{1}	njij^{1}
论	护	持	能。	（此	要	论	依，	若	心
[illegible]	[illegible]	[illegible]	[illegible]	[illegible]	[illegible]，	[illegible]	[illegible]	[illegible]	[illegible]。）
nwə^{1}	dźjij^{1}	tshji^{1}	mər^{2}	mji^{1}	·wji^{1}	thju^{2}	njɨ^{2}	ku^{1}	tsjụ^{1}
知	行	要	本	不	为，	此	至	则	触。）

论能护持。（依此要论，若心知行，不为本要，至此则触。）

译文：《八忍法仪偈》[1]

道人勤修得忍，莫与凡夫较。（若与凡夫相强语、相侵掠，以持默方便相触为碍。至司讼恼，至此则触。）

佛子诸人凡夫，不说众中过。（若诸修者有何罪过，亦似微尘，诸凡人之令闻知，则触上至也。）

勤行道亲相祐，相互绝嫉妒。（同场道亲，病恼诸灾，归命不断，勤修者之痛苦，见处因灭不利。一切祐具自必有缘，无缘，虽授，诸修者中修道不同，恶詈骂语出，为相触碍，至此则触。）

至于身尽命灭，于我碍不行。（诸有识觉又不行。）

足知灭念清净，施舍道行者。（牧、耕、买等，愚意力法虽自观为，积财亦触上至。）

归命坚固正教，道仪能护持。（则妄法上若触毁出，不住来自为之利，至此则触。）

时时得依忠正，熏习以坚持。（于最上道每日熏习，若经全天，本心不放，至此则触。）

一心坚固隐秘，要论能护持。（依此要论，若心知行，不为本要，至此则触。）

注释：[1]此为偈颂，共8句，押-i韵，韵脚为："[illegible] tjɨ^{2}"、"[illegible] tshji̱j^{1}"、"[illegible] njɨ^{2}"、"[illegible] dźjij^{1}"、"[illegible] njwi^{2}"、"[illegible] njwi^{2}"。

9. 初学入道法

4166-05-06

[illegible]	[illegible]	[illegible]	[illegible]	[illegible]
ɣu^{1}	ɣiew^{1}	tśja^{1}	·o^{2}	śjij^{1}
初	学	道	入	法

初学入道法

4166-05-07

[illegible]	[illegible]	[illegible]	[illegible]	[illegible]
dzjụ^{2}	dźiwe^{1}	tśja^{1}	mjijr^{2}	tshji̱j^{1}
雨	啸	道	者	说

雨啸 道者 说

4166-05-08

[illegible]	[illegible]	[illegible]	[illegible]	[illegible]，	[illegible]	[illegible]	[illegible]
·ọ^{1}	mjɨ^{1}	pjụ^{1}	rjur^{1}	tha^{1}	tsji̱r^{1}	kiẹj^{2}	·ji^{1}
夫	无	量	诸	佛，	法	界	众
[illegible]，	[illegible]	[illegible]	[illegible]	[illegible]，	[illegible]	[illegible]	[illegible]
we̱^{1}	kwər^{1}	tsji̱r^{2}	tjij^{1}	thwu̱^{1}	mər^{2}	do^{2}	pha^{1}
生，	体	性	独	同，	本	差	异

夫无量诸佛，法界众生，体性独同，本无差异。

4166-05-09

[illegible]。	[illegible]	[illegible]	[illegible]	[illegible]，	[illegible]	[illegible]	[illegible]
mjij^{1}	tjɨ^{1}	ŋwu^{2}	tja^{1}	ŋwu^{2}	dji̱^{1}	tjị^{2} mji^{1}	
无。	嘀	是	哒	是，	分	可	不
[illegible]，	[illegible]	[illegible]	[illegible]	[illegible]	[illegible]	[illegible]	[illegible]
·wjij^{2}	lew^{1}	thjɨ^{2}	mjor^{1}	·ju ^{2}	rjur^{1}	mji̱^{2}	kiẹj^{2}
有，	惟	此	现	前	诸	境	界

是嘀是哒①，有不可分，惟此现前诸境界，

---

① "[illegible]"（tjɨ^{1}）和"[illegible]"（tja^{1}），均为表音字，所指不明，这里据读音暂译作"嘀"和"哒"。

4166-05-10

[illegible]，	[illegible]	[illegible]	[illegible]	[illegible]，	[illegible]	[illegible]	[illegible]
ɣa^{2}	lwow^{1}	sji^{2}	sjij^{2}	śjwo^{1}	ŋjir^{1}	ŋwu^{2}	mji^{1}
上，	妄	智	识	生，	祸	是	不
[illegible]。	[illegible]	[illegible]	[illegible]	[illegible]，	[illegible]	[illegible]	[illegible]
dwewr^{2}	sjij^{1}	tśja^{1}	djọ^{2}	kięj^{2}	ku^{1}	pha^{1}	khio^{2}
觉。	今	道	修	欲，	则	别	巧

生妄智识，不觉是祸。今欲修道，则不能异巧，

4166-05-11

[illegible]	[illegible]，	[illegible]	[illegible]	[illegible]	[illegible]，	[illegible]	[illegible]
njwi^{2}	mjij^{1}	tśier^{1}	ju^{2}	tji^{1}	·wji^{1}	njij^{1}	tji^{1}
能	无，	方	便	莫	为，	心	莫
[illegible]	[illegible]，	[illegible]	[illegible]	[illegible]	[illegible]，	[illegible]	[illegible]
ljɨ̣^{1}	rjijr^{2}	mjɨ^{1}	dźju^{1}	tji^{1}	lhjij$^{?}$	mə^{2}	mə^{2}
劳	苦，	他	妄	莫	受。	种	种

方便莫作，心勿劳苦，莫受他妄。于种种

4166-05-12

[illegible]	[illegible]，	[illegible]	[illegible]	[illegible]①	[illegible]。	[illegible]	[illegible]
dạ^{2}	ɣa^{2}	bej^{1}	wə̣^{1}	djij^{2}	mjij^{1}	wa^{2}	nio̱w^{1}
事	上，	系	属	当	无。	何	因
[illegible]？	[illegible]	[illegible]	[illegible]	[illegible]②	[illegible]，	[illegible]	[illegible]
jɨ^{2}	ku^{1}	njij^{1}	mjɨ^{2}	sji^{2}	lew^{2}	rjur^{1}	dju^{1}
谓？	则	心	境	能	所，	诸	有

事，无有系属。因何而说？则心境能所，一切诸有，

4166-05-13

[illegible]	[illegible]，	[illegible]	[illegible]	[illegible]	[illegible]	[illegible]	[illegible]。
ŋowr^{2}	ŋowr^{2}	zji^{2}	dzjwo^{2}	dźju^{1}	·wji^{1}	sji^{2}	ŋwu^{2}
一	切，	皆	人	欺	为	△	也。
[illegible]	[illegible]	[illegible]，	[illegible]	[illegible]	[illegible]，	[illegible]	[illegible]
zjɨr^{1}	thjɨ^{2}	sju^{2}	thja^{1}	sju^{2}	mjij^{1}	thja^{1}	mjij^{1}
真	此	如，	彼	如	无，	彼	无

① “[illegible]”（djij^{2}），动词希求式前缀，表示“离开说话者”义。
② “[illegible]”（sji^{2}），为名物化助词，下同。

皆所为欺人也。真如此，不如彼，无彼

4166-05-14

[illegible]	[illegible]	[illegible]	[illegible]，	[illegible]	[illegible]	[illegible]	[illegible]
tsjɨ¹	thju¹	thju¹	nja̱²	zjɨr¹	mjij¹	tsjɨ¹	ji̱²
亦	真	实	非，	真	无	成	亦
[illegible]	[illegible]	[illegible]	[illegible]。	[illegible]	[illegible]	[illegible]？	[illegible]
mej¹	mej¹	tar¹	ŋwu²	wa²	nio̱w¹	jɨ²	ku¹
复	眼	践	是。	何	因	谓？	则

亦非真实，亦成无实，复眼见也。何如？则

4166-06-01

[illegible]	[illegible]	[illegible]	[illegible]，	[illegible]	[illegible]	[illegible]	[illegible]？
mər²	dju¹	mjij²	djij²	nio̱w¹	mjij¹	thjij²	we²
本	有	未	曾，	复	无	何	成？
[illegible]	[illegible]	[illegible]，	[illegible]	[illegible]	[illegible]	[illegible]	[illegible]。
tjij¹	mjij¹	dzjij?	ku¹	thja¹	mjij¹	jij¹	dju¹
若	无	肯，	则	彼	无	即	有。

本未曾有，又岂成无？若无，则彼无即有。

4166-06-02

[illegible]	[illegible]	[illegible]	[illegible]？	[illegible]	[illegible]	[illegible]	[illegible]
zji¹	njɨ²	ŋwu²	ljij²	ljij²	ŋewr²	zji²	śji¹
乃	至	何	见？	见	数	皆	前
[illegible]	[illegible]，	[illegible]	[illegible]	[illegible]	[illegible]。	[illegible]	[illegible]
rjir²	lew²	tśhjɨ̱²	tśhju̱²	kha¹	dji̱¹	tjij¹	thji²
与	同，	颠	倒	中	沉。	若	此

乃至见何？每见皆与前同，颠倒中没。若如此，

4166-06-03

[illegible]，	[illegible]	[illegible]	[illegible]	[illegible]	[illegible]	[illegible]	[illegible]，
sju²	ku¹	bj̱ij²	zjij¹	tsj̱ir¹	lhjwi¹	lew²	mjij¹
如，	则	一	略	法	取	所	无，
[illegible]	[illegible]	[illegible]	[illegible]。	[illegible]	[illegible]	[illegible]	[illegible]
mər²	we̱¹	mjij¹	ljɨ¹	bj̱ij²	zjij¹	tsj̱ir¹	dźj̱ir¹
本	生	无	也。	一	略	法	舍

则一概无所取法，本生无也。一概无所舍法，

4166-06-04

[illegible]	[illegible]，	[illegible]	[illegible]	[illegible]	[illegible]。	[illegible]	[illegible]
lew²	mjij¹	mər²	dzjar²	mjij¹	ljɨ¹	we̱¹	dzjar²
所	无，	本	灭	无	也。	生	灭
[illegible]，	[illegible]	[illegible]	[illegible]	[illegible]	[illegible]，	[illegible]	[illegible]
mjij¹	ku¹	ɣię²	lų²	zji²	mjij¹	·jij¹	mər²
无，	则	碍	障	皆	无，	自	本

本无灭也。生灭无，则障碍皆无，即本

4166-06-05

[illegible]	[illegible]	[illegible]	[illegible]	[illegible]	[illegible]	[illegible]	[illegible]
njij¹	ŋwu²	tśhjwo¹	·wji¹	·wji¹	thjo̱¹	dźju¹	ŋowr²
心	是。	故	作	作	妙	显	一
[illegible]	[illegible]	[illegible]，	[illegible]	[illegible]	[illegible]	[illegible]	[illegible]
ŋowr²	ljwu¹	mjij¹	mə¹	tśhja̱¹	dzjwo²	kha¹	ɣjiw¹
切	违	无，	天	上	人	间	摄

心也。故一切所作，显明无违，天上人间，无所摄

4166-06-06

[illegible]	[illegible]	[illegible]	[illegible]，	[illegible]	[illegible]	[illegible]	[illegible]
ɣiwej¹	lew²	mjɨ¹	we²	thja¹	śjij¹	bie²	lhew²
受	所	不	为，	彼	法	解	脱
[illegible]	[illegible]	[illegible]	[illegible]，	[illegible]	[illegible]	[illegible]	[illegible]
mjij²	tha²	·jij¹	dzju²	sjij¹	we̱¹	mjij¹	·jɨ²
名	大	自	在，	今	生	无	谓

受，彼法曰解脱大自在。今无生谓者，

4166-06-07

[illegible]，	[illegible]	[illegible]	[illegible]	[illegible]	[illegible]	[illegible]	[illegible]
tja¹	tsjir¹	mər²	śjwo¹	mjɨ¹	dzjij?	kha¹	tśhjwij¹
者，	法	本	生	不	可	中	妄
[illegible]	[illegible]，	[illegible]	[illegible]	[illegible]	[illegible]，	[illegible]	[illegible]
thju̱¹	ljij²	śjwo¹	·jij¹	t-	bju¹	njir²	we̱¹
察	见，	生	于	背	依，	权	生

法本不可生，察中见妄，依背于生，谓权无生。

4166-06-08

[illegible]	[illegible]。	[illegible]	[illegible]	[illegible]	[illegible]，	[illegible]	[illegible]
mjij^{1}	·jɨ^{2}	śjwo^{1}	ljɨ̣^{1}	mjɨ^{1}	dzjij$^{?}$	ku^{1}	mjij^{1}
无	谓。	生	虽	不	肯，	则	无
[illegible]	[illegible]	[illegible]	[illegible]？	[illegible]	[illegible]	[illegible]	[illegible]
phji^{1}	ɣa^{2}	ljọ^{2}	njɨ^{2}	śjɨ^{1}	dju^{1}	·wjɨ^{2}	jijr^{2}
令	上	何	至？	往	有	已	遣

发而不肯，则令无岂至？有往已遣，

4166-06-09

[illegible]，	[illegible]	[illegible]	[illegible]	[illegible]，	[illegible]	[illegible]	[illegible]
thjɨ^{2}	thja^{1}	mjij^{1}	lhjwi^{1}	niọw^{1}	njir^{2}	dzjar^{2}	mjij^{1}
上，	彼	无	取	因，	权	灭	无
[illegible]，	[illegible]	[illegible]	[illegible]	[illegible]	[illegible]	[illegible]	[illegible]，
tshjịj^{1}	thjɨ^{2}	sju^{2}	ku^{1}	dju^{1}	tha^{2}	dju^{1}	nja̱^{2}
说，	此	如	则	有	自	有	非，

因彼取无，权说无灭，如此则有即非有，

4166-06-10

[illegible]	[illegible]	[illegible]	[illegible]。	[illegible]	[illegible]	[illegible]	[illegible]
mjij^{1}	tha^{2}	mjij^{1}	mə̣^{1}	kha^{1}	niọw^{1}	sjij^{1}	mjij^{1}
无	即	无	无。	中	复	生	无
[illegible]	[illegible]。	[illegible]	[illegible]？	[illegible]	[illegible]	[illegible]	[illegible]
dzjar^{2}	mjij^{1}	thjij^{2}	tshjịj^{1}	ŋwu̱^{1}	dạ^{2}	tśja^{1}	ljɨ̣^{1}
灭	无。	何	说？	言	语	道	及

无即非无，复无生无灭。何谓？言语道及

4166-06-11

[illegible]	[illegible]	[illegible]	[illegible]，	[illegible]	[illegible]	[illegible]	[illegible]，
thjɨ^{2}	sjịj^{2}	dźjij^{1}	njɨ^{2}	zjɨ^{2}	śjɨ^{1}	·wjɨ^{2}	sju^{2}
心	思	行	等，	皆	前	已	如，
[illegible]	[illegible]	[illegible]	[illegible]	[illegible]	[illegible]	[illegible]	[illegible]
thjɨ^{2}	niọw^{1}	bju^{1}	ku^{1}	ŋwu^{2}	dzjwɨ^{2}	djɨ̣^{2}	ŋewr^{2}
此	因	依	则	何	修	治	每

心想行等，皆已如前，因此则每修治

4166-06-12

[illegible]	[illegible]	[illegible]	[illegible]	[illegible]	[illegible]。	[illegible]	[illegible]
zji^2	rjijr^2	gju^2	·wji^1	sji^2	ŋwu^2	nwə^1	lew^2
皆	劳	苦	为	能	是。	知	所
[illegible]	[illegible]	[illegible]	[illegible]	[illegible]，	[illegible]	[illegible]	[illegible]
thjɨ^2	sju^2	gjɨ^2	ŋwu^2	jɨ^2	tsjɨ^1	zji^2	lha
此	如	一	是	谓，	亦	皆	迷

皆劳苦所为。若所知如此，亦皆是惑。

4166-06-13

[illegible]。	[illegible]	[illegible]	[illegible]	[illegible]	[illegible]	[illegible]，	[illegible]
ŋwu^2	kha^1	nio̱w^1	mjijr^2	sjij^2	ɣiwej^1	ŋwu^2	mji^1
是。	中	又	精	识	执	以，	闻
[illegible]	[illegible]	[illegible]，	[illegible]	[illegible]	[illegible]	[illegible]	[illegible]，
ljij^2	nwə^1	dwewr^2	ɣu^1	ljwij^1	tśhjo^2	mjor^1	·wji^1
见	知	觉，	头	颈	物	实	为，

复执精识以，闻见知觉，实为头颈佩饰，

4166-06-14

[illegible]	[illegible]	[illegible]	[illegible]	[illegible]，	[illegible]	[illegible]	[illegible]
ljɨ^1	pha^1	tja̱^{1}	wer^1	lew^2	dju^1	ŋewr^2	zji^2
及	别	装	饰	所，	有	每	皆
[illegible]	[illegible]	[illegible]	[illegible]，	[illegible]	[illegible]	[illegible]	[illegible]
njɨ^2	phiow^1	·ju^1	mji^1	mji^1	dzjwo^2	tśier^1	ŋewr^2
日	白	鬼	见，	不	人	便	得

别所伪饰，所有皆白日见鬼，非得便人

4166-07-01

[illegible]	[illegible]	[illegible]	[illegible]	[illegible]。	[illegible]	[illegible]	[illegible]
śjij^1	ŋwu^2	tja^1	sjwij^1	ljɨ^1	djo̱^{2}	mjijr^2	se̱w^2
法	是	者	明	也。	修	者	思
[illegible]，	[illegible]	[illegible]	[illegible]	[illegible]，	[illegible]	[illegible]	[illegible]
lew^2	mjɨ^1	dźju^1	tji^1	lhjij	zia̱^{2}	lew^2	zia̱^{2}
所，	彼	妄	莫	受，	勉	所	勉

法者明也。修者思之，彼妄莫受，勉之勉之。

4166-07-02

[illegible]。

lew²

所

译文：《初学入道法》 雨啸道者 说

夫无量诸佛，法界众生，体性独同，本无差异。是嘀是哒，有不可分，惟此现前诸境界，生妄智识，不觉是祸。今欲修道，则不能异巧。方便莫作，心勿劳苦，莫受他妄。于种种事，无有系属，因何而说？则心境能所，一切诸有，皆所为欺人也。真如此，不如彼，无彼亦非真实，亦成无实，复眼见也。何如？则本未曾有，又岂成无？若无，则彼无即有。乃至见何？每见皆与前同，颠倒中没。若如此，则一概无所取法，本生无也。一概无所舍法，本无灭也。生灭无，则障碍皆无，即本心也。故一切所作，显明无违，天上人间，无所摄受，彼法曰解脱大自在。今无生谓者，法本不可生，察中见妄。依背于生，谓权无生。发而不肯，则令无岂至？有往已遣，因彼取无，权说无灭，如此则有即非有，无即非无，复无生无灭。何谓？言语道及心想行等，皆已如前，因此则每修治皆劳苦所为。若所知如此，亦皆是惑。复执精识以，闻见知觉，实为头颈佩饰，别所伪饰，所有皆白日见鬼，非得便人法者明也。修者思之，彼妄莫受，勉之勉之。

10. 人水道者觉受歌（音朝天乐）

4166-07-03

[illegible]（[illegible]）

dźjwu¹ zjịr² tśja¹ mjijr² dwewr² lhjij kją² ɣię² tśhja̱¹ tji² lew²

人 水 道 者 觉 受 歌 （音 朝 天 乐）

人水道者觉受歌（音朝天乐）

4166-07-04

[illegible]，[illegible]。

mjo² jij¹ tśjɨ¹ tsjij² śjij¹ sjwɨ¹ tsjɨ¹ pjụ¹ mjij² bjij²

吾 之 悟 解 法， 孰 亦 量 未 时。

吾之悟解法，孰亦未量时。

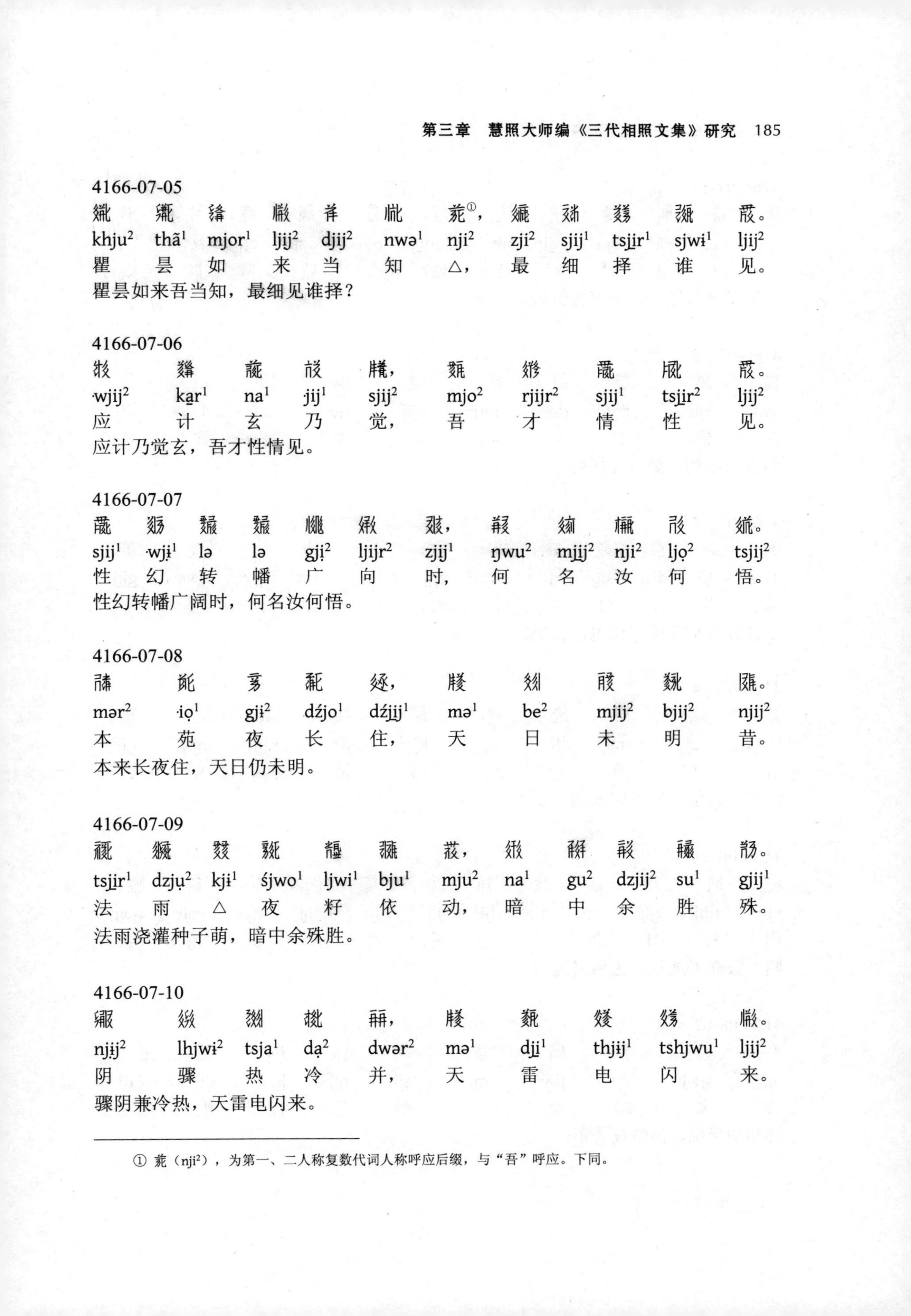

4166-07-05

[illegible]

khju^{2}　thã^{1}　mjor^{1}　ljij^{2}　djij^{2}　nwə^{1}　nji^{2}　zji^{2}　sjij^{1}　tsj̱ir^{1}　sjwɨ^{1}　ljij^{2}

瞿　昙　如　来　当　知　△，　最　细　择　谁　见。

瞿昙如来吾当知，最细见谁择？

4166-07-06

[illegible]

·wjij^{2}　ka̱r^{1}　na^{1}　jij^{1}　sjij^{2}　mjo^{2}　rjijr^{2}　sjij^{1}　tsj̱ir^{2}　ljij^{2}

应　计　玄　乃　觉，　吾　才　情　性　见。

应计乃觉玄，吾才性情见。

4166-07-07

[illegible]

sjij^{1}　·wjɨ^{1}　lə　lə　gjị^{2}　ljijr^{2}　zjij^{1}　ŋwu^{2}　mjij^{2}　nji^{2}　ljọ^{2}　tsjij^{2}

性　幻　转　幡　广　向　时，　何　名　汝　何　悟。

性幻转幡广阔时，何名汝何悟。

4166-07-08

[illegible]

mər^{2}　·iọ^{1}　gjɨ^{2}　dźjo^{1}　dźjij^{1}　mə^{1}　be^{2}　mjij^{2}　bjij^{2}　njij^{2}

本　苑　夜　长　住，　天　日　未　明　昔。

本来长夜住，天日仍未明。

4166-07-09

[illegible]

tsj̱ir^{1}　dzjụ^{2}　kjɨ^{1}　śjwo^{1}　ljwi^{1}　bju^{1}　mju^{2}　na^{1}　gu^{2}　dzjij^{2}　su^{1}　gjij^{1}

法　雨　△　夜　籽　依　动，　暗　中　余　胜　殊。

法雨浇灌种子萌，暗中余殊胜。

4166-07-10

[illegible]

njɨj^{2}　lhjwɨ^{2}　tsja^{1}　dạ^{2}　dwər^{2}　mə^{1}　dji^{1}　thjɨj^{1}　tshjwu^{1}　ljij^{2}

阴　骤　热　冷　并，　天　雷　电　闪　来。

骤阴兼冷热，天雷电闪来。

---

① [illegible]（nji^{2}），为第一、二人称复数代词人称呼应后缀，与“吾”呼应。下同。

4166-07-11

[illegible]	[illegible]	[illegible]	[illegible]	[illegible]	[illegible]	[illegible]，	[illegible]	[illegible]	[illegible]	[illegible]	[illegible]。
sjij^{1}	dzu^{1}	ɣã^{2}	bju^{1}	gjịj^{1}	rjɨr^{2}	tshjịj^{1}	nja^{1}	dzjụ^{2}	zji^{2}	sew^{1}	ljịj^{2}
性	喜	旱	因	多	乃	说，	△	降	皆	惧	毁。

因大旱多言性喜，降雨皆惧毁。

4166-07-12

[illegible]	[illegible]	[illegible]	[illegible]	[illegible]，	[illegible]	[illegible]	[illegible]	[illegible]	[illegible]。
ljwi^{1}	bju^{1}	tśja^{1}	thjɨ^{2}	mju^{2}	djịj^{2}	sju^{2}	du^{1}	du^{1}	ljij^{1}
籽	依	道	心	动，	云	如	挥	挥	盛。

萌发道心动，如云飞扬盛。

4166-07-13

[illegible]	[illegible]	[illegible]	[illegible]	[illegible]	[illegible]	[illegible]，	[illegible]	[illegible]	[illegible]	[illegible]	[illegible]。
dźiej^{2}	ljị^{1}	dzu^{1}	sjij^{1}	kjɨ^{1}	dwər^{2}	zjij^{1}	thjịj^{1}	sju^{2}	zjir^{2}	swew^{1}	gjịj^{1}
信	及	爱	性	△	对	时，	电	如	长	明	多。

信及爱性相匹配，如电永长明。

4166-07-14

[illegible]	[illegible]	[illegible]	[illegible]	[illegible]，	[illegible]	[illegible]	[illegible]	[illegible]	[illegible]。
tśhjwo^{1}	zjij^{1}	mə^{1}	djị^{1}	nji^{2}	kjọ^{1}	·jɨ^{2}	njịj^{2}	mjij^{2}	ljịj^{2}
故	时	闪	电	△，	愿	谓	阴	未	毁。

故时天闪电，愿谓阴未毁。

4166-08-01

[illegible]	[illegible]	[illegible]	[illegible]	[illegible]	[illegible]	[illegible]，	[illegible]	[illegible]	[illegible]	[illegible]	[illegible]。
njịj^{2}	mjij^{2}	ljịj^{2}	tsjɨ^{1}	mə^{1}	ljị^{2}	ljij^{2}	śjɨ^{1}	dźjịj^{1}	tśja^{1}	rejr^{2}	sjwij^{1}
阴	未	坏	亦	天	地	见，	往	处	道	场	明。

阴未毁亦天地见，去留道场明。

4166-08-02

[illegible]	[illegible]	[illegible]	[illegible]	[illegible]，	[illegible]	[illegible]	[illegible]	[illegible]	[illegible]。
njịj^{1}	śjwi̱^{2}	·jij^{1}	·jiw^{2}	mjij^{1}	zjị^{1}	nji̱^{2}	kjọ^{1}	śjɨ^{1}	dźjịj^{1}
心	和	即	疑	无，	烦	恼	任	往	住。

心和即无疑，烦恼任去留。

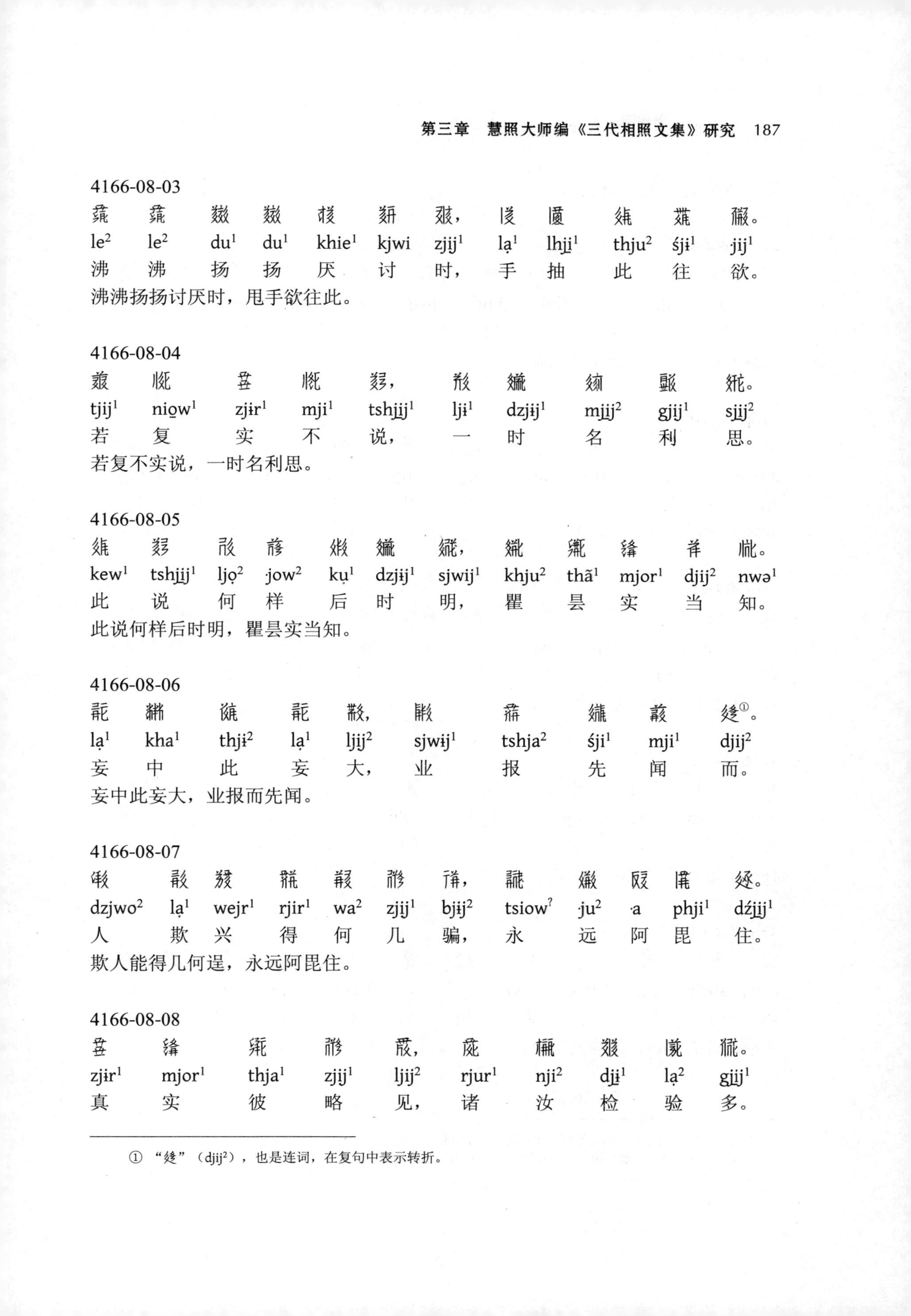

4166-08-03

[illegible]

le^2 le^2 du^1 du^1 khie^1 kjwi zjij^1 lạ^1 lhji̠^{1} thju^2 śjɨ^1 ·jij^1

沸 沸 扬 扬 厌 讨 时， 手 抽 此 往 欲。

沸沸扬扬讨厌时，甩手欲往此。

4166-08-04

[illegible]

tjij^1 nio̠w^1 zjɨr^1 mji^1 tshji̠j^1 ljɨ^1 dzjɨj^1 mji̠j^2 gji̠j^1 sji̠j^2

若 复 实 不 说， 一 时 名 利 思。

若复不实说，一时名利思。

4166-08-05

[illegible]

kew^1 tshji̠j^1 ljo̠^{2} ·jow^2 kụ^1 dzjɨj^1 sjwij^1 khju^2 thã^1 mjor^1 djij^2 nwə^1

此 说 何 样 后 时 明， 瞿 昙 实 当 知。

此说何样后时明，瞿昙实当知。

4166-08-06

[illegible]①。

lạ^1 kha^1 thjɨ^2 lạ^1 lji̠j^2 sjwɨj^1 tshja^2 śji^1 mji^1 djij^2

妄 中 此 妄 大， 业 报 先 闻 而。

妄中此妄大，业报而先闻。

4166-08-07

[illegible]

dzjwo^2 lạ^1 wejr^1 rjir^1 wa^2 zjij^1 bjɨj^2 tsiow$^?$ ·ju^2 ·a phji^1 dźji̠j^1

人 欺 兴 得 何 几 骗， 永 远 阿 毘 住。

欺人能得几何逞，永远阿毘住。

4166-08-08

[illegible]

zjɨr^1 mjor^1 thja^1 zjij^1 ljij^2 rjur^1 nji^2 dji̠^{1} lạ^2 gji̠j^1

真 实 彼 略 见， 诸 汝 检 验 多。

---

① “[illegible]”（djij^2），也是连词，在复句中表示转折。

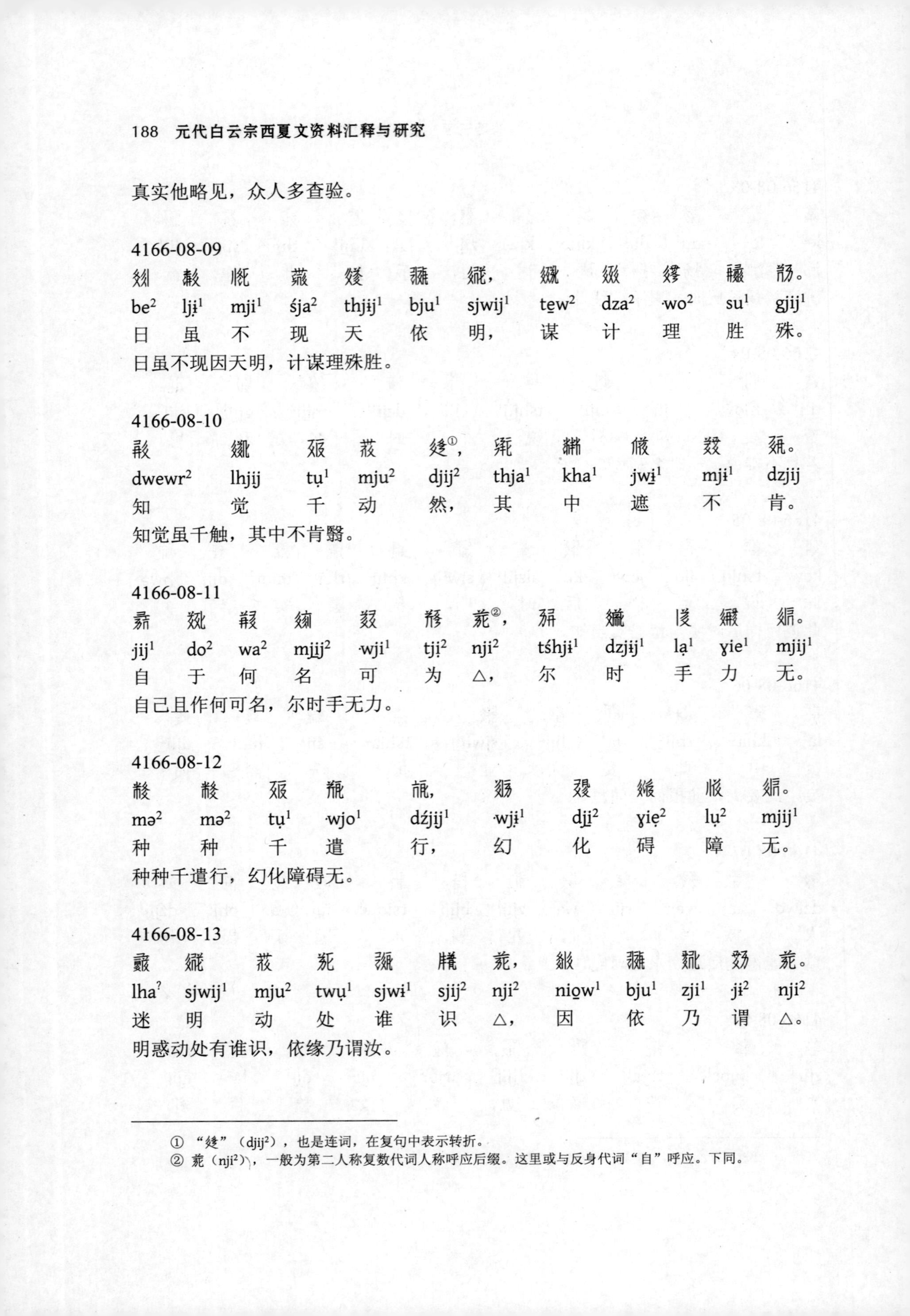

真实他略见，众人多查验。

4166-08-09

[illegible]，[illegible]。

be^2 lji̩^{1} mji^1 śja^2 thjij^1 bju^1 sjwij^1 tẹw^2 dza^2 ·wo^2 su^1 gjij^1

日 虽 不 现 天 依 明， 谋 计 理 胜 殊。

日虽不现因天明，计谋理殊胜。

4166-08-10

[illegible]①，[illegible]。

dwewr^2 lhjij tụ^1 mju^2 djij^2 thja^1 kha^1 ·jwi̱^{1} mji^1 dzjij

知 觉 千 动 然， 其 中 遮 不 肯。

知觉虽千触，其中不肯翳。

4166-08-11

[illegible]②，[illegible]。

jij^1 do^2 wa^2 mjij^2 ·wji^1 tji̩^{2} nji^2 tśhji^1 dzjij^1 lạ^1 ɣie^1 mjij^1

自 于 何 名 可 为 △， 尔 时 手 力 无。

自己且作何可名，尔时手无力。

4166-08-12

[illegible]，[illegible]。

mə^2 mə^2 tụ^1 ·wjo^1 dźjij^1 ·wji̱^{1} dji̱^{2} ɣiẹ^2 lụ^2 mjij^1

种 种 千 遣 行， 幻 化 碍 障 无。

种种千遣行，幻化障碍无。

4166-08-13

[illegible]，[illegible]。

lha$^?$ sjwij^1 mju^2 twụ^1 sjwi^1 sjij^2 nji^2 nio̱w^1 bju^1 zji^1 ji^2 nji^2

迷 明 动 处 谁 识 △， 因 依 乃 谓 △。

明惑动处有谁识，依缘乃谓汝。

① “[illegible]”（djij^2），也是连词，在复句中表示转折。

② [illegible]（nji^2），一般为第二人称复数代词人称呼应后缀。这里或与反身代词“自”呼应。下同。

4166-09-01

[illegible]	（[illegible]①	[illegible]	[illegible]②）	[illegible]	[illegible]	[illegible]	（[illegible]	[illegible]	[illegible]	[illegible]③？）
tjij^2	·a	tśhjɨ^1	ljɨ^2	ɣiã^1	tśier^1	lhe̱w^2	dzju^2	dzjij^1	kjạ^2	wjo^1
仪	（一	尔	见）	闲	默	有	（今	时	何	为？）
[illegible]	（[illegible]	[illegible]	[illegible]	[illegible]	[illegible]	[illegible]	[illegible]，	[illegible]	[illegible]	[illegible]
khu^1	·a	tśiẹj^2	tsjɨr^1	dạ^2	·wjɨ^2	djij^2	zjij^1	pjɨ^1	njwo^2	·jiw^2
齣	（一	续	法	惑	已	止	时，	往	昔	疑
[illegible]	[illegible]	[illegible]	[illegible]。）	[illegible]	[illegible]	（[illegible]	[illegible]	[illegible]	[illegible]）。	
ljij^1	dźiej^2	mji^1	gie^1	zar^2	wa^2	（thja^1	rjir^1	thju^2	tśhjij^1）	
魅	信	不	难。）	经	曲	（彼	说	此	秉）。	

默仪（见尔）闲有（今时何为？）齣（一旦惑法止时，往昔疑鬼不信难。）经曲（彼说秉此。）

译文：　　**《人水道者觉受歌（音朝天乐）》**[1]

吾之悟解法，孰亦未量时。
瞿昙如来汝当知，最细见谁择？
应计乃觉玄，吾才情性见。
性幻转幡广阔时，何名汝何悟。
本来长夜住，天日仍未明。
法雨浇灌种子萌，暗中余殊胜。
骤阴兼冷热，天雷闪电来。
因大旱多言性喜，降雨皆惧毁。
萌发道心动，如云飞扬盛。
信及爱性相匹配，如电永长明。
故时天闪电，愿谓阴未毁。
阴未毁亦天地见，去留道场明。
心和即无疑，烦恼任去留。
沸沸扬扬讨厌时，甩手欲往此。
若复不实说，一时名利思。
此说何样后时明，瞿昙实当知。
妄中此妄大，业报而先闻。

---

① [illegible]，动词趋向前缀，表示“向上”义。

② [illegible]（ljɨ^2），为实义动词“[illegible]”（ljij^2）的衍生式，义为“见”。当动词后出现第一人称单数呼应后缀时，往往引起动词的音韵转换，动词用衍生式。

③ “[illegible]”（·wjo^1），是轻动词“[illegible]”（·wjɨ^1）的衍生式，义为“为”。当动词后出现第一人称单数呼应后缀“[illegible]”（ŋa^2）时，往往引起动词的音韵转换，动词用衍生式。

欺人能得几何逞，永远阿毘住。
真实他略见，众人多查验。
日虽不现因天明，计谋理殊胜。
知觉虽千触，其中不肯翳。
自己且作何可名，尔时手无力。
种种千遣行，幻化障碍无。
明惑动处有谁识，依缘乃谓汝。

默仪（见尔）闲有（今时何为？）齣（一旦惑法止时，往昔疑鬼不信难。）经曲（彼说秉此）。

注释：[1]此为歌行体，七言与五言交替。押 i 韵，句句入韵，韵脚是："□śjij¹"、"□ bjij²"、"□ nji²"、"□ ljij²"、"□ sjij²"、"□ ljij²"、"□ zjij¹"、"□ tsjij²"、"□ dźjịj¹"、"□ njij²"、"□ mju²"、"□ gjij¹"、"□ dwər²"、"□ ljij²"、"□ tshjịj¹"、"□ ljịj²"、"□ mju²"、"□ ljij¹"、"□ zjij¹"、"□ gjịj¹"、"□ nji²"、"□ ljịj²"、"□ ljij²"、"□ sjwij¹"、"□ mjij¹"、"□ dźjịj¹"、"□ zjij¹"、"□ jij¹"、"□ tshjịj¹"、"□ sjịj²"、"□ sjwij¹"、"□ ljij²"、"□ djij²"、"□ bjij²"、"□ dźjịj¹"、"□ ljij²"、"□ gjịj¹"、"□ sjwij¹"、"□ gjij¹"、"□ djij²"、"□ dzjij"、"□ nji²"、"□ mjij¹"、"□ dźjij¹"、"□ mjij¹"、"□ nji²"、"□ nji²"。

11. 庆法恭敬语

4166-09-02

□	□	□	□	□
ljwu²	śjij¹	bjụ¹	dzjwị¹	dạ²
庆	法	恭	敬	语

庆法恭敬语

4166-09-03

□	□	（□	□	□	□	□）	□	□	□	（□	□
ɣjiw²	djij²	mjij¹	mjij¹	kew¹	mji¹	dzjij	khju¹	khju¹	we¹	djij²	phiow¹
玉	云	(夜	夜	润	不	肯)	聚	拢	龙	(云	白

□□，□□□□。）□□（□□□□），

khju1 khju1 lja1 ·wjij1 jij1 dzju2 sjwɨ1 gjịj1 mjijr2 ŋwer1 dźjwɨ1 mjij1
下 下， 来 往 自 在。） 种 多 （师 匹 相 无），
[illegible]
sej1 tshjwu1 nja1 ·jar1 ·wji1 mjij1 ljɨ̣r1 bju2 dźjij1 ljɨ1 gji1
净 青 （△ 立 可 无， 四 边 行 也） 醒

瑞云（夜夜不加润）聚集龙(白云底下，来往自在)种多（无匹师），清净（无所站立，四边行也。）醒

4166-09-04

[illegible]
dzjụ2 kjij1 dźjij1 lia2 mjijr2 jij1 nio̱w1 lja̱1 gie1 phər1 ŋwu2 tśjɨr2 phji1 mjijr2
雨 （烂 住 醉 者 等 之 证 难， 泼 以 惊 令 者）
[illegible]
wa2 gjɨ2 wejr1 dzjij2 tśhja̱1 tśhjwo1 zjij1 wa2 gjɨ2 wejr1 śia̱2 rjir1 mjijr2 nio̱w1
何 兴 盛 （师 上 故 时 何 一 盛 随 得 者 于
[illegible]
wa2 wejr1 ljij1 lhjị2 swew1 tha2 mjij1 djij2 sã1 dzjụ2 mjij1 nio̱w1 lhjị2
何 兴 盛）。 月 明 大 出 （云 散 雨 无 复 月

雨（烂住醉者等之难证，浇以使惊者。）何兴盛（师上过去一何盛，随得者何兴盛）。大明月出（云散无雨，复月

4166-09-05

[illegible]
swew1 mər2 gjij1 dźju1 ŋa1 kiej2 sjwij1 dja2 khu1 dźjij1 ·wji1 mjij1
明 本 殊 显。） 空 界 照， （已 厌 住 可 无
[illegible]
tśhja̱1 xa xa nio̱w1 thwu̱1 mji1 piəj2 mjo2 dźji ɣu1 na̱1 lhie2
上， 哈 哈 又 同 不 逃。） 吾 瞻 （头 挠 疮
[illegible]
mji1 tsjij2 lji1。 khju1 khju1 sji1 ·wji1 mjij1 tsjɨr1 śia̱2 zjɨr1 mjɨ1
不 悟 也。） 下 下 穷 可 无。 （法 随 实 不

明本殊显。）空界照（厌倦无可住上，复哈哈逃不同），吾瞻（挠头疮不悟也。）下下无穷尽（随法实不显）。

4166-09-06

[西夏文]

sjwij^{1} tjij^{2} bju^{1} dźjij^{1} pha^{1} niow^{1} wa^{2} phjo^{2} rjir^{1} tji^{2} dzjij^{1} wa^{2}

照）。○式 依 住 （别 又 何 令？） 得 可 过 （何

[西夏文]

sju^{2} gji^{2} ŋwu^{2} rjir^{1} tji^{2} mjij^{1} twụ^{1} thja^{1} śjij^{1} sjwij^{1} tha^{1} djọ^{2}

如 一 是）， 得 可 无 处 自 然 照 （佛 修

○依住仪（又何令别？）可得过（如何是一），无可得处自然明（修佛

4166-09-07

[西夏文]

gie^{1} kha^{1} dzjwo^{2} ju^{2} dźjij^{1} ·wjạ^{1} bo^{1} khji^{2} jij^{1} na^{1} mjụ^{2}

难 中 人 常 行）。华 林 （万 相 深 渊，

[西夏文]

thjọ^{1} śjwi^{2} dzju^{2} dzji^{2} khji^{2} gjij ljụ^{1} ljụ^{1} ·wjij^{2} ŋər^{1}

妙 和 在 集。） 万 壑 闲 闲 有 （山

[西夏文]

thjij^{2} lhjw^{i1} gie^{1} dzjụ^{2} mjij^{2} djij^{2} we^{1} we^{1} na^{1} mjụ^{2}

何 取 难， 隐 未 曾）， 龙 龙 深 渊

难中人常行）。华林（万相深渊，妙合在集。）万壑俱耸立（何山难取，未曾隐），绵延深渊

4166-09-08

[西夏文]

khju^{1} khju^{1} mji^{1} nji^{2} dju^{1} lha lụ^{2} dźji tsji^{1} thja^{1} dźjij^{1} tha^{1} su^{1}

（下 下 不 至。）有 （惑 贫 拔 亦 彼 行 佛 胜

[西夏文]

jiwe^{1} zjir^{1} jar^{1} tji^{2} zjir^{1} mjij^{1} khji^{1} ljọ^{2} śjwo^{1} lji^{1} mjijr^{2} ju^{1} nja^{1}

势。） 真 （立 处 实 无， 足 何 用 也。） 通 （鬼 神

[西夏文]

dza^{2} gie^{1} ljir^{1} ljijr^{2} ŋowr^{2} gjij^{1} lji^{1} kji^{1} śjij^{1} zjọ^{2} gji^{1} śjụ^{1}

测 难）。 四 方， 俱 多 （何 必 法 时） 清 凉

（底下不至）有（惑拔贫亦彼行胜佛势）真（立处实无，足何用也）通（鬼神难测）。四方俱多（何必法时）清凉

4166-09-09

[illegible]

lhjij tsjij^{2} lha thju^{1} thju^{1} zjị^{1} mjij^{1} nji̱^{2} mjij^{1} bji^{1} ljọr^{1}

国 （解 惑 真 实， 恼 无 烦 无）， 火 焰

[illegible]

dzjwɨr^{1} mju^{2} dźjij^{1} dzjwo^{2} khjɨ^{1} tśhjij^{1} tjị^{2} mjijr^{2} śjwu^{1} phji^{1} wa^{2}

颤 动 （行 人 足 抬， 怠 者 憩 令。） 何

[illegible]

mji^{1} mjij^{1} ljɨ^{1} bjị^{1} tsjɨ^{1} ji^{1} sjij^{1} mjor^{1} tjij^{2}

无 无 （屎 尿 亦 众）。 ○今 如 仪

国（解惑真实，无烦无恼），光焰颤动（行人举足，令怠者憩。）何不无（屎尿亦众）。○如今仪

4166-09-10

[illegible]

thja^{1} na^{1} nwə^{1} kiej^{2} ji^{2} zjij^{1} me^{2} ŋwu^{2} wa^{2} jij^{1} sjwɨ^{1} ji^{2}

（彼 深 知 欲， 眠 时 寝 是。） 何 之 思 （眠

[illegible]

njwi^{2} mjijr^{2} dzjwo^{2} mej^{1} se^{2} tji^{1} sjwɨ^{1} lwow^{1} lwow^{1} khiwə^{1} thjwɨ^{1}

能 者 人 眼 闭 莫 思）， 妄 妄 角 染

[illegible]

ŋa^{1} wjạ^{1} djọ^{2} ljạ^{1} tshọ^{2} ŋa^{1} śjwij^{2} tsjɨr^{1} mej^{1} kjwɨr^{1} mjijr^{2}

（空 华 修 证） 虚 空 闩 （法 眼 贼 者）。

（彼欲深知，眠时寝也。）何之思（能眠者人眼闭莫思），虚妄角染（空花修证）虚空闩（法眼贼者）。

4166-09-11

[illegible]

tśhjwo^{1} mjo^{2} nej^{2} nej^{2} tshọ^{2} gu^{2} ljɨ^{2} thjɨj^{1} sjwɨ^{1} njij^{1}

故 吾 安 安 （虚 中 地 天 谁 心

[illegible]

tśhja̱^{1} to^{2} thjɨ^{2} bju^{1} dźjij^{1} dźjwiw^{2} zjij^{1} tjị^{1} thji^{1}

上 出？） 此 依 住 （饿 时 饮 食

[illegible]

kjwị^{1} ku^{1} dźjij^{1} bjij^{2} lew^{1} ɣiej^{1} nja^{1} djij^{2} lhej

饱 则 行 遣）， 一 真 必 定 变

故吾安乐（虚中地天谁心上现？）依此住（饿时食饱则行遣），一真必定无可变

4166-09-12

[illegible]

tjị^{2} mjij^{1} dźju^{1} ·wji^{1} mjɨ^{1} dzjij$^{?}$ ɣa^{1} kjɨ^{1} tshji^{1} ljɨ^{1}

可 无 （妄 为 不 肯， 门 必 要 也）。

[illegible]

○thja^{1} śjij^{1} dźjij^{1} śia̱^{2} twụ^{1} śjɨ^{1} thjɨ^{2} bu̱^{1} dzu̱^{2}

自 然 行 （随 处 往。） 此 礼 坐

[illegible]

tjị^{2} twụ^{1} tsiow nej^{2} nej^{2} dźjij^{1} twụ^{1} zjɨ^{1} mjij^{1} wji^{2}

（疲 处 长）， 安 安 （行 处 恼 无。） 底

（妄为不肯，门必要也。）○自然行（随处往）此坐仪（疲处长），安乐（行处无恼。）底

4166-09-13

[illegible]

tjị^{2} njɨ^{2} tjị^{2} mjɨ^{1} sjwij^{1} ju^{2} khe̱j^{1} ·u^{2} niow^{2} twụ^{1} śjụ^{1}

处 （至 处 不 明。） 常 游 戏 （恶 处 狱

[illegible]

ljɨ^{1} ne̱w^{2} mja̱^{1} tshja^{2} lhjij tha^{2} ljị^{2} ŋər^{1} mja^{1} lew^{1}

堕， 善 果 报 受）。 大 地 山 河 惟

[illegible]

jij^{1} dźjij^{2} ɣu^{1} khjwɨ^{1} nji̱^{2} jwã^{1} thja^{1} ɣa^{2} ·o^{1} tsji̱r^{1}

自 有 （头 砍 鼻 剜 彼 上 有）。 法

处（至处不明）常游戏（恶处堕狱，善果受报）。大地山河惟自有（砍头割鼻彼上有），法

4166-09-14

[illegible]

kiej^{2} ụ^{2} ɣiwej^{1} ŋowr^{2} zjɨ^{2} tjij^{1} lhjɨ^{2} lhjɨ^{2} jij^{1} tjij^{1} dźjwɨ^{1} mji^{1} dźjij^{1}

界 藏 持 俱 皆 独 （尘 尘 自 独 相 不 住）。

[illegible]

tjɨ^{1} tjij^{1} tjo̱^{1} ju^{2} kjụ^{1} rjir^{1} kiej^{2} thjɨ^{2} rjir^{2} tshjij^{1} ɣa^{2}

○假 若 寻 求 供 得 欲， （此 乃 说 于，

界藏持俱皆独（尘尘独自不相住）。○倘若搜寻欲得供（于此乃说

4166-10-01

[illegible]

(śjwɨ̣^{2} de^{2} mjijr^{2}) tha^{2} lhji^{2} swew^{1} gu^{2} (thjɨ^{2} mji^{2} mər^{2} kha^{1}) lhjɨ^{2} dzjụ^{2} tsjịr^{1}

随 喜 者)， 大 月 明 中 （此 我 本 中） 尘 垢 择

[illegible]

(thja^{1} sju^{2} tsjij^{2} dźjɨ ɣạ^{2} lia^{2} tśhjwɨj^{1}) mjo^{2} kjạ^{2} tsjij^{2} ljɨ^{1} mji^{1} rjir^{1}

（此 如 悟 取 狂 醉 慎）。 吾 歌 解 虽 不 得

随喜者），大月明中（此我本中）尘垢择（如此取悟慎狂醉）。吾歌悟解虽不得，

4166-10-02

[illegible]

djij^{2}①， tha^{2} tsho̱^{2} so^{2} tśhjij^{1} lhjwạ^{1} gu^{2} jij^{1} thjɨ^{2} ·wo^{2}

而， 大 虚 高 举 灰 中 己 （此 义

[illegible]

nio̱w^{1} tjij^{1} nio̱w^{1} lạ^{1} ŋwu^{2} dzew^{2} tsewr^{1} njij^{1} dź- ·jow^{2}

因）。 o若 复 妄 以 （欺 劫 近） 虚 叹

太虚高举灰中己（因此义）。o若复以妄（欺劫近）虚叹

4166-10-03

[illegible]

tshjịj^{1} (lhjwạ^{1} phiow^{1} tśhjow^{2} tśhjị^{1} njijr^{2} tjạ^{1} wer^{1}) zjo̱^{2} zjo̱^{2} lhjwa^{1} lhji̱^{1} (gjij^{1}

说 （灰 白 赤 颜 面 饰 严）， 世 世 舌 割 （殊

[illegible]

nio̱w^{1} śjwi̱^{2}) mər^{2} njij^{1} dzjij (sjwɨ^{1} dźjɨ^{7} ·wji^{1}) mej^{2} biej^{1} ŋwu^{2} nja̱^{2} ·wji^{1}

又 和） 本 心 肯 （谁 行 为？）。 毫 毛 是 非 为

说（灰白赤颜面严饰），世世截舌（殊又和）本心许（谁行为）。是非毫厘为

4166-10-04

[illegible]

mjijr^{2} ljij^{2} rjar^{2} sjwa^{1} mej^{1} phji̱^{1} sjij^{2} jij^{1} ·wji^{1} dzu^{1} wa^{2}

者 见 （迹 时 眼 飞 觉 自 作， 爱 何

[illegible]

mjɨ^{1} nwə^{1} lia^{2} mjɨ^{1} djij^{2} jiw^{1} nio̱w^{1} dźju^{1} sjwij^{1} mjɨ^{1}

不 知 醉 不 而）， 缘 因 显 明 不

---

① “[illegible]”（djij^{2}），也是连词，在复句中表示转折。

② “[illegible]”（djij^{2}），也是连词，在复句中表示转折。

[illegible]
tśhjɨ1　mjij1　thjwɨ1　twụ1　ɣię2　mjij1，　phja1　ljọ2　śjij1）　jiw2
尔　无　（染　处　碍　无　边　何　成）。疑
者见（迹时飞眼自觉悟，不知何爱而不醉），因缘显明不尔无（染处无碍边岂成）。○疑

4166-10-05

[illegible]
mji1　dźjij1　mə2　la2　śiwə1　ɣa2　mej2　·o1　ɣiwe1　ju2　djij1　rjijr2　śiwə1
不　住　（诚　实　鼠　上　毛　有　贵）　常　嗤　笑　（鼠
[illegible]
jij1　djụ1　zjọ2　ŋạ2　ŋạ2　ju1　pha1　war2　nja̱2　nio̱w1　xa　xa
相　遇　时　多　多　验，　异　财　非　因　哈　哈
[illegible]
djij1　·u2　dźji　lha　gu2　lia2　twụ1　dźjwɨ1　·a　sjij2　tshjwu1　tshjwu1
笑），内　观　（迷　中　醉　处　相　△　觉。）闪　闪
不住（诚实鼠上有毛贵）常嗤笑（鼠相遇时，多多验看，异财非缘哈哈笑），内观（迷中醉处相互觉。）闪闪

4166-10-06

[illegible]
tsjij2　ljij2　lhjwɨ2　mẹ2　dźjwu1　rjij2　rjij2　nji2　tjị2　mjij1　tha2
（悟　见　迅　气）　电　奕　奕　（死　处　无）。　大
[illegible]
kięj2　dźjwɨ1　mjij1　thwu̱1　rjijr2　tsiow?　tjị2　ljọ2　lu2　dzu̱2
界　（相　无　同　才　永　处　何）　位　（座
[illegible]
dźjwi2　thu1　jir1　jar1　tjị2　ljọ2　bju1　khju1　khju1　djịj2
位　立　问　建　处　何？）　依　下　下　云，
（见解迅疾）电奕奕（无死处）。大界（无相同才岂长久）位（座位建立何问处）依下处云，

4166-10-07

[illegible]
sew1　djịj2　mji1　dzjịj1　tha2　gjịj1　dźjịj1　mo2　dzji1　ŋwu2　ku1

① [illegible]，动词趋向前缀，表示“向上”义。

必	定	不	度	大	利	行	（摩	尼	是	则
[illegible]	[illegible]	[illegible]	[illegible]）。	[illegible]	[illegible]	[illegible]①	[illegible]，	[illegible]	[illegible]	[illegible]。
zjɨr^{1}	·io̱w^{1}	phja^{1}	mjij^{1}	xa	xa	djij^{2}	ljɨ^{1}	xa	xa	djij^{2}
少	功	边	无）。	哈	哈	然	也，	哈	哈	然。

必定不度大利行（是摩尼，则无边少功）。哈哈然也，哈哈然。

译文：《庆法恭敬语》[1]

瑞云（夜夜不加润）聚集龙(白云底下，来往自在)种多（无匹师），清净（无所站立，四边行也）醒雨（烂住醉者等之难证，浇以使惊者）何兴盛（师上过去一何盛，随得者何兴盛）。大明月出（云散无雨，复月明本殊显）空界照（厌倦无可住上，复哈哈逃不同），吾瞻（挠头疮不悟也）下下无穷尽（随法实不显）。

○依住仪（又何令别），可得过（如何是一），无可得处自然明（修佛难中人常行）。华林（万相深渊，妙合在集）万壑俱耸立（何山难取，未曾隐），绵延深渊（底下不至）有（惑拔贫亦彼行胜佛势）真（立处实无，足何用也）通（鬼神难测）。四方俱多（何必法时）清凉国（解惑真实，无烦无恼），光焰颤动（行人举足，令怠者憩）何不无（屎尿亦众）。

○如今仪（彼欲深知，眠时寝也），何之思（能眠者人眼闭莫思），虚妄角染（空花修证）虚空闩（法眼贼者）。故吾安乐（虚中地天谁心上现？）依此住（饿时食饱则行遣），一真必定无可变（妄为不肯，门必要也。）

○自然行（随处往），此坐仪（疲处长），安乐（行处无恼）底处（至处不明）常游戏（恶处堕狱，善果受报）。大地山河惟自有（砍头割鼻彼上有），法界藏持俱皆独（尘尘独自不相住）。

○倘若搜寻欲得供（于此乃说随喜者），大月明中（此我本中）尘垢择（如此取悟慎狂醉）。吾歌悟解虽不得，太虚高举灰中己（因此义）。

○若复以妄（欺劫近）虚叹说（灰白赤颜面严饰），世世截舌（殊又和）本心许（谁行为）。是非毫厘为者见（迹时飞眼自觉悟，不知何爱而不醉），因缘显明不尔无（染处无碍边岂成）。

○疑不住（诚实鼠上有毛贵），常嗤笑（鼠相遇时，多多验看，异财非缘哈哈笑），内观（迷中醉处相互觉）闪闪（见解迅疾）电奕奕（无死处）。大界（无相同才岂长久）位（座位建立何问处）依下处云，必定不度大利行（是摩尼，则无边少功）。

哈哈然也，哈哈然。

注释：[1] 此为语录体，共七组，格式为 7-7-7-7；3-3-7-7-7-7-7；3-3-7-7-7；3-3-7-7-7；7-7-7-7；7-7-7-7；3-3-7-7-7。韵脚是：[illegible] gjij^{1}、[illegible] sjwij^{1}、[illegible] mjij^{1}；[illegible] dźjij^{1}、

---

① "[illegible]"（djij^{2}），也是连词，在复句中表示转折。

[illegible] dzjij^{1}、[illegible]·wjij^{2}、[illegible] lhjij、[illegible] mjij^{1}；[illegible] tjɨ̣j^{2}、[illegible] sjwɨ^{1}、[illegible]śjwij^{2}、[illegible] dźji̱j^{1}、[illegible] mjij^{1}；[illegible] dźjij^{1}、[illegible] dzu̱^{2}、[illegible]·u^{2}、[illegible] dźjij^{2}、[illegible] tjij^{1}；[illegible] tsji̱r^{1}、[illegible] djij^{2}、[illegible]·jij^{1}；[illegible] tshji̱j^{1}、[illegible] dzjij、[illegible] ljij^{2}、[illegible] mjij^{1}；[illegible] dźji̱j^{1}、[illegible] rjijr^{2}、[illegible] rjɨ̣j^{2}、[illegible] djɨ̣j^{2}、[illegible] dźjij^{1}。

12. 夏国本道门风颂

4166-10-08

[illegible]

dźjwij^{2} lhjij$^{?}$ mər^{2} tśja^{1} ɣa^{1} ljɨ^{1} lja̱^{1}

夏 国 本 道 门 风 颂

夏国本道门风颂

4166-10-09

[illegible]

bu̱^{2} gjij^{1} lja^{1} lho$^{?}$ mər^{2} wer^{1} śjwo^{2} pha^{1} mej^{1} wər^{2} mjij^{1} njɨ^{2} thwu̱^{1} dźju^{1}

胜 殊 超 出 本 威 严， 异 目 翳 无 至 通 显。

殊胜无匹本威严，凤眼无翳至通显。

4166-10-10

[illegible]

go̱r^{1} mər^{2} mji^{1} dźji̱r^{1} kụ^{1} gji^{2} twẹ^{1} ɣa^{1} ljɨ^{1} thu^{1} tśhjij^{1} wor^{1} le^{2} sju^{2}

君 宗 不 绝 后 子 继， 门 风 立 举 孔 雀 如。

宗师不绝弟子继，门风开似孔雀屏。

4166-10-11

[illegible]

dźjwij^{2} so^{2} tsja^{1} zjị^{1} ljọ^{2} gji^{1} śju̱^{1} ·wjị^{1} me̱j^{2} nja^{1} djɨj^{2} ŋər^{1} do^{2} djụ^{1}

夏 阳 热 恼 何 清 凉， 雪 谷 △ 定 山 于 遇。

酷热盛夏岂清凉，入定雪谷山间逢。

4166-10-12

[illegible]

mə^{1} nej^{2} tśhjwo^{1} zjij^{1} lhjị^{2} swew^{1} ljij^{2} djɨ̣j^{2} phiow^{1} ·wjị^{1} nio̱w^{1} mjɨ̣^{2} ljọ^{2} djụ^{1}

天 晚 故 时 月 明 见， 云 白 雪 后 境 岂 有。

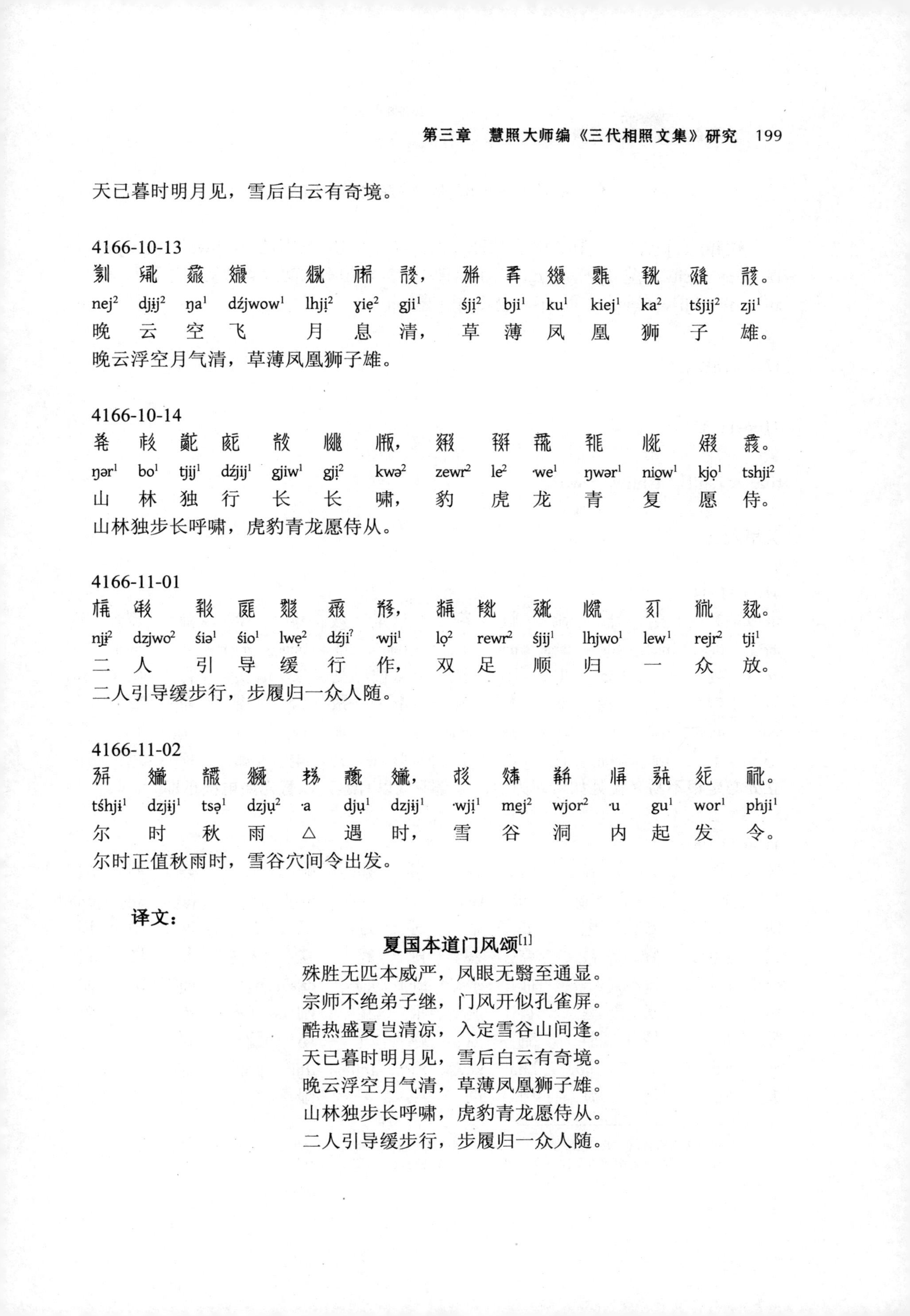

天已暮时明月见，雪后白云有奇境。

4166-10-13

[illegible]

nej^2　djịj^2　ŋa^1　dźjwow^1　lhjị^2　ɣiẹ^2　gji^1　śjị^2　bji^1　ku^1　kiej^1　ka^2　tśjij^2　zji^1

晚　云　空　飞　月　息　清，草　薄　凤　凰　狮　子　雄。

晚云浮空月气清，草薄凤凰狮子雄。

4166-10-14

[illegible]

ŋər^1　bo^1　tjij^1　dźjij^1　gjiw^1　gji^2　kwə^2　zewr^2　le^2　·we^1　ŋwər^1　niọw^1　kjọ^1　tshji^2

山　林　独　行　长　长　啸，豹　虎　龙　青　复　愿　侍。

山林独步长呼啸，虎豹青龙愿侍从。

4166-11-01

[illegible]

njị^2　dzjwo^2　śiə^1　śio^1　lwẹ^2　dźji$^?$　·wji^1　lọ^2　rewr^2　śjij^1　lhjwo^1　lew^1　rejr^2　tjị^1

二　人　引　导　缓　行　作，双　足　顺　归　一　众　放。

二人引导缓步行，步履归一众人随。

4166-11-02

[illegible]

tśhjị^1　dzjịj^1　tsə̣^{1}　dzjụ^2　·a　djụ^1　dzjịj^1　·wjị^1　mẹj^2　wjor^2　·u　gu^1　wor^1　phji^1

尔　时　秋　雨　△　遇　时，雪　谷　洞　内　起　发　令。

尔时正值秋雨时，雪谷穴间令出发。

译文：

夏国本道门风颂[1]

殊胜无匹本威严，凤眼无翳至通显。
宗师不绝弟子继，门风开似孔雀屏。
酷热盛夏岂清凉，入定雪谷山间逢。
天已暮时明月见，雪后白云有奇境。
晚云浮空月气清，草薄凤凰狮子雄。
山林独步长呼啸，虎豹青龙愿侍从。
二人引导缓步行，步履归一众人随。

尔时正值秋雨时，雪谷穴间令出发。

注释：[1]七言，共 16 句。上阙押-u 韵，首句入韵，韵脚是：śjwo²、dźju¹、sju²、śjụ¹、djụ¹、dju¹。下阙押-i 韵，首句不入韵，韵脚是：gji¹、zji¹、tshji²、·wji¹、tjị¹、dzjij¹、phji¹。

13. 关根六义

4166-11-03

tha² tśhji² tśhjiw¹ ·wo²

关 根 六 义

关根六义

4166-11-04

jar¹ tjị² nja¹ djij² tśhji² mji¹ -ar thja¹ tjị² mjor¹ mjor¹ jij¹ sjwij¹ ·wji¹

立 处 △ 定 根 不 易 （彼 处 实 实 自 明 作，

mej² dźjwa¹ tsjụ¹ ku¹ dju¹ ŋwu² mjijr² sjij² bji¹ thjij¹ sju² tśhji² dzjir¹

毫 毛 触 则 有 以 遮），智 光 电 如 根 迅

立处必定根不易（彼处如实即为明，触毫毛则以有遮），**智光如电根迅即**

4166-11-05

lji² dạ² rjar² thjij¹ sju² tsjụ¹ rar² lwəj¹ lwəj¹ lwəj¹ tụ¹ dźjạ¹ dźjiw¹

即 （事 迹 电 如 触 时 过， 迟 迟 网 中 逐

sjwi² ? rjijr¹ khu̱² jij¹ zjwã² tśhji² kjir¹ dźja² njij¹ njij¹ lạ¹ tjị²

引 及）。勇 健 自 旋 根 猛 刚 （赤 赤 手 处

bji¹ su¹ ? ŋjow² kha¹ kew¹ zar² mji¹ lhji² phji¹ njij¹

彼 胜 巧， 海 中 高 经 不 湿 令）， 心

---

① 本义为关闭，此或指“闭关”。或者“”与“”（śja¹）字形相近，义为“禅”。

② 动词趋向前缀，表示向下义。“”，往往与汉语“必定”对译。

（事迹如电触时过，网中迟迟追逐及）。**勇健自旋根刚猛**（赤手空拳胜彼巧，经海深处不沾湿），心

4166-11-06

[illegible]

tsho̱^{2} ŋa^{1} sju^{2} tśhji^{2} rjijr^{2} zjij^{1} tha^{2} mji^{1} thjowr^{2} mju^{2} jij^{1} jij^{1} tji̱^{2}

虚　空　如　根　才　广　（大　不　摇　动　轻　轻　得，

[illegible]

lhjwi^{1} lhjwi^{1} zji̱r^{1} lhji^{2} ɣie^{1} thjij^{2} tsju̱^{1} tsji̱r^{2} mji^{1} la̱^{1} tśior^{1} tśhji^{2} lho̱^{2}

取　取　微　尘　力　何　触）。　性　不　染　黄　根　光

如虚空根才广（大不摇动轻轻得，所取微尘力何触）。**性不染黄根光滑**

4166-11-07

[illegible]

lhie̱^{2} ·wo^{2} wji̱^{1} sã^{1} mej^{2} la̱^{1} mji^{1} wji̱^{2} mju̱^{2} thjo̱^{1} tha^{2} thji^{2}

滑　（意　味　三　昧　染　不　会，　玄　妙　关　地

[illegible]

wər^{2} mji^{1} we^{2} ·a dju̱^{1} zji^{2} ·wji^{1} tśhji^{2} bju^{1} be̱^{1} ·a jij^{1}

翳　不　成），　△　遇　皆　为　根　澈　明　（△　取

[illegible]

jij^{1} twu̱^{1} ji̱^{2} lho phji^{1} ŋowr^{2} kji̱^{1} lju^{2} zjij^{1} thji^{1} ·wji^{1} njwi^{2}

取　处　复　过　令，　全　△　撒　时　弃　为　能）。

（意味三昧不会染，玄妙关地翳不成），**遭遇皆为根澄明**（所选取处复令过，全散开时为能弃）。

译文：

关根六义

立处必定根不易（彼处如实即为明，触毫毛则以有遮），**智光如电根迅即**（事迹如电触时过，网中迟迟追逐及）。**勇健自旋根刚猛**（赤手空拳胜彼巧，经海深处不沾湿），**心如虚空根才广**（大不摇动轻轻得，所取微尘力何触）。**性不染黄根光滑**（意味三昧不会染，玄妙关地翳不成），**遭遇皆为根澄明**（所选取处复令过，全散开时为能弃）。

---

① [illegible]，动词趋向前缀，表示向上义。

② [illegible]，动词趋向前缀，表示向近处。

注释：共六句，七言，不押韵。

14. 关地七句

4166-11-08

[illegible] [illegible] [illegible] [illegible]

tha^{2} thji^{2} śjạ^{1} gjwi^{2}

关 地 七 句

关地七句

4166-11-09

[illegible] [illegible] ([illegible] [illegible] [illegible] [illegible]， [illegible] [illegible] [illegible] [illegible]。 [illegible]

tha^{2} kja̱^{1} tsjɨ̱r^{1} ·jij^{1} dźjɨ̱j^{1} śjij^{1} kju^{1} kja̱^{1} ɣa^{2} ŋa^{1} ·jar^{1}

关 基 （法 即 住 法， 俱 基 于 空。 立

[illegible] [illegible] [illegible] [illegible]， [illegible] [illegible] [illegible] [illegible]① [illegible]。 [illegible] [illegible]

tjị^{2} mji^{1} lhjo^{1} ŋwu^{2} śiew^{1} war^{2} ·jij^{1} ·wjij^{2} bie^{2} tśhjwo^{1} mə^{2}

处 不 失 以， 梢 枝 自 △ 落。 故 种

[illegible] [illegible] [illegible] [illegible]， [illegible] [illegible] [illegible] [illegible])。 **[illegible] [illegible]** ([illegible]

·wo^{2} tśja^{1} rejr^{2} dźjiw^{1} nio̱w^{1} ·jij^{1} phjɨ^{1} nja̱^{2} tha^{2} lej^{2} rjɨr^{2}

义 道 场 逐， 又 即 舍 非）。 **关 变** （乃

[illegible] [illegible] [illegible]， [illegible] [illegible] [illegible] [illegible]。 [illegible] [illegible] [illegible] [illegible]，

wjij^{1} twụ^{1} sjwij^{1} djụ^{1} bju^{1} zjɨ̱r^{1} śjij^{1} phji^{1} ɣie^{1} ljijr^{2} mjij^{1}

行 处 明， 遇 依 少 成。 意 力 方 无，

[illegible] [illegible] [illegible] [illegible]， [illegible] [illegible] [illegible] [illegible]。 [illegible] [illegible]

zjir^{2} dow^{1} śjij^{1} lhjwo^{1} lhjwi^{1} hjwi^{1} lzji^{2} lhjɨ̱^{1} tjij^{1} dạ^{2}

永 邪 法 归， 取 取 皆 退。 若 事

关基（法即住法，俱基于空。立处不失，枝梢自落。故逐种义道场，亦即不弃）。**关变**（乃行处明，因遇少成。意力无方，趣永邪法，所取皆退。若事

4166-11-10

[illegible] [illegible] [illegible] [illegible] [illegible] [illegible]， [illegible] [illegible] [illegible] [illegible])。 **[illegible] [illegible]**

(tśhja̱^{1} ·jar^{1} ·wo^{2} dzju̱^{2} ·u^{2} ljɨ̱j^{2} mju̱^{2} ljɨ̱j^{2} gie^{1} ljɨ^{1} tha^{2} lwu^{2}

① [illegible]，动词趋向前缀。

上　立，　理　植　内　留，　摇　动　难　也）。　**关　伏**
（[illegible]
(tsjɨr^1　bju^1　dźjɨ　wji^2　sjij^1　zjɨr^2　śjij^1　tsjụ^1　thji^2　dạ^2　śiew^2
（法　依　行　艺，　血　脉　法　触，　此　事　色
[illegible]
lja^1　tśhjwo^1　mjụ^2　thjo̱^{1}　śjij^1　tshu^1　dza^2　dźjij^1　ŋwu^2　djɨr^2　jij^1
来。　故　玄　妙　法，　粗　计　行　以，　外　相
[illegible]
lju^2　·wji^1　lwow^1　tśja^1　·wo^2　tjo̱^{1}　dźjwɨ^1　lhjụ^2　tjị^2　mjij^1　tsjɨr^1
捉　为，　慎　道　理　寻，　属　达　可　无。　法
[illegible]
bju^1　sjij^1　zjɨr^2　sjị^1　lja^1　gie^1　nio̱w^1)　tha^2　śji^2　thja^1　·wjij^2
依　血　脉，　奸　隐　难　因。）　**关　识**　（彼　△

上立，植理内留，撼动难也）。**关伏**（依法行艺，触血脉法，此事色来。故玄妙法，粗计以行，为外相捉，慎求道理，无可企及。依血脉法，隐匿难也）。**关识**（彼愿

4166-11-11
[illegible]
dźjij^1　tśhja̱^{1}　mjor^1　jij^1　thji^2　śji^2　ɣwẽ^1　ɣwẽ^1　ljij^2　lji^2　tsə̣^{1}　śjij^1
行　上，　实　相　地　识。　俱　俱　见　易，　药　法
[illegible]
wjị^1　na^1　ɣor^2　lew^2　mji^1　·o^1　gjwɨr^1　·wji^2　khie̱^{1}　ŋwu^2　nio̱w^1　tsewr^1
味　深。　连　所　不　有，　涨　已　乱　以，　复　劫
[illegible]
khiew^2　ljwị^1　tśja^1　mjor^1　phjɨ^1　·wji^1　kjɨr^1　ŋwu^2　ljij^2　nja̱^{2}　tha^2　lej^1
弓　入，　道　实　弃　为，　匠　以　见　非）。　**关　闭**
[illegible]
tsjɨr^1　jij^1　ŋwu^2　ka̱^{2}　·io̱^{2}　njwi^2　ɣiwej^1　·wji^1　lew^1　lhjwi^1　tjị^2　mjij^1
（法　之　领　纲，　圆　能　执　为，　一　取　可　无，
[illegible]
khja^2　be̱^{1}　kie̱j^2　zjɨr^2　ɣa^1　war^2　mjɨ^1　rjar^2　lwow^1　tśjɨ^1　ju^2　nja̱^{2}
恒　沙　界　长，　门　支　踪　迹，　妄　次　求　非）。

行上，实相地识。全部易见，药法味深。联属无有，因涨已乱。复入弯劫，实为弃道，以匠见非）。**关闭**（法之纲领，为执能圆。一无可取，恒沙界长，门支踪迹，非求虚妄）。

4166-11-12

tha^2 zjɨr^2 tsjɨr^1 niow1 tśhji^2 bej^1 sjij^1 zjɨr^2 ŋowr^2 ·jij^1 śio^2 tji^1
关 脉 （法 之 本 系， 血 脉 俱 因。 双 莫

thjwi^1 tsji^1 lew^1 ·a[1] lhjwi^1 twụ^1 tji^2 zji^1 mjɨ^1 rjar^2 khji^2
染 亦， 一 △ 取 处。 处 令 踪 迹， 万

zji^2 bej^1 rjar^2 kew^1 lhjwi^1 thja^1 nu^1 phiow^1 njạ^1 twụ^1 ·jij^1
皆 系 迹。 此 取 彼 违， 白 黑 各 执，

do^2 ljwị^1 ljwị^1 njạ^2 tha^2 dzjij^2 tśhji^2 dzjij^2 śjij^1 phie^2 tsə̣^{1}
异 奔 驰 非）。 关 宜 （根 宜 法 释， 药

wjị^1 dźjwɨ^1 śjwị^2 mji^1 kięj^2 phjɨ^1 ·wjijr^2 tsə̣^{1} lew^2 bji^1 ·jij^1
味 相 和， 不 合 畏 掘， 药 应 少 轻）。

关脉（法之根系，俱因血脉。与莫染双，有一可取。其中踪迹，万皆系属。取此违彼，各执黑白，驱驰不异）。**关宜**（根宜法释，药味相和。不合挖掘，药应稀少）。

译文：

关地七句

关基（法即住法，俱基于空。立处不失，枝梢自落。故逐种义道场，亦即不弃）。**关变**（乃行处明，因遇少成。意力无方，趣永邪法，所取皆退。若事上立，植理内留，撼动难也）。**关伏**（依法行艺，触血脉法，此事色来。故玄妙法，粗计以行，为外相捉，慎求道理，无可企及。依血脉法，隐匿难也）。**关识**（彼愿行上，实相地识。全部易见，药法味深。联属无有，因涨已乱。复入弯劫，实为弃道，以匠见非）。**关闭**（法之纲领，为执能圆。一无可取，恒沙界长，门支踪迹，非求虚妄）。**关脉**（法之根系，俱因血脉。与莫染双，有一可取。其中踪迹，万皆系属。取此违彼，各执黑白，驱驰不异）。**关宜**（根宜法释，药味相和。不合挖掘，药应稀少）。

① [illegible]，动词趋向前缀，表示“向上”义。

15. 流三种漏

4166-11-13

□　□　□　□
sọ1　mə2　śiẽ1　tśhja2
三　种　漏①　流
流三种漏

4166-11-14

□　□　□　□　（□　□　□　□，□　□　□
lew1　ljij2　śiẽ1　tśhja2　thjo̱1　tha2　lhew2　gie1　bju1　śjwi̱2　ŋwu2
一，　见　漏　流　（妙　关　脱　难，应　和　以
□）。**□　□　□　□**　（□　□　□　□，□　□
tśhja2　śiẽ1　tśhja2　śjij1　tja1　mju̱2　tha2　tsjụ1　twụ1　lji̱1　mər1
流）。**漏　流　法　者**　（玄　关　触　处，箭　唇
□　□，□　□　□　□。□　□　□　□，
dwər2　tśhja̱1　mjor1　bju1　śjwi̱2　njwi2　dzjo̱1　ŋwu2　ŋwu2　sju2
对　上，实　应　和　能。譬　是　是　如，
□　□　□　□。□　□　□　□，□　□
thja1　bju1　śjwi̱2　khju1　mjor1　·wo2　tśhja2　tśhja2　tsjij2　mji̱2
彼　依　和　下。真　理　漏　流，悟　境

一流见漏（妙关难脱，应和以流）。**流漏法**（玄关触处，对箭唇上，应实能合。如此这样，依彼和下。流漏真理，脱悟境难。

4166-12-01

□　□。□　□　□　□，□　□　□　□）。
lhew2　gie1　lhew2　ku1　ju2　mej1　śiẽ1　rar2　mji1　dzju2
脱　难。脱　则　前　观，漏　流　不　主）。
□　□　□　□　（□　□　□　□，□　□

① 三种漏，当指欲漏、有漏与无明漏。《翻译名义集》卷六云：“漏谓三漏。《妙乐》云：一欲漏，谓欲界一切烦恼除无明。二有漏，谓上两界一切烦恼除无明。三无明漏，谓三界无明。又《辅行》释“有流”云：有即三有，流谓四流：一见流，三界见也。二欲流，欲界一切诸惑，除见及痴。三有流，上二界一切诸惑，除见及痴。四无明流，三界痴也。于此三处因果不亡，故名为有。为此四法漂溺不息，故名为流（《婆沙》问：缘起缘生，有何差别？答：或说无有差别，缘起缘生皆有为法。或有说云亦有差别。因是缘起，果是缘生）。《涅盘》云：有漏法者有二种，有因有果。无漏法者亦有二种，有因有果。有漏果者是则名苦。有漏因者则名为集。无漏果者则名为灭，无漏因者则名为道”。《阿毗达磨杂集论》卷七云：“令心连注流散不绝故名为漏，此复云何？依外门流注故立欲漏，依内门流注故立有漏，依彼二所依门流注，故立无明漏。”

nji̱1 sjij1 śiẽ1 rar2 tśjɨ1 tśjɨj1 mjɨ1 njwi2 bju1 śjwi̱2
二 **性** **漏** **流** （悟 正 不 能， 合 和
[illegible]
mjɨ1 tjɨ̣2 śiẽ1 rar2 śjij1 tja1 tsjij2 mej1 dźjwa1 sju2
不 得）， **漏** **流** **法** **者** （解 眼 了 如，
[illegible]
khjɨ2 lẹj2 lwu1 lwu1 dow1 tśhja2 khwa1 lji̱1 tshwew1 twụ1
万 贪 融 合， 邪 正 远 入， 趣 处

脱则现观，流漏不主）。**二流性漏**（不能正悟，和合不得），**流漏法**（如了悟眼，万贪融合，正邪远入，趣处

4166-12-02
[illegible]
tśjɨj1 gie1 tśhjwo1 tsjij2 mej1 jij1 lhjwɨ2 lhjwɨ2 pho̱1 wji1 mjij2 śiẽ1
正 难， 故 悟 眼 之 突 然 遮 作， 名 漏
[illegible]
rar2 ji2 jij1 tśhjij1 khjɨ1 wier1 mjɨ1 ju2 mji1 lhjij2 rjijr1 phji̱1
流 谓。 △ 行 脚 投， 彼 求 不 受， 巧 飞
[illegible]
djij1 rjijr2 ju2 sjij2 mji1 pho̱1 śiẽ1 rar2 mji1 we2 so̱1 ŋwu̱1
嗤 笑， 民 觉 不 遮， 漏 流 不 成）。 **三** **论**
[illegible]
śiẽ1 rar2 dźjij1 twụ1 ŋo2 mjij1 ŋwu̱1 tsjụ1 twụ1 lhjo1 śiẽ1
漏 **流，** （住 处 病 无， 论 犯 处 失）， **漏**

正难，故于悟眼，突然为掩，名曰流漏。投脚而行，求彼不受。巧飞嗤笑，俗觉不翳，流漏不成）。**三流论漏**（住处无病，犯论处失），**流漏**

4166-12-03
[illegible]
rar2 śjij1 tja1 dzjij2 zji1 kjir1 dźja2 tśju1 tjɨ2 njwi2 gji2 gju2 śia̱2
流 **法** **者** (教 时 勇 猛， 事 得 能 愿。 论 就
[illegible]
śia̱2 tjij1 lew1 gjwi2 ·wo2 we2 tśhjwo1 śiẽ1 rar2 ji2 ŋwu̱1 tshjij1 ŋowr2
随 失， 唯 句 义 成， 故 漏 流 谓。 论 说 一
[illegible]
ŋowr2 phji1 ɣie1 mji1 nji2 ŋa1 njij1 tshjij1 śja2 śiẽ1 rar2 mji1 we2
切， 意 力 不 至， 空 心 说 显， 漏 流 不 成）。

法（教时勇猛，望求得事，就论失意，唯成句义，故谓流漏。一切论说，意力不至，现空心说，流漏不成）。

4166-12-04

[illegible][1] [illegible] [illegible] [illegible] [illegible] [illegible] [illegible] [illegible] [illegible] [illegible] [illegible] [illegible]，

bə^{2} ŋwej^{2} so̱^{1} thji^{2} tjɨj^{2} pa^{1} bjij^{2} twu̱^{1} lhji̱^{1} we^{1} wji̱^{2} tśja^{1}

补 和 三 地 仪 波 高 直 拔 龙 幻 道，

补和三地仪 波高直拔幻龙道，

4166-12-05

[illegible] [illegible] [illegible] [illegible] [illegible] [illegible] [illegible]，[illegible] [illegible] [illegible] [illegible] [illegible] [illegible] [illegible]。

tśhji^{2} lhji̱^{1} tsho̱^{2} dar^{1} dzjɨj^{1} zar^{2} tśja^{1} phji^{1} lhji̱^{1} śjij^{1} tjɨj^{2} thjɨj^{1} rjir^{1} tśja^{1}

根 拔 空 达 时 经 道，意 拔 破 信 天 得 道。

拔根空达经时道，拔意破信得天道。

4166-12-06

[illegible] [illegible] [illegible] [illegible] [illegible] [illegible] [illegible] [illegible]，[illegible] [illegible] [illegible]，[illegible] [illegible] [illegible]。

tju̱^{2} tśja^{1} so̱^{1} gjwi^{2} tsjir^{1} ljij^{2} ŋwu^{2} dźju^{1} zow^{2} ŋwu^{2} djij^{2} dźjij^{1} ŋwu^{2} thwu̱^{1}

祖 道 三 句 法 见 以 显，执 以 定，行 以 通。

祖道三句法，以见显、以执定、以行通。

译文：

流三种漏

一流见漏（妙关难脱，应和以流），**流漏法**（玄关触处，对箭唇上，应实能合。如此这样，依彼和下。流漏真理，脱悟境难。脱则现观，流漏不主）。**二流性漏**（不能正悟，和合不得），**流漏法**（如了悟眼，万贪融合，正邪远入，趣处正难。故于悟眼，突然为掩，名曰流漏。投脚而行，求彼不受。巧飞嗤笑，俗觉不翳，流漏不成）。**三流论漏**（住处无病，犯论处失），**流漏法**（教时勇猛，望求得事，就论失意，唯成句义，故谓流漏。一切论说，意力不至，现空心说，流漏不成）。

补和三地仪

波高直拔幻龙道，拔根空达经时道，拔意破信得天道。

---

① [illegible]，此为补缀之义。该字常用于“[illegible][illegible]”（bə^{2}bjij^{1}）一词，又作“[illegible][illegible]”（bə^{2}bjij^{1}），义为“粪扫（衣）”、“补衲（衣）”，如《大宝积经》卷 103“[illegible][illegible][illegible][illegible][illegible][illegible]”，与汉文本“亦恒乞食受粪衣”对译。“[illegible][illegible]”（bə^{2}bjij^{1}）和“[illegible][illegible]”（bə^{2}bjij^{1}）均带有“[illegible]”旁，本与义为“蜣螂”的“[illegible][illegible]”（bə^{2}bjij^{1}）同。

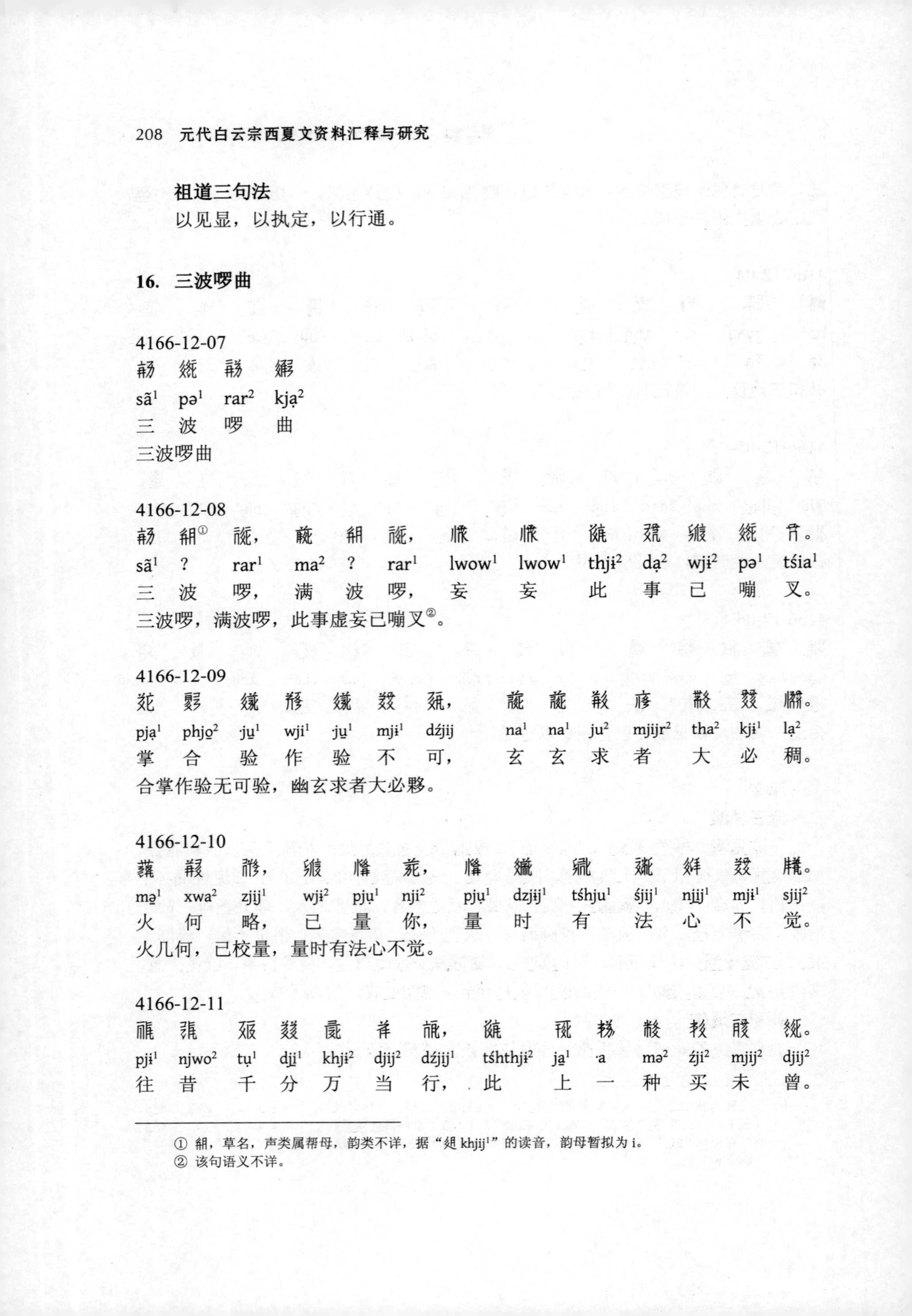

祖道三句法

以见显，以执定，以行通。

16.　三波啰曲

4166-12-07

[illegible]

sã^{1}　pə^{1}　rar^{2}　kjạ^{2}

三　波　啰　曲

三波啰曲

4166-12-08

[illegible]

sã^{1}　?　rar^{1}　ma^{2}　?　rar^{1}　lwow^{1}　lwow^{1}　thjɨ^{2}　dạ^{2}　wjɨ^{2}　pə^{1}　tśia^{1}

三　波　啰，　满　波　啰，　妄　妄　此　事　已　嘣　叉。

三波啰，满波啰，此事虚妄已嘣叉②。

4166-12-09

[illegible]

pjạ^{1}　phjo̱^{2}　ju̱^{1}　wji^{1}　ju̱^{1}　mjɨ^{1}　dźjij　na^{1}　na^{1}　ju^{2}　mjijr^{2}　tha^{2}　kjɨ^{1}　lạ^{2}

掌　合　验　作　验　不　可，　玄　玄　求　者　大　必　稠。

合掌作验无可验，幽玄求者大必夥。

4166-12-10

[illegible]

mə̱^{1}　xwa^{2}　zjij^{1}　wjɨ^{2}　pjụ^{1}　nji^{2}　pjụ^{1}　dzjɨj^{1}　tśhju^{1}　śjij^{1}　nji̱j^{1}　mjɨ^{1}　sjij^{2}

火　何　略，　已　量　你，　量　时　有　法　心　不　觉。

火几何，已校量，量时有法心不觉。

4166-12-11

[illegible]

pjɨ^{1}　njwo^{2}　tụ^{1}　dji̱^{1}　khjɨ^{2}　djij^{2}　dźjij^{1}　tśhthjɨ^{2}　ja̱^{1}　·a　mə^{2}　źji^{2}　mjij^{2}　djij^{2}

往　昔　千　分　万　当　行，　此　上　一　种　买　未　曾。

---

① [illegible]，草名，声类属帮母，韵类不详，据“[illegible] khjij^{1}”的读音，韵母暂拟为 i。

② 该句语义不详。

往昔千分当万行，此上一种买未曾。

4166-12-12

[illegible]

lạ^{1} tjị^{2} ka^{1} kiẹj^{2} lu^{2} djij^{2} wə^{1} ljɨ̣^{1} ·jij^{1} dźjwo^{2} wji^{1} kạr^{1} lu^{2} mjij^{1}

手 处 计 欲 燃 而 属， 重 轻 弃 作 称 燃 无。

手处欲计虽燃属，抛却重轻无燃称。

4166-12-13

[illegible]

tsjij^{2} lhạ^{2} lhjɨ^{2} zjij^{1} dźjij^{1} wji^{1} gie^{1} śjɨ^{2} kja^{1} mjɨ^{1} sjij^{2} dźju^{1} dźju^{1} ljij^{2}

解 惑 尘 微 行 为 难， 释 迦 不 觉 显 明 见。

解惑微尘行为难，释迦不觉显明见。

4166-12-14

[illegible]

mjo^{2} ·jij^{1} dzjịj^{2} mjo^{2} ·jij^{1} dzjịj^{2} be^{1} be^{1} ɣạ^{2} ɣạ^{2} thjɨ^{2} rjɨr^{2} tshjij^{1}

吾 之 师， 吾 之 师， 癫 癫 狂 狂 此 乃 说。

吾之师，吾之师，癫癫狂狂乃说此。

4166-13-01

[illegible]

thjɨ^{2} dạ^{2} na^{1} mju^{2} źjir^{1} wjị^{2} sjwɨ^{1} lew^{1} mjij^{2} njɨ^{1} dzjwo^{2} thjɨ^{2} ·a sjij^{2}

此 事 深 渊 真 会 谁？ 惟 下 二 人 此 △ 觉。

此事渊深谁真会？惟下二人能觉此。

4166-13-02

[illegible]

ka^{2} tśjij^{2} kwə^{2} kjạ^{1} mjij^{1} tshjịj^{1} zar^{2} ljịj^{2} ·ji^{1} mej^{1} ·a tśhjij^{1} nji^{2}

狮 子 吼， 畏 无 说， 经 来 众 眼 △ 抬 △。

狮子吼，说无畏，过来众人抬眼窥。

---

① [illegible]，动词趋向前缀，表示“向上”义。下同。

② [illegible]（nji^{2}），为第二人称复数代词人称呼应后缀，与“众”相呼应。

4166-13-03

[illegible]

tjɨ^{1} tjij^{1} lha̰^{1} ŋwu^{2} dźju^{1} wji^{1} ku^{1} zjo̰^{2} zjo̰^{1} hjwa^{1} lhji̱^{1} mər^{2} njij^{1} dźjij

假 若 妄 以 欺 作 则， 世 世 舌 割 本 心 肯。

假若以妄来欺骗，世世割舌归本心。

4166-13-04

[illegible]

nja̱^{2} mjɨ^{1} lhə wa^{2} wji^{1} lew^{2}

非 不 足， 何 作 应？

不足非，应作何？

译文：

三波啰曲

三波啰，满波啰，此事虚妄已嘣叉。
合掌作验无可验，幽玄求者大必夥。
火几何，已校量，量时有法心不觉。
往昔千分当万行，此上一种买未曾。
手处欲计虽燃属，抛却重轻无燃称。
解惑微尘行为难，释迦不觉显明见。
吾之师，吾之师，癫癫狂狂乃说此。
此事渊深谁真会？惟下二人能觉此。
狮子吼，说无畏，过来众人抬眼窥。
假若以妄来欺骗，世世割舌归本心。
不足非，应作何？

注释：此杂曲三首，第一首格式是：3-3-7-7-7、3-3-7-7-7；第二首格式是：7-7-7-7；第三首格式是：3-3-7-7-7、3-3-7-7-7，3-3。押韵多为 i 韵，也有出韵的情况，韵脚是：[illegible] zjij^{1}、[illegible] nji^{2}、[illegible] sjij^{2}、[illegible] dźjij^{1}、[illegible] djij^{2}、[illegible] mjij^{1}、[illegible] ljij^{2}、[illegible] dzji̱j^{2}、[illegible] dzji̱j^{2}、[illegible] tshjij^{1}、[illegible] sjwɨ^{1}、[illegible] sjij^{2}、[illegible] tshji̱j^{1}、[illegible] nji^{2}、[illegible] dźjij。

17. 寂寂曲

4166-13-05

[illegible]

mjij^{1} mjij^{1} kja̱^{2}

寂 寂 曲

寂寂曲

4166-13-06

[illegible]

mə¹ tsjɨ¹ mjij¹ ljị² tsjɨ¹ mjij¹ kjɨ¹ mjij¹ wjɨ² mjij¹ zji² mjij¹ mjij¹

天 亦 无， 地 亦 无， 必 无 已 无 皆 无 无。

天亦无，地亦无，必无已无皆无无。

4166-13-07

[illegible]

mjij¹ mjij¹ rjar² sji¹ ·ju̱ tjị² ljọ² khjɨ² bẹ² tụ¹ dzjij¹ zji² ŋwu² ·jij¹

无 无 迹 尽 验 可 何？ 万 穿 千 度 皆 是 己。

无无迹尽何可验？万穿千度皆是己。

4166-13-08

[illegible]

thjɨ² bu̱¹ mjij² nja̱² ɣiã¹ wa² ·ju² ·ju² djij² rjir¹ tsjɨ¹ zji² mjij¹ mjij¹

此 仪 未 非 闲 何 求， 求 当 得 亦 皆 无 无。

此礼还非闲何求？当求亦皆得无无。

4166-13-09

[illegible]

mjij¹ mjij¹ ·ụ² kha¹ mə¹ ljị² djọ² na¹ dzu¹ ɣiã¹ lhu¹ mjij¹ mjij¹ dźjij¹

无 无 藏 中 天 地 修， 深 自 闲 增 无 无 纯。

无无藏中天地修，深自闲增纯无无。

4166-13-10

[illegible]

thjɨ² kha¹ niọw¹ tsjɨ¹ Lwow¹ tśjị¹ ljij² ŋa¹ ·jij¹ lhjwi¹ dźji̱r¹ ·jij¹ dza² rjijr²

此 中 又 亦 妄 苦 见， 空 之 取 绝 自 计 量。

此中又亦妄苦见，空之取舍自计量。

4166-13-11

[illegible]

thjɨ² sju² phju² tśja¹ ·jij¹ ŋa² ·ji² tsji̱r¹ pjo¹ tshja² bju¹ djị¹ ljɨ¹ mjijr²

此 如 上 道 之 空 谓， 法 毁 报 应 狱 堕 者。

如此上道之谓空，毁法报应堕狱者。

译文：

寂寂曲

天亦无，地亦无，必无已无皆无无。
无无迹尽何可验？万穿千度皆是已。
此礼还非闲何求？当求亦皆得无无。
无无藏中天地修，深自闲增纯无无。
此中又亦妄苦见，空之取舍自计量。
如此上道之谓空，毁法报应堕狱者。

注释：格式是：3-3-7-7-7-7-7、7-7-7-7-7-7。押-i 韵，第一组韵脚是：[illegible] mjij^{1}、[illegible] mjij^{1}、[illegible] mjij^{1}、[illegible] ·jij^{1}、[illegible] mjij^{1}；第二组韵脚是：[illegible] dźjij^{1}、[illegible] ljij^{2}、[illegible] rjijr^{2}、[illegible] ·jɨ^{2}、[illegible] mjijr^{2}。

18. 火焰偈

4166-13-12

[illegible]	[illegible]	[illegible]
mə̱^{1}	ljo̱r^{1}	lja̱^{1}
火	焰	偈

火焰偈

4166-13-13

[illegible]	[illegible]	[illegible]	[illegible]	[illegible]	[illegible]	[illegible]，	[illegible]	[illegible]	[illegible]	[illegible]	[illegible]	[illegible]	[illegible]。
tśhju̱^{2}	lia^{2}	mji̠j^{1}	·jij^{1}	lhạ^{2}	sjwɨ^{1}	mjij^{1}	mjor^{1}	dzjɨj^{1}	lhjwi^{1}	śji^{2}	tja^{1}	ljọ^{2}	dźji̠j^{1}
倒	醉	梦	相	迷	种	无，	如	时	取	往	者	何	住。

醉倒梦相无惑种，真时往取何者住。

4166-13-14

[illegible]	[illegible]	[illegible]	[illegible]	[illegible]	[illegible]	[illegible]，	[illegible]	[illegible]	[illegible]	[illegible]	[illegible]	[illegible]	[illegible]。
tjɨ^{1}	tjij^{1}	tśjɨ^{1}	mjijr^{2}	thja^{1}	tjị^{2}	djɨj^{2}	khjɨ^{2}	mji̠^{2}	ŋa^{1}	tsjɨ^{1}	wa^{2}	sju^{2}	tsjij^{2}
假	若	了	者	彼	处	止，	万	境	空	亦	何	如	解。

假若了者止彼处，万境亦空如何悟。

4166-14-01

[illegible]

rjur^{1} tśja^{1} djọ^{2} mjijr^{2} lwow^{1} tji^{1} dzew^{2} dzew^{2} ljɨj^{2} tśja^{1} tsjij^{2} ŋowr^{2} tśhjụ^{2} ljij^{1}

诸 道 修 者 慎 莫 欺， 欺 骗 道 悟 俱 颠 盛。

诸道修者慎莫欺，欺骗悟道全颠倒。

4166-14-02

[illegible]

khio^{2} njwi^{2} wo^{2} tśja^{1} ɣiã^{1} tji^{1} śjwɨ̱^{2} khjɨ^{2} mjɨ̱^{2} thja^{1} tjɨ̣^{2} khjɨ^{2} wo^{2} dzjij^{1}

巧 能 理 道 闲 莫 和， 万 境 彼 处 万 理 过。

取巧道理不谐和，万境彼处万理通。

4166-14-03

[illegible]

ju^{2} tjɨ̣^{2} mjij^{1} lhjij^{2} mjij^{2} djij^{2} tjụ^{2} dzjɨj^{2} mjɨ^{1} sjij^{2} nji^{2} ljọ^{2} dźjɨj^{1}

寻 处 无， 缺 未 曾， 祖 师 不 觉 汝 何 住。

无处寻，未曾缺，祖师不觉汝所住。

4166-14-04

[illegible]

tśhjɨ^{1} su^{1} djij^{2} khu^{1} war^{2} dụ^{1} djɨj^{2} dzjwo^{2} djij^{2} dzjwɨr^{1} dzjwɨr^{1} ljɨ^{1}kạ^{1} mjijr^{2} tśhjɨj^{1}

尔 胜 当 厌 财 积 止， 人 当 绝 及 命 者 薄。

尔当胜厌聚财止，人当绝及命者薄。

译文：

火焰偈

醉倒梦相无惑种，真时往取何者住。
假若了者止彼处，万境亦空如何悟。
诸道修者慎莫欺，欺骗悟道全颠倒。
取巧道理不谐和，万境彼处万理通。
无处寻，未曾缺，祖师不觉汝所住。
尔当胜厌聚财止，人当绝及命者薄。

注释：格式是 7-7-7-7、7-7-7-7、3-3-7-7-7。押-i 韵，韵脚是：[illegible] mjij^{1}、[illegible] dźjɨj^{1}、[illegible] djɨj^{2}、[illegible] tsjij^{2}、[illegible] ljij^{1}、[illegible]śjwɨ̱^{2}、[illegible] dzjij^{1}、[illegible] mjij^{1}、[illegible] djij^{2}、[illegible] dźjɨj^{1}、[illegible] djɨj^{2}、[illegible] tśhjɨj^{1}。

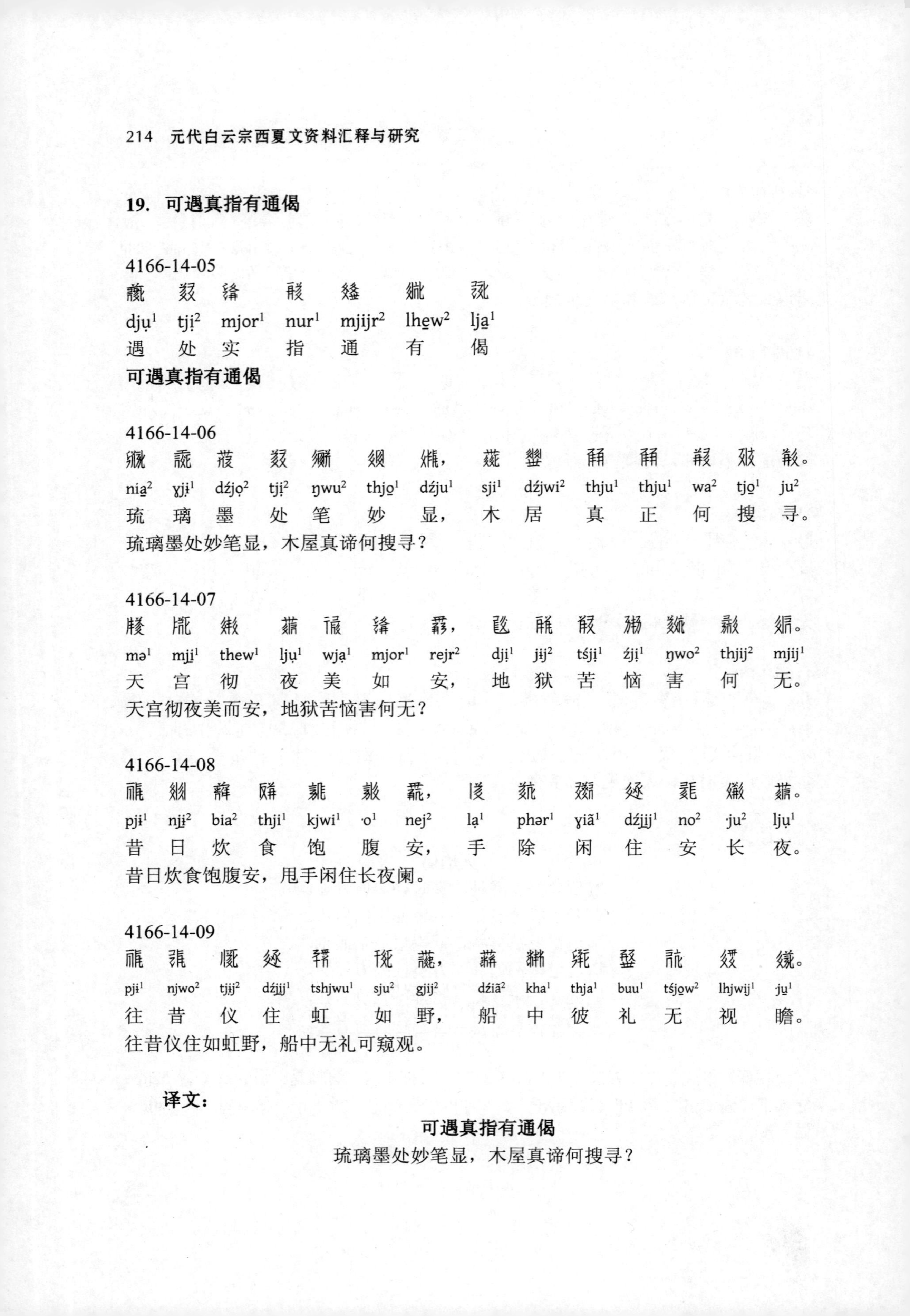

19. 可遇真指有通偈

4166-14-05

djụ^1 tji̱^{2} mjor^1 nur^1 mjijr^2 lhe̱w^2 lja̱^{1}

遇 处 实 指 通 有 偈

可遇真指有通偈

4166-14-06

nia̱^{2} ɣji̱^{1} dźjọ^2 tji̱^{2} ŋwu^2 thjọ^1 dźju^1， sji^1 dźjwi^2 thju^1 thju^1 wa^2 tjọ^1 ju^2。

琉 璃 墨 处 笔 妙 显， 木 居 真 正 何 搜 寻。

琉璃墨处妙笔显，木屋真谛何搜寻？

4166-14-07

mə^1 mji̱^{1} thew^1 ljụ^1 wjạ^1 mjor^1 rejr^2， dji̱^{1} jij^2 tśji̱^{1} źji̱^{1} ŋwo^2 thjij^2 mjij^1。

天 宫 彻 夜 美 如 安， 地 狱 苦 恼 害 何 无。

天宫彻夜美而安，地狱苦恼害何无？

4166-14-08

pji^1 nji̱^{2} bia^2 thji^1 kjwi^1 ·o^1 nej^2， lạ^1 phər^1 ɣiã^1 dźjij^1 no^2 ·ju^2 ljụ^1。

昔 日 炊 食 饱 腹 安， 手 除 闲 住 安 长 夜。

昔日炊食饱腹安，甩手闲住长夜阑。

4166-14-09

pji^1 njwo^2 tjij^2 dźjij^1 tshjwu^1 sju^2 gjij^2， dźiã^2 kha^1 thja^1 buu^1 tśjọw^2 lhjwij^1 ·ju^1。

往 昔 仪 住 虹 如 野， 船 中 彼 礼 无 视 瞻。

往昔仪住如虹野，船中无礼可窥观。

译文：

可遇真指有通偈

琉璃墨处妙笔显，木屋真谛何搜寻？

天宫彻夜美而安，地狱苦恼害何无？
昔日炊食饱腹安，甩手闲住长夜阑。
往昔仪住如虹野，船中无礼可窥观。

注释：七言，共 8 句，押-u 韵。韵脚是：[illegible] dźju^{1}、[illegible] ju^{2}、[illegible] lju̥^{1}、[illegible] ju̱^{1}，“[illegible] mjij^{1}”字出韵。

20. 实发明行四句偈

4166-14-10

[illegible]	[illegible]	[illegible]	[illegible]	[illegible]	[illegible]	[illegible]
źjɨr^{1}	śjwo^{1}	dźjɨ	swew^{1}	ljɨr^{1}	gjwi^{2}	lja̱^{1}
实	**发**	**行**	**照**	**四**	**句**	**偈**

实发明行四句偈

4166-14-11

[illegible]	[illegible]	[illegible]	[illegible]	[illegible]	[illegible]	[illegible]，	[illegible]	[illegible]	[illegible]	[illegible]	[illegible]	[illegible]。
ŋwər^{1}	ŋwər^{1}	ŋa^{1}	twu̥^{1}	be^{2}	nji^{2}	swew^{1}	tha^{2}	ljɨ^{2}	kjiw^{1}	ŋwu^{2}	śjɨ^{2}	ŋwər^{1}	to^{2}
皇	天	空	处	日	珠	明，	大	地	年	以	草	青	生。

皇天空处日珠明，大地年年草青生。

4166-14-12

[illegible]	[illegible]	[illegible]	[illegible]	[illegible]	[illegible]①	[illegible]，	○②
dźjɨ	bu̱^{2}	mji^{1}	djo̥^{2}	kjir^{2}	nja^{2}	ku^{1}	
行	胜	不	修	敢	△	则，	

汝则胜行不敢修，□□□□□□□。

译文：

实发明行四句偈

皇天空处日珠明，大地年年青草生。
汝则胜行不敢修，□□□□□□□。

注释：应押-u 韵，韵脚是：[illegible] to^{2}、[illegible] ku^{1}。

---

① “[illegible]”（nja^{2}），为第二人称单数代词动词人称呼应后缀。
② 此处原应有四句，最后一句用○代替，表示该句佚。

21. 重法宗师求教语

4166-14-13

[illegible]

jị^2 śjij^1 mər^2 dzjij^2 dzjụ^1 ju^2 dạ^2

重 法 宗 师 教 求 语

重法宗师求教语

4166-14-14

[illegible]

·iọ^1 tśhja^2 tśja^1 dźjij^1 mjijr^2 tja^1 ɣu^1 mjij^1 lha ŋwu^2 ŋa^2 zow^2 thjɨ^2 ŋa^2 njij^1 jij^1

夫 正 道 行 者 者， 初 无 迷 以 我 执， 此 我 心 于

凡正道行者，初勿惑以我执，但于我心

4166-15-01

[illegible]

bju^1 śjij^1 wji^1 bju^1 dzu^1 khie^1 lhjwi^1 dźjɨr^1 njɨ^2 dju^1 thjɨ^2 dźjar^2 dwewr^2 lew^2 ŋa^2 ljụ^2

依 法 作 因。 爱 恶 取 舍 等 有， 此 罪 觉 应。 我 身

依顺而作。有取舍爱恶等，此罪应觉。我身

4166-15-02

[illegible]

mər^2 mjij^1 ljɨr^1 tha^2 dź- phjọ^2 ŋa^2 njij^1 mji^1 dju^1 ljɨr^2 ljɨr^2 wẹ^1 dzjar^2 mjor^1 kwər^1

本 无， 四 大 虚 和， 我 心 不 有， 念 念 生 灭， 实 体

本无，四大空和，我心不有，诸念生灭，实体

4166-15-03

[illegible]

ljọ^2 dju^1 tśhjwo^1 thjɨ^2 jij^1 bju^1 śjij^1 ljọ^2 śjwo^1 bju^1 śjij^1 mjij^1 ku^1 ljwu^1 khie^1 ljọ^2

岂 有？ 故 此 于 依 顺 何 用？ 依 顺 无 则 违 恶 何

岂有？故于此依顺何用？无依顺则何来违恶？

4166-15-04

[illegible]

lja^1 sjwɨ^1 jij^1 bięj^1 phji^1 thjɨ^2 sju^2 dzjwo^{21} ljɨ mjij^1 ku^1 rjɨr^2 njɨ^2 tha^1 we^2 mjijr^2

来？ 谁 于 乐 令？ 此 如 人 及 无， 则 令 至 佛 成 者

于谁令乐？如此人既无，则乃至成佛者

4166-15-05

tsjɨ1 mjij1 kha1 nio̱w1 dzjij2 dạ2 ɣa2 lhjwi1 dźjịr1 wa2 dju1 tjij1 twụ1 mjɨ1 njwi2 tsjɨ1

亦 无。 中 复 余 事 上 取 舍 何 有？ 若 顿 不 能， 亦

亦无。复何有他事上取舍？若不能顿悟，亦

4166-15-06

njwo2 tshja2 wa2 dju1 bju1 lhjij2 lew2 jij1 jij1 tśju1 bju1 dźjij1 lew2 ljọ2 kjɨ1[①] djij2

宿 报 何 有 因 受 所？ 自 自 事 依 住 所， 何 必 定

岂有因宿报而摄受？各自依事所住，何必定

4166-15-07

wji1 lew2 tśju1 dju1 mji1 wji1 rjar1 mjij1 thjɨ2 sju2 wo2 dju1 tśju1 tja1 wji1 lew2

作 应 事 有， 不 作 气 无。 此 如， 理 有 事 者 作 应。

应作？有事，不作无气。如此，有理事者应作，

4166-15-08

wo2 mjij1 ŋwu2 la1 źjị1 tji1 wji1 thjɨ2 sju2 śjwi̱2 ku1 wa2 dźjij1 twụ1 dzu1 khie1

理 无 以 戏 恼 莫 作。 此 如 和 则 何 行 处 爱 恶

无理戏恼莫为。如此，和则行处好恶

4166-15-09

njɨ2 tsjɨ1 zji2 gjij1 mjij1 ŋwu2 gjij1 mjij1 śia̱2 mjij1 lwow1 mji1 wjo1 dźjij1 ljụ2 njij1

等 亦 皆 利 无 是， 利 无 随 无 慎 不 遣 行。 身 心

等亦皆无利，无利无随慎不遣行。身心

---

① “”（kjɨ1），动词趋向前缀，表示“向近处”。“”往往与汉语“必定”对译。

4166-15-10

[illegible]

bju^{1} śjij^{1} lew^{1} mej^{2} dźjwa^{1} zjij^{1} dźjwɨ^{1} tjɨ^{1} ljɨ^{1} kia^{1} ·u^{2} njij^{1} ŋwu^{2} wo^{2} dju^{1} tśju^{1}

随 顺，一 毫 毛 略 属 莫 杂 然。内 心 以 理 有 事

随顺，莫杂染一毫毛。以内心有理事

4166-15-11

[illegible]

ljɨ^{1} wo^{2} mjij^{1} tśju^{1} njɨ^{2} pju̜^{1} ŋwu^{2} phjii^{1} kiej^{2} djɨr^{2} wjo^{1} dźjij^{1} zjij^{1} ·u^{2} njij^{1} du^{1}

及 理 无 事 等，量 以 驱 使 外 遣 行 时，内 心 安

及无理事等，以量驱使外遣行时，内心安

4166-15-12

[illegible]

djij^{2} djwij^{1} djwij^{1} ŋwu^{2} lew^{1} thja^{1} wjo^{1} gjij^{2} tśhja̱^{1} dźjij^{1} lwow^{1} gjij^{1} ɣie^{2} mjij^{1} sew^{2} ljɨr^{2}

定。明 明 以 惟 彼 行 桎 上 住 慎，利 益 无 思 念

定。以明明心但他行桎梏上慎住，无利益思念

4166-15-13

[illegible]

mji^{1} śjwo^{1} thji^{2} sju^{2} lju̜^{2} njij^{1} dźjwɨ^{1} phjo̱^{2} bju^{1} tśju^{1} wji^{1} zjij^{1} lew^{1} tśju^{1} wji^{1} ŋwu^{2}

不 生，此 如 身 心 相 和 依，事 作 时 但 事 作 是，

不生，如此依身心相和，做事时但做事；

4166-15-14

[illegible]

dźjij^{1} bjij^{2} zjij^{1} lew^{1} dźjij^{1} bjij^{2} ŋwu^{2} dzuu^{2} zjij^{1} lew^{1} dzuu^{2} ŋwu^{2} gjij^{1} mjij^{1} wo^{2} mjij^{1}

行 遣 时 但 行 遣 是，坐 时 但 坐 是。利 无 义 无

遣行时但遣行；坐时但坐，以无利无义

4166-16-01

[illegible]

ŋwu^{2} mji^{1} wjo^{1} dźjij^{1} ljɨ^{1} ·u^{2} njij^{1} tsjɨ^{1} lju̜^{2} rjir^{2} śjwi̱^{2} bju^{1} gjij^{1} wo^{2} mjij^{1} wo^{2}

以 不 遣 行 也，内 心 亦 身 与 和 合。利 无 义 无

不遣行也，内心亦与身和合。无利无义

4166-16-02

[illegible]

tsjɨ^{1} sew^{2} ljɨr^{2} mji^{1} śjwo^{1} tjij^{2} bju^{1} dzjwɨ^{2} dźjij^{1} du^{1} djij^{2} jiw^{2} mjij^{1} tjij^{1} śjā^{1} dzuu^{2}

亦 思 念 不 生。 仪 依 走 行， 安 定 疑 无。 若 禅 坐

亦思念不生，依礼行走，安定无疑。若坐定

4166-16-03

[illegible]

djij^{2} djọ^{2} zjij^{1} djɨr^{2} ljụ^{2} ɣiā^{1} dzuu^{2} ku^{1} njij^{1} wa^{2} bju^{1} ŋewr^{1} ljụ^{2} djị^{1} sjij^{2} mjij^{1}

定 修 时， 外 身 闲 坐 则 心 何 依？ 乱 身 沉 思 无，

禅修时，身形闲坐，则心何依？乱身无沉想，

4166-16-04

[illegible]

ʉ^{2} njij^{1} djị^{1} rjir^{2} tshwew^{1} tja^{1} ljọ^{2} tjij^{2} thji^{2} sju^{2} mji^{1} tjij^{2} mji^{1} dźjij^{1} ŋwu^{2} tjij^{1}

内 心 沉 与 趣 者 何 仪？ 此 如 不 仪 不 行 以， 若

与内心沉趣者岂一样？以如此行为而行，若

4166-16-05

[illegible]

djij^{2} djọ^{2} ɣiā^{1} dzuu^{2} ku^{1} lew^{1} djij^{2} djọ^{2} ɣiā^{1} dzuu^{2} ŋwu^{2} niọw^{1} pha^{1} sew^{2} ljɨr^{2} dzjij^{2}

定 修 闲 坐， 则 惟 定 修 闲 坐 是， 复 异 思 念 余

定修闲坐，则但是禅修闲坐，有别于念想行等

4166-16-06

[illegible]

dźjɨ njɨ^{2} ɣie^{2} lụ^{2} mjijr^{2} mjij^{1} śia̱^{2} twụ^{1} mji^{1} lja̱^{1} thjij^{2} lji^{1} thji^{2} sju^{2} śjwɨ^{2} ku^{1}

业 等 碍 障 者 无。 随 处 不 证 何 也？ 此 如 和 则

无障碍者。随处不证何也？如此和则

4166-16-07

[illegible]

djij^{2} djọ^{2} mji^{1} dźjij^{1} ljọ^{2} tshwew^{1} twụ^{1} mji^{1} śjij^{1} tja^{1} mji^{1} dju^{1} djwij^{1} djwij^{1} jiw^{2} mjij^{1}

禅 修 不 惟， 何 趣 处 不 成 者 不 有， 明 明 疑 无。

不惟禅修不成，且趣处亦不成，明明无疑。

4166-16-08

[Tangut script]

tha^2 tśja^1 du^1 djij^2 la̱^{1} lụ^2 mjijr^2 mjij^1 mər^2 dạ^2 rjir^2 śjwi̱^{2} mər^2 tśja^1 tja^1 ŋowr^2

大 道 安 定， 染 障 者 无， 本 事 与 和， 本 道 者 一

大道安定，碍染者无，与本事和，一切本道

4166-16-09

[Tangut script]

ŋowr^2 ·jij^1 dzju^2 śjwi̱^{2} mjijr^2 mji̱j^2 po^1 tjij^1 ji^2

切 自 在 和 者， 名 菩 提 谓。

自在和者，名曰菩提。

译文：

重法宗师求教语

凡正道行者，初勿惑以我执，但于我心依顺而作。有取舍爱恶等，此罪应觉。我身本无，四大空和，我心不有，诸念生灭，实体岂有？故于此依顺何用？无依顺则何来违恶？于谁令乐？如此人既无，则乃至成佛者亦无。复何有他事上取舍？若不能顿悟，亦岂有因宿报而摄受？各自依事所住，何必定应作？有事，不作无气。如此，有理事者应作，无理戏恼莫为，如此，和则行处好恶等亦皆无利，无利无随慎不遣行。身心随顺，莫杂染一毫毛。以内心有理事及无理事等，以量驱使外遣行时，内心安定。以明明心但他行桎梏上慎住，无利益思念不生，如此依身心相和，做事时但做事，遣行时但遣行，坐时但坐。以无利无义不遣行也，内心亦与身和合。无利无义亦思念不生，依礼行走，安定无疑。若坐定禅修时，身形闲坐，则心何依？乱身无沉想，与内心沉趣者岂一样？以如此行为而行，若定修闲坐，则但是禅修闲坐，有别于念想行等无障碍者。随处不证何也？如此和则不惟禅修不成，且趣处亦不成，明明无疑。大道安定，碍染者无，与本事和，一切本道自在和者，名曰菩提。

22. 云风释子灭时要论文

4166-16-10

[Tangut script]

djij^2 lji^1 śji^2 gji^2 dzjar^2 bjij^2 tshji^1 ŋwu̱^{1} ·jwɨr^2

云 风 释 子 灭 时 要 论 文

云风释子灭时要论文

4166-16-11

[illegible]

iọ^{1} mər^{2} tśja^{1} tja^{1} sjij^{1} mjor^{1} dja^{2} dju^{1} tsjij^{2} lhạ^{2} rjur^{1} tsjir^{1} ŋər^{1} bo^{1} mja^{1} śjwa^{1}

夫 本 道 者， 今 如 已 有。 悟 迷 诸 法， 山 林 河 江

夫本道者，如今已有。悟迷诸法，山林江河，

4166-16-12

[illegible]

rjir^{2} nio̱w^{1} pha^{1} mjij^{1} tjij^{1} mej̱^{2} dźjwa^{1} zjij^{1} thji^{2} tśhja̱^{1} tja̱^{1} wer^{1} zji^{2} lia^{2} tji^{2} we^{2}

以 外 异 无。 若 毫 毛 时， 此 上 伪 饰， 皆 醉 处 为。

之外无异。若毫毛时，此上伪饰，皆为醉处。

4166-16-13

[illegible]

mər^{2} tśja^{1} dźju^{1} dźju^{1} tha^{2} sew^{2} sjij^{2} gie^{1} tha^{1} sjij^{2} mji^{1} nji^{2} ɲia^{1} tśhju^{1} thjij^{2} ·o^{2}

本 道 显 现， 大 惟 思 难。 佛 智 不 至， 菩 萨 岂 入？

本道显现，难大思维。佛智不至，菩萨岂入？

4166-16-14

[illegible]①

śjwi̱^{2} lew^{2} mji^{1} ·o^{1} thja^{1} tji^{2} ŋwu^{2} djij^{2} lhạ^{2} źji^{1} śjij^{1} bju^{1} dzjwi^{2} dji^{2} tśja^{1} thu^{1}

和 可 不 有， 彼 处 是 虽。 迷 恼 法 因， 修 治 道 立。

所和不有，唯是彼处。因恼迷法，立修治道。

4166-17-01

[illegible]

thji^{2} dzjwi^{2} dji^{2} jij^{1} njir^{2} gji^{2} tha^{2} ŋwu^{2} mə^{2} mə^{2} lia^{2} jij^{1} njir^{2} dzjwi^{2} dji^{2} śjwo^{1}

此 修 治 之， 借 凭 依 以， 种 种 醉 之， 借 修 治 用。

此修治之，以凭依借，种种醉之，借用修治。

4166-17-02

[illegible]

rjir^{2} nji^{2} djọ^{2} ŋwu^{2} djọ^{2} lew^{2} dzjwir^{1} zjij^{1} thja^{1} dji^{2} tśja^{1} tsji^{1} śjwo^{1} tshji^{1} tji^{2} mjij^{1}

乃 至 造 以， 造 所 绝 时。 彼 治 道 亦， 用 要 处 无。

乃至以造，所造灭时。彼亦治道，要用处无。

---

① “[illegible]”（djij^{2}），也是连词，在复句中表示转折。

4166-17-03

[illegible]

ŋwe^1 bju^1 jij^1 dzju^2 tsjir^1 kiej^2 rjir^2 phjo̱^{2} tha^2 ɣie^2 lụ^2 mjij^1 tha^2 sew^2 tshjij^1 gie^1

乐 依 自 在， 法 界 与 和。 大 碍 障 无， 大 思 议 难。

依乐自在，与法界和。无大障碍，大思议难。

4166-17-04

[illegible]

sjij^1 mjor^1 tji^1 ŋwu^2 pha^1 na^1 mji^1 tji^2 njir^2 djo̱^{2} tśja^1 mjij^2 thji^2 ljij^2 ljo̱^{2} njwi^2

今 如 若 是， 异 玄 不 可。 借 凭 道 无， 此 见 何 能？

如今若是，不可超玄。无凭借道，岂能见此？

4166-17-05

[illegible]

tśhjwo^1 nio̱w^1 kji^1 djij^2 zji^2 śji^1 njir^2 ŋwu^2 dji^2 tśja^1 gji^2 śjwo^1 dji^2 tśja^1 mji^1 pju̱^{1}

故 因 必 定， 皆 前 借 以。 治 道 凭 用， 治 道 无 量。

故必定因，皆因前借。治道凭用，治道无量。

4166-17-06

[illegible]

mur^1 rjijr^2 djo^2 tsji^1 tji^1 tjij^1 dzjar^2 bjij^2 ·o^1 njij^1 phji^1 ku^1 źja̱^{1} twẹ^2 bja^2 lji^1

愚 愿 修 亦， 假 若 灭 时。 腹 心 失 则， 间 续 断 入。

愿愚亦修，假若灭时，如失腹心，间续断入。

4166-17-07

[illegible]

xja^1 ɣu^2 dźjwa^1 gie^1 thji^2 bju^1 djo̱^{2} mjijr^2 zji^2 kha^1 tshji^1 śjij^1 mji^1 lia^2 tśja^1 thu^1

即 了 毕 难， 此 因 修 者。 最 中 要 法， 不 醉 道 立。

即难了毕，因此修者，最终要法，立不醉道。

4166-17-08

[illegible]

tjij^1 jir^2 wji^1 mjijr^2 źji^1 sjwij^1 lha̱^{2} lia^2 twụ^1 dzjwir^1 njwi^2 lji^1 dzjar^2 bjij^2 ·o^1 njij^1

若 勤 作 者， 恼 业 迷 醉。 顿 绝 能 而， 灭 时 腹 心，

若勤作者，恼业迷醉。虽能顿绝，腹心灭时，

---

① “[illegible]”（kji^1），动词趋向前缀，表示“向近处”。“[illegible]”往往与汉语“必定”对译。

4166-17-09

[illegible]

jij^1 mjɨ^1 dzju^2 nja̱^{2} tśhju^2 lhạ^2 ljọ^2 tjɨj^2 tśhjij^1 sjwɨ^2 mjijr^2 mjij^1 ŋwe^1 bju^1 jij^1 dzju^2

自 不 在 非， 颠 迷 何 仪 执 引 者 无， 意 依 自 在。

非不自在，颠倒何仪？无执引者，依乐自在。

4166-17-10

[illegible]

ljọ^2 tshwew^1 twụ^1 śjɨ^1 rjɨr^2 njɨ^2 tjụ^2 śia̱^{2} mər^2 tśja^1 tsjɨ^1 śjwi̱^{2}

何 趣 处 往， 乃 至 祖 随， 本 道 亦 和。

何趣处往，任运随祖，本道亦和。

4166-17-11

[illegible]

thjɨ^2 tshji^1 ŋwu̱^{1} tja^1 iọ^1 dzjɨj^1 dzjɨj^1 kha^1 rjur^1 mjɨ^2 kiej^2 tśhja̱^{1} phji^1 mji^1 wji^1 śjwo^1

此 要 论 者， 盖 时 时 中， 诸 境 界 上 意 不 为 须

此要论者，盖时时中。诸境界上，不须为意。

4166-17-12

[illegible]

thja^1 tjị^2 bə^1 dźjwo^2 iọ^1 tji^1 rer^2 mja^1 thjɨ^2 buu^1 jij^1 gji^1 jij^1 tsjir^2 gji^1 gji^1

彼 处 弃 舍， 盖 莫 寻 觅。 此 仪 乃 澄， 自 性 清 醒。

彼处弃舍，凡莫寻觅。此仪乃澄，自性清醒。

4166-17-13

[illegible]

bja^2 ŋa^1 tji^1 śjwi̱^{2} ɣiej^1 dju^1 tji^1 gji̱^{2} rjɨr^2 njɨ^2 mə^2 mə^2 bej^1 wə̣^{1} djij^2 dzjwɨr^1

断 空 莫 和， 实 有 莫 求。 乃 至 种 种， 拘 系 当 绝。

断空莫和，实有莫求。乃至种种，拘系当绝。

4166-17-14

[illegible]

swɯ^2 dźjwɨ^1 djij^2 mjij^1 tjij^1 ŋa^1 gjɨ^2 ku^1 ŋa^1 mə^1 tśhja̱^{1} we̱^{1} ŋa^1 ŋwu^2 tśhjij^1 sjwɨ^2

类 属 当 无， 若 空 求 则。 空 天 上 生， 空 以 执 引。

类属应无，则若空求。空天上生，以空执引。

4166-18-01

[illegible]

bie^{2} lhew^{2} mji^{1} rjir^{1} niọw^{1} ŋa^{1} dzjar^{2} zjij^{1} ljɨ^{2} ŋa^{1} ɣa^{2} lji^{1} ji^{2} pha^{1} tshja^{2} lhjij^{2}

解 脱 不 得， 又 空 灭 时， 地 空 上 堕， 复 异 报 受。

不得解脱，复空灭时，地空上堕，复异报受。

4166-18-02

[illegible]

tjij^{1} ɣiej^{1} dju^{1} gjɨ^{2} ju^{2} ljij^{2} tśhjij^{1} sjwi^{2} bie^{2} lhew^{2} mji^{1} rjir^{1} kụ^{1} thja^{1} tsjɨ^{1} dzjar^{2}

若 实 有 求， 常 见 执 引。 解 脱 不 得。 后 彼 亦 灭，

若求实有，持引常见，不得解脱。后彼亦灭，

4166-18-03

[illegible]

lwow^{1} ljɨ^{2} ŋa^{1} lhjɨr^{1} iọ^{1} mur^{1} śjij^{2} kha^{1} lhjɨ^{2} zjij^{1} śjwɨ^{2} gjɨ^{2} thja^{1} ŋwu^{2} tśhjij^{1} sjwi^{2}

妄 地 空 堕， 夫 愚 圣 中。 尘 略 和 求， 彼 以 执 导。

妄堕地空。夫愚圣中，尘略求和，以彼持引，

4166-18-04

[illegible]

bie^{2} lhew^{2} ljọ^{2} rjir^{1} thja^{1} ŋwu^{2} lia^{2} phji^{1} śjij^{2} tśja^{1} thjij^{2} gji^{1} iọw^{1} ɣie^{1} sji^{1} zjij^{1}

解 脱 何 得？ 彼 以 醉 令。 圣 道 何 醒？ 功 力 尽 时。

解脱何得？以彼令醉，圣道焉醒？功力尽时，

4166-18-05

[illegible]

niọw^{1} jij^{1} sã^{1} ljij^{2} ji^{2} pha^{1} sjwij^{1} lhjwi^{1} tshjɨ^{1} dźiej^{2} ljọ^{2} sji^{1} tjij^{1} dju^{1} tjij^{1} mjij^{1}

又 自 散 毁， 复 异 业 取， 轮 回 何 尽？ 若 有 若 无，

又自散毁，复取异业，轮回何尽？若有若无，

4166-18-06

[illegible]

lew^{1} zjij^{1} t-^{2} tsjɨ^{1} thja^{1} bji^{2} lja^{1} ŋwu^{2} ju^{2} mji^{1} źiejr^{2} phji^{1} njij^{1} tạ^{1} ljọ^{2} rjir^{1}

一 略 拒 亦， 彼 隐 匿 以， 常 不 居 令， 心 止 岂 得？

一概而拒，以彼隐匿，常使不居，心止岂得？

4166-18-07

[illegible]

jij^{1} thja^{1} sjwij^{1} bju^{1} lia^{2} mjạ^{1} tshja^{2} lhjij^{2} tjij^{1} nio̱w^{1} thji^{2} kha^{1} lạ^{1} tji^{2} gie^{1} ji^{2}

自 彼 业 依， 醉 果 报 受。 若 复 此 中， 手 处 难 谓。

自依彼业，受醉果报。若复此中，难谓着手。

4166-18-08

[illegible][1]

thja^{1} ŋwu^{2} thja^{2} lhji^{2} jij^{1} dja^{2} mji^{1} rjir^{1} pha^{1} ɣa^{1} lhjwi^{1} lji^{1} śji^{1} sju^{2} mə^{2} mə^{2}

彼 以 他 惧， 自 △ 不 得。 异 门 取 虽， 前 如 种 种。

以其惧彼，自己不得。异门虽取，如前种种。

4166-18-09

[illegible]

lia^{2} kha^{1} jij^{1} dza^{2} thja^{1} mja^{1} dji^{1} jiw^{2} thji^{2} sju^{2} śjwi^{1} lji^{1} śji^{1} śji^{1} mji^{1} no^{2}

醉 中 自 测， 其 恐 沉 疑。 此 如 出 入， 恍 惚 不 安。

醉中自测，其恐沉疑。此如出入，恍惚不安。

4166-18-10

[illegible]

ju^{2} tśji^{1} źji^{1} lhjij^{2} bie^{2} lhew^{2} mjij^{2} rjir^{1} sjwij^{1} bju^{1} tshja^{2} dju^{1} tshji^{1} dźiej^{2} thjij^{2} sji^{1}

常 苦 恼 受， 解 脱 未 得。 业 因 报 有， 轮 回 何 尽？

常受苦恼，未得解脱。业因有报，轮回何尽？

4166-18-11

[illegible]

sọ^{1} kiej^{2} phej^{1} tśjir^{2} lew^{1} thji^{2} nio̱w^{1} ŋwu^{2} tjij^{1} ŋa^{1} tjij^{1} dju^{1} tjij^{1} ɣiej^{1} tjij^{1} lhạ^{1}

三 界 缠 缚， 惟 此 缘 是。 若 空 若 有， 若 实 若 虚。

三界缠缚，惟此是缘。若空若有，若实若虚。

4166-18-12

[illegible]

to^{2} zji^{2} mji^{1} lhjwi^{1} bji^{2} lja^{1} tsji^{1} mjij^{1} ŋowr^{2} ŋowr^{2} tji^{1} gji^{2} śji^{1} śji^{1} twụ^{1} dzjwir^{1}

悉 皆 不 取， 隐 匿 亦 无。 一 切 莫 求， 疑 惑 顿 绝。

悉皆不取，隐藏亦无。一切莫求，犹疑顿绝。

[1] “[illegible]”（dja^{2}），动词趋向前缀，表示离开说话者方向。

4166-18-13

[illegible]

thja^1 buu^1 jij^1 gji^1 mər^2 tsjir^2 gji^1 gji^1 sjwɨ^1 tśhjij^1 sjwi^2 njwi^2 tśhjij^1 sjwi^2 mjijr^2 mjij^1

其 礼 乃 澄，本 性 清 醒。谁 执 引 能，执 引 者 无。

其礼乃澄，本性清醒。谁能执引，执引者无。

4166-18-14

[illegible]

thja^1 śjij^1 gji^1 tja^1 mjij^1 ŋewr^1 zji^2 nja^2 ·io̱^{1} zji^2 mji^1 swu^2 thjɨ^2 gji^1 śjwi̱^{2} njwi^2

彼 法 醒 者，寂 乱 皆 非。圆 皆 不 类，此 正 和 能。

彼法醒者，寂乱皆非。圆皆不类，此能和正。

4166-19-01

[illegible]

tśhjwo^1 dzjar^2 bjij^2 dzju^2 ɣie^2 lụ^2 ljo̱^{2} we^2 zji^2 mji^1 bej^1 wạ^1 mər^2 tsjir^2 ·jij^1 gji^1

故 灭 时 主，碍 障 何 成。皆 不 拘 系，本 性 自 醒。

故在灭时，障碍岂为。皆不拘系，本性自醒。

4166-19-02

[illegible]

ŋwe^1 bju^1 kjạ^1 mjij^1 tshwew^1 twụ^1 ·jij^1 nwə^1 nio̱w^1 tjij^1 thjɨ^2 sju^2 dju^1 ŋa^1 ɣiej^1 lhạ^1

愿 依 畏 无，趣 各 自 知。又 若 此 如，有 空 实 虚。

依乐无畏，趣各自知。复若如此，空有实虚。

4166-19-03

[illegible]

zji^2 mji^1 swu^2 ku^1 lhạ^2 tjɨ^2 mji^1 dju^1 thja^1 buu^1 ·jij^1 gji^1 nio̱w^1 thja^1 mji^1 tsjij^2

皆 不 类 则，失 处 不 有。其 礼 自 澄，复 彼 不 悟。

皆约不类，堕处不有。其礼自澄，复彼不悟。

4166-19-04

[illegible]

lụ^2 tjɨ^2 ljo̱^{2} we^2 tsjij^1 tsjij^2 njwi^2 ku^1 mər^2 tśja^1 rjir^2 phjo̱^{2} tśhjwo^1 nio̱w^1 thja^1 dzjij^1

障 处 何 为，若 悟 能 则。本 道 与 和，故 因 彼 时。

障处为何，则若能悟。本与道和，因故其时。

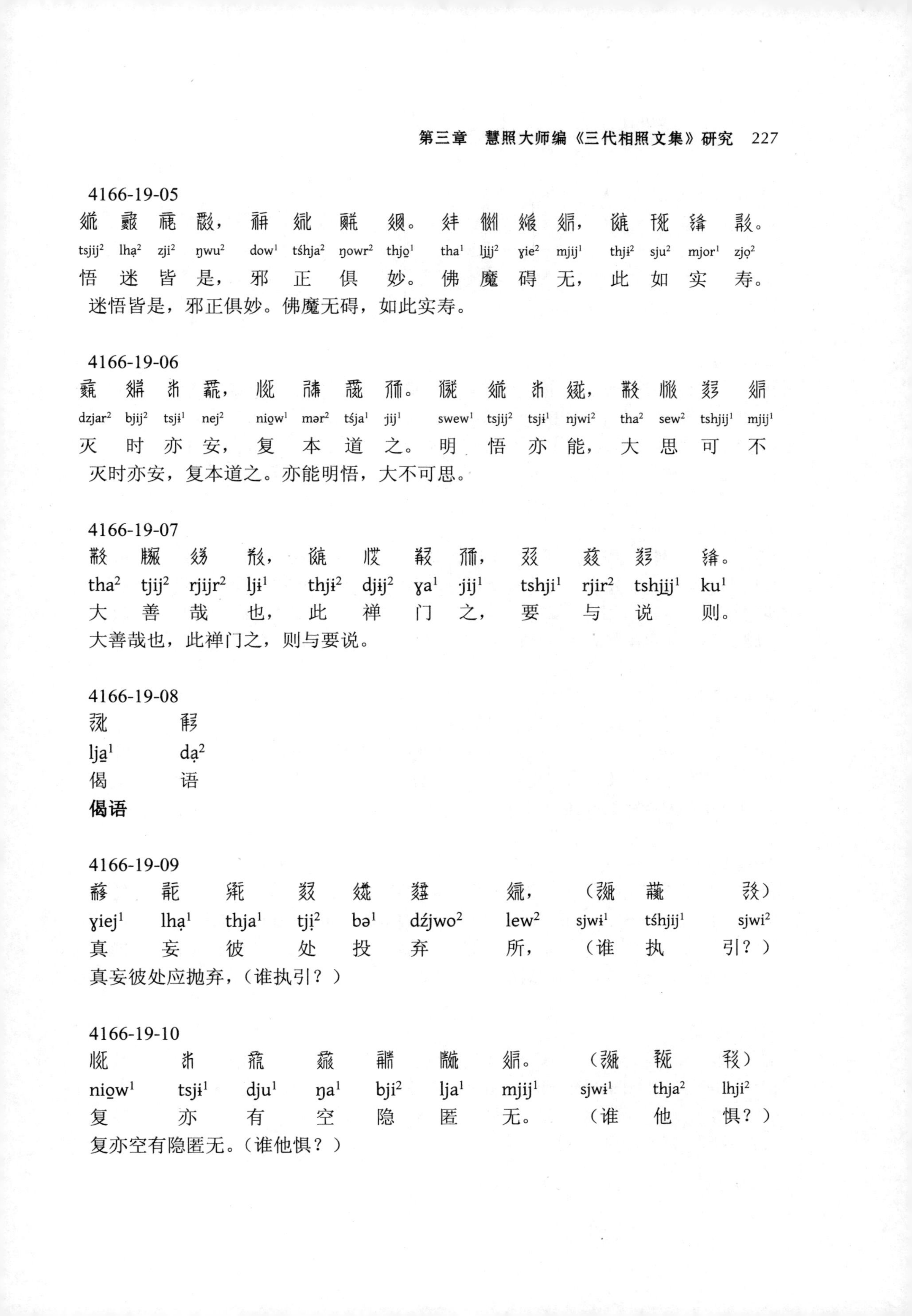

4166-19-05

tsjij^{2} lhạ^{2} zji^{2} ŋwu^{2} dow^{1} tśhja^{2} ŋowr^{2} thjọ^{1} tha^{1} ljij^{2} ɣie^{2} mjij^{1} thjɨ^{2} sju^{2} mjor^{1} zjọ^{2}

悟 迷 皆 是, 邪 正 俱 妙。 佛 魔 碍 无, 此 如 实 寿。

迷悟皆是，邪正俱妙。佛魔无碍，如此实寿。

4166-19-06

dzjar^{2} bjij^{2} tsjɨ^{1} nej^{2} niọw^{1} mər^{2} tśja^{1} jij^{1} swew^{1} tsjij^{2} tsjɨ^{1} njwi^{2} tha^{2} sew^{2} tshjij^{1} mjij^{1}

灭 时 亦 安, 复 本 道 之。 明 悟 亦 能, 大 思 可 不

灭时亦安，复本道之。亦能明悟，大不可思。

4166-19-07

tha^{2} tjij^{2} rjijr^{2} ljɨ^{1} thjɨ^{2} djɨj^{2} ɣa^{1} ·jij^{1} tshji^{1} rjir^{2} tshjij^{1} ku^{1}

大 善 哉 也, 此 禅 门 之, 要 与 说 则。

大善哉也，此禅门之，则与要说。

4166-19-08

ljạ^{1} dạ^{2}

偈 语

偈语

4166-19-09

ɣiej^{1} lhạ^{1} thja^{1} tjị^{2} bə^{1} dźjwo^{2} lew^{2} sjwɨ^{1} tśhjij^{1} sjwi^{2}

真 妄 彼 处 投 弃 所, （谁 执 引？）

真妄彼处应抛弃，（谁执引？）

4166-19-10

niọw^{1} tsjɨ^{1} dju^{1} ŋa^{1} bji^{2} lja^{1} mjij^{1} sjwɨ^{1} thja^{2} lhji^{2}

复 亦 有 空 隐 匿 无。 （谁 他 惧？）

复亦空有隐匿无。（谁他惧？）

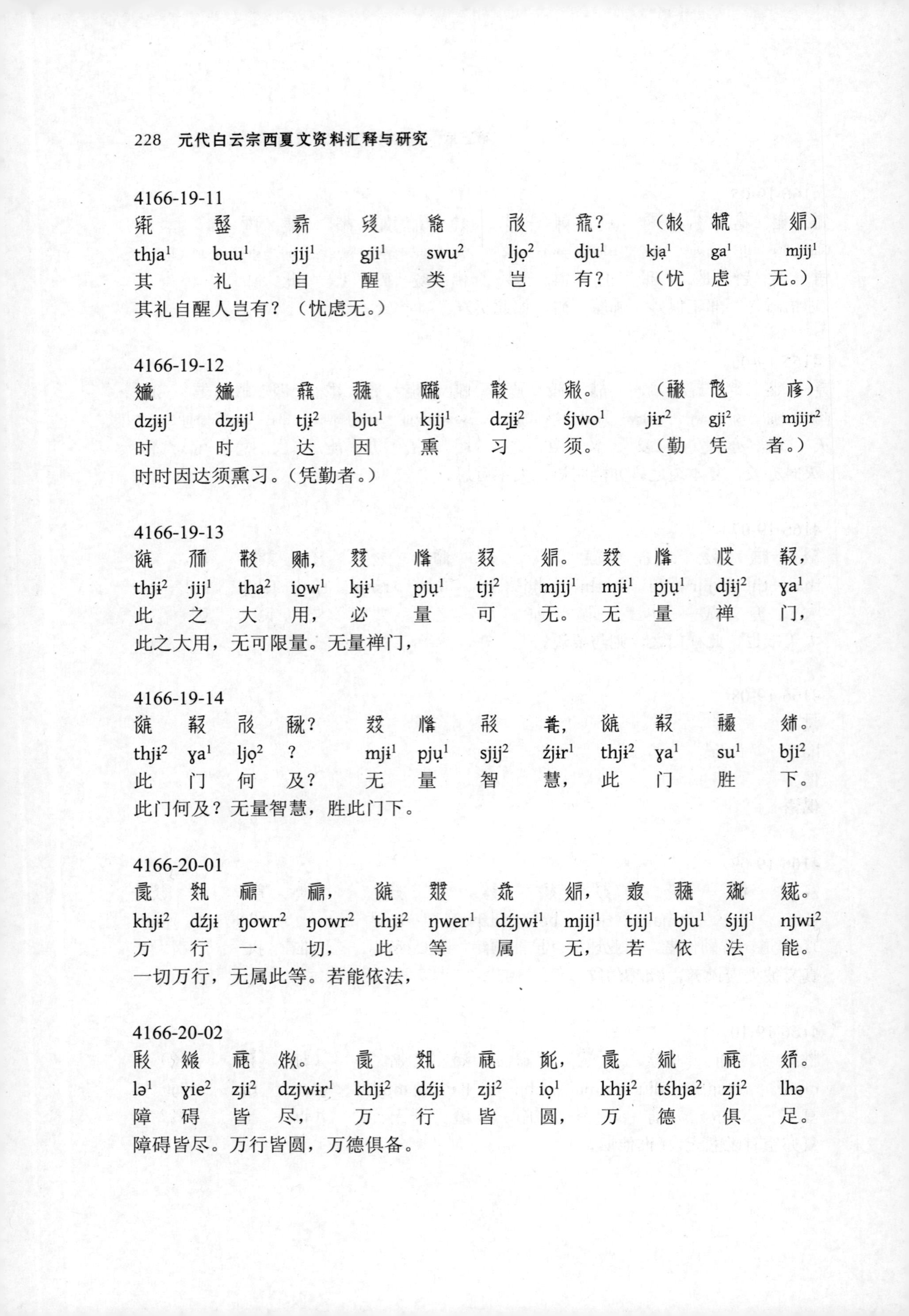

4166-19-11
[illegible]
thja^{1} buu^{1} jij^{1} gji^{1} swu^{2} ljọ^{2} dju^{1} kjạ^{1} ga^{1} mjij^{1}
其 礼 自 醒 类 岂 有？（忧 虑 无。）
其礼自醒人岂有？（忧虑无。）

4166-19-12
[illegible]
dzjij^{1} dzjij^{1} tjɨ^{2} bju^{1} kjij^{1} dzjɨ^{2} śjwo^{1} jɨr^{2} gjị^{2} mjijr^{2}
时 时 达 因 熏 习 须。（勤 凭 者。）
时时因达须熏习。（凭勤者。）

4166-19-13
[illegible]
thjɨ^{2} jij^{1} tha^{2} io̱w^{1} kjɨ^{1} pjụ^{1} tjị^{2} mjij^{1} mjɨ^{1} pjụ^{1} djij^{2} ɣa^{1}
此 之 大 用， 必 量 可 无。无 量 禅 门，
此之大用，无可限量。无量禅门，

4166-19-14
[illegible]
thjɨ^{2} ɣa^{1} ljọ^{2} ? mjɨ^{1} pjụ^{1} sjij^{2} źjir^{1} thjɨ^{2} ɣa^{1} su^{1} bjɨ^{2}
此 门 何 及？ 无 量 智 慧， 此 门 胜 下。
此门何及？无量智慧，胜此门下。

4166-20-01
[illegible]
khjɨ^{2} dźjɨ ŋowr^{2} ŋowr^{2} thjɨ^{2} ŋwer^{1} dźjwɨ^{1} mjij^{1} tjij^{1} bju^{1} śjij^{1} njwɨ^{2}
万 行 一 切， 此 等 属 无，若 依 法 能。
一切万行，无属此等。若能依法，

4166-20-02
[illegible]
lə^{1} ɣie^{2} zji^{2} dzjwɨr^{1} khjɨ^{2} dźjɨ zji^{2} iọ^{1} khjɨ^{2} tśhja^{2} zji^{2} lhə
障 碍 皆 尽， 万 行 皆 圆， 万 德 俱 足。
障碍皆尽。万行皆圆，万德俱备。

4166-20-03
[illegible]
phji¹ bju¹ nji² sju² kjṳ¹ bju¹ zji² rjir¹ mər² tśja¹ śjwi̱² njwi²
意 如 珠 如，求 如 皆 得，本 道 和 能。
如如意珠，所求皆得。能和本道，

4166-20-04
[illegible]
thjɨ² dźjɨ dźjɨ̣¹ mjijr rjur¹ tha¹ zji² de² me̱² we¹ dwu̱² ·wejr²
此 行 行 者，诸 佛 皆 喜，天 龙 密 护。
行此行者，诸佛皆喜，天龙密护。

4166-20-05
[illegible]
thja¹ njɨ² wju̱¹ nio̱w¹ gjwi² tśhjiw² ŋwu² tshjij¹ thjɨ² ·jwɨr² wjɨ² thjwɨ¹
彼 等 慈 缘，句 贯 以 说，此 文 已 遇。
彼等慈缘，贯通而谈，幸遇此文。

译文：

云风释子灭时要论文

夫本道者，如今已有。悟迷诸法，山林江河，之外无异。若毫毛时，此上伪饰，皆为醉处。本道显现，难大思维。佛智不至，菩萨岂入？所和不有，唯是彼处。因恼迷法，立修治道。此修治之，以凭依借，种种醉之，借用修治。乃至以造，所造灭时。彼亦治道，要用处无。依乐自在，与法界和。无大障碍，大思议难。如今若是，不可超玄。无凭借道，岂能见此？故必定因，皆以前借。治道凭用，治道无量。愿愚亦修，假若灭时，如失腹心，间续断入。即难了毕，因此修者，最终要法，立不醉道。若勤作者，恼业迷醉。虽能顿绝，腹心灭时，非不自在，颠倒何仪？无执引者，依乐自在。何趣处往，任运随祖，本道亦和。此要论者，盖时时中。诸境界上，不须为意。彼处弃舍，凡莫寻觅。此仪乃澄，自性清醒。断空莫和，实有莫求。乃至种种，拘系当绝。类属应无，则若空求。空天上生，以空执引，不得解脱。复空灭时，地空上堕，复异报受。若求实有，持引常见，不得解脱。后彼亦灭，妄堕地空。夫愚圣中，尘略求和，以彼持引，解脱何得？以彼令醉，圣道焉醒？功力尽时，又自散毁，复取异业，轮回何尽？若有若无，一概而拒，以彼隐匿，常使不居，心止岂得？自依彼业，受醉果报。若复此中，难谓着手。以其惧彼，自己不得。异门虽取，如前种种。醉中自测，其恐沉疑。此如出入，恍惚不安。常受苦恼，未得解脱。业因有报，轮回何尽？三界缠缚，惟此是缘。若空若有，若实若虚。悉皆不取，隐藏亦无。一切莫求，犹疑顿绝。其礼乃澄，本性清醒。谁能执引，执引者无。彼法醒者，寂乱皆非。圆皆不类，此能和正。故在灭时，障碍岂为。皆不拘系，本性自醒。依乐无畏，趣各自知。复若如此，空有实虚。皆约不类，堕处不有。其礼自澄，复彼不悟。障处何为，则若能悟。本与道和，因故其时。迷悟皆是，邪正俱妙。佛魔无碍，如此实寿。灭时亦安，复本道之。亦能明悟，大不可思。大善哉也，此禅门之，则与要说。

偈语

真妄彼处应抛弃，（谁执引？）
复亦空有隐匿无。（他惧谁？）
其礼自醒人岂有？（忧虑无。）
时时因达须熏习。（凭勤者。）

此之大用，无可限量。无量禅门，此门何及？无量智慧，胜此门下。一切万行，无属此等。若能依法，障碍皆尽。万行皆圆，万德俱备。如如意珠，所求皆得，能和本道。行此行者，诸佛皆喜，天龙密护。彼等慈缘，贯通而谈，幸遇此文。

注释：此要论主体为四言。中间附“偈语”四句，为七言，并 3 字和韵，押-i 韵，韵脚是：[illegible] sjwi^{2}、[illegible] mjij^{1}、[illegible] lhji^{2}、[illegible] dju^{1}、[illegible] mjij^{1}、[illegible]śjwo^{1}、[illegible] mjijr^{2}。有出韵的情况。

23. 庆法沙门论教文

4166-20-06

[illegible]	[illegible]	[illegible]	[illegible]	[illegible]	[illegible]	[illegible]
ljwu^{2}	śjij^{1}	śia^{1}	mẽ^{1}	ŋwu̱^{1}	dzjụ^{1}	·jwɨr^{2}
庆	法	沙	门	论	教	文

庆法沙门论教文

4166-20-07

[illegible]	[illegible]	[illegible]	[illegible]，	[illegible]	[illegible]	[illegible]	[illegible]	[illegible]，	[illegible]	[illegible]	[illegible]	[illegible]	[illegible]	[illegible]。
iọ^{1}	tśja^{1}	djọ^{2}	kięj^{2}	ku^{1}	thja^{1}	tjị^{2}	dźjij^{1}	ŋwu^{2}	·ja̱r^{2}	zar^{2}	sjij^{1}	sjij^{1}	tji^{1}	śjɨ^{1}	pha^{1}
夫	道	修	欲，	则	彼	处	住	以，	日	经	斜	斜	莫	往	别。

夫欲修道，则住在其处，经日闲闲莫往别处。

4166-20-08

[illegible]

nio̱w^1 thjɨ^1 ku̱^{1} wa^2 śjwi^2 mjɨ̠^{2} bju^1 zja^2 wji^1 pją^1 źją^1 ɣię^2 to^2 sju^2 ŋwu^2 śjwo^1

复 剜 刻 何 需，境 依 要 为，掌 间 声 出 如 是，生

复剜刻何处，依境为要，掌间如出声，

4166-20-09

[illegible]

tjį^2 mji^1 wjij^2 nio̱w^1 kjɨ̠r^1 wjį^1 sjij^2 wjɨ^2 ljij^2 thjɨ^2 sju^2 kha^1 lwow^1 ·jij^1 lhjwi^1 dźjɨ̠r^1

可 不 有。复 匠 幻 识 已 来，此 如 中 妄 自 取 舍，

不可有发。复匠幻识已来，如此中妄自取舍，

4166-20-10

[illegible]

ŋa^1 sjij^2 wa^2 ·a śjwo^1 bju^1 thja^1 śjij^1 śjwįw^2 ŋwu^2 kjɨ^1 ·jwɨ̠^{1} tśhio̱w^1 wjį^1 ŋwu^2 mjɨ̠j^2

空 识 何 △ 生 依？彼 法 随 以 必 遮。或 幻 以 名

空识依何而生？任以彼法必遮。或以幻求名，

4166-20-11

[illegible]

gjɨ̠^{2} sjij^2 śjwo^1 thja^1 lə^1 ŋwu^2 źjɨr^1 thju^1 thju^1 sju^2 śjij^1 dźjij^1 tśhio̱w^1 sji^2 tsə̣^{1} ŋa^1

求，识 生 彼 障 以，实 真 真 如 法 行。或 女 色 空

生识以彼而障，如真实法行。或已现女色空心，

4166-20-12

[illegible]

njɨ̠j^1 wjɨ^2 śja^2 thjɨ^2 sju^2 njɨ^2 mə^2 mə^2 rjur^1 dạ^2 gjij^1 dźiwe^1 sju^2 bə^1 dźjwo^2 mjɨ^1

心 已 现，此 如 等 种 种 诸 事，谷 响 如 弃 舍 不

如此等种种诸事，如空谷回声无法舍弃。

4166-20-13

[illegible]

rjir^1 tśhio̱w^1 tha^1 ɣa^1 kha^1 thjɨj^1 tshjwu^1 sju^2 dju^1 ŋa^1 wjɨ^2 śja^2 rjɨr^2 njɨ^2 sew^2 tshjij^1

得。若 佛 门 中 闪 电 如，有 空 已 现，乃 至 思 议

若佛门中如闪电，空有已现，至于不可思议。

4166-20-14

[illegible]

mjij1 mjɨ1 kięj2 zjɨr2 lhjij2 sju2 lew1 tśiej2 dźju1 wji1 thji2 dźjɨr1 mji1 rjɨr1 thju2 lụ2

无。境 界 水 月 如， 一 续 诈 为， 此 舍 不 得。此 碍

如水月境界，全部为虚，此不得舍，碍此

4166-21-01

[illegible]

khji1 tśhjij1 ljọ2 njwi2 thji2 ŋwu2 nja1 la1 rowr1 rowr1 ·a śjwij1 zar2 phji1 nja1 gji1

足 行 岂 能？此 以 △ 障， 干 枯 △ 流 经 令 △ 失。

岂能足行？以此障碍，必如经干涸之流而渴死。

4166-21-02

[illegible]

nioẉ1 rjijr2 rjar2 ju2 tsji1 rjɨr1 jɨr1 tśhjwo1 mə2 mə2 kwej1 dźiej2 zji2 ɣu1 tji1 we2

复 愿 迹 求 亦 得 问， 故 种 种 敬 信 皆 前 莫 成。

复愿寻踪亦问得，故种种敬信皆始莫成。

4166-21-03

[illegible]

thja1 ljọ2 tshji1 no2 ŋowr2 mji1 njij1 kięj2 mej2 dźjwa1 zjij1 tsji1 njij1 ɣa2 mji1 ·o1

彼 何 要 欲 俱 不 心 欲， 毫 尖 略 亦 心 上 不 有。

彼所要欲俱非心欲，心上无有毫厘。

4166-21-04

[illegible]

thji2 sju2 ŋowr2 mji1 njij1 kięj2 zji2 mji1 tśhji1 ·o1 dạ2 tsji1 thji2 jij1 dźju1 wji1

此 如 俱 不 心 欲 皆 不 尔 有。事 亦 此 于 欺 作，

如此非全欲心,皆不尔有,事亦于此为妄。

4166-21-05

[illegible]

mji1 lhjij2 nej2 ju2 wa2 phjo2 mji1 nej2 ljọ2 śjwo1 tśju1 dạ2 zji2 mjij1 thji2 dźju1

不 受 利 求 何 令？ 不 利 何 用 务 事 皆 无。此 妄

---

① “[illegible]”（nja1），动词趋向前缀，表示向下义。

② [illegible]（phjo2），是轻动词“[illegible]”（phji1）的衍生式，义为“令”或“使”。当动词后出现第一人称单数呼应后缀时，往往引起动词的音韵转换，动词用衍生式。

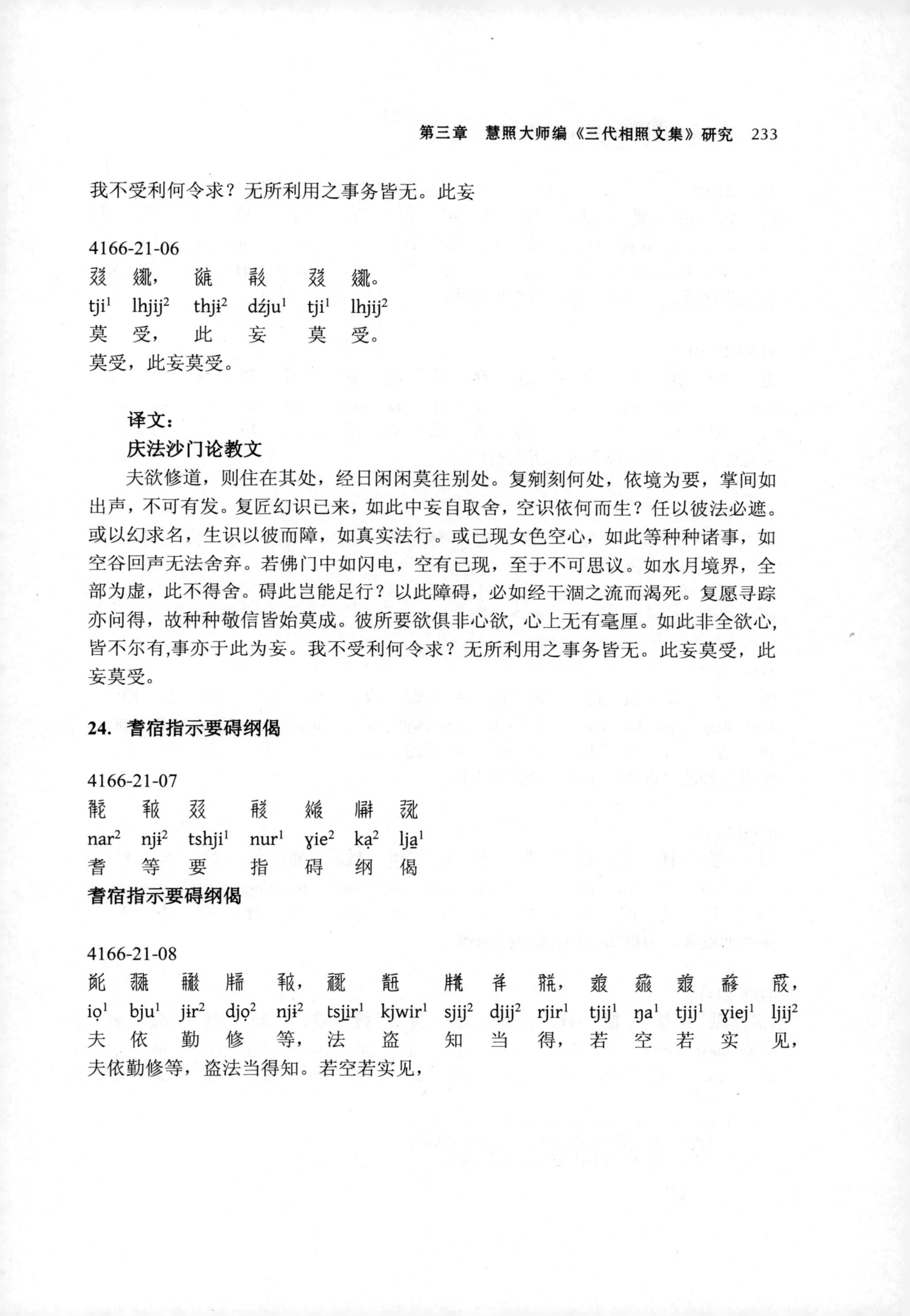

我不受利何令求？无所利用之事务皆无。此妄

4166-21-06

[illegible]

tji^{1}　lhjij^{2}　thjɨ^{2}　dźju^{1}　tji^{1}　lhjij^{2}

莫　受，　此　妄　莫　受。

莫受，此妄莫受。

译文：

庆法沙门论教文

夫欲修道，则住在其处，经日闲闲莫往别处。复剜刻何处，依境为要，掌间如出声，不可有发。复匠幻识已来，如此中妄自取舍，空识依何而生？任以彼法必遮。或以幻求名，生识以彼而障，如真实法行。或已现女色空心，如此等种种诸事，如空谷回声无法舍弃。若佛门中如闪电，空有已现，至于不可思议。如水月境界，全部为虚，此不得舍。碍此岂能足行？以此障碍，必如经干涸之流而渴死。复愿寻踪亦问得，故种种敬信皆始莫成。彼所要欲俱非心欲，心上无有毫厘。如此非全欲心，皆不尔有,事亦于此为妄。我不受利何令求？无所利用之事务皆无。此妄莫受，此妄莫受。

24. 耆宿指示要碍纲偈

4166-21-07

[illegible]

nar^{2}　njɨ^{2}　tshji^{1}　nur^{1}　ɣie^{2}　kạ^{2}　lja̱^{1}

耆　等　要　指　碍　纲　偈

耆宿指示要碍纲偈

4166-21-08

[illegible]

iọ^{1}　bju^{1}　jɨr^{2}　djọ^{2}　njɨ^{2}，　tsji̱r^{1}　kjwir^{1}　sjij^{2}　djij^{2}　rjir^{1}，　tjij^{1}　ŋa^{1}　tjij^{1}　ɣiej^{1}　ljij^{2}，

夫　依　勤　修　等，　法　盗　知　当　得，　若　空　若　实　见，

夫依勤修等，盗法当得知。若空若实见，

4166-21-09

[illegible]

rjir^2 nji̱^{2} gjij^1 dzjij^1 tsjij^2 io̱^{1} śja^1 lijr^2 kię̱j^2 ·u^2 dja^2 dju^1 tsjij^2 ljij^2 śjij^1

乃 至 超 过 悟。 夫 十 方 界 内， △ 有 悟 见 法。

乃至超觉悟。夫十方界内，乃有见悟法。

4166-21-10

[illegible]

nio̱w^1 ji̱^{2} bju^1 śjwi̱^{2} tsji̱^{1} to^2 zji^2 ljij^2 lew^2 dźjij^1 ljij^2 lew^2 sjij^2 wji̱^{1} to^2

又 复 和 合 亦， 悉 皆 见 所 惟， 见 所 识 幻 出，

又复作和合，悉皆惟所见。所见幻识出，

4166-21-11

[illegible]

wji̱^{1} twụ^1 thjij^2 mji^1 pho̱^{1} lji̱^{1} dzjij^1 bju^1 śjwi̱^{2} sju^2 śjwi̱^{2} twụ^1 pho̱^{1} thja^1 dju^1

幻 处 何 不 掩， 一 时 和 合 如， 和 处 掩 彼 有。

幻处不遮盖。一时如和合，和合有遮盖。

4166-21-12

[illegible]

tsjij^2 dzjo̱^{1} djij^2 lja^1 lho ·jij^1 bju^1 swu^2 wji̱^{1} to^2 dzjo̱^{1} ŋowr^2 wa^2 tsji̱^{1} mjij^1

解 譬 当 超 过， 自 依 类 幻 出。 譬 俱 何 亦 无，

譬悟当超过，自依幻像出。譬俱亦无何，

4166-21-13

[illegible]

dzjwir^1 twụ^1 sjij^2 thja^1 ljij^2 tjụ^2 śia^2 mjor^1 sju^2 tsjij^2 tsjij^2 twụ^1 swu^2 mji^1 mjij^1

尽 处 觉 彼 来。 祖 随 实 如 解， 解 处 像 不 无。

尽处来觉彼。随祖悟真如，悟处无不像。

4166-21-14

[illegible]

tśhjwo^1 nio̱w^1 mjor^1 ljij^2 gie^1 swu^2 bju^1 nja^{1}② ·jij^1 lew^2 tsjir^1 kjwir^1 sjij^2 zji^2 sjij^1

故 缘 实 见 难， 像 依 △ 持 所。 法 盗 识 最 细，

① “[illegible]”（dja^2），动词趋向前缀，表示离开说话者方向。

② “[illegible]”（nja^1），动词趋向前缀，表示向下义。

故缘实难见，依像尽所持。识盗法甚微，

4166-22-01

□	□	□	□	□。	□	□	□
dzjwo^{2}	tśhjwo^{1}	mjɨ^{1}	dźju^{1}	lhjij	thjɨ^{2}	kha^{1}	mej^{1}
人	故	他	骗	受。	此	中	眼
□	□，	□	□	□	□	□。	
tśhjij^{1}	gie^{1}	dzjwo^{2}	mja̱^{2}	ŋur^{1}	ŋwu^{2}	ɣier^{1}	
开	难，	人	多	蕴	以	亡。	

人则受人骗。此中开眼难，人多以染亡。

译文：

耆宿指示要碍纲偈

夫依勤修等，盗法当得知。若空若实见，乃至超觉悟。夫十方界内，乃有见悟法。又复作和合，悉皆惟所见。所见幻识出，幻处不遮盖。一时如和合，和合有遮盖。譬悟当超过，自依幻像出。譬俱亦无何，尽处来觉彼。随祖悟真如，悟处无不像。故缘实难见，依像尽所持。识盗法甚微，人则受人骗。此中开眼难，人多以染亡。

注释：五言，押-i、-u 韵，韵脚是：□ njɨ^{2}、□ rjir^{1}、□ ljij^{2}、□ tsjij^{2}、□·u^{2}、□śjij^{1}、□ tsjɨ^{1}、□ dźjij^{1}；□ to^{2}、□ pho̱^{1}、□ sju^{2}、□ dju^{1}、□ lho、□ to^{2}；□ mjij^{1}、□ ljij^{2}、□ tsjij^{2}、□ mjij^{1}、□ gie^{1}、□ lew^{2}、□ sjij^{1}、□ lhjij、□ gie^{1}、□ɣier^{1}。

25. 行心仪

4166-22-02

□	□	□
njij^{1}	dźjij^{1}	tjɨj^{2}
心	行	仪

行心仪

4166-22-03

□	□	□，	□	□	□，	□	□	□	□	□	□①	□。
thja^{1}	bu̱^{1}	tjɨj^{2}	wa^{2}	dza^{2}	dźjij^{1}	dza^{2}	rjijr^{2}	ŋa^{1}	·jij^{1}	·ju^{1}	po^{1}	ljij^{1}

① □（po^{1}），原作“□”，该字此前未见。根据其字形由“□”（niow^{2}）“恶”的左边与“□”（tshja^{2}）“魔”整字构成，可推知与“□”（tshja^{2}）读音相近，意义为“魔”。而“□（po^{1}）”当为汉语借词“魔”。

彼　礼　仪，　何　量　行，　量　计　空　即　鬼　魔　盛。
彼礼法，何计行，计量空即魔鬼盛。

4166-22-04
[illegible]
mjịj^{2} mjịj^{2} rjɨr^{2} tjị^{2} ɣiã^{1} ·jij^{1} sjij^{2} tsjij^{2} ljij^{2} dzjwɨ^{2} djị^{2} tha^{2} śia̠^{2} dzjij^{1}
渐　渐　乃　可　闲　自　觉，　了　见　修　治　大　随　度。
渐渐乃可闲自觉，了见随大修治度。

4166-22-05
[illegible]
bu̠^{2} gjij^{1} dźjịj^{1} dźjị^{2} ljọ^{2} ljij^{2} tśhjwɨj^{1} ·jij^{1} ŋa^{1} ·jij^{1} lha zow^{2} mjijr^{2}
胜　殊　在，　罪　何　见，　忍　自　空　持　迷　执　者。
殊胜住，罪不见，自忍空持执迷者。

4166-22-06
[illegible]
twụ^{1} ŋwu^{2} bə^{1} dźjwo^{2} twụ^{1} djij^{2} ljij^{2} dja^{2} lhew^{2} ·o^{1} njij^{1} wa^{2} swu^{2} djij^{2}
顿　以　掷　弃　直　当　见，△　解　腹　心　何　似　虽。
顿以掷弃当直见，乃解腹心然何似。

4166-22-07
[illegible]
tụ^{1} mə^{2} tśja^{1} rejr^{2} pjạ^{1} zjạ^{1} ɣię^{2} ka^{2} lew^{2} mji^{2} ·o^{1} thjij^{2} zow^{2} ·jij^{1}
千　种　道　场　掌　间　声，　离　所　不　有　何　摄　持。
千种道场掌间音，所离不有何摄持。

4166-22-08
[illegible]
zja̠^{2} ·jij^{1} lhjij^{2} lew^{2} thja^{1} tjị^{2} djɨj^{2} dzjij^{2} lhạ^{2} nio̠w^{1} lja^{1} tśhja^{2} djij^{2} dźjịj^{1}
要　之　受　所　彼　处　止，　余　惑　又　来　正　当　住.
要之所受彼处止，其惑复来当正住。

---

① “[illegible]”（dja^{2}），动词趋向前缀，表示离开说话者方向。

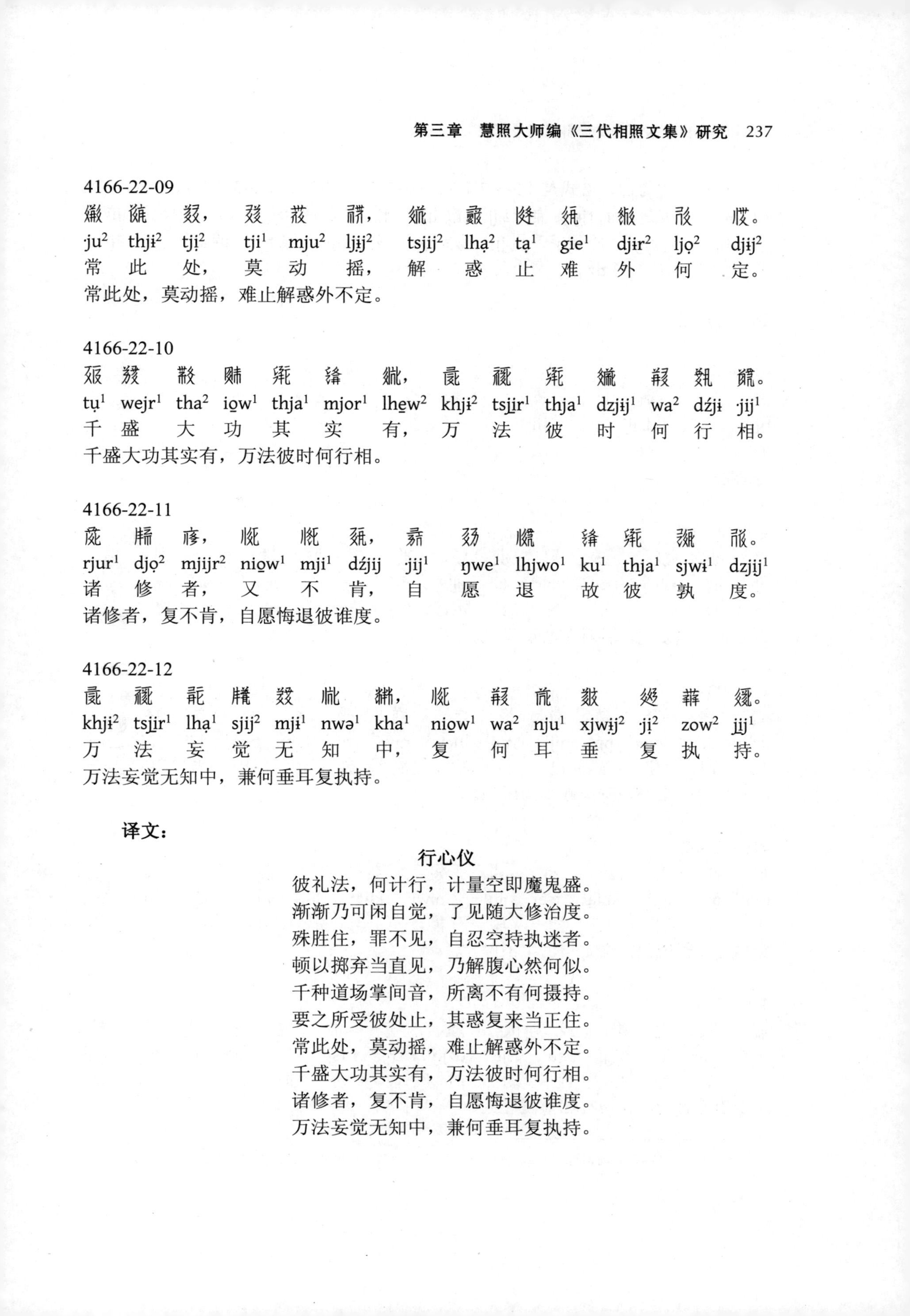

4166-22-09

[illegible]

·ju^2　thjɨ^2　tjị^2，　tji^1　mju^2　ljɨ̣j^2，　tsjij^2　lhạ^2　tạ^1　gie^1　djɨr^2　ljọ^2　djɨj^2。

常　此　处，　莫　动　摇，　解　惑　止　难　外　何　定。

常此处，莫动摇，难止解惑外不定。

4166-22-10

[illegible]

tụ^1　wejr^1　tha^2　io̱w^1　thja^1　mjor^1　lhe̱w^2，　khjɨ^2　tsji̱r^1　thja^1　dzjɨj^1　wa^2　dźjɨ　·jij^1。

千　盛　大　功　其　实　有，　万　法　彼　时　何　行　相。

千盛大功其实有，万法彼时何行相。

4166-22-11

[illegible]

rjur^1　djọ^2　mjijr^2，　nio̱w^1　mji^1　dźjij，　·jij^1　ŋwe^1　lhjwo^1　ku^1　thja^1　sjwɨ^1　dzjij^1。

诸　修　者，　又　不　肯，　自　愿　退　故　彼　孰　度。

诸修者，复不肯，自愿悔退彼谁度。

4166-22-12

[illegible]

khjɨ^2　tsji̱r^1　lhạ^1　sjij^2　mjɨ^1　nwə^1　kha^1，　nio̱w^1　wa^2　nju^1　xjwɨ̣j^2　·jị^2　zow^2　j̱ij^1。

万　法　妄　觉　无　知　中，　复　何　耳　垂　复　执　持。

万法妄觉无知中，兼何垂耳复执持。

译文：

行心仪

彼礼法，何计行，计量空即魔鬼盛。
渐渐乃可闲自觉，了见随大修治度。
殊胜住，罪不见，自忍空持执迷者。
顿以掷弃当直见，乃解腹心然何似。
千种道场掌间音，所离不有何摄持。
要之所受彼处止，其惑复来当正住。
常此处，莫动摇，难止解惑外不定。
千盛大功其实有，万法彼时何行相。
诸修者，复不肯，自愿悔退彼谁度。
万法妄觉无知中，兼何垂耳复执持。

注释：实为曲，格式是：3-3-7-7-7、3-3-7-7-7、7-7-7-7、3-3-7-7-7、3-3-7-7-7。押-i 韵，韵脚是：[illegible] tjịj^{2}、[illegible] dźjij^{1}、[illegible] ljij^{1}、[illegible] sjij^{2}、[illegible] dzjij^{1}、[illegible] dźjij^{1}、[illegible] ljij^{2}、[illegible] mjijr^{2}、[illegible] ljij^{2}、[illegible] djij^{2}、[illegible] ·jij^{1}、[illegible] djịj^{2}、[illegible] dźjij^{1}、[illegible] tjị^{2}、[illegible] ljịj^{2}、[illegible] djịj^{2}、[illegible] ·jij^{1}、[illegible] dźjij、[illegible] dzjij^{1}、[illegible] jij^{1}。

26. 行心法

4166-22-13

[illegible] [illegible] [illegible]

njij^{1} dźjij^{1} śjij^{1}

心 行 法

行心法

4166-22-14

[illegible] [illegible] [illegible] [illegible] [illegible] [illegible] [illegible]，[illegible] [illegible] [illegible] [illegible] [illegible] [illegible] [illegible]。

·jij^{1} njij^{1} tśhjiw^{2} tśjịj^{1} rjijr^{1} du^{1} djịj^{2} mə^{2} mə^{2} tśjị^{1} njij^{1} ŋowr^{2} rjijr^{2} mjij^{1}

自 心 入 正 愿 安 定，种 种 苦 心 俱 愿 无。

自心正入当安定，种种苦心愿俱无。

4166-23-01

[illegible] [illegible] [illegible] [illegible] [illegible] [illegible] [illegible]，[illegible] [illegible] [illegible] [illegible] [illegible] [illegible] [illegible]。

dzjịj^{1} dzjịj^{1} dzjị^{2} bju^{1} ·jij^{1} njij^{1} lhew^{1} njwi^{2} gjij^{1} tsjụ^{1} twụ^{1} djij^{2} sjij^{2} lew^{2}

时 时 化 依 己 心 牧，能 殊 触 处 当 识 所。

时时依化牧自心，殊能触动当所识。

4166-23-02

[illegible] [illegible] [illegible] [illegible] [illegible] [illegible] [illegible]，[illegible]① [illegible] [illegible] [illegible] [illegible] [illegible] [illegible]。

twụ^{1} ·a sjij^{2} tśhja^{1} tsej^{2} ·ju^{1} njwi^{2} kji^{1} djịj^{2} ·jij^{1} dźji^{1} lhji^{2} mji^{1} rjir^{2}

顿 △ 觉 上 暂 验 能，必 定 自 消 尘 不 停。

觉悟之上暂能验，必定自消尘不停。

4166-23-03

[illegible] [illegible] [illegible] [illegible] [illegible] [illegible] [illegible]，[illegible] [illegible] [illegible] [illegible] [illegible] [illegible] [illegible]。

rjir^{2} nji^{2} ju^{1} njij^{1} tsjụ^{1} tsjụ^{1} dzjịj^{1} thja^{1} tsji^{1} śji^{1} sju^{2} ·jị^{2} kjij^{1} ljij^{2}

乃 至 魔 心 触 动 时，彼 亦 前 如 复 △ 见。

直至魔心触动时，彼亦如前复已见。

① “[illegible]”（kji^{1}），动词趋向前缀，表示“向近处”。“[illegible][illegible]”往往与汉语“必定”对译。

4166-23-04

[illegible][1]

lẹj^2 tshjạ^1 nji^2 nji^2 wa^2 śjwo^1 zjij^1 khju^2 ŋwu^2 lhew^1 ·ju̱^{1} dja^2 tji^1 lhjij^2

贪 嗔 窃 窃 何 起 时， 视 以 牧 睹 △ 莫 缺。

贪嗔偷偷起何时，察看检验莫缺失。

4166-23-05

[illegible]

thjɨ^2 sju^2 mə^2 mə^2 tśjɨ̣^{1} njij^1 ljɨ̣^{1} sjij^2 bju^1 tsjij^2 ljij^2 śjwo^1 śjwo^1 njɨ^2

此 如 种 种 苦 心 然， 识 依 悟 见 生 生 等。

此如种种苦心然，依识见悟众所起。

4166-23-06

[illegible]

·a lə^2 tśhjiw^2 tśjij^1 tsej^2 ·ju̱^{1} rjir^2 to^2 zji^2 mjɨ^1 u^2 lhjɨ^2 sju^2 ljij^2

一 念 入 正 暂 视 与， 悉 皆 不 迫 尘 如 坏。

正入一念与暂视，悉皆不迫如尘坏。

4166-23-07

[illegible]

tśhjwo^1 bju^1 tśjɨ̣^{1} njij^1 tsjij^2 njɨ^2 ljɨ̣^{1} njwi^2 gjij^1 niow^2 kjwir^1 rejr^2 źjɨ̣^{1} njɨ^2

故 因 苦 心 解 等 然， 能 殊 恶 贼 多 烦 恼。

所以苦心虽能解，殊能恶贼多烦恼。

4166-23-08

[illegible]

thja^1 zji^2 thjɨ^2 ŋwu^2 gjwɨ^1 phji^1 tjɨ^2 sjij^2 dza^2 kjwir^1 ŋewr^2 ɣie^2 thjij^2 rjir^1

彼 皆 此 以 割 令 得， 识 计 盗 数 碍 何 得。

彼皆以此令得舍，计识盗贼不能碍。

译文：

行心法

自心正入当安定，种种苦心愿俱无。

时时依化牧自心，殊能触动当所识。

觉悟之上暂能验，必定自消尘不停。

---

① “[illegible]”（dja^2），动词趋向前缀，表示离开说话者方向。

直至魔心触动时，彼亦如前复已见。
贪嗔偷偷起何时，察看检验莫缺失。
此如种种苦心然，依识见悟众所起。
正入一念与暂视，悉皆不迫如尘坏。
所以苦心虽能解，殊能恶贼多烦恼。
彼皆以此令得舍，计识盗贼不能碍。

注释：此为七言偈颂，总 18 句，押 i 韵，几乎句句入韵，韵脚是：□ djɨj^{2}、□ mjij^{1}、□ njwi^{2}、□ rjir^{2}、□ dzjɨj^{1}、□ ljij^{2}、□ zjij^{1}、□ lhjij^{2}、□ ljɨ̣^{1}、□ njɨ^{2}、□ rjir^{2}、□ ljij^{2}、□ ljɨ̣^{1}、□ nji̱^{2}、□ tjɨ̣^{2}、□ rjir^{1}。其中第 3、4 句单独自行押韵，韵脚是：□ lhew^{1}、□ lew^{2}。

27. 成熟相

4166-23-09

□ □ □

śjɨj^{1} we^{1} ·jij^{1}

成 熟 相

成熟相

4166-23-10

□ □ □ □ □ □ □， □ □ □① □ □ □ □。

thjɨ^{2} bju^{1} njij̱^{1} dzji̱^{2} śjɨj^{1} we^{1} njwi^{2} dzjar^{2} bjij^{2} kjɨ^{1} djɨj^{2} phji^{1} dzju^{2} rjir^{1}

此 因 心 习 成 熟 能， 灭 时 必 定 意 主 得。

因此心习能成熟，灭时必定得意主。

4166-23-11

□ □ □ □ □ □ □， □ □ □ □ □ □ □。

dzjar^{2} bjij^{2} śjwo^{1} śjwo^{1} tji^{1} ·wjɨ̣^{1} kięj^{2} djụ^{1} twụ^{1} mej^{1} tśhjij^{1} dzji̱^{2} ɣie^{1} tshji^{1}

灭 时 生 生 莫 幻 欲， 遇 处 目 举 化 力 要。

灭时所生莫要幻，遇处抬眼需化力。

① “□”（kjɨ^{1}），动词趋向前缀，表示“向近处”。“□□”往往与汉语“必定”对译。

4166-23-12

[illegible][1] [illegible]

thjɨ2 bju1 njịj1 djɨj2 śjɨj1 we1 njwi2 źjị1 njɨ̱2 kjɨ1 djɨj2 ŋa2 mjɨ1 wjị2

此 依 心 定 成 熟 能， 烦 恼 必 定 我 不 会。

依此心定能成熟，烦恼必定我不会。

4166-23-13

[illegible][2] [illegible]

źjị1 njɨ̱2 mju2 twụ1 mej1 ·a tśhjij1 be2 khju1 na1 nja̱1 thjij2 mji1 dźji1

烦 恼 动 处 眼 △ 举， 日 下 暗 黑 何 不 消。

抬眼便是烦恼处，日下黑暗均不消。

4166-23-14

[illegible]

thjɨ2 bju1 njịj1 dźji1 njịj1 rjir1 njwi2 mər2 tsjir2 kjɨ1 djɨj2 ·jij1 dwewr2 rjir1

此 依 心 消 心 得 能， 本 性 必 定 自 觉 得。

依此消心能得心，本性必定得自觉。

4166-24-01

[illegible]

thjɨ2 bju1 ·jij1 gjị1 mər2 dźju1 njwi2 mə2 mə2 kjɨ1 djɨj2 ljọ2 mjɨ1 wjị2

此 依 自 境 本 显 能， 种 种 △ 定 何 不 会。

依此自境本能显，种种禅定无不晓。

译文：

成熟相[1]

因此心习能成熟，灭时必定得意主。
灭时所生莫要幻，遇处抬眼需化力。
依此心定能成熟，烦恼必定我不会。
抬眼便是烦恼处，日下黑暗均不消。
依此消心能得心，本性必定得自觉。
此依自境本能显，种种禅定无不晓。

注释：[1]此为七言歌行体，总 12 句，押 i 韵，韵脚是：“[illegible] njwi2”、“[illegible] rjir1”、“[illegible] kieej2”、“[illegible] tshji1”、“[illegible] njwi2”、“[illegible] wjị2”、“[illegible] tśhjij1”、“[illegible] dźji1”、

---

① “[illegible]”（kjɨ1），动词趋向前缀，表示“向近处”。“[illegible]”往往与汉语“必定”对译。

② [illegible]，动词趋向前缀，表示“向上”义。

“[illegible] njwi2”、“[illegible] rjir1”、“[illegible] njwi2”、“[illegible] wjị2”。

28. 初入偈

4166-24-02
[illegible]
ɣu1 ·o2 lja̱1
初 入 偈
初入偈

4166-24-03
[illegible]
tha2 ·jow2 tsji̱r1 ɣa1 ·o2 kiej2 mjijr2 ɣar2 bji2 jij1 tśhjwɨj1 tji1 tśiə2 tśiə2
大 叹 法 门 入 欲 者， 惊 奇 自 忍 莫 纠 结
大叹欲入法门者，惊奇自忍莫纠结。

4166-24-04
[illegible]
kjọ1 djij2 tśjɨj1 tśhju̱2 ŋa1 lja1 ·wjij1 tsjij2 twụ1 lha twụ1 mər2 dźju1 sjwij1
愿 当 正 倒 空 来 往， 解 处 惑 处 本 分 明。
当愿正倒空来往，了处惑处本分明。

4166-24-05
[illegible]
lha lji̱1 tsjij2 djij2 śjɨj1 mjɨ1 wjị2 wjị2 djij2 śjɨj1 tsjɨ1 ŋowr2 ljị1 rjijr2
惑 报 了 算 孰 不 晓， 晓 当 成 亦 俱 劳 苦。
了算惑报孰不晓，当晓成亦俱劳苦。

4166-24-06
[illegible]
lha dźji̱j1 mə2 mə2 tsjij2 njɨ2 twụ1 njɨ2 tjị2 twụ1 twụ1 pha1 mji1 tshji̱j1
惑 在 种 种 了 至 处， 至 处 顿 顿 别 不 说。
种种惑住了至处，顿悟至处别不说。

4166-24-07
[illegible]
khjɨ2 mə2 rjur1 dạ2 ŋowr2 dźji̱r1 gie1 nji̱j1 nji̱j1 ɣiã1 dźji̱j1 wa2 swew1 swew1
万 种 世 事 俱 舍 难， 心 心 闲 在 何 明 照。
万种世事俱难舍，心心闲住怎明白。

4166-24-08

[illegible]

ŋwe1 bju1 ·ja̱r2 zar2 ·wji1 ·wji1 tjɨj2 zjir2 dźji̱j1 mji1 ɣiã1 ·ju2 djɨj2 lew2

意 随 日 经 为 为 仪， 长 住 不 闲 常 止 所。

随意经日共作仪，永住不间常所止。

4166-24-09

[illegible]

lẹj2 tsjha̱1 mə2 mə2 ·wji1 wa2 gjij1 tśhjɨ1 su1 tshjɨ1 bju1 ·wo2 śjwo1 zjij1

贪 嗔 种 种 为 何 益， 尔 胜 要 依 理 用 时。

种种贪嗔为何益，尔依重要用理时。

4166-24-10

[illegible]

thjɨ2 sju2 tjɨj2 bju1 ŋwe1 ·ja̱r2 zar2 thja1 śjij1 ɣiã1 bju1 djɨj2 mər2 swew1

此 如 仪 依 意 日 经， 自 然 闲 依 定 本 明。

如此仪依意经日，自然闲依禅本明。

4166-24-11

[illegible]

nji1 mji̱1 dźji̱j1 twụ1 ·wo2 śjwo1 dźjij1 ·wo2 nja̱2 mji1 ·jow2 tśhjwɨj1 tji1 zjij1

家 宅 居 处 理 需 行， 理 非 不 容 忍 勿 着。

家宅居处理需行，非理不容忍勿着。

4166-24-12

[illegible]

tsji̱r1 bju1 no2 rejr2 thja1 śjij1 phjo̱2 śjwo1 śjwo1 phjɨ1 dźji̱r1 ·jɨ̱2 thjij2 sji̱j2

法 依 安 乐 自 然 和， 生 生 弃 舍 复 何 想。

依法安乐自然和，互生舍弃复何思。

4166-24-13

[illegible]

thja1 tsjɨ1 ·jɨ̱2 śjwo1 phjɨ1 dźji̱r1 lew2 lə se̱w2 sjij1 twụ1 nji̱j1 djij2 tśhjwɨj1

① 西夏语动词重叠表示加重或相互义。

② 西夏语动词重叠表示加重或相互义。

彼　亦　重　生　弃　舍　所，　念　思　细　处　心　当　忍。
彼亦重生所舍弃，细处思念心当忍。

4166-24-14
[illegible] [illegible] [illegible] [illegible] [illegible] [illegible] [illegible]，[illegible] [illegible] [illegible] [illegible] [illegible] [illegible] [illegible]。
sjij^{1}　twụ^{1}　·jị^{1}　ljij^{1}　ŋwe^{1}　bju^{1}　·wją^{2}　nio̱w^{1}　·jị^{1}　phji^{1}　·wji^{1}　ŋo^{2}　tji^{1}　ljij^{2}
细　处　复　盛　意　随　放，　又　复　意　作　病　不　见。
细处复兴随意放，又复为意病不见。

译文：

初入偈

大叹欲入法门者，惊奇自忍莫纠结。
当愿正倒空来往，了处惑处本分明。
了算惑报孰不晓，当晓成亦俱劳苦。
种种惑住了至处，顿悟至处别不说。
万种世事俱难舍，心心闲住怎明白。
随意经日共作仪，永住不间常所止。
种种贪嗔为何益，尔依重要用理时。
如此仪依意经日，自然闲依禅本明。
家宅居处理需行，非理不容忍勿着。
依法安乐自然和，互生舍弃复何思。
彼亦重生所舍弃，细处思念心当忍。
细处复兴随意放，又复为意病不见。

注释：七言，押-i 韵，韵脚是：[illegible] mjijr^{2}、[illegible] tśiə^{2}、[illegible]·wjij^{1}、[illegible] sjwij^{1}、[illegible] wjị^{2}、[illegible] rjijr^{2}、[illegible] tshjịj^{1}、[illegible] swew^{1}、[illegible] tjị̈j^{2}、[illegible] lew^{2}、[illegible] gjij^{1}、[illegible] zjij^{1}、[illegible] swew^{1}、[illegible] dźjij^{1}、[illegible] zjij^{1}、[illegible] sjịj^{2}、[illegible] tśhjwịj^{1}、[illegible] ljij^{2}。

29. 日行歌

4166-25-01
[illegible]　[illegible]　[illegible]
nji̱^{2}　dźjij^{1}　kją^{2}
日　行　歌
日行歌

4166-25-02

[illegible]

tjij^1 ŋa^1 tjij^1 dju^1 mə^2 mə^2 do^2，tśhia^1 no^1 bju^1 śjwi̠^{2} ljij^2 twụ^1 ŋowr^2

若 空 若 有 种 种 于，刹 那 依 和 见 处 俱。

若空若有种种上，依刹那和见处全。

4166-25-03

[illegible]

nio̱w^1 ·jij^1 lə tji̠^{1} ·ju^2 zjij^1 mjij^1，rjijr^2 gju^2 ·wjo^1 dźjij^1 mur^1 mur^1 ·jɨr^2

又 自 念 归 寻 时 无，劳 苦 退 行 暗 暗 勤。

又自念归寻时无，劳苦遣行黑暗力。

4166-25-04

[illegible]

dạ^2 mjor^1 zjɨr^1 ·wo^2 nji̠j^1 mjɨ^1 sjij^2，khjã^2 bẹ^1 rjur^1 ·jij^1 tsjij^2 tji̠^{2} ljọ^2

语 真 实 理 心 不 识，殑 沙 诸 相 了 处 何

真实语义心不识，殑沙诸相无处了。

4166-25-05

[illegible]

mjor^1 mjor^1 thju^1 thju^1 sẹw^2 tshji̠j^1 gie^1，mər^2 tsji̠r^2 ·iọ^1 ·iọ^1 mji^1 nji̠^{1} ŋjow^2

实 实 真 真 思 议 难，本 性 圆 圆 不 二 海。

真真实实难思议，本性圆圆不二海。

4166-25-06

[illegible]①。

mə^2 do^2 dzjwɨ^2 dji̠^{2} ŋa^1 rjijr^2 gju^2，lạ^1 tji^1 ljɨ^1 rjijr^2 lwow^1 wa^2 phjo^2

种 异 修 治 空 劳 苦，手 勿 劳 苦 忍 何 令。

异种修治空劳苦，手勿劳苦令何忍。

4166-25-07

[illegible]

khow^1 ɣiã^1 ·ja̠r^2 zar^2 mjɨ^1 tśhjɨ^1 mjij^1 rejr^2 ·wo^2 ·wjo^1 dźjij^1 pha^1 mjij^2 to^2

---

① [illegible]（phjo^2），是轻动词“[illegible]”（phji^1）的衍生式，义为“令”或“使”。当动词后出现第一人称单数呼应后缀“[illegible]”（ŋa^2）时，往往引起动词的音韵转换，动词用衍生式。

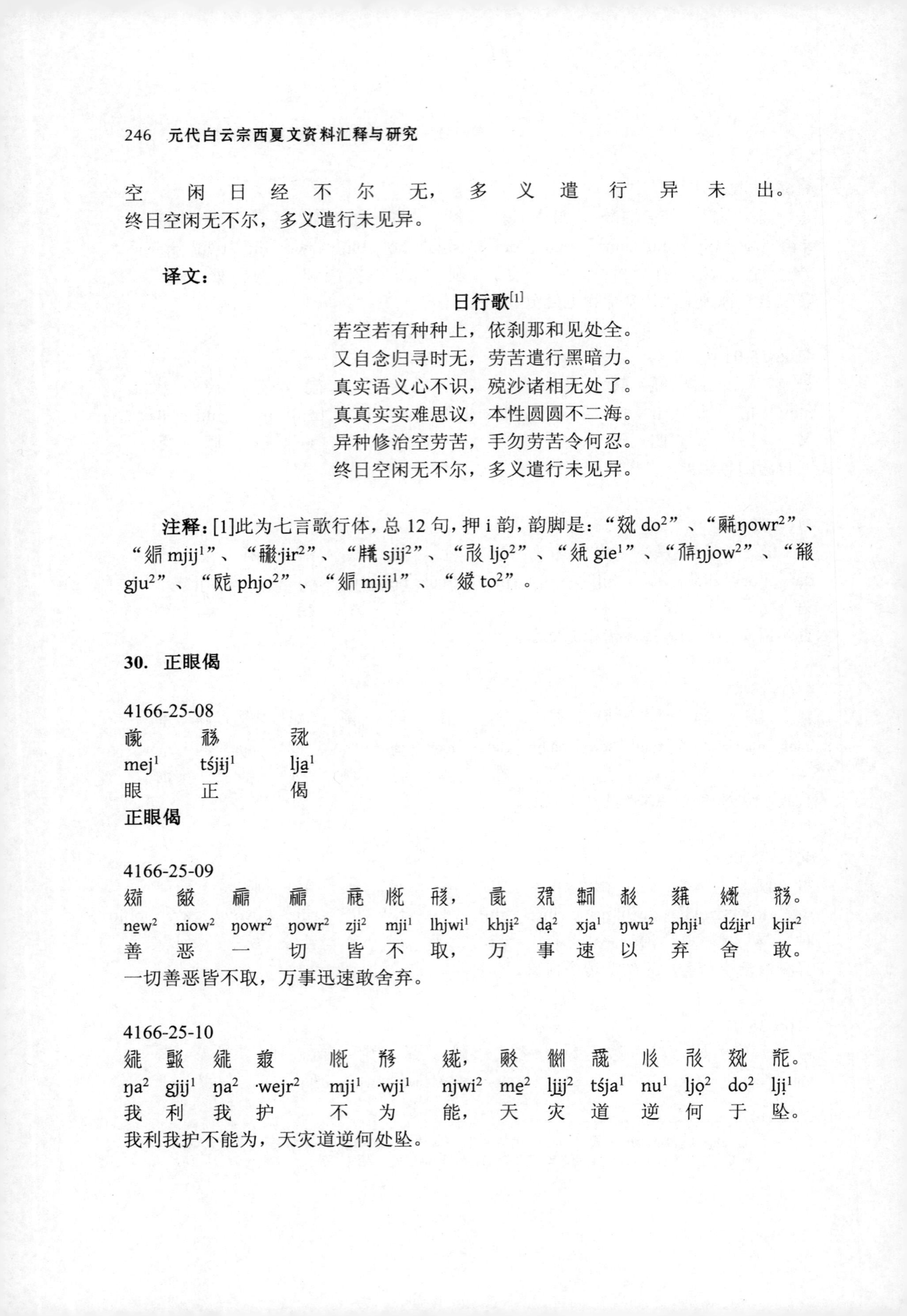

空 闲 日 经 不 尔 无， 多 义 遣 行 异 未 出。
终日空闲无不尔，多义遣行未见异。

译文：

日行歌[1]

若空若有种种上，依刹那和见处全。
又自念归寻时无，劳苦遣行黑暗力。
真实语义心不识，殑沙诸相无处了。
真真实实难思议，本性圆圆不二海。
异种修治空劳苦，手勿劳苦令何忍。
终日空闲无不尔，多义遣行未见异。

注释：[1]此为七言歌行体，总 12 句，押 i 韵，韵脚是：“[illegible] do^{2}”、“[illegible] ŋowr^{2}”、“[illegible] mjij^{1}”、“[illegible] ·jɨr^{2}”、“[illegible] sjij^{2}”、“[illegible] ljọ^{2}”、“[illegible] gie^{1}”、“[illegible] ŋjow^{2}”、“[illegible] gju^{2}”、“[illegible] phjo^{2}”、“[illegible] mjij^{1}”、“[illegible] to^{2}”。

30. 正眼偈

4166-25-08
[illegible]
mej^{1} tśjij^{1} lja̱^{1}
眼 正 偈
正眼偈

4166-25-09
[illegible]
nẹw^{2} niow^{2} ŋowr^{2} ŋowr^{2} zji^{2} mji^{1} lhjwi^{1} khji^{2} dạ^{2} xja^{1} ŋwu^{2} phjɨ^{1} dźjɨr^{1} kjir^{2}
善 恶 一 切 皆 不 取， 万 事 速 以 弃 舍 敢。
一切善恶皆不取，万事迅速敢舍弃。

4166-25-10
[illegible]
ŋa^{2} gjịj^{1} ŋa^{2} ·wejr^{2} mji^{1} ·wji^{1} njwi^{2} mẹ^{2} ljịj^{2} tśja^{1} nu^{1} ljọ^{2} do^{2} ljị^{1}
我 利 我 护 不 为 能， 天 灾 道 逆 何 于 坠。
我利我护不能为，天灾道逆何处坠。

4166-25-11

[illegible]

thja^1 tjị^2 bie^2 lhew^2 lhjwi^1 dźjɨ̱r^1 djɨj^2 nio̱w^1 ·jị^1 tji^1 zjị^1 ·wo^2 kha^1 djị^2

彼 处 解 脱 取 舍 止，又 复 勿 恼 理 中 治。

彼处解脱止取舍，又复不恼理中治。

4166-25-12

[illegible]

ŋwe^1 bju^1 ·ja̱r^2 zar^2 sjwɨj^1 kjwi^1 dzjar^2 thjɨ^2 tja^1 tśja^1 mjijr^2 nji̱j^1 djɨj^2 tjị^2

意 随 日 经 业 旧 灭，此 者 道 者 心 定 处。

随意终日绝旧业，此者道者心定处。

译文：

正眼偈

一切善恶皆不取，万事迅速敢舍弃。
我利我护不能为，天灾道逆何处坠。
彼处解脱止取舍，又复不恼理中治。
随意终日绝旧业，此者道者心定处。

注释：[1]此为七言偈，总 8 句，押 i 韵，韵脚是：“[illegible] lhjwi^1”、“[illegible] kjir^2”、“[illegible] njwi^2”、“[illegible] ljị^1”、“[illegible] djɨj^2”、“[illegible] djị^2”、“[illegible] dzjar^2”、“[illegible] tjị^2”。有出韵的情况。

31. 劝诫成道偈

4166-25-13

[illegible]

kie^1 pjwɨ̱r^1 tśja^1 śjɨj^1 lja̱^{1}

诫 劝 道 成 偈

劝诫成道偈

4166-25-14

[illegible]

rjur^1 kha^1 tśhjụ^2 ljij^2 mjijr^2 ·jij^1 ljij^2 twụ^1 tśhja^2 sej^1 tśhjwɨj^1 tśhjwɨj^1 ŋa^1 wjạ^1 thjụ^1

世 中 倒 见 者，己 见 处 正 算。忍 忍 空 花 观，

世中倒见者，己见处为正。忍忍空花观，

4166-26-01

[illegible]

tsiow ju^{2} rjir^{1} mjɨ^{1} njwi^{2} mej^{1} tər^{1} wją^{1} ju^{2} dźjij^{1} lạ^{1} ·jijr^{2} wją^{1} tsjɨ^{1} mjij^{1}

久 常 得 不 能。眼 践 花 常 在，手 除 花 亦 无。

长久不能得。眼瞻花常在，撒手花亦无。

4166-26-02

[illegible]

thja^{1} tjị^{2} njij^{1} mjij^{1} śjwo^{1} tjij^{1} njij^{1} mjij^{1} dju^{1} ku^{1} thja^{1} tsjɨ^{1} wją^{1} rjir^{2} lew^{2}

彼 处 心 无 用，若 心 无 有 故。彼 亦 花 与 同，

彼处不用心，若心无有故。彼亦与花同，

4166-26-03

[illegible]

tśjɨ^{1} ·wo^{2} djij^{2} tjị^{2} mjij^{1} tśjɨ^{1} ku^{1} tśjɨr^{2} ka^{2} njwi^{2} tśjɨ^{1} niọw^{1} lją^{1} tsjij^{2} śio^{1}

悟 理 定 处 无。悟 则 缚 离 能，悟 因 证 解 引。

悟理无定处。悟则能离缚，悟故引知证。

4166-26-04

[illegible]

tśjɨr^{2} ka^{2} tsjɨr^{1} ljụ^{2} lją^{1} dwewr^{2} tha^{1} pha^{1} niọw^{1} mjij^{1} sọ^{1} kiẹj^{2} ·jij^{1} tjij^{1} mej^{1}

缚 离 法 身 证，觉 佛 异 复 无。三 界 己 独 眼，

离缚法身证，觉佛异复无。三界己眼独，

4166-26-05

[illegible]

dzjij^{2} twụ^{1} ·wjị^{1} śja^{2} njwi^{2} ·jij^{1} ŋạ^{2} ŋwer^{1} dźjwi^{1} mjij^{1} tśhjwo^{1} mjij^{2} tśja^{1} śjij^{1} ji^{2}

学 处 幻 现 能。相 善 匹 相 无，故 名 道 成 谓。

学处能幻现。善相无匹敌，故名成道谓。

译文：

劝诫成道偈[1]

世中倒见者，己见处为正。

忍忍空花观，长久不能得。

眼瞻花常在，撒手花亦无。

彼处不用心，若心无有故。

彼亦与花同，悟理无定处。
悟则能离缚，悟故引知证。
离缚法身证，觉佛异复无。
三界已眼独，学处能幻现。
善相无匹敌，故名成道谓。

注释：[1]五言偈颂，总 18 句，押-i 韵，韵脚是：[illegible] mjijr^{2}、[illegible] sej^{1}、[illegible] njwi^{2}、[illegible] dźjịj^{1}、[illegible] mjij^{1}；[illegible] śjwo^{1}、[illegible] ku^{1}；[illegible] lew^{2}、[illegible] mjij^{1}、[illegible] njwi^{2}、[illegible] śio^{1}①、[illegible] mjij^{1}、[illegible] mej^{1}、[illegible] njwi^{2}、[illegible] mjij^{1}、[illegible] ·jɨ^{2}。有出韵的情况。

32. 长空偈

4166-26-06

[illegible]	[illegible]②	[illegible]
tsiow	dźjwij^{2}	lja̱^{1}
长	空	偈

长空偈

4166-26-07

[illegible]	[illegible]	[illegible]	[illegible]	[illegible]	[illegible]	[illegible]，	[illegible]	[illegible]	[illegible]	[illegible]	[illegible]	[illegible]	[illegible]。
·iọ^{1}	njịj^{1}	tśjị^{1}	ŋewr^{2}	zji^{2}	tji^{1}	dju^{1}	me^{2}	tjị^{2}	dźjɨ	djọ^{2}	zji^{2}	mjịj^{1}	sju^{2}
夫	心	苦	数	皆	勿	有，	睡	眠	行	修	皆	梦	如。

夫心数苦皆莫有，睡眠修行皆如梦。

4166-26-08

[illegible]	[illegible]	[illegible]	[illegible]	[illegible]	[illegible]	[illegible]，	[illegible]	[illegible]	[illegible]	[illegible]	[illegible]	[illegible]	[illegible]。
·o^{1}	ŋa^{1}	dzjɨj^{1}	zar^{2}	ljɨ^{1}	tji^{1}	·ja̱r^{2}	njịj^{1}	·jij^{1}	thja^{1}	dzjɨj^{1}	zji̱r^{2}	ljụ^{1}	sju^{2}
腹	空	时	经	一	勿	宿，	心	相	彼	时	水	流	如。

腹空时经莫入宿，彼时心相如水流。

4166-26-09

[illegible]	[illegible]	[illegible]	[illegible]	[illegible]	[illegible]	[illegible]，	[illegible]	[illegible]	[illegible]	[illegible]	[illegible]	[illegible]	[illegible]。
mjij^{1}	we^{2}	dju^{1}	we^{2}	to^{2}	zji^{2}	dạ^{2}	tshji^{1}	mji̱^{2}	thja^{1}	zjɨj^{1}	thja^{1}	tji^{1}	dźju̱^{2}
无	为	有	为	悉	皆	误，	要	治	彼	时	彼	莫	让。

无为有为尽皆误，要治彼时彼不让。

① “[illegible]” śio^{1} 字失韵。
② 疑为“[illegible] ŋa^{1}”字之误。

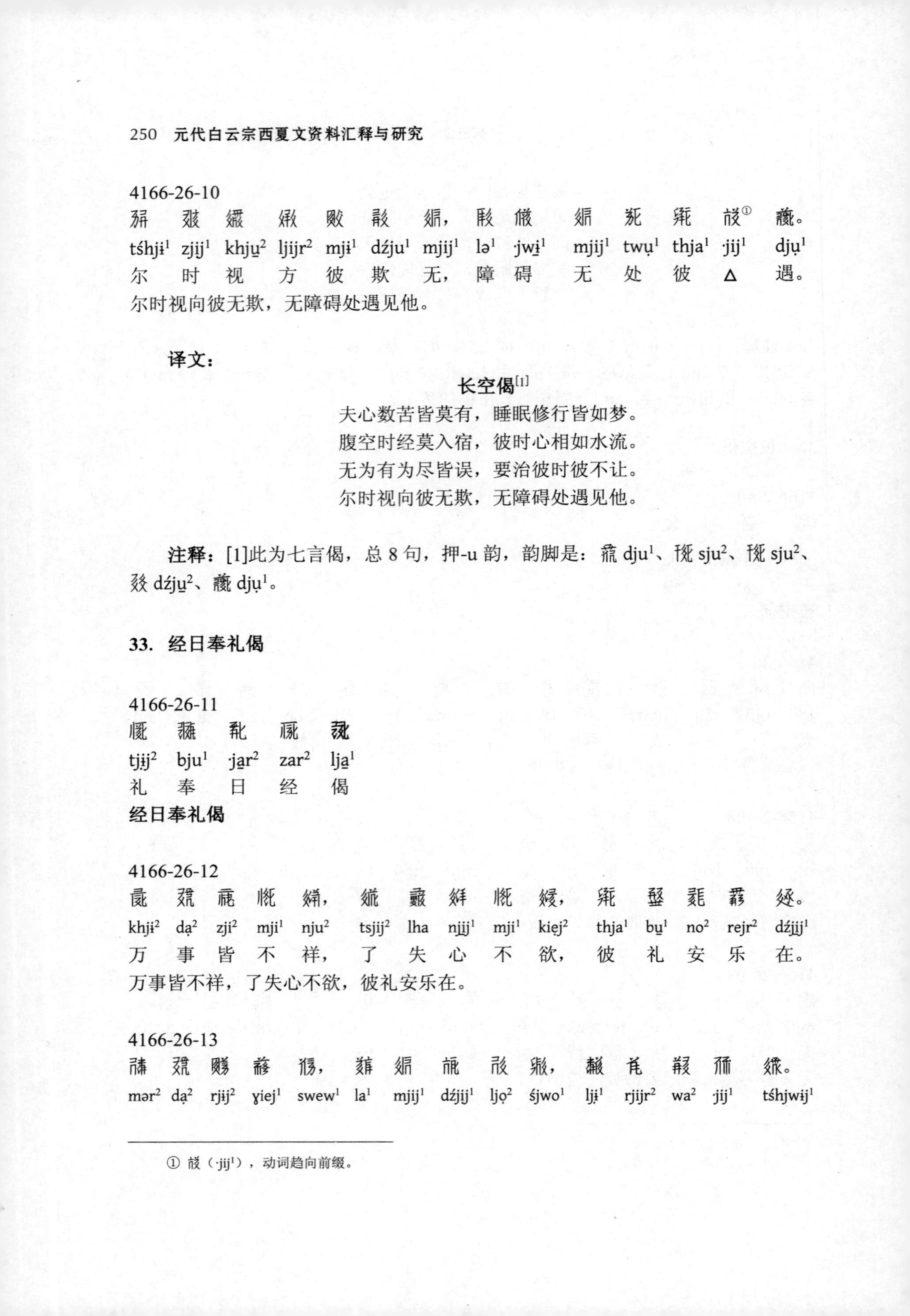

4166-26-10

□ □ □ □ □ □ □，□ □ □ □ □ □[①] □。

tśhjɨ¹ zjij¹ khju̠² ljijr² mjɨ¹ dźju¹ mjij¹ lə¹ ·jwɨ¹ mjij¹ twụ¹ thja¹ ·jij¹ djụ¹

尔 时 视 方 彼 欺 无，障 碍 无 处 彼 △ 遇。

尔时视向彼无欺，无障碍处遇见他。

译文：

长空偈[1]

夫心数苦皆莫有，睡眠修行皆如梦。
腹空时经莫入宿，彼时心相如水流。
无为有为尽皆误，要治彼时彼不让。
尔时视向彼无欺，无障碍处遇见他。

注释：[1]此为七言偈，总 8 句，押-u 韵，韵脚是：□ dju¹、□ sju²、□ sju²、□ dźju̠²、□ djụ¹。

33. 经日奉礼偈

4166-26-11

□ □ □ □ □

tjịj² bju¹ ·ja̠r² zar² lja̠¹

礼 奉 日 经 偈

经日奉礼偈

4166-26-12

□ □ □ □ □，□ □ □ □ □，□ □ □ □ □。

khji² dạ² zji² mji¹ nju² tsjij² lha nji̠j¹ mji¹ kiẹj² thja¹ bu̠¹ no² rejr² dźji̠j¹

万 事 皆 不 祥，了 失 心 不 欲，彼 礼 安 乐 在。

万事皆不祥，了失心不欲，彼礼安乐在。

4166-26-13

□ □ □ □ □，□ □ □ □ □，□ □ □ □ □。

mər² dạ² rjij² ɣiej¹ swew¹ la¹ mjij¹ dźjij¹ ljọ² śjwo¹ ljị¹ rjijr² wa² ·jij¹ tśhjwɨj¹

---

① □（·jij¹），动词趋向前缀。

本 事 光 真 明， 记 无 行 何 用， 劳 苦 何 之 忍。
本事真光明，无记行何用，劳苦何忍之。

4166-26-14
[Tangut] [Tangut] [Tangut] [Tangut] [Tangut]， [Tangut] [Tangut] [Tangut] [Tangut] [Tangut]， [Tangut] [Tangut] [Tangut] [Tangut] [Tangut]。
nji̱j^{1} ·ju^{2} tśhja^{2} ɣa^{2} dźji̱j^{1} twụ^{1} ŋwu^{2} mji̱^{1} ɣa^{1} djị^{2} mji^{1} ·wo^{2} tji^{1} ·wjo^{1} dźjij^{1}
心 常 正 上 在， 正 以 宫 门 造， 不 义 莫 遣 行。
心常正上住，顿以造宫门，不义莫遣行。

译文：

经日奉礼偈[1]

万事皆不祥，了失心不欲，彼礼安乐在。
本事真光明，无记行何用，劳苦何忍之。
心常正上住，顿如造宫门，不义莫遣行。

注释：[1]此为五言偈，总 9 句，押 i 韵，韵脚是：“[Tangut] nju^{2}”、“[Tangut] kiẹj^{2}”、“[Tangut] dźji̱j^{1}”、“[Tangut] swew^{1}”、“[Tangut]śjwo^{1}”、“[Tangut] tśhjwɨj^{1}”、“[Tangut] dźji̱j^{1}”、“[Tangut] djị^{2}”、“[Tangut] dźjij^{1}”。

34. 光滑行心偈

4166-27-01
[Tangut] [Tangut] [Tangut] [Tangut] [Tangut]
lhiẹ^{2} lhiẹ^{2} nji̱j^{1} dźjij^{1} lja̱^{1}
光 滑 心 行 偈
光滑行心偈

4166-27-02
[Tangut] [Tangut] [Tangut] [Tangut]① [Tangut]， [Tangut] [Tangut] [Tangut] [Tangut] [Tangut]。 [Tangut] [Tangut] [Tangut] [Tangut] [Tangut]，
rjur^{1} dạ^{2} ·iọ^{1} ·wjij^{2} ka^{2} nji̱j^{1} tśjị^{1} zji^{2} djij^{2} mjij^{1} tśjị^{1} biẹj^{1} twe^{1} tji^{1} sji̱j^{2}
世 事 方 愿 离， 心 苦 皆 当 无。 苦 乐 堆 勿 想，
世事总愿离，心苦皆当无。苦乐都勿想，

① [Tangut]（·wjij^{2}），动词趋向前缀。

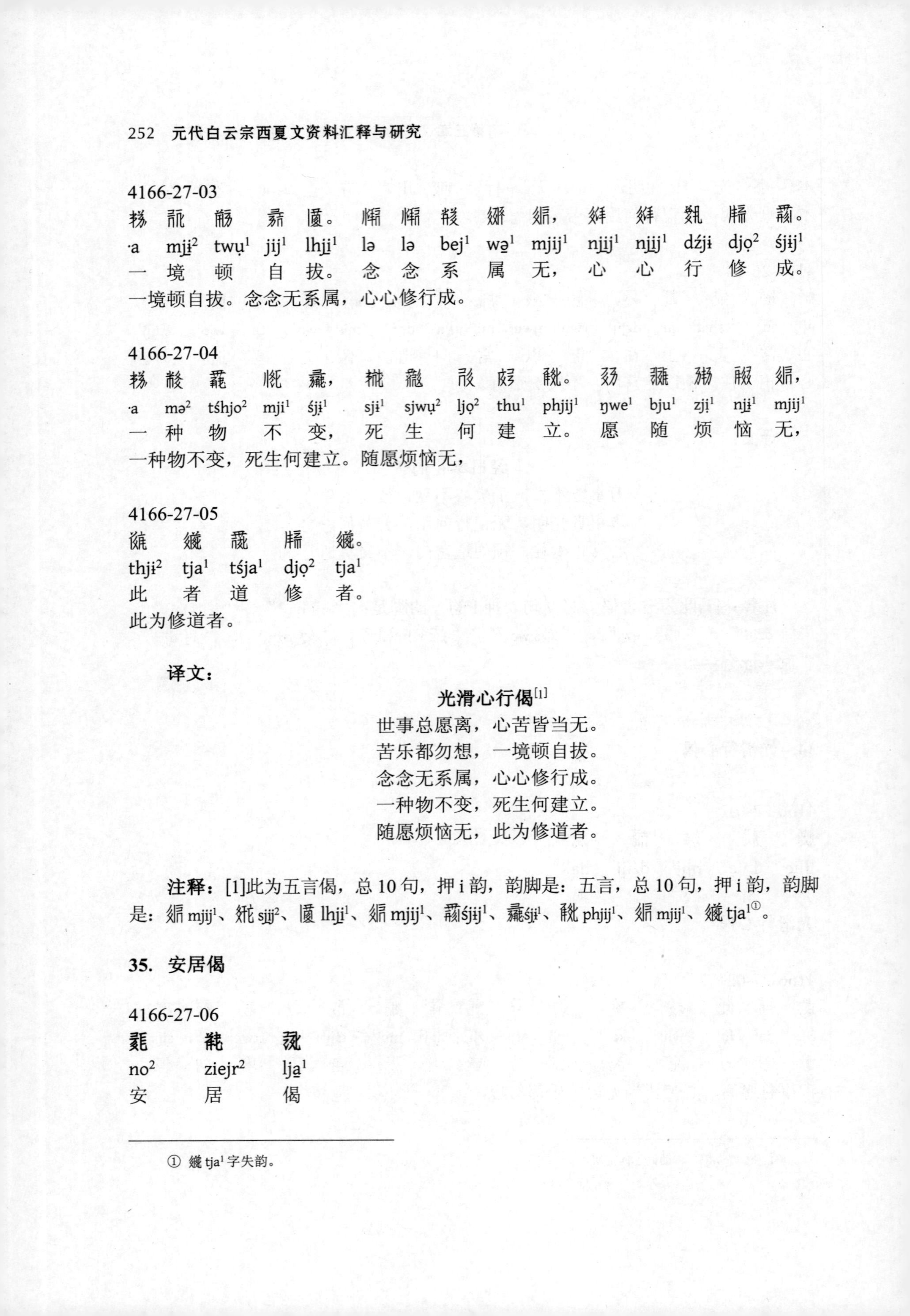

4166-27-03

[illegible]

·a mjɨ̱^{2} twụ^{1} jij^{1} lhjɨ̱^{1} lə lə bej^{1} wə̱^{1} mjij^{1} njij^{1} njij^{1} dźjɨ djọ^{2} śjij^{1}

一 境 顿 自 拔。 念 念 系 属 无， 心 心 行 修 成。

一境顿自拔。念念无系属，心心修行成。

4166-27-04

[illegible]

·a mə^{2} tśhjo^{2} mji^{1} śjɨ^{1} sjɨ^{1} sjwụ^{2} ljọ^{2} thu^{1} phjij^{1} ŋwe^{1} bju^{1} zjị^{1} njɨ^{1} mjij^{1}

一 种 物 不 变， 死 生 何 建 立。 愿 随 烦 恼 无，

一种物不变，死生何建立。随愿烦恼无，

4166-27-05

[illegible]

thjɨ^{2} tja^{1} tśja^{1} djọ^{2} tja^{1}

此 者 道 修 者。

此为修道者。

译文：

光滑心行偈[1]

世事总愿离，心苦皆当无。
苦乐都勿想，一境顿自拔。
念念无系属，心心修行成。
一种物不变，死生何建立。
随愿烦恼无，此为修道者。

注释：[1]此为五言偈，总 10 句，押 i 韵，韵脚是：五言，总 10 句，押 i 韵，韵脚是：[illegible] mjij^{1}、[illegible] sjij^{2}、[illegible] lhjɨ̱^{1}、[illegible] mjij^{1}、[illegible] śjij^{1}、[illegible] śjɨ^{1}、[illegible] phjij^{1}、[illegible] mjij^{1}、[illegible] tja^{1}①。

35. 安居偈

4166-27-06

[illegible]

no^{2} ziejr^{2} lja̱^{1}

安 居 偈

① [illegible] tja^{1} 字失韵。

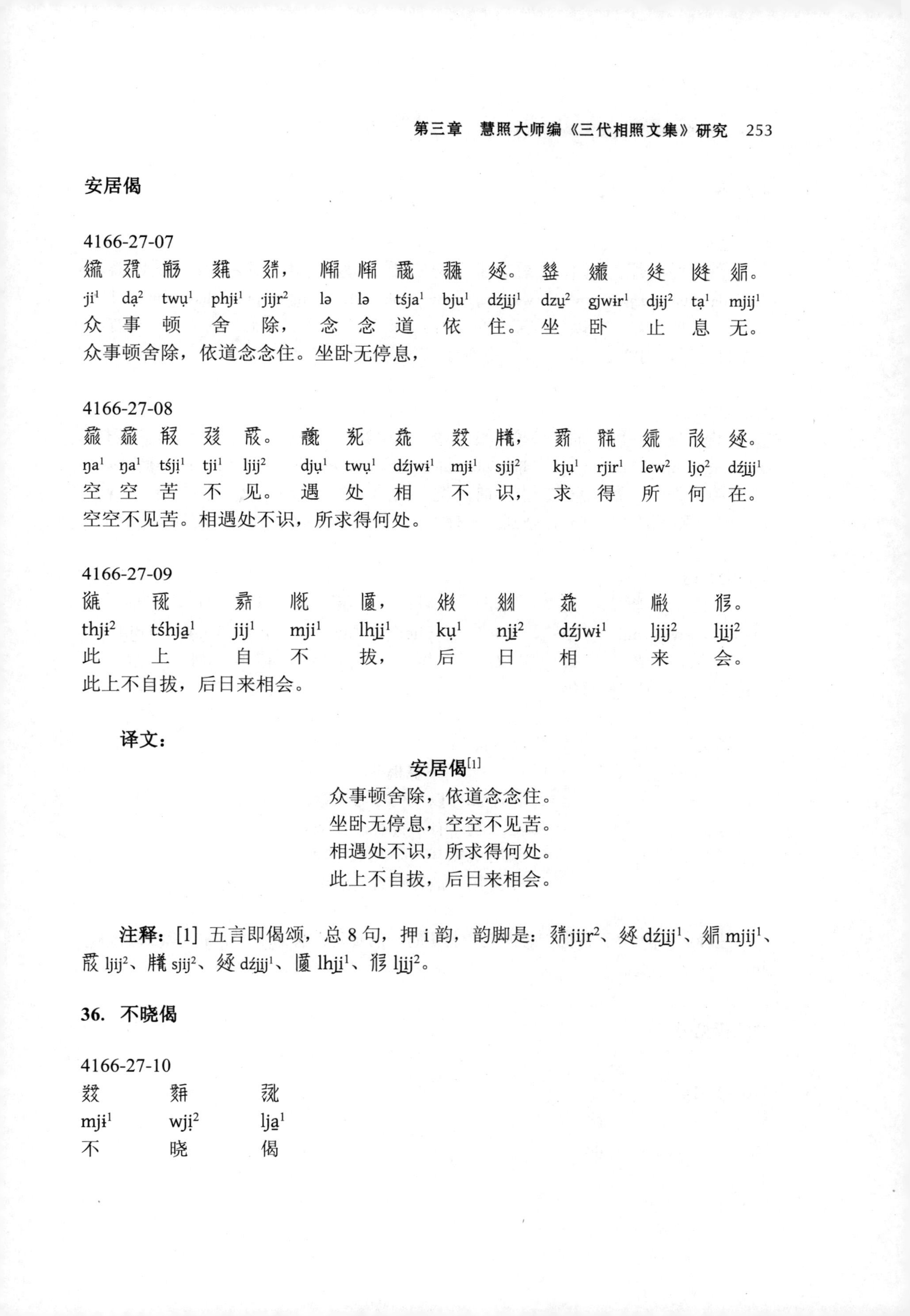

安居偈

4166-27-07

[illegible]

·ji^{1} dạ^{2} twụ^{1} phjɨ^{1} ·jijr^{2} lə lə tśja^{1} bju^{1} dźji̠j^{1} dzụ^{2} gjwɨr^{1} djɨj^{2} tạ^{1} mjij^{1}

众 事 顿 舍 除， 念 念 道 依 住。 坐 卧 止 息 无。

众事顿舍除，依道念念住。坐卧无停息，

4166-27-08

[illegible]

ŋa^{1} ŋa^{1} tśjɨ̣^{1} tji^{1} ljij^{2} djụ^{1} twụ^{1} dźjwɨ^{1} mjɨ^{1} sjij^{2} kjụ^{1} rjir^{1} lew^{2} ljọ^{2} dźji̠j^{1}

空 空 苦 不 见。 遇 处 相 不 识， 求 得 所 何 在。

空空不见苦。相遇处不识，所求得何处。

4166-27-09

[illegible]

thjɨ^{2} tśhja̠^{1} jij^{1} mji^{1} lhji̠^{1} kụ^{1} nji̠^{2} dźjwɨ^{1} lji̠j^{2} lji̠j^{2}

此 上 自 不 拔， 后 日 相 来 会。

此上不自拔，后日来相会。

译文：

安居偈[1]

众事顿舍除，依道念念住。
坐卧无停息，空空不见苦。
相遇处不识，所求得何处。
此上不自拔，后日来相会。

注释：[1] 五言即偈颂，总 8 句，押 i 韵，韵脚是：[illegible]·jijr^{2}、[illegible] dźji̠j^{1}、[illegible] mjij^{1}、[illegible] ljij^{2}、[illegible] sjij^{2}、[illegible] dźji̠j^{1}、[illegible] lhji̠^{1}、[illegible] lji̠j^{2}。

36. 不晓偈

4166-27-10

[illegible]

mjɨ^{1} wjị^{2} lja̠^{1}

不 晓 偈

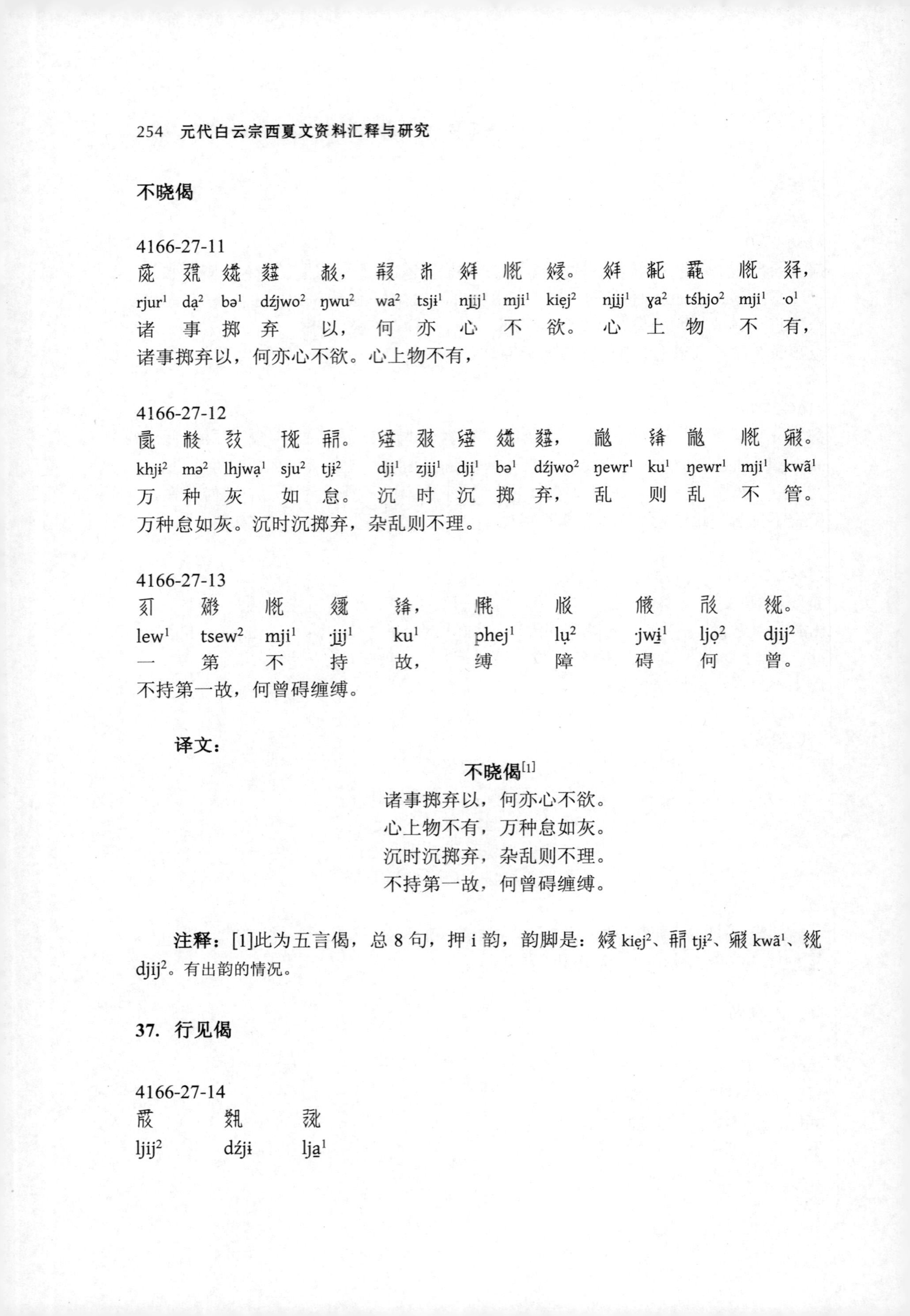

不晓偈

4166-27-11

[illegible]

rjur^{1} dạ^{2} bə^{1} dźjwo^{2} ŋwu^{2}， wa^{2} tsjɨ^{1} njij^{1} mji^{1} kięj^{2}。 njij^{1} ɣa^{2} tśhjo^{2} mji^{1} ·o^{1}，

诸 事 掷 弃 以， 何 亦 心 不 欲。 心 上 物 不 有，

诸事掷弃以，何亦心不欲。心上物不有，

4166-27-12

[illegible]

khjɨ^{2} mə^{2} lhjwạ^{1} sju^{2} tjɨ^{2}。 djị^{1} zjij^{1} djị^{1} bə^{1} dźjwo^{2}， ŋewr^{1} ku^{1} ŋewr^{1} mji^{1} kwã^{1}。

万 种 灰 如 怠。 沉 时 沉 掷 弃， 乱 则 乱 不 管。

万种怠如灰。沉时沉掷弃，杂乱则不理。

4166-27-13

[illegible]

lew^{1} tsew^{2} mji^{1} ·jij^{1} ku^{1}， phej^{1} lụ^{2} ·jwɨ̱^{1} ljọ^{2} djij^{2}。

一 第 不 持 故， 缚 障 碍 何 曾。

不持第一故，何曾碍缠缚。

译文：

不晓偈[1]

诸事掷弃以，何亦心不欲。
心上物不有，万种怠如灰。
沉时沉掷弃，杂乱则不理。
不持第一故，何曾碍缠缚。

注释：[1]此为五言偈，总 8 句，押 i 韵，韵脚是：[illegible] kięj^{2}、[illegible] tjɨ^{2}、[illegible] kwã^{1}、[illegible] djij^{2}。有出韵的情况。

37. 行见偈

4166-27-14

[illegible]

ljij^{2} dźjɨ lja̱^{1}

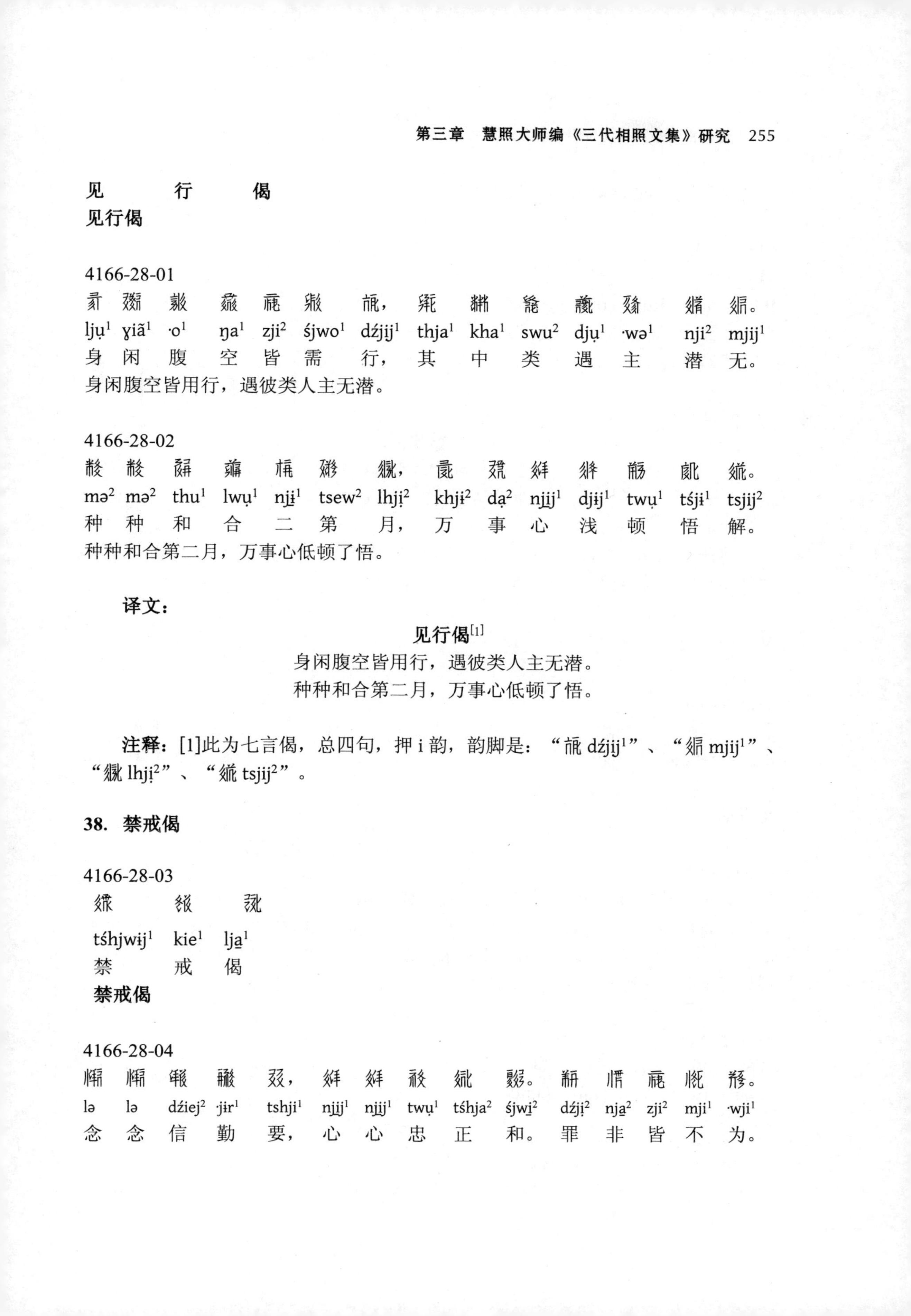

见　　行　　偈
见行偈

4166-28-01
[illegible]，[illegible]。
lju̧^{1} ɣiã^{1} ·o^{1} ŋa^{1} zji^{2} śjwo^{1} dźjij^{1} thja^{1} kha^{1} swu^{2} dju̧^{1} ·wə^{1} nji^{2} mjij^{1}
身 闲 腹 空 皆 需 行， 其 中 类 遇 主 潜 无。
身闲腹空皆用行，遇彼类人主无潜。

4166-28-02
[illegible]，[illegible]。
mə^{2} mə^{2} thu^{1} lwu̧^{1} nji̠^{1} tsew^{2} lhji̧^{2} khji^{2} da̧^{2} njij^{1} djɨj^{1} twu̧^{1} tśjɨ^{1} tsjij^{2}
种 种 和 合 二 第 月， 万 事 心 浅 顿 悟 解。
种种和合第二月，万事心低顿了悟。

译文：

见行偈[1]
身闲腹空皆用行，遇彼类人主无潜。
种种和合第二月，万事心低顿了悟。

注释：[1]此为七言偈，总四句，押 i 韵，韵脚是："[illegible] dźjij^{1}"、"[illegible] mjij^{1}"、"[illegible] lhji̧^{2}"、"[illegible] tsjij^{2}"。

38. 禁戒偈

4166-28-03
[illegible]
tśhjwɨj^{1} kie^{1} lja̠^{1}
禁 戒 偈
禁戒偈

4166-28-04
[illegible]，[illegible]。[illegible]。
lə lə dźiej^{2} ·jir^{1} tshji^{1} njij^{1} njij^{1} twu̧^{1} tśhja^{2} śjwi̠^{2} dźji^{2} nja̠^{2} zji^{2} mji^{1} ·wji^{1}
念 念 信 勤 要， 心 心 忠 正 和。 罪 非 皆 不 为。

所念要勤信，所想和忠正。罪过皆不为，

4166-28-05

[illegible] [illegible] [illegible] [illegible] [illegible]。

thji² mjij² rjur¹ tha¹ gji²

此 名 诸 佛 子。

此名诸佛子。

译文：

禁戒偈[1]

所念要勤信，所想和忠正。

罪过皆不为，此名诸佛子。

注释：[1]此为五言偈，总四句，押 i 韵，韵脚是：“[illegible] tshji¹”、“[illegible] sjwi²”、“[illegible] ·wji¹”、“[illegible] gji²”。

39. 坐寺偈

4166-28-06

[illegible] [illegible] [illegible]

dzu̱² thow¹ lja̱¹

坐 寺 偈

坐寺偈

4166-28-07

[illegible]① [illegible] [illegible] [illegible] [illegible]， [illegible] [illegible] [illegible] [illegible] [illegible]。 [illegible] [illegible] [illegible] [illegible] [illegible]，

nja¹ djij² sji¹ lji̱¹ sjij² zji² ɣa² gji² njij¹ mjij¹ thja¹ tji² dzjwo² njij¹ djij²

△ 定 死 及 想， 皆 上 求 心 无。 彼 处 人 心 止，

禅定思及死，上皆无心求。彼处人心止，

4166-28-08

[illegible] [illegible] [illegible] [illegible] [illegible]。

twụ¹ twụ¹ tji¹ tsjụ¹ phjij¹

① “[illegible]”（nja¹），动词趋向前缀，表示向下义。

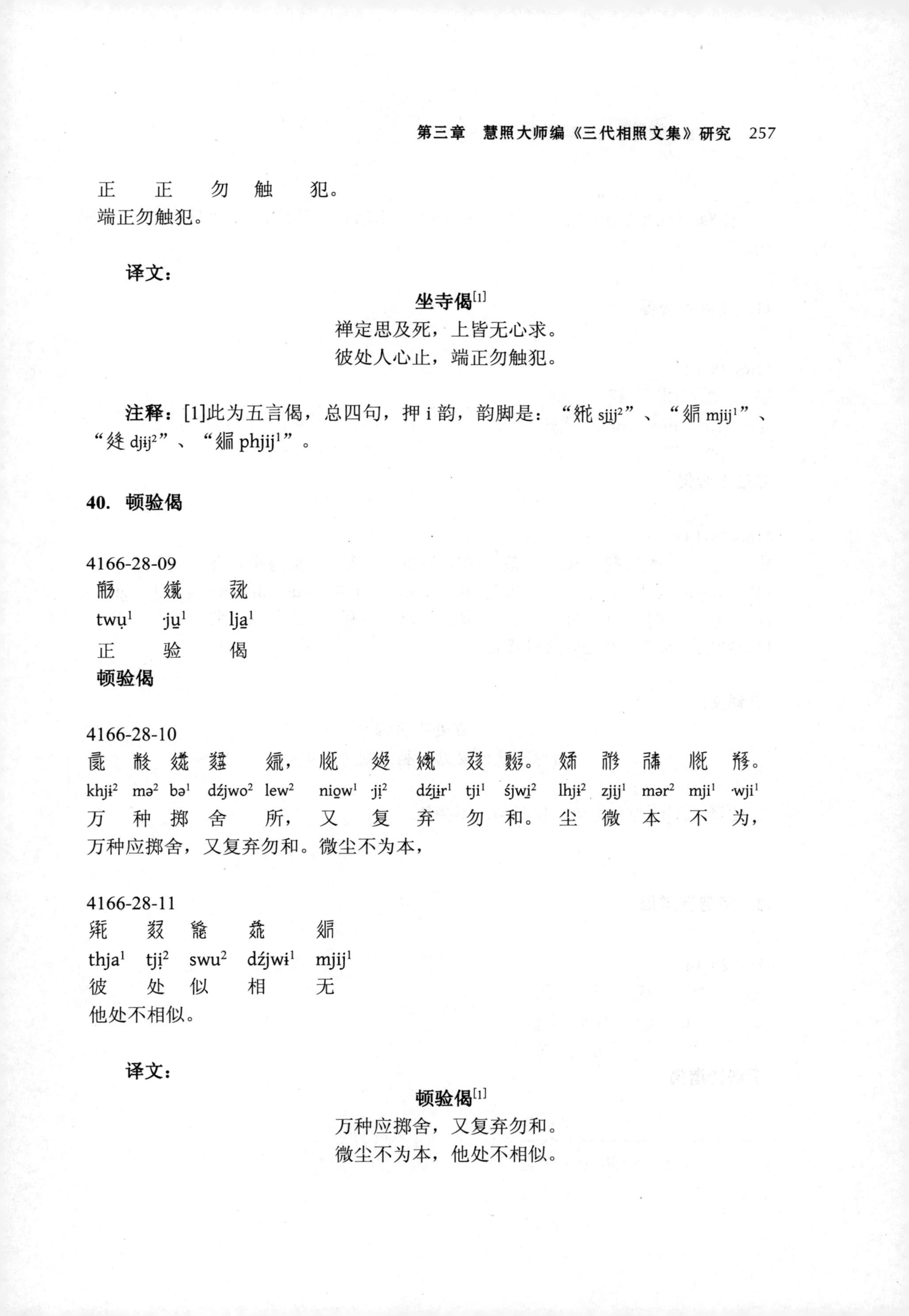

正　　正　　勿　触　　犯。
端正勿触犯。

译文：

坐寺偈[1]

禅定思及死，上皆无心求。
彼处人心止，端正勿触犯。

注释：[1]此为五言偈，总四句，押 i 韵，韵脚是：“[illegible] sjij²”、“[illegible] mjij¹”、“[illegible] djij²”、“[illegible] phjij¹”。

40. 顿验偈

4166-28-09
[illegible]　[illegible]　[illegible]
twụ¹　·ju̱¹　lja̱¹
正　　验　　偈
顿验偈

4166-28-10
[illegible] [illegible] [illegible] [illegible] [illegible]，[illegible] [illegible] [illegible] [illegible] [illegible]。[illegible] [illegible] [illegible] [illegible] [illegible]。
khji² mə² bə¹ dźjwo² lew² nio̱w¹ ·ji̱² dźji̱r¹ tji¹ śjwi̱² lhjɨ² zjij¹ mər² mji¹ ·wji¹
万　种　掷　舍　所，又　复　弃　勿　和。尘　微　本　不　为，
万种应掷舍，又复弃勿和。微尘不为本，

4166-28-11
[illegible]　[illegible]　[illegible]　[illegible]　[illegible]
thja¹　tji̱²　swu²　dźjwɨ¹　mjij¹
彼　处　似　相　无
他处不相似。

译文：

顿验偈[1]

万种应掷舍，又复弃勿和。
微尘不为本，他处不相似。

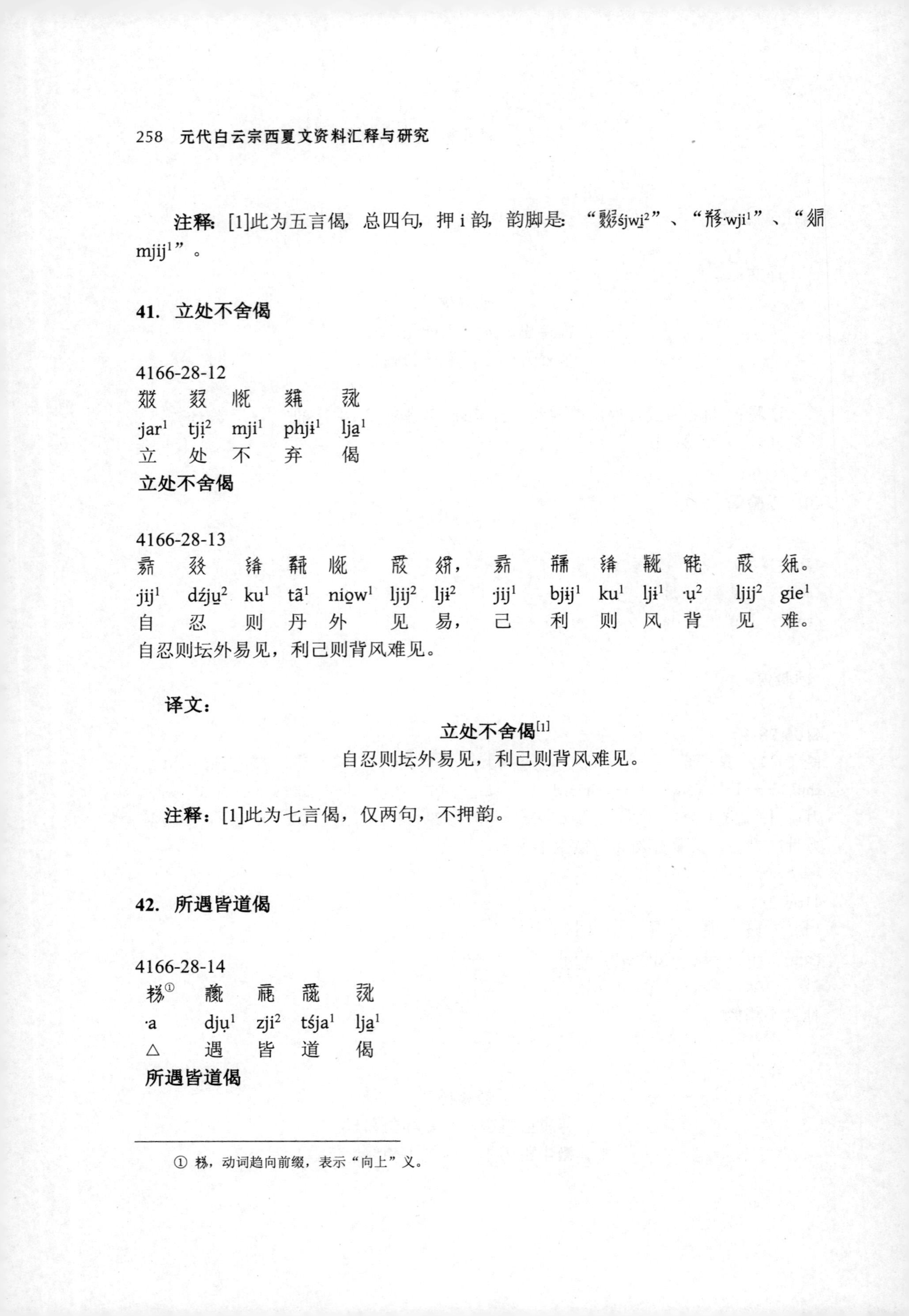

注释：[1]此为五言偈，总四句，押 i 韵，韵脚是："[illegible]śjwi̠^{2}"、"[illegible]·wji^{1}"、"[illegible]mjij^{1}"。

41. 立处不舍偈

4166-28-12

[illegible] [illegible] [illegible] [illegible] [illegible]

·jar^{1} tji̠^{2} mji^{1} phjɨ^{1} lja̠^{1}

立 处 不 弃 偈

立处不舍偈

4166-28-13

[illegible] [illegible] [illegible] [illegible] [illegible] [illegible] [illegible]，[illegible] [illegible] [illegible] [illegible] [illegible] [illegible] [illegible]。

·jij^{1} dźju̠^{2} ku^{1} tã^{1} nio̠w^{1} ljij^{2} ljɨ^{2} ·jij^{1} bjij^{1} ku^{1} ljɨ^{1} ·u̠^{2} ljij^{2} gie^{1}

自 忍 则 丹 外 见 易，己 利 则 风 背 见 难。

自忍则坛外易见，利己则背风难见。

译文：

立处不舍偈[1]

自忍则坛外易见，利己则背风难见。

注释：[1]此为七言偈，仅两句，不押韵。

42. 所遇皆道偈

4166-28-14

[illegible]① [illegible] [illegible] [illegible] [illegible]

·a dju̠^{1} zji^{2} tśja^{1} lja̠^{1}

△ 遇 皆 道 偈

所遇皆道偈

---

① [illegible]，动词趋向前缀，表示"向上"义。

4166-29-01
□ □ □ □，□ □ □ □。
lạ^1 śjị^1 tjị^2 mjij^1 rjɨr^2 zjir^2 ɣiej^1 ljɨ^1
虚 幻 处 无，△ 遍 真 也。
无虚幻处，普遍真也。

译文：

所遇皆道偈[1]

无虚幻处，普遍真也。

注释：[1]此为四言偈，仅两句，押 i 韵，韵脚是：“□ mjij^1”、“□ ljɨ^1”。

43. 劝欲偈

4166-29-02
□ □ □
kię̣j^2 pjwɨ̱r^1 lja̱^{1}
欲 劝 偈
劝欲偈

4166-29-03
□ □ □ □ □ □ □，□ □ □ □ □ □ □。
tśja^1 dźjwu^1 djọ^2 mjijr^2 śja^1 ·wjạ^2 lji̱j^2 sji^2 tsə̣^{1} dzu^1 bju^1 tha^2 dạ^2 tshji̱j^1
道 人 修 者 放 逸 嗜，女 色 爱 依 大 事 说。
道人修者喜放逸，贪慕女色大事说。

4166-29-04
□ □ □ □ □ □ □，□ □ □[①] □ □ □ □。
mə^2 mə^2 phji^1 njɨ^2 tjạ^1 ŋwu^2 śjɨj^1 ·wji^2 sji̱j^2 nji^2 ku^1 dzjwo^2 ŋo^2 dji̱j^2
种 种 意 等 饰 以 成，△ 想 △ 则 人 悲 痛。
种种意等粉饰成，我等每思则悲哭。

---

① □（nji^2），为第一、二人称复数代词人称呼应后缀，推测该偈以“我等”第一人称复数的口吻加以“劝诫”。下同。

4166-29-05

[illegible]

dzu^1 ·wer^1 kjɨ^1 thjwi^1 ·jij^1 mji^1 lhjị tjạ^1 tśhjạ^1 tjạ^1 wer^1 dzjij kjọ^1 tshjịj^1

爱 慕 △ 甜 自 不 拔， 彼 上 饰 装 可 愿 说

甘于爱慕不自拔，彼上粉饰可愿说。

4166-29-06.

[illegible]

wa^2 ŋwu^2 du^2 ? lhiẹ^2 djij^2 śjɨj^1 ·wjɨ^2 sjịj^2 nji^2 ku^1 dzjwo^2 ŋo^2 djịj^2

何 以 制 拒 滑 当 成， △ 想 △ 则 人 悲 痛。

何以克制成滑头，我等每思则悲哭。

4166-29-07

[illegible]

niọw^1 tsjɨ^1 ljạ^2 ŋa^1 tha^2 tśja^1 tshjịj^1 njị^2 bjị^1 lə^1 ·u^2 djị^1 bu^1 dźjịj^1

复 亦 口 空 大 道 说， 屎 尿 坑 内 沉 没 在。

复亦空口说大道，屎尿坑内沉没陷。

4166-29-08

[illegible]

thja^1 tsjɨ^1 ·jij^1 lhjị^1 mji^1 njwi^2 djij^{2}① ·wjɨ^2 sjịj^2 nji^2 ku^1 dzjwo^2 ŋo^2 djịj^2

彼 亦 自 拔 不 能 而， △ 想 △ 则 人 悲 痛。

彼亦自拔而不能，我等每思则悲哭。

4166-29-09

[illegible]

njị^2 sjij^1 ljụ^1 rar^2 thjij^2 mji^1 ljij^2 śjạ^2 twụ^1 njị^2 bjị^1 dzjo^1 dzjo^1 djij^2

脓 血 流 过 何 不 见， 臭 处 屎 尿 紧 紧 而。

脓血流过看不见，臭处屎尿紧紧跟。

4166-29-10

[illegible]

thju^2 do^2 ·jij^1 nejr^{1}② wa^2 djij^2 śjɨj^1 ·wjɨ^2 sjịj^2 nji^2 ku^1 dzjwo^2 ŋo^2 djịj^2

此 处 自 滑 何 而 成， △ 想 △ 则 人 悲 痛。

---

① “[illegible]”（djij^2），也是连词，在复句中表示转折。

② “[illegible]”，原文作“[illegible]”，该字此前未见，疑为“[illegible]”字之讹，或受前边“[illegible]”的影响添加其上部致误。

此处自滑焉能成，我等每思则悲哭。

4166-29-11

[illegible]

tsə̣^{1}　ŋwu^{2}　tjạ^{1}　wer^{1}　djɨr^{2}　lju̱^{2}　tshjij^{2}　kjɨ^{1}　də̱^{1}　we^{2}　twụ^{1}　·jij^{1}　ljọ^{2}　tsjij^{2}

色　以　装　饰　外　庄　严，　△　臭　为　处　自　何　悟。

粉饰以色外庄严，为臭秽处自何悟。

4166-29-12

[illegible]

·u^{2}　·wjɨ^{2}　tshji^{1}　do^{2}　·wjɨ^{2}　djij^{2}　kjij^{1}　·wjɨ^{2}　sji̱j^{2}　nji^{2}　ku^{1}　dzjwo^{2}　ŋo^{2}　dji̱j^{2}

内　△　要　于　△　虽　阐　△　想　△　则　人　悲　痛。

内容要点虽阐释，我等每思则悲哭。

4166-29-13

[illegible]①，[illegible]

mjor^{1}　mjor^{1}　tshie^{2}　sjij^{2}　lew^{2}　lew^{2}　djij^{2}　lhjwi^{1}　gjij^{1}　mjij^{1}　ɣa^{2}　·jị^{2}　·wjị^{1}　mjijr^{2}

如　实　臭　秽　纷　纷　而，　取　利　无　上　重　幻　者。

着实臭秽乱纷纷，无从取利复幻想。

4166-29-14

[illegible]②[illegible]

thju^{2}　do^{2}　·jij^{1}　dja^{2}　khie^{1}　mji^{1}　sji̱j^{2}　·wjɨ^{2}　sji̱j^{2}　nji^{2}　ku^{1}　dzjwo^{2}　ŋo^{2}　dji̱j^{2}

此　处　自　△　厌　不　思，　△　想　△　则　人　悲　痛。

此处不思自厌倦，我等每思则悲哭。

4166-30-01

[illegible]③[illegible]

nji̱^{2}　bjị^{1}　mjor^{1}　ljij^{2}　mji^{1}　dzu^{1}　dźji　·wjɨ^{2}　lja^{1}　tjị^{2}　do^{2}　ljọ^{2}　kjɨ^{1}　thjwi^{1}

屎　尿　如　见　不　爱　视，　△　来　处　于　何　△　甘。

如见屎尿不待见，于已来处何所甜。

---

① “[illegible]”（djij^{2}），也是连词，在复句中表示转折。

② “[illegible]”（dja^{2}），动词趋向前缀，表示离开说话者方向。

③ “[illegible]”（kjɨ^{1}），动词趋向前缀，表示向近处。

4166-30-02

[illegible]

thja^1 ɣa^2 ·jij^1 tjị^1 bieẹj^1 ·ju^2 mjijr^2 ·wjɨ^2 sjịj^2 nji^2 ku^1 dzjwo^2 ŋo^2 djịj^2

彼 于 自 归 娱 求 者，△ 想 △ 则 人 悲 痛。

于彼自归求乐者，我等每思则悲哭。

4166-30-03

[illegible]

rjur^1 kha^1 zji^2 tśjị^1 tjɨ^1 mji^1 dzjij^1 tśhjwo^1 bju^1 dźjịj^1 dźjịj^1 phọ^1 lwu^2 twụ^1

世 中 皆 苦 若 不 度，故 因 住 住 掩 匿 处。

世中皆苦如不度，故因所在掩匿处。

4166-30-04

[illegible]

thju^2 do^2 śjwɨ^1 śjwɨ^1 sju̱^{1} mju̱^{2} ljịj^2 ·wjɨ^2 sjịj^2 nji^2 ku^1 dzjwo^2 ŋo^2 djịj^2

此 于 时 时 思 摇 动，△ 想 △ 则 人 悲 痛。

于此时时思动摇，我等每思则悲哭。

4166-30-05

[illegible]

nio̱w^1 tsjɨ^1 lja̱^{2} ŋa^1 mej^1 swew^1 tshjịj^1 thja^1 tsjɨ^1 mjɨ^1 sjij^2 ljɨ̱^{1} dzu^1 zjịj^1

又 亦 口 空 眼 明 说，彼 亦 不 觉 重 爱 着。

又亦空口眼明说，彼亦不识重爱着。

4166-30-06

[illegible]

tshie^2 ɣa^2 nja^1 njɨ̱^{2} lhjɨ^1 mjɨ^1 dzjij ·wjɨ^2 sjịj^2 nji^2 ku^1 dzjwo^2 ŋo^2 djịj^2

臭 上 △ 蒙 退 不 肯，△ 想 △ 则 人 悲 痛。

蒙于臭秽不肯退，我等每思则悲哭。

4166-30-07

[illegible]

dzu^1 ·wer^1 ·wer^1 njịj^1 kjɨ^1 lhe̱w^2 zjij^1 kjɨ^1 thjwi^1 dzjọ^1 sju^2 ŋwer^1 mjij^1 bjij^1

爱 慕 慕 心 △ 有 时，△ 甜 譬 如 匹 无 利。

所慕爱心已有时，譬如甘甜利无匹。

① “[illegible]”（nja^1），动词趋向前缀，表示向下义。下同。

4166-30-08

[illegible]

mjor^{1} lạ^{1} nja^{1} tjị^{2} wa^{2} ljɨ^{1} mjij^{1} ·wjɨ^{2} sjịj^{2} nji^{2} ku^{1} dzjwo^{2} ŋo^{2} djịj^{2}

如 手 △ 可 何 虽 无， △ 想 △ 则 人 悲 痛。

如手何可而暂无，我等每思则悲哭。

4166-30-09

[illegible]

lhjwɨ^{2} ljɨ^{1} thjɨj^{1} sju^{2} ·wjɨ^{2} zar^{2} dzjɨj^{1} nio̱w^{1} ·jị^{1} lhjwi^{1} śji^{2} ·jị^{1} ljọ^{2} ljij^{2}

骤 风 电 如 △ 过 时， 又 复 取 往 复 何 见。

骤风闪电过去时，又复前往何得见。

4166-30-10

[illegible]

tśhia^{1} no^{1} mji̱^{2} khjij^{1} tụ^{1} ljɨ^{1} rjijr^{2} ·wjɨ^{2} sjịj^{2} nji^{2} ku^{1} dzjwo^{2} ŋo^{2} djịj^{2}

刹 那 治 养 千 劳 苦， △ 想 △ 则 人 悲 痛。

刹那修养千劳苦，我等每思则悲哭。

4166-30-11

[illegible]

mə^{2} mə^{2} se̱w^{2} sjịj^{2} nio̱w^{1} dziow^{2} rjịj^{2} lhjwɨ^{2} ljɨ^{1} dzu^{1} nio̱w^{1} tụ^{1} ·wjo^{1} dźjij^{1}

种 种 思 虑 复 计 谋， 骤 也 爱 故 千 遣 行。

种种思虑复计谋，突然因爱千遣行。

4166-30-12

[illegible]

rjijr^{2} gju^{2} mji^{1} dzji^{1} wa^{2} ljɨ^{1} rjijr^{2} ·wjɨ^{2} sjịj^{2} nji^{2} ku^{1} dzjwo^{2} ŋo^{2} djịj^{2}

劳 累 不 等 何 苦 劳， △ 想 △ 则 人 悲 痛。

劳累不等何辛苦，我等每思则悲哭。

4166-30-13

[illegible]

mji^{1} sej^{1} ·jij^{1} gu^{2} dwər^{2} tsjụ^{1} zjij^{1} śja̱^{2} də̱^{1} we^{2} twụ^{1} ·jij^{1} ljọ^{2} tsjij^{2}

不 净 自 相 察 触 时， 腐 臭 为 各 自 何 悟。

不净自相察犯时，各自腐臭怎了悟。

4166-30-14

[illegible]

dwewr^{2} lhjij mjɨ^{1} ·o^{2} tshjwu^{1} ljị^{2} lji̠j̠^{2} ·wjɨ^{2} sji̠j̠^{2} nji^{2} ku^{1} dzjwo^{2} ŋo^{2} dji̠j̠^{2}

知 受 无 暇 乾 坤 坏， △ 想 △ 则 人 悲 痛。

知受无暇天地坏，我等每思则悲哭。

4166-31-01

[illegible]

thja^{1} bju^{1} ·jij^{1} lhji̠^{1} mjɨ^{1} njwi^{2} djij^{2} djɨ̣j^{2} rar^{2} ·wer^{2} sju^{2} lạ^{1} pjwɨ̠r^{1} mjijr^{2}

彼 依 自 悔 不 能 而， 云 过 雨 如 妄 诈 者。

靠彼自悔而不能，如云过雨妄欺人。

4166-31-02

[illegible]

thjɨ^{2} sju^{2} zjij^{1} mjij^{1} ɣiẹ^{2} mjij^{1} tshji̠j̠^{1} ·wjɨ^{2} sji̠j̠^{2} nji^{2} ku^{1} dzjwo^{2} ŋo^{2} dji̠j̠^{2}

此 如 着 无 碍 无 说， △ 想 △ 则 人 悲 痛。

如此无着无碍说，我等每思则悲哭。

4166-31-03

[illegible]

·wjɨ^{2} lhji̠^{1} lew^{2} mjij^{1} tjɨ^{1} rjɨr^{2} tshji̠j̠^{1} śjɨ̠^{1} śji̠^{1} mjij^{1} ku^{1} zjị^{1} njɨ̠^{1} mjij^{1}

△ 退 所 无 若 乃 说， 疑 虑 无 则 烦 恼 无。

假若说无所退转，无疑虑则无烦恼。

4166-31-04

[illegible]

thju^{2} tshji̠j̠^{1} ljọ^{2} ·jow^{2} kụ^{1} dzjɨj^{1} sjwij^{1} ·wjɨ^{2} sji̠j̠^{2} nji^{2} ku^{1} dzjwo^{2} ŋo^{2} dji̠j̠^{2}

此 说 何 样 后 时 明， △ 想 △ 则 人 悲 痛。

此说何样后时明，我等每思则悲哭。

4166-31-05

[illegible]

ljɨ^{1} dzjɨj^{1} kiẹj^{2} śjwo^{1} ljɨ̠^{1} tjị^{2} mjij^{1} niow^{2} sjwɨj^{1} lja^{1} zjij^{1} bji^{2} thjij^{2} dzjij

一 时 欲 起 处 无， 恶 业 来 时 免 何 可。

一时欲起无处回，恶业来时焉能免。

4166-31-06

[illegible]①，[illegible]。

thjɨ^{2} sju^{2} khe̠j^{1} ljɨ̠^{1} tji^{1} ljij^{2} nji^{2} ·wjɨ^{2} sji̠j^{2} nji^{2} ku^{1} dzjwo^{2} ŋo^{2} dji̠j^{2}

此 如 戏 论 勿 见 △， △ 想 △ 则 人 悲 痛。

如此戏论人勿见，我等每思则悲哭。

4166-31-07

[illegible]，[illegible]。

mji̠^{1} ·wə^{1} kju̠^{1} tshwew^{1} mə^{2} mə^{2} lhjij kie̠j^{2} dzu^{1} pho̠^{1} nio̠w^{1} lji̠^{2} mji^{1} sji̠j^{2}

施 主 供 养 种 种 受， 欲 爱 掩 故 恩 不 想。

施主供养种种受，屏蔽欲爱恩不思。

4166-31-08

[illegible]，[illegible]。

mji^{1} tśhja^{2} mjɨ^{1} ·wo^{2} sju^{2} dźjɨ dźjij^{1} ·wjɨ^{2} sji̠j^{2} nji^{2} ku^{1} dzjwo^{2} ŋo^{2} dji̠j^{2}

不 正 不 应 畜 行 行， △ 想 △ 则 人 悲 痛。

不正不应行畜行，我等每思则悲哭。

4166-31-09

[illegible]，[illegible]。

mur^{1} ·jwɨr^{2} dźjij^{1} twu̠^{1} tśhja^{2} mji^{1} lhjwij^{2} tha^{1} tśhja^{2} dźjij^{1} mjijr^{2} nio̠w^{1} ljo̠^{2} tji̠j^{2}

俗 文 行 处 正 不 邪， 佛 正 行 者 复 何 般。

俗文行处正不邪，佛正行者复哪般。

4166-31-10

[illegible]，[illegible]。

nji^{2} nji^{2} mej^{1} swew^{1} tjɨ^{1} mji^{1} sji̠j^{2} ·wjɨ^{2} sji̠j^{2} nji^{2} ku^{1} dzjwo^{2} ŋo^{2} dji̠j^{2}

汝 等 眼 明 若 不 思， △ 想 △ 则 人 悲 痛。

汝等眼明若不思，我等每思则悲哭。

4166-31-11

[illegible]，[illegible]。

nji^{2} kjo̠^{1} dji̠^{1} ljɨ^{1} thja^{1} tsjɨ^{1} djij^{2} mjor^{1} ljij^{2} tsji̠r^{1} tsjɨ^{1} mjɨ^{1} pjo^{1} lji̠j^{2}

汝 愿 狱 堕 彼 亦 当， 如 来 法 亦 彼 毁 坏。

汝愿堕狱当如此，如来法亦彼毁坏。

---

① [illegible]（nji^{2}），为第一、二人称复数代词人称呼应后缀。

4166-31-12

[illegible]

tśhjij1 mjij1 kjọ1 tjị2 djị1 bu1 ·jij1 ·wjɨ2 sji̱j2 nji2 ku1 dzjwo2 ŋo2 dji̱j2

后 来 愿 可 沉 没 将， △ 想 △ 则 人 悲 痛。

后来愿意将沉没，我等每思则悲哭。

4166-31-13

[illegible]

nji2 ŋjir1 nji2 ·wji1 nji2 kjọ1 lhjij ŋa2 tha1 śjwɨ̣2 lji̱j2 wa2 nio̱w1 nji2

汝 灾 汝 为 汝 愿 受， 我 佛 随 坏 何 故 △。

汝灾汝为汝愿受，带坏佛法为何故？

4166-31-14

[illegible]

thjɨ2 bju1 phjo1 ljị2 thjij2 gju̱2 rjur1 ·wjɨ2 sji̱j2 nji2 ku1 dzjwo2 ŋo2 dji̱j2

此 依 陆 地 何 吉 祥， △ 想 △ 则 人 悲 痛。

依此陆地焉吉祥，我等每思则悲哭。

4166-32-01

[illegible]

nio̱w1 ·jị1 dzjɨj1 dzjɨj1 ·ji1 kha1 tshji̱j1 mər2 tha1 śia̱2 śjij1 thja1 zjij1 sjwij1

又 复 时 时 众 中 说， 本 佛 随 法 彼 略 明。

又复时时众中说，随本佛法彼略明。

4166-32-02

[illegible]

thju1 thju1 nji̱j1 tjɨj2 mjo2 ·wjɨ2 lhjij ·wjɨ2 sji̱j2 nji2 ku1 dzjwo2 ŋo2 dji̱j2

真 谛 心 印 吾 △ 受， △ 想 △ 则 人 悲 痛。

真谛心印吾已受，我等每思则悲哭。

4166-32-03

[illegible]

thjɨ2 sju2 lạ1 ŋwu2 mji̱j1 gu2 sjij2 sjij2 phji1 lji̱j1 ŋwu2 mji1 tsjij2 tsjij2

此 如 妄 以 梦 中 识， 识 意 盛 以 不 领 悟。

如此妄以梦中觉，觉情盛以不领悟。

4166-32-04

[illegible]

·jị1 ·jị1 na1 thjọ1 se̱w2 lhjɨ1 gjij1 ·wjɨ2 sji̱j2 nji2 ku1 dzjwo2 ŋo2 dji̱j2

重 重 深 妙 思 增 倍， △ 想 △ 则 人 悲 痛。

重重深妙思倍增，我等每思则悲哭。

4166-32-05

[illegible]

mjor1 tśhja2 tsji̱r1 kha1 bu̱2 ljij2 mjij1 lhjɨ2 zjij1 bju1 śjwi̱2 nio̱w1 ljọ2 tjɨj2

真 正 法 中 胜 见 无， 尘 略 依 合 复 何 礼。

真正法中胜见无，微尘和合复何礼。

4166-32-06

[illegible]

thjɨ2 ljij2 śjɨ1 ŋwu2 khe̱j1 ljɨ1 dźjij1 ·wjɨ2 sji̱j2 nji2 ku1 dzjwo2 ŋo2 dji̱j2

此 见 幻 以 戏 论 行， △ 想 △ 则 人 悲 痛。

此见幻想行戏论，我等每思则悲哭。

4166-32-07

[illegible]

dow1 lji̱j2 ɣie1 ljị1 śjɨ1 phji1 zjij1 ljɨ1 ŋwu2 nio̱w1 tsjɨ1 nio̱w1 ɣie1 lji̱j1

邪 魔 力 堕 幻 令 时， 风 以 复 亦 因 力 盛。

堕邪魔力幻想时，以风复亦缘力盛。

4166-32-08

[illegible]

thjɨ2 nio̱w1 lhji̱1 gie1 ·jij1 ljọ2 ljij2 ·wjɨ2 sji̱j2 nji2 ku1 dzjwo2 ŋo2 dji̱j2

此 复 退 难 自 何 见， △ 想 △ 则 人 悲 痛。

此复难退自何见？我等每思则悲哭。

4166-32-09

[illegible]

wją1 śja1 tjij1 lji2 tshwew1 kjọ1 lhjij tshie2 twụ1 kjụ1 tshwew1 ljij2 mjij2 djij2

花 香 灯 香 供 愿 受， 臭 处 供 养 见 未 曾。

香花灯香愿供受，臭处供养见未曾。

4166-32-10

[illegible]

thjɨ^{2} sju^{2} ·ji^{1} sjij^{2} dźju^{1} ·wji^{1} mjijr^{2} ·wjɨ^{2} sji̱j^{2} nji^{2} ku^{1} dzjwo^{2} ŋo^{2} dji̱j^{2}

此 如 众 愚 妄 为 者，△ 想 △ 则 人 悲 痛。

如此愚昧妄为者，我等每思则悲哭。

4166-32-11

[illegible]

nio̱w^{1} tsjɨ^{1} thjɨ^{2} bju^{1} ·ju^{2} lho̱^{1} dźji̱j^{1} thjɨ^{2} ·jij^{1} tjạ^{1} lho̱^{1} wa^{2} zjij^{1} bjɨj^{1}

复 亦 此 因 常 恃 在，此 之 依 靠 何 时 益。

复亦因此常依恃，依靠此等何时益？

4166-32-12

[illegible]

lho̱^{1} lew^{2} mjɨ^{1} dźjo̱w^{2} thjij^{2} ·ju^{2} ·ji̱j^{1} ·wjɨ^{2} sji̱j^{2} nji^{2} ku^{1} dzjwo^{2} ŋo^{2} dji̱j^{2}

恃 所 不 可 何 常 持？△ 想 △ 则 人 悲 痛。

所靠不可何常持？我等每思则悲哭。

4166-32-13

[illegible]

tśhio̱w^{1} nio̱w^{1} lə tshji̱j^{1} thjo̱^{1} ·wo^{2} zjij^{1} ljij^{2} ljị̈^{1} mji^{1} ŋjạ^{2} lho̱^{1} djij^{2} mjij^{1}

或 又 痴 说 妙 义 略，见 及 不 缺 恃 当 不。

或复痴说何妙义，见及不缺不应恃。

4166-32-14

[illegible]

thja^{1} mji^{1} lho̱^{1} mjijr^{2} tsej^{2} mji^{1} bjɨj^{1} ·wjɨ^{2} sji̱j^{2} nji^{2} ku^{1} dzjwo^{2} ŋo^{2} dji̱j^{2}

彼 不 恃 者 暂 不 利，△ 想 △ 则 人 悲 痛。

彼不恃者暂不利，我等每思则悲哭。

4166-33-01

[illegible]

tśhjɨ^{1} su^{1} ·jij^{1} lhji̱^{1} dźjwɨ^{1} tji^{1} tsjij^{2} kiẹj^{2} ·jij^{1} śjwo^{1} tsjɨ^{1} ·iọ^{1} dạ^{2} mjij^{1}

尔 胜 自 拔 相 莫 悟，欲 △ 生 亦 总 事 无。

胜尔自拔不相悟，欲望乃生总无事。

4166-33-02
[illegible]
kew^{1} djɨj^{2} mjɨ^{1} dzjij ljij^{2} kha^{1} dźjij^{1} ·wjɨ^{2} sji̱j^{2} nji^{2} ku^{1} dzjwo^{2} ŋo^{2} dji̱j^{2}
高 定 不 肯 见 中 行，△ 想 △ 则 人 悲 痛。
不肯禅定见中行，我等每思则悲哭。

4166-33-03
[illegible]
ljij^{2} kha^{1} śjwo^{1} dźjij^{1} ŋa^{1} wa^{2} dźji ljij^{2} mjij^{1} ɣiã^{1} dźji̱j^{1} tshọ^{2} ljɨ̣^{1} rjijr^{2}
见 中 用 行 空 何 瞻，见 无 闲 在 空 劳 苦。
须见中行空何瞻，不见闲处空劳苦。

4166-33-04
[illegible]
ziejr^{2} dzu̱^{2} mjɨ^{1} sjij^{2} thjɨ^{2} tśjị^{1} ljij^{2} ·wjɨ^{2} sji̱j^{2} nji^{2} ku^{1} dzjwo^{2} ŋo^{2} dji̱j^{2}
居 坐 不 觉 此 苦 见，△ 思 △ 则 人 悲 哭。
居坐不觉见此苦，我等每思则悲哭。

4166-33-05
[illegible]
nji̱j^{1} djɨj^{2} mjɨ^{1} sjij^{2} mjɨ^{1} dźju^{1} lhjij nej^{2} thjo̱^{1} phji^{1} ɣie^{1} ziejr^{2} djij^{2} śjɨj^{1}
心 定 不 觉 彼 妄 受，安 妙 意 力 居 当 成。
心定不觉他妄受，妙安意力居当成。

4166-33-06
[illegible]
thjɨ^{2} ŋwu^{2} tśja^{1} dźjij^{1} ·we^{2} kjiw^{1} zjij^{1} ·wjɨ^{2} sji̱j^{2} nji^{2} ku^{1} dzjwo^{2} ŋo^{2} dji̱j^{2}
此 以 道 行 驴 年 时，△ 思 △ 则 人 悲 哭。
以此道行驴年时，我等每思则悲哭。

4166-33-07
[illegible]
thjɨ^{2} bu̱^{1} tśja^{1} dźjij^{1} ŋa^{1} ·ja̱r^{2} dzjij^{1} tśhjɨ^{1} su^{1} mji^{1} djọ^{2} dạ^{2} mjij^{1} dźji̱j^{1}
此 礼 道 行 空 日 过，尔 胜 不 修 事 无 在。
此礼道行空度日，胜尔不修无事住。

4166-33-08

[illegible]

·ji̱^{1} la̱^{1} mji^{1} thjwɨ^{1} mji^{1} tsju̱^{1} phjij^{1} wa^{2} ŋwu^{2} djij^{2} śjij^{1} zji^{2} rejr^{2} lhjij

重 手 不 染 不 触 犯， 何 以 当 成 最 乐 国。

复手不染不触犯，凭何成就最乐国？

4166-33-09

[illegible]

·jij^{1} lju̱^{2} ·jij^{1} nji̱j^{1} bej^{1} wə̱^{1} mjij^{1} ·jij^{1} ·jir^{1} ljo^{1} tsjɨ^{1} ŋowr^{2} phə^{2} lji̱j^{2}

自 身 己 心 系 属 无， 自 禄 福 亦 俱 弃 毁。

自身己心无系属，自福禄亦俱毁弃。

4166-33-10

[illegible]

tjij^{2} bju^{1} nji̱j^{1} lhji̱r^{1} njwi^{2} gjij^{1} mjij^{1} dwewr^{2} tha^{1} sjwɨ^{1} ·jo̱w^{2} zji^{2} rejr^{2} lhjij

礼 奉 心 堕 能 殊 无， 觉 佛 孰 爱 最 乐 国。

奉礼心堕无能匹，觉佛孰爱最乐国？

4166-33-11

[illegible]

mej^{1} phji̱^{1} djij^{1} rjijr^{2} nio̱w^{1} ·wjo^{1} dźjij^{1} mja̱^{1} ŋjow^{2} zjij^{1} tsjɨ^{1} mji^{1} tsju̱^{1} phjij^{1}

眼 飞 嬉 笑 复 遣 行， 果 海 略 亦 不 触 犯。

飞眼嬉笑复遣行，果海略亦不触犯。

4166-33-12

[illegible]

kiej^{2} le̱j^{2} dźju^{1} twu̱^{1} dwər^{2} mjɨ^{1} sjij^{2} wa^{2} ŋwu^{2} dźjwɨ^{1} ljij^{2} zji^{2} rejr^{2} lhjij

欲 贪 显 处 察 不 觉， 何 以 相 见 最 乐 国。

贪欲显处不觉察，以何相见最乐国？

4166-33-13

[illegible]

lhjɨ^{2} gjiwr^{2} sjwij^{1} twu̱^{1} tsji̱r^{1} kiej^{2} ljij^{2} wa^{2} sju^{2} kjur^{2} ŋwu^{2} ɣjiw^{1} tji^{2} ·wjij^{2}

尘 埃 照 处 法 界 见， 何 如 记 以 摄 处 有。

尘埃照处法界见，如何以记有摄处。

4166-33-14
[西夏文]
gjij^{1} ·wją^{2} dzu^{1} ŋwu^{2} nio̱w^{1} ljo̱^{2} dźjij^{1} wa^{2} ŋwu^{2} ·wjɨ^{2} tjɨ^{1} zji^{2} rejr^{2} lhjij
殊 放 爱 以 复 何 在， 何 以 △ 若 最 乐 国。
特遣以爱复何在，因何假想最乐国？

4166-34-01
[西夏文]
bie̱j^{1} nji^{2} bie̱j^{1} nji^{2} ljij^{2} rejr^{2} dźjij^{1} dju̱^{1} tsjɨ^{1} mji^{1} sjij^{2} zji̱^{1} nji̱^{1} mjij^{1}
娱 人 娱 人 大 乐 行， 遇 亦 不 识 烦 恼 无。
娱人娱人大乐行，遇亦不识无烦恼。

4166-34-02
[西夏文]
tjij^{2} rjijr^{2} wa^{2} śjij^{1} thjij^{2} mji^{1} ljij^{2} bie̱j^{1} nji^{2} ŋa^{2} ku^{1} zji^{2} rejr^{2} lhjij
善 哉 何 法 何 不 见， 娱 人 我 则 最 乐 国。
善哉何法何不见，娱人我则最乐国。

译文：

劝欲偈

道人修者喜放逸，贪慕女色大事说。
种种意等粉饰成，我等每思则悲哭。
甘于爱慕不自拔，彼上粉饰可愿说。
何以克制成滑头，我等每思则悲哭。
复亦空口说大道，屎尿坑内沉没陷。
彼亦自拔而不能，我等每思则悲哭。
脓血流过看不见，臭处屎尿紧紧跟。
此处自滑焉能成，我等每思则悲哭。
粉饰以色外庄严，为臭秽处自何悟。
内容要点虽阐释，我等每思则悲哭。
着实臭秽乱纷纷，无从取利复幻想。
此处不思自厌倦，我等每思则悲哭。
如见屎尿不待见，于已来处何所甜。
于彼自归求乐者，我等每思则悲哭。
世中皆苦如不度，故因所在掩匿处。
于此时时思动摇，我等每思则悲哭。

又亦空口眼明说，彼亦不识重爱着。
蒙于臭秽不肯退，我等每思则悲哭。
所慕爱心已有时，譬如甘甜利无匹。
如手何可而暂无，我等每思则悲哭。
骤风闪电过去时，又复前往何得见。
刹那修养千劳苦，我等每思则悲哭。
种种思虑复计谋，突然因爱千遣行。
劳累不等何辛苦，我等每思则悲哭。
不净自相察犯时，各自腐臭怎了悟。
知受无暇天地坏，我等每思则悲哭。
靠彼自悔而不能，如云过雨妄欺人。
如此无着无碍说，我等每思则悲哭。
假若说无所退转，无疑虑则无烦恼。
此说何样后时明，我等每思则悲哭。
一时欲起无处回，恶业来时焉能免。
如此戏论人勿见，我等每思则悲哭。
施主供养种种受，屏蔽欲爱恩不思。
不正不应行畜行，我等每思则悲哭。
俗文行处正不邪，佛正行者复哪般。
汝等眼明若不思，我等每思则悲哭。
汝愿堕狱当如此，如来法亦彼毁坏。
后来愿意将沉没，我等每思则悲哭。
汝灾汝为汝愿受，带坏佛法为何故？
依此陆地焉吉祥，我等每思则悲哭。
又复时时众中说，随本佛法彼略明。
真谛心印吾已受，我等每思则悲哭。
如此妄以梦中觉，觉情盛以不领悟。
重重深妙思倍增，我等每思则悲哭。
真正法中胜见无，微尘和合复何礼。
此见幻想行戏论，我等每思则悲哭。
堕邪魔力幻想时，以风复亦缘力盛。
此复难退自何见？我等每思则悲哭。
香花香灯愿供受，臭处供养见未曾。
如此愚昧妄为者，我等每思则悲哭。
复亦因此常依恃，依靠此等何时益？
所靠不可何常持？我等每思则悲哭。
或复痴说何妙义，见及不缺不应恃。

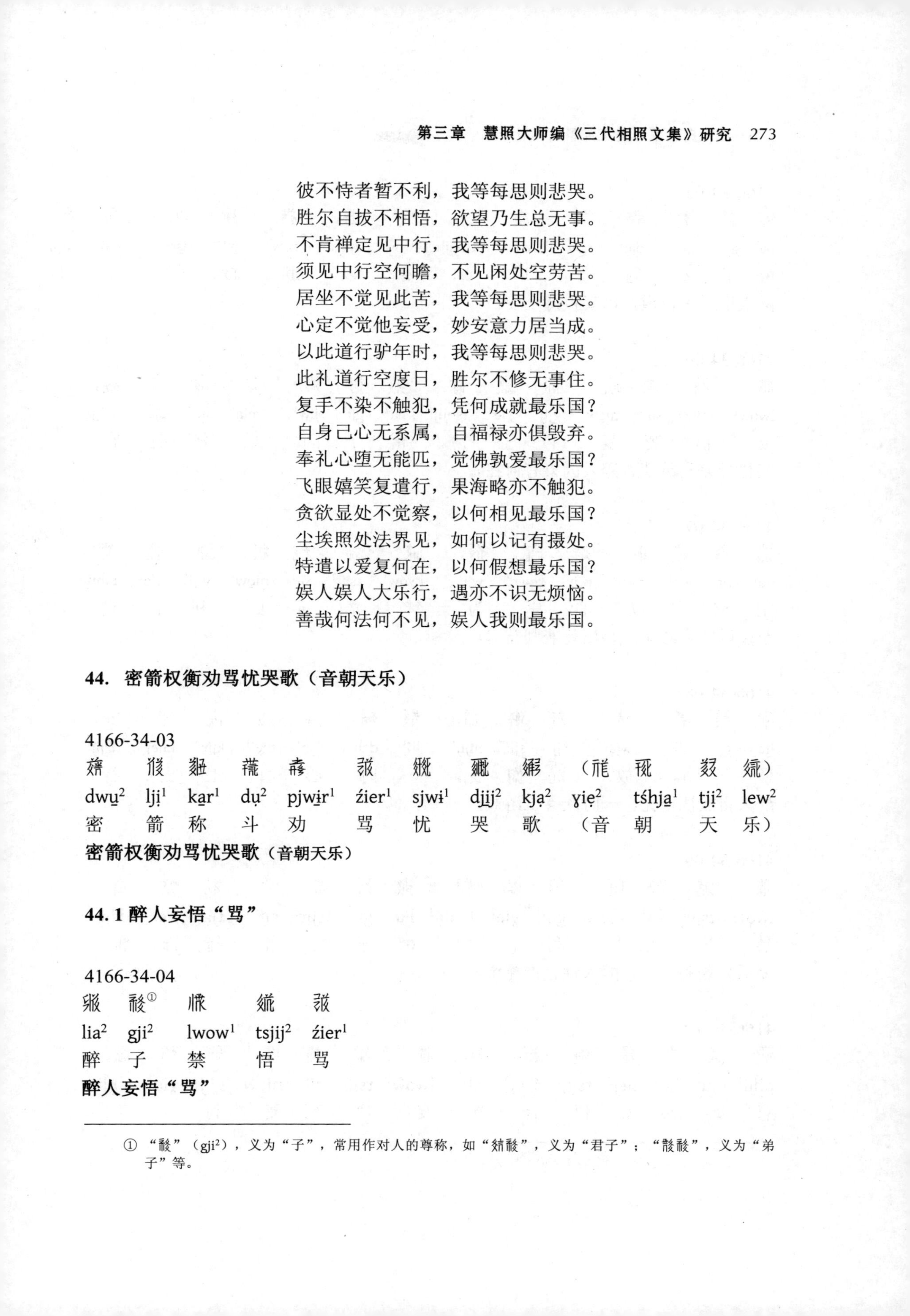

彼不恃者暂不利，我等每思则悲哭。
胜尔自拔不相悟，欲望乃生总无事。
不肯禅定见中行，我等每思则悲哭。
须见中行空何瞻，不见闲处空劳苦。
居坐不觉见此苦，我等每思则悲哭。
心定不觉他妄受，妙安意力居当成。
以此道行驴年时，我等每思则悲哭。
此礼道行空度日，胜尔不修无事住。
复手不染不触犯，凭何成就最乐国？
自身己心无系属，自福禄亦俱毁弃。
奉礼心堕无能匹，觉佛孰爱最乐国？
飞眼嬉笑复遣行，果海略亦不触犯。
贪欲显处不觉察，以何相见最乐国？
尘埃照处法界见，如何以记有摄处。
特遣以爱复何在，以何假想最乐国？
娱人娱人大乐行，遇亦不识无烦恼。
善哉何法何不见，娱人我则最乐国。

44. 密箭权衡劝骂忧哭歌（音朝天乐）

4166-34-03

[illegible]

dwu̱² ljị¹ ka̱r¹ dụ² pjwi̱r¹ źier¹ sjwɨ¹ dji̱j² kjạ² ɣiẹ² tśhja̱¹ tji̱² lew²

密 箭 称 斗 劝 骂 忧 哭 歌 （音 朝 天 乐）

密箭权衡劝骂忧哭歌（音朝天乐）

44. 1 醉人妄悟“骂”

4166-34-04

[illegible]①

lia² gji² lwow¹ tsjij² źier¹

醉 子 禁 悟 骂

醉人妄悟“骂”

---

① “[illegible]”（gji²），义为“子”，常用作对人的尊称，如“[illegible]”，义为“君子”；“[illegible]”，义为“弟子”等。

4166-34-05

[Tangut characters]

lia[2] gji[2] ·a djụ[1] ŋowr[2] tśja[1] tshjij[1] lwow[1] ŋwu[2] zow[2] ·jij[1] ja̱r[2] ŋa[1] dzjij[1]

醉 子 △ 遇 俱 道 说，妄 以 执 持 日 空 过，

醉人所遇俱说道，以妄执持空度日，

4166-34-06

[Tangut characters]

lwow[1] tsjij[2] sjɨ[1] nio̱w[1] gjij[1] ɣie[2] tśhjɨj[1] lia[2] gji[2] ·jiw[1] mjạ[1] ljọ[2] dju[1] dźjij[1]

妄 悟 死 复 利 益 薄。醉 子 因 果 何 有 在，

妄悟死兼利益薄。醉人因果有何在？

4166-34-07

[Tangut characters]

ŋa[1] ŋa[1] ŋa[1] ŋwu[2] njij[1] rewr[2] ·wji[1] lwow[1] tsjij[2] sjɨ[1] nio̱w[1] gjij[1] ɣie[2] tśhjɨj[1]

空 空 空 以 心 岸 为，禁 悟 死 复 利 益 薄。

空空以空为心岸，妄悟死兼利益薄。

4166-34-08

[Tangut characters]

lia[2] gji[2] ·jij[1] ·wjạ[2] śjɨ̱[1] śjɨ̱[1] mjij[1] ljɨ[1] dzjij[1] njij[1] bie̱j[1] kjɨr[1] khe̱j[1] dźjij[1]

醉 子 自 放 恍 惚 无，一 时 心 喜 工 游 行，

醉人自放恍惚无，一时欢喜工游戏，

4166-34-09

[Tangut characters]

lwow[1] tsjij[2] sjɨ[1] nio̱w[1] gjij[1] ɣie[2] tśhjɨj[1] lia[2] gji[2] tsjɨ̱r[2] ·jij[1] tjạ[1] wer[1] dźjij[1]

禁 悟 死 复 利 益 薄。醉 子 性 相 掩 饰 惟，

妄悟死兼利益薄。醉人性相惟掩饰，

4166-34-10

[Tangut characters]

phji[1] bju[1] ljọ[2] nej[2] tsjij[2] śjwɨ̱[2] sej[1] lwow[1] tsjij[2] sjɨ[1] nio̱w[1] gjij[1] ɣie[2] tśhjɨj[1]

意 如 何 安 悟 合 算，妄 悟 死 复 利 益 薄。

---

① [Tangut character]，动词趋向前缀，表示“向上”义。

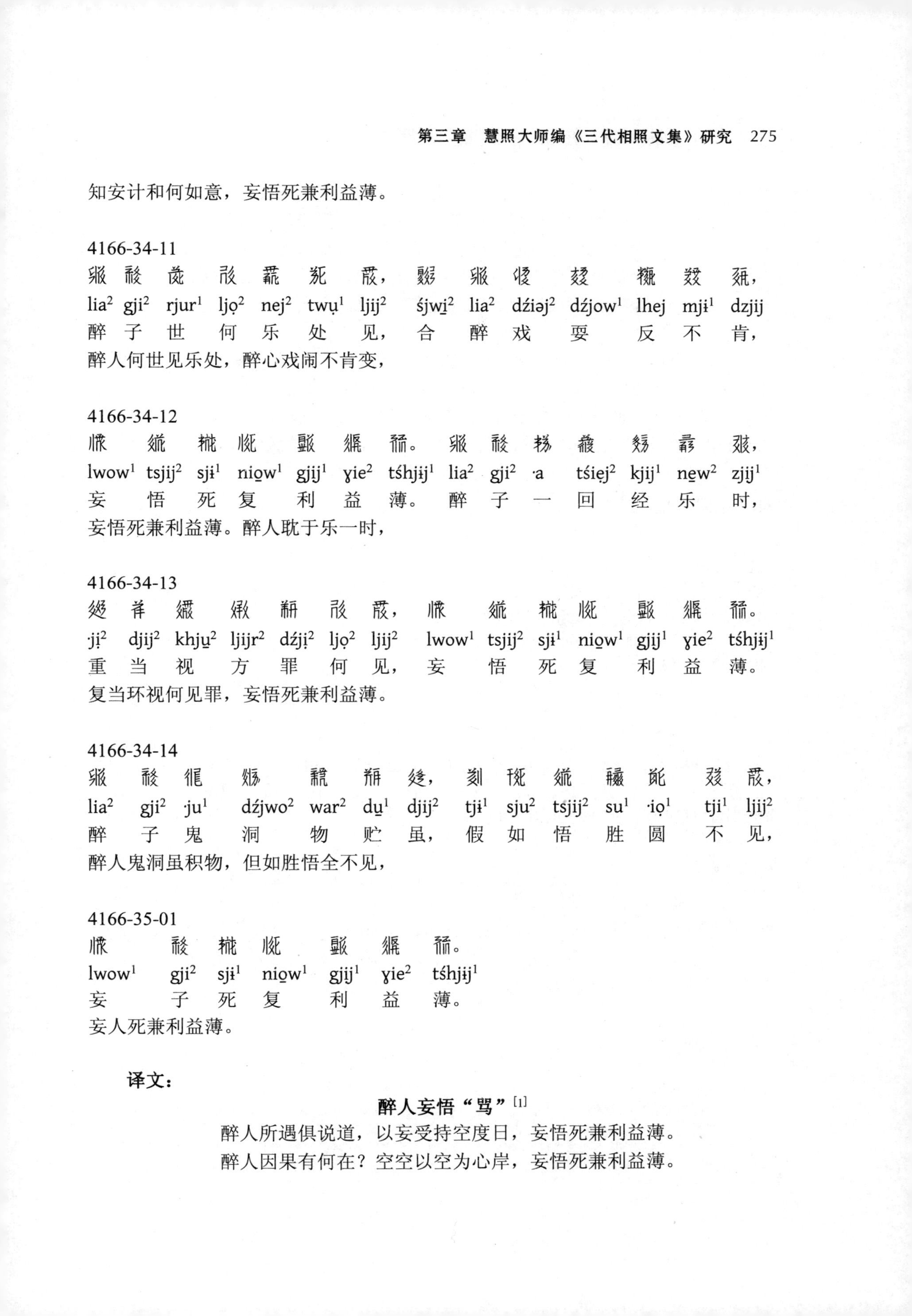

知安计和何如意，妄悟死兼利益薄。

4166-34-11

[illegible]

lia^{2} gji^{2} rjur^{1} ljọ^{2} nej^{2} twụ^{1} ljij^{2} śjwi̱^{2} lia^{2} dźiəj^{2} dźjow^{1} lhej mjɨ^{1} dzjij

醉 子 世 何 乐 处 见， 合 醉 戏 耍 反 不 肯，

醉人何世见乐处，醉心戏闹不肯变，

4166-34-12

[illegible]

lwow^{1} tsjij^{2} sjɨ^{1} nio̱w^{1} gjij^{1} ɣie^{2} tśhjɨj^{1} lia^{2} gji^{2} ·a tśiẹj^{2} kjij^{1} ne̱w^{2} zjij^{1}

妄 悟 死 复 利 益 薄。 醉 子 一 回 经 乐 时，

妄悟死兼利益薄。醉人耽于乐一时，

4166-34-13

[illegible]

·jị^{2} djij^{2} khju̱^{2} ljijr^{2} dźjị^{2} ljọ^{2} ljij^{2} lwow^{1} tsjij^{2} sjɨ^{1} nio̱w^{1} gjij^{1} ɣie^{2} tśhjɨj^{1}

重 当 视 方 罪 何 见， 妄 悟 死 复 利 益 薄。

复当环视何见罪，妄悟死兼利益薄。

4166-34-14

[illegible]

lia^{2} gji^{2} ·ju^{1} dźjwo^{2} war^{2} du̱^{1} djij^{2} tji̱^{1} sju^{2} tsjij^{2} su^{1} ·iọ^{1} tji^{1} ljij^{2}

醉 子 鬼 洞 物 贮 虽， 假 如 悟 胜 圆 不 见，

醉人鬼洞虽积物，但如胜悟全不见，

4166-35-01

[illegible]

lwow^{1} gji^{2} sjɨ^{1} nio̱w^{1} gjij^{1} ɣie^{2} tśhjɨj^{1}

妄 子 死 复 利 益 薄。

妄人死兼利益薄。

译文：

醉人妄悟"骂"[1]

醉人所遇俱说道，以妄受持空度日，妄悟死兼利益薄。

醉人因果有何在？空空以空为心岸，妄悟死兼利益薄。

醉人自放恍惚无，一时欢喜工游戏，妄悟死兼利益薄。
醉人性相惟掩饰，知安计和何如意，妄悟死兼利益薄。
醉人何世见乐处，醉心戏闹不肯变，妄悟死兼利益薄。
醉人耽于乐一时，复当环视何见罪，妄悟死兼利益薄。
醉人鬼洞虽积物，但如胜悟全不见，妄人死兼利益薄。

注释：[1]此为杂曲，曲牌为“朝天乐”，七言，三句一组，每组最后一句相同，押 i 韵，句句入韵，韵脚是：□ tshji̱j1、□ dzjij1、□ tśhjɨj1、□ dźji̱j1、□ ·wji1、□ tśhjɨj1、□ mjij1、□ dźjij1、□ tśhjɨj1、□ dźjij1、□ sej1、□ tśhjɨj1、□ ljij2、□ dzjij、□ tśhjɨj1、□ zjij1、□ ljij2、□ tśhjɨj1、□ djij2、□ ljij2、□ tśhjɨj1。

44. 2 抬眼住理“劝”

4166-35-02

□① □ □② □ □
mej1 tśhjij1 tjɨj2 dźji̱j1 pjwɨ̱r1
目 举 理 住 劝
抬眼住理“劝”

4166-35-03

□ □ □ □ □ □ □，□ □ □ □ □ □ □，
mej1 tśhjij1 dju1 ŋa1 ljọ2 twụ1 dźji̱j1 thja1 tjị2 mji1 tsjij2 lia2 mji1 tśhjij1
目 举 有 空 何 处 住，彼 处 不 悟 醉 不 执，
抬眼空有何处在，彼处不悟醉不执，

4166-35-04

□ □ □ □ □ □ □，□ □ □ □ □ □ □。
tjɨj2 dźji̱j1 nio̱w1 ljọ2 tshọ2 ŋa1 śjwij2 mej1 tśhjij1 ɣiej1 thjo̱1 ·ju2 tjị2 mjij1
仪 住 复 何 虚 空 栓，目 举 真 妙 寻 可 无。
住理何复虚空阻。抬眼真妙不可寻，

---

① “□”（mej1），义为“眼”、“目”，藏传佛教文献中有时用来与藏文“眼”的敬语 spjan 对译。（胡进杉：《西夏佛典探微》，上海古籍出版社 2015 年版，第 210 页）

② 西夏文“□”，基本义为“仪”、“礼”、“理”等，《真实名经》中与藏文 tshul 对应，义为“方法、形式、道理”诸义。（胡进杉：《西夏佛典探微》，上海古籍出版社 2015 年版，第 272 页）

4166-35-05

[illegible]

pjɨ^{1} njwo^{2} zjɨr^{1} śjwi̠^{2} ŋowr^{2} ljɨ^{1} rjijr^{2} tjɨj^{2} dźji̠j^{1} nio̠w^{1} ljọ^{2} tshọ^{2} ŋa^{1} śjwij^{2}

往 昔 实 和 俱 劳 苦， 仪 住 复 何 虚 空 栓。

往昔实和俱劳苦，住理何复虚空阻。

4166-35-06

[illegible]

mej^{1} tśhjij^{1} tsjij^{2} lhjɨ^{2} nji̠^{2} mjɨ^{1} dzjij ŋwe^{1} bju^{1} tśhio̠w^{1} thji^{1} tha^{1} mjɨ^{1} sjij^{2}

目 举 悟 尘 蒙 不 可， 愿 随 或 食 佛 不 觉，

抬眼蒙尘不可悟，随意或食佛不觉，

4166-35-07

[illegible]

tjɨj^{2} dźji̠j^{1} nio̠w^{1} ljọ^{2} tshọ^{2} ŋa^{1} śjwij^{2} mej^{1} tśhjij^{1} dźjij^{1} twụ^{1} zjɨ̠r^{1} ·jiw^{2} mjij^{1}

仪 住 复 何 虚 空 栓。 目 举 行 处 略 疑 无，

住理何复虚空阻。抬眼行处概不疑，

4166-35-08

[illegible]

mjor^{1} lha tshjạ^{1} lej^{2} mjɨ^{1} lhej ljij^{1} tjɨj^{2} dźji̠j^{1} nio̠w^{1} ljọ^{2} tshọ^{2} ŋa^{1} śjwij^{2}

如 嗔 痴 贪 不 变 易， 仪 住 复 何 虚 空 栓。

如贪嗔痴不变易，住理何复虚空阻。

4166-35-09

[illegible]

mej^{1} tśhjij^{1} dow^{1} lji̠j^{2} lha sju^{2} dźjij^{1} ŋa^{2} ·jij^{1} śjɨ^{2} kja^{1} ka̠r^{1} tjɨ^{2} mjij^{1}

目 举 邪 魔 惑 如 行， 我 之 释 迦 量 可 无，

抬眼如惑邪魔行，我之释迦无可计，

4166-35-10

[illegible]

tjɨj^{2} dźji̠j^{1} nio̠w^{1} ljọ^{2} tshọ^{2} ŋa^{1} śjwij^{2} mej^{1} tśhjij^{1} ·wjo^{1} dźjij^{1} rjijr^{2} dzar^{1} gji̠j^{1}

仪 住 复 何 虚 空 栓。 目 举 遣 行 才 限 超。

住理何复虚空阻。举目遣行超才限，

4166-35-11

[illegible]①[illegible]，[illegible]，

gjiwr^{2} lhjɨ^{2} tśhjij^{1} twụ^{1} wa^{2} dja^{2} lhjij^{2} tjɨj^{2} dźjɨj^{1} nio̱w^{1} ljọ^{2} tshọ^{2} ŋa^{1} śjwij^{2}

埃 尘 举 处 何 △ 缺 礼 住 复 何 虚 空 栓。

尘埃举处缺何物，住理何复虚空阻。

4166-35-12

[illegible]②[illegible]，

mej^{1} tśhjij^{1} sjij^{1} mjor^{1} ·a tśhjɨ^{1} lji^{2} mja^{1} śjwa^{1} wji^{2} tśhja̱^{1} zjɨ̱r^{2} ljụ^{1} djɨj^{2}

目 举 今 如 △ 尔 见，河 江 底 上 水 流 停，

举目如今一尔见，江河底处水停流，

4166-35-13

[illegible]，

tjɨj^{2} dźjɨj^{1} nio̱w^{1} ljọ^{2} tshọ^{2} ŋa^{1} śjwij^{2}

礼 住 复 何 虚 空 栓。

住理何复虚空阻。

译文：

抬眼住理“劝”[1]

抬眼空有何处在，彼处不悟醉不执，住理何复虚空阻。
抬眼真妙不可寻，往昔实和俱劳苦，住理何复虚空阻。
抬眼蒙尘不可悟，随意或食佛不觉，住理何复虚空阻。
抬眼行处概不疑，如贪嗔痴不变易，住理何复虚空阻。
抬眼如惑邪魔行，我之释迦无可计，住理何复虚空阻。
举目遣行超才限，尘埃举处缺何物，住理何复虚空阻。
举目如今一尔见，江河底处水停流，住理何复虚空阻。

注释：[1] 此曲牌为“朝天乐”，七言，三句一组，每组最后一句相同，押 i 韵，句句入韵。韵脚是：[illegible] dźjɨj^{1}、[illegible] tśhjij^{1}、[illegible]śjwij^{2}、[illegible] mjij^{1}、[illegible] rjijr^{2}、[illegible]śjwij^{2}、[illegible] dzjij、[illegible] sjij^{2}、[illegible]śjwij^{2}、[illegible] mjij^{1}、[illegible] ljij^{1}、[illegible]śjwij^{2}、[illegible] dźjɨj^{1}、[illegible] mjij^{1}、[illegible]śjwij^{2}、[illegible] gjɨj^{1}、[illegible] lhjij^{2}、[illegible]śjwij^{2}、[illegible] lji^{2}、[illegible] djɨj^{2}、[illegible]śjwij^{2}。

① “[illegible]”（dja^{2}），动词趋向前缀，表示离开说话者方向。

② [illegible]（lji^{2}），为实义动词“[illegible]”（ljij^{2}）的衍生式，义为“见”。当动词后出现第一人称单数呼应后缀时，往往引起动词的音韵转换，动词用衍生式。

44.3 欲色道碍“哭”

4166-35-14

[illegible]

kiẹj^{2}　tsə̣^{1}　tśja^{1}　lə^{1}　djij^{2}

欲　色　道　碍　哭

欲色道碍“哭”

4166-36-01

[illegible]

ŋo^{2}　djij^{2}　nji^{1}　phji^{1}　tśja^{1}　dźjij^{1}　mjijr^{2}，　mji^{2}　ɣa^{2}　·jij^{1}　tśhji^{1}　rer^{1}　ɣạ^{2}　sju^{2}，

悲　痛　家　舍　道　行　者，　呼　上　自　堕　吠　狂　如，

可悲出家行道者，呼号自扯如狂吠。

4166-36-02

[illegible]①（[illegible]　[illegible]）[illegible]

*tśhia　（tśhiew^{1}　lia^{2}）　dzjij^{2}　rjijr^{2}　gju^{2}　wa^{2}　kjọ^{1}　·wji^{1}

堕　（tśhiew^{1}　lia^{2}）　习　劳　苦　何　愿　为。

[illegible]

ŋo^{2}　djij^{2}　dzu^{1}　djij^{1}　sji^{2}　dźju^{1}　lhjij

悲　痛　爱　侣　妇　欺　受，

学堕辛苦愿莫为。悲哭爱侣受妇欺，

4166-36-03

[illegible]

tśior^{1}　lạ^{1}　dźjwi^{1}　tsjụ^{1}　thja^{1}　·jij^{1}　ljij^{2}　*tśhia　dzjij^{2}　rjijr^{2}　gju^{2}　wa^{2}　kjọ^{1}　·wji^{1}

泥　染　相　触　彼　之　嗜，　堕　习　劳　苦　何　愿　为。

染泥相触彼之嗜，学堕辛苦愿莫为。

4166-36-04

[illegible]

ŋo^{2}　djij^{2}　pə̣^{1}　sjij^{1}　ljụ^{1}　rar^{2}　dźjij^{1}，　nji^{2}　bji^{1}　VI　twụ^{1}　thja^{1}　tśhji^{1}　djij^{2}

悲　痛　脓　血　流　过　惟，　屎　尿　挤　处　彼　堕　然，

悲哭脓血惟流过，屎尿挤处而彼堕，

① 该字此前未见，应该是切身字，读音是其下两字“[illegible]”的反切，作 tśhia。该字左边是“[illegible]” tśhji^{1}），从“[illegible]”（lji^{1}），义为“堕”，右边从“[illegible]” njọ^{1}），义为“润滑”，其意义或许与“堕”有关。

4166-36-05
[illegible]
*tśhia dzji̠j^{2} rjijr^{2} gju^{2} wa^{2} kjọ^{1} ·wji^{1} ŋo^{2} dji̠j^{2} rjor^{2} ror^{2} tshie^{2} śja̠^{2} ·jij^{1}
堕 习 劳 苦 何 愿 为。 悲 痛 唾 垢 臭 味 之，
学堕辛苦愿莫为。可悲唾垢臭味之，

4166-36-06
[illegible]
śjo^{2} də̠^{1} lhwu^{1} ŋwu^{2} nja^{1} phọ^{1} zjij^{1} *tśhia dzji̠j^{2} rjijr^{2} gju^{2} wa^{2} kjọ^{1} ·wji^{1}
汗 臭 衣 以 △ 盖 时 堕 习 劳 苦 何 愿 为。
以臭汗衣覆盖时，学堕辛苦愿莫为。

4166-36-07
[illegible]
ŋo^{2} dji̠j^{2} ŋwə^{1} kiẹj^{2} khe̠j^{1} ·u^{2} mjijr^{2} sjij^{2} śja̠^{2} dźjwɨ^{1} tsjụ^{1} wa^{2} dja^{2} śjɨ̠j^{1}
悲 痛 五 欲 游 戏 者， 臭 味 相 触 何 △ 成，
可悲五欲游戏者，臭味相触怎能成，

4166-36-08
[illegible]
*tśhia dzji̠j^{2} rjijr^{2} gju^{2} wa^{2} kjọ^{1} ·wji^{1} ŋo^{2} dji̠j^{2} tshie^{2} śja̠^{2} tśjọ^{1} kja̠^{2} ·jij^{1}
堕 习 劳 苦 何 愿 为。 悲 痛 臭 味 丑 陋 之，
学堕辛苦愿莫为。可悲臭味丑陋之，

4166-36-09
[illegible]
bjṳ^{1} bju^{1} lhwu^{1} phọ^{1} zar^{2} mjɨ^{1} dzjij *tśhia dzji̠j^{2} rjijr^{2} gju^{2} wa^{2} kjọ^{1} ·wji^{1}
敬 因 衣 穿 惭 不 肯， 堕 习 劳 苦 何 愿 为。
恭顺穿衣惭不肯，学堕辛苦愿莫为。

4166-36-10
[illegible]
ŋo^{2} dji̠j^{2} tshie^{2} lju^{2} pjụ^{1} wer^{1} lji̠j^{2} ·jij^{1} gu^{2} nwə^{1} kha^{1} tjạ^{1} wer^{1} djij^{2}
悲 痛 臭 身 威 仪 甜， 自 共 知 中 装 饰 但，
可悲臭身甘威仪，互相知中而装饰，

---

① "[illegible]"（nja^{1}），动词趋向前缀，表示向下义。
② "[illegible]"（dja^{2}），动词趋向前缀，表示离开说话者方向。

4166-36-11

[illegible]

*tśhia dzjij^{2} rjijr^{2} gju^{2} wa^{2} kjọ^{1} ·wji^{1} ŋo^{2} djij^{2} xa rjur^{2} gju^{1} mja^{1} ·jij^{1}

堕 习 劳 苦 何 愿 为，悲 痛 形 噜 亥 母 之，

学堕辛苦愿莫为。可悲形噜亥母①之，

4166-36-12

[illegible]②[illegible]

lạ^{1} pjwɨr^{1} ·a śjij^{1} ljij^{2} dźjɨ dźjij^{1} *tśhia dzjij^{2} rjijr^{2} gju^{2} wa^{2} kjọ^{1} ·wji^{1}

诈 骗 一 样 魔 行 行，堕 习 劳 苦 何 愿 为。

诈骗一般行魔行，学堕辛苦愿莫为。

4166-36-13

[illegible]

ŋo^{2} djij^{2} ŋwu̱^{1} bju^{1} wa^{2} ŋja̱^{2} tshjij^{1} me̱^{2} ljij^{2} tśja^{1} sju^{2} lwow^{1} tjụ^{2} dzjij^{2}

悲 痛 论 依 何 罪 说，天 魔 道 如 禁 交 合，

可悲言论说何罪，如天魔道禁交合，

4166-36-14

[illegible]

*tśhia dzjij^{2} rjijr^{2} gju^{2} wa^{2} kjọ^{1} ·wji^{1} ŋo^{2} djij^{2} ·jiw^{1} mja̱^{1} ŋowr^{2} dźju^{1} ljij^{2}

堕 教 劳 苦 何 愿 为，悲 痛 因 果 俱 显 见，

学堕辛苦愿莫为。可悲因果俱显见，

4166-37-01

[illegible]

ljij^{2} mo^{2} tha^{1} we^{2} kụ^{1} dzjɨj^{1} sjwij^{1} *tśhia dzjij^{2} rjijr^{2} gju^{2} wa^{2} kjọ^{1} ·wji^{1}

魔 么 佛 成 后 时 明，堕 习 劳 苦 何 愿 为。

成魔成佛后时明，学堕辛苦愿莫为。

---

① 此句“[illegible]”或为“[illegible]”的省称，音译梵文 heruka，义为“饮血”，指藏传佛教五大本尊之一的“胜乐金刚”，藏文作 bde mchog。《大乘要道密集》汉字音译作“形噜葛”“形噜割”“兮噜葛”。拜寺沟出土汉文《吉祥上乐轮略文等虚空本续》残片作“形鲁葛”。“[illegible]”或为“[illegible]”，即“金刚亥母”之省称，藏文作 rdo rje phag mo。她是胜乐金刚的明妃，与胜乐金刚组成双身像。果真如此，说明宋元之交的白云宗是排斥藏传佛教的。感谢胡进杉先生赐教。

② [illegible]，固定搭配，表示“与……一样”。

译文：

欲色道碍“哭”[1]

可悲出家行道者，呼号自扯如狂吠，学堕辛苦愿莫为。
悲哭爱侣受妇欺，染泥相触彼之嗜，学堕辛苦愿莫为。
悲哭脓血惟流过，屎尿挤处而彼堕，学堕辛苦愿莫为。
可悲唾垢臭味之，以臭汗衣覆盖时，学堕辛苦愿莫为。
可悲五欲游戏者，臭味相触怎能成，学堕辛苦愿莫为。
可悲臭味丑陋之，恭顺穿衣惭不肯，学堕辛苦愿莫为。
可悲臭身甘威仪，互相知中而装饰，学堕辛苦愿莫为。
可悲形噜亥母之，诈骗一般行魔行，学堕辛苦愿莫为。
可悲言论说何罪，如天魔道禁交合，学堕辛苦愿莫为。
可悲因果俱显见，成魔成佛后时明，学堕辛苦愿莫为。

注释：[1] 此曲牌为“朝天乐”，七言，三句一组，每组最后一句相同，押 i 韵，句句入韵，韵脚是：[illegible] mjijr^2、[illegible] sju^2、[illegible] ·wji^1、[illegible] lhjij、[illegible] ljij^2、[illegible] ·wji^1、[illegible] dźjij^1、[illegible] jij^2、[illegible] ·wji^1、[illegible] ·jij^1、[illegible] zjij^1、[illegible] ·wji^1、[illegible] mjijr^2、[illegible] śjij^1、[illegible] ·wji^1、[illegible] ·jij^1、[illegible] dzjij、[illegible] ·wji^1、[illegible] ljij^2、[illegible] jij^2、[illegible] ·wji^1、[illegible] ·jij^1、[illegible] dźjij^1、[illegible] ·wji^1、[illegible] tshjij^1、[illegible] dzjij^2、[illegible] ·wji^1、[illegible] ljij^2、[illegible] sjwij^1、[illegible] ·wji^1。

44. 4 名利毁人“忧”

4166-37-02

[illegible]

mjij^2 gjij^1 dzjwo^2 ljij^2 sjwɨ^1

名 利 人 毁 忧

名利毁人“忧”

4166-37-03

[illegible]

mjij^2 gjij^1 dźiwe^1 sju^2 thja^1 ·jij^1 ljij^2 ŋa^1 ŋa^1 gjij^1 mjij^1 po^2 ror^2 djij^2

名 利 回声 如 彼 之 甘，空 空 益 无 我 绕 而，

名利回响彼之甘，环绕空空而无益，

4166-37-04

[illegible]

*tśhia （tśhiew^1 lia^2） dzjij^2 ŋo^2 djij^2 wa^2 kjo^1 ·wji^1

堕 （tśhiew^1 lia^2） 习 悲 痛 何 愿 为。

[illegible]

mjịj² gjịj¹ dzu¹ bju¹ rejr² ljɨ̣¹ rjijr²
名 利 爱 依 多 劳 苦。
悲哭习堕愿莫为。名利贪爱多辛苦，

4166-37-05
[illegible]
bjij¹ ·jow² gjịj¹ sju² ·jij¹ dja² djij² *tśhia dzjịj² ŋo² djịj² wa² kjọ¹ ·wji¹
高 赞 殊 如 自 △ 虽， 堕 习 悲 痛 何 愿 为。
殊如贡高①自夸赞，悲哭习堕愿莫为。

4166-37-06
[illegible]
mjịj² gjịj¹ mjɨ¹ pjụ¹ gọr¹ phjii¹ ljij² djij² rjir¹ ljɨ¹ sju² wa² zjij¹ ljɨ̣j²
名 利 无 量 君 使 见， 当 得 风 如 何 许 甘，
名利无量使君见，当得如风几许甘，

4166-37-07
[illegible]
*tśhia dzjịj² ŋo² djịj² wa² kjọ¹ ·wji¹ mjịj² gjịj¹ kjụ¹ mjijr² mə² mə² sjwɨj¹
堕 习 悲 痛 何 愿 为。 名 利 求 者 种 种 业，
悲哭习堕愿莫为。名利求者种种业。

4166-37-08
[illegible]
dzẹj¹ lew² ljɨ¹ sju² djị¹ sjwɨj¹ dźjij¹ *tśhia dzjịj² ŋo² djịj² wa² kjọ¹ ·wji¹
争 所 风 如 狱 业 行， 堕 习 悲 痛 何 愿 为。
争所风如狱业行，悲哭习堕愿莫为。

4166-37-09
[illegible]
mjịj² gjịj¹ tśja¹ dźjij¹ ·ju² zar² mjij¹ tsjịr¹ bju¹ lạ¹ pjwɨ̣r¹ rjur¹ dạ² gjịj¹
名 利 道 行 常 愧 无， 法 依 诈 骗 世 事 利，

---

① “[illegible]”，可译作“贡高”，同“我慢”。梵文 Asmi-māna，恃我而自贡高，慢他也。《唯识论》四曰：“我慢者，谓倨傲恃所执我。令心高举，故名我慢。”《法华经·方便品》曰：“我慢自矜高，谄曲心不实。”僧肇曰：“慢心自高，如山峰不停水，菩萨现力士伏贡高心，然后润以法水。”其他西夏文献中“贡高”往往译作“[illegible]”，义为“自傲”。藏文“我慢”译作 nga rgyal，西夏文对译作“[illegible]”（我慢）。

② “[illegible]”（phjii¹）应是“[illegible]”（phji¹）的基本式，义为“使”。

名利道行常无愧，依法诈骗世事利，

4166-37-10

[illegible]

*tśhia dzji̱j^{2} ŋo^{2} dji̱j^{2} wa^{2} kjọ^{1} ·wji^{1} mji̱j^{2} gji̱j^{1} tha^{1} tjị^{1} lhjij mjɨ^{1} ljwij^{2}

堕	习	悲	痛	何	愿	为。	名	利	佛	食	受	不	消，

悲哭习堕愿莫为。名利佛食受不消，

4166-37-11

[illegible]

ljɨ^{1} tshie^{2} bjị^{1} tśio^{1} nia̠^{2} sju^{2} śjwi^{2} *tśhia dzji̱j^{2} ŋo^{2} dji̱j^{2} wa^{2} kjọ^{1} ·wji^{1}

臭	屎	尿	泥	涂	如	需	堕	习	悲	痛	何	愿	为。

恶臭屎尿如涂泥，悲哭习堕愿莫为。

4166-37-12

[illegible]

mji̱j^{2} gji̱j^{1} tśja^{1} dźjij^{1} djị^{1} ljɨ^{1} mjijr^{2} sjɨ^{1} jị^{2} tshjij^{1} bio^{1} mjɨ^{1} wa^{2} dźji̱j^{2}

名	利	道	行	狱	堕	者，	死	复	分	析	不	何	有，

名利道行堕地狱，死复分析有何用？

4166-37-13

[illegible]

*tśhia dzji̱j^{2} ŋo^{2} dji̱j^{2} wa^{2} kjọ^{1} ·wji^{1} mji̱j^{2} gji̱j^{1} kjụ^{1} nio̠w^{1} mjɨ^{1} tśhjɨ^{1} ljij^{1}

堕	习	悲	痛	何	愿	为。	名	利	求	复	不	尔	盛，

悲哭习堕愿莫为。名利求复不尔盛，

4166-37-14

[illegible]

lhię^{2} gji̱^{2} ljị^{1} rjijr^{2} tśju^{1} mjɨ^{1} śjɨj^{1} *tśhia dzji̱j^{2} ŋo^{2} dji̱j^{2} wa^{2} kjọ^{1} ·wji^{1}

滑	求	劳	苦	事	不	成，	堕	习	悲	痛	何	愿	为。

求滑劳苦事不成，悲哭习堕愿莫为。

4166-38-01

[illegible]

mji̱j^{2} gji̱j^{1} ŋa^{1} ŋa^{1} lhię^{2} ·wji^{1} mjijr^{2} gjij^{1} gji̱^{2} gjij^{1} khwa^{1} lwow^{1} tśjị^{1} ljij^{2}

名	利	空	空	滑	为	者，	殊	求	殊	远	枉	苦	见，

名利空空不可抓，越求越远枉见苦，

4166-38-02
[illegible]
*tśhia dzji̱j² ŋo² dji̱j² wa² kjọ¹ ·wji¹ mji̱j² gjij¹ nja¹ phọ¹ mjɨ¹ tśhjɨ¹ sji̱j²
堕 习 悲 痛 何 愿 为。 名 利 △ 掩 不 尔 思，
悲哭习堕愿莫为。名利遮掩不尔思，

4166-38-03
[illegible]
ŋwer¹ mjij¹ dzu¹ ·jow² wa² dja² śjɨj¹ *tśhia dzji̱j² ŋo² dji̱j² wa² kjọ¹ ·wji¹
比 无 爱 赞 何 △ 成， 堕 习 悲 痛 何 愿 为。
无比赞叹何成就，悲哭习堕愿莫为。

译文：

名利毁人“忧”[1]

名利回响彼之甘，环绕空空而无益，悲哭习堕愿莫为。
名利贪爱多辛苦，殊如贡高自夸赞，悲哭习堕愿莫为。
名利无量使君见，当得如风几许甘，悲哭习堕愿莫为。
名利求者种种业，争所风如狱业行，悲哭习堕愿莫为。
名利道行常无愧，依法诈骗世事利，悲哭习堕愿莫为。
名利佛食受不消，恶臭屎尿如涂泥，悲哭习堕愿莫为。
名利道行堕地狱，死复分析有何用？悲哭习堕愿莫为。
名利求复不尔盛，求滑劳苦事不成，悲哭习堕愿莫为。
名利空空不可抓，越求越远枉见苦，悲哭习堕愿莫为。
名利遮掩不尔思，无比赞叹何成就，悲哭习堕愿莫为。

注释：[1]此曲牌为“朝天乐”，七言，三句一组，每组最后一句相同，押 i 韵，句句入韵，韵脚是：[illegible] lji̱j²、[illegible] djij²、[illegible]·wji¹、[illegible] rjijr²、[illegible] djij²、[illegible]·wji¹、[illegible] ljij²、[illegible] lji̱j²、[illegible]·wji¹、[illegible] sjwɨj¹、[illegible] dźjij¹、[illegible]·wji¹、[illegible] mjij¹、[illegible] gjij¹、[illegible]·wji¹、[illegible] ljwij²、[illegible]śjwi²、[illegible]·wji¹、[illegible] mjijr²、[illegible] dźjij²、[illegible]·wji¹、[illegible] ljij¹、[illegible] mjijr²、[illegible] ljij²、[illegible]·wji¹、[illegible] sji̱j²、[illegible]śjɨj¹、[illegible]·wji¹。

45. 道者自忍十二仪愿文

4166-38-04
[illegible]
tśja¹ mjijr² ·jij¹ tśhjwɨj¹ ɣạ² nji̱¹ tji̱j² tjị¹ ·jwɨr²

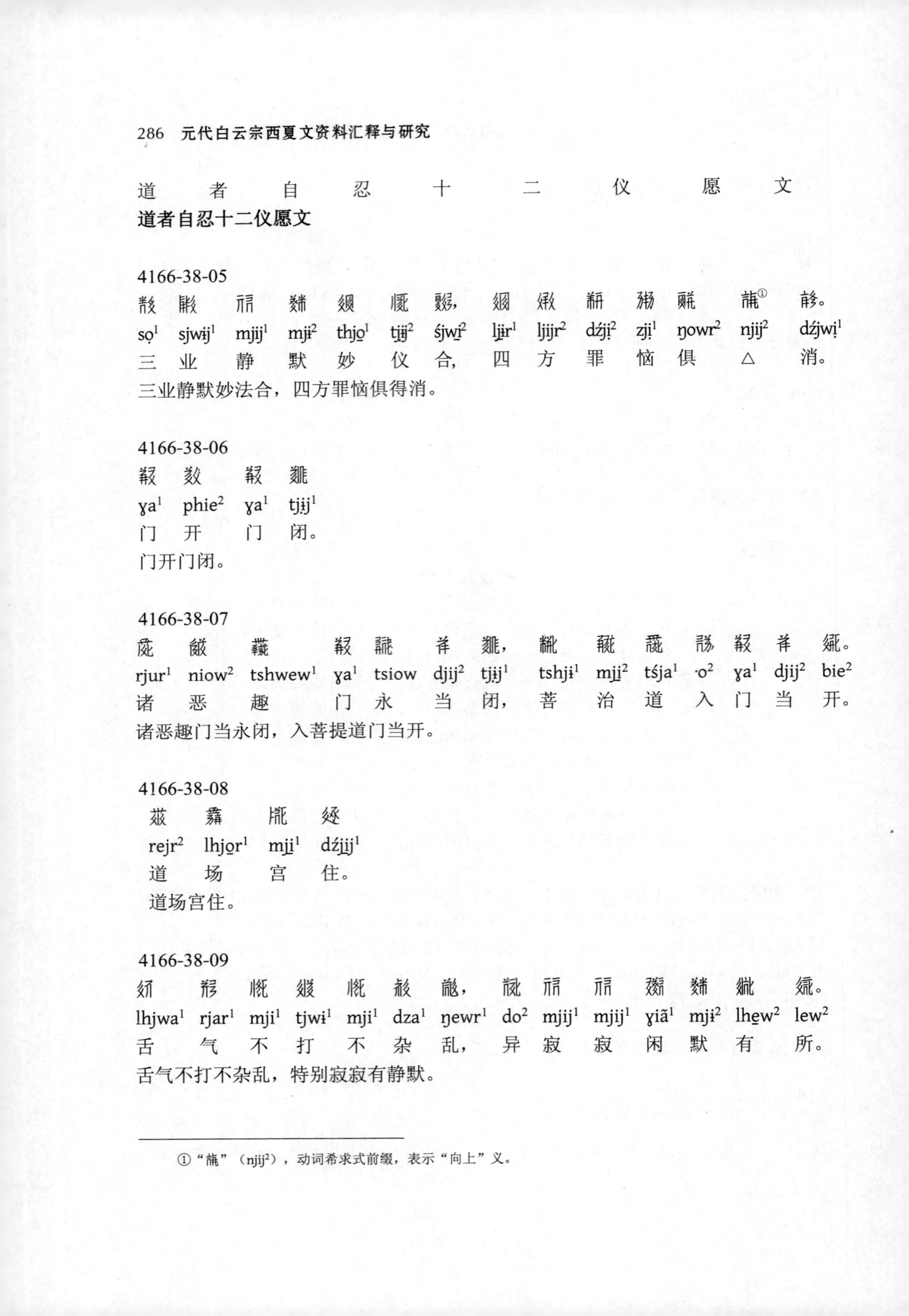

道 者 自 忍 十 二 仪 愿 文

道者自忍十二仪愿文

4166-38-05

[illegible]

sọ1 sjwɨ̣j1 mjij1 mjɨ2 thjo̱1 tj̱ij2 śjwɨ̱2 lj̱ɨr1 ljijr2 dźjɨ̣2 zjɨ̣1 ŋowr2 njij2 dźjwɨ̣1

三 业 静 默 妙 仪 合， 四 方 罪 恼 俱 △ 消。

三业静默妙法合，四方罪恼俱得消。

4166-38-06

[illegible]

ɣa1 phie2 ɣa1 tjɨ̣j1

门 开 门 闭。

门开门闭。

4166-38-07

[illegible]

rjur1 niow2 tshwew1 ɣa1 tsiow djij2 tjɨ̣j1 tshjɨ1 mjɨ̱2 tśja1 ·o2 ɣa1 djij2 bie2

诸 恶 趣 门 永 当 闭， 菩 治 道 入 门 当 开。

诸恶趣门当永闭，入菩提道门当开。

4166-38-08

[illegible]

rejr2 lhjo̱r1 mjɨ̱1 dźjij1

道 场 宫 住。

道场宫住。

4166-38-09

[illegible]

lhjwa1 rjar1 mji1 tjwɨ1 mji1 dza1 ŋewr1 do2 mjij1 mjij1 ɣiã1 mjɨ2 lhe̱w2 lew2

舌 气 不 打 不 杂 乱， 异 寂 寂 闲 默 有 所。

舌气不打不杂乱，特别寂寂有静默。

---

① “[illegible]”（njij2），动词希求式前缀，表示“向上”义。

4166-38-10

[Tangut] [Tangut] [Tangut] [Tangut]

tśja^1 mji̠^{1} pha^1 tśju^1

道　宫　异　事

道宫异事。

4166-38-11

[Tangut] [Tangut] [Tangut] [Tangut] [Tangut] [Tangut] [Tangut]，[Tangut] [Tangut] [Tangut] [Tangut] [Tangut] [Tangut] [Tangut]。

rjur^1 mji^1 ɣiã^1 mji̠^{1} tsiow djij^2 ka^2 ·iã^1 no^1 ·io̠w^1 dźjɨ pha^1 djij^2 ljij^2

诸　不　闲　宫　永　当　离，阎　罗　德　行　别　当　见。

诸不闲宫当永离，阎罗功行异当见。

4166-38-12

[Tangut] [Tangut] [Tangut] [Tangut]

ɣa^1 bju^2 rer^2 mja̠^{2}

门　边　缘　大

门边缘大。

4166-38-13

[Tangut] [Tangut] [Tangut] [Tangut] [Tangut] [Tangut] [Tangut]，[Tangut] [Tangut] [Tangut] [Tangut] [Tangut] [Tangut] [Tangut]。

tshjɨ^1 gjij^1 tśja^1 mji̠^{2} tshji^1 djij^2 dju^1 ·ji^1 mur^1 dạ^2 rjar^1 lja̠^{2} mji^1 tśhju^1

众　利　道　治　要　当　有，多　俗　事　而　口　不　有。

众利治道要当有，虽多俗事口不有。

4166-38-14

[Tangut] [Tangut] [Tangut] [Tangut]

ɣa^1 bju^2 dźjij^1 bji̠j^2

门　边　行　驿

门边行遣。

4166-39-01

[Tangut] [Tangut] [Tangut] [Tangut] [Tangut] [Tangut] [Tangut]，[Tangut] [Tangut] [Tangut] [Tangut] [Tangut] [Tangut] [Tangut]。

ɣa^1 bju^2 tjij^1 dźjij^1 dzjɨj^1 mji^1 tạ^1 nji̠j^1 nji̠j^1 khjɨ^2 mji̠^{2} dzjɨj^1 kwej^1 la̠^{1}

门　边　独　行　时　不　息，心　心　万　境　时　勿　染。

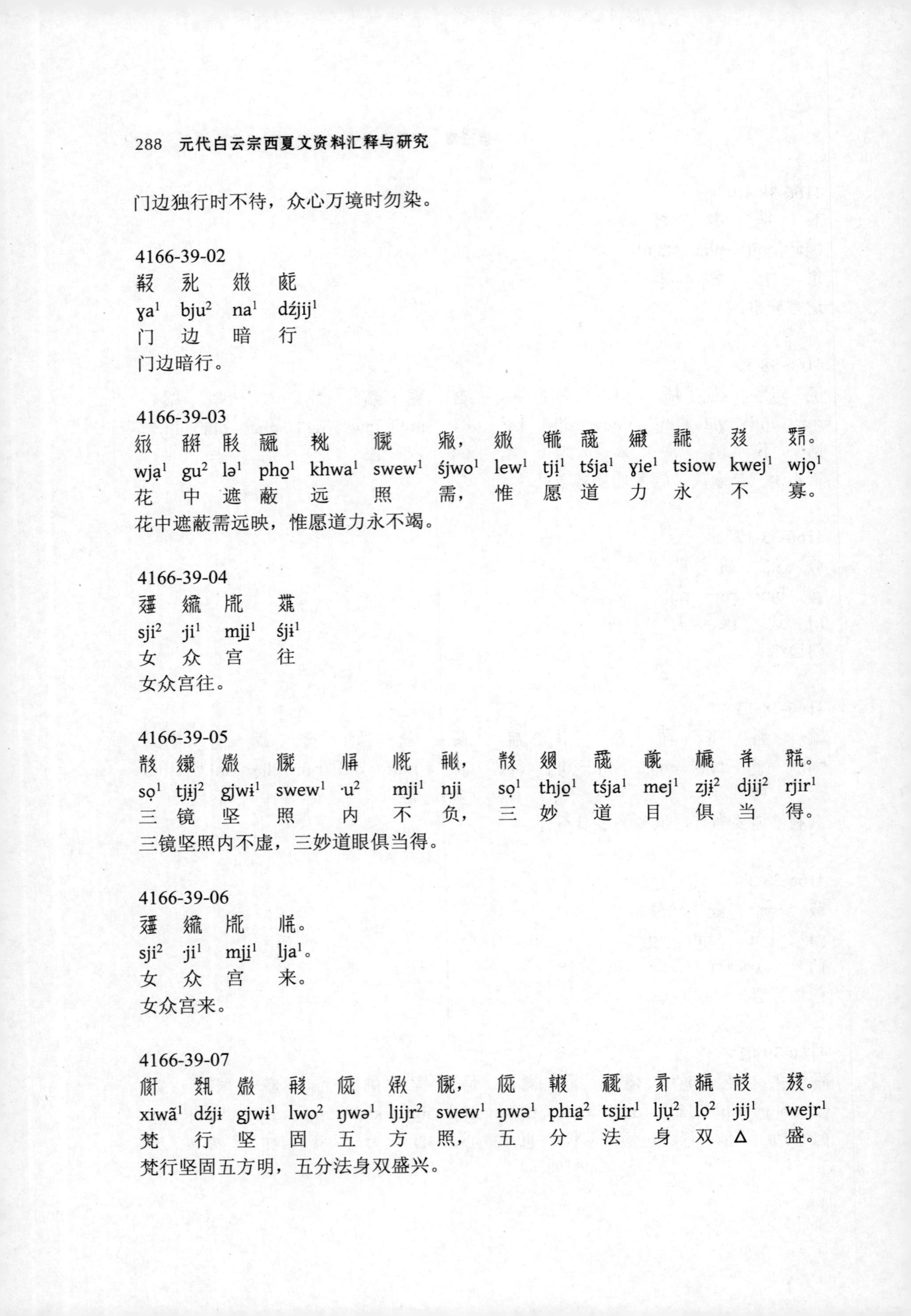

门边独行时不待，众心万境时勿染。

4166-39-02

[illegible]

ɣa1 bju2 na1 dźjij1

门 边 暗 行

门边暗行。

4166-39-03

[illegible]

wją1 gu2 lə1 phọ1 khwa1 swew1 śjwo1 lew1 tjị1 tśja1 ɣie1 tsiow kwej1 wjọ1

花 中 遮 蔽 远 照 需， 惟 愿 道 力 永 不 寡。

花中遮蔽需远映，惟愿道力永不竭。

4166-39-04

[illegible]

sji2 ji1 mji1 śjɨ1

女 众 宫 往

女众宫往。

4166-39-05

[illegible]

sọ1 tjɨj2 gjwɨ1 swew1 ·u2 mji1 nji sọ1 thjọ1 tśja1 mej1 zjị2 djij2 rjir1

三 镜 坚 照 内 不 负， 三 妙 道 目 俱 当 得。

三镜坚照内不虚，三妙道眼俱当得。

4166-39-06

[illegible]

sji2 ji1 mji1 lja1。

女 众 宫 来。

女众宫来。

4166-39-07

[illegible]

xiwã1 dźjɨ gjwɨ1 lwo2 ŋwə1 ljijr2 swew1 ŋwə1 phia2 tsjir1 ljụ2 lọ2 jij1 wejr1

梵 行 坚 固 五 方 照， 五 分 法 身 双 Δ 盛。

梵行坚固五方明，五分法身双盛兴。

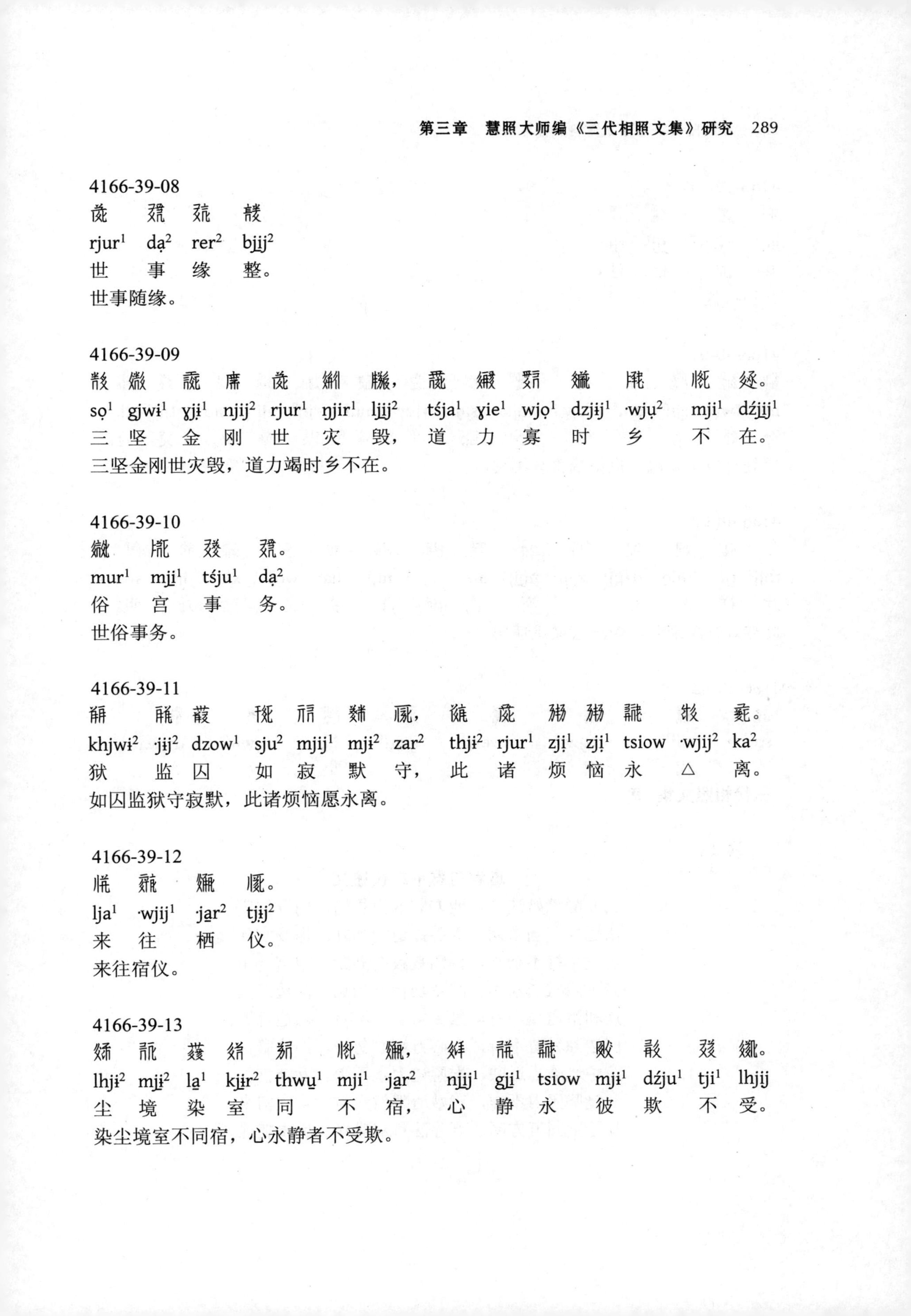

4166-39-08

[illegible]

rjur^1　dạ^2　rer^2　bji̱j^2

世　事　缘　整。

世事随缘。

4166-39-09

[illegible]

sọ^1　gjwɨ^1　ɣjɨ̣^{1}　njij^2　rjur^1　ŋjir^1　lji̱j^2　tśja^1　ɣie^1　wjọ^1　dzjɨj^1　·wjụ^2　mji^1　dźji̱j^1

三　坚　金　刚　世　灾　毁，　道　力　寡　时　乡　不　在。

三坚金刚世灾毁，道力竭时乡不在。

4166-39-10

[illegible]

mur^1　mji̱^{1}　tśju^1　dạ^2

俗　宫　事　务。

世俗事务。

4166-39-11

[illegible]

khjwɨ^2　·jɨj^2　dzow^1　sju^2　mjij^1　mjɨ^2　zar^2　thjɨ^2　rjur^1　zjị^1　zjị^1　tsiow　·wjij^2　ka^2

狱　监　囚　如　寂　默　守，　此　诸　烦　恼　永　△　离。

如因监狱守寂默，此诸烦恼愿永离。

4166-39-12

[illegible]

lja^1　·wjij^1　·ja̱r^2　tjɨj^2

来　往　栖　仪。

来往宿仪。

4166-39-13

[illegible]

lhjɨ^2　mjɨ̱^{2}　la̱^{1}　kjɨ̱r^2　thwu̱^{1}　mji^1　·ja̱r^2　nji̱j^1　gji̱^{1}　tsiow　mjɨ^1　dźju^1　tji^1　lhjij

尘　境　染　室　同　不　宿，　心　静　永　彼　欺　不　受。

染尘境室不同宿，心永静者不受欺。

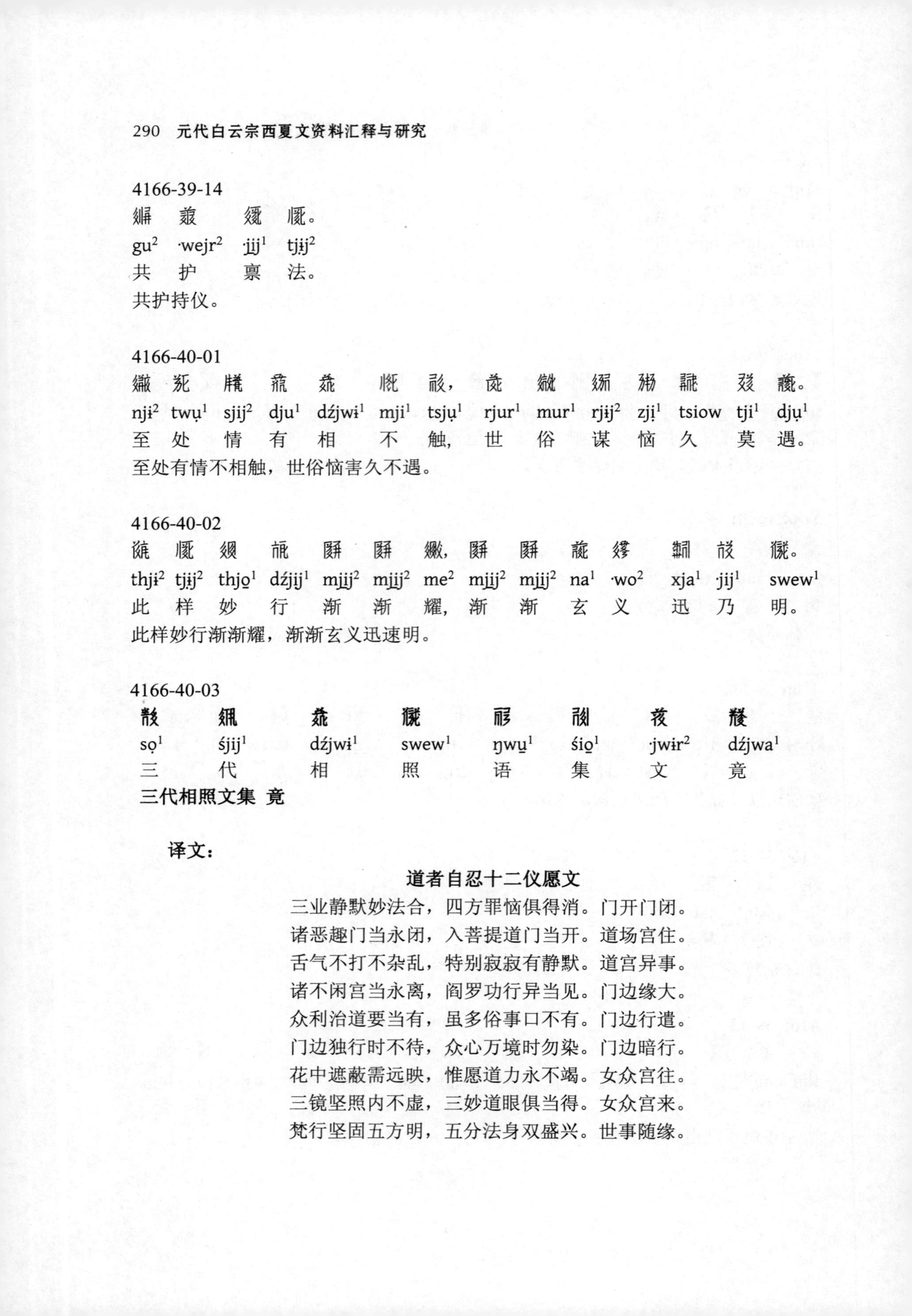

4166-39-14

[illegible]

gu^2 ·wejr^2 ·jij^1 tjij^2

共 护 禀 法。

共护持仪。

4166-40-01

[illegible]

nji^2 twụ^1 sjij^2 dju^1 dźjwɨ^1 mji^1 tsjụ^1 rjur^1 mur^1 rjij^2 zjị^1 tsiow tji^1 djụ^1

至 处 情 有 相 不 触，世 俗 谋 恼 久 莫 遇。

至处有情不相触，世俗恼害久不遇。

4166-40-02

[illegible]

thjɨ^2 tjij^2 thjo̱^{1} dźjij^1 mjij^2 mjij^2 me^2 mjij^2 mjij^2 na^1 ·wo^2 xja^1 ·jij^1 swew^1

此 样 妙 行 渐 渐 耀，渐 渐 玄 义 迅 乃 明。

此样妙行渐渐耀，渐渐玄义迅速明。

4166-40-03

[illegible]

so̱^{1} śjij^1 dźjwɨ^1 swew^1 ŋwu̱^{1} śio̱^{1} ·jwɨr^2 dźjwa^1

三 代 相 照 语 集 文 竟

三代相照文集 竟

译文：

道者自忍十二仪愿文

三业静默妙法合，四方罪恼俱得消。门开门闭。

诸恶趣门当永闭，入菩提道门当开。道场宫住。

舌气不打不杂乱，特别寂寂有静默。道宫异事。

诸不闲宫当永离，阎罗功行异当见。门边缘大。

众利治道要当有，虽多俗事口不有。门边行遣。

门边独行时不待，众心万境时勿染。门边暗行。

花中遮蔽需远映，惟愿道力永不竭。女众宫往。

三镜坚照内不虚，三妙道眼俱当得。女众宫来。

梵行坚固五方明，五分法身双盛兴。世事随缘。

三坚金刚世灾毁，道力竭时乡不在。世俗事务。
如因监狱守寂默，此诸烦恼愿永离。来往宿仪。
染尘境室不同宿，心永静者不受欺。共护持仪。
至处有情不相触，世俗恼害久不遇。
此样妙行渐渐耀，渐渐玄义迅速明。

注释：韵脚是：□śjwi̱2 □ dźjwị1 □ tjɨ̣j1/□ tjɨ̣j1 □ bie2 □ dźji̱j1/□ ŋewr1 □ lew2 □ tśju1/□ ka2 □ ljij2 □ mja̱2/□ dju1 □ tśhju1 □ bji̱j2/□ tạ1 □ la̱1 □ dźjij1/□ śjwo1 □ wjọ1 □ śjɨ1/□ nji □ rjir1 □ lja1/□ swew1 □ wejr1 □ bji̱j2/□ lji̱j2 □ dźji̱j1 □ dạ2/□ zar2 □ ka2 □ tjɨ̣j2/□ ·ja̱r2 □ lhjij □ tjɨ̣j2/□ tsjụ1 □ djụ1 □ me2 □ swew1。

46.《三代相照文集》跋语

4166-40-04

□	□
dzjɨ1	mji1
谨	闻：

谨闻：

4166-40-05

□	□	□：	□	□	□	□	□	□	□	□	□	□	□，	□
njwo2	tśhja2	dạ2	tha1	lwər2	phie2	kjij1	ljij1	tụ1	·jar1	djij1	·ji1	·jij1	dzju1	śjã1
古	德	曰：	佛	经	阐	释	大	千	八	部	众	之	旨，	禅

古德曰："佛经开张，罗大千八部之众；禅

4166-40-06

□	□	□	□	□	□	□	□	□	□	□。	□	□	□
lja̱1	śio̱1	ror2	thjɨ2	kieḷj2	·a	djij1	tśhji2	·jij1	śia̱2	·jɨ1	tśhjwo1	ŋa2	phju2
偈	集	汇	此	界	一	部	根	之	意	谓。	故	我	高

偈撮略，就此方一类之机。"故我高

4166-40-07

□，	□	□	□	□，	□	□	□	□	□①	□；	□	□	□
tjụ2	nji̱j1	nji̱j1	twẹ1	lhjij	ljụ1	war2	bẹ1	kiẹj2	kjɨ1	njɨ2	tjij1	tjij1	dźjwɨ1

（末字）□， dẹj1

---

① "□"（kjɨ1），动词趋向前缀，表示"向近处"。"□□"往往与汉语"必定"对译。

祖， 心 心 续 承， 流 支 沙 界 △ 至； 灯 灯 相 传，
祖，心心承续，至于流支沙界；灯灯相传，

4166-40-08
[illegible]
thjo̱1 ŋwu̱1 sji1 mjij1 ·wjɨ2 bie2 thja2 kha1 mjɨ1 swu2 sjij1 mər2 lhjij ·u2 mər2
妙 语 尽 无 开 敷。 彼 中 不 像， 今 本 国 内， 本
无尽妙语开敷。其中不同，今本国内，本

4166-40-09
[illegible]①
ɣa1 ljij1 śjij1 mjɨ1 zjɨr1 so̱1 śjij1 dźjwɨ1 swew1 djij2 dzju̱2 ljɨr1 ŋjow2 nja1 ŋa1
门 盛 法 不 衰。 三 代 相 照， 云 雨 四 海 △ 撒；
门盛法不衰。三代相照，云雨四海播撒；

4166-40-10
[illegible]
njɨ1 pju̱1 dźjwɨ1 bjij2 ljɨ1 dźiwe1 ·jar1 ljijr2 ·a djɨ1 we̱1 njɨ2 thjo̱1 ljwu2 kha1
两 尊 相 祐， 风 啸 八 方 △ 震。 愚 等 妙 会 中
两尊相祐，风啸震摄八方。愚等，妙会中

4166-40-11
[illegible]
·o2 do2 da̱2 rejr2 mji1 ljɨ1 ŋər1 ɣa2 njɨ2 la̱1 ŋa1 tji1 lhjwo1 ·jɨ1 bju1
入， 异 事 多 闻。 宝 山 上 至， 手 空 莫 归。 曰 因：
入，多闻异事；宝山上至，空手莫归。因曰：

4166-40-12
[illegible]
pju̱1 ·wjɨ1 zjɨr1 swew1 ljɨ1 gjɨ1 ŋwej2 tśja1 zjɨr1 njɨ2 dźjwɨ1 do2 na1 ljɨ1 ŋwu̱1 tji1
尊 亲 慧 照 及 乞 僧 道 慧 等， 相 于 深 重 誓 愿
尊亲慧照及乞僧道慧等，相托深重誓愿

4166-40-13
[illegible]
nja1 la1 njij1 bju1 sjij1 mjor1 mər2 dzjij2 ɣa2 śjwo1 śji1 ku̱1 ŋwu̱1 dzju1

① "[illegible]"（nja1），动词趋向前缀，表示向下义。

△ 记 亲 因 今 如 本 师 上 发。 先 后 言 教，
谨记，亲承如今宗师敬发。先后语录，

4166-40-14
[illegible]
wa^2 dju^1 ɣie^1 tjị^2 rjijr^2 bju^1 thjwɨ^2 ljị^2 ŋwə^1 ɣạ^2 rer^2 zjij^1 dja^2 we^2 thjɨ^2
何 有 力 得？ 才 因 纂 集 五 十 篇 约 △ 成， 此
焉有力得？依据体裁纂集约五十篇，

4166-41-01
[illegible]
ŋewr^2 ·jị^2 ·jị^2 dzjij^2 do^2 dwər^2 njar^1 tjij^1 tśjɨ^1 djij^2 ·wji^2 dạ^2 kạ^2 ljow^2 ku^1
每 重 重 师 于 考 校， 品 次 定 为。 语 纲 略 则
每篇向师重重考校，勘定品次。概言之则

4166-41-02
[illegible]
dzjụ^1 dźjwa̱^{1} tśhjiw^1 lja̱^{1} sjij^1 dzju^1 sọ^1 rer^2 ·jij^1 bju^1 ɣạ^2
古 拍 六 偈， 今 旨 三 条， 自 韵 十
[illegible]
sọ^1 tsjij^1 śjij^1 ·u^2 lhu^1 njɨ^1 ɣạ^2 djɨr^2
三， 他 法 内 增 二 十 □， 外
古拍六偈，今旨三条，自韵十三，他法内增二十□，外

4166-41-03
[illegible]
tśhjwɨj^1 tśhjiw^1 thji^2 zji^2 tsjɨ^1 dzjwo^2 jij^1 źjụ^1 la^2 śjwij^2 thjɨ^1 gjwi^2 tsə̣^{1} dźjij^1
忍 六 体， 皆 亦 人 之 刺 拔、 闩 脱 句， □□ 露 精
忍六体，皆亦人之拔刺、开闩句，是纯甘露

4166-41-04
[illegible]
ŋwu^2 niọw^1 thjɨ^2 śiọ^1 kha^1 mej^1 njɨj^1 mjij^2 njɨ^2 dja^2 lhjij^2 dju^1 tsjɨ^1 sjij^2
是。 又 此 集 中 眼 心 未 遍 △ 缺 有， 亦 □ 智
也。又此集中或有心眼未遍挂一漏万，亦乞诸位贤达，

4166-41-05

[illegible]

mjijr[2] ŋewr[2] pha[1] nji̱[2] lhjwi[1] de̱j[1] dzjɨ[1] ŋowr[2] phji[1] śjij[2] thjɨ[2] ne̱w[2] lə[2] ŋwu[2] lew[1]

者 数，异 日 取 传 齐 全 令 乞。此 善 力 以，惟

来日搜求齐备。以此善力，惟

4166-41-06

[illegible]

tjị[1] rjur[1] ne̱w[2] ·wjị[1] rjir[2] zjọ[2] zjọ[2] we̱[1] twụ[1] tśhja[2] dzjij[2] ·jij[1] ber[2] ɣiej[1] tsji̱r[1]

愿 诸 善 亲 与，世 世 生 处 德 师 乃 遇，真 法

愿：诸善亲友，世世生时乃逢德师，真法

4166-41-07

[illegible]

gju[2] ·jij[2] djij[2] śjɨj[1] dźiej[2] tśhji[2] ·wjij[2] ŋowr[2] mjor[1] thju[1] tjụ[2] śia̱[2] ·jij[1] swew[1]

器 袋 当 𗥃。信 根 应 具，如 真 祖 意 乃 照。

器袋当成。应具信根，真如祖意明瞭。

4166-41-08

[illegible]

nio̱w[1] tjị[1] sjij[1] mjor[1] ŋwər[1] dzjwɨ[1] tha[1] lu[2] ·wjij[2] ɣiwej[1] rjur[1] njij[2] ljij[2] bji̱[2]

又 愿：今 当 皇 帝，佛 位 应 受，诸 王 大 臣

又愿：当今皇帝应受佛位，诸王大臣

4166-41-09

[illegible]

phju[2] ·ụ[2] djij[2] dźiej[2] njɨ[2] lhjij sjij[2] ·ju[2] dow[1] dźji̱r[1] tśhja[2] rjir[2] kjij[1] tshwew[1] tsji̱r[1]

上 乘 当 信。举 国 百 姓，邪 弃 正 与 △ 归。法

当信上乘。举国百姓，弃邪归正。法

4166-41-10

[illegible]

kiej[2] ji[1] we̱[1] tśjị[1] Ka[2] bie[2] lhew[2] djij[2] rjir[1] ŋowr[2] ŋowr[2] zji[2] ɣjiw[1] gu[2] thwu̱[1]

界 众 生 苦 离，解 脱 当 得。一 切 皆 摄 共 同，

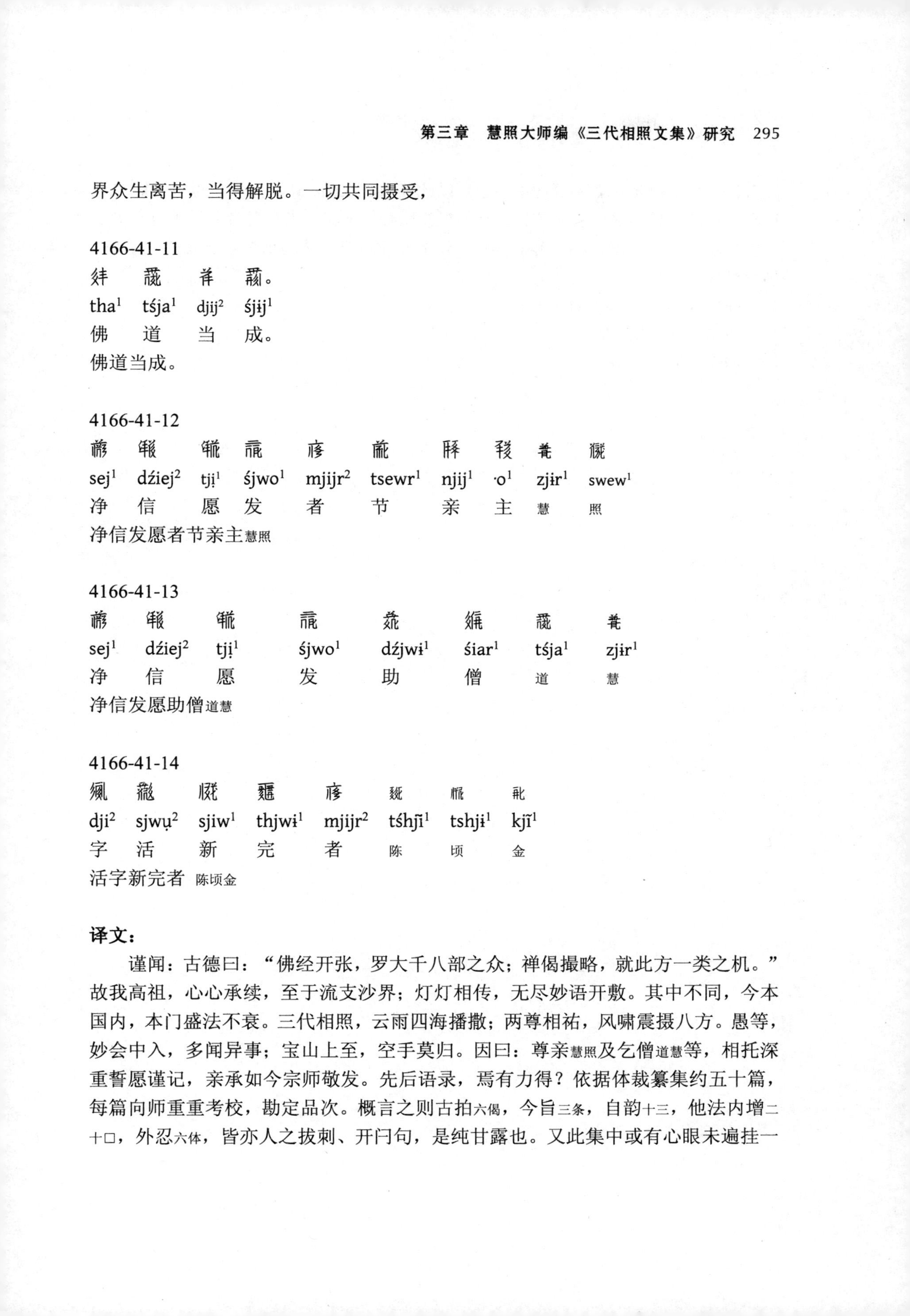

界众生离苦，当得解脱。一切共同摄受，

4166-41-11

[illegible]

tha^{1} tśja^{1} djij^{2} śjɨj^{1}

佛　道　当　成。

佛道当成。

4166-41-12

[illegible]

sej^{1} dźiej^{2} tjị^{1} śjwo^{1} mjijr^{2} tsewr^{1} njij^{1} ·o^{1} zjɨr^{1} swew^{1}

净　信　愿　发　者　节　亲　主　慧　照

净信发愿者节亲主慧照

4166-41-13

[illegible]

sej^{1} dźiej^{2} tjị^{1} śjwo^{1} dźjwɨ^{1} śiar^{1} tśja^{1} zjɨr^{1}

净　信　愿　发　助　僧　道　慧

净信发愿助僧道慧

4166-41-14

[illegible]

dji^{2} sjwụ^{2} sjiw^{1} thjwɨ^{1} mjijr^{2} tśhjĩ^{1} tshjɨ^{1} kjĩ^{1}

字　活　新　完　者　陈　顷　金

活字新完者 陈顷金

译文：

谨闻：古德曰："佛经开张，罗大千八部之众；禅偈撮略，就此方一类之机。"故我高祖，心心承续，至于流支沙界；灯灯相传，无尽妙语开敷。其中不同，今本国内，本门盛法不衰。三代相照，云雨四海播撒；两尊相祐，风啸震摄八方。愚等，妙会中入，多闻异事；宝山上至，空手莫归。因曰：尊亲慧照及乞僧道慧等，相托深重誓愿谨记，亲承如今宗师敬发。先后语录，焉有力得？依据体裁纂集约五十篇，每篇向师重重考校，勘定品次。概言之则古拍六偈，今旨三条，自韵十三，他法内增二十□，外忍六体，皆亦人之拔刺、开闩句，是纯甘露也。又此集中或有心眼未遍挂一漏万，亦乞诸位贤达，来日搜求齐备。以此善力，惟愿：诸善亲友，世世生时得逢德师，真法器袋当成。应具信根，真如祖意明瞭。又愿：当今皇帝应受佛位，诸王大臣当信上乘。举国百姓，弃邪归正。法界众生离苦，当得解脱。一切共同摄受，佛道当成。

净信发愿者节亲主慧照
净信发愿助僧道慧
活字新完者陈顷金

第四章　白云宗教义与教团性质研究

第一节　白云宗教义考述

孙克宽[①]、竺沙雅章[②]、蓝吉富[③]、丁国范[④]、北村高[⑤]、韩焕忠[⑥]、黄茜娅[⑦]等均曾对白云宗的历史以及教义做过研究和分析，但由于资料极为有限，很难看清其全貌。丁国范在《元代的白云宗》一文中曾慨叹："直到目前为止，元代白云宗的历史以世祖至元年间的一段最为模糊，主要原因当然是现存史料太缺乏。"[⑧]相较于元代白云宗历史，佛教史籍对白云宗教旨更是语焉不详。传世资料记载清觉曾撰《证宗论》《三教编》《十地歌》《初学记》《正行集》等著作，但完整保存的只有《初学记》《正行集》，此外，《证宗论》可以在道安对《初学记》的注解中了解部分内容。而存世的西夏文资料有白云宗历代祖师诗文集的译本，有清觉所撰《三观九门枢钥》的译本，这些资料可帮助我们进一步了解白云宗教义，弥补史料不足的缺憾。

清觉《初学记》曾曰："四谛苦集灭道，真如般若依持，声色同含实相，经云见道沙门。既知登地已去，初禅四果渐生。华严法界理事，真如一体三身。分开法性法相，合成佛性佛心。勿论有情无情，摄属圆觉妙用。"[⑨]这一段话被认为反映了白云宗的判教体系。对于白云宗的这些主张，元代佛教界多持批评态度，宗鉴《释

① 孙克宽：《白云宗》，《大陆杂志》第35卷第6期。

② 竺沙雅章：《中国佛教社会史研究》，京都：同朋舍，1982年。

③ 蓝吉富：《关于白云宗之形成及灭亡的若干考察》，《世界宗教研究》1992年第2期。

④ 丁国范：《元代的白云宗》，《元史论丛》第4辑，中华书局1992年版，第173—182页。

⑤ 北村高：《元代白云宗の寺院と僧侶》，《小田義久博士還暦紀念东洋史论集》，小田義久先生還暦紀念事業會，1995年。

⑥ 韩焕忠：《白云清觉与华严义理》，《佛教文化研究》2016年第1期。

⑦ 黄茜娅：《白云宗的创生与〈普宁藏〉的雕造》，杭州师范大学2017年硕士论文。

⑧ 丁国范：《元代的白云宗》，《元史论丛》第4辑，中华书局1992年版，第173—182页。

⑨《白云祖师初学记序》，《续藏经》第63册，第725页。

门正统》卷四载[①]：

> 所谓白云者，大观间，西京宝应寺僧孔清觉，称鲁圣之裔，来居杭之白云庵。涉猎释典，立四果十地，以分大小两乘，造论数篇，传于流俗。从者尊之曰“白云和尚”，名其徒曰“白云菜”，亦曰“十地菜”。然论四果，则昧于开权显实；论十地，则不知通别圆异。虽欲对破禅宗，奈教观无归，反成魔说。觉海愚，力排其谬于有司，坐流恩州。其徒甚广，几与白莲相混，特以妻子有无为异耳。亦颇持诵，晨香夕火，供养法宝，躬耕自活，似沮溺荷蓧之风，实不可与事魔妖党同论。其愚痴诞妄，自贻伊戚者，亦为有识士夫所恶。

关于白云宗思想来源，韩焕忠在《白云清觉与华严义理》一文中曾进行过详细阐释，认为主要来自华严宗义理[②]：

> 华严宗的义理是白云立宗最主要的思想来源。其“四果（或五果）十地”就是参用华严宗“十地寄乘”的结果。清觉将禅宗寄位于法云地，将华严境界寄位在该宗推为至高无上的妙觉地之位上，将《法华经》安置在第八地善慧地上，并以《法华经》作为其“十地寄乘”正确性的证明，这种安排实际上也就是白云宗对天台宗的一种融摄；此外，清觉还通过描绘佛果境界将净土信仰融摄在妙觉地中。清觉祖师还将儒道两家寄位在欢喜地上，融入到自己的人格理想之中。清觉祖师参用“十地寄乘”和“事事无碍”等华严义理，建立了白云宗的教理体系。

根据此前的研究，以及对存世汉文、西夏文资料的分析，我们可以把其教义概括为三个方面：

1. 主述华严，自成一家

白云宗尊奉的应是当时颇为盛行的华严教义。任宜敏《中国佛教史》（元代）曰：“聿兴于北宋末年的白云宗，以《华严经》为一代佛教的旨归，立‘十地三乘顿渐二教’之教相为教说。”[③]《普宁藏》所收《初学记》以及道安的注释清楚地显示白云宗的教义主述华严。道安对“西京宝应寺沙门释清觉述”所作注释曰“广说法喻，如华严经”，明言以《华严经》立说。《释氏稽古略》卷4也记载，在立宗之始，清觉被“道俗请就正济寺讲《华严经》”[④]。

白云宗的教理体系是在华严义理基础上建立的。山西崇善寺藏本践字函《大宗

---

① （宋）宗鉴集：《释门正统》卷四，《卍续藏》第75册，No.1513，第314页。
② 韩焕忠：《白云清觉与华严义理》，《佛教文化研究》2016年第1期。
③ 任宜敏：《中国佛教史》（元代），人民出版社2005年版，第332页。
④ 高楠顺次郎等编：《大正新修大藏经》卷49，日本大正一切经刊行会，1924—1934年，第886页上栏。

地玄文本论》卷三施经发愿文[①]，记载了元代白云宗在杭州刊行《普宁藏》和《河西藏》的情况，同时还记载了施印《华严经》等经典的盛况，除了反复印施外，还开设讲席，逐日诵读。发愿文特别提到在《普宁藏》雕刊完毕后，除了印制五十藏外，还印施“华严大经一千余部，经、律、论、疏钞三百余部，华严道场忏仪百余部”，“金银字书写大华严、法华等经，共计百卷”，“开建传法讲席，日逐自诵大华严经一百部”。尽管如此，仍然“心愿未周”，又“于江南浙西道杭州路大万寿寺雕刊河西字大藏经板三千六百二十余卷，华严诸经忏板，至大德六年完备”，“管主八钦此胜缘，印造三十余藏，及华严大经、梁皇宝忏、华严道场忏仪各百余部，焰口施食仪轨千有余部，施于宁夏、永昌等路寺院，永远流通”。有关元代西夏裔僧侣施印、抄写《华严经》的记载还很多，中国国家图书馆收藏有一种大藏经零本《不空罥索心咒王经》，在卷中末尾存有两方牌记，一方是汉文，另一方为西夏文，记载了施经人番国贺兰山佛祖院摄禅园和尚李惠月为报福恩，印制十二部大藏契经及五十四部《华严经》[②]。上述这些记载，也可以存世西夏文《华严经》的绝对数量之多来佐证。

元代白云宗僧众对《华严经》和《华严道场忏仪》等非常重视，明崇祯十四年（1641）刻本《大方广佛华严经海印道场十重行愿常遍礼忏仪》卷首存有题记，署“唐兰山云岩慈恩寺护法国师一行沙门慧觉依经录”，最后一卷（卷42）有一大段文字特别述及《华严经》从印度到中国的传承，在“西域流传华严诸师”、“东土传译华严经诸师”之后谈到了“大夏国弘扬华严诸师”[③]，罗列了西夏至元对《华严经》的传译起过关键作用的僧人，其中寂照帝师为“令观门增盛者”，说明寂照对华严宗所尊崇的观门法多有阐发；而一行慧觉的名号中有“流通忏法”，应当指的是他编录了这部《大方广佛华严经海印道场十重行愿常遍礼忏仪》。显然，这个“大夏国弘扬华严诸师”的名单，所强调的不只是《华严经》在西夏遗裔之间的传承，而主持校译《河西藏》的一行慧觉对《华严经》的阐发，当然也不只代表他个人的信仰，应该是基于自清觉祖师创教以来白云宗整个教团的基础信仰。

2. 三观九门，主宗宗密

白云宗对宗密的华严教义崇信有加，对《法界观门》及其疏注尤为重视。西夏灭亡（1227年）后，大量僧人被迫流落到杭州，“与白云一宗协力开刊流通教法”，发起刊行《普宁藏》《河西藏》，补刻《碛砂藏》[④]。这一现象与北宋末年以慧因寺为中心建立的华严教团兴盛于苏浙的历史大势基本一致，同时与宗密为代表的《法界观门》疏注在苏浙一带盛行有关。《华严法界观门》传为华严初祖杜顺（557—640）所撰，因其高度概括了华严宗的义学理论，可谓是诠释华严思想的开创性作品，故

---

① 李富华、何梅：《汉文佛教大藏经研究》，宗教文化出版社2003年版，第291—292页。

② 史金波、白滨：《西安市文管处藏西夏文物》，《文物》1982年第4期。

③ 聂鸿音：《西夏帝师考辨》，《文史》2005年第3期。

④ 《大方广佛华严经》卷40，见《大正藏》卷10，第849页上栏-851页下栏。

自澄观（738—838？）、宗密（780—841）之后被赋予了极高的地位，以至在宋代成为最受重视的佛教经典之一。王颂曾在《本嵩与〈法界观门通玄记〉——日本立正大学藏〈通玄记〉及其周边的考察》一文中有下列论述：唐代以来，对该书的注疏最有名的当属澄观《华严法界玄镜》和宗密《注华严法界观门》，前者为保存至今的有关《华严法界观门》最古老的注释，而自宋代起，《华严法界观门》都是存于宗密"注"之内而流通。华严宗以净源的时代为分界线，在此之前，《法界观门》的疏注者在地理上分布较广泛，南北兼有；而在此之后，集中于江浙一带[①]。

清觉所处时代正是华严与禅会通风气盛行的时期，尤奉宗密为圭臬。朝堂上有儒而最通佛法者张商英（1043—1121）、张九成（1092—1159），丛林中有华严宗慧因寺教团的创立者净源（1011—1088），云门宗雪窦重显、天衣义怀门下杨杰（1020—1090）、法秀（1027—1090）、宗本（1020—1099），法秀弟子惟白等会通华严与禅之师匠[②]。据《释氏稽古略》卷4记载，白云大师清觉于"哲宗元祐七年游浙。明年至杭州灵隐寺随众居止。汪、罗二行人求师心要，学侣日臻。……道俗请就正济寺讲《华严经》"。说明清觉也是处于杭州等佛教中心、受这一风气熏染和教育成长起来的师匠。

在译自宗密的西夏文《中华传心地禅门师资承袭图》中有一幅"僧人版画"，实为"师资承袭图"，画上有四位宗师的坐像，根据西夏文榜题，他们分别是宗密（𗖵𗋕）、裴休（𗽨𗤶）、白云释子（𘉐𗗙𗤋𗍊）和张禅师（𗕩𗫡𗗂），其中白云释子即白云宗祖师清觉[③]，显示白云宗的主张实源自宗密。

从上述"师资承袭图"也可以明确看出，白云宗尊奉的华严教义与宗密息息相关。按照图中的座次，分别是宗密、裴休、白云释子和张禅师。裴休曾随圭峰宗密禅师学习华严，与宗密有师友之谊，并曾为宗密所作《圆觉经大疏》《华严原人论》《注华严法界观门》《禅源诸诠集都序》等作序，其学说承自宗密自不待言。

白云宗与宗密所传华严教义的关系，从收录白云宗三代诗文的西夏文《三代相照文集》的题名与跋语也可以看出来。其西夏文书题"𗏁𗌭𗗿𗳦𗢳𗗚𗤋"之"𗗿𗳦"（相照）出自宗密《禅源诸诠集都序》："后之学者，当取信于佛，无取信于人。**本末相扶，远近相照**，多谈禅理，少谈禅行，故且以禅源题之。"这一段文字黑水城出土西夏文同名译本作："𗹦𗼃𗡶𗰗，𗆐𗏣𗗙𗟲𗗂，𗌮𗏣𗗙𗟲𗗂𗣼；**𗐯𗽔𗗿𗳦，𗍳𗂧𗗿𗳦**，𗼻𗡪𗡶𗧓，𗫡𗋽𗡪𗡶𗧓，𗥃𗏹𗿒𗼃𗫡𗼵𗖵𗂸。"[④]同时，《三代相照文集》慧照大师跋语："𗨁𗢳𗗂：𗆐𗟻𗡢𗍊𗏁𗰜𗈪𗉔𗗂𗤶𗡞，𗫡𗥤𗗚𗢳𗥃𗖵𗂸𗉔𗐯𗤶𗕿𗡪"，即"古德曰：佛经开张，罗大千八部之众；禅偈撮略，就此

①王颂：《本嵩与〈法界观门通玄记〉——日本立正大学藏〈通玄记〉及其周边的考察》，《佛学研究》2014年总第23期。

②王颂：《〈华严法界观门〉校释研究》，宗教文化出版社2016年版，第71—74页。

③孙伯君：《元代白云宗译刊西夏文文献综考》，《文献》2011年第2期。

④孙伯君：《西夏文〈三代相照文集〉述略》，《宁夏社会科学》2018年第6期。

方一类之机”，也出自宗密《禅源诸诠集都序》，原文作：“教也者，诸佛菩萨所留经论也；禅也者，诸善知识所述句偈也。但佛经开张，罗大千八部之众；禅偈撮略，就此方一类之机。”[①]说明宋末流行的源自宗密的华严教义对白云宗有深广的影响。

存世西夏文文献中，宗密、裴休作品及其注疏译本在禅宗文献中也是相对较多的，有宗密《中华心地传禅门师资承袭图》和《禅源诸诠集都序》的译本；宗密《大方广圆觉修多罗了义经略疏》的注疏译本；有（宋）广智大师本嵩为宗密《注华严法界观门》所作的讲疏《注华严法界观门通玄记》的译本[②]；有裴休《普劝僧俗发菩提心文》的译本[③]，等等。这些文本很有可能是在元代入藏《河西藏》时加以刊印的。

《三观九门枢钥》之“三观九门”是白云祖师清觉对杜顺基于《华严经》三观、天台智者大师基于《法华经》三观、宗密基于《圆觉经》三观的高度概括。该书详述了“三观九门”的内容，即华严法界三观：第一真空观，第二理事无碍观，第三周遍含容观；天台之三观：一从假入空观，二从空入假观，三中道正止观；圆觉三观：一泯相澄神观，二起幻销尘观，三绝待灵心观。清觉在阐释它们之间关联的同时，也表明了自己的看法，其主旨主要体现在最后一段的阐释中：

> 性海本境亦（本觉真心）迷波多生（不觉昧心），觉者解亦（佛道不行，故不觉也）踟蹰不变（道行不修），无始迷波应澄（无断之断）。用三乘胜行（无修以修，前有断以断者，通澈无修也。修者起幻观，此者乃真断真修也。）为独通宗，无绝待绝（绝待灵心观也）。诸法（五法）禅门（南北二宗）皆此中摄（所属融会），二者无禅学之劝，莫沉无为。习学此法者，修有波中莫乱。夫谓“有”，则千世常见，谓“无”，则万劫空中沉没。往昔诸圣，皆亦双解。习末法者，怎除执着，譬如生死抉择，邪宗莫堕，益之益之。

其中“性海本境亦（本觉真心）迷波多生（不觉昧心），觉者解亦（佛道不行，故不觉也）踟蹰不变（道行不修），无始迷波应澄（无断之断）”，以及对“三乘胜行”与“为独通宗，无绝待绝”的注解，即“无修以修，前有断以断者，通澈无修也。修者起幻观，此者乃真断真修也”和“绝待灵心观”，均与宗密基于《圆觉经》的三观“一泯相澄神观，二起幻销尘观，三绝待灵心观”相应，且与宗密在《禅源诸诠集都序》中所阐述的“直显心性”等观点一致，宗密在阐释“直

---

① 宗密：《禅源诸诠集都序》，《大正藏》卷 48，第 0399 页。
② 聂鸿音、孙伯君：《西夏译华严宗著作研究》，商务印书馆、宁夏人民出版社 2018 年版。
③ 孙伯君：《裴休〈发菩提心文〉的西夏译本考释》，《宁夏社会科学》2017 年第 4 期。

显心性”时曰[1]：

> 三，直显心性宗者。说一切诸法若有若空，皆唯真性，真性无相无迹无为。体非一切，此谓非凡非圣、非因非果、非善非恶等，然即体之用而能造作种种，此谓能凡能圣，现色现相等。于中指示心性，复有二类。一云，即今能语言动作、贪嗔慈忍、造善造恶、受苦受乐等，即汝佛性，即此本来是佛，除此无别佛也。了此天真自然，故不可起心修道。道即是心，不可将心还修于心；恶亦是心，不可将心还断于心。不断不修，任运自在，方名解脱。性如虚空，不增不减，何假添补？但随时随处息业养神，圣胎增长，显发自然神妙。此即是为真悟、真修、真证也。二云，诸法如梦，诸圣同说，故妄念本寂，尘境本空，空寂之心，灵知不昧。即此空寂之知，是汝真性。任迷任悟，心本自知，不藉缘生，不因境起。知之一字，众妙之门，由无始迷之故，妄执身心为我，起贪嗔等念。若得善友开示，顿悟空寂之知，知且无念无形，谁为我相人相？觉诸相空，心自无念，念起即觉，觉之即无。修行妙门，莫过于此。故虽备修万行，唯以无念为宗，唯以无念为知，则爱恶自然淡泊，悲智自然增明，罪业自然断除，功行自然增进。既了诸相非相，自然无修之修。烦恼尽时，生死即绝，生灭灭已，寂照现前，应用无穷，名之为佛。然此两家，皆会相归性，故同一宗。

同时，从白云释子对“三观九门”的评判，所谓“又圆觉寂观者，与前理事无碍观，乃至中道观异也（故天台无非中道，非理事心也）”，也能看出其对宗密“圆觉三观”的倾向性。其中以“波”喻烦恼，也与宗密的一贯做法相一致，宗密《禅源诸诠集都序》曰：“如风激动大海，不能现像，风若顿息，则波浪渐停，影像渐显也（风喻迷情，海喻心性，波喻烦恼，影喻功用）。”[2]

《釋氏稽古略》卷 4 记载，清觉去世后的宣和五年（1123），“弟子慧能禀遗训，奉灵骨舍利归葬杭州余杭之南山。当宣和五年之二月也。塔曰白云，院曰普安。后弟子改曰普宁。其于崇德、甑山、松林、善住，皆其行道之所。德清、龙山、超山、方山、乾元山、归安、岩山，皆分葬舍利之所”[3]。《三代相照文集》中载有一首偈颂，名为《师之塔前颂》，当是在白云塔前有感而作，其中对白云祖师的颂赞有“时通明宣皆所薰，惟我本尊众中卓。四相诠释圆觉见，白云量过心印受”几句[4]，也应该指的是清觉曾对“圆觉三观”加以诠释，同时继承了宗密“直显心性”等主张。

元代西夏裔僧人一行慧觉《大方广佛华严经海印道场十重行愿常遍礼忏仪》卷

---

① 宗密：《禅源诸诠集都序》，《大正藏》卷 48，第 0402 页。
② 宗密：《禅源诸诠集都序》，《大正藏》卷 48，第 0407 页。
③ 《釋氏稽古略》卷 4，《大正藏》卷 49，第 0886 页上栏—中栏。
④ 孙伯君：《西夏文〈三代相照文集〉述略》，《宁夏社会科学》2018 年第 6 期。

42曾记述《华严经》从印度到中国的传承，其中有“西域流传华严诸师”“东土传译华严经诸师”“东土正传华严祖师”“大夏国弘扬华严诸师”，而“东土正传华严祖师”有如下法脉[①]：

> 南无大方广佛华严经中第三祖造法界观帝心法顺法师；
> 南无大方广佛华严经中第四祖造十玄门云华智俨法师；
> 南无大方广佛华严经中第五祖造探玄记贤首法藏法师；
> 南无大方广佛华严经中第六祖造大疏钞清凉澄观法师；
> 南无大方广佛华严经中清凉门下得如来知见者三十八大师等千余法师；
> 南无大方广佛华严经中第七祖造华严纶贯注观文圭峰宗密禅师；
> 南无大方广佛华严经中造观注记者广智大师。

可以看到，其中为“华严五祖”以及“广智大师”赋予的系列名衔均与他们对《法界观门》及其疏注的贡献相关，实际反映了元代一行慧觉所代表的西夏裔僧人，乃至白云宗一派对《法界观门》及宗密疏注的重视。而属于白云祖师清觉（1043—1121）的长辈或同辈的广智大师本嵩（生卒年不详，活跃于1083—1095年之间），作为宋代僧人入选的最后一位华严祖师，尽管两人之间的交往于史无征，但从一行慧觉的记载和他的《注华严法界观门通玄记》也被翻译成西夏文来看[②]，白云宗也认为与他属于同一个传承法脉。

3. 三教之说，归于一乘

白云宗还主张儒释道三教圆通。汉文本《初学记》曰：“大道须排十地，均摊乃作三乘。释道儒分三教，经书山海无穷。若能收属道德，徒劳万户千门。文字屈指数沙，统属三乘十地。”道安注：“以佛教会通儒道二教也。所以会者，儒资戒律，道助禅那。门户不同，其致是一。亦示海摄百川全收之义也。”[③]显示白云宗以佛教立宗，同时会通儒、道的主张。《释氏稽古略》卷4载[④]，为阐发教义，清觉曾撰《证宗论》《三教编》《十地歌》等。这些书虽然已经亡佚，但从书名即可推知《三教编》阐发的当是圆通儒释道三教。

白云宗把修行果位分为十个等级，称作“十地”，《释门正统》卷4曾述及白云宗徒被称作“十地菜”。元代白云宗所属寺院有“十地寺”，其长老曾助刊妙严

① 一行慧觉：《大方广佛华严经海印道场十重行愿常遍礼忏仪》，《卍续藏经》第74册，第355页。
② 聂鸿音：《西夏文〈注华严法界观门通玄记〉初探》，北京师范大学民俗典籍文字研究中心编《民俗典籍文字研究》8，商务印书馆2011年版，第118—123页。
③ 《中华大藏经》第七十一册，中华书局1994年版，第33页。
④ 高楠顺次郎等编：《大正新修大藏经》卷49，日本大正一切经刊行会，1924—1934年，第886页上栏。

寺版《大般若经》。这部《大般若经》卷80至顺元年(1330)七月题记曰："湖州路妙严寺伏承十地寺遇长老施财助刊《大般若经》荒字函……"[①]

道安在《初学记》"欲得不遭欺诳，莫离十地三乘"一句下的注释中，曾对清觉的"十地三乘"做了比较权威的解释，对我们理解白云宗的教义很有帮助，曰[②]：

> 十地三乘，阶降次第，如人还家，明识道路，则不为人牵引欺诳矣。然十地三乘，经论互出。《华严》所说十地，唯是一乘大品所说十地，通摄三乘。同性经中三乘之人，各有十地，所谓声闻十地，缘觉十地，菩萨十地，各有其名。菩萨十地，名同《华严》，义则有异。今文十地，参用华严之名，横榻大品之义，笼络诸经，自成一家，意在通而不局也。

显然，白云宗教义是以《华严经》为立宗旨归，宣说"十地三乘"，同时圆通儒释道三教，所谓"参用华严之名，横榻大品之义，笼络诸经，自成一家，意在通而不局也"。

清觉会通儒释道三教主张的内涵，在《正行集》中也有明确的说法："三教之说，其义一同。儒教则仁义礼智信，归于忠孝君父焉。释教则慈悲救苦，归于化诱群迷焉。道教则寂默恬澹，归于无贪无爱焉。"

与"儒"会通方面，清觉主要推崇儒家的君子人格[③]，《正行集》曰[④]："四十八等，圣人则天法地，贤人杳冥难测。……凡君子立身为人无逾此四十八等，但以大道合其体，则是圣人、贤人之伦。若孝不行于家，慈不行于己，恩不行于亲，惠不及于人，义不施于友，忠不施于国，勇不救于危，谋不信于善，宽不临于下，明不审于事。见非亲而亲者，谄也；见亲贫而疏者，逆也。背善向恶、谋陷忠良、亲附小人、不近君子者，此乃上天不容之物，何足言之？……是故三教之言可守而尊之，寻而究之。既洞其微，达其源，自然得圣人、贤人之道，善人、君子之行也。如此则佐国何忧乎？阴阳不顺，风雨不时；百姓不安，人民不泰。治家则何忧乎？兄弟不睦，六亲不和；礼乐不行，上下不正。余为此集不敢深其意，饰其词，所贵匡导盲俗，垂于后世。言之不足，故为讚以申之。赞曰：美哉君子，惟善则履。存忠存孝，不识其嗜。行不逾经，言不逾史。静默端庄，高导深旨。向善背恶，披心求理。贫则自乐，富亦好义。嗟乎斯人，实不容易。"

从上述阐释可知，清觉所推崇的"君子之德"主要是儒家所尊"忠孝节义""仁义礼智信""六亲合和"等理念。

与"道"会通方面，则推崇老庄的"寂默恬澹，归于无贪无爱焉"。

---

① 张新鹰：《元妙严寺版〈大般若经〉卷五五六新见本略考》，《浙江学刊》1986年第6期。
② 《中华大藏经》第七十一册，中华书局1994年版，第30页。
③ 韩焕忠：《白云清觉与华严义理》，《佛教文化研究》2016年第1期。
④ 《中华大藏经》第七十一册，中华书局1994年版，第41页。

第二节　白云宗教团性质初探

通过上文的考证可知，主持刊行《河西藏》的"管主八"即元代权势煊赫一时的白云宗僧录沈明仁，而据其所撰《密迹力士大权神王经偈颂》，"大权神王"实指藏传佛教护法神"麻诃葛剌"，"麻诃葛剌"为萨迦派款氏家族本尊护法神，萨迦派每一寺庙都有它的殿①。可知管主八有藏传佛教萨迦派的信仰背景。

1227年西夏灭亡，其故地于1229年被封为阔端属地之后，仍延续了西夏时期盛行藏传佛教的风尚。1246年，萨迦班智达携八思巴到凉州，一年后，与阔端举行"凉州会盟"，并颁发具有历史意义的《萨迦班智达致蕃人书》，乃至八思巴于1253年与忽必烈确定师徒关系，1260年被封为国师，授玉印、统领释教，从而使藏传佛教萨迦派定为一尊，成为元朝的"国教"，应该均与西夏中后期盛行藏传佛教的背景有关。

史金波先生曾于2015年刊布两叶私人收藏的西夏文《佛说大白伞盖总持陀罗尼经》，款署"大朝国甲辰岁"（1244）"释迦比丘国师佛陀跋折啰"（[illegible]）发愿刊行，施经人"东陛皇太子"，即蒙古王子阔端。对照残存经文，内容与《普宁藏》本真智译《佛说大白伞盖总持陀罗尼经》一致②。此前，我们曾据真智译《佛说大白伞盖总持陀罗尼经》中陀罗尼对音汉字判断其与西夏时期诸多汉译本的对音汉字一致③。碛砂藏本《圣妙吉祥真实名经》款署"元讲经律论习蜜教土番译主聂崖沙门释智译"④，"聂崖"即藏文mi nyag的音译，汉文史料译作"弥药"，是藏族对党项的他称，该经当是西夏遗僧释智从藏文本译出。同时，日本天理图书馆藏品中也有多种为《河西藏》遗存西夏文本，如西夏遗僧在甘州于癸巳年（1293）译成的八思巴"赞叹"《大乘无量寿宗要经》；《圣妙吉祥真实名经》残片，其西夏文内容与俄藏黑水城出土诸本一致，但版式不同⑤。

上述情况一方面说明八思巴于至元七年(1270)被封为帝师后，河西地区更是掀起了一个翻译藏传佛教萨迦派法本的小高潮；另一方面说明管主八于大德十年（1306）"装印补足直北、腹里、关西、四川大藏教典"中的"秘密经律论"，即与藏传佛教萨迦派有关的诸多法本，有一部分是承自西夏或是蒙元时期西夏遗僧在"河西走廊"的整理与翻译本。

此外，据元代史料记载，国师沙啰巴所纂《至元法宝勘同总录》和所译《彰所

---

① 李克璞：《"管主八"新考》，《中国历史博物馆馆刊》1995年第2期。
② 史金波：《西夏文〈大白伞盖陀罗尼经〉及发愿文考释》，《世界宗教研究》2015年第5期。
③ 孙伯君：《真智译〈佛说大白伞盖总持陀罗尼经〉为西夏译本考》，《宁夏社会科学》2008年第4期。
④ 见《中华大藏经》第71册第11页中栏。
⑤ 林英津：《西夏语译〈真实名经〉释文研究》，《语言暨语言学》专刊甲种之八，"中央研究院"语言学研究所，2006年，第13页。

知论》也是蒙管主八允许被刊入《普宁藏》的。周南瑞《天下同文集》载[①]：

> 西域异书种种而出帝师。国师译新采旧、增广其文，名以《至元法宝》，刻在京邑，流布人间。江南去万里而遥，传持未遍，松江僧录管主八翻梓余杭，凡诸路庋经而未有者，许自装印藏教以完会其部，得一千四百四十，总其卷得五千五百八十有六。与高骈所记五千四十八卷云者，真若有羡。

同年，元代沙啰巴译《彰所知论》卷下克己所撰跋语亦曰[②]：

> 行宣政院同知廉公，正奉夙承授记，深乐佛乘。一日以江浙总统沙罗巴大师所译《彰所知论》，传之前松江府僧录管主八大师。师续雕大藏圣教，偶其时忻获至宝，锓梓随函，属余序其后。辞不获免，辄述教起之由致，至于发扬圣教之粹美，则备于公之本序云。时大德丙午十月既望，江西前吉州路官讲报恩寺讲经释克已序。

同时，据卷尾发愿文，沙啰巴所译《最胜真实名义经》《佛说白伞盖陀罗尼经》《佛说坏相金刚陀罗尼经》也曾于至大三年（1310）被管主八刊入《普宁藏》[③]。

我们知道，《彰所知论》是萨迦五祖元帝师八思巴所撰，是为忽必烈的长子真金太子而撰写的简明佛典，廉复《彰所知论序》述及其撰写因缘时曰：“裕皇潜邸，久知师之正传，敬诣请师敷教于躬。师笃施静志，弘扬帝绪。大播宗风。彰其所知，造其所论。究其文理，推其法义。皎如日月，广于天地。”[④]沙罗巴把《彰所知论》译本传给“前松江府僧录管主八大师”时，管主八遂“忻获至宝，锓梓随函”。

八思巴著作的其他汉译本见收于《普宁藏》的还有《根本说一切有部出家授近圆羯磨仪范》《根本说一切有部苾刍习学略法》，译者是著名翻译家翰林学士安藏（合台萨哩都通），前者译于至元七年（1270），后者译于至元八年（1271）[⑤]，两者均是八思巴在世时即翻译而成的。

《彰所知论》的译者沙啰巴（1259—1314）[⑥]，法洪《帝师殿碑》载其为河西

---

① （元）周南瑞：《天下同文集》，台北：台湾商务印书馆影印文渊阁《四库全书》本，第1366册，0620b页。

② 发合思巴造、沙罗巴译《彰所知论》卷下，《大正藏》第32册，第0237页上栏。

③ 沙啰巴译《佛说文殊菩萨最胜真实名义经》，见《大正藏》第20册，第826页上栏。

④ （元）廉复：《彰所知论序》，《大正藏》第32册，第0226页上栏。

⑤ 《根本说一切有部出家授近圆羯磨仪范》，见《大正藏》卷45，第905页中栏—911页下栏；《根本说一切有部苾刍习学略法》，见《大正藏》卷45，第912页上栏—915页上栏。

⑥ Herbert Franke（傅海波），“Sha-lo-pa (1259-1314), a Tangut Buddhist monk in Yüan China”, Gert Naundorf, Karl-Heinz Pohl, Hans-Hermann Schmidt ed., *Religion und Philosophie in Ostasien: Festschrift für Hans Steininger zum 65. Geburtstag* (Würzburg: Königshausen & Neumann), 1985, pp. 201-222. 杨富学、樊丽沙译《元代西夏僧人沙罗巴事辑》，《陇右文博》2008年第1期。

僧[①]。他幼时依八思巴剃度为僧，学习萨迦派“诸部灌顶之法”[②]。据考证，他曾于1295—1305年之间任“江淮福建等处释教总统”[③]，所译八思巴《彰所知论》款题“宣授江淮福建等处释教总统、法性三藏弘教佛智大师沙罗巴译”，廉复撰“序言”赞其“总统雪岩翁，英姿间世，听授过人，久侍师之法席”，说明《彰所知论》或是其在“江淮福建等处释教总统”任期内翻译的。

这些记载说明，管主八尽管为白云宗僧录，但其宗教信仰并非承自白云大师清觉，而是藏传佛教萨迦派。历来，白云宗活动的核心区域在江浙一带，受松江府僧录司管辖，沙啰巴担任“江淮福建等处释教总统”，白云宗正在其统辖之下，也可进一步佐证作为八思巴弟子的沙啰巴与管主八之间的密切关系。白云宗僧录由藏传佛教萨迦派弟子担任，说明八思巴被奉为帝师后，内地的其他佛教教派也曾接受藏传佛教萨迦派的教理。

据元代史料记载，有萨迦派背景的沈明仁担任白云宗僧录的元武宗与仁宗期间，白云宗呈现了另外一番面貌。僧徒人数日益增长，活动区域逐渐扩大，僧录权倾大江南北。其主要表现形式是借着刊行《大藏经》，到处搜刮资金。正如竺沙雅章所言，这时的白云宗实质上已经发展成为“豪民”教团[④]。《元史》和元人文集均记载了白云宗在江南作为“豪民”教团的气焰和声势。

《元史》卷26《仁宗纪三》记载：“中书省臣言：‘白云宗总摄沈明仁，强夺民田二万顷，诳诱愚俗十万人，私赂近侍，妄受名爵，已奉旨追夺。请汰其徒，还所夺民田。其诸不法事，宜令核问。’”[⑤]

元代孔齐《至正直记》卷3《豪僧诱众》记载：“又湖州豪僧沈宗摄，承裼总统之遗风，设教诱众，自称白云宗，受其教者可免徭役。诸寺僧以续置田每亩妄献三升，号为‘赡众粮’。其愚民亦有习其教者，皆冠乌角桶子巾，号曰‘道人’。朔望群会，动以百五。及沈败，粮籍皆没入官，后拨入寿安山寺，官复为经理。所献之籍，则有额无田，追征不已，至于鬻妻卖子者有之，自杀其身者有之。僧田以常赋外，又增所献之数，遗患至今，延及里中同役者。”[⑥]

元代苏天爵《元故赠推诚效节秉义佐理功臣光禄大夫河南行省平章政事追封魏国公谥文贞高公神道碑铭》曰：“浙西豪民即所居为佛庐，举家度为僧尼，号其教曰白云宗。日诱恶少，肆为不法，夺民田宅，奴人子女，郡县不胜其扰。中书以闻，公承按治，凡得民田庐若干所，还为民者若干人，赃赂没官者若干

---

① （元）法洪：《敕建帝师殿碑》，载《佛祖历代通载》卷22，《大正藏》卷49，第0733上栏。

② 《佛祖历代通载》卷22，《大正藏》卷49，第0729下栏。

③ 王启龙：《沙罗巴译师考述》，《西藏研究》1997年第3期。

④ 竺沙雅章：《元代华北の华严宗》，载竺沙雅章《宋元佛教文化史研究》，日本汲古书院2001年版，第168—212页。

⑤ 《元史》卷二六《仁宗纪三》，中华书局1976年点校本，第591—592页。

⑥ （元）孔齐撰、庄敏、顾新点校《至正直记》，《宋元笔记丛书》本，上海古籍出版社1987年版，第98页。

万，浙民大快。”[①]

元代黄溍《济南高氏先茔碑》记载：“治中时，列郡方作祠奉帝师，凡庀材用招匠傭一出于民力。公独谕浮图氏之籍于白云宗者，俾任其役。官无一粟之耗，民无半饷之劳，而祠事以备。”[②]

《宋会要辑稿》第一百六十六册《刑法二之一三〇》亦载：“每遇营造，阴相部勒，啸呼所及，跨县连州，工匠役徒，悉出其党，什器资粮，随即备具。人徒见其一切办事之可喜，而不知张皇声势之可虑也。”[③]

由上述记载可知，沈明仁担任僧录时期的白云宗，其宗教味道几乎荡然无存，这一组织逐渐成为一种由特权势力把持、到处张皇声势的“豪民”教团。

回过头来看宋末元初的白云宗，与沈明仁担任僧录时期的白云宗有很大不同。西夏灭亡后，失去故国的西夏僧人从贺兰山南下杭州等地，依托白云宗所属寺院，与当地僧人结成了一种“结社”式的宗教互助共存共同体。尤其是以白云宗传人自居的慧照大师道安的事迹，很好地映射了宋末元初白云宗教团的性质。道安通过注释白云祖师清觉的著作，进一步阐发白云宗教义，搜集整理编订白云宗三代祖师的文集，整饰寺院，庄严佛像，扶危济困，很好地继承了白云宗儒释道三教圆通的教旨，最终成为白云宗宗主。同时，他与白云宗僧人一道，在仕元为官的西夏裔宗教上层的护持下，秉承西夏故国的宗教信仰，发愿刊行《普宁藏》，对佛教经典的传播作出了重大贡献。这时的白云宗还没有后来煊赫的权势，仍然保留了其宗教属性，可以说是一种“结社”式的宗教互助共同体。正如古川道雄《中国中世社会与共同体》中所言：“由于衰亡的中央政权已无法保证民众的生存，所以民众只有在军阀混战的夹缝中，以自力求生存。但是，他们已无法像以前那样独立地生活了，而不得不组成各种不同性质的集团，以便寻求自存之道。正是这种集团，体现了那种濒临绝境的人们的生存方式，它是超越了瞬息万变的政局而建立的社会基层组织。”[④]

蒙元时期白云宗教团性质的变化，上引郑介夫于大德七年（1303）所上《太平策》有很精准的评价：“外有白云宗一派，尤为妖妄。其初未尝有法门，止是在家念佛，不茹荤，不饮酒，不废耕桑，不缺赋税。前宋时，谓其夜聚晓散，恐生不虞，犹加禁绝，然亦不过数家而已。今皆不守戒律，狼藉荤酒，但假名以规避差役，动至万计，均为诵经礼拜也。既自别于俗人，又自异于僧道，朝廷不察其伪，特为另立衙门”[⑤]。

---

① （元）苏天爵著，陈高华、孟凡清点校《慈溪文稿》，中华书局1977年版，第166页。
② （元）黄溍撰《金华黄先生文集》，四部丛刊本，卷二十八续稿二十五，第十八叶。
③ （清）徐松：《宋会要辑稿》第一百六十六册《刑法二之一三〇》，中华书局，1957年复制北平图书馆影印本。
④ 古川道雄著、马彪译《中国中世社会与共同体》，中华书局2002年版，第85页。
⑤ 《历代名臣奏议》卷六七《治道》。参考刘晓《白云宗宗摄钱如镜小考》，《中国史研究》2009年第2期。

综上，我们认为在慧照大师道安主持下的元代早期的白云宗，其僧众对《华严经》和《华严道场忏仪》、宗密的《法界观门》及其疏注尤为重视，仍然秉承了华严宗的义理。白云宗的组织形式也跟宋代一样是一种带有民间“结社”性质的教团。后来，随着八思巴被封为帝师，河西僧人的地位得到了进一步提升，萨迦派僧人管主八（沈明仁）接管了白云宗，成为僧录。这一时期，白云宗的组织性质逐渐演变为一种所谓的“豪民”教团。元代白云宗的兴衰，为进一步研究元代佛教构成的多元性，以及元代政治体制构成的多元性提供了有益的帮助。

第五章　结语

白云宗始创于宋代元祐八年（1093），盛行于元代。祖师清觉（1043—1121），俗姓孔，生于洛阳。宋神宗熙宁二年（1069）出家，师从汝州龙门山宝应寺海慧大师。元祐八年（1093）至杭州灵隐寺，蒙圆明童禅师允许，在寺后白云山庵居止，于是以所居庵名为号，自立白云宗。清觉曾创作《证宗论》《三教编》《十地歌》《初学记》《正行集》等，宣说“十地三乘顿渐二教”，以《华严经》为立宗旨归，主张儒释道三教圆通。

白云宗在历史上曾屡遭禁绝，佛教史甚至斥之为“吃菜事魔”的邪教。到元代，在西夏遗民胆八上师、杨琏真加等释教上层官员的护持下，白云宗得以复兴。元仁宗时期（1312—1320）达到鼎盛，坐拥信众十万人。元代白云宗所做的世所瞩目的贡献是组织刊印《普宁藏》和《河西藏》，补刻《碛砂藏》。学界早就注意到元代《普宁藏》与《河西藏》在主持、刻工和施经牌记等方面的千丝万缕的联系，小川贯弌通过考察太原崇善寺所存元刊《普宁藏》的扉绘和题记，注意到刊刻《普宁藏》的白云宗僧侣与刊刻《河西藏》的僧侣的渊源。李际宁和王菡等先生也通过存世的普宁藏本多部佛经的发愿文和牌记以及刻工名字论证过《普宁藏》《河西藏》与西夏裔僧侣的关联。伯希和、小川贯弌、西田龙雄、罗福成等都注意过敦煌发现的西夏文佛经残片中有汉文“僧录广福大师管主八施大藏经于沙州文殊舍利塔寺，永远流通供养”牌记。

关于元代白云宗编纂和雕刊《河西藏》的情况，此前学界还注意到两份材料，一份是汉文，即元刊《碛砂藏》本践字函《大宗地玄文本论》卷 3 的发愿文，写于大德十年（1306）；一份是西夏文，即中国国家图书馆藏西夏文《过去庄严劫千佛名经》的发愿文，写于皇庆元年（1312）。前者谈及《河西藏》为管主八在浙西道杭州路大万寿寺发起雕刻，共刊大藏经板 3620 余卷，至大德六年（1302）完备，当时印造 30 余藏，同时刊《华严经》《梁皇宝忏》《华严道场忏仪》各百余部，《焰口施食仪轨》千余部，施于宁夏、永昌等路寺院；而后者更为详细地记载了西夏翻译大藏经以及元代翻译、刊行、施印《河西藏》的整个过程。两份材料互相参照，对学界全面了解西夏佛经的传译、把握现存西夏文佛经的刊行时代以及考求元代《河西藏》的刊行情况等均极有帮助。

黑水城出土西夏文《正行集》和《三观九门枢钥》均译自白云宗祖师清觉的同名作品，而西夏文《三代相照文集》为白云宗祖师及其传人所撰作的文集，同时，译自汉文《中华传心地禅门师资承袭图》的西夏文本中有“白云宗师资承袭图”。本项研究汇集这些与白云宗有关的西夏文资料，对其进行精审的释读，并将其放在中国佛教史的框架下加以分析与研究。

通过梳理与白云宗相关的汉文和西夏文资料，我们对元代白云宗的教义、组织性质、《普宁藏》和《河西藏》的编纂过程，以及西夏后裔在其中所起的重要作用有如下认识：

1. 西夏灭亡后，失去故国的僧人慧照大师道安从贺兰山南下杭州等地，为了生存，依托白云宗所属寺院，潜心修行，救助百姓，于宝祐丁巳（1257）继任妙严寺住持，从而继承白云宗清觉大师的衣钵，会通儒释道三教。此后，道安得到了周边寺院禅教丛林的认可和支持，并进一步得到“江淮诸路释教都总统”杨琏真加的护念，从至元十四年（1277）始，直到至元十八年（1281）春圆寂，组织白云宗刊行《普宁藏》。他还着手把白云宗祖师清觉所撰《正行集》《三观九门枢钥》译成西夏文，把白云宗祖师及其传人所撰偈颂汇成《三代相照文集》，并译成西夏文。据《中华传心地禅门师资承袭图》中“白云宗师资承袭图”，可以进一步推想存世唐代宗密、裴休等撰作的与华严禅有关经典的西夏文译本也是慧照组织翻译的。

2. 西夏遗僧一行慧觉（活跃于1270—1313年），童年失国，随父亲依止于寺院，长大后“志慕佛乘，遂祝发为僧”。当时的西北延续西夏时期的风尚，笃信密乘，“公服膺既久，深得其道”。但慧觉并没有止步于此，认为“密乘固修心之要，非博通经论，不足以究万法之源，穷佛道之奥”，遂出于对中原“一乘圆极之说”和龙川行育大师的敬仰，来到洛阳白马寺修习，最后继任白马寺住持，继承了龙川行育大师华严义学衣钵。其间，他主持校正、翻译西夏文佛经，整编《河西藏》。同时受永昌王之邀，在凉州讲学，并创立“寿光、觉海二寺”。早在随龙川行育在大都校经时期，一行慧觉就被赐“宗密圆融大师之号”，可见，他是会通中原“一乘圆极之说”和西北藏传密乘的关键人物。

3. 通过考证，《普宁藏》《碛砂藏》题记中频繁出现的“主缘刊大藏经僧录、广福大师”管主八，即白云宗僧录沈明仁。他本是藏传佛教萨迦派的信徒，1270年八思巴被封为帝师，萨迦派僧人得到重用。大概在14世纪初，管主八开始担任白云宗僧录。在担任僧录期间，他不仅继续组织印施前代僧录编纂的汉本《大藏经》，还把藏传佛典的译本刊入《普宁藏》，同时还印施了西夏文《大藏经》和很多藏文经典。他是把藏传佛典的汉译本收入《普宁藏》的第一人，客观上融通了汉传与藏传佛教。当然，为了广募资金，他带领白云宗信徒大肆敛财，虽然在宗教上得到了无上荣光，却成了世俗社会的历史罪人，也最终把白云宗带入了灭亡的境地。

4. 杨琏真加、沙啰巴、胆巴、慧照大师、一行慧觉和光明禅师李惠月等是由夏仕元西夏遗僧的典型代表，他们在元代曾贵为释教总统、僧录、释源宗主，具有极高的权利和地位。尽管管主八是否为西夏后裔于史无征，但从他能够继任白云宗僧录，以及在元代佛教界的地位来看，他与河西佛教有着千丝万缕的联系。杨琏真加、胆巴等护持白云宗慧照大师，刊行《普宁藏》；沙啰巴把《彰所知论》和《最胜真实名义经》《佛说白伞盖陀罗尼经》《佛说坏相金刚陀罗尼经》等藏文经典译成汉文，并蒙管主八的推动得以入藏《普宁藏》加以雕刊。不仅如此，元代开始汇集的《大乘要道密集》中所收大部分萨迦派、噶举派“道果”法、“大手印”法文本与存世西夏文译本还可以勘同。这些情况均说明，西夏遗僧不仅传承了元代白云宗法脉，还融通了汉地和河西、西藏密教，他们对元代江淮福建一带和河西、西藏佛教的交流起到了重要作用。

5. 由于在募集刊刻《大藏经》资金的过程中组织结社，甚至挖坟掘墓，声势甚巨，影响恶劣，且给当时的统治造成了很大的威胁，白云宗在元代历史上曾屡遭禁绝，佛教史甚至斥之为“吃菜事魔”的邪教，因此，关于白云祖师清觉的著作、白云宗的教义、组织活动等情况的汉文记载相对较少。通过梳理西夏文资料可知，在慧照大师道安主持下的元代早期的白云宗，其僧众仍然秉承了华严宗的义理，其组织形式也跟宋代一样是一种带有民间“结社”性质的教团。后来，随着八思巴被封为帝师，河西僧人的地位得到了进一步提升，萨迦派僧人管主八（沈明仁）成为僧录。这一时期的白云宗的组织性质逐渐演变为一种“豪民”教团。元代白云宗的兴衰，堪为进一步研究元代佛教构成的多元性提供有益的帮助。

附录　西夏文文献图版

一　西夏文《过去庄严劫千佛名经》发愿文

《过去庄严劫千佛名经》卷尾、发愿文

（B11o052［1o16］）第 1 折第 1—9 行

《过去庄严劫千佛名经》发愿文(B11o052[1o16])第2折第1—9行、第3折第1—9行

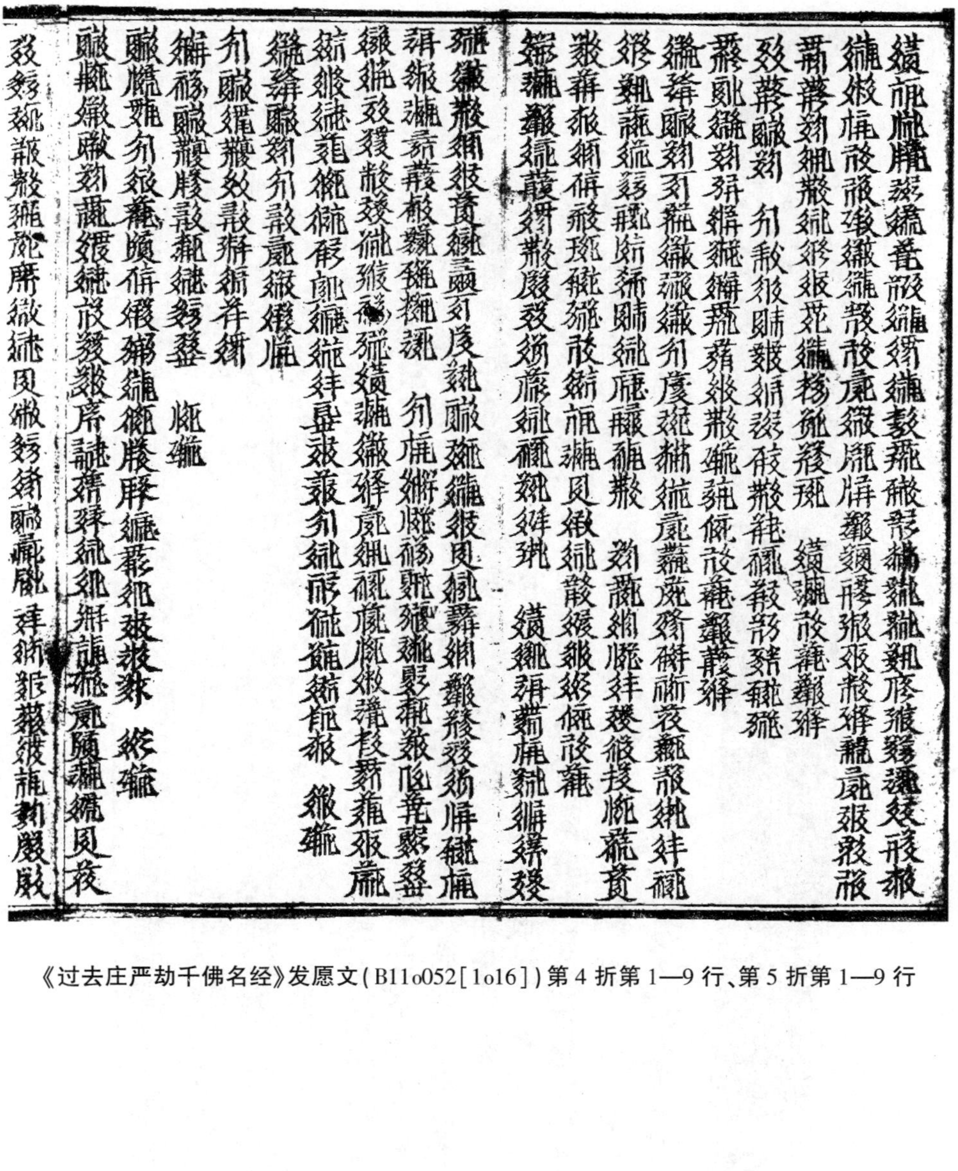

《过去庄严劫千佛名经》发愿文（B11o052［1o16］）第 4 折第 1—9 行、第 5 折第 1—9 行

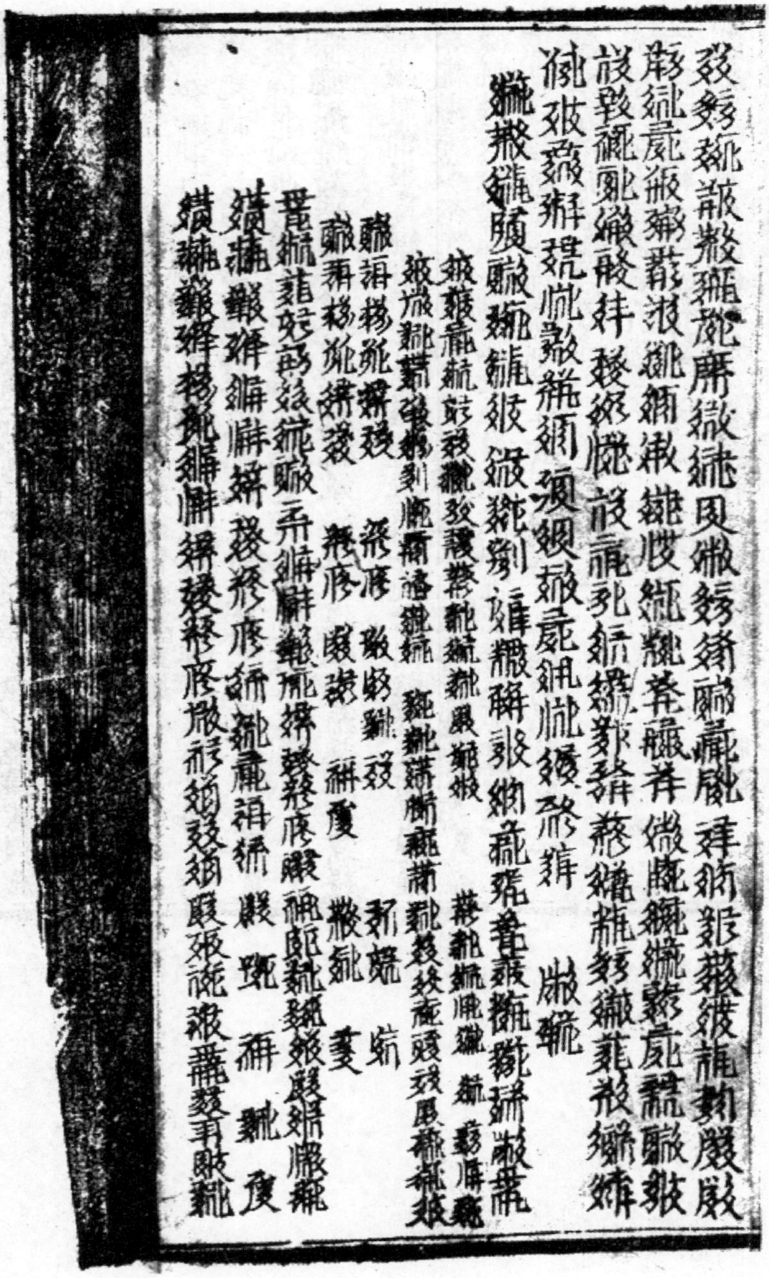

《过去庄严劫千佛名经》发愿文(B11o052[1o16])第6折第1—12行

二　西夏文《正行集》

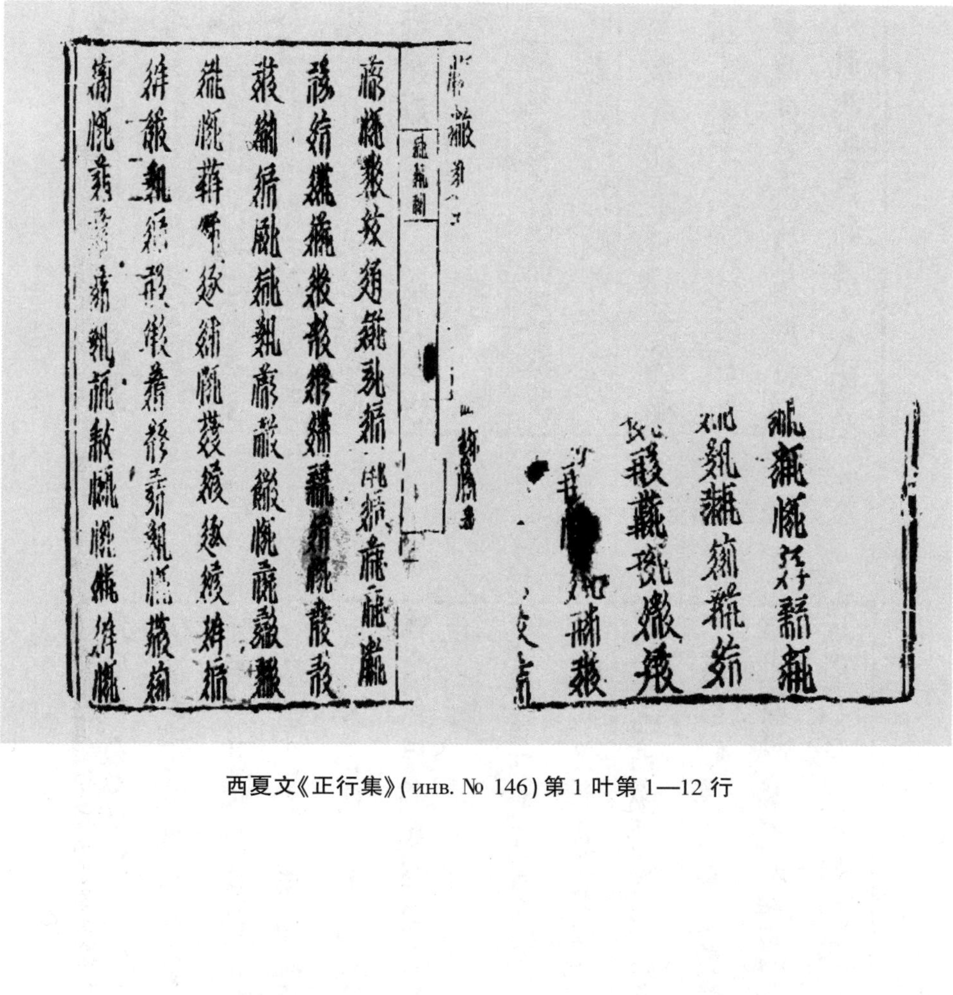

西夏文《正行集》(инв. № 146) 第 1 叶第 1—12 行

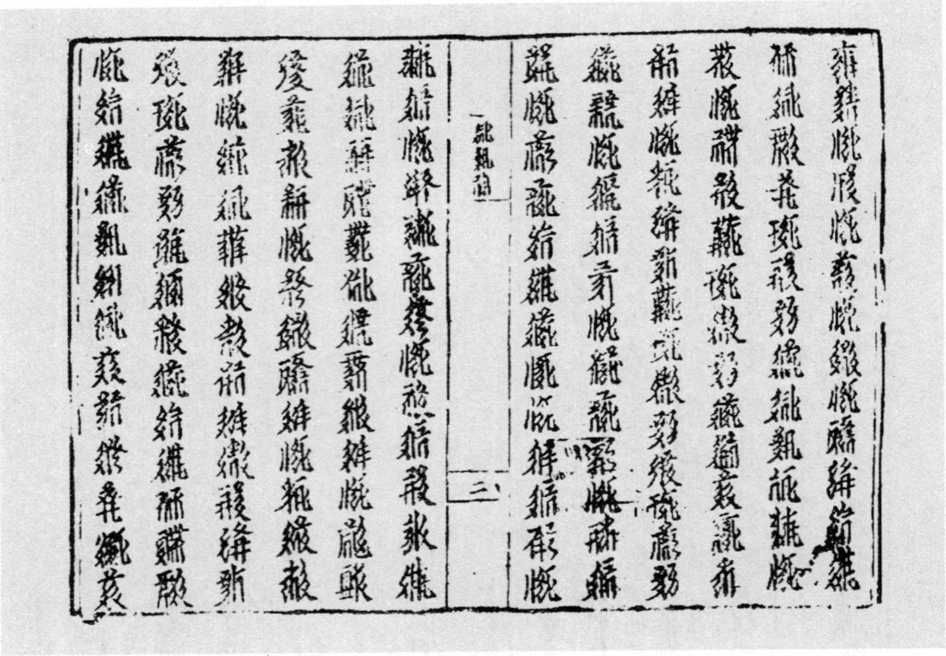

西夏文《正行集》(инв. № 146)第 2 叶第 1—12 行

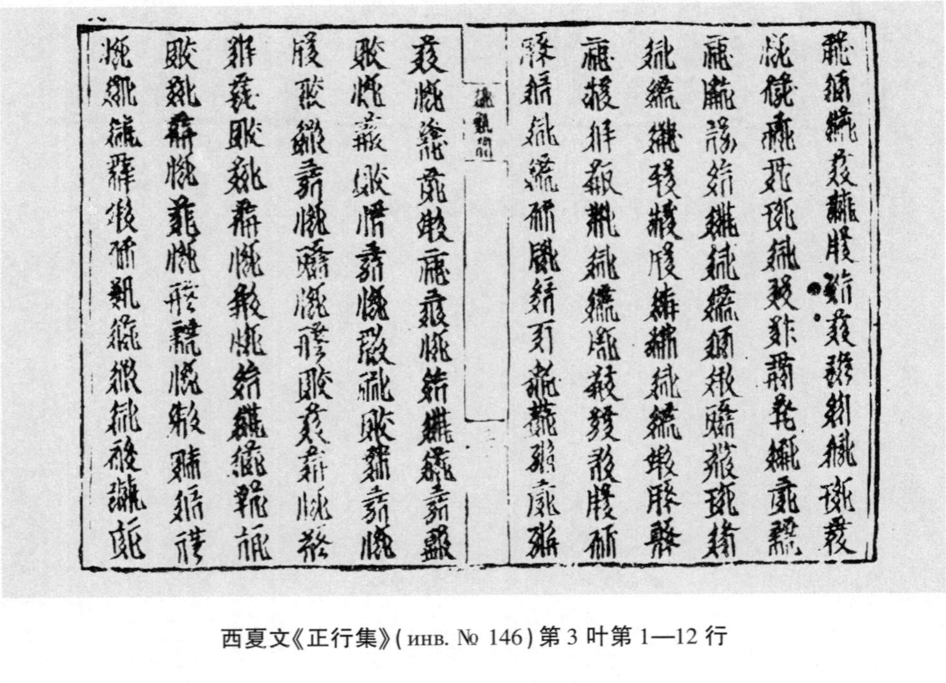

西夏文《正行集》(инв. № 146)第 3 叶第 1—12 行

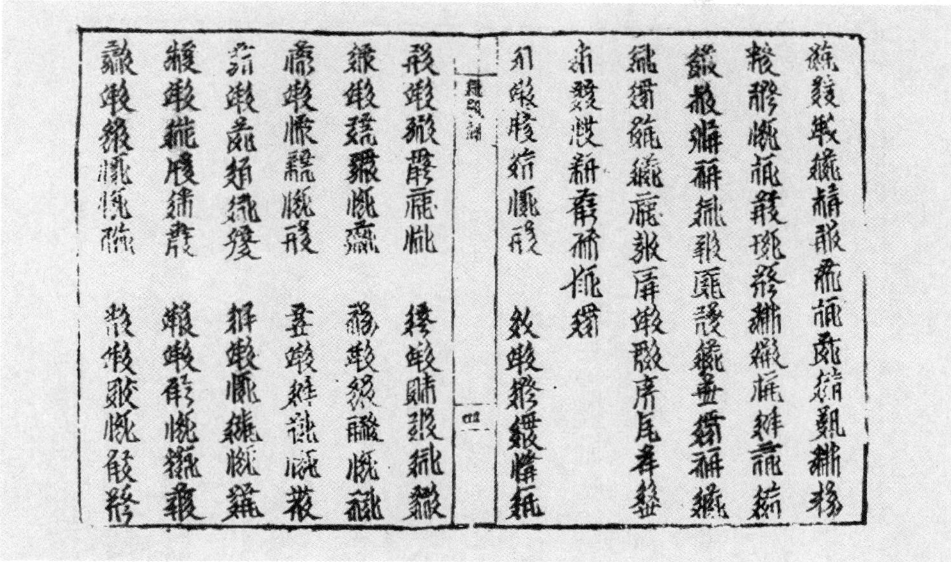

西夏文《正行集》(инв. № 146)第 4 叶第 1—12 行

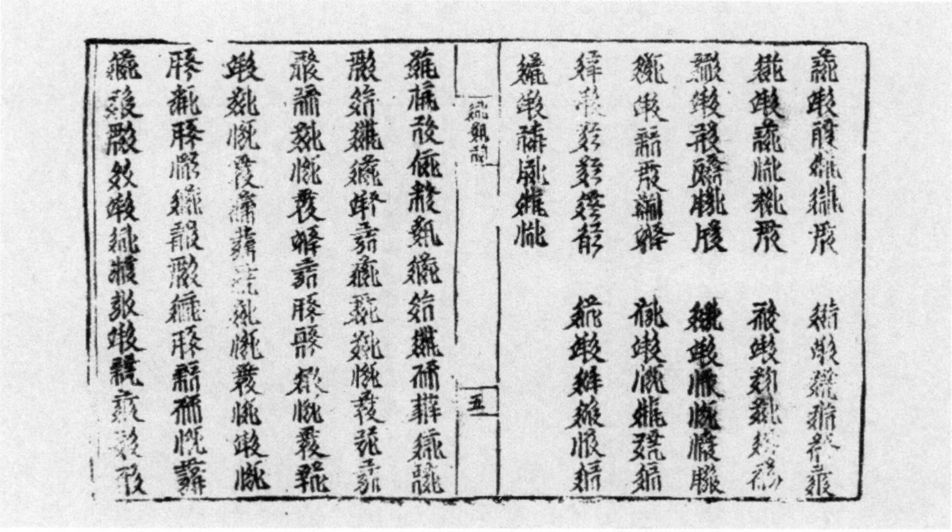

西夏文《正行集》(инв. № 146)第 5 叶第 1—12 行

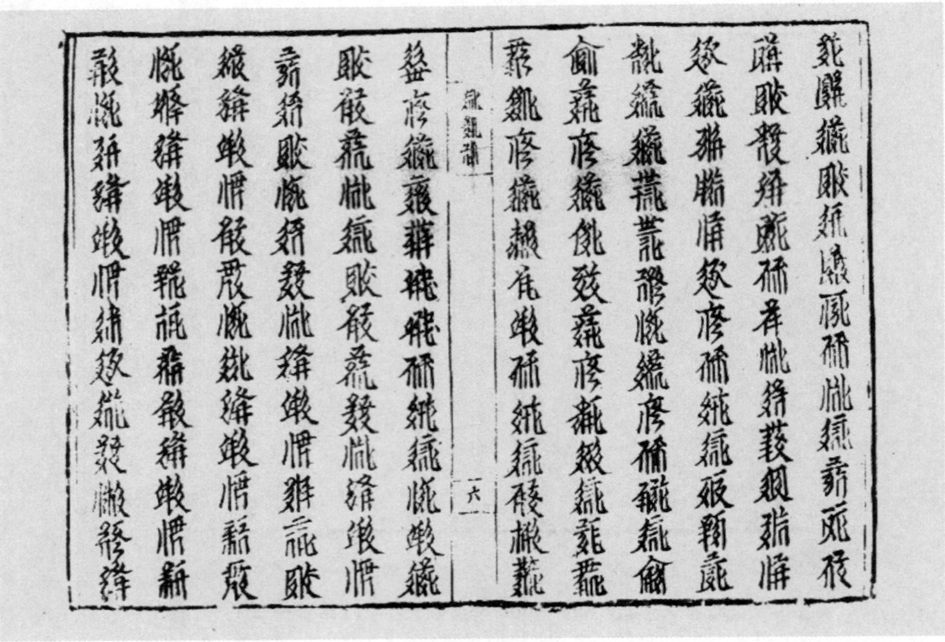

西夏文《正行集》(инв. № 146) 第 6 叶第 1—12 行

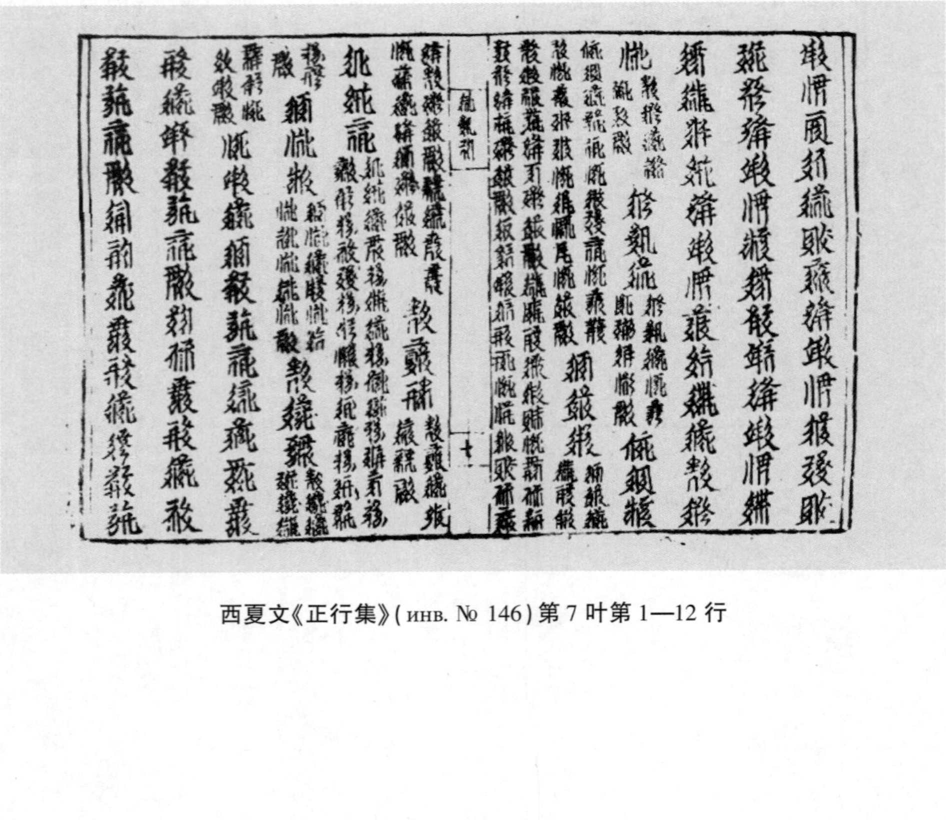

西夏文《正行集》(инв. № 146) 第 7 叶第 1—12 行

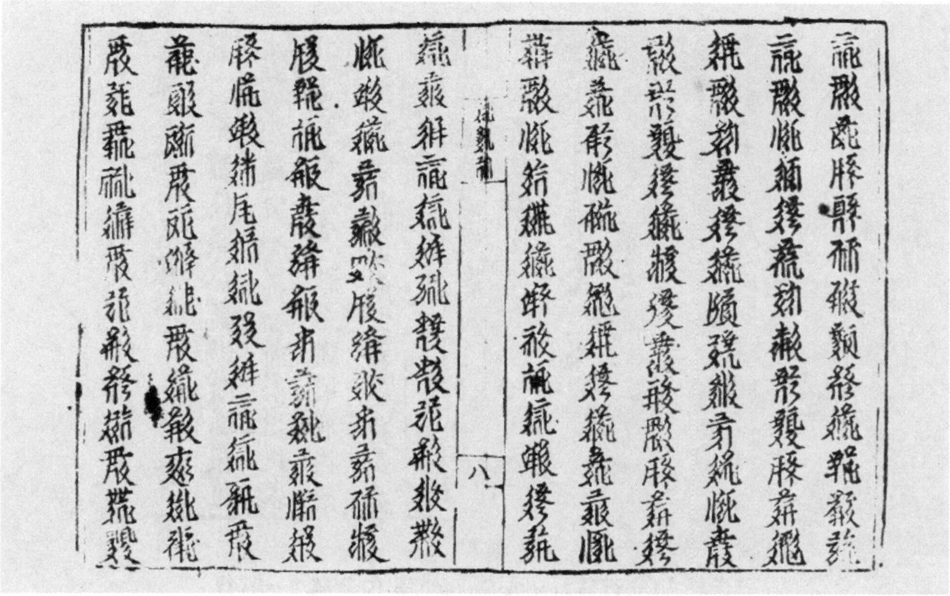

西夏文《正行集》(инв. № 146)第 8 叶第 1—12 行

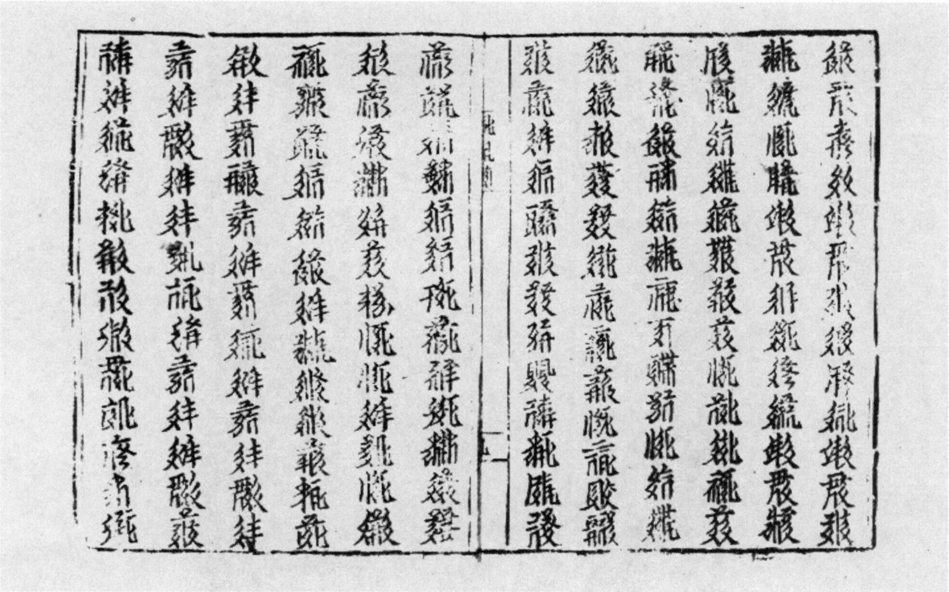

西夏文《正行集》(инв. № 146)第 9 叶第 1—12 行

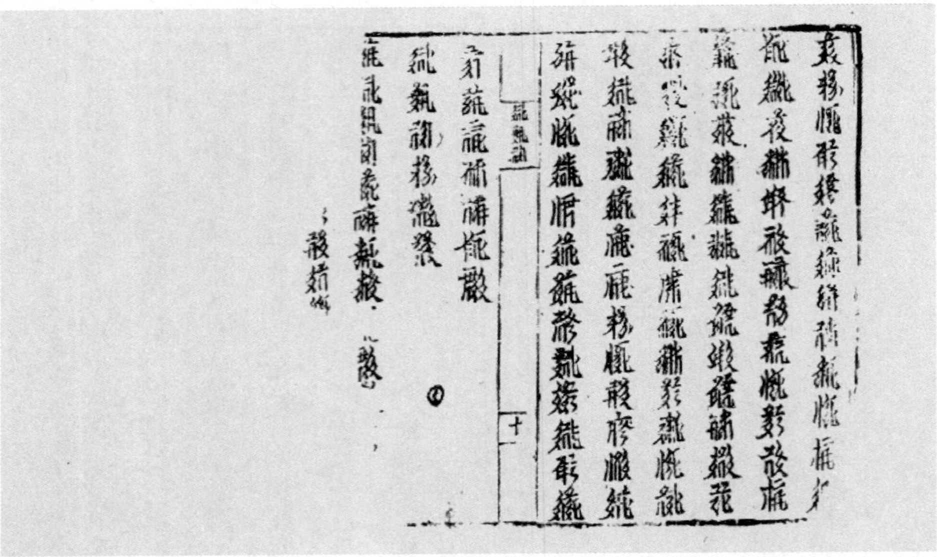

西夏文《正行集》(инв. № 146) 第 10 叶第 1—10 行

三　西夏文《三观九门枢钥》

西夏文《三观九门枢钥》(инв. № 2551) 封面

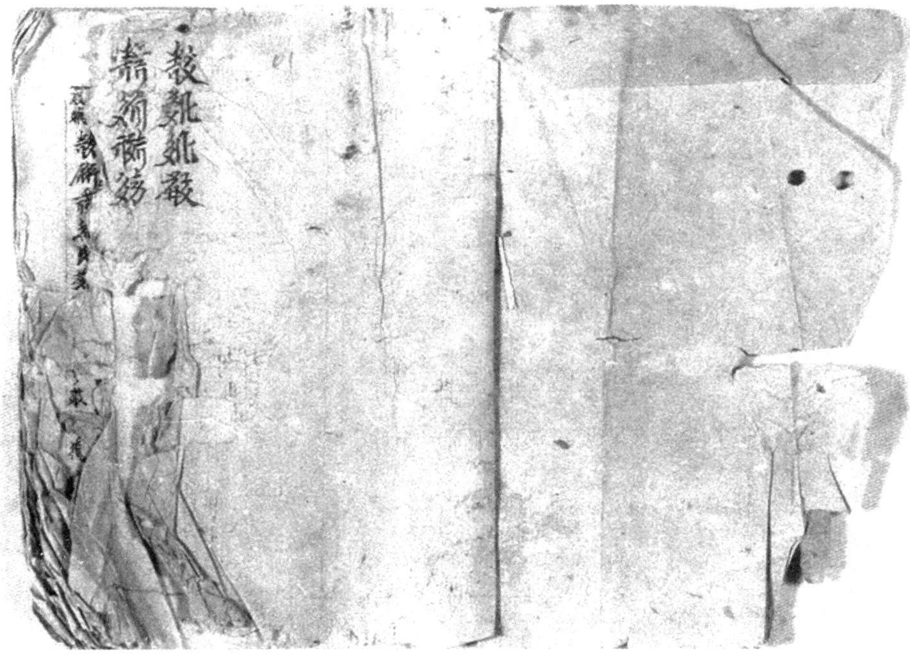

西夏文《三观九门枢钥》(инв. № 2551)扉页

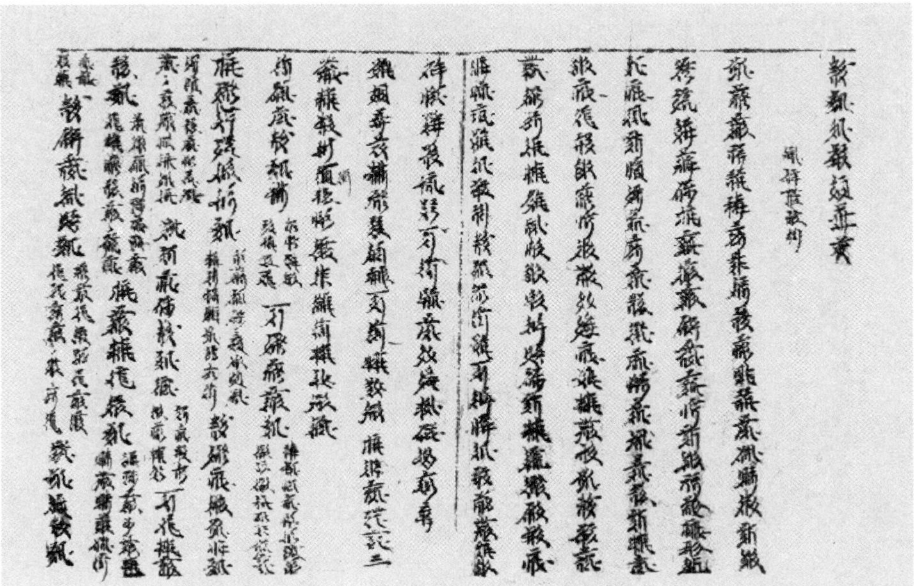

《三观九门枢钥》(инв. № 2551)第1叶第1—16行

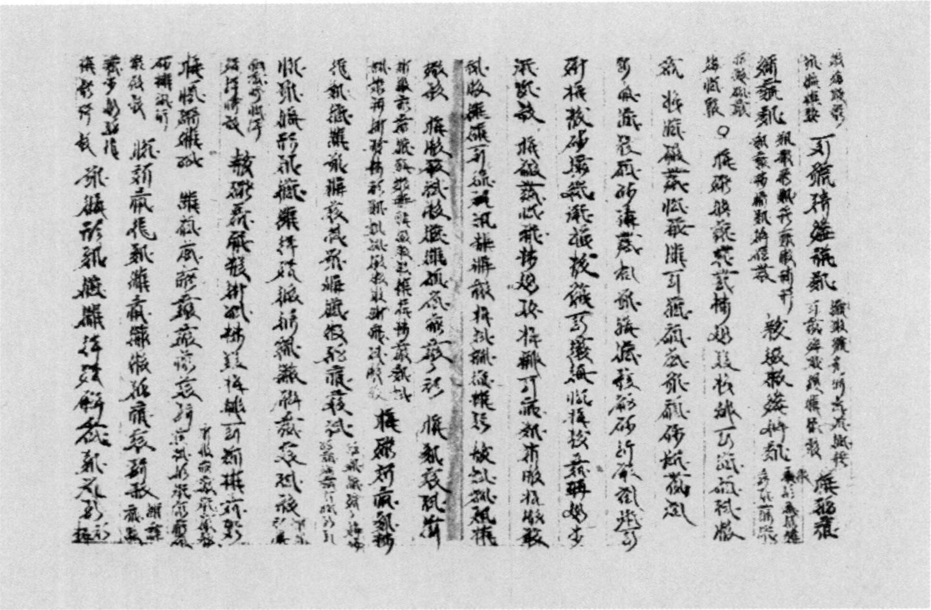

西夏文《三观九门枢钥》(инв. № 2551)第 2 叶第 1—16 行

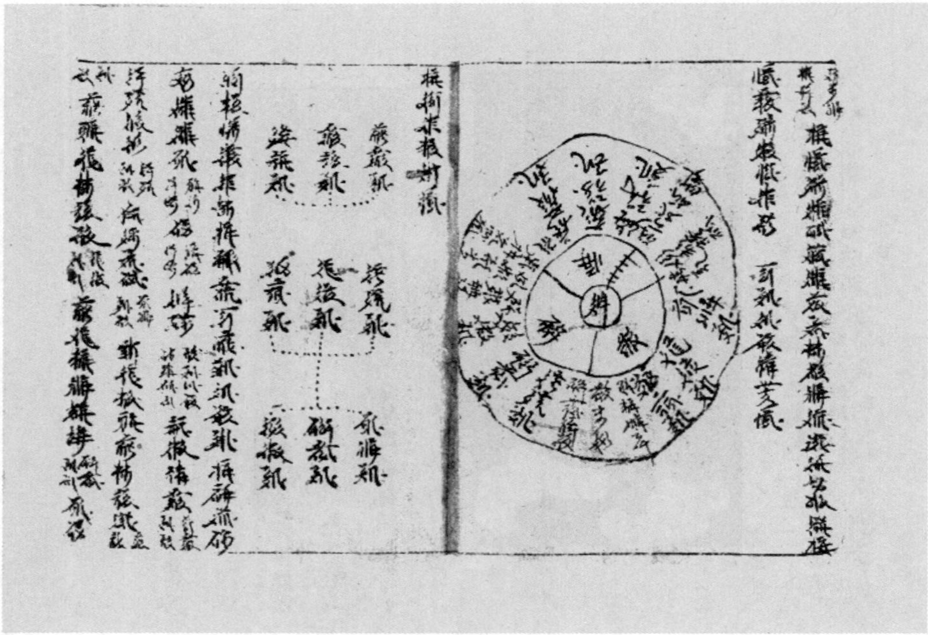

西夏文《三观九门枢钥》(инв. № 2551)第 3 叶

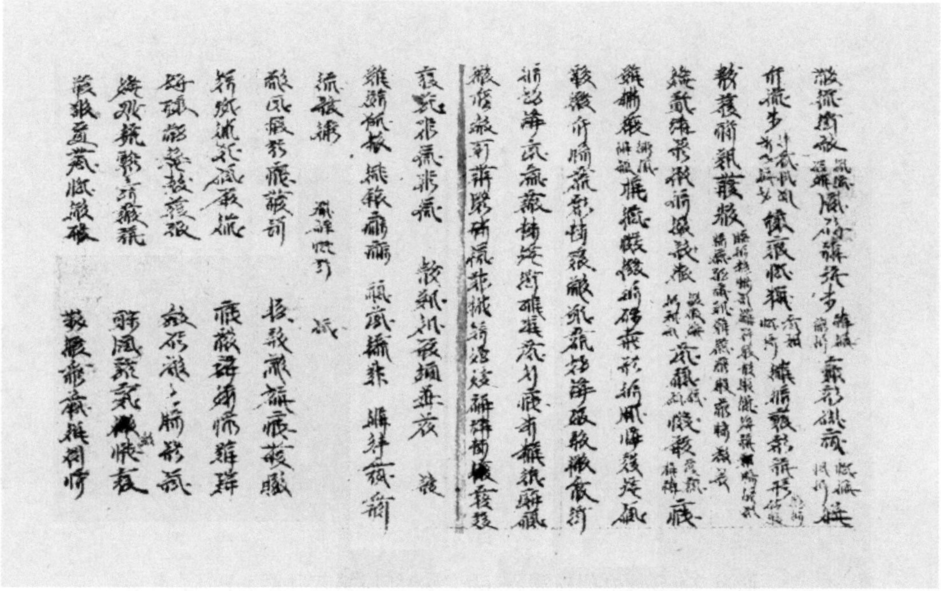

西夏文《三观九门枢钥》(инв. № 2551)第 4 叶第 1—16 行

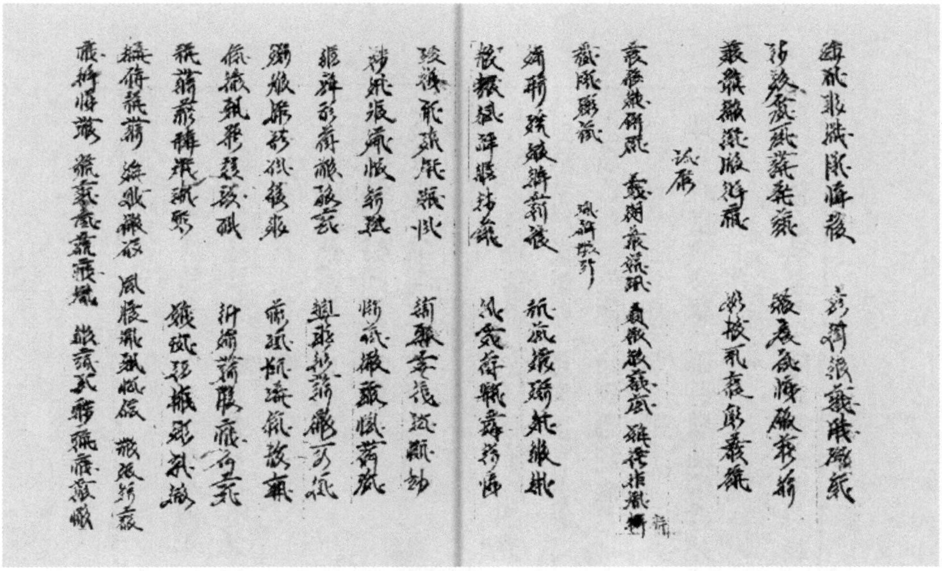

西夏文《三观九门枢钥》(инв. № 2551)第 5 叶第 1—16 行

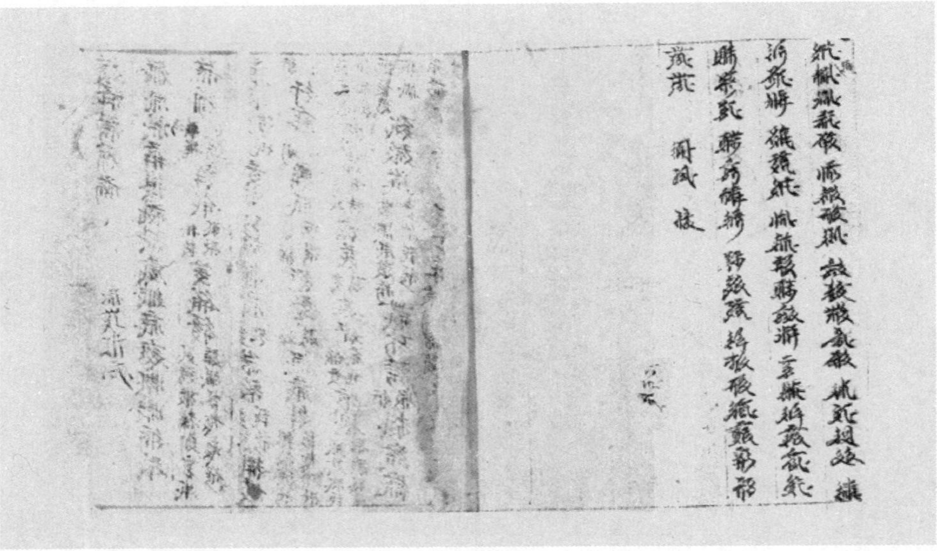

西夏文《三观九门枢钥》(инв. № 2551)第6叶第1—4行

四 西夏文《三代相照文集》

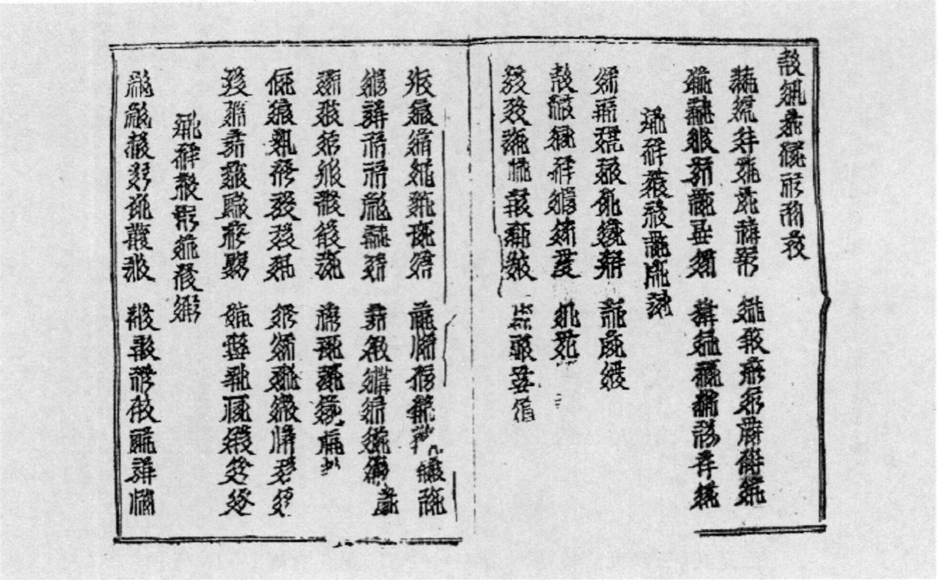

《三代相照文集》(инв. № 4166)第1叶第1—14行

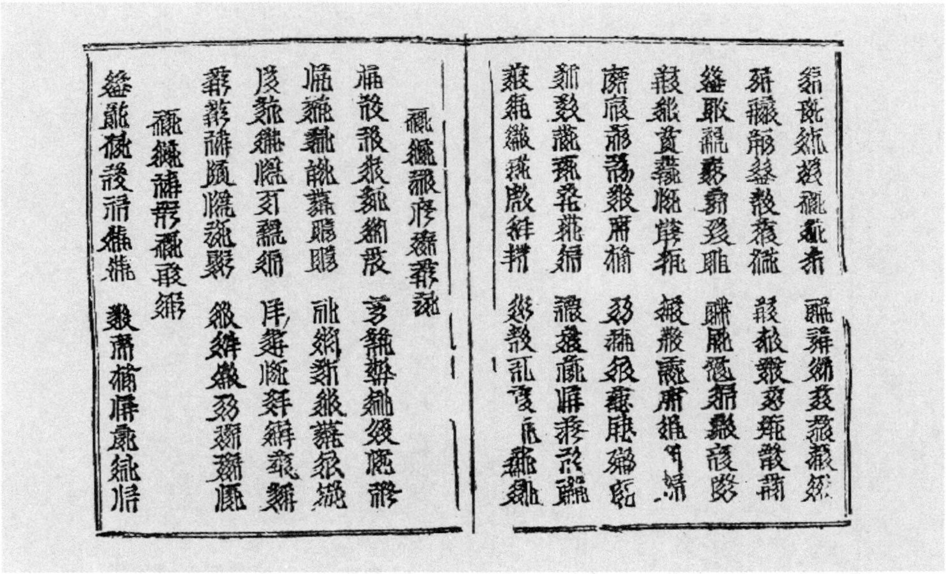

《三代相照文集》(инв. № 4166)第 2 叶第 1—14 行

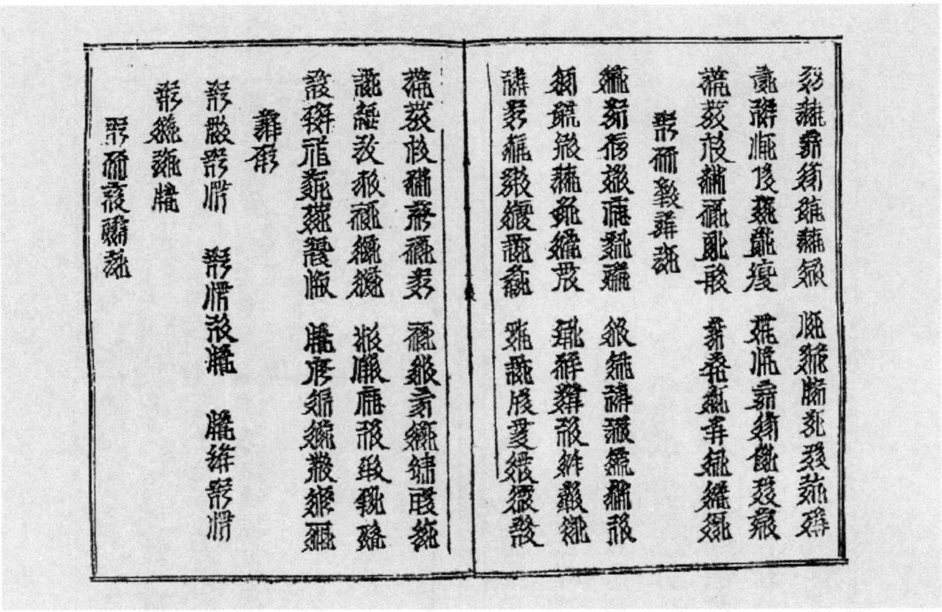

《三代相照文集》(инв. № 4166)第 3 叶第 1—14 行

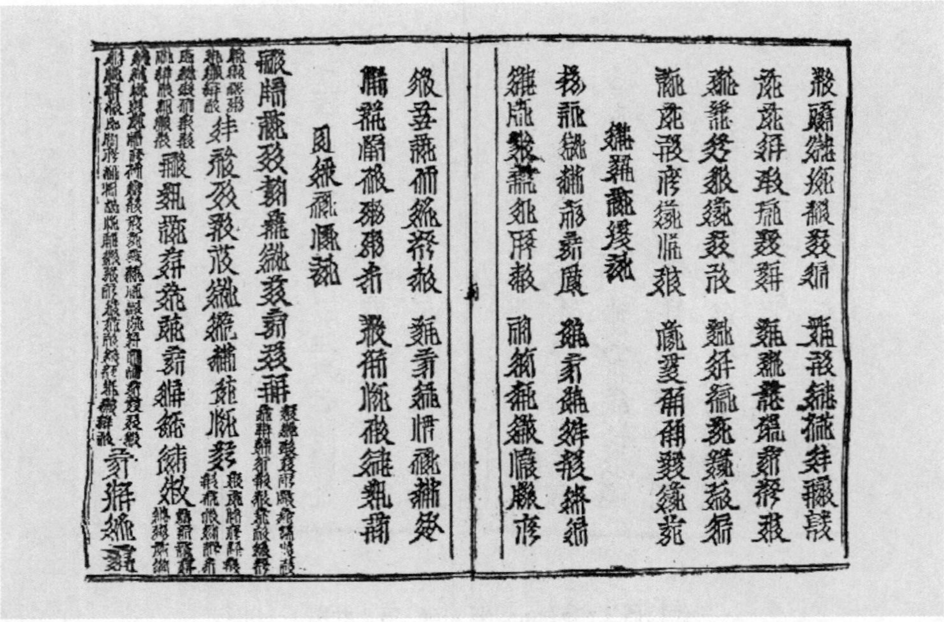

《三代相照文集》(инв. № 4166)第 4 叶第 1—14 行

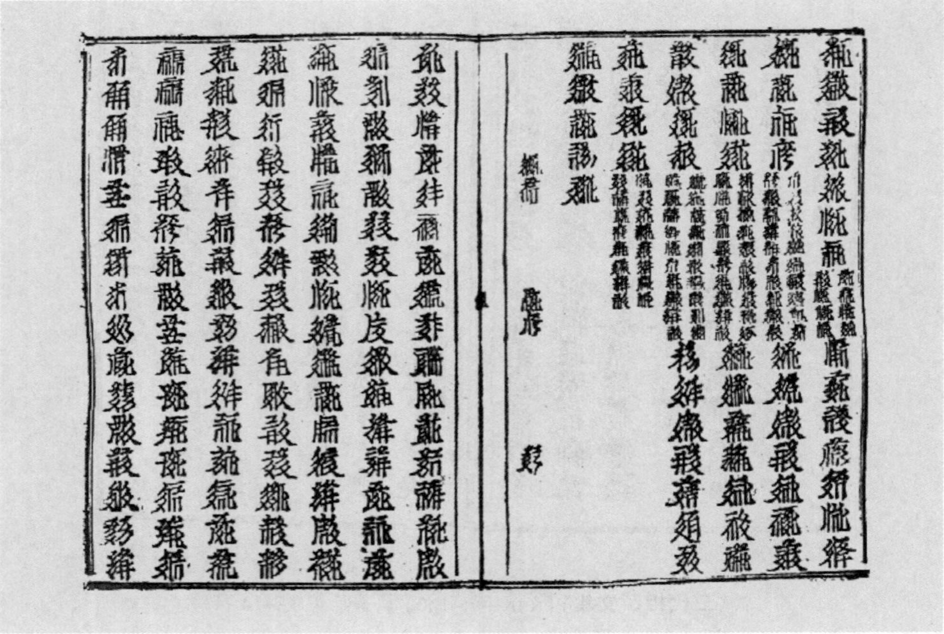

《三代相照文集》(инв. № 4166)第 5 叶第 1—14 行

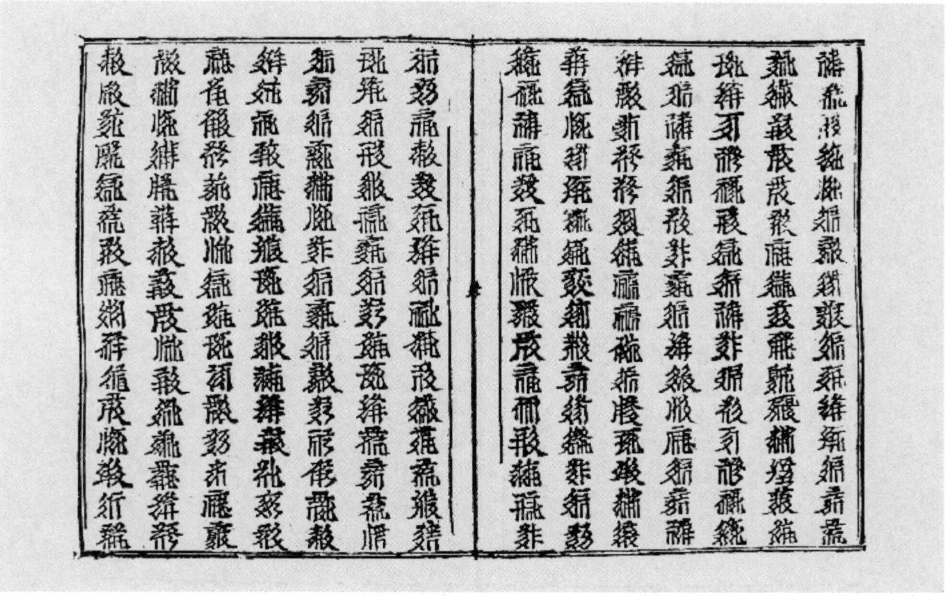

《三代相照文集》(инв. № 4166)第 6 叶第 1—14 行

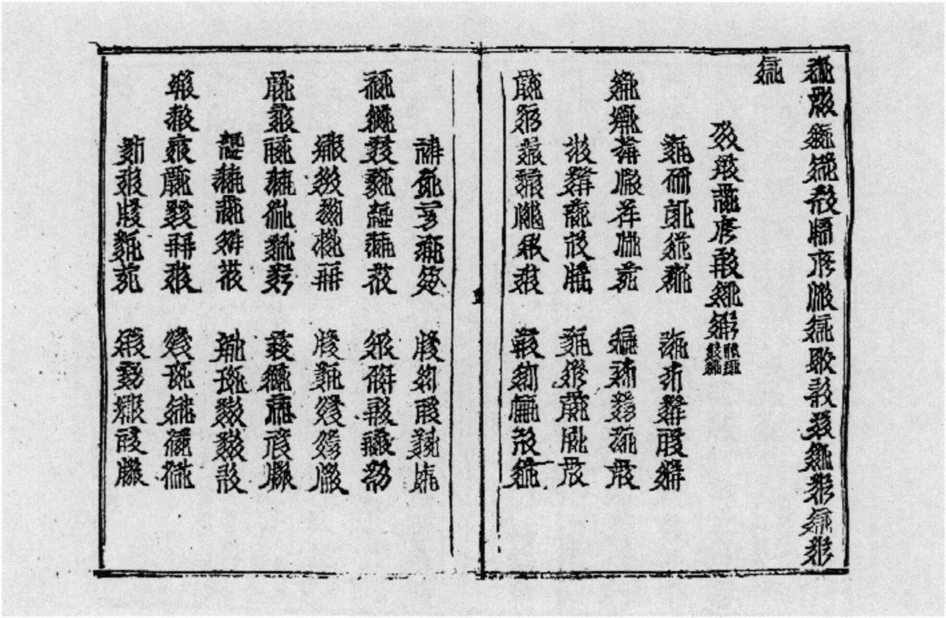

《三代相照文集》(инв. № 4166)第 7 叶第 1—14 行

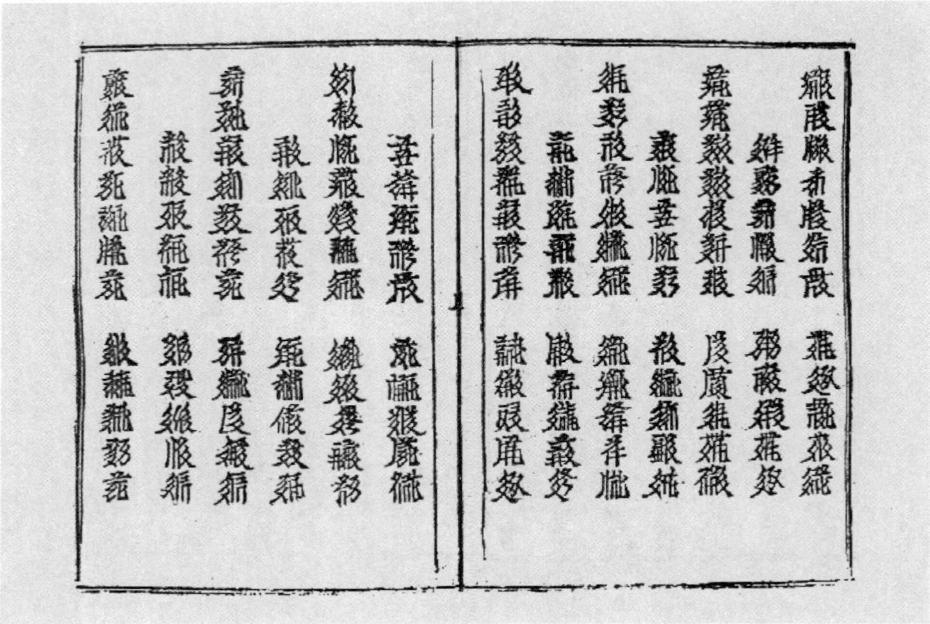

《三代相照文集》(инв. № 4166) 第 8 叶第 1—14 行

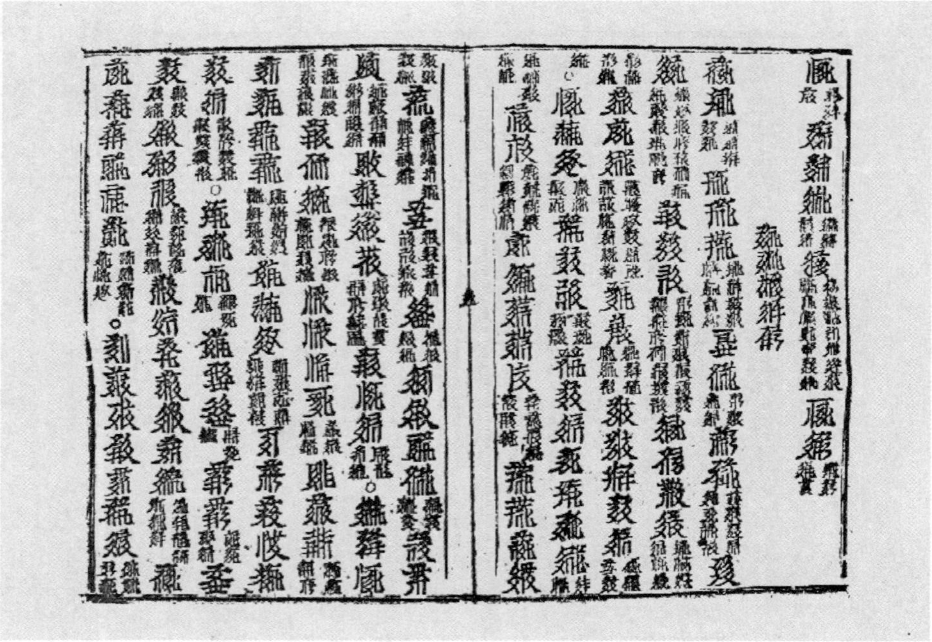

《三代相照文集》(инв. № 4166) 第 9 叶第 1—14 行

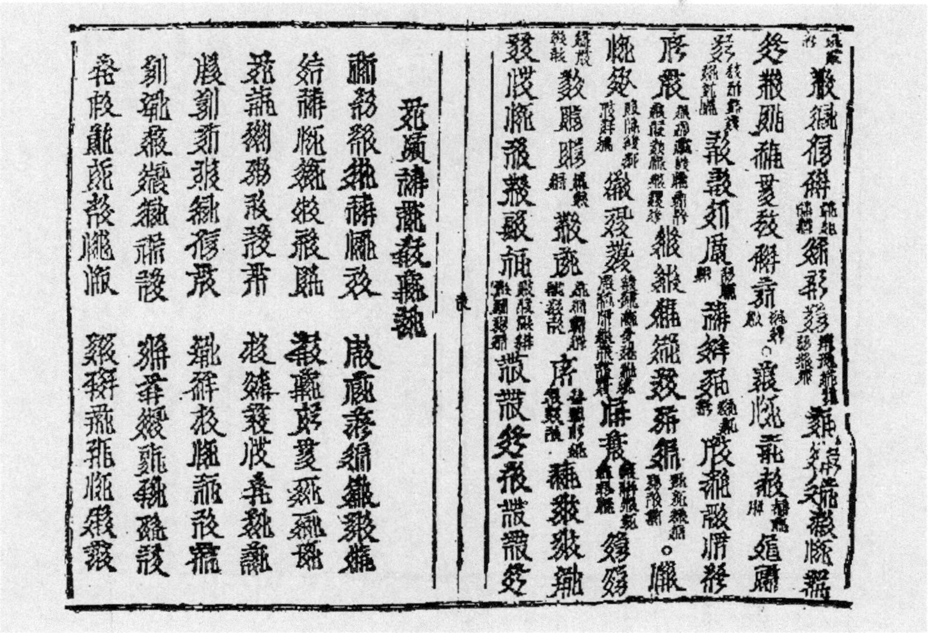

《三代相照文集》(инв. № 4166) 第 10 叶第 1—14 行

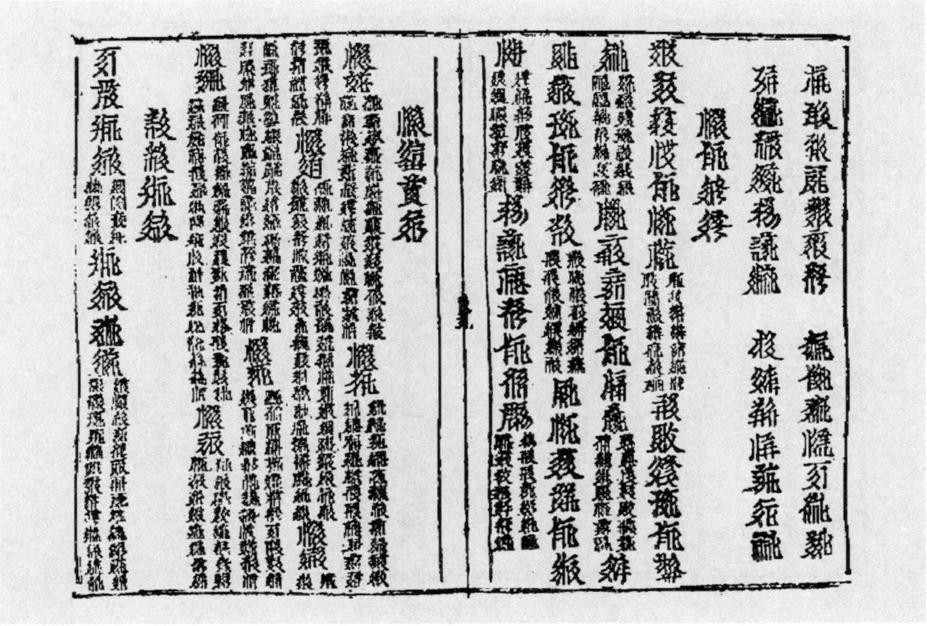

《三代相照文集》(инв. № 4166) 第 11 叶第 1—14 行

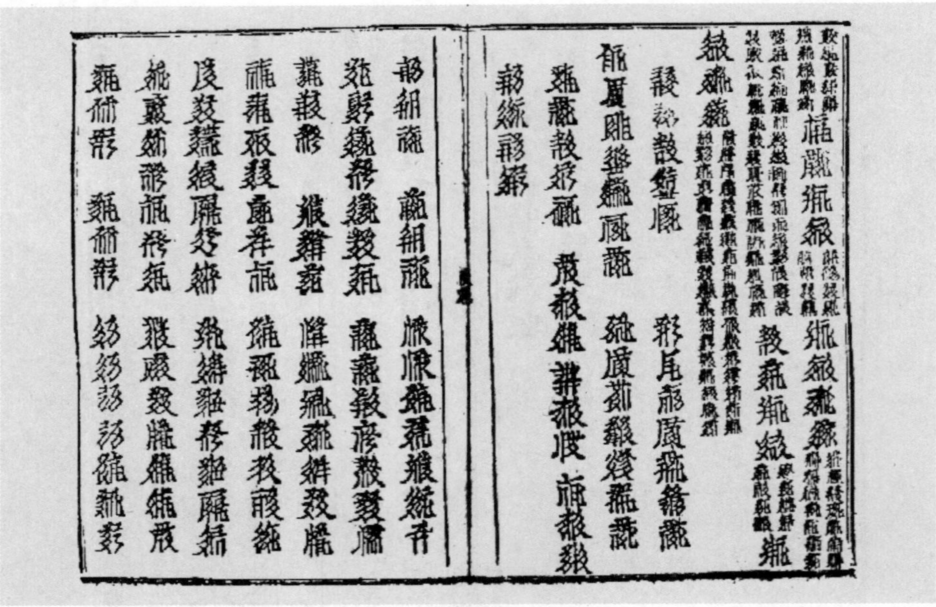

《三代相照文集》(инв. № 4166) 第 12 叶第 1—14 行

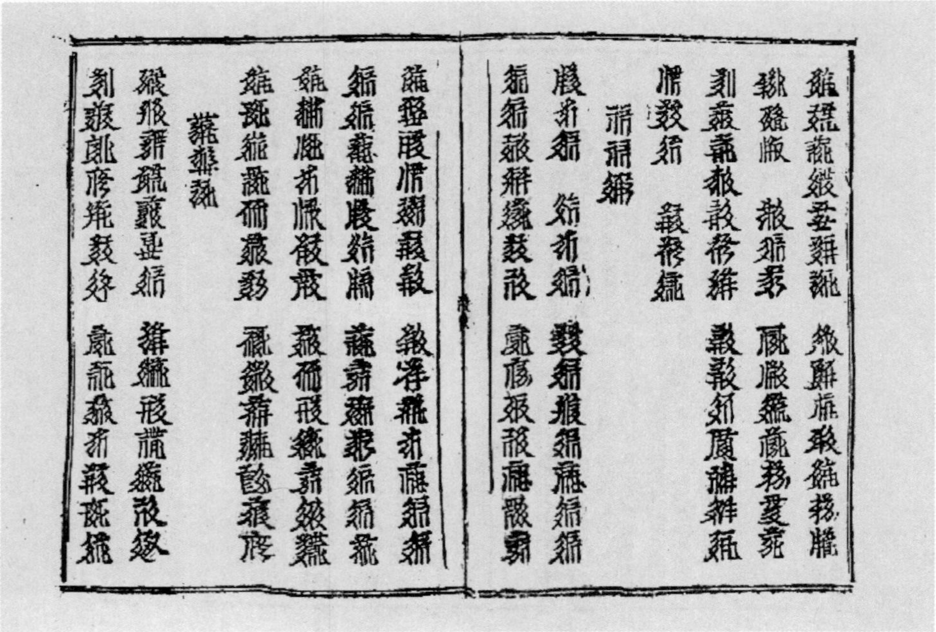

《三代相照文集》(инв. № 4166) 第 13 叶第 1—14 行

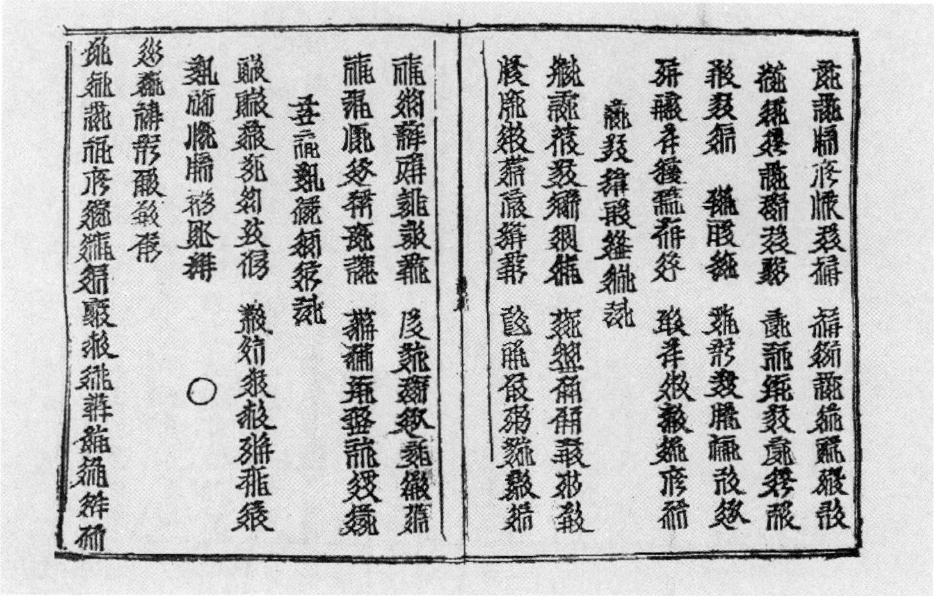

《三代相照文集》(инв. № 4166)第 14 叶第 1—14 行

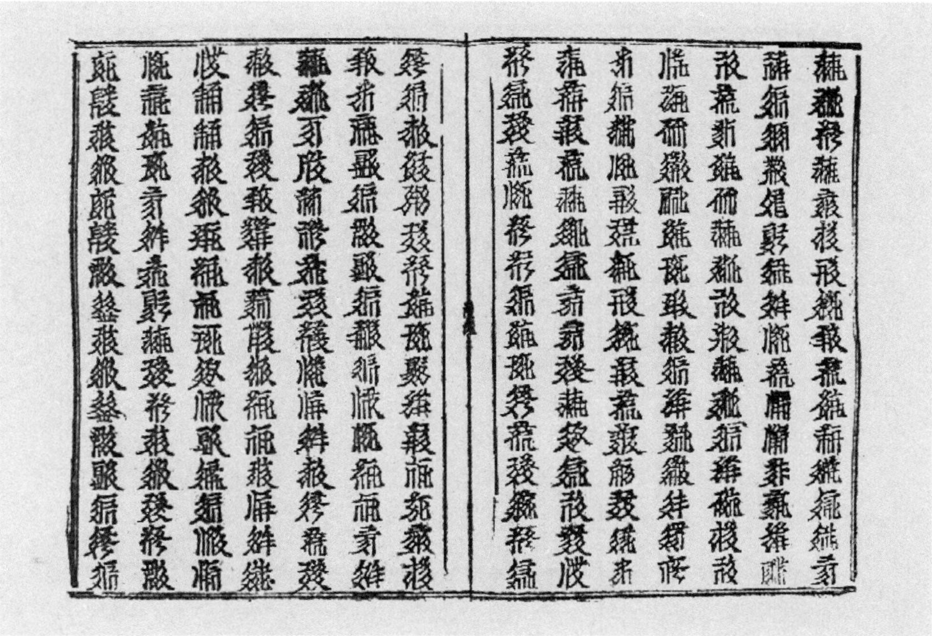

《三代相照文集》(инв. № 4166)第 15 叶第 1—14 行

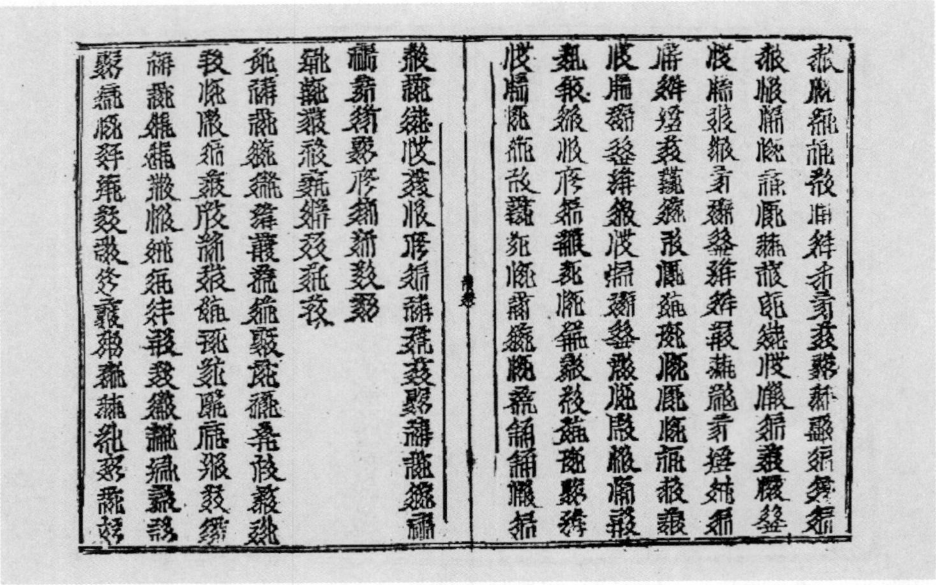

《三代相照文集》(инв. № 4166)第16叶第1—14行

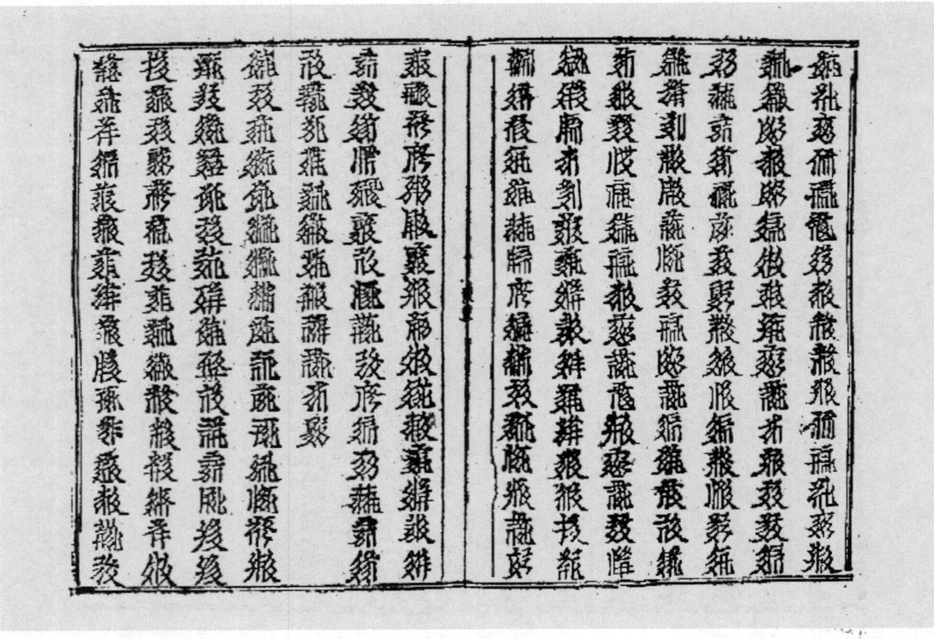

《三代相照文集》(инв. № 4166)第17叶第1—14行

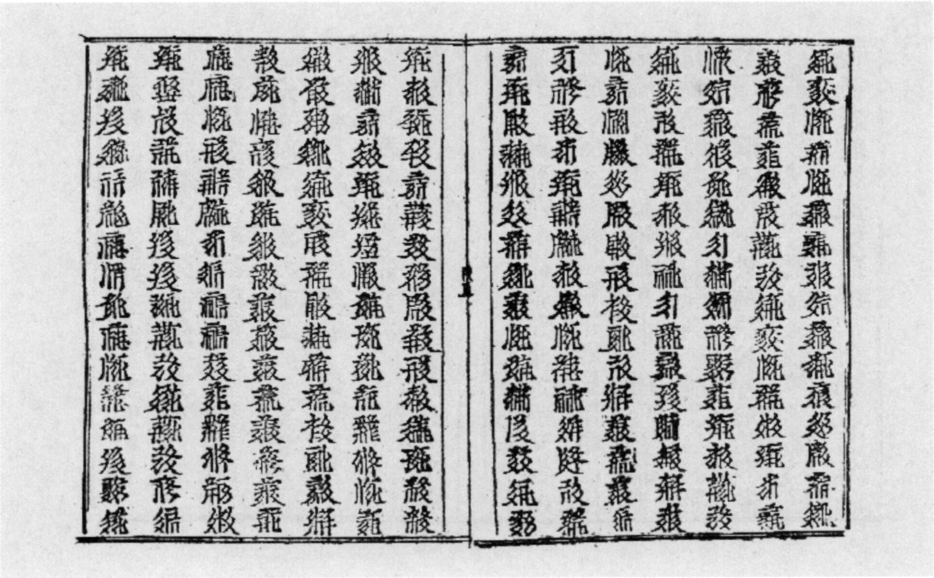

《三代相照文集》（инв. № 4166）第 18 叶第 1—14 行

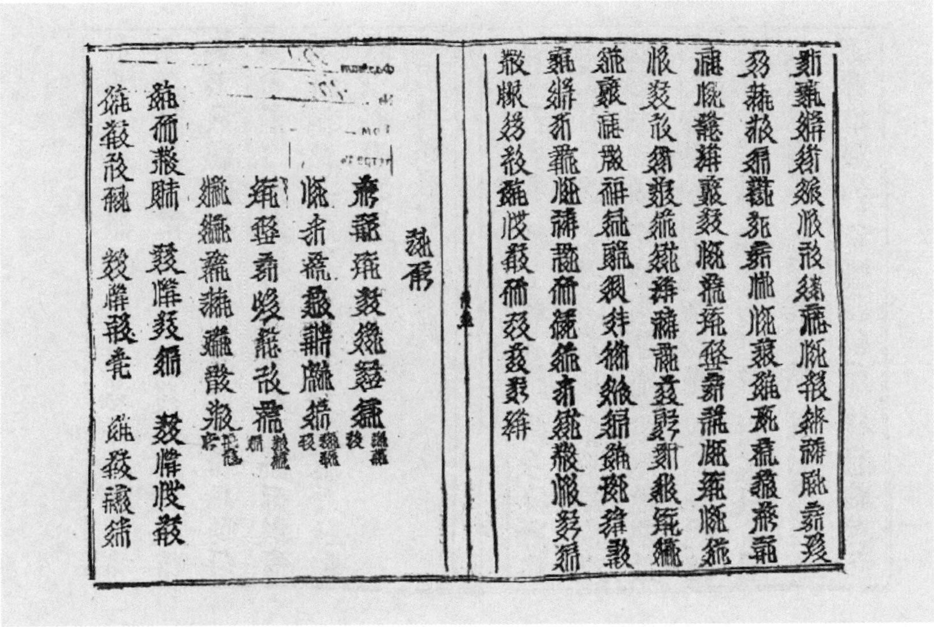

《三代相照文集》（инв. № 4166）第 19 叶第 1—14 行

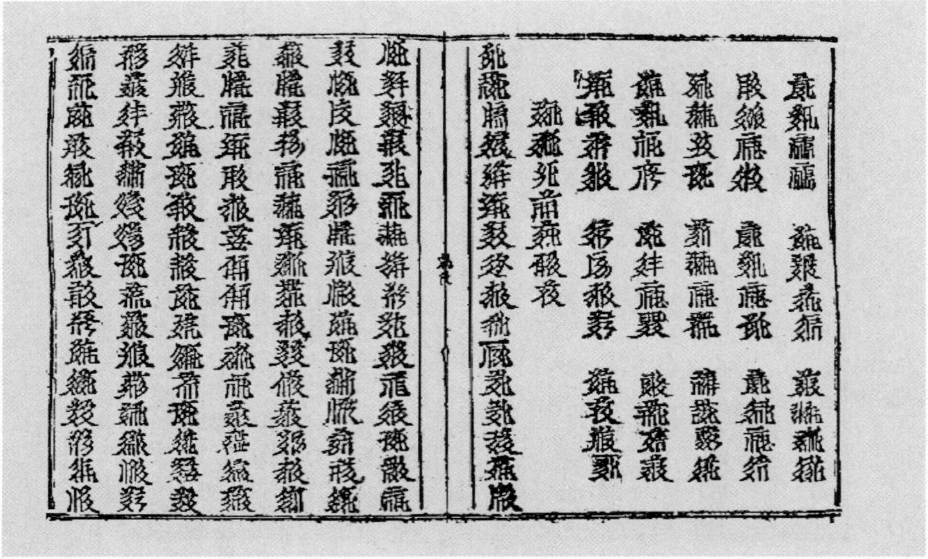

《三代相照文集》(инв. № 4166) 第 20 叶第 1—14 行

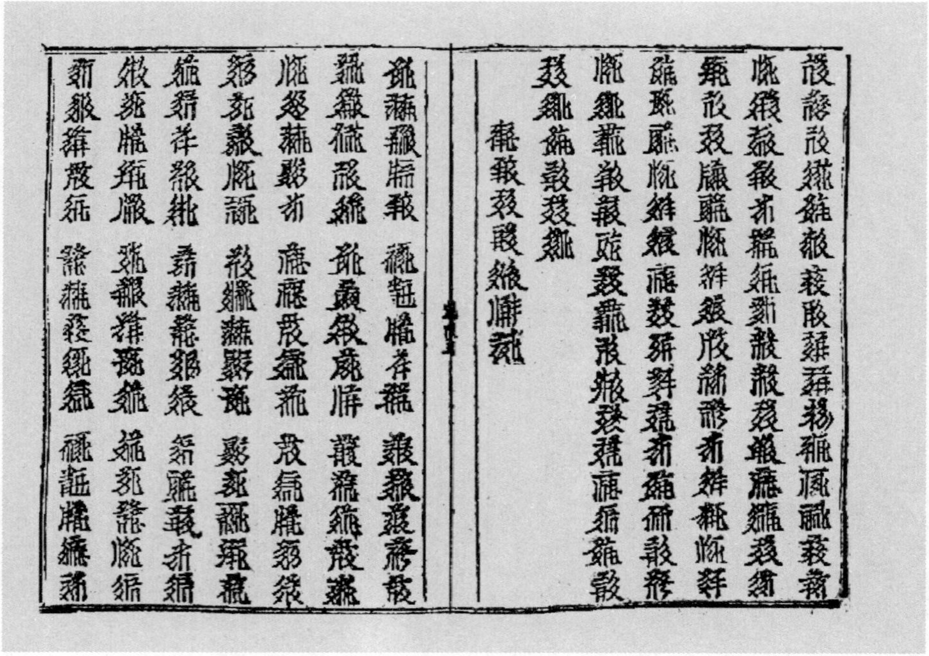

《三代相照文集》(инв. № 4166) 第 21 叶第 1—14 行

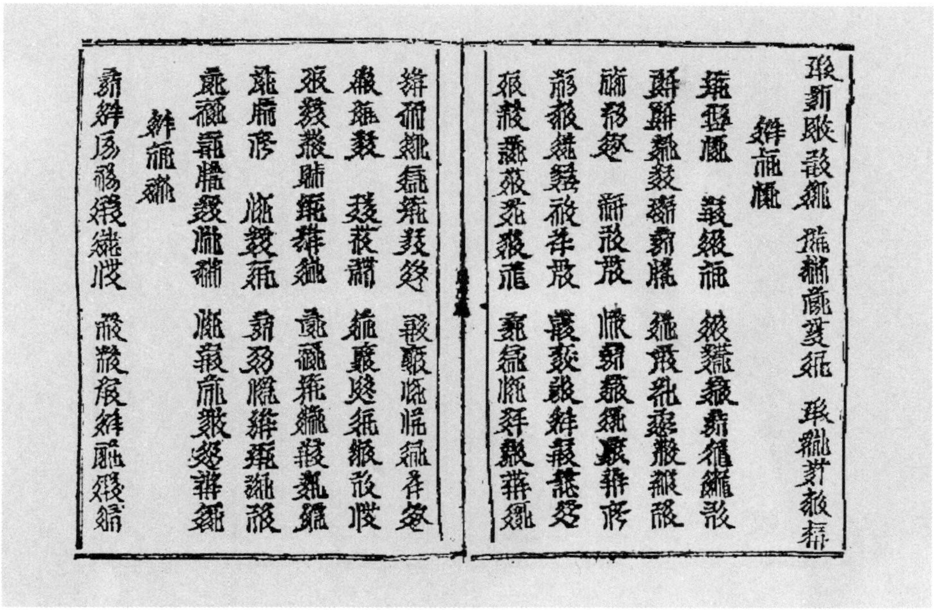

《三代相照文集》(инв. № 4166)第 22 叶第 1—14 行

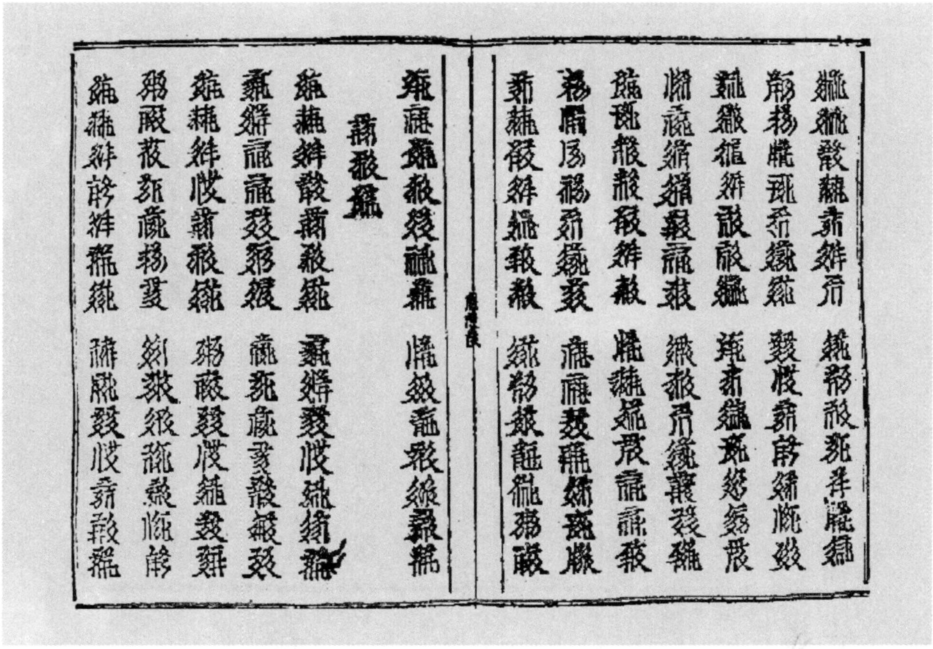

《三代相照文集》(инв. № 4166)第 23 叶第 1—14 行

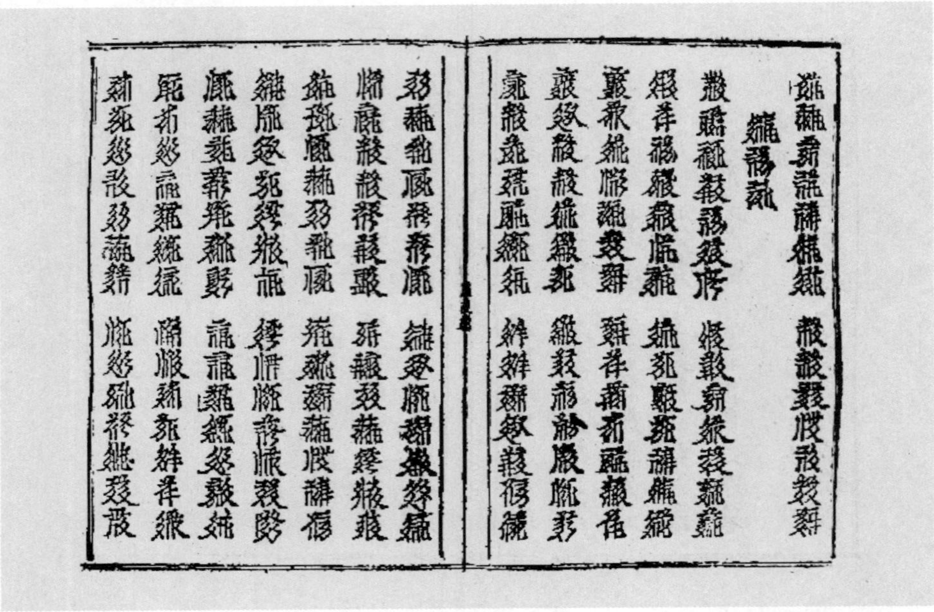

《三代相照文集》(инв. № 4166)第 24 叶第 1—14 行

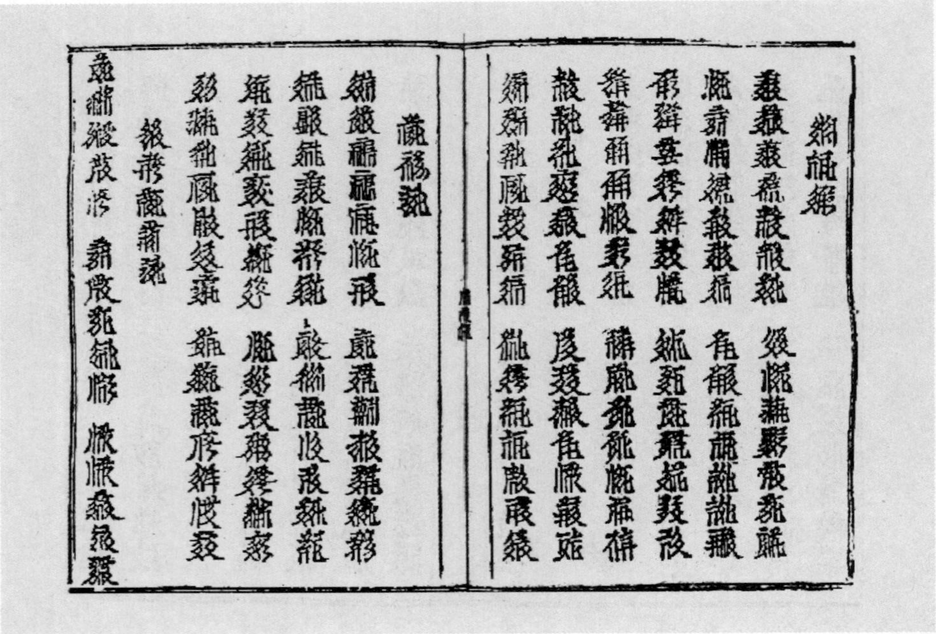

《三代相照文集》(инв. № 4166)第 25 叶第 1—14 行

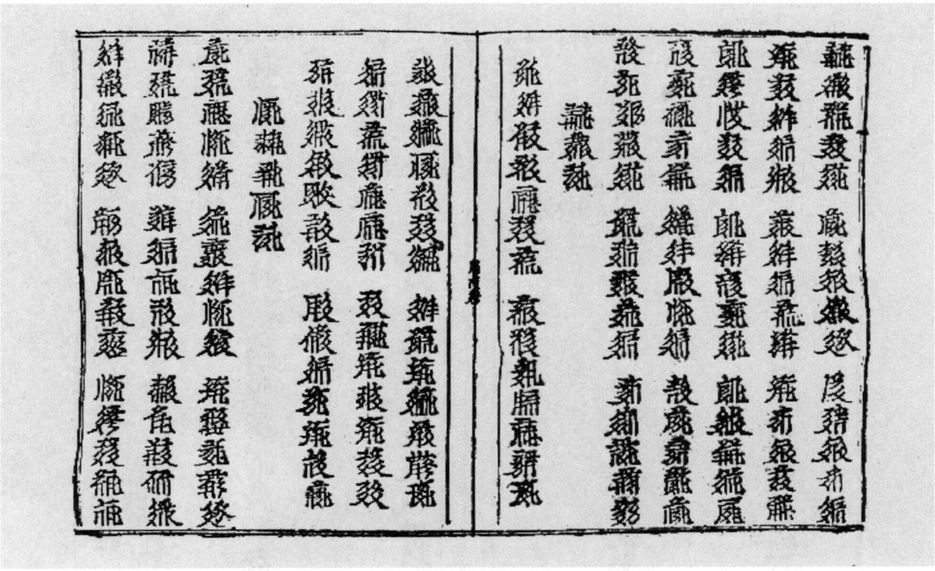

《三代相照文集》(инв. № 4166) 第 26 叶第 1—14 行

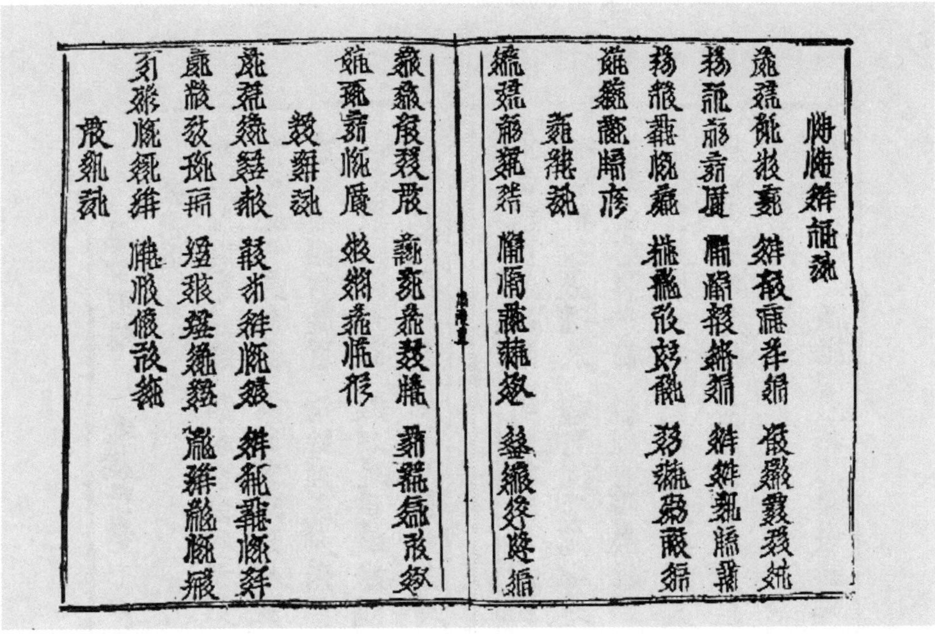

《三代相照文集》(инв. № 4166) 第 27 叶第 1—14 行

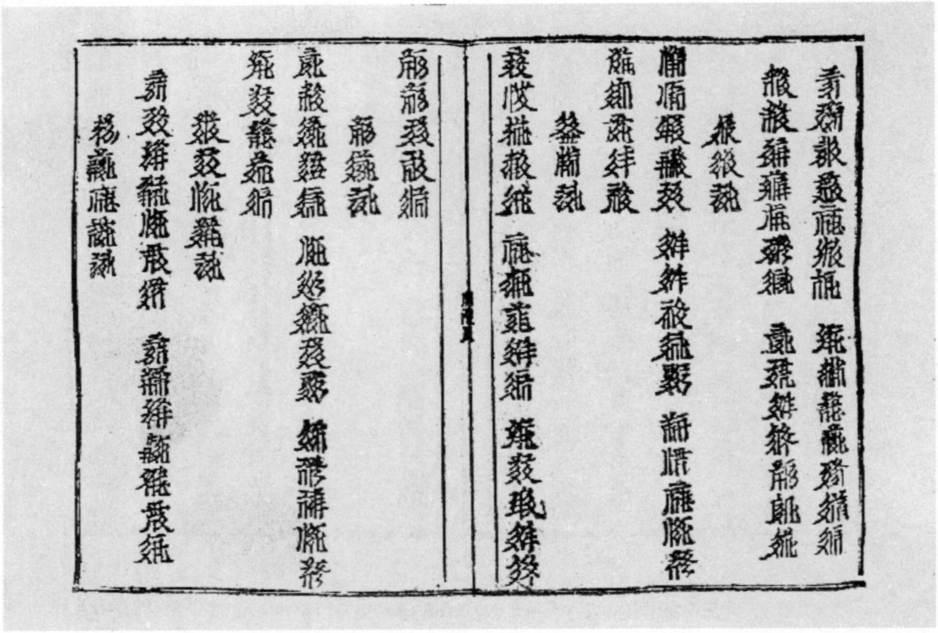

《三代相照文集》(инв. № 4166) 第 28 叶第 1—14 行

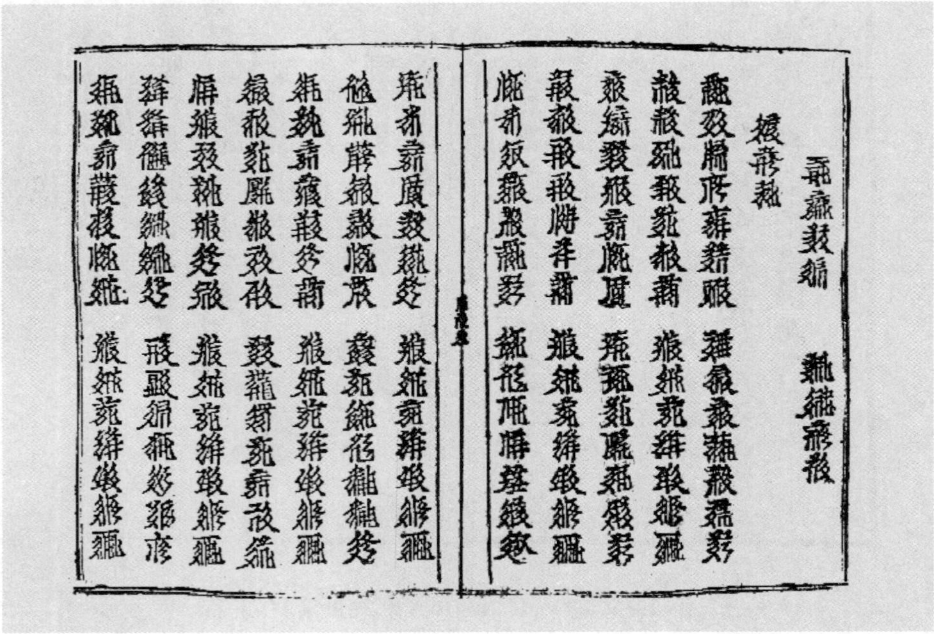

《三代相照文集》(инв. № 4166) 第 29 叶第 1—14 行

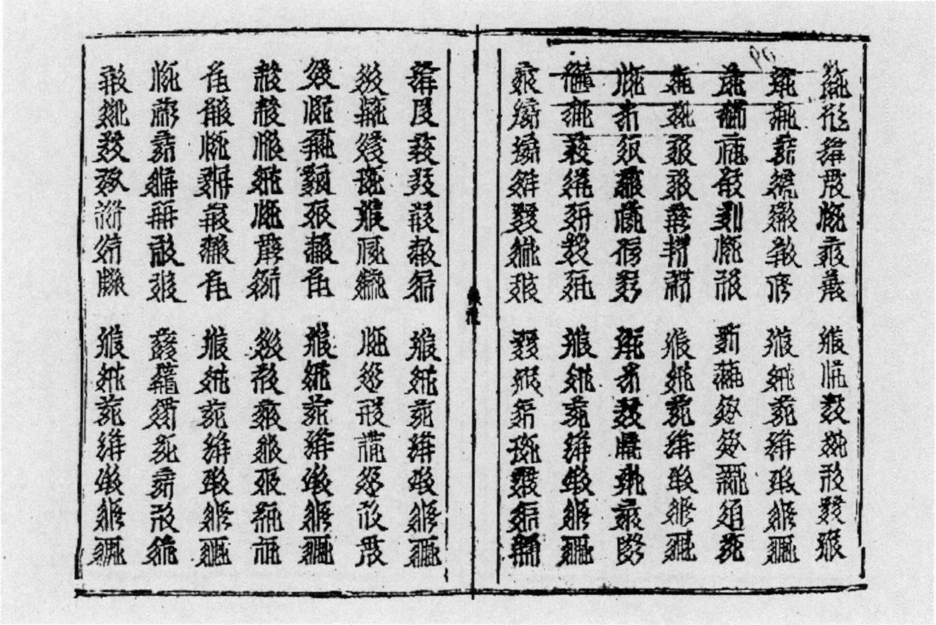

《三代相照文集》(инв. № 4166)第 30 叶第 1—14 行

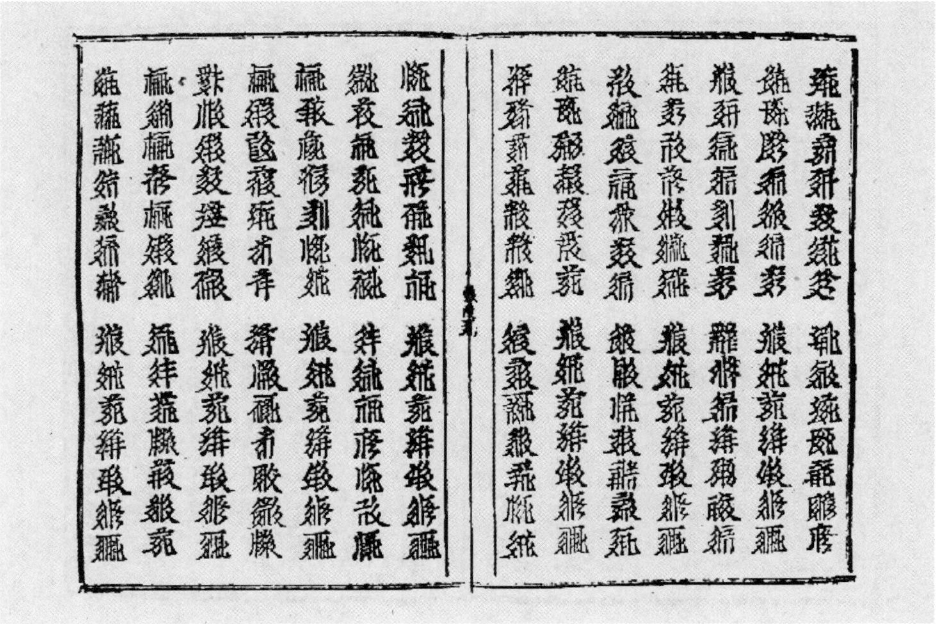

《三代相照文集》(инв. № 4166)第 31 叶第 1—14 行

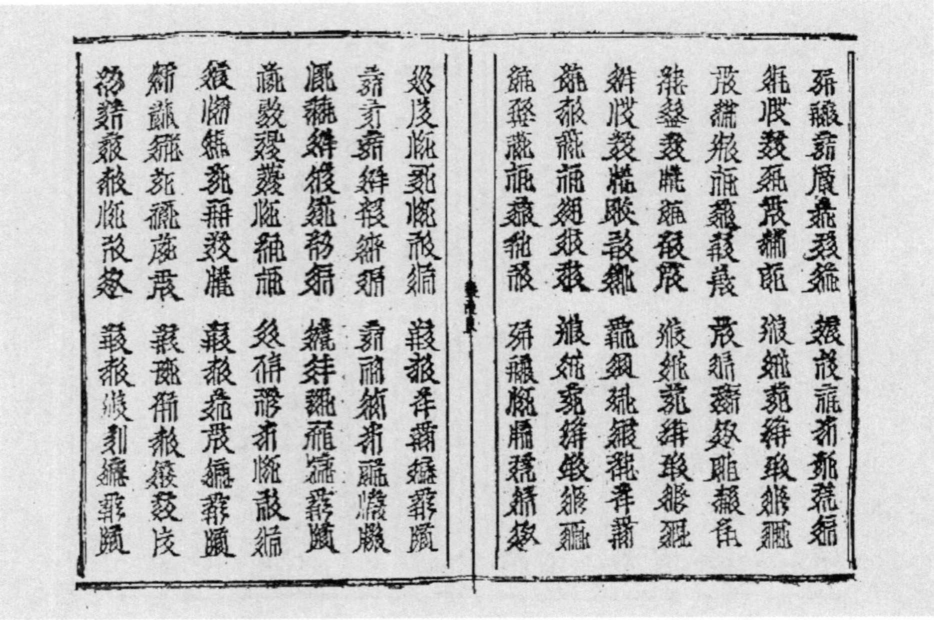

《三代相照文集》(инв. № 4166)第 32 叶第 1—14 行

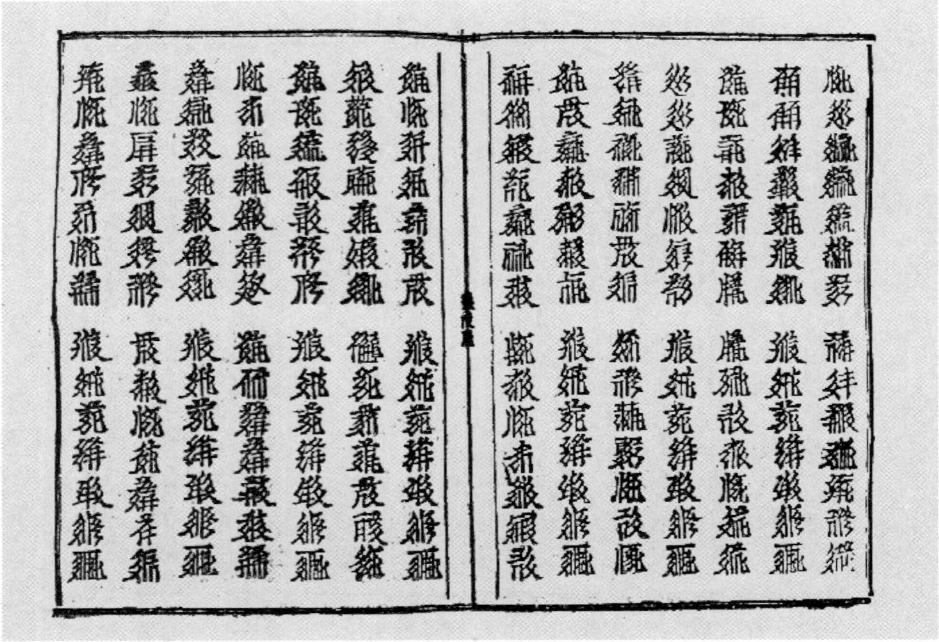

《三代相照文集》(инв. № 4166)第 33 叶第 1—14 行

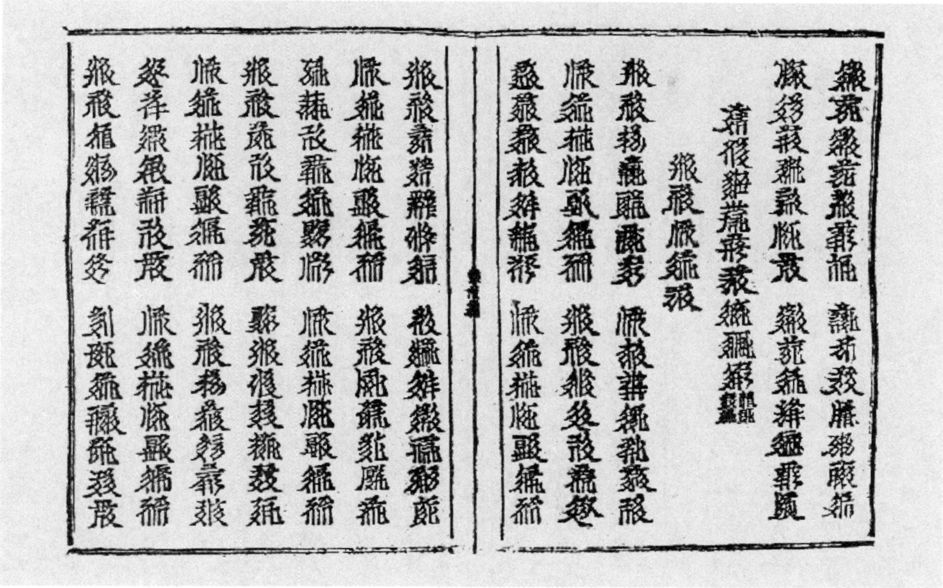

《三代相照文集》(инв. № 4166) 第 34 叶第 1—14 行

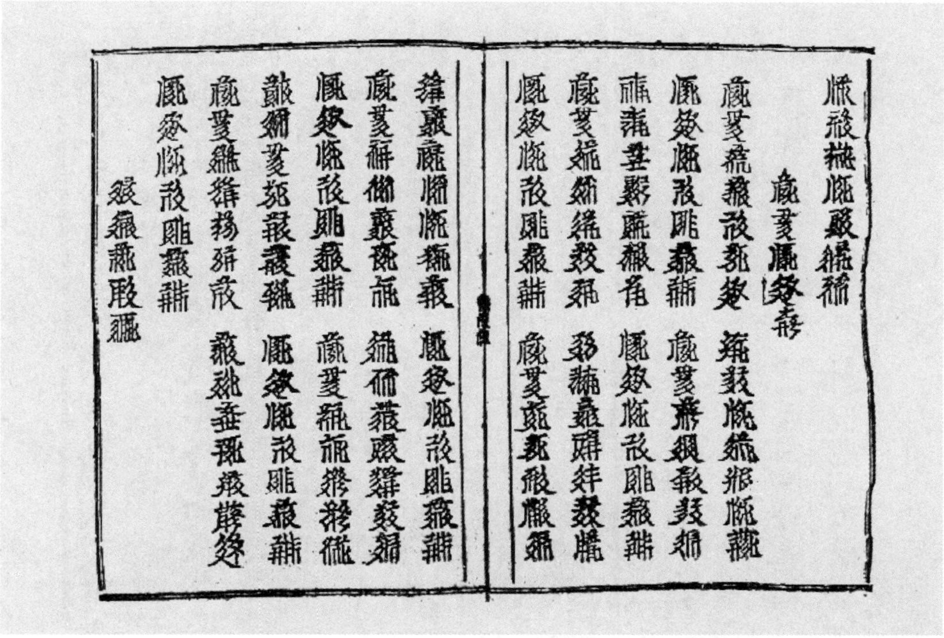

《三代相照文集》(инв. № 4166) 第 35 叶第 1—14 行

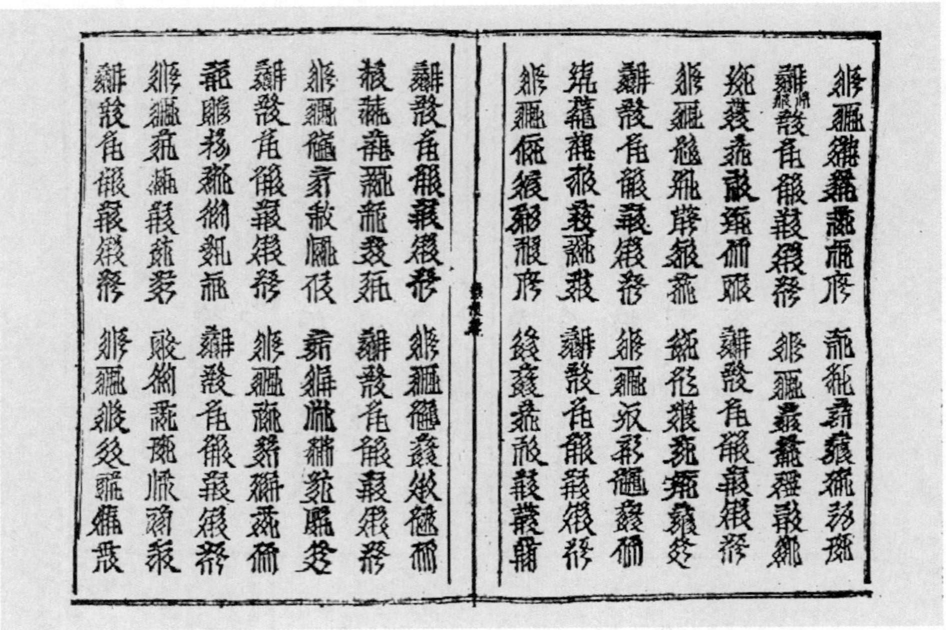

《三代相照文集》(инв. № 4166)第 36 叶第 1—14 行

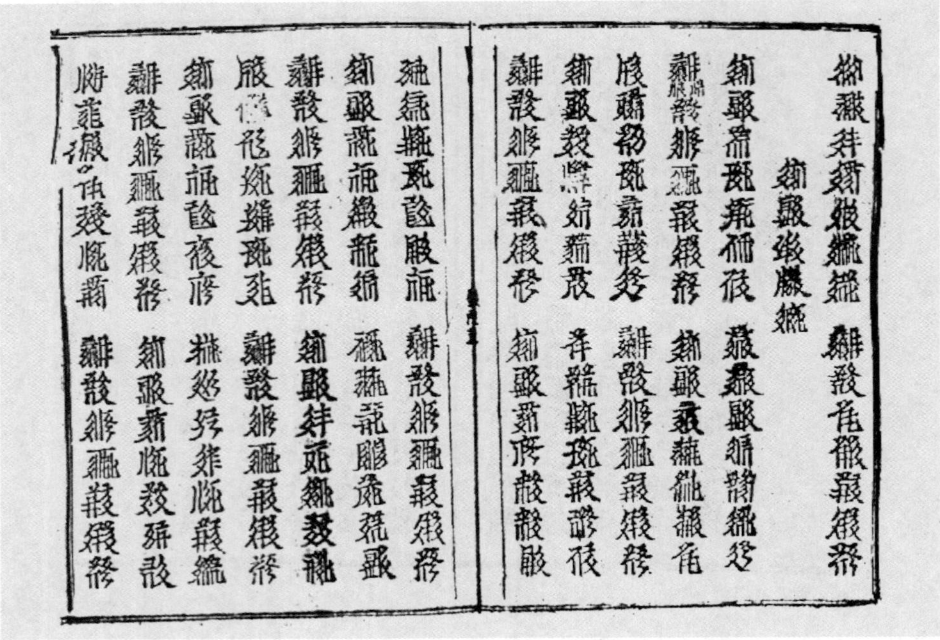

《三代相照文集》(инв. № 4166)第 37 叶第 1—14 行

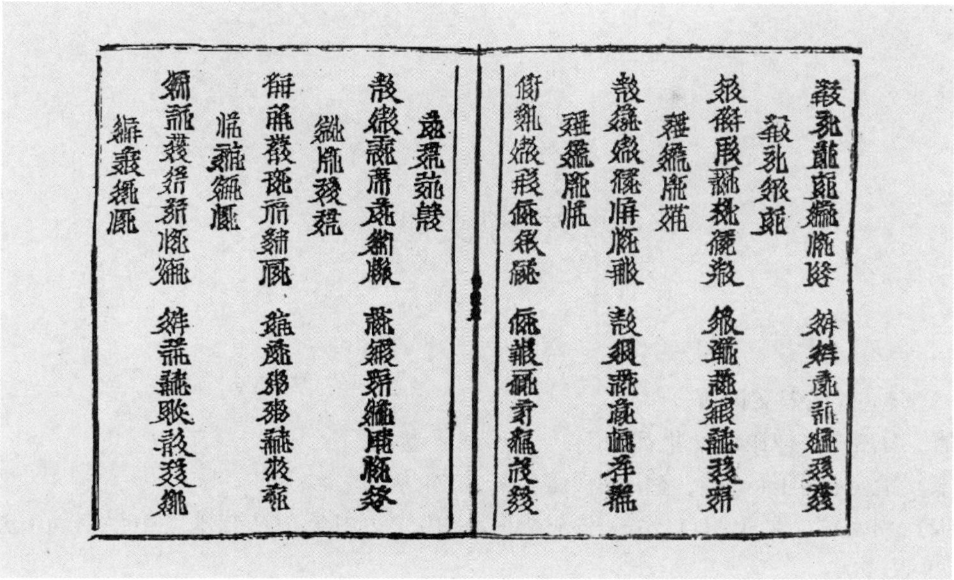

《三代相照文集》(инв. № 4166)第 38 叶第 1—14 行

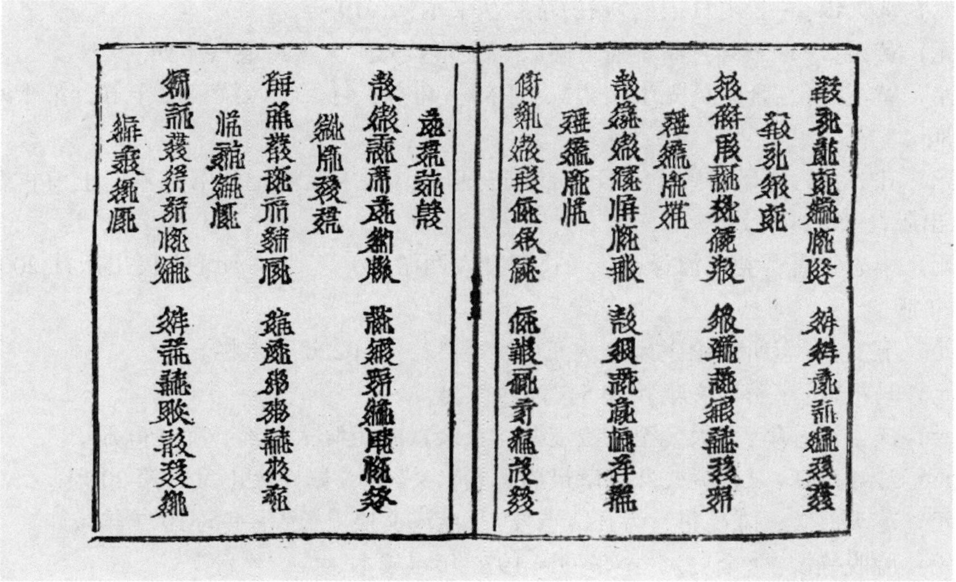

《三代相照文集》(инв. № 4166)第 39 叶第 1—14 行

参考文献

一　古代中文论著

（唐）宗密：《禅源诸诠集都序》，《大正藏》卷48。

（宋）清觉：《正行集》，《中华大藏经》第71册。

（宋）周密撰、吴企明点校：《癸辛杂识》，唐宋史料笔记丛刊本，中华书局1988年版。

（宋）宗鉴集：《释门正统》卷四，《卍续藏》第75册，No. 1513。

（元）八思巴等编：《大乘要道密集》，台北：自由出版社1974年版。

（元）郭天锡：《云山日记》，横山草堂丛书本，1919年。

（元）黄溍：《青阳县尹徐君墓志铭》，《金华黄先生文集》卷三十四。

（元）黄溍撰：《金华黄先生文集》，四部丛刊本，卷二十八续稿二十五，第十八叶。

（元）孔齐撰，庄敏、顾新点校：《至正直记》，《宋元笔记丛书》本，上海古籍出版社1987年版。

（元）李志常著，党宝海译注：《长春真人西游记》上卷，河北人民出版社2001年版。

（元）廉复：《彰所知论序》，《大正藏》卷32，第0226页上栏。

（元）马祖常：《石田文集》卷5《河西歌》。

（元）庆吉祥等集：《大元至元法宝勘同总录》，《乾隆大藏经》第150册。

（元）沙啰巴译：《佛说文殊菩萨最胜真实名义经》，见《大正藏》第20册。

（元）苏天爵著，陈高华、孟凡清点校：《慈溪文稿》，中华书局1977年版。

（元）脱脱等撰：《金史》，中华书局1975年点校本。

（元）脱脱等撰：《宋史》卷485《夏国传上》，中华书局1977年点校本。

（元）王恽：《秋涧先生大全集》，上海商务印书馆1922年影印《四部丛刊》本。

（元）王祯撰，缪启愉校注：《东鲁王氏农书译注》，上海古籍出版社1994年版。

（元）杨瑀：《山居新语》，载《元明史料笔记》本《玉堂嘉话、山居新语》，中华书局 2006 年版。
(元) 一行慧觉:《大方广佛华严经海印道场十重行愿常遍礼忏仪》,《卍续藏经》第 74 册。
(元) 虞集:《立只理威忠惠公神道碑》,王颋点校《虞集全集》下册,天津古籍出版社 2007 年版。
(元) 赵孟頫:《白云祖师初学记序》,《续藏经》第 63 册。
(元) 赵孟頫:《白云祖师初学记序》,《中华大藏经》第 71 册,中华书局 1994 年版。
(元) 郑元祐:《遂昌杂录》,文渊阁《四库全书》第 1040 册。
(明) 黄淮、杨士奇等编:《历代名臣奏议》卷六七《治道》。
(明) 雷礼:《皇明大政记》卷二,明代万历刻本。
(明) 刘惟谦:《大明律》卷十二"礼律二",日本景明洪武刊本。
(明) 宋濂:《元史》,中华书局 1976 年点校本。
(明) 吴之鲸:《武林梵志》卷六,文渊阁《四库全书》本。
(清) 洪钧:《元史译文证补》卷 15《海都补传》,清光绪二十三年 (1897) 刻本。
(清) 吴广成撰,龚世俊等校证:《西夏书事校证》,甘肃文化出版社 1995 年版。
(清) 徐松:《宋会要辑稿》第一百六十六册《刑法二之一三〇》,中华书局 1957 年复制北平图书馆影印本。
(民国) 屠寄:《蒙兀儿史记》,中国书店 1984 年版。

二 现代中文论著

白滨:《西夏遗民述论》,载陈梧桐主编《民大史学》第 2 辑,民族出版社 1998 年版。
白滨:《元代唐兀氏与西夏遗民》,载白滨《西夏民族史论》,甘肃文化出版社 2018 年版。
陈炳应:《西夏人对活字印刷术的杰出贡献》,杜建录主编《西夏学》1,宁夏人民出版社 2006 年版。
陈高华:《再论元代河西僧人杨琏真加》,《中华文史论丛》2006 年第 2 期。
陈庆英:《〈大乘要道密集〉与西夏王朝的藏传佛教》,《中国藏学》2003 年第 3 期。
陈庆英:《大乘玄密帝师考》,《佛学研究》2000 年总第 9 期。
崔红芬:《 西夏遗僧慧觉考略》,《黑水城文献研究回顾与展望学术研讨会论文集》(上),河北师范大学历史文化学院、河北省社会科学院 2009 年版。

邓少琴：《西康木雅乡西吴王考》，白滨编《西夏史论文集》，宁夏人民出版社1984年版。
丁国范：《元代的白云宗》，《元史论丛》第4辑，中华书局1992年版。
段玉泉：《管主八施印〈河西字大藏经〉初探》，《西夏学》第1辑，2006年。
段玉泉：《元刊西夏文大藏经的几个问题》，《文献》2009年第1期。
段玉泉：《圣胜慧到彼岸功德宝集偈》的夏汉藏文本跨语言对勘研究》，中国社会科学院博士后研究工作报告，2012年。
俄罗斯科学院东方研究所圣彼得堡分所、中国社会科学院民族研究所、上海古籍出版社编：《俄藏黑水城文献》第1—24册，上海古籍出版社1997—2015年版。
高山杉：《光明禅师研究中的若干遗留问题》，《上海书评》2021年5月26日。
耿世民：《古代突厥文碑铭研究》，中央民族大学出版社2005年版。
郭垚垚：《西夏文〈大智度论〉研究》，中国社会科学院大学（研究生院）博士学位论文，2019年。
韩焕忠：《南北朝判教略说》，《宗教学研究》2002年第2期。
韩焕忠：《白云清觉与华严义理》，《佛教文化研究》2016年第1期。
黄西娅：《白云宗的创生与〈普宁藏〉的雕造》，杭州师范大学，2017年，硕士论文。
黄振华、聂鸿音、史金波整理：《番汉合时掌中珠》，宁夏人民出版社1989年版。
蓝吉富：《关于白云宗之形成及灭亡的若干考察》，《世界宗教研究》1992年第2期。
赖天兵：《杭州余杭南山元代造像相关问题的探讨》，《杭州文博》2016年第2期。
李富华、何梅：《汉文佛教大藏经研究》，宗教文化出版社2003年版。
李际宁：《关于西夏刊汉文大藏经》，《文献》2000年第1期。
李际宁：《佛经版本》，江苏古籍出版社2002年版。
李克璞：《“管主八”新考》，《中国历史博物馆馆刊》1995年第2期。
李蔚：《简明西夏史》，人民出版社1997年版。
李致忠：《西夏刻书述略》，《古籍整理与研究》1992年第7期。
梁松涛：《黑水城出土西夏文医药文献整理与研究》，社会科学文献出版社2015年版。
林清凉、陈越：《浙江余杭南山普宁寺沿革初考》，《温州大学学报》2018年第4期。
刘晓：《白云宗宗摄钱如镜小考》，《中国史研究》2009年第2期。

罗福苌：《大方广佛华严经卷一释文》，《国立北平图书馆馆刊》第 4 卷第 3 号“西夏文专号”，1932 年。
罗福成：《馆藏西夏文经典目录考略》，《国立北平图书馆馆刊》第 4 卷第 3 号，1932 年。
罗炤：《有关〈契丹藏〉的几个问题》，《文物》1992 年第 11 期。
洛阳市史志编纂委员会编：《洛阳市志》卷 15《白马寺 · 龙门石窟志》，中州古籍出版社 1996 年版。
Mylnikova，Yulia，彭向前：《西夏文〈大般若波罗蜜多经〉函号补释》，杜建录主编《西夏学》10，上海古籍出版社 2013 年版。
聂鸿音：《西夏文德行集研究》，甘肃文化出版社 2002 年版。
聂鸿音：《俄藏 5130 号西夏文佛经题记研究》，《中国藏学》2002 年第 1 期。
聂鸿音：《西夏文〈过去庄严劫千佛名经〉发愿文中的两个年号》，《固原师专学报》2004 年第 5 期。
聂鸿音：《西夏帝师考辨》，《文史》2005 年第 3 期。
聂鸿音：《中国国家图书馆藏西夏文〈频那夜迦经〉考补》，《西南民族大学学报》2007 年第 6 期。
聂鸿音：《乾祐二十年〈弥勒上生经御制发愿文〉的夏汉对勘研究》，杜建录主编《西夏学》第 4 辑，宁夏人民出版社 2009 年版。
聂鸿音：《〈仁王经〉的西夏译本》，《民族研究》2010 年第 3 期。
聂鸿音：《西夏文〈注华严法界观门通玄记〉初探》，北京师范大学民俗典籍文字研究中心编《民俗典籍文字研究》8，商务印书馆 2011 年版。
聂鸿音：《西夏文〈禅源诸诠集都序〉译证（上）》，《西夏研究》2011 年第 1 期。
聂鸿音：《西夏语专有名词的类别标记》，《语言科学》2013 年第 2 期。
聂鸿音：《西夏佛经序跋译注》，上海古籍出版社 2016 年版。
聂鸿音：《一文双语：西夏文字的性质》，《宁夏社会科学》2019 年第 5 期。
聂鸿音、孙伯君：《西夏译华严宗著作研究》，商务印书馆、宁夏人民出版社 2018 年版。
宁夏大学西夏学研究中心、国家图书馆、甘肃五凉古籍整理研究中心编：《中国藏西夏文献》第 6 册“北京编 · 国家图书馆藏卷”，甘肃人民出版社、敦煌文艺出版社 2005 年版。
牛达生：《我国最早的木活字印本——西夏文佛经〈吉祥遍至口合本续〉》，《中国印刷》1994 年第 2 期。
牛达生：《质疑与期望——〈西夏泥活字版佛经〉读后》，《宁夏社会科学》1995 年第 1 期。

牛达生：《西夏活字版印本及其特点和价值》，《宁夏社会科学》1999 年第 1 期。
牛达生：《西夏刻书印刷事业概述》，《宁夏大学学报》1999 年第 3 期。
牛达生：《西夏活字印本的发现及其活字印刷技术研究》，载万辅彬、杜建录主编《历史深处的民族科技之光》，宁夏人民出版社 2003 年版。
彭向前：《中国藏西夏文〈大智度论〉卷第四考补》，《西夏学》2007 年第 2 辑。
任宜敏：《中国佛教史》（元代），人民出版社 2005 年版。
沈卫荣：《〈大乘要道密集〉与西夏、元朝所传西藏密法》，载《西藏历史和佛教的语文学研究》，上海古籍出版社 2010 年版。
沈卫荣：《序说有关西夏、元朝所传藏传密法之汉文文献——以黑水城所见汉译藏传佛教仪轨文书为中心》，载《西藏历史和佛教的语文学研究》，上海古籍出版社 2010 年版。
史金波：《〈西夏译经图〉解》，原刊《文献》1979 年第 1 期，再收于《史金波文集》，上海辞书出版社 2005 年版。
史金波：《西夏文〈过去庄严劫千佛名经〉发愿文译证》，原刊《世界宗教研究》1981 年第 1 期，见收于《史金波文集》，上海辞书出版社 2005 年版。
史金波：《西夏文〈金光明最胜王经〉序跋考》，原刊《世界宗教研究》1983 年第 3 期，再收于《史金波文集》，上海辞书出版社 2005 年版。
史金波：《西夏佛教史略》，宁夏人民出版社 1988 年版。
史金波：《西夏出版研究》，宁夏人民出版社 2004 年版。
史金波：《西夏文〈大白伞盖陀罗尼经〉及发愿文考释》，《世界宗教研究》2015 年第 5 期。
史金波、白滨：《西安市文管处藏西夏文物》，《文物》1982 年第 4 期。
史金波、黄润华：《北京图书馆藏西夏文佛经整理记》，《文献》1985 年第 4 期。
史金波、聂鸿音、白滨译注：《天盛改旧新定律令》，法律出版社 1999 年版。
史金波、雅森・吾守尔：《中国活字印刷术的发明和早期传播——西夏和回鹘活字印刷术研究》，社会科学文献出版社 2000 年版。
宿白：《藏传佛教寺院考古》，文物出版社 1996 年版。
孙昌盛：《西夏印刷业初探》，《宁夏大学学报》1997 年第 2 期。
孙伯君：《西夏俗文学"辩"初探》，《西夏研究》2010 年第 4 期。
孙伯君：《西夏文〈正行集〉考释》，《宁夏社会科学》2011 年第 1 期。
孙伯君：《元刊〈河西藏〉考补》，《民族研究》2011 年第 2 期。
孙伯君：《元代白云宗译刊西夏文文献综考》，《文献》2011 年第 2 期。
孙伯君：《西夏仁宗皇帝的校经实践》，《宁夏社会科学》2013 年第 4 期。
孙伯君：《裴休〈发菩提心文〉的西夏译本考释》，《宁夏社会科学》2017 年第 4

期。
孙伯君：《西夏文〈三代相照文集〉述略》，《宁夏社会科学》2018 年第 6 期。
孙伯君：《西夏文〈三观九门枢钥〉考补》，《宁夏社会科学》2019 年第 4 期。
孙伯君：《元代〈河西藏〉编刊资料补正》，《中华文化论坛》2019 年第 5 期。
孙伯君、聂鸿音：《西夏文藏传佛教史料——“大手印”法经典研究》，中国藏学出版社 2018 年版。
孙克宽：《白云宗》，《大陆杂志》第 35 卷第 6 期。
孙寿龄：《西夏文泥活字版佛经》，《中国文物报》1994 年 3 月 27 日第 3 版。
索罗宁：《白云释子〈三观九门〉初探》，杜建录主编《西夏学》第 8 辑，上海古籍出版社 2011 年版。
汤开建：《增订〈元代西夏人物表〉》，《暨南史学》2003 年第 2 辑。
王国维：《元刊本西夏文华严经残卷跋》，《观堂集林》（下），中华书局 1959 年版。
王菡：《元代杭州刊刻〈大藏经〉与西夏的关系》，《文献》2005 年第 1 期。
王静如：《河西字藏经雕版考》，《西夏研究》第 1 辑，中央研究院历史语言研究所单刊甲种之八，1932 年。
王静如：《西夏文木活字版佛经与铜牌》，《文物》1972 年第 11 期，第 8—18 页 + 图版 1。
王培培：《〈维摩诘所说经〉研究》，中国社会科学院研究生院，博士学位论文，2010 年。
王启龙：《沙罗巴译师考述》，《西藏研究》1997 年第 3 期。
王颂：《本嵩与〈法界观门通玄记〉——日本立正大学藏〈通玄记〉及其周边的考察》，《佛学研究》2014 年总第 23 期。
王颂：《〈华严法界观门〉校释研究》，宗教文化出版社 2016 年版。
武宇林、荒川慎太郎主编：《日本藏西夏文献》下册，中华书局 2010 年版。
谢重光、白文固：《中国僧官制度史》，青海人民出版社 1990 年版。
徐庄：《略谈西夏雕版印刷在中国出版史中的地位》，《宁夏社会科学》1994 年第 2 期。
杨富学：《论回鹘文化对西夏的影响》，《宋史研究论丛》第 5 辑，2003 年。
张清秀、孙伯君：《西夏曲子词〈杨柳枝〉初探》，《宁夏社会科学》2011 年 6 期。
张思温：《活字版西夏文〈华严经〉卷第十一卷第十五简介》，《文物》1979 年第 10 期。
张新鹰：《元妙严寺版〈大般若经〉卷五五六新见本略考》，《浙江学刊》1986 年第6期。
张映晖：《西夏文〈大宝积经〉“密迹金刚力士会第三之二”整理与研究》，中国社会科学院研究生院，博士学位论文，2019年。
张云：《元代宣政院历任院使考略》，《西北民族研究》1995年第2期。
赵振华：《元朝白马寺释源宗主塔铭考》，《考古与文物》1999年第3期。
周峰：《元代西夏遗民杨朵儿只父子事迹考述》，《民族研究》2014年第3期。

三 中文译著

〔法〕伯希和：《伯希和敦煌石窟笔记》，耿升、唐健宾译，甘肃人民出版社1993年版。
〔日〕古川道雄：《中国中世社会与共同体》，马彪译，中华书局2002年版。
〔俄〕卡坦斯基：《西夏书籍业》，王克孝、景永时译，宁夏人民出版社2000年版。
〔俄〕克恰诺夫：《〈三代相照言文集〉——活字印刷术独一无二的明证》，粟瑞雪译，杜建录主编《西夏学》（第六辑）“首届西夏学国际论坛专号（下）”，上海古籍出版社。
〔俄〕龙果夫：《苏俄研究院亚洲博物馆藏西夏书籍目录》，《国立北平图书馆馆刊》“西夏文专号”，第4卷第3号，1932年。
〔意〕马可波罗（Marco Polo）著，A. J. H. Charignon 注：党宝海新注《马可波罗行纪》，冯承钧译，河北人民出版社1999年版。
〔俄〕孟列夫：《黑城出土汉文遗书叙录》，王克孝译，宁夏人民出版社1994年版。
〔日〕聂历山、石滨纯太郎：《西夏语译大藏经考》，《龙谷大学论丛》287，1929。周一良汉译文载《国立北平图书馆馆刊》第4卷第3号，1930（1932）年。
〔俄〕捷连提耶夫-卡坦斯基：《西夏书籍业》，王克孝、景永时译，宁夏人民出版社2000年版。

四 日文论著

北村高：《元代白云宗の寺院と僧侶》，《小田義久博士還暦纪念东洋史论集》，小田義久先生還暦紀念事業會，1995年。
常盘大定：《西夏文字大藏经の雕刊について》，《东方学报》第9号，1939年。
高楠顺次郎等编：《大正新修大藏经》，日本大正一切经刊行会，1924—1934年。
荒川慎太郎：《西夏诗の脚韵にられる韵母について——〈三世属明言集文〉所

收西夏语诗》，《京都大学言语学研究》第20号，2001年。
松泽博：《西夏语译经史研究》（1），《佛教史学研究》1977年第19（2）卷。
藤枝晃：《西夏经—石と木と泥と—现存する最古の木活字本について》，《石滨先生古稀纪念东洋学论丛》，关西大学文学部东洋史研究室石滨先生古稀纪念会，1958年。
西田龙雄：《西夏文华严经》Ⅰ、Ⅱ，京都：京都大学文学部，1975－1976年。
西田龙雄：《元刊西夏文大藏经》，《西夏文华严经》Ⅱ，日本京都：京都大学文学部，1976年。
西田龙雄：《西夏语〈月月乐诗〉の研究》，《京都大学文学部研究纪要》1986（25）：1－116。
西田龙雄：《天理图书馆藏西夏文〈无量寿宗要经〉について》，载《西夏王国の言语と文化》，东京：岩波书店1997年版。
西田龙雄：《西夏王国の语言と文化》，东京：岩波书店1997年版。
西田龙雄：《西夏文〈妙法莲华经〉写真版》，IOS RAS·Soka Gakkai，2005年。
小川贯弌：《太原崇善寺新出管主八の施入经と西夏文大藏经の残叶》，《支那佛教史学》第6卷第1号，1942年。
小川贯弌：《光明禅师施入经典とその扉绘——元白云宗版大藏经の一考察》，《龙谷史坛》第30号，1943年。
野村博（松泽博）：《元代の西夏大藏经刊行に关する考察》，《东洋史苑》第12号，1978年。
竺沙雅章：《中国佛教社会史研究》，京都：同朋舍，1982年。
竺沙雅章：《元代華北の華嚴宗》，载竺沙雅章《宋元佛教文化史研究》，日本汲古書院2001年版。

五 西文论著

Elliot Sperling, "Rtsa-mi Lo-tsā-ba Sangs-rgyas Grags-pa and the Tangut Background to Early Mongol-Tibetan Relations." Tibetan Studies. Proceedings of the 6th Seminar of the International Association for Tibetan Studies. Ed. Per Kvaerne. Oslo: The Institute for Comparative Research in Human Culture, 1994, Vol. 2.
Elliot Sperling, "Further Remarks Apropos of the 'Ba'-rom-pa and the Tanguts." Acta Orientalis Academiae Scientiarum Hung. 57: 1 (2004).
Herbert Franke（傅海波）, "Sha-lo-pa (1259 – 1314), a Tangut Buddhist monk in Yüan China", Gert Naundorf, Karl-Heinz Pohl, Hans-Hermann Schmidt ed., Religion und Philosophie in Ostasien: Festschrift für Hans Steininger zum 65. Geburtstag

(Würzburg：Königshausen & Neumann)，1985. 杨富学、樊丽沙译“元代西夏僧人沙罗巴事辑”，《陇右文博》2008 年第 1 期。

З. И. Горбачева и Е. И. Кычанов，“Тангутские рукописи и ксилографы”，Москва：Издательство восточной литературы，1963.

Е. И. Кычанов，“Очерк истории Тангутского государства”，Москва，1968.

Е. И. Кычанов，“Каталог тангутских буддийских памятников”，Киото：Университет Киото. 1999.

Кепинг，К. Б. “Тангутские ксилографы в Стокгольме”，Б. Александров сост.，Ксения Кепинг：Последние статьи и документы，Санкт-Петербург：Омега，2003.

Leonard W. J. van der Kuijp，“On the Life and Political Career of Ta' i-Ci-Tu Byang-Chub Rgyal-Mtshan（1302－？1364）”，Tibetan Histroy and Language，Studies Dedicated to Uray Géza on this Seventieth Birthday，Ed. Herausgegeben Von Ernst steinkellner，Arbeitskreis Für Tibetische und Buddhistische Studien Universität，Vien，1991.

六 藏文论著

百慈藏文古籍研究室编：《萨迦五祖全集对勘本》19 册，中国藏学出版社 2007 年版。

后　　记

本书从选题到成稿历经十余年，值此书稿交付之际，首先要感谢克恰诺夫、史金波、白滨、聂鸿音、蒋维崧、严克勤等先生，他们于1993年促成、启动并实施了俄罗斯科学院东方文献研究所（前身是俄罗斯科学院东方研究所圣彼得堡分所）、中国社会科学院民族研究所、上海古籍出版社三方合作整理刊布俄藏黑水城文献的研究计划，为本项研究提供了研读便利。特别感谢俄罗斯科学院东方文献研究所所长波波娃教授，允许我使用馆藏的文献照片。其次要特别感谢荒川慎太郎、林英津教授，先后于2017年和2019年邀请我至东京外国语大学亚非语言文化研究所、台湾"中央研究院"语言学研究所访问，使我有相对集中的时间推进此项研究，并给予我很多有益的教示。还要感谢国家社科基金评审委员会，批准该项成果作为后期资助项目立项出版。最后要感谢中国社会科学出版社田文编审为本书的付梓提供的帮助，感谢宁夏大学西夏学研究院王龙先生帮忙对部分西夏文本进行了录文。

孙伯君

2021年6月1日